叶子 著

中国书画收藏史

西泠印社出版社

图书在版编目（CIP）数据

中国书画收藏史 / 叶子著. -- 杭州 : 西泠印社出版社, 2025.6
ISBN 978-7-5508-4268-7

Ⅰ. ①中… Ⅱ. ①叶… Ⅲ. ①书画艺术－收藏－历史－中国－古代 Ⅳ. ①G262.1-092

中国国家版本馆CIP数据核字(2023)第175153号

中国书画收藏史
叶子 著

责任编辑	刘玉立
责任出版	杨飞凤
责任校对	曹　卓
装帧设计	刘远山
出版发行	西泠印社出版社

（杭州市西湖文化广场32号5楼　邮政编码　310014）

经　　销	全国新华书店
制　　版	杭州如一图文制作有限公司
印　　刷	浙江省邮电印刷股份有限公司
开　　本	787mm×1092mm　　1/16
印　　张	37.75
字　　数	635千字
版　　次	2025年6月第1版　　第1次印刷
书　　号	ISBN 978-7-5508-4268-7
定　　价	498.00元

版权所有　翻印必究　印制差错　负责调换
西泠印社出版社发行部联系方式：（0571）87243079

前　言

　　这是一部全面论述中国书画收藏历史的学术专著，也是迄今为止第一部全面而系统地介绍论述有关中国书画鉴定与收藏历史发展的力作。

　　《中国书画收藏史》是作者叶子先生继其撰述的《中国书画鉴藏通论》《气韵与鉴画》（人民美术出版社）、《中国书画鉴定丛论》（浙江古籍出版社）、《中国古代书画鉴定》《中国现代书画鉴定》（上海人民美术出版社）、《中国书画鉴藏大辞典》（西泠印社出版社）等系列重要著作之后的又一新作，其学术价值和研究价值实不可估量，可谓是填补了这一领域的空白。叶子先生精于鉴赏，工于皮藏，潜心学问，著述颇丰，是一位理论与实践结合得较为成功的专家学者。

　　中国的书画作品素来为历代皇家和文人士大夫所重视。这些流传千古的书画艺术珍品，若不是经过历代皇家内府和众多文人士大夫收藏家的皮藏和保护，后来者根本不可能观赏到历代佳品，中国书法与绘画的历史就无从谈起，中国书画的创作、欣赏、批评也就成无源之水、无本之木。翻开整个中国书画发展的历史，历代皇家、文人士大夫及优秀的艺术家和收藏家参与典藏与品鉴的活动，一直贯穿于整个书画发展的历史，这是一个普遍的现象，一个不争的事实。然遗憾的是，至今没有一部完整的有关中国书画收藏发展历史的专著问世。

　　中国书画鉴定与收藏并非一个单纯的历史现象和简单的学术课题，它是建立在艺术欣赏、美术批评、作品品鉴和史学研究基础上的一门综合学科。内容包括品评、欣赏、鉴别，还包括皮藏、流传、著录等诸多方面，且通过大量历代存世的名作佳迹和历史文献，对书画作品进行比较、研究和分析，以达"判优劣，明是非，辨真伪，定价值"之目的，并形成了一门专门的学科——中国书画鉴定学。而贯穿其中的收藏，实是一种文化，一段历史，一种情怀。离开了文化，收藏就失去了原有的历史价值，离开了历史，收藏也就失去了应有的文化内涵，而其中的情怀，更是人们对精神家园的一种寄托。

此部《中国书画收藏史》从文化学发展的角度出发，全面而详细地论述研究这一发展的历史，从而揭开了中国书画收藏的真实历史和发展规律。故这部著作的出版，无疑是为研究探讨中国书画鉴定学这一学科奠定了基础。

本书共分七章。除第一章绪论，论述有关书画收藏之特性和价值外，其余六章则是详细而全面地论述了自魏晋南北朝起，历经隋、唐、宋、元、明直至清代末年，两千余年来整个中国书画收藏的发展历史。具体分为：一、历代各皇家内府之收藏；二、历代各朝私家之收藏；三、各个时期重要的著录专著论述；四、历代书画作伪及方法；五、书画艺术市场发展，以及历代不同的书画款识、印记和装裱等。但凡有关书画鉴定与收藏的内容可谓包罗殆尽。

全书内容丰富，条理分明，论述精到，考辨恰当，图文并茂，具有较高的学术价值和史料价值，尽显了一部完整而系统的有关中国书画鉴定与收藏的发展历史。

★本书系西泠印社艺术品鉴定评估中心研究课题

目 录

第一章 绪论

第一节 中国书画收藏之特性……001
一、文化与艺术传播的载体……002
二、研究人文环境和历史价值的本体……003
三、研究书画作品的时代风格、个人风格和借鉴创作的源头……004
四、陶冶人之性情和提升个人修养的媒介……007
五、收藏鉴赏是各类综合学科的价值体现……008

第二节 中国书画收藏历史之分期……010
一、两汉时期（前206—220）……010
二、魏晋南北朝时期（220—589）……010
三、隋唐五代时期（581—960）……011
四、两宋时期（960—1279）……011
五、元代时期（1271—1368）……011
六、明代时期（1368—1644）……011
七、清代时期（1644—1911）……012

第三节 皇家收藏与私家收藏之嬗递……012

第四节 著录专著和重要藏品之价值……014

第二章 魏晋南北朝的书画收藏（初创时期）

第一节 各王朝内府和士夫阶层的收藏……020

一、早期书画收藏的特点……………………………………………020
　　二、各王朝内府的收藏………………………………………………022
　　三、士夫阶层的收藏…………………………………………………027
　第二节　鉴藏论述专著的雏形……………………………………………030
　　一、虞龢和《论书表》………………………………………………030
　　二、陶弘景和《与梁武帝论书启》…………………………………033
　　三、谢赫和《古画品录》……………………………………………034
　　四、佚名《梁太清画目》……………………………………………036
　　五、姚最和《续画品录》……………………………………………037
　第三节　装裱、押署、著录及作伪的相继出现…………………………038

第三章　隋、唐、五代的书画收藏（渐盛时期）

　第一节　皇家内府的收藏…………………………………………………041
　　一、隋代内府的收藏…………………………………………………041
　　二、唐代内府的收藏…………………………………………………042
　　三、五代内府的收藏…………………………………………………051
　第二节　私家收藏逐渐兴起………………………………………………052
　　一、隋及初唐的私家收藏……………………………………………052
　　二、盛唐及其后的私家收藏…………………………………………053
　　三、五代的私家收藏…………………………………………………056
　第三节　鉴定专著体例的出现……………………………………………057
　　一、裴孝源和《贞观公私画史》……………………………………057
　　二、朱景玄和《唐朝名画录》………………………………………059
　　三、张彦远和《历代名画记》《法书要录》………………………060
　第四节　书画印记、押署、跋尾及裱背…………………………………062
　　一、印记………………………………………………………………062

二、押署……………………………………………………………065

　　三、跋尾……………………………………………………………065

　　四、裱背……………………………………………………………066

　第五节　书画市场及书画作伪……………………………………………067

第四章　宋代的书画收藏（鼎盛时期）

　第一节　北宋内府的收藏…………………………………………………070

　　一、宋太祖和宋太宗内府的收藏…………………………………070

　　二、宋徽宗内府的收藏……………………………………………075

　第二节　南宋内府的收藏…………………………………………………079

　第三节　私家收藏日趋兴盛………………………………………………082

　　一、楚昭辅…………………………………………………………082

　　二、王溥　王贻正　王贻永………………………………………082

　　三、苏易简…………………………………………………………083

　　四、丁谓……………………………………………………………086

　　五、欧阳修…………………………………………………………087

　　六、李玮……………………………………………………………087

　　七、苏轼……………………………………………………………088

　　八、王诜……………………………………………………………092

　　九、米芾　米友仁…………………………………………………094

　　十、赵令畤　赵与懃………………………………………………099

　　十一、邓椿…………………………………………………………101

　　十二、韩侂胄　贾似道……………………………………………102

　　十三、赵希鹄………………………………………………………103

　　十四、赵孟坚………………………………………………………104

　第四节　重要著录专著的呈现……………………………………………106

一、《宣和书谱》《宣和画谱》…………………………………106
　　二、郭若虚和《图画见闻志》…………………………………109
　　三、米芾和《书史》《画史》…………………………………111
　　四、邓椿和《画继》……………………………………………113
　　五、周密和《云烟过眼录》《志雅堂杂钞》…………………116
　　六、其他的著录专著……………………………………………118
第五节　书画市场的兴起和书画作伪趋盛……………………………123
　　一、书画市场的兴起……………………………………………123
　　二、书画作伪日趋兴盛…………………………………………131

第五章　元代的书画收藏（式微时期）

第一节　元代内府的收藏………………………………………………134
　　一、元世祖和秘书监的收藏……………………………………134
　　二、元文宗及奎章阁的收藏……………………………………135
　　三、元惠宗与崇文阁的收藏……………………………………139
第二节　私家收藏渐趋式微……………………………………………142
　　一、郭天锡………………………………………………………142
　　二、赵孟頫………………………………………………………145
　　三、鲜于枢………………………………………………………150
　　四、乔篑成………………………………………………………152
　　五、祥哥剌吉……………………………………………………153
　　六、柯九思………………………………………………………158
　　七、倪瓒…………………………………………………………165
　　八、赵与懃………………………………………………………169
第三节　著录专著的式微期……………………………………………172
　　一、汤垕和《画鉴》《画论》…………………………………173

二、夏文彦和《图绘宝鉴》··················175
　　三、王恽和《书画目录》··················176
　　四、庄肃和《画继补遗》··················178

第六章　明代的书画收藏（昌盛时期）

第一节　内府收藏呈下降时期··················181
　　一、明太祖内府的收藏····················181
　　二、其他各皇帝内府的收藏··················182
第二节　私家收藏达昌盛时期··················184
　　一、沐英····························184
　　二、朱枫····························187
　　三、沈周····························187
　　四、史鉴····························198
　　五、吴宽····························200
　　六、朱存理···························202
　　七、李东阳···························203
　　八、都穆····························205
　　九、文徵明　文彭　文嘉····················206
　　十、华夏····························218
　　十一、丰坊···························221
　　十二、何良俊··························223
　　十三、项元汴··························227
　　十四、王世贞　王世懋·····················240
　　十五、韩世能　韩逢禧·····················246
　　十六、董其昌··························251
　　十七、陈继儒··························263

十八、李日华……………………………………………………266

　　十九、张丑………………………………………………………273

　　二十、汪珂玉……………………………………………………277

　　二十一、吴廷……………………………………………………282

　　二十二、袁枢……………………………………………………285

第三节　重要著录专著的涌现……………………………………290

　　一、都穆和《铁网珊瑚》《寓意编》……………………………291

　　二、朱存理和《珊瑚木难》……………………………………292

　　三、文嘉和《钤山堂书画记》…………………………………293

　　四、王世贞和《弇州山人题跋》………………………………294

　　五、汪珂玉和《珊瑚网》………………………………………294

　　六、李日华和《味水轩日记》…………………………………295

　　七、孙凤和《孙氏书画钞》……………………………………296

　　八、詹景凤和《东图玄览编》…………………………………297

　　九、陈继儒和《眉公书画史》《妮古录》………………………298

　　十、赵琦美和《赵氏铁网珊瑚》………………………………299

　　十一、张丑和《清河书画舫》《真迹日录》《张氏四种》………299

　　十二、郁逢庆和《郁氏书画题跋记》…………………………303

　　十三、朱之赤和《朱卧庵藏书画目》…………………………304

　　十四、张泰阶和《宝绘录》……………………………………304

第四节　书画的款识、印记和装裱………………………………305

　　一、款识…………………………………………………………306

　　二、印记…………………………………………………………308

　　三、装裱…………………………………………………………310

第五节　书画作伪及代笔…………………………………………314

　　一、仿名人名家的作伪…………………………………………314

二、地区性作伪 ······316
　　三、代笔的涌现 ······319
　　四、伪著录专著的出现 ······322
第六节　书画市场及交易的兴旺 ······323

第七章　清代的书画收藏（全盛时期）
第一节　清代内府的收藏 ······332
　　一、康熙的收藏和《佩文斋书画谱》 ······332
　　二、乾隆内府的收藏达全盛时期 ······333
　　三、清朝后期各内府的书画收藏 ······347
第二节　溥仪偷盗书画出宫案件 ······348
第三节　私家收藏呈职业化趋势 ······358
　　一、孙承泽 ······358
　　二、王时敏　王鉴　王翚　王原祁 ······367
　　三、宋权　宋荦 ······379
　　四、吴其贞 ······384
　　五、吴昇 ······393
　　六、周亮工 ······398
　　七、曹溶 ······401
　　八、梁清标 ······404
　　九、高士奇 ······412
　　十、卞永誉 ······418
　　十一、王鸿绪 ······421
　　十二、安岐 ······423
　　十三、张庚 ······433
　　十四、陆时化 ······435

十五、毕泷　毕沅 ……………………………………………………438

　　十六、吴荣光 …………………………………………………………446

　　十七、梁章钜 …………………………………………………………452

　　十八、李佐贤 …………………………………………………………456

　　十九、顾文彬 …………………………………………………………459

　　二十、孙毓汶 …………………………………………………………462

　　二十一、陆心源 ………………………………………………………466

第四节　公私著录专著不断呈现 ……………………………………………469

　　一、《佩文斋书画谱》 …………………………………………………469

　　二、《秘殿珠林》《石渠宝笈》 ………………………………………471

　　三、孙承泽和《庚子销夏记》 ………………………………………475

　　四、吴其贞和《书画记》 ……………………………………………476

　　五、顾复和《平生壮观》 ……………………………………………477

　　六、高士奇和《江村销夏录》《江村书画目》 ……………………477

　　七、吴昇和《大观录》 ………………………………………………479

　　八、卞永誉和《式古堂书画汇考》 …………………………………480

　　九、安岐和《墨缘汇观》 ……………………………………………481

　　十、张大镛和《自怡悦斋书画录》 …………………………………483

　　十一、姚际恒和《好古堂家藏书画记》 ……………………………483

　　十二、陆时化和《吴越所见书画录》 ………………………………484

　　十三、谢堃和《所见书画录》 ………………………………………485

　　十四、沈树镛和《书画心赏目录》 …………………………………486

　　十五、陆心源和《穰梨馆过眼录》 …………………………………486

　　十六、吴荣光和《辛丑销夏记》 ……………………………………487

　　十七、顾文彬和《过云楼书画记》 …………………………………487

　　十八、李佐贤和《书画鉴影》 ………………………………………489

  十九、孔广陶和《岳雪楼书画录》……489
  二十、杜瑞联和《古芬阁书画记》……491
 第五节 款识、印记和装裱……492
  一、款识……493
  二、印记……493
  三、装裱……497
 第六节 书画市场和书画作伪……499
  一、书画市场……499
  二、书画作伪……506

附录

 故宫博物院重要书画藏品一览表……513
 台北"故宫博物院"重要书画藏品一览表……541
 世界各大博物馆藏重要书画藏品一览表……556
 溥仪偷盗出宫重要书画作品一览表……567
 图版索引……579

主要参考文献……587

后 记……590

第一章　绪论

第一节　中国书画收藏之特性

中国书画的收藏以及与之相关的历史，是中国文化艺术发展史中一项不可缺少的极其重要的史实。与其他学科相比，它尚未形成独立学科。现时的人们，比较看重的往往是有关中国书法或中国绘画发展的历史，而对于中国书法和中国绘画的鉴定与收藏以及与之相关的历史，却往往不予关心重视。其实，中国书画收藏的历史，并非一个单纯的历史现象和简单的学术课题，它是一直伴随着中国书画发展的历史而同步展开的。从某种意义上说，离开了中国书画收藏的历史，中国的书法和绘画就无从谈起，中国书画就成了无本之木、无源之水。翻开整个中国书画发展的历史，优秀的艺术家们参与典藏及品鉴活动，一直贯穿于整个书画发展的历史，并伴随着时代的进程推动着历史的发展。

中国书画收藏的历史实应为一门独立而系统的专门学科。它既与政治、经济、文化、宗教相关，又与每个时代不同的收藏家群体及个体密切相连。综合起来，中国书画收藏的历史有着以下几个方面的重要特征：一是文化与艺术传播的载体；二是研究人文环境和历史价值的本体；三是研究书画作品的时代风格、个人风格和借鉴创作的源头；四是陶冶人之性情和提高修养的媒介；五是收藏鉴赏为各类综合学科的价值体现。

一、文化与艺术传播的载体

中国书画是中国文化的组成部分,离开了中国的绘画与书法,中国的文化就难以说起。中国书画是中国文化最具代表性的载体之一,是中国历史发展的产物。为此,谈到中国书画就离不开中国的历史与文化。从事书画鉴定与收藏,必须了解中国的历史,掌握与之相关的历史知识和文化知识,如诗词的格律,书法、篆刻知识,以及历代帝王的称谓、职官、礼制、避讳等。另外,还需掌握哲学、美学、逻辑学等相关的学科知识。历代著名的书画家大都具有较高的文学造诣,其中不少本身就是文人学士,他们创作的书画作品,往往与历史、文学有着直接的关联,内中无不透出其文化的价值及艺术的内涵。

王羲之,中国著名的文学家、书法家。王羲之所处的时代正值魏晋南北朝时期,也正是中国历史上最为黑暗和混乱的时代之一。无论是帝王将相,还是名人学士,抑或是富豪百姓,都被这个时代折磨得胆战心惊、诚惶诚恐。此时的王羲之刚从中原逃难至江南,一到会稽就迷上了这里的江南胜景。晋永和九年(353)农历三月三日,当时身任会稽内史的王羲之带领谢安、孙绰等四十余名官员、名士,于会稽山阴的兰亭举行雅集,饮酒赋诗、游目骋怀、流觞曲水。王羲之感物吟志,挥毫作书,写下了《兰亭集序》这一著名的书法佳作。他所书写的《兰亭集序》,又名《临河

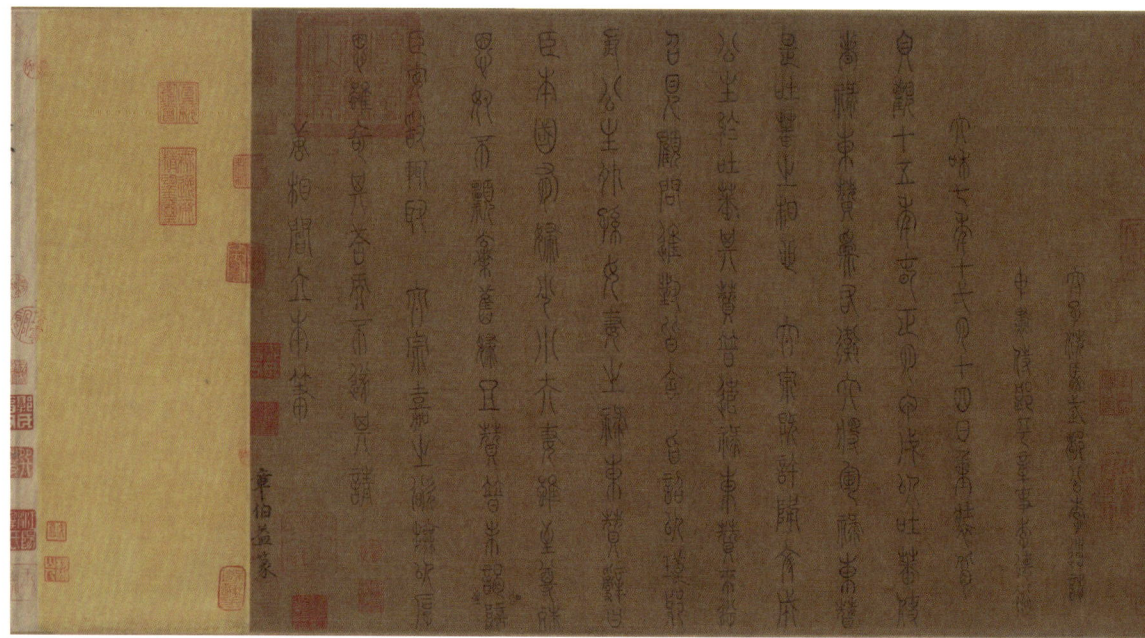

图 1-1 步辇图 唐 阎立本

序》《兰亭序》《禊帖》，不但成为一件不可多得的传世书法佳作，被誉为"天下第一行书"，更是以山水游玩去探究人生哲理，陶冶人之性情，寄托人之思想价值，被誉为千古绝唱，成为展现那个时代历史背景及其文化艺术价值的最佳载体。

又如阎立本所作的《步辇图》（现藏故宫博物院），描绘的是唐贞观十五年（641），唐太宗将文成公主嫁给了吐蕃王松赞干布，吐蕃王特派使者去长安迎娶公主，太宗接见使者禄东赞时的场景，真实地记录并反映了一千多年前，古代藏族和汉人为了互相间的不同利益而联姻的历史事实，从而为后人研究汉藏两族不同的文化提供了有力的证据。

二、研究人文环境和历史价值的本体

中国书画的收藏不但是中国文化艺术传播的载体，更为人们提供了研究人文环境和历史价值的原本物。

一般来说，人们研究每一个历史时期的人文环境和历史价值，大都是从文字记载中获取。殊不知这内中除了文字的记载之外，尚有绘画与书法。不少的绘画与书法作品，不仅展现出其独特的艺术价值，还是人们研究每一不同时期的人文环境和历史价值的原本物。离开了这些书画作品的原件，包括书法的拓本等，人们很难想

图 1-2　韩熙载夜宴图　五代　顾闳中

象每一不同时代的人文环境和历史事件的真实情况。况且，书画作品，尤其是绘画，更易真实全面地反映出当时的人文环境和历史背景。

留传下来的书法作品中，不少是书信往来的手札。读这类作品远比读回忆录或自传都要靠谱，更不用说他人所作的传记。因为所有研究历史的人重视的都是第一手原始史料，这便是手札的文化价值和历史价值。晋代陆机的《平复帖》，唐代颜真卿的《祭侄文稿》等，便是这方面的杰出代表。

《韩熙载夜宴图》是我国古代现实主义人物画的杰出佳作。作者顾闳中，为南唐画院待诏。《韩熙载夜宴图》系他奉南唐后主李煜的命令，以图画的形式将大官僚韩熙载在家夜宴寻欢作乐的情况真实地描绘出来，以探视韩熙载缘何拒做宰相而纵情声色的真实情况。

《韩熙载夜宴图》除了描绘了韩熙载这一主角之外，还画有状元郎粲、太常博士陈致雍、教坊副使李嘉明、和尚德明、韩熙载的门生朱铣、状元舒雅，以及乐妓李嘉明的妹妹和擅长舞蹈的歌妓王屋山等。全图不但从多方不同的侧面真实而详细地展现出韩熙载在家夜间宴乐纵情的全貌，而且反映出一千多年前，一个行将灭亡的封建王朝的台前及幕后的史实，为人们研究当时的人文环境提供了一个真实的原物。

三、研究书画作品的时代风格、个人风格和借鉴创作的源头

中国书画的鉴定与收藏，不但推动了画史、书史的发展，促进了画论、书论的研究，而且对画风、书风的形成，尤其是书画的创作，都具有不可低估的借鉴作用。

流传有绪的每一件独具个性的优秀书画作品，都是通过艺术家们各自不同的运笔用墨而展现出来的，而一切的笔墨个性又皆为书画家主体禀性、气质的自然流露。那么，不同的运笔用墨便会形成不同的个性风格；而不同的个性风格不但会呈现出不同的风格品性，还会展现出各个不同时期的风格，这就对书画创作带来重大的影

响,成为历代书画家借鉴创作的源头。如若离开了书画的收藏与鉴赏,不但史论的研究成了无源之水,创作成了无本之木,更有可能导致中国书画的那种"承古人,师造化,得心源"的优秀传统及画风流变的中止和断层。

中国书画的品鉴和风气,早在魏晋已开其端,在南北朝时已日趋兴盛,至唐宋元已渐成定格。中国书画品鉴和风气的形成,实是标志着中国书画在深受魏晋以来哲学观念、美学思想以及外来佛教文化的影响和启迪下,焕发出的一种强大的生命活力,并实现了一种文化上的自觉,为中国书画的品鉴提供了一个标准和参照物。

中国书画的这种品鉴观念的形成与发展,一方面与艺术的审美发展有关,然更多的是与政治、哲学、文化的背景相连。这既包括了艺术家整个的艺术成就和文化品格,也是一种从宏观的高度对书画创作的总体把握。离开了这些,我们就无法真切地理解中国书画的价值,更无法品评鉴赏每一位书画家的艺术特色和创作成就。说到底,中国书画的鉴赏是从笔墨开始的,继而又回到了笔墨这个核心。故而笔墨风格实是书画家主体秉性、气质的自然流露,而每位书画家的笔墨效果又直接反映出不同的个性风格。这些,又对书画创作带来了借鉴师学的佐证。这正如清代范玑所言:"学画须得鉴古之法。鉴古不明,犹如行远而不识道路之东西,鲜有不错者。"(《过云庐画论》)

《山鹧棘雀图》是宋代黄居寀的传世佳作。人们之所以定其为黄氏的作品,是根据其父黄筌"勾勒填彩,旨趣浓艳"的画风特征,以及其构图完整饱满,设色淳厚朴实,笔法稳健稚拙,成功地体现出五代及宋时花鸟画所展示出来的"既古朴风韵,又具装饰意味"的风格特征所定的。这是从个人风格去判别时代风格的某些特性,也为后世创作这类风格的作品提供了样本,从而开启了中国花鸟画勾勒填彩、富贵华丽的画风。

图1-3 山鹧棘雀图 宋 黄居寀

四、陶冶人之性情和提升个人修养的媒介

中国书画的鉴赏与收藏，不同于其他的艺术门类，更不同于自然风景的观赏。自然风景只是自然客观的实际存在，在一般人看来，并没有太大的区别。而其他的艺术门类，譬如雕塑、建筑或工艺品，这些门类的欣赏都有一个空间的概念，并且很容易与实用联系起来。一件物体一旦具有了实用价值的艺术，其欣赏的空间，尤其是人之审美情感便会产生一定的距离。而有时，这距离会很大，不易融入。书画作品的鉴赏虽也是空间艺术，然其空间是平面的，故而鉴赏的着力点在于视觉，即为视觉的第一印象。正是这一印象，得来的却是身心感受到的全部情感。因而，书画作品的欣赏，尤其是面对一件已被你收藏，且流传有绪的书画作品，其感受的情感往往会大于其他任何艺术的欣赏。加之，一件流传有绪且具有较高艺术价值的书画作品，其对每一位欣赏者的要求会更高。

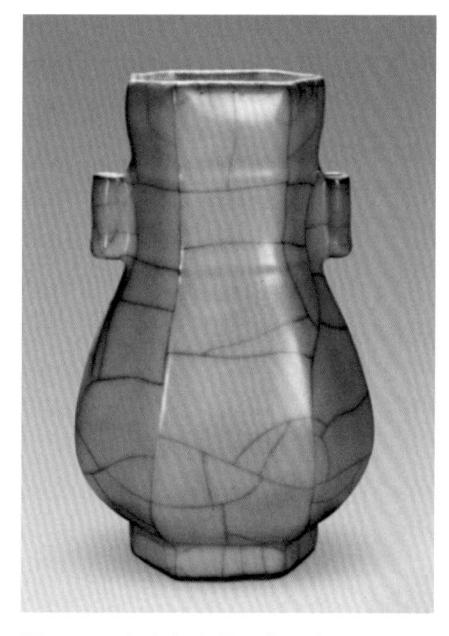

图 1-4　官窑六方贯耳瓶　宋

中国的瓷器、玉器杂项等，这些艺术品，虽然材质精良，工艺精湛，造工精细，然其文化内蕴和艺术价值却远不及书画来的丰富，鉴赏水平的要求也不同。如果某一位人士，其文化水平不高，又不懂书画艺术，让他去欣赏一幅书画作品，尤其是艺术价值和文化内蕴，简直是天方夜谭。所以不懂得中国书画发展的历史，不掌握书画鉴赏的正确方法，不具备相当的文化修养及与之相关的知识，欣赏书画就无从谈起。而书画创作，又是每一位艺术家通过其扎实的笔墨功力，凭借自己深厚的文化艺术涵养，师学借鉴大量优秀的书画作品而创作出来的与众不同的艺术再创造。鉴此，每一位欣赏者，不但要紧跟或同步于创作者的思想境界、创作手法、个性风格，还得了解其所处的时代背景和历史条件。故而如果一位欣赏者没有相当的思想境界与艺术涵养，遇到再优秀的书画艺术作品，也难以成为其感受和认识的对象。

图 1-5　玉雕观世音菩萨像　明

五、收藏鉴赏是各类综合学科的价值体现

所谓的综合学科，一般是指研究社会现象、自然现象中多个领域的一门学科，它所包括的内容与涉及面非常之广。而书画鉴定与收藏不但是一门综合学科的价值体现，而且其内所包含的文化价值与艺术价值是其他门类所不能企及的。中国艺术品收藏门类繁多，品种多样，既有瓷器，又有玉器，还有青铜器、杂项，包括竹木牙雕等。然这些收藏门类，无论是在文化内涵、艺术价值、审美特性或其他诸多方面都无法与书画收藏相比，而且涉及的学科也远未及书画收藏深广。仅以中国书画鉴赏与皮藏的内容分析，鉴赏包括了笔墨内涵、个性风格、文献考证、艺术论析、气韵意境、审美价值等，皮藏包括了收藏、流传、装裱、著录等。瓷器、玉器、杂项等虽也含有不同文化背景和审美要求，然其所包括的艺术内涵及真伪鉴别的难度，都无法与书画相比。

研究中国书画的鉴定与收藏，其内容涉及中国绘画发展的历史，中国书法发展的历史，以及绘画的理论、书法的理论，另又有画法、书法、画风、书风，以及画

图1-6 二仙图 明 吴伟

格与书格等诸多内容。然从形式分析，它又涉及材料、材质，以及与之相关的技法、技巧等方面。中国书画的收藏，不但包括了鉴定、欣赏、庋藏、流传和著录等各个方面，还包括了中国历史、文学、哲学、逻辑学等方面。说到底，中国书画的鉴定与收藏，实是一种包括历史学、艺术学、考古学、文献学等各种学科组合而成的一门学科，更是一种继承传统、弘扬文化、传承文明、综述历史的综合学科。

中国书画鉴定学的形成和创建，无疑是从另一方面证明了中国书画收藏和鉴定这一历史事实的客观存在，并由每一个不同时期的收藏家及其庋藏的艺术品形成的一个又一个的史实，演变成一部历史——一部中国书画收藏史。

第二节　中国书画收藏历史之分期

人们从事中国书画收藏鉴赏的活动，自始至今从未停止过，并演变成一波又一波的不同历史。相比之下，呈现的现象只不过是繁荣或衰退，前进或倒退。每一段文化艺术收藏活动的兴衰，虽是和每个不同历史时期的政治、经济、文化、艺术相合相存，然都不同程度地为研究中国书画收藏的历史提供了具有价值的历史分割和研究个体。现将书画收藏的历史分为以下几个时期，这对研究中国书画收藏的历史必然带来益处。

一、两汉时期（前206—220）

西汉与东汉合称两汉，这专制统治的四百余年，为中国书画鉴藏之孕育时期。此前虽有绘画作品，然无收藏。到了汉代已对宫廷画家建立起一套制度，这便为书画的收藏奠定了基础。据史籍记载，这一时期已专门"创置秘阁，以聚图书"，"又创立鸿都学，以集奇艺"，可见收藏已肇始。但是真正意义上的书画收藏尚属孕育期。

二、魏晋南北朝时期（220—589）

魏晋南北朝时，虽然政局十分动荡，战争频繁发生，然书画的收藏已渐趋活跃。宫廷书画收藏以数十万计，私人收藏也十分可观，书画的品评随之兴起，出现了不少类似谢赫《古画品录》这样的名著。然在战乱和动荡中书画名迹惨遭损失,造假之风渐起,为日后的书画收藏及造假作伪奠定了某些基础。

三、隋唐五代时期(581—960)

隋唐为中国封建制度再度统一时期。绘画和书法得到了高度的发展,尤其是书法艺术,篆、隶、楷、行、草诸体皆现,这就推动书画收藏成为现实。唐代的书画收藏已渐成规模,内廷和私家收藏齐头并进,不仅涌现了诸多的收藏家,更是产生出类似刘彦齐、赵喦这样被称为"巨眼"的藏家,于是"眼鉴"这一鉴定方法渐成发展趋势。

四、两宋时期(960—1279)

宋代的绘画,山水、人物、花鸟等各科得以全面发展,院体画与文人画日臻成熟,书法更是真、行、篆、隶、草五体皆工。这时期不但涌现出一大批著名的书画艺术家,而且书画收藏也已达鼎盛时期。北宋徽宗内府收藏达历史高峰,皇家收藏已成主体,并有《宣和书谱》《宣和画谱》等重要著录问世。私家收藏,出现了不少类似米芾、王诜等重要藏家。同时,也出现了不少私家收藏的品评专著,如米芾的《书史》《画史》等。此一时期,装裱已渐成风气,押钤印已渐起始,临制、摹制书画名迹亦已日盛。这无疑已成为研究中国书画收藏与鉴赏之重要时期。

五、元代时期(1271—1368)

元代的书画收藏与宋代相比虽渐趋衰退,然内府收藏依旧可观。文宗时为元代内府收藏最为丰富期。内府设立奎章阁,并由秘书监专管,秘书监内设书画直长,具体负责对书画的辨鉴。元代私家收藏也十分丰富,较为著名的藏家除鲁国大长公主之外,尚有赵孟頫、鲜于枢、柯九思、郭天锡、倪云林等,书画著录更有周密的《云烟过眼录》《志雅堂杂钞》等问世。他们对整个元代的书画收藏起到了不可低估的作用。

六、明代时期(1368—1644)

明代的书画收藏较之元代日渐兴盛。明朝自开国皇帝朱元璋起,亦因皇帝喜好绘画,崇尚南宋院体,时召画家入宫,绘画创作得到了长足的发展,同时也涌现出了不少著名的书画家，书画收藏也随之兴盛。明代书画收藏呈内府收藏与私家收藏并盛的局面，然相比之下私家收藏较之内府收藏更有长足的发展。富甲一方的藏家有华夏、文徵明、项元汴、王世贞、张丑、董其昌等。同时私家著录也不断呈现，这对研究明及明之前的书画鉴藏提供了较为可靠的研究资料。

七、清代时期（1644—1911）

清代的书画收藏，呈现出皇家内府收藏与私家个人收藏此起彼伏、相互消长的态势。清乾隆时内府收藏达历史全盛时期，并对内府的书画珍品进行了较为系统的整理和编排，有《石渠宝笈》《秘殿珠林》等重要的著录传世。清代私人藏家中，较为著名的有梁清标、孙承泽、安岐、卞永誉、高士奇等，并有相应的私家著录专著行世。然有趣的是，每当皇家内府收藏丰富之时，民间私家收藏就趋薄弱；而当私家收藏日盛时，皇家收藏就相对衰落。这是一个问题的两个方面，同时也反映出书画收藏的时代背景和政治体系。

第三节　皇家收藏与私家收藏之嬗递

纵观整个中国书画收藏的历史，可分为皇家内府收藏和私家个人收藏两大部分。这两个不同的收藏途径，在各个不同的历史时期，呈现出此起彼伏、相互消长、相互牵制的态势。

中国的书画鉴藏活动最早应始于汉代，据《历代名画记·叙画之兴废》云："汉武（帝）创置秘阁，以聚图书；汉明（帝）雅好丹青，别开画室。又创立鸿都学，以集奇艺，天下之艺云集。"这段记载，一方面说明当时的收藏比较杂乱，所谓的图书多为壁画和竹木简，真正的纸绢画很少；另一方面证明汉时皇家已设立专门的庋藏机构，从事艺术品收藏活动。然既为书画鉴赏，势必就有书画收藏，而书画收藏的先决条件是经由以纸绢作为媒介所作的书画作品，还须对此进行装裱保护，再后就是所谓的著录。至六朝时，随着纸绢画的流行和书画名家的出现，书画的收藏才成为可能，并逐渐成为庋藏的重点。

魏晋南北朝时，由于帝王的喜好，书画收藏的数量日益增多。尽管在改朝换代时书画作品遭受损失，有时甚至是毁灭性的，但也从未因之而不再收求庋藏，反而变得更加迫切。但不管如何，此一时期的书画收藏，当以皇家收藏为主。另有一些名门望族及权贵也以收藏书画作品为乐，且有诸多大家与之抗衡，在收藏方面展开竞争、标榜，甚至出现以收藏优劣、多寡为评定门第高低的标准之一。

隋唐及元代时期，由于各皇帝的喜好与重视，内府收藏时有增加，然也时有减少。唐太宗喜好书画，尤喜王羲之的书法，对其收藏更是不遗余力。至高宗、武后时，内府书画收藏也有所增加。然到唐中宗年间，内府的书画收藏大批流出宫外，进入贵戚、官宦、私室。此时，私人藏家逐步增多，出现了不少既懂鉴赏又谙收藏的私人收藏家。到玄宗时，他曾多次派人搜求薛稷、李范、王方庆诸家的私藏，从中可见此一时期皇家收藏与私家收藏之此起彼伏、更换交替的史实。

两宋的书画收藏出现了十分繁荣的景象。宋代内府，尤其是北宋时的内府收藏可谓是大集聚时代，到徽宗时已达盛极。他不但极力搜刮民间藏品，还对内府的书画珍品进行了系统的梳理、品评、定审、出版。两宋的私家收藏，由于宋代文化的繁荣，经济的发展，书画收藏之风日盛，涌现出不少具有影响力的书画收藏大家，例如米芾、王诜、邓椿、赵令畤、赵与懃等。两宋的书画收藏的另一特点，就是书画著录专著的不断增多，还有不少书画史论专著中也包含了有关书画著录和品鉴的内容。皇家内府和私家个人编著出版了极负影响力的书画著录专著，皇家有《宣和书谱》《宣和画谱》，私家有《书史》《画史》，另有《云烟过眼录》等。

元代的书画收藏，就元内府来说，专门设置了书画收藏专职，具体负责经管收藏书画，致使内府收藏不断丰富。然元代的私家收藏较之内府显得更为活跃，涌现出一大批书画收藏家。他们有的是士大夫，更多的是书画家。其中，还有一位皇姊大长公主祥哥剌吉，她的书画收藏实让人望而却步，为一般藏家无法相比。

明代的内府收藏和私家收藏在各个不同时期呈现了各种不同的特点。明代内府的收藏当以宣宗、宪宗、孝宗三朝最为丰富，这一方面与皇帝本人喜好书画有关，另一方面与书画作品的来源直接相连。明内府的书画藏品，一方面在于接收元内府的庋藏，籍没大臣家的藏品，还有一方面是收藏当代书画家创作的作品。然到了明中期以后，因国库空虚，皇帝竟将书画作为"折俸"，折价给官员作为薪金；又因军饷不足，还将内府藏品出卖以筹饷款。加之内府对书画收藏管理不严，常被太监偷窃出宫，内府的书画常常散落民间。因此明代出现了不少书画收藏大家，如明早期被誉为"三杨"的杨士奇、杨荣、杨溥，明中期被誉为"好事者"藏家的严嵩、严世蕃父子，另有华夏、李日华、张丑等收藏大家，以及既善书画创作，又擅鉴定收藏的文徵明、项元汴、董其昌等一批藏者。从中可见，明代的书画收藏中，私家收藏业已超过了内府的收藏。

清代的书画收藏，就皇家内府和私家个人来看，内府收藏大大超过了个人收藏。清代内府的书画收藏，从数量、质量和品目等诸多方面看，较之私家的收藏要丰富得多。康熙时期，命王原祁为书画谱馆总裁，编撰《佩文斋书画谱》。而至乾隆朝时，由于乾隆极喜书画，又专横跋扈、好大喜功，散落在民间的法书名画，包括诸多的重要私人藏家的藏品，几乎皆归内府所有，这可谓是继宋徽宗之后内府最大的一次集中。经过整理评定，还编纂了《秘殿珠林》《石渠宝笈》等著录。然到嘉庆、道光时，皇帝喜用宫中收藏的书画赏赐给大臣，致使内府的收藏又一次散落民间，私家收藏又日渐兴盛。1912年，清帝逊位，溥仪将清宫1200余件书画佳品偷盗出宫，后陆续散落民间。直至清末民国初，清内府的书画藏品损失已极为严重。

第四节　著录专著和重要藏品之价值

著录，是指对皮藏或所见书画藏品经过鉴赏与评定之后，用文字记录下来将之编撰成书的专著。

历代有关书画著录的专著很多，在诸多书画理论论著中占的比例不小。然就书画著录的类别来说，无外乎两类：一类是专注于皇家内府的；一类是着力于私家个人的。而就种类分析，有的是专门论及书画作品收藏鉴定的，有的是以书画理论论述为主的。前者以《石渠宝笈》为代表，后者以《佩文斋书画谱》为代表。

专门记录宫廷官府收藏的，最著名的莫过于宋代徽宗时期的《宣和书谱》《宣和画谱》，另有清代乾隆时期的《石渠宝笈》《秘殿珠林》。专门记录个人收藏的更多，历代留传下来的最具代表性的有：宋代米芾的《书史》《画史》，周密的《云烟过眼录》；元代汤垕的《画鉴》《画论》；明代张丑的《清河书画舫》；清代卞永誉的《式古堂书画汇考》，高士奇的《江村销夏录》，安岐的《墨缘汇观》，等等。这类著录中，有的是看过作品随手记录的，如清代蒋宝龄的《墨林今话》等；有的是根据作品回忆记录的，如清代李佐贤的《书画鉴影》等；还有的是为刻意骗人而写下的，如明代张泰阶的《宝绘录》等；可谓五花八门，不一而述。

历代的著录专著确实为人们提供了可供研究分析、审辨真伪的价值，尤其是那些名品佳作，若没有相应的记载和著述，就很难从中寻找到可供研究的轨迹和路径。历代著录收集记载下这些国之瑰宝，同时又因这批优秀的佳作而得以传世，并以文字的形式传承了下来，可谓功不可没。

正是收藏史上留有这众多的书画著录专著，人们才可以依据这些书画著录专著来鉴别书画作品的真伪及优劣。著录中有关书画作品的题材、内容和形式，以及其他所记载的，如质地、尺幅、内容、名称、印章、题跋等，这些实为后世的研究者提供了可供研究参考的重要依据。

根据著录，鉴定研究重要藏品的真伪优劣，还应注意正反两个方面的问题：

一是从正面看。

在运用书画著录这辅助依据时，首先必须考虑著录本身的可靠程度。具体说，就是著录者本人的文化修养、鉴赏水准、人品素质是否较高。由于著录者的鉴定能力不同，著书的观点和见解不同，著书的方法不同，著书时采取的态度不同，因此，著录本身的可靠程度也就不同。有些著录者态度不够认真严肃，凡是经他收藏或见到过的作品，不管其真伪程度如何，信手就做著录，甚至不负责任地抄录别的著录。加上大多著录书都是后人修改而成的，本人亲手整理出版的为数较少等原因，有些著录书较为可靠，而有些就常常出错，更有的纯粹就是为图利骗人。一般来说，凡朝廷组织编著的，或著者本人是有眼力的鉴赏家，所撰著作就较为可靠。从历代流传的著录来看，较为可信的著录书就官方来说，有《宣和画谱》《宣和书谱》《石渠宝笈》《秘殿珠林》；就私人来看，有周密的《云烟过眼录》、卞永誉的《式古堂书画汇考》、孙承泽的《庚子销夏记》、吴其贞的《书画记》、高士奇的《江村销夏录》、顾复的《平生壮观》、阮元的《石渠随笔》、张庚的《国朝画征录》、安岐的《墨缘汇观》、吴荣光的《辛丑销夏记》、陆心源的《穰梨馆过眼录》等。如果被鉴定的书画在这类著录中有记载，且方方面面都相一致，那么这件作品就较为可靠，收藏也就有相当价值。例如展子虔的《游春图》就是著录于宋代《宣和画谱》、宋周密的《云烟过眼录》、明代文嘉的《钤山堂书画记》、明代张丑的《清河书画舫》、清代吴昇的《大观录》和安岐的《墨缘汇观》等。

图 1-7　游春图　隋　展子虔

二是从反面看。

有些人以为凡是著录过的作品都是真迹，不加分析地盲目照搬。殊不知，一些著录者由于其鉴赏能力与学识有限，因而误将真迹当作赝品或将赝品当作真迹进行著录的不少。尤其是明清以来，各种著录逐渐增多，有些仍然沿袭旧的格式，只记作者姓名及书画名称，对内容款识只简单地记上几笔，很不具体，有的甚至写错。也有些人本身收藏作品不多，或根本不是收藏家，却也著书行世，这就给鉴定带来了一定的麻烦和混乱。如清代陶梁的《红豆树馆书画记》，著录了元代高克恭的《山水轴》，款云："至正己亥（1359）四月克恭。"据考，高克恭宋淳祐八年（1248）生，元至大三年（1310）卒，享年63岁。而至正己亥高克恭已过世49年。就连《石渠宝笈》这种宫廷内府著录的"权威"，有时也会出错，如将董源的《夏景山口待渡图》、赵伯驹的《江山秋色图》误认为赝品而列入次等。其实，这两件作品都是难得的真迹。而同时又将伪作米芾的《云山图》和伪作黄公望的《富春山居图》列入上等。更为可笑的是还有专做伪著录的，如明张泰阶《宝绘录》和清杜瑞联的《古芬阁书画记》，所著录的书画基本上是一批伪作。

综上所述，我们对著录既不能盲目依从，也不能一概否认，而要从正反两方面去加以分析研究，从而得出自己正确的结论。那种以为凡有著录的书画才可以收藏、凡未见著录的就予以否认，这种观点往往是不懂行或迷信权威而造成的。这些，在鉴藏中应予以纠正。

著录名著的重要性尚且如此，那么流传有绪的重要书画珍品，其艺术价值和历史价值更不可估量。

就法书而言，《平复帖》是传世卷轴书法中最为古老的墨宝。《平复帖》为西晋文学大家陆机所作，不但流传有绪，又有宋徽宗的瘦金体题签，"宣和""政和"双玺钤印，并经《宣和书谱》等著录，又经韩世能、董其昌、梁清标、安岐等大藏家递藏。全书笔法质朴自然，运笔盘丝屈铁，结体茂密天趣，有极高的艺术价值，重现了我国书法从章草至今草演变的历史转换过程，成为这一演变时期的重要见证，其稀缺性和珍贵性无可类比，为研究我国书法艺术历史的演变留下了极为珍贵的"天下第一法帖"。

就名画而言，《游春图》则是行世卷轴中最早最为珍稀的名迹。《游春图》创作于隋代，不但是现今国内外所有名画藏品中最为古远的名作，经宋内府收藏，有宋徽宗赵佶题签，更经南宋贾似道、元长公主祥哥剌吉等递藏，而且历代诸多藏家都

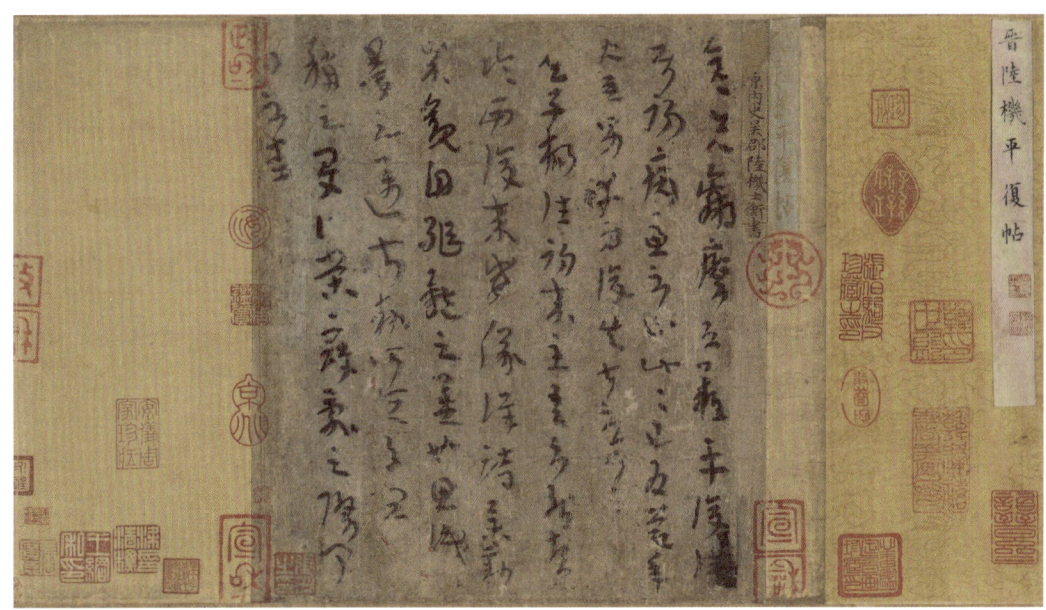

图1-8 平复帖 西晋 陆机

曾载录,如周密《云烟过眼录》、张丑《清河书画舫》《清河秘箧书画表》、詹景凤《东图玄览编》、卞永誉《式古堂书画汇考》等。《游春图》不但真实地呈现出我国早期山水画的特征,而且在艺术风格和历史价值上绝无他作可比。

首先,绘画方法上,彻底改变了隋以前的山水格式,展现出一种崭新的山水空间格局,呈现出"写江山远近之势尤工,故咫尺有千里趣"(《宣和画谱》)。

再次,绘画历史上,提升了山水画的历史地位,开启了山水画独立成科的新的里程碑,使山水画创作从此发展成一门独立成科的新样式。

三是,绘画创作上,对后世山水画的创作,尤其是对唐初及李思训等青绿山水画产生了极大的影响,对以后的山水画创作起到了承前启后的作用,成为"开青绿山水之源"的标志性作品。

由此可见,如若没有这些历代珍贵的书画名作流传至今,没有世界各地各大博物馆及私家手中的这些珍贵名作的传世,人们不但无法研究书画艺术发展的历史,而且艺术创作和艺术欣赏更是无从谈起。

第二章 魏晋南北朝的书画收藏
（初创时期）

第一节 各王朝内府和士夫阶层的收藏

一、早期书画收藏的特点

中国书画之收藏，自然与书画艺术的变革兴盛相关，更与当时的政治、经济、文化的发展相连。中国的书法与绘画，最早可上溯原始社会的新石器时代，但那时的绘画作品，只是绘制在一些岩壁或陶器上，有的只是一些纹饰。至奴隶社会，从殷墟中发现的金文或甲骨文，都依附于器皿之上。此外，史前还有不少的壁画。然此时无论是个人或氏族，都无法专事书画的收藏。所谓的收藏，也只是一些甲骨文、青铜器、玉器、日用器物、简牍典籍等。

真正意义上的书画收藏，从历史发展去看应源自秦汉，据《汉书》等记载，汉武帝时已设立画室，当时的宫廷画工被称为"黄门画者""尚方画工"，民间画工和士人画家也不断涌现，尤其是书写从实用转为艺术之后，出现了不少以书法知名的士大夫，加之尺牍、辞赋的流行，使之成为人们欣赏、研究、赠送和收藏的对象。然在这个时期，不但收藏的群体少，而且收藏的数量也不多，可算是中国书画收藏的萌芽期。据唐代张彦远《历代名画记·叙画之兴废》中载："图画之妙，爰自秦汉，可得而记。降于魏晋，代不乏贤。洎乎南北，哲匠间出。曹、卫、顾、陆，擅重价于前；董、展、孙、杨，垂妙迹于后。"其在《论画山水树石》中又论道："魏晋以降，名迹在人间者，皆见之矣。"另据东汉王充《论衡·须颂篇》载："宣帝之时，画图汉列士，或不在于画上者，子孙耻之。何则？父祖不贤，故不画图也。夫颂言，非徒画文也。"这是说，汉宣帝时，以画像表彰有功的大臣，有的人不在画像表彰之列，子孙会为此感到可耻。为什么呢？父祖辈不贤良，所以没有受到画像的表彰。从张彦远和王充的论述中，一方面说明中国的绘画与当时的政治相关，同时也证明所谓的书画收藏，最早应源自秦汉。

早期书画收藏的另一特点，则是它所借助的媒介，即绢素与纸张。从某种意义上说，离开了绢素与纸张，书画收藏就无从谈起，也即是在以绢素为媒介而形成所谓的"卷轴画"后，才逐渐被人们公认为真正意义上的书画艺术品之递藏。这也正如张彦远所述："凡人间藏蓄，必当有顾、陆、张、吴著名卷轴，方可言有图画。"①

绢帛的历史最早可追溯到殷商时期。用绢帛写字图绘，不但有文献可考，更有实物为证。孔子《论语》中就记载了以绢素作画的史实："子夏问曰：'巧笑倩兮，美目盼兮，素以为绚兮，何谓也？'子曰：'绘事后素。'"这就证明当时的丹青系通过绢素去完成的。长沙战国楚墓中发现的两件《人物御龙图》《人物龙凤图》精彩帛画，进一步说明了绢素作为书画创作的依托已被历史证实。但从已出土的战国绢帛书画看，因为系陪葬之物，也无装裱痕迹，故根本谈不上鉴藏。而后随着纸张的出现，加之装裱的保护作用，使书画的收藏不仅成为事实，而且成为历史发展的必然。

另据南朝梁虞龢《论书表》载："……繇是拓书，悉用薄纸，厚薄不均，辄好绉起。范晔装治卷帖小胜，犹谓不精。孝武（宋世祖刘骏）使徐爱治护，随纸长短，参差不同，具以数十纸为卷，披视不便，不易劳茹，善恶正草，不相分别。今所治缮，悉改其弊。"此段记载，更是充分证实了纸张和装裱于书画收藏之价值和意义。

那么，我国的书画收藏最早又始于哪个朝代呢？据史料记载，我国的书画鉴藏活动，最早应始于汉代。赵壹《非草书》载：时人仰慕梁孔达、姜孟颖之书，"于是后学之徒，竞慕二贤，守令作篇，人撰一卷，以为秘玩。"又据唐代张彦远《历代名画记·叙画之兴废》云："汉武（帝）创置秘阁，以聚图书；汉明（帝）雅好丹青，别开画室。又创立鸿都学，以集奇艺，天下之艺云集。及董卓之乱，山阳西

---

①张彦远：《历代名画记》，中州古籍出版社，2016年版，第64页。

图 2-1　人物御龙图　人物龙凤图　战国

迁，图画缣帛，军人皆取为帷囊，所收而西七十余乘。遇雨道艰，半皆遗弃。"于是先朝所收藏而宝贵者，致遭极大之劫运，汉画真迹，至此极少流传。汉明帝雅好图画，又别立画官，诏博洽之士班固、贾逵辈，取诸经史，令尚方画工图画。元帝雅有才艺，善丹青，古之珍奇，充牣内府。这一方面充分证明汉时皇家已设立了专门的庋藏机构，还委任专门管理画工的官僚；另一方面证明了当时的收藏较为杂乱，所谓的图书多为竹木简和壁画，真正的纸绢画作极少。

综上所述，书画的鉴藏，首为鉴赏，而后才有庋藏；汉魏时期已开其端，而后日趋发展。而书画收藏的先决条件，一为纸绢，再为装裱，随之有所记载，便是后世所谓的著录。到六朝时，随着书画名家不断涌现和纸绢书画的流行，书画作品才逐渐成为鉴定和庋藏的重点，并在各个不同的时代呈现出各自不同的特点，逐渐演变成一部书画收藏的历史。

二、各王朝内府的收藏

据张彦远的《历代名画记·叙画之兴废》载："魏晋之代，固多藏蓄，胡寇入洛，一时焚烧。宋、齐、梁、陈之君，雅有好尚。"这说明魏晋时期及之前的帝王大都喜好书画。曹操、曹丕擅书，曹髦善画也喜画，东吴孙权亦好画。由于帝王们喜好书画，宫中便少不了收藏。后到司马氏篡魏统一中原，内府的历代书画即归晋朝内府收藏。可惜在晋永嘉五年（311），刘渊之子刘聪派刘曜、王弥、呼延晏等人率军攻下晋都洛阳，由于大肆烧杀掠夺，历代书画"一时焚烧"，惨遭毁灭。后司马邺在长安称帝，刘曜又于晋建兴四年（316）率兵攻下长安，西晋遂亡，长安又一次惨遭浩劫，书画藏品亦多毁散。

然不管如何，魏晋南北朝时，由于帝王的喜好，尽管兵乱不断，在改朝换代中书画藏品遭到损失，有时甚至是毁灭性的，但各王朝也从未因之而不再搜求庋藏书画，反而使书画的搜求变得更加急切。王朝内府于书画收藏较为嗜好及显赫者，当数桓玄、刘裕、刘彧、萧衍和萧绎等人。

桓玄，生于东晋太和四年（369），卒于元兴三年（404）。一名灵宝，字敬道，谯国龙亢（今安徽怀远西北）人。东晋大司马桓温少子。曾任义兴太守，录尚书事、大将军、丞相等，后篡晋夺位，建立桓楚，改年号为"永始"。桓玄形貌瑰奇，风流疏朗，琴棋书画，无所不能，工诗文，尤喜收藏。著有《桓玄集》二十卷，并注《周易·系辞》二卷。

桓玄本人善书法，其书法水平甚高，他曾自诩自己的书法可与王羲之比肩。庾肩吾在其《书品》中曾将桓玄的书法与羊欣、卫夫人等十五人列为中之上品。而窦息在《述书赋》中称："敬道（桓玄）耽玩，锐思毫翰。依凭右军，志在凌乱。草狂逸而有度，正疏涩而犹惮。如浴鸟之畏人，等惊波之泛岸。"桓玄在位时，曾颁布改"简"为"纸"的命令。自蔡伦改进造纸术之后，虽然纸的运用不断推广，但国家政令仍采用简牍，为此，桓玄下诏："古无纸，故用简，非主于敬也，今诸用简者，皆以黄纸代之。"从此之后，纸张才完全替代简牍，成为朝廷公文的书写载体。

桓玄性好书画："重以桓玄，性贪好奇，天下法书名画，必使归己。及玄篡逆，晋府真迹，玄尽得之。"[①] 另据《晋书·桓玄列传》载："（桓玄）性贪鄙，好奇异，尤爱宝物，珠玉不离于手。人士有法书好画及佳园宅者，悉欲归己，犹难逼夺之，皆蒲博而取。"又据何法盛《晋中兴书》云："刘牢之遣子敬宣诣玄请降，玄大喜，陈书画共观之。"待他夺位后，晋内府所藏书画皆被他掠归己有。而于当时的

---

① 张彦远：《历代名画记》，中州古籍出版社，2016年版，第12页。

书法大家王羲之、王献之父子的书画真迹,桓玄更是"耽玩,不能释手,乃撰二王纸迹杂有缣素正行之尤美者,各为一帙,常置左右。及南奔,虽甚狼狈,犹以自随。擒获之后,莫知所在"①。据《晋书·桓玄列传》又载:"初欲饰装,无他处分,先使作轻舸,载服玩及书画等物。"这是说,桓玄专门将书画藏在一艘船上以供己赏观。有人劝他不要这样做,他竟笑道:"书画服玩既宜恒在左右,且兵凶战危,脱有不意,当使轻而易运。"这可谓宋米芾之类打造所谓"书画船"的庋藏书画之先例矣。《晋书·顾恺之列传》记载:"恺之尝以一厨画糊题其前,寄桓玄,皆其深所珍惜者。玄乃发其厨后,窃取画,而缄闭如旧以还之,绐云未开。恺之见封题如初,但失其画,直云妙画通灵,变化而去,亦犹人之登仙,了无怪色。"由此可见,桓玄为获得法书名画或偷或抢,可谓不择手段。桓玄还经常邀请客人欣赏自己的藏品,事先招待客人吃饼,完后再欣赏书画。由于吃饼后手留有油渍,经常弄脏字画,为此桓玄很是不乐,此后,他就不再安排客人吃饼,也尽量不让客人触碰字画。"饼"在当时被叫作"寒具","桓玄寒具油"的典故以此传开。檀道鸾《续晋阳秋》载:"桓玄好蓄法书名画,客至,常出而观。客食寒具,油污其画,后遂不设寒具。"李绰《尚书故实》中也载:"桓玄尝盛具法书名画,请客观之。客有食寒具,不濯手而执书画,因有涴,玄不怿,自是会客不设寒具。"

刘裕,生于东晋隆和二年(363),卒于宋永初三年(422)。字德舆,小字寄奴,祖籍彭城(今江苏徐州),汉高祖刘邦之弟刘交的后裔。累官相国、扬州牧。东晋至南北朝时期杰出的政治家、改革家、军事家。元熙二年(420),刘裕篡晋自立,即高祖武皇帝,为南朝刘宋开国皇帝。著有《兵法要略》。

刘裕执政之后,吸取前朝士族豪强挟主专横的教训,加强集权,整顿吏治,重用寒士,振兴教育,轻徭薄赋,废除苛法,奠定了新的政治格局,为江南经济的发展以及汉文化的保护和发扬做出了极大的贡献。

刘裕喜好书画,亦耽收藏。在他打败了桓玄,废东晋建宋后,首先派大臣臧熹入宫接管桓玄内府所藏法书名画。于是,这批东晋内府所藏书画就归刘宋王朝,在此基础上他又广征博取,不断充实内府的收藏。加之自西晋"永嘉之乱""五胡乱华"以来,先前的古籍书典已遗失大半。刘裕北伐后秦前,当时东晋所存藏书仅四千卷。刘裕在北伐过程中,将散落在中原各地的图书典籍悉数收获运回京都,又

---

① 卢辅圣:《中国书画全书》第一册,上海书画出版社,1993年版,第37页。

下令对赤轴青纸、文字古拙之书，亦加庋藏以传。至刘宋永初元年（420），宫中所藏书籍已达六万多卷，对汉文化典籍图书的保护传承做出了巨大贡献，也奠定了刘宋王朝庋藏书画和图籍的基础。

刘彧，生于宋元嘉十六年（439），卒于宋泰豫元年（472）。字休炳，小字荣期，彭城（今江苏徐州）人。宋武帝刘裕之孙，宋文帝刘义隆第十一子。庙号太宗，谥号明帝，性淫虐，信鬼神。善读书，擅诗文，好收藏。撰有《江左以来文章志》等。

明帝即位后，"旧臣才学之士多蒙引进"[1]。并留意书画收藏。他一方面命巢尚之、虞龢、徐希秀等人整理鉴别内府所藏书画，另一方面诏令搜寻前朝所散佚的书画作品，并饬其幸臣免罪，还收购内府书画。"大凡秘藏所录，钟繇纸书六百九十七字，张芝缣素及纸书四千八百廿五字。年代既久，多是简帖。张昶缣素及纸书四千七十字，毛弘八分缣素书四千五百八十八字，索靖纸书五千七百五十五字，钟会书五纸四百六十五字。"[2] 随后又遣吏到三吴、荆、湘等地搜集散佚之书画。由于帝王所好，群臣亦设法多方搜寻以进献。数月之间，精品云集，遂使其内府的书画收藏更为丰富完整。

萧道成，生于宋元嘉四年（427），卒于齐建元四年（482）。字绍伯，小名斗将，东海郡兰陵县（今山东兰陵）人。为西汉丞相萧何二十四世孙，刘宋萧承之子，官至散骑常侍，太子左卫率。后于升明三年（479）受刘准禅让即位，国号齐，为南齐高帝。能文善书，通习经史，喜好围棋，又好收藏。著有《齐高棋图》二卷。

萧道成即位后，不但将内府收藏的书画悉尽归己，又将其中最为精妙的绘画作品，按其内容进行了等级划分，并辑录整理了自古以来的名作。但他所整理的书画作品并未按年代的顺序进行编次整理，而是根据绘画作品的优劣进行排序，从首位的陆探微到最后的范惟贤，凡四十二人分为四十二等二十七帙、三百四十八卷。此后，他每处理完政事，便对这批藏画朝夕赏观，乐此不疲，从中寻求收藏之乐。

萧衍，生于南朝宋大明八年（464），卒于梁太清三年（549）。字叔达，小字练儿，南兰陵郡（今江苏常州）人，官至雍州刺史。接受萧宝融禅位，建立南梁，为梁武帝。萧衍博经通史，擅文精诗，通音律，善绘画，工书法。在位时，崇儒兴学，倡信道佛。撰有《周易讲疏》《春秋答问》《孔子正言》等，曾敕编《通史》六百卷。

---

[1] 李延寿：《南史》，中华书局，1975年版，第84页。

[2] 张彦远：《法书要录》，辽宁教育出版社，1998年版，第16—17页。

萧衍工绘画，尤善花鸟走兽。他更精书法，对书法的技艺都有深入的研究。对王羲之、王献之的书法艺术提出了不少自己独特的见解，并留下了《观钟繇书法十二意》《草书状》《答陶隐居论书》《古今书人优劣评》等多部书法理论专著。

萧衍极喜书画、古籍的收藏，搜求民间之物不遗余力。在其执政的四十余年间，对内府所藏书画极为珍爱，并在此基础上又竭尽全力搜求前人的书画作品。张怀瓘《二王等书录》记载："武帝尤好图书，搜访天下，大有所获。"在他的影响和推动下，周边的臣僚，如陶弘景、萧子云、袁昂等都积极参与书法品评鉴赏活动，成为当时杰出的书法品评鉴赏家。品鉴书法在萧梁时期蔚然成风，并成为中国书法发展史上品鉴风气最为繁荣的时期。另据《法书要录》载，萧衍又好图书，为此搜访天下，获取甚丰。其中，尤喜收罗王羲之、王献之父子的墨宝佳作，时收藏的"二王"作品就达七十八帙七百六十七卷之多。

萧绎，生于梁天监七年（508），卒于梁承圣四年（555）。字世诚，小字七符，自号金楼子。南兰陵郡（今江苏常州）人。萧衍之子，南朝梁第四位皇帝，即梁元帝。性猜忌，博览群书，喜好文学，通音律，诗文书画无所不能。撰有《孝德传》《周易讲疏》《注汉书》《金楼子》等。

萧绎工书法，尤精绘画，留存至今传为萧绎的《职贡图》（现藏中国国家博物馆），描绘了前往南梁朝贡的滑国、波斯、龟兹、倭国等多国使节的情景。人物线条以高古游丝描为主，间施兰叶描手法，全图画法精湛，设色典雅，为中国绘画史上不可多得之珍品。为研究中国古代朝贡史，以及研究南北朝时期的绘画留下了极为珍贵的资料。萧绎实为中国历史上历代帝王中最具才华的奇才之一。他还写过一篇著名的《山水松石格》，影响颇广。

萧绎喜好收藏，尤好藏书。四十余年间，建文德殿聚书达八万余卷。西魏伐梁

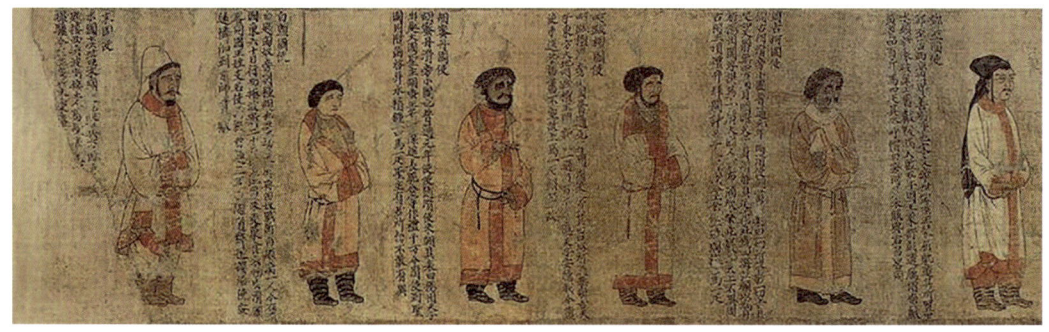

图 2-2　职贡图　南朝　萧绎（传）

时，他被困江陵，城陷后，他恐图书、古物落入敌手，竟将古画、法帖、古今图书十四万卷，命后宫舍人高善宝点火焚之，尽毁于一旦。又悲叹曰："读书万卷，犹有今日，故焚之。"并欲投火自焚，宫中嫔妃宫女牵衣得免，后被魏军所杀。此实为书画收藏史之一大厄运。之后于谨等人在灰烬中收罗了四千多轴书画运至长安。到南朝陈天嘉年间，陈文帝肆意搜集书画，所得数量颇多。

综上可知，整个魏晋南北朝的内府收藏，均由各朝帝胄之恶好喜嗜所承之，并随着不同的时局变化而发生变化。

三、士夫阶层的收藏

自东晋至整个南北朝时期，"上有所好，则下必甚焉"，承东晋之余绪，收藏鉴别之风必然涉及士夫阶层。此时作为朝廷士夫阶层对书画的喜好和需求亦已渐成风气。当时作为望族的王羲之、王献之家族，顾恺之、谢安诸族，以及郗、桓、朱、张诸家，门户相当，实力丰裕。在书画鉴藏方面，不但相互标榜，而且以此作为衡量门户高低的尺度之一。这既是当时的社会风尚之所至，也是人性本能之所为。如今，岁月流逝，人们虽然找不到这些望族大家的收藏史料，然从这类人士的艺术修养衡定，他们的书画收藏实也不可小觑。现列举王羲之、陶弘景论述之。

王羲之，生于晋太安二年（303），卒于升平五年（361）（一说321—379）。字逸少，系王廙之侄子，王旷之子。琅琊临沂（今山东临沂）人，后迁会稽山阴（今浙江绍兴）。累官至秘书郎、江州刺史、右军将军、会稽内史。人称王右军。

永和十一年（355）三月，王羲之称病弃官，"携子操之由无锡徙居金庭，建书楼，植桑果，教子弟，赋诗文，作书画，以放鹅弋钓为娱"。性情豪爽，不拘于世俗，其书写的《兰亭序》被誉为"天下第一行书"。王羲之为东晋时期著名书法家，少学卫夫人、钟繇书，草隶、八分、飞白、章、行，诸体皆工。《书断》称其"备精诸体，自成一家法。千变万化，得之神功。自非造化发灵，岂能登峰造极。然割析张公之草，而浓纤折衷，乃愧其精熟"[1]，有"书圣"之誉。

《晋书》卷八十《王羲之传》称：王羲之"清贵有鉴裁""怀尚子平之志"。他专心书学，后不得已出来为官，也善绘画，曾作《临镜自写真图》。《书谱》中录王羲之语："顷寻诸名书，钟、张信为绝伦，其余不足观。"王羲之称谢安："卿是解

---

[1] 张怀瓘：《书断》，浙江人民美术出版社，2012年版，第135页。

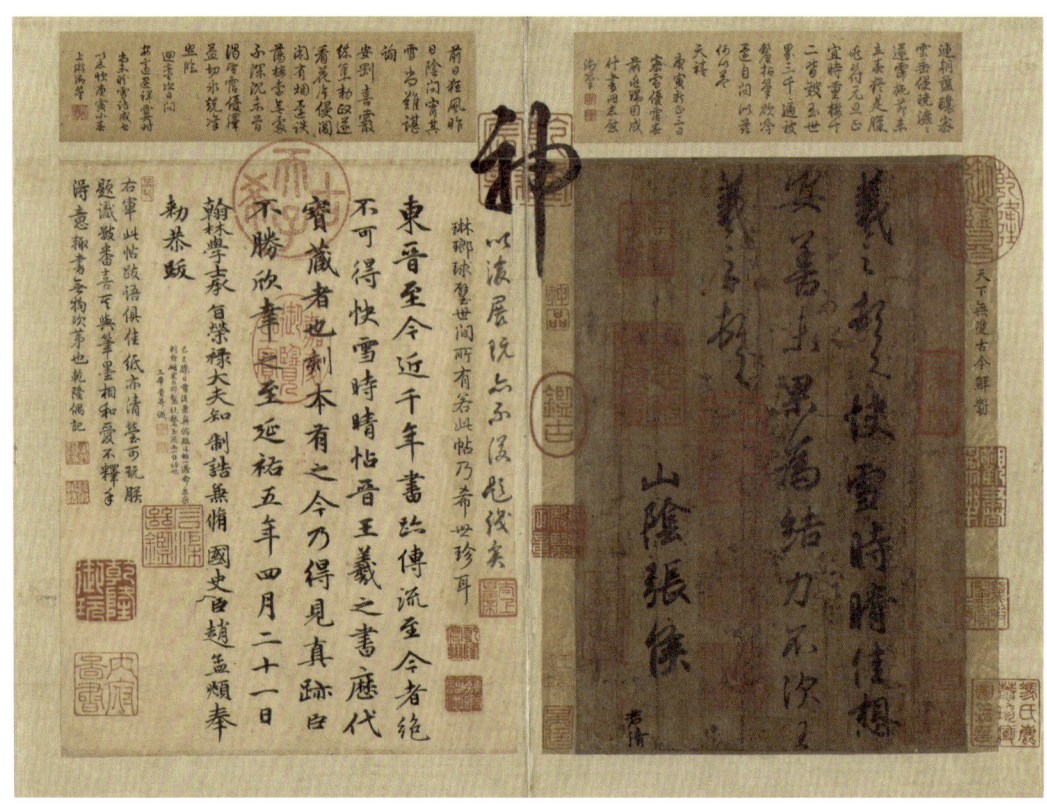

图 2-3　快雪时晴帖　东晋　王羲之

书者,然知解书者尤难。"① 从中足见王、谢鉴赏水平之高。王羲之也曾写道:"吾昔有伯英(张芝)章草十纸,过江颠狈,遂乃亡失,常叹妙迹永绝。"又云:"顷寻诸名书,钟、张信为绝伦,其余不足存。"晋室渡江南迁,王导衣怀钟繇书过江;王羲之为老妇书扇被集市抢购一空;山阴道士让王羲之写《道德经》以换白鹅,让羲之之子在其白纱上写字而被抢掠只剩一袖等逸事,都在不同程度上反映了王氏书画收藏的风气。

陶弘景,生于南朝宋孝建三年(456),卒于梁大同二年(536)。字通明,自号华阳陶隐,晚年号华阳隐居,谥号贞白先生。丹阳秣陵(今江苏南京)人。喜读书,擅医药与炼丹术。喜琴棋,工草隶,善绘画,精鉴赏。为齐梁时著名的医药家、文学家。后辞官归隐,有"山中宰相"之称,为道家"茅山宗"之开山之祖。梁武帝在位时尊其为师,诏赠其中散大夫,晚年声名日盛。隐居茅山达四十五年之久,享

---

① 张怀瓘:《书断》,浙江人民美术出版社,2012年版,第161页。

年八十一岁。著有《华阳陶隐居集》《本草经集注》《天文星算》《帝代年历》《陶隐居本草》等。

士夫阶层中，时最为著名的鉴藏家当属陶弘景。《历代名画记》称陶弘景"好著述，明众艺，善书画"。《法书要录》称其"善书，师祖钟、王，采其气骨，然时称与萧子云、阮研等各得右军一体。其真书劲利，欧、虞往往不如。隶、行入能"。从中可见其既善书画，又好著述，亦擅精鉴，其书法艺术成就也很高。师承王羲之、钟繇，尤善草书和隶书，书风古拙奇峭、雄伟飞逸，并有《屈画帖》等作品传世。

萧梁系魏晋时鉴藏之风最盛期，而其中最具代表的便是"山中宰相"陶弘景与

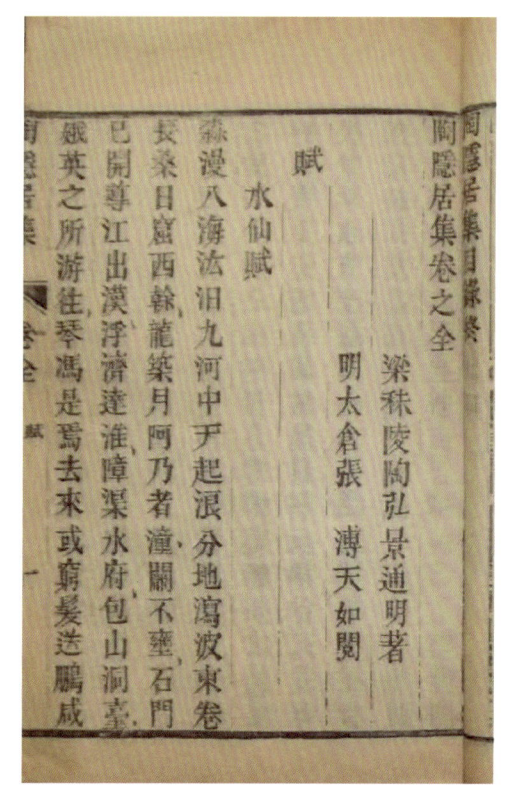

图2-4 《华阳陶隐居集》 南朝 陶弘景

梁武帝萧衍。他俩经常商讨历代书画艺术作品之优劣真伪之别，讨论的内容集中体现在《论书启》一书之中。这是一部讨论鉴别当时著名书法家钟繇、王羲之等书法之优劣得失的书信集著，从中可探寻魏晋时期，伴随着对书法的摹习、真伪、风格、庋藏等诸多方面的探索研究，具有极高的学术价值。据《梁书·陶弘景列传》载："高祖既早与之（弘景）游，及即位后，恩礼逾笃，书问不绝，冠盖相望。"可见两人交情之深，这才有《论书启》的问世。

当时内府庋藏既富，士夫的收藏亦当不少，可谓极一时之盛。综上论述的之外，较为著名的士夫鉴赏家尚有张则、袁倩、陆绥、虞龢、谢赫、刘瑱、毛惠远、任昉、阮孝绪、沈炽文、姚怀珍、唐怀充、满骞、徐僧权等。

张则、袁倩和陆绥为宫廷鉴定家，他们均善画，精鉴赏，为宋武帝刘裕内府所藏书画鉴定并签押。虞龢，官至中书侍郎、廷尉，工书法，精鉴赏，著有《论书表》《法书目录》。他不但为梁武帝评鉴书画，与其切磋书艺，而且在明帝时，奉诏与巢尚之、徐希秀、孙奉伯等鉴别整理宫中书画。刘瑱、毛惠远，曾为齐高帝萧道成内府所藏书画鉴定签押。谢赫，为一代画学大家，不但精于鉴赏，还在其名篇《古画

品录》中提出了"气韵生动"之六法，影响深广。任昉，官至中书侍郎、司徒右长史，工书善文，著有《述异记》《地理书钞》等，收藏书画秘籍万余卷。阮孝绪，为目录学家，著有《七录》等，收藏书画秘籍万余卷之多。另有沈炽文、唐怀充、徐僧权、姚怀珍和满骞等人，他们工书善文，均为梁武帝萧衍内府所藏书画鉴定签押。从中既见萧衍广纳人才之举措，也可见梁内府书画图籍收藏之丰富。另有晋荆州刺史刘毅，他"颇具风流，亦甚爱书，倾意搜书"。晋叛臣虞循，不但善尺牍，而且珍爱法书。他在广东任职时，用搜刮来的财物，派人去远方寻求书画，于是京师、三吴一带名迹流往西南。鉴此，西南豪士对虞循的珍贵法书倾慕之至，翕然仿之。晋新渝惠侯刘义宗又出重金搜买王氏父子的法书，且不计贵贱，一概网罗密藏。

综上所述，魏晋时期士夫收藏虽趋兴盛，但由于魏晋时期史料于书画收藏的记载不多，历史活动情况知之甚少，当有不少王朝和士夫阶层的收藏鉴定家尚未列陈其间，这便为日后的书画鉴藏研究留下了可供探索的余地。

第二节　鉴藏论述专著的雏形

一、虞龢和《论书表》

虞龢，生卒年月不详，约生活于南朝宋明帝泰始年间。南朝宋时书学家，会稽余姚（今浙江余姚）人。官至中书侍郎、廷尉。少时好学，居贫屋漏，恐湿坟典，乃舒被覆书，书获全而被大湿，时人以比其高风。明帝时奉诏与巢尚之、徐希秀、孙奉伯等编次"二王"法书，评其品第，著有《论书表》一卷、《法书目录》六卷等。

《论书表》原名为《宋中书侍郎虞龢〈谈书表〉》。

《论书表》末云："六年九月中书侍郎臣虞龢上。"可见此为虞氏于明帝泰始六年（470）上书宋明帝刘彧之表，凡数千言（一卷）。主要记录并论述了王羲之、王献之的书事及真伪，以及当时搜访名迹的情形和所得字数，并编次"二王"书及羊欣书卷帙，旁及纸墨笔砚所宜凡数千言。品题了宫中秘笈，及奉命寻访、征集到的

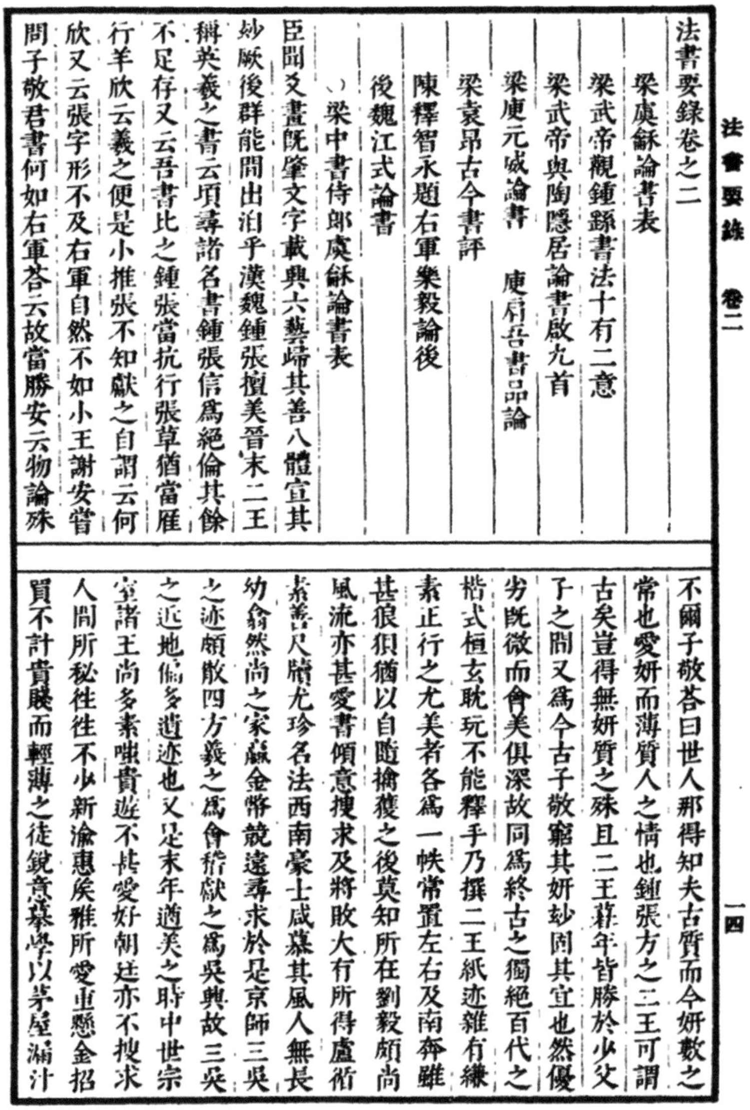
法書要録　卷二　一四
法書要録卷之二
梁虞龢論書表
梁武帝觀鍾繇書法十有二意
梁武帝與陶隱居論書啟九首
梁庾元威論書　庾肩吾書品論
梁袁昂古今書評
陳釋智永題右軍樂毅論後
後魏江式論書
梁中書侍郎虞龢論書表
臣聞爻畫既肇文字載興六藝歸其善八體宣其
妙厥後群能間出洎乎漢魏鍾張擅美晉末二王
稱英羲之書云頃尋諸名書鍾張信爲絶倫其餘
不足存又云吾書比之鍾張當抗行張草猶當雁
行羊欣云羲之便是小推張不知獻之自謂云何
欣又云張字形不及右軍自然不如小王謝安甞
問子敬君書何如右軍荅云故當勝安云物論殊
不爾子敬荅曰世人那得知夫古質而今妍數之
常也愛妍而薄質人之情也鍾張方之二王可謂
古矣豈得無妍質之殊且二王暮年皆勝於少父
子之間又爲今古子敬窮其妍妙固其宜也然優
劣既微而會美俱深故同爲終古之獨絶百代之
楷式桓玄耽玩不能釋手乃撰二王紙迹雜有縑
素正行之尤美者各爲一帙常置左右及南奔雖
甚狼狽猶以自隨擒獲之後莫知所在劉毅頗尚
風流亦甚愛書傾意搜求及將敗大有所得盧循
素善尺牘尤珍名法西南豪士咸慕其風人無長
幼翕然尚之家贏金幣競遠尋求於是京師三吳
之迹頗散四方羲之爲會稽獻之爲吳興故三吳
之近地偏多遺迹也又是末年遒美之時中世宗
室諸王尚多素嗤貴遊不甚愛好朝廷亦不搜求
人間所秘往往不少新渝惠侯雅所愛重懸金招
買不計貴賤而輕薄之徒鋭意摹學以茅屋漏汁

图 2-5　《论书表》　南朝　虞龢

法书中优秀作品，提供了当时所藏钟繇、王羲之、王献之各家的卷数、字数和拓书的情况等，以及“二王”书艺的遗闻逸事。

唐窦臮《述书赋》注曰：“论古今妙迹，正行草楷，纸色标轴，真伪卷数，无不毕备。”凡庋藏必先鉴识，然鉴识又不善赏玩，而赏玩又不装褫，装褫而又殊亡铨次者，皆为好事之徒矣。鉴此，虞龢在《论书表》中对此论述得十分透彻。他说：“大凡秘藏所录，钟繇纸书六百九十七字，张芝缣素及纸书四千八百廿五字。年代既久，多是简帖。张昶缣素及纸书四千七十字，毛弘八分缣素书四千五百八十八字，索靖纸书五千七百五十五字，钟会书五纸四百六十五字……又有范仰恒献上张芝缣素书三百九十八字，希世之宝，潜采累纪。隐迹于'二王'，耀美于盛辰。别加缮饰，在新装'二王'书所录之外。繇是拓书，悉用薄纸。厚薄不均，辄好绉起。范晔装治卷帖小胜，犹谓不精。"他对王献之的作品以为："卷小者数纸，大者数十。巨细差悬，不相匹类。是以更裁减，以二丈为度。"在虞龢看来，大的数十纸，小的数纸，卷轴大小悬殊，令其整齐，删劣存精。装裱成一卷之作品，其中有精粗之分，便按"以好者在首，下者次之，中者最后"之安排。这是由于"人之看书，必锐于开卷，懈怠于将半。既而略进，次遇中品，赏悦留连，不觉终卷"。①

虞龢发现内府收藏缺乏整理，便建议："今各题其卷帙所在，与目相应。虽相涉入，终无杂谬。"他还主张以作品的等级专配以金玉等各种画轴："'二王'缣素书珊瑚轴二帙二十四卷，纸书金轴二帙二十四卷，又纸书玳瑁轴五帙五十卷，皆互帙金题玉躞织成带。又有书扇二帙二卷，又纸书飞白章草二帙十五卷，并旃檀轴。又纸书戏学一帙十二卷，玳瑁轴。此皆书之冠冕也。"②他还论述道："自此以下，别有三品书，凡五十二帙，五百二十卷，悉旃檀轴。又羊欣缣素及纸书，亦选取其妙者为十八帙，一百八十卷，皆漆轴而已。"从中可见，虞龢在其《论书表》中不但论及了法书鉴定的真伪，而且分法书的等级于各装裱之中。鉴此，虞龢以为："伏惟陛下爱凝睿思，淹留草法。拟效渐妍，赏析弥妙。旬日之间，转求精秘。字之美恶，书之真伪，剖判体趣，穷微入神。机息务闲，从容研玩，乃使使三吴、荆湘诸境，穷幽测远，鸠集散逸。"③然也有人以为，此表文气不一，疑有脱简。朱长文于《墨池编》所载《二王书事》，即节录于此表，可见此书已遭割裂，故有行文不相连之状况。

然不管如何，虞龢的《论书表》，不但确立了"书法四贤"的崇高地位，而且提出了"妍质殊趣"的审美观念，同时又录述了大量著名的书家逸事和当时法书鉴定庋藏的情景，实为后世提供了对法书艺术价值的品鉴收藏及装裱递藏的丰富史料，具有极高的历史价值和现实意义。

是编有《法书要录》本、《墨池编》本。

---

① 卢辅圣：《中国书画全书》第一册，上海书画出版社，1993年版，第38页。
② 卢辅圣：《中国书画全书》第一册，上海书画出版社，1993年版，第38页。
③ 卢辅圣：《中国书画全书》第一册，上海书画出版社，1993年版，第38页。

二、陶弘景和《与梁武帝论书启》

陶弘景，生于南朝宋孝建三年（456），卒于梁大同二年（536）。善琴棋，工草隶，精图画，读书万卷。他隐而不仕，然遇大事，梁武帝萧衍常咨询于他，故有"山中宰相"之称，实是萧梁时大名鼎鼎的书法家和鉴赏家。他经常与萧衍论及法书名画，于是便有《与梁武帝论书启》一书问世。

《与梁武帝论书启》系陶弘景与梁武帝萧衍商讨当代著名书法家钟繇、王羲之等书法作品之优劣得失以及真伪品鉴的来往启答。其中陶启五篇，萧启四篇。

两人在《与梁武帝论书启》中，详细讨论了"二王"作品的真伪鉴别。萧衍在答书中以为："逸少迹无甚极细书，《乐毅论》乃微粗健，恐非真迹。《太师箴》小复方媚，笔力过嫩，书体乖异。"陶弘景则云："《乐毅论》愚心近甚疑是摹，而不敢轻言，今旨以为非真，窃自信颇涉有悟。"而在鉴别王羲之作品之真伪方面，陶氏则认为："第二十三卷，案此卷是右军书者，惟有八条。前《乐毅论》书乃极劲利，而非甚用意，故颇有坏字。《太师箴》《大雅吟》，用意甚至，而更成小拘束，乃是书扇题屏风好体。其余五片，无的可称。'臣涛言'一纸、'给事黄门'一纸、'治廉沥'一纸、'后又治廉沥狸骨方'一纸，右四条，非右军书。（第）二十四卷，案此卷是右军书者惟有十一条，并非甚合迹，兼多漫抹，于摹处难复委曲。前'黄初三年'一纸、'缪袭告墓文'一纸、'抱忧怀痛'一纸……右十一条，非右军书。"陶弘景知晓梁武帝在书法艺术上是一位尊钟、张的保守派，但无奈在屈从萧衍的旨意下，却又不甘心，故只得说："所恨微臣沉朽，不能钻仰高深，自怀叹慕"，"臣心本自敬重，今者弥增爱服。俯仰悦豫，不能自已"。在梁武帝指责右军书"意疏字缓"时，陶弘景则强调："逸少自吴兴以前诸书，犹为未称，凡厥好迹，皆是向在会稽时永和十许年中者。从失郡告灵不仕以后，略不复自书，皆使此一人，世中不能别也，见其缓异，呼为末年书。"故意为梁武帝所指，乃代笔人所书。他通过曲折之笔予以叙表，表面是恭维了皇帝，实则是坚持了自己的看法。

陶氏在与萧衍答启中又论道："《乐毅论》，愚心近甚疑是摹，而不敢轻言，今旨以为非真，窃自信颇涉有悟"，"但既在阁，恐或已应闻知，摹者所采字大小不甚均调，熟看乃尚可。恐笔意大殊。此篇方传千载，故宜令迹随名偕老，益增美晚。所奉三旨，伏循字迹，大觉劲密。窃恐既以言发意，意则应言，而手随意运，笔与手会，故益得谐称。下情叹仰，宝奉愈至。世论咸云'江东无复钟迹'，常以叹息。

比日伫望中原廓清，太丘之碑，可就摹采。今论旨云：'真迹虽少，可得而推。'是犹有存者，不审可复几字。既无出见理，冒愿得工人摹填数行。脱蒙见赐，实为过幸"①，"逸少亡后，子敬年十七八，全放此人书，故遂成与之相似。今圣旨标题，足使众识顿悟，于逸少无复末年之讥。阮研，近闻有一人学研书，遂不复可别。臣比廓摹所得，虽粗写字形，而无复其用笔迹势。不审前后诸卷，一两条谨密者，可得在出装之例？复蒙垂给至年末间不？此泽自天，直以启审，非敢必觊"②。

《与梁武帝论书启》不但展现了陶弘景与萧衍各自对书法艺术的独特见解，而且对当时著名的书法家钟繇、王羲之、王献之、阮研等书法，尤其对"二王"书体有独特的见解，为后人鉴别收藏法书名作提供了不可多得的借鉴与启迪。《论书启》信往札来，各抒己见，两人既讨论了钟繇、"二王"等法书之优劣得失，又鉴定品评内府所藏法书作品的真伪、优劣，成为中国书法史和收藏史学术研究之肇始。

是篇有《法书要录》本、《书苑菁华》本。

三、谢赫和《古画品录》

谢赫，生卒年月不详，南朝齐梁时人。画家，绘画理论家。谢赫实系六朝画学理论大家。尤其是他所提出的以"气韵生动"为首的"六法"，在中国的绘画发展史上产生了巨大的影响，为后世的绘画创作、绘画理论，以及绘画鉴赏提供了可供遵循的一个标杆。然而有关谢赫的生平事迹史载却很少。现从唐张彦远的《历代名画记》和姚最的《续画品录》中有关谢赫的记载可知，谢赫为齐梁时人，约生于宋。《古画品录》约成书于梁中大通四年（532）至梁太清三年（549）间，书名又作《古今画品》《画品》。

姚最《续画品录》载："右写貌人物，不俟对看，所须一览，便工操笔。点刷研精，意在切似，目想毫发，皆无遗失。丽服靓妆，随时变改；直眉曲鬓，与世事新。别体细微，多自赫始；遂使委巷逐末，皆类效颦。至于气运精灵，未穷生动之致；笔路纤弱，不副壮雅之怀。然中兴以后，像人莫及。"③ 另唐张彦远《历代名画记·论传授南北时代》载："沈标师于谢赫"，"袁昂师于谢、张、郑"。《历代名画

---

① 卢辅圣：《中国书画全书》第一册，上海书画出版社，1993年版，第41页。
② 卢辅圣：《中国书画全书》第一册，上海书画出版社，1993年版，第42页。
③ 卢辅圣：《中国书画全书》第一册，上海书画出版社，1993年版，第4页。

记》有："《安期先生图》（谢赫作），传于代。"又唐《贞观公私画史》亦载："《安期先生图》，右一卷，谢赫画。"从中可见，谢赫不但是一位宫廷画家，而且画得也还不错，沈标等名家就师承于他。

谢赫在《古画品录·序》中首先提出："夫画品者，盖众画之优劣也。图绘者，莫不明劝戒、著升沉，千载寂寥，披图可鉴。"于此，他不但提出了绘画的功能，而且认为所谓的画品，就是品评鉴定众画的好坏。其实，谢赫的最大功绩，是在于他所提出的以"气韵生动"为首的"六法"论。"虽画有六法，罕能尽该，而自古及今，各善一节。六法者何？一、气韵生动是也；二、骨法用笔是也；三、应物

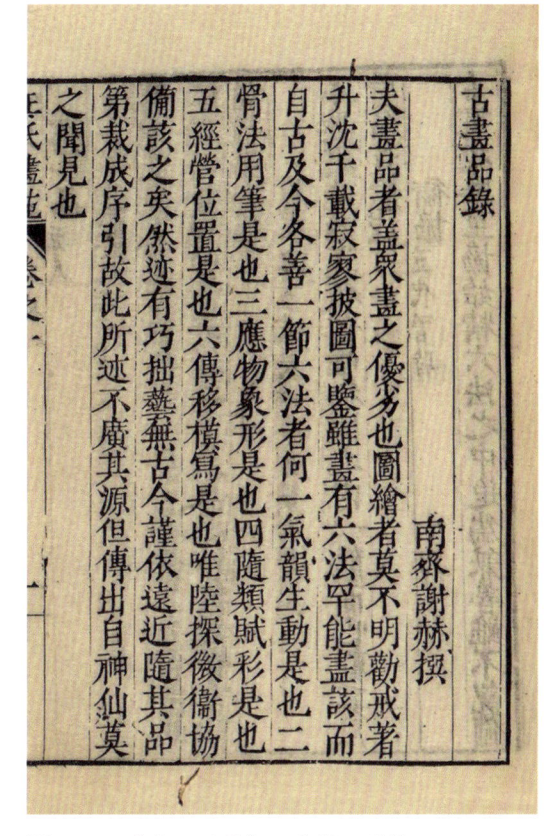

图 2-6 《古画品录》 南朝 谢赫

象形是也；四、随类赋彩是也；五、经营位置是也；六、传模移写是也。"谢赫将绘画的用笔、形神、着色、布局，以及师学等各方面均阐述殆尽。然不管如何，他认为"六法"之中，当以"气韵生动"为第一要义。

谢赫在当时提出的"气韵生动"，本意虽是对人物画所描绘人物形象的精神气质而言，然皆出自魏晋南北朝时人伦鉴识的习俗，以及人之精神气质的生动表现，有着深刻而广泛的内涵和精妙奇特的含义。它包含了画家的胸襟、气质、学问、修养、品格、阅历等诸多方面，并通过笔墨的运用，以及经营、构图、着色、形似等，综合地反映在书画创作上。正是这天地万物神奇的变化，孕育着自然和心灵，从而凝结成绘画无限神韵的境界。

谢赫的《古画品录》，表面上看似是一篇对名家巨迹各种画格品藻的探讨评骘，以此分辨区别众多作品的优劣好坏的评论之作。然实际上，谢赫提出的以"气韵生动"为首的"六法"，是通过对秘阁所藏自陆探微、曹不兴起，至宗炳、丁光止，共二十八位丹青前贤画作的评判而得出的至深论断。"六法"的产生及其发展，正

是鉴赏家对原作真迹从庋藏到品鉴，从笔墨到神韵，不断地提炼升华的结果，从而规范了艺术创作和品鉴论析的理论框架，为后人提供了一整套鉴赏品评的审美价值标准，系我国第一部系统性的绘画理论品鉴著述。

是编有《百川学海》本、《津逮秘书》本、《丛书集成初编》本、《说郛三种》本、《美术丛书》本、《中国书画全书》本等。

四、佚名《梁太清画目》

《梁太清画目》是记载南朝梁太清年间（547—549）宫廷所载绘画作品之目录，被誉为我国最早的有关绘画收藏的著录。

是目谓之梁太清，太清，系梁武帝萧衍的第七个年号，是目编成亦应在这两年余间。

《梁太清画目》至今已不见稿本，仅依据唐裴孝源之《贞观公私画史》中所录而得之。如《史记列士图》《息徒兰圃图》和《洛神赋图》下注："已上三卷《梁太清目》中所有，余皆所无。"又如《畋游图》下注："《梁太清目》有《游猎图》，恐是此。"还有《孝经图》下注："《梁太清目》此下并不载。"等。其他不少画目下都有记载与太清画目相关的记录。可见裴氏不但见到《梁太清画目》，而且《贞观公私画史》这一著录极有可能是依据《梁太清画目》为底本而作。

唐李延寿在《南史·梁武帝本纪》中，曾对梁武帝萧衍的收藏作过描述："自江左以来，年逾二百，文物之盛，独美于兹。"可见其收藏之富。萧衍善书，雅好图画，其子孙中能书善画者不少，当时的名家也多为萧衍作画。另萧综、萧绎等也藏有书画，加上自东吴、东晋、刘宋、南齐四朝流传之书画大多归梁所有，又因所藏的图籍书画多杂存于文德殿、尚书房、秘书府、东宫、国学等处，为改变图籍和书画散杂各存多处的状况，也便于查阅取之，于是便下诏敕编《梁太清画目》。又因梁时太清所编，故名《梁太清画目》。

梁以前已有晋明帝司马昭《毛诗图旧目》、南朝齐时佚名《名手画录》传世，故太清所编此画目已非首创。

是目有吴诗初辑佚本。

五、姚最和《续画品录》

姚最，生于梁大同三年（537），卒于隋仁寿三年（603）。吴兴武康（今浙江德清）人。字士会，名医姚僧垣次子，其兄姚察为当时杰出的史学家、学者。幼时聪敏，博通经史，尤好著述。

姚最所撰《续画品录》，实是继谢赫《古画品录》之后，六朝时又一重要的画学史论著作，可谓是《古画品录》的续篇。他在文中论道："今之所载，并谢赫之所遗，犹若文章，止于两卷，其中道有可采，使成一家之集。"便是说明了这一点。

《续画品录·序》一开始即曰："夫丹青妙极，未易言尽。虽质沿古意，而文变今情。立万象于胸怀，传千祀于毫翰。"在姚最看来，绘画是一门极其高妙的艺术，不易用言语去表述。然其艺术形式须随着现实的变化而发生变化，以适应当今变化的情况。鉴此，只有立天地万象于胸中，才能将千余年来的千物万事表现于笔端。

姚最此说中的"立万象于胸怀，传千祀于毫翰"，以及其后论述的"学穷性表，心师造化"等观点，不但阐明了画家与所表现对象之间的辩证关系，而且说明了画家的艺术创作要师法造化的重要原则。据《历代名画记·叙画之兴废》记叙，南齐高帝所集之陆探微至范惟贤计四十二位画家，二十七帙，共三百四十八卷。加上梁武帝、梁元帝的搜刮，其中部分为侯景所焚毁。"及景之平，所有画皆载入江陵"，时江陵被西魏大将于谨所攻陷，"元帝将降，乃聚名画、法书及典籍二十四万卷，遣后阁舍人高善宝焚之……于谨等于煨烬之中，收其书画四千余轴，归于长安"。据《周书》载："明年随谨（指西魏大将军于谨）至长安。"时姚最跟随于谨至长安，于谨令其整理这批书画，后又将北朝的几位画家加入其中加以品鉴。

据此可见，姚最的《续画品录》，不仅仅是"今之所载，并谢赫之所遗"，更是基于《古画品录》后，又补入二十个条目，所收画家达二十三人。他对所列各家逐个作客观详述后，终得出"自非渊识博见，熟究精粗"，只有"摈落蹄筌，方穷致理"的结论，从而使品评画家的优劣有了更深一层的理论规范。

是篇有《津逮秘书》本、《丛书集成初编》本、《王氏书画苑》本、《美术丛书》本、《学津讨原》本。

魏晋南北朝时期，书法艺术的不断发展促进了书法作品收藏品鉴的不断兴盛，书法品鉴、书法批评、书法皮藏风气大开，随之也涌现出不少书法品评鉴赏论著。

羊欣的《古来能书人名录》、王愔的《古今文字志目》、王僧虔的《论书》、庾肩吾的《书品》、虞龢的《论书表》、萧衍的《观钟繇书法十二意》《古今书人优劣评》、袁昂的《古今书评》、陶弘景的《与梁武帝论书启》和谢赫的《古画品录》等都是这个时代的产物。

第三节 装裱、押署、著录及作伪的相继出现

魏晋南北朝时，随着品鉴庋藏的不断发展，作为书画鉴定辅助依据的装裱、押署、著录及作伪（代笔）等也相继出现，而其中南北朝诸代尤其重视书画的装裱事宜。

据唐张彦远的《历代名画记·论装背褾轴》载："自晋代已前，装背不佳。宋时范晔始能装背。宋武帝时徐爰，明帝时虞龢、巢尚之、徐希秀、孙奉伯编次图书，装背为妙。梁武帝命朱异、徐僧权、唐怀充、姚怀珍、沈炽文等又加装护。"这是说，在晋代以前，书画的装裱是不讲究的。而到了南朝宋时，一位叫范晔的士人开始十分重视书画的装裱。到了宋武帝时的徐爰，明帝时的虞龢、巢尚之、徐希秀和孙奉伯等人在整理编目宫廷书画时，其装裱已十分精妙。到了梁武帝时，为了更好地保存书画，梁武帝对书画的装裱更加重视，还命令朱异、徐僧权、唐怀充、姚怀珍和沈炽文等人专门进行装裱。

南朝的虞龢不但是一位著名的鉴定家，而且是一位装裱能手。他在所撰的《论书表》中，详细介绍前人书画如何通过几朝的装裱，不断有所改进，并克服纸张起皱、厚薄不一、大小不齐、长短各异等不足，使书画的装裱日趋完善，便于人们观赏。同时还将书画分辨优劣，排定次序，以适应鉴藏者的心理需求。这些都充分显示出魏晋时期书画装裱技术及品鉴工作已逐步进入了成熟阶段。

魏晋时，在流传的一些法书名画中偶尔也可见一些人的押署，但这些押署与唐宋以后作品本身和拖尾所钤各种公私印玺有所不同，这在书画收藏鉴别上系六朝以后的一个特点。据唐张彦远《历代名画记·叙自古跋尾押署》中说："前代御府，自晋、宋至周、隋，收聚图画，皆未行印记，但备列当时鉴识艺人押署。"自然，这里所说的押署指的是当时鉴别绘画者及绘画者的姓名。在这些押署者的名录里，

既有宋时的张则、袁倩、陆绥，又有齐时的刘瑱、毛惠远，还有梁时的沈炽文、唐怀克、徐僧权、孙子真、庾于陵、法象、满骞等，另有陈时的杜僧谭、黄高，以及北齐的丁道矜等。这些不但对鉴别南北朝的书画作品有所帮助，而且也开辟了后代题跋落款的先河。

著录，是指对收藏或见到过的书画作品经过鉴定欣赏后，用文字记录下来，或将之编纂成书。魏晋时，有关记录书画作品的名称及有关书画家品评的文字，散见于不少书画史论著作中。这内中除了有专门论述内府收藏的书画作品，如虞龢的《论书表》、陶弘景的《与梁武帝论书启》、梁武帝时期的《梁太清画目》之外，尚有将内府书画藏品记录之后加以品评论析的，如顾恺之的《魏晋胜流画赞》、谢赫的《古画品录》、姚最的《续画品录》等。这些品鉴著录书，不但为我们追寻魏晋南北朝时期及此前的书画藏品提供了可供研究借鉴的史料价值，而且也开启了我国书画著录书籍之先河，为后人留下了极其宝贵而丰富的文化遗产。

书画作品经过鉴别，有了经济价值和收藏价值之后，自然会出现作伪及代笔的现象。这不仅成为谋利者和好事者的恶劣之措，亦已成为鉴定收藏者与作伪者博弈的对象。梁武帝萧衍在《答陶弘景书》中论道："近二卷欲少留，差不为异。纸卷是出装书，既须见，前所以付耳。无正，可取备于此。及欲更须细书，如论箴例。逸少迹无甚极细书，《乐毅论》乃微粗健，恐非真迹。《太师箴》小复方媚，笔力过嫩，书体乖异。上二者已经至鉴，其外便无可付也。"从萧衍与陶弘景的这些书札往来中，已明显证明，当时已出现了书画作伪的情况。另据《全梁文·武帝卷》："钟书乃有一卷，传以为真。意谓悉是摹学，多不足论。有两三行许似摹，微得钟体。逸少学钟的可知，近有二十许首，此外字细画短，多是钟法。今始欲令人帖装，未便得付，来月有竟者，当遣送也。"可见当时摹本的赝品已有不少。在《与梁武帝论书启》中，陶弘景还论道："逸少自吴兴以前诸书，犹为未称。凡阙好迹，皆是向在会稽时、永和十许年中者。从失郡告灵不仕以后，略不复自书。皆使此一人，世中不能别也。"在陶弘景看来，当时摹本颇多，而此后逸少所书，全为代笔。以致连他自己也已真伪莫辨。另陶弘景在《与梁武帝论书启》中又论述道："《乐毅论》，愚心近甚疑是摹，而不敢轻言。今旨以为非真，窃自信颇涉有悟。箴咏吟赞，过为沦弱。许静素段，遂蒙永给。仰铭矜奖，益无喻心。此书虽不在法例，而致用理均，背间细楷，兼复两玩。先于都下偶得飞白一卷，云是逸少好迹。臣不尝别见，无以能辨。"

陶氏距王羲之年代不远，他的这些说法应该是有依据的。其实，陶氏之前，南齐王僧虔在《论书》中就已提道："张翼书右军自书表，晋穆帝令翼写题后答右军，右军当时不别，久方觉云：'小子几欲乱真。'"《论书》还记载："康昕学右军草，亦欲乱真。与南州识道人作右军书赞。"可见，康昕、南州识道人之徒已靠作假以谋私利。其实，对于"二王"法书的作伪，虞龢的《论书表》中已说得十分清楚："而轻薄之徒，锐意摹学，以茅屋漏汁染变纸色，加以劳辱，使类久书。真伪相糅，莫之能别。故惠侯所蓄，多有非真。"另载："孝武亦纂集佳书，都鄙士人多有献奉，真伪混杂。"[①] 可见，远在那个年代，中国书画不但有了摹本、仿品，而且已涉及书法作伪的具体方法。如此，也算开启了中国书画作伪的先河了。

---

① 卢辅圣：《中国书画全书》第一册，上海书画出版社，1993年版，第38页。

第三章 隋、唐、五代的书画收藏
（渐盛时期）

第一节 皇家内府的收藏

一、隋代内府的收藏

隋开皇九年（589），隋文帝杨坚南下灭陈，结束了南北朝分裂对峙的局面，天下统一。在这大一统的政体下，加上文帝较为开明，勤于政事，朝廷内府的书画收藏不但发生了较大的变化，而且其数量和规模更是超过了前代。

隋朝建立之后，杨坚即命元帅府记室参军裴矩和副官高颎接收与清点陈内府的书画收藏，获藏品八百多卷。

隋代虽是个短命的王朝，然隋炀帝杨广对书画收藏却情有独钟。杨广生于陈太建元年（569），卒于隋大业十四年（618）。一名英，小字阿摐，弘农华阴（今陕西华阴）人。隋炀帝为隋朝第二位皇帝。在位时，开创科举，修大运河，营建东都，迁都洛阳，改州为郡。然因生性暴戾，滥用民力，穷奢极欲，终于造成天下大乱，导致隋朝的快速灭亡。

隋炀帝迁都洛阳后，为珍藏法书名画，他命令在洛阳观文殿建起了两座楼台：东面的称之"妙楷台"，西面的名为"宝迹台"。"妙楷台"专用以庋藏历代的法帖，

"宝迹台"则专用以珍藏历代的名画。而后，隋炀帝东游江南扬州之时，竟将东都的珍奇书画带在身边，用船装送，然不幸途中船只翻沉，致使大部分书画珍品湮灭。隋大业十四年（618），隋炀帝被其属下所杀，所剩为数不多的书画作品便尽归叛军宇文化及拥有，而待宇文化及至聊城之后，又被起义军领袖窦建德夺去，然滞留在东都洛阳的书画珍品则被在洛阳发动政变的王世充占有。唐武德五年（622），王世充被李世民所灭，窦建德与王世充这两家所藏的书画作品悉数被唐内府所获。

二、唐代内府的收藏

隋亡后约十年，唐贞观二年（628），天下又复统一。唐代的书画收藏，随着整个唐王朝的兴盛衰亡而此起彼伏。从高祖李渊，到太宗李世民，再到玄宗李隆基，又至肃宗李亨，历代皇帝呈现出各自不同的收藏特点。

李渊，生于北周天和元年（566），卒于唐贞观九年（635）。字叔德，出身北周关陇贵族家庭，陇西成纪（今甘肃秦安）人。北周时历官御史大夫、安州总管、柱国大将军等职。后起兵反隋，建立唐朝，为唐朝的开国皇帝，即唐高祖。

李渊在建立唐王朝的过程中，其内府的书画庋藏主要来自两个方面：一是隋代两都的书画收藏，以及杨广带去扬州的些许书画；另一为窦建德、王世充所获的书画作品，以此奠定了唐王朝书画收藏的基础。之后，李渊命令司农少卿宋遵贵将这些收归的书画作品用船只沿黄河而上运回，然在即将到达都城长安，途经砥柱山时，却发生了沉船事件，书画作品损毁严重，剩下不到百分之一二。此外，内府又增加了一些隋原旧属私家的藏品，有的来自查获籍没，有的得于朝臣进献。如左仆射萧瑀进呈了十三卷，许善心献出了三卷，高平县行书佐张氏呈上十卷，褚安福进献四卷，杨素进献的则有二十卷之多。据朱景玄于唐贞观十三年（639）统计，当时秘府、寺庙和私家收藏的书画作品，共计仅存二百九十八件，其中绝大多数当是原内府藏品。

李世民生于隋开皇十八年（598），卒于唐贞观二十三年（649）。陇西成纪（今甘肃秦安）人。为高祖次子，历任尚书令、光禄大夫、右翊卫大将军。喜书画，善诗文。后发动"玄武门之变"，杀其兄太子李建成、其弟齐王李元吉，以及二人所有的儿子，威逼高祖李渊，后被封为太子。不久高祖退位，李世民即位，年号贞观，即唐太宗。

李世民不仅是一位政治家，也是一位法书名画的收藏家，尤对王羲之的法书情有独钟。他在任秦王时，就十分关注书画的收藏，并由薛收、褚亮、虞世南等专以跋尾押署。贞观初年，李世民诏令在全国范围内征集图籍，并在弘文殿旁建"弘文馆"以储图籍，并任命虞世南、姚思廉、欧阳询等充任学士，以魏徵、虞世南、颜师古等著名学者以及硕学之士相继任秘书监，主管国家的图书馆和藏书事业，同时也征集法书名画。在他登基不久，"贞观六年（632）正月八日，命整理御府古今书钟、王等真迹，得一千五百一十八卷。至十年（636），太宗尝谓魏徵曰：'虞世南死后，无人可与论书。'徵曰：'褚遂良下笔遒劲，甚得王逸少体。'太宗即日诏令侍读，尝以金帛购求逸少书迹，天下争出之，持古书诣阙以献"①。随后他又千方百计地征集名作，另设史馆、司经局、秘书省和崇文馆等具体掌管书画收藏，对王羲之法书的搜求更是不遗余力。

元代黄潜在其《唐会要·跋馆本十七帖》中也论道："开元六年（718）命整理御府古今工书钟、王等真迹，得一千五百一十卷，视贞观时无所增减。龙朔三年（663），装进馆内法书至九百四十九卷。然则当时馆本，必不止《十七帖》。"可见收藏之规模。

据张彦远《历代名画记·叙自古跋尾押署》载，当时参与内府鉴定的更有长孙无忌、房玄龄、高士廉、魏徵、杨师道、李大亮、唐俭、李孝恭、冯长命、唐皎、韦挺、褚遂良等人，其眼光皆一时之隽。其中尤以褚遂良为冠，总领全朝书画鉴别之事务，可谓名誉全朝而无人可比。

另据韦续《墨薮》载曰："贞观十八年（644）五月，太宗为飞白书作'鸾凤蝶龙'等字，笔势惊绝，谓司徒长孙无忌、吏部尚书杨师道曰：'五日旧俗，必用服玩相贺，朕今各赐飞白扇二枚，庶动清风，以赠美德。'开元六年（718）正月，命整理御府古今工书钟、王等真迹，得一千五百一十卷。十六年（728）五月，内出'二王'真迹及张芝、张昶等古迹一百六十卷，付集贤院，依文拓两本进内分赐诸王。初，贞观中搜访王羲之等真迹，人间古本毕集。令魏徵、虞世南、褚遂良等定其真迹及小王、张芝等亦各随多少勒为卷，以'贞观'字为印印缝及卷之首尾，其草迹又令遂良真书小字帖纸影于古本者。"②王羲之乃东晋大书法家，所写书法为天下人所称道。尤其是那件举世无双的称为"天下第一行书"的《兰亭序》，系王氏

---

① 卢辅圣：《中国书画全书》第一册，上海书画出版社，1993年版，第27页。
② 卢辅圣：《中国书画全书》第一册，上海书画出版社，1993年版，第29页。

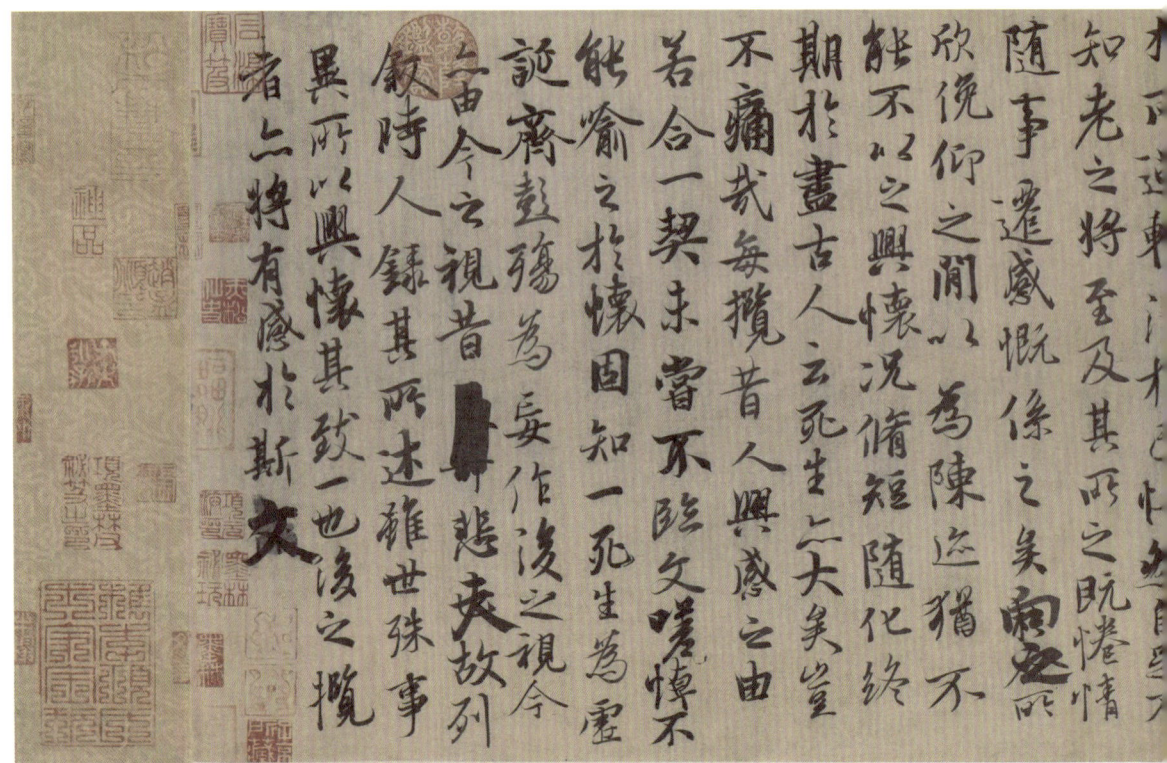

图 3-1 兰亭序 东晋 王羲之

在永和九年（353）三月三日同当时的名士谢安、孙绰等四十一人会聚于会稽山阴（今浙江绍兴）之兰亭，行修禊之礼时所作，全书计二十八行，三百二十四字。王羲之死后，此帖由其子孙收藏，后传至七世孙僧智永，智永圆寂后传其弟子辨才和尚。李世民对此帖自然垂涎欲滴，数次出重金悬赏索求，但一直毫无结果。后经房玄龄推荐萧翼，萧翼设计骗取了辨才和尚手中的《兰亭序》。太宗获取《兰亭序》后大喜，当即晋升房玄龄为宰相，赏萧翼绸缎千匹，并晋升为员外郎，入五品，同时赐给房、萧二人庄宅各一区。又念及辨才和尚年迈，赏布匹、米粟各三千。辨才为此在其永欣寺内建宝塔，以示愧意。

李世民得《兰亭序》后，爱不释手，日摹夜临，又派人摹拓十份分送诸亲近的臣子。贞观二十三年（649），太宗病逝，高宗即位，中书令褚遂良上奏："《兰亭》系先帝最为珍爱之物，应于先帝永存。"于是《兰亭序》作为陪葬品，密藏于昭陵墓中。

李世民在位时，由于实施了非常优厚的书画征集政策，为此，法书名画不断进

第三章　隋、唐、五代的书画收藏（渐盛时期）　045

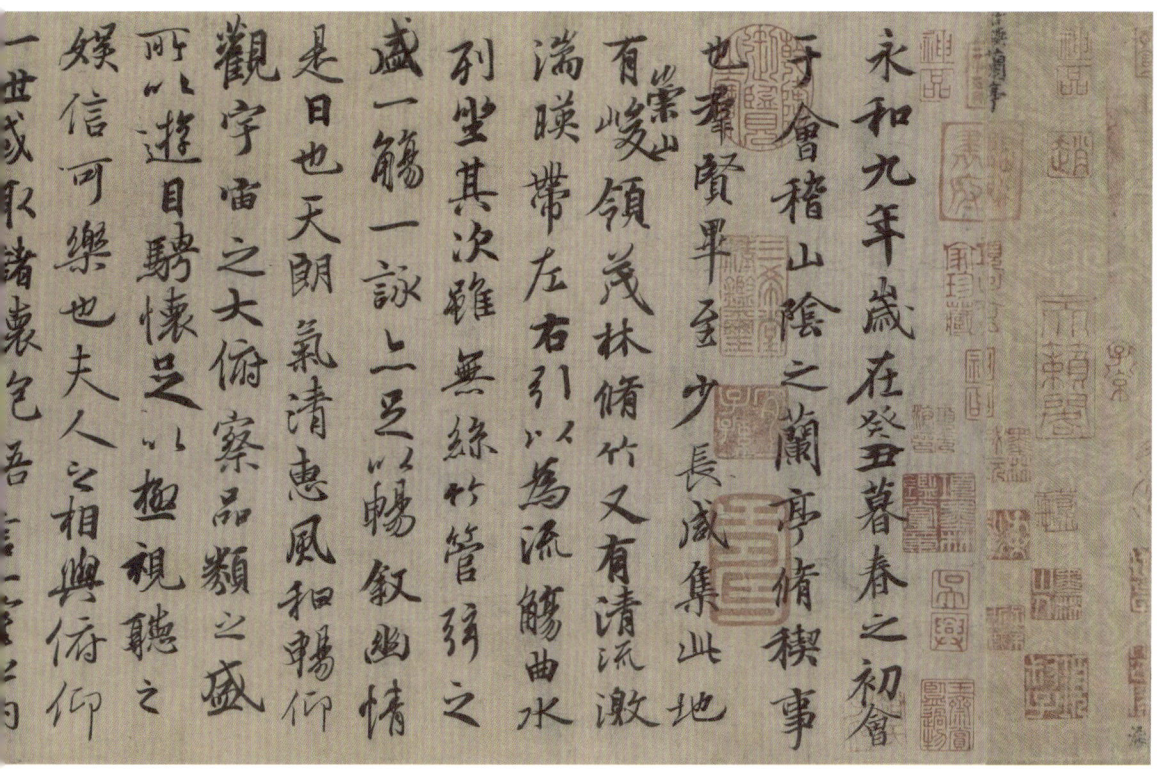

入内府，书画收藏达唐时的鼎盛期。据徐浩记载，内府藏品中，除王羲之的法书之外，钟繇、张芝、张旭的书法共计多达四百卷，其他汉、魏、晋、宋、齐、梁、陈等的杂迹亦达三百卷。

据裴孝源《贞观公私画史》序文载："又集新录官库画总二百九十八卷，二百三十卷是隋室官库，十三卷是左仆射萧瑀进，二十卷杨素家得，三卷许善心进，十卷高平县行书佐女张氏所献，四卷褚安福进，近十八卷先在秘府亦无所得人名并有天和年月。其间有二十三卷恐非晋宋人真迹，多当时工人所作，后人强题名氏。"[①]另据张彦远《历代名画记·论鉴识收藏购求阅玩》中载："贞观、开元之代，自古盛时，天子神圣而多才，士人精博而好艺，购求至宝，归之如云，故内府图书，谓之大备。国初左仆射萧瑀及许善心、杨素、褚安福家并进图画，兼隋代所有，乃成林薮。"[②]

---

① 卢辅圣：《中国书画全书》第一册，上海书画出版社，1993年版，第170页。
② 张彦远：《历代名画记》，中州古籍出版社，2016年版，第68页。

据史料记载，太宗时内府所藏名画法书计有：史道硕的《摹八骏图》、曹弗兴的《兵符图》、李思训的《江帆楼阁图》、顾恺之的《洛神赋图》、阎立本的《历代帝王图》、周昉的《簪花仕女图》、张萱的《虢国夫人游春图》、韩幹的《牧马图》、钟繇的《荐季直表》、曹植的《赠王仲宣诗》、阮籍的《仆示帖》、王羲之的《大急就帖》《言叙帖》《大道帖》、王献之的《送梨帖》、嵇康的《知弟帖》、刘伶的《战国帖》等。这些名迹佳作，大部分已毁灭无影，少量流传至今。

图 3-2　江帆楼阁图　唐　李思训（传）

李世民不但热衷于书画名作的收藏，还十分注重书画的装裱、押署及复制，从而开启了书画鉴藏辅助依据之先河。

太宗时内府收藏的法书名画，一般都要加以装裱。据卢元卿记载，内府所藏的王羲之真迹佳品，真、行、草二百九十帧纸，装裱成七十卷；草书二百四十帧纸，装裱为八十卷。其装裱的格式，又多以镂牙轴、紫萝褾，以区别于梁朝旧装的玳瑁轴、青绫褾之格式。

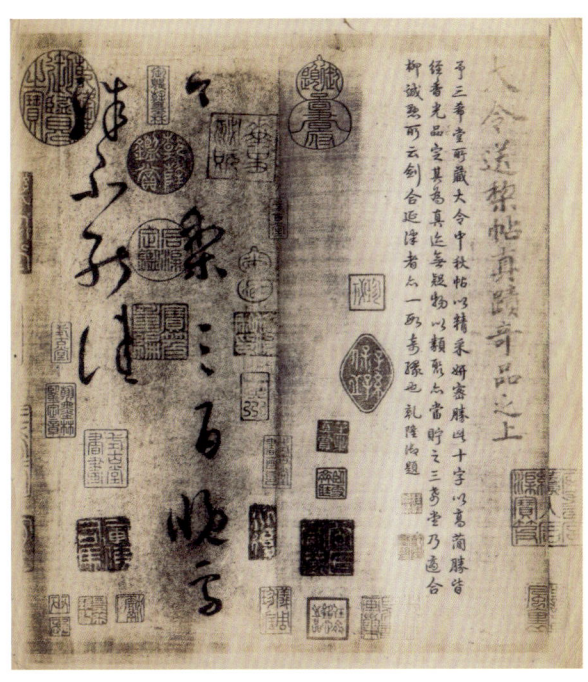

图3-3 送梨帖 东晋 王献之

太宗时除了书画装裱之外，书画的押署、印记也有了新的进展，达到了前朝未曾达到的地步。

太宗初年，内府置弘文馆，以"弘文之印"钤盖押于书画作品间。另有"元和之印"，多用于拓本书画。又有"集贤印""秘阁印""翰林印"用于各判司所收掌图画定印。另内府的法书名画经重新装裱后，又以"贞观"这一年号镌刻成二小印，[①]钤至隙缝间，此可谓开历代帝王鉴藏印玺之先河。

此外，唐太宗使典仪王行真等装褫，命起居郎褚遂良、校书郎王知敬等人对所藏书画监领装褫并进行鉴识。在法书名画后题署签押的还有李德颖、平俨、苏勖、韦挺、长孙无忌、霍士廉、魏徵、侯君集、杨师道、李大亮、唐俭、李孝恭、刘德威、冯长命、唐皎和姜行本等人。这些所谓的鉴识之人，主要体现的是作为见证人。他们的这些签押跋尾虽系标明鉴题重裱的职责，然却对后世兴起的题跋和题款影响颇大。[②]

唐太宗对于书画鉴藏的另一功绩，则在于他对王羲之真迹的摹仿复制。他在喜获《兰亭序》之后，曾命供奉拓书人赵模、韩道政、冯承素、诸葛贞四人各响拓

---

① 张彦远：《历代名画记》，中州古籍出版社，2016年版，第82页。
② 张彦远：《历代名画记》，中州古籍出版社，2016年版，第76页。

《兰亭序》数本，以分赐给皇子、诸王及诸臣。当时所谓的拓书人，实际就是以摹拓方式复制法书名作的工匠。其中拓书人汤普彻，曾奉命复刻《兰亭序》，分赐房玄龄诸人。汤在复刻过程中，还将多余的复制品偷偷地流传出去，从而使更多的书法爱好者得以观摩到"下真迹一等"的法帖。如此，在当时印刷术尚未发明的年代，这无疑对传播优秀的书法艺术起到了积极的推进作用，为后人研究鉴别这类法书名作提供了极其重要的借鉴作用和参考价值。

太宗内府对法书名画的皮藏，以及装裱、押署和复制的出现，无疑对整个唐朝内府的书画收藏起到了承前启后的作用。

高宗、武后时内府收藏有所增加，而响拓法书复制品赏赐近臣的风气更盛。

唐高宗李治，继承了太宗李世民以拓书赏赐臣下的传统，曾敕令冯承素、诸葛贞拓《乐毅论》等杂帖数本，分赐长孙无忌等人。宫廷之外也有各种法书的复刻品流传。

武则天更喜响拓法书赐予臣僚。她曾向王羲之后代王方庆求访羲之墨迹，王方庆遂将羲之的《初月帖》《姨母帖》和王献之的墨迹，以及历代先祖王导、王洽等二十八人遗迹共十卷进呈。武后一方面将这些作品在宫中展出，另一方面又命摹书人依样廓填后将其保存于内府，并将真迹还给王方庆。

另据武平一记载：他幼时生活在宫中，一次，武则天提阅几轴法书，准备响拓后分赠各藩邸。为此，宫人取出六十余函，每函有二十余卷，另有一小函，每函约装十余卷，内有扇书《乐毅论》《告誓文》与《黄庭经》等卷。武后问宫女，内府是否仅收藏这些函书，宫女答曰：不知还有多少。就此判断，宫人取出的这百三十余卷只不过是内府法书皮藏中的精品罢了。

武后宠幸张易之、张昌宗兄弟，后准张易之之请，张氏兄弟得以奏召天下各地画工修整内府图画，还令画工各尽其能摹写拓画，后将这些摹本照原样装裱，使之真假难分。没想到张易之竟将这些摹本冒充真迹归还内府，而将真迹窃取归己。他为搜访法书名画，还十分注意发掘鉴定人才，待他发现钟绍京妙识古今名作，便奏请钟为直秘书，专门掌管内府的书画鉴定。后张易之伏诛，其所藏书画归于薛稷，其中部分归于岐王李范。薛家原不知这批书画是窃取内府，待获悉内情后，因惧怕获罪，竟将所存的部分书画悉数焚毁。

书画作伪，古已有之。据记载，书法作伪，始于南朝刘宋；而绘画造假，则数唐之张易之。

唐中宗李显显然对书画不感兴趣。在他执政期间，因贵戚得宠，使得内府书画藏品因宫禁松弛而流出宫外，这是唐代内府庋藏书画的第一次流佚。据载，先是中书舍人宗楚客从中宗手里获得王羲之、王献之真迹二十卷。他将此装裱成十二扇屏风，遍示同好，致使薛收、崔寔、卢藏用艳羡不止。中宗女婿武廷秀为之颇动心机，怂恿其妻安乐公主向中宗索求。中宗为了使其宠女满意，尽其所能，几乎将宫内大部分法帖赐给了武廷秀。武廷秀又大肆炫耀宣扬，使得宫中臣僚贵戚莫不欲求索得，后太平公主也获得法书五帙五十七卷的赏赐，左右宰相各得三十卷，将军们各获取十卷。从此，内府收藏大多落入贵戚和宦官之家。太平公主所获名迹中，有王羲之的《乐毅论》等巨迹，她也仿效太宗的用印，刻制了"三藐母驮"四字梵音印章，钤在法书上。

李隆基，生于唐垂拱元年（685），卒于唐宝应元年（762）。史称唐玄宗，亦称唐明皇。在他执政期可谓是唐朝的极盛时期。后因宠爱杨贵妃，放权杨国忠，怠慢朝政，导致"安史之乱"，为唐朝的衰弱埋下了伏笔。后禅位于其子李亨，成为太上皇。

唐玄宗无疑是继唐太宗之后又一位十分重视内府收藏的帝王。唐开元五年（717），玄宗即位不久，便十分重视内府的收藏。时内府庋藏的"二王"真迹已达一百五十八卷，其中"大王"（王羲之）的真书三卷，行书一百零五卷，草书一百五十卷；"小王"（王献之）的法书达三十卷，其中真书二卷。高宗还在内府特设立了集贤院，具体负责书画征集及摹制事宜。该院曾由尚书左丞相、集贤院大学士张说主事。张说去世后，改由中书令萧嵩为大学士，负责搜求"二王"法书。萧嵩在滑州司法路琦家发现贞观年间杨师道进呈太宗的王羲之正书扇书一卷，进呈后玄宗大喜，犒赏他与路琦绢二百匹，同时还令集贤院将此件拓赠太子等人。

除搜求法书名画外，玄宗也十分重视书画的装裱、押署和响拓。玄宗内府搜求的书画，小部分保存了张龙树、王行真等人的原装形式外，大部分则由陪戎副尉王思忠或王府大农李仙舟加以重新装裱。不少法书名画经过重裱后从一卷分为两卷，割去前代名人跋署后，以陆元悌等人的题署取而代之。鉴装并押署的鉴识人，除陆元悌之外，还有王知逸、刘怀信、魏哲、褚元量、姚崇、马怀素、苏颋、宋璟、冯绍正、陈义和尹奉祥等人，所用印章有唐玄宗"开元"小印。开元十年（722）玄宗又命太子中允张怀为搜访书画使。天宝年间，又任命徐浩为访图书使。当时长安书商胡穆聿鉴识别具眼力，后被徐浩报告玄宗，被封为直集贤令，专门从事法书名

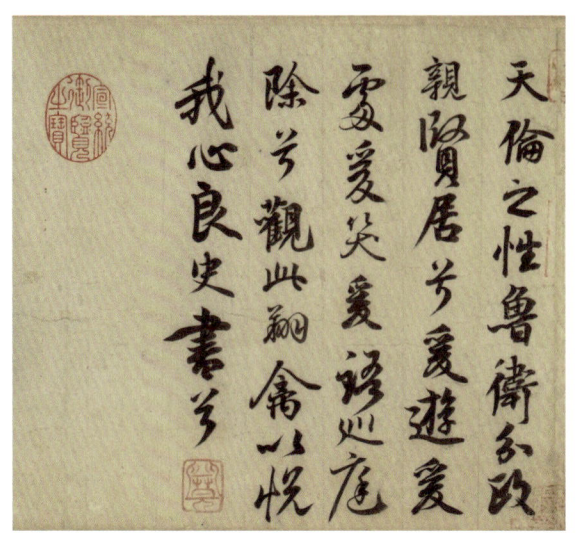

图 3-4　唐玄宗"开元"小印（鹡鸰颂　唐　李隆基）

画的搜求征集工作。胡氏在肃宗至德年间因征得古代书画，尤其是征得了王方庆家的珍藏，更被提升为金吾长史。

此外，玄宗也曾以内府所藏真迹经响拓后赏赐臣下。如开元十七年（729）即以"二王"真迹等交付集贤院，摹拓二十本以赐皇太子等诸王，为此足足花了两年之久，原作至开元十九年（731）才得以收回内府。

事物的发展往往是两方面的。玄宗对书画竭力搜求征集的同时，也导致了书画意外的灾难。那些凡私藏名迹又未及时陈奏者，免不了因惧罚而私下销毁书画。张易之、张昌宗兄弟以作伪偷换的内府真迹，在其被诛之后为薛稷所得，薛氏死后又归于岐王李范。李范因未申报进献，后惧怕获罪而将之全部焚毁，导致了书画名迹无法弥补的巨大损失。

唐肃宗李亨执政时期，由于前朝唐玄宗时发生了"安史之乱"，内府书画收藏散佚宫外，许多法书名画不知去向，待李亨即位时，内府收藏已寥寥无几。鉴此，为了扩充皇室收藏，他继续任命徐浩为搜访书画使，具体负责内府的书画收藏，此后共计收集到"二王"法书二百余卷。其后，李亨又任命御史集贤直学士史惟则奉使访求书画，所至悬赏以待。史氏在赵城发现了安禄山从内府中劫掠走的扇书《告誓文》等四卷，"二王"真迹四卷。持物而归，李亨获此大喜，赐绢百匹，并予擢升。当时内府的收藏，正如张怀瓘《二王等书录》所记："今天府所有真书不满十纸，行书数十纸，草书数百纸，共有二百一十八卷。张芝一卷，张昶一卷，并旃檀轴，锦裱而已。"这些内府藏品许多是重新征集而来，然随着边防战事的兴起，内府书画收藏又再度散失。许多书画被藩兵劫掠，损失无法估量。

唐建中四年（783），在德宗李适执政期间，徐浩为提高内府藏品的质量，举荐窦蒙、窦臮兄弟和自己的儿子徐璹为书画鉴识人，专门对内府所藏书画，尤其是精品进行鉴别。然到了宪宗李纯执政时，虽然尚有张弘靖进献的一批书画名迹，然此时皇家内府的书画收藏，实已无法与贞观、开元盛期相比，逐渐进入了衰退期。

三、五代内府的收藏

唐朝灭亡后,五代十国分邦割据,战事不断,出现了各自割据的混乱局面。内府书画收藏散佚多少已不得而知。前后蜀和南唐局势相对安定,收藏相对较为可观。江南政权中则设有画院,故收藏亦丰。尤其南唐后主李煜,喜好艺术,对书画收藏十分重视,内府收藏充实而丰富。

李煜,生于后晋天福二年(937),卒于北宋太平兴国三年(978)。系南唐元宗李璟六子。初名从嘉,字重光,号钟隐、莲峰居士,生于金陵(今江苏南京)。精书法,工绘画,通音律,尤擅诗赋,为南唐一代词人。系南唐最后一位皇帝。

据郭若虚《图画见闻志》载:"江南后主李煜,才识清赡,书画兼精。尝观所画林石飞鸟,远过常流,高出意外。"① 从中可见李煜才情甚高,书画皆精。李煜不但精于书画创作,尤喜书画收藏,《图画见闻志》又载:"李后主有国日,尝令周文矩画《南庄图》,尽写其山川气象亭台景物,精思详备殆为绝格。开宝癸亥岁归朝首贡于阙下,籍之秘府。""李后主才高识博,雅尚图书,蓄聚既丰,尤精赏鉴。"② 从中可见,李煜既精鉴赏,又富收藏。

据载,宋初,宋太祖赵匡胤曾派苏大参搜访名贤书画,得到南唐内府所藏名迹千余卷。宋太祖又以上百卷赏赐给枢密楚公,然所赐书画卷中往往有唐人的跋尾押署。此外,后主内府所藏书画,还多押有"建业文房之印""内殿图书""内司文印""内合同印",以及"集贤殿书院印""集贤院御书印"等。其装裱则织成大回鸾、小回鸾、云鹤、练鹊,以墨锦装饰,提头又多用织成绦带,签贴多用黄经纸,背后多书监装裱人之姓名及其所跋品

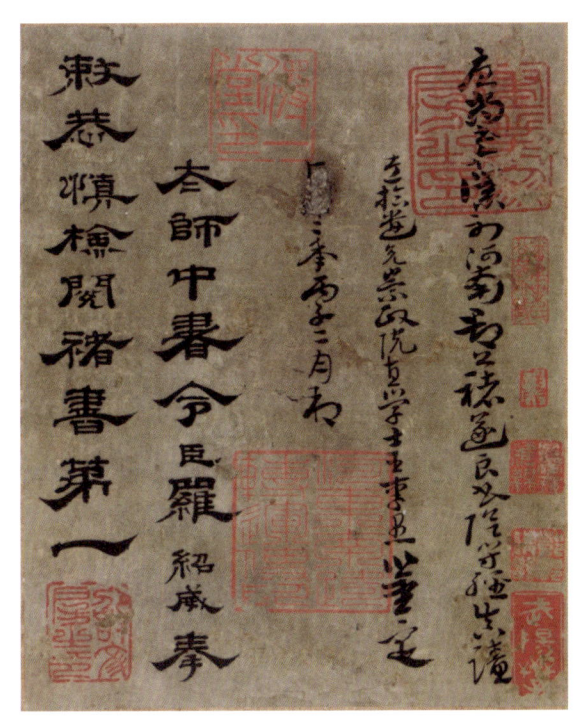

图3-5 "建业文房之印"(大字阴符经 唐 褚遂良)

---

① 卢辅圣:《中国书画全书》第一册,上海书画出版社,1993年版,第477页。
② 卢辅圣:《中国书画全书》第一册,上海书画出版社,1993年版,第494—495页。

第，有的题上画人姓名，有的有押字，有的还题有歌诗杂言等。从中可印证，后主内府的书画收藏大多来自唐内府。

第二节　私家收藏逐渐兴起

一、隋及初唐的私家收藏

随着朝廷内府收藏的兴起，隋唐及五代时的私人收藏家也逐渐增多，同时也出现了一些极具眼力的书画收藏家。

隋代较为著名的收藏家有江总、杨素、姚察、何妥、诸葛颖等，他们均为隋朝内府的书画鉴定家，常为内府书画藏品签押。而其中应数杨素较为著名，他在文学、书法上均颇有造诣。藏有《拂菻国人物器样》二卷，《鬼神样》二卷，《外国杂兽》二卷，《颖川先贤图》一卷。所收物品多为图样、粉本、肖像，但名迹少见。

唐初的私人收藏家，除萧瑀之外，此后又有王弘直、王方庆，另有张易之、薛稷、徐峤等人。而其中王方庆则以收藏王氏祖传法书而闻名。

王方庆，生辰不详，卒于唐长安二年（702）。名綝，以字显，雍州咸阳（今陕西咸阳）人，系琅玡王氏后代，王羲之十代从孙。初为越王府参军，累官至鸾台侍郎，同凤阁鸾台平章事太子左庶子，封石泉县公。通医术，博学精研，酷爱书法，自有建树。著有《王氏八体书范》《王氏工书状》《药性要诀》《新本草》《南宫故事》等。

王方庆系王氏后代，故获有王氏法书秘藏众多，图书典籍之富几于内府相等，且藏有多种异本，如王羲之《初月帖》《姨母帖》等。太宗朝时，其父就进献了从伯祖王羲之法书四十余纸。及至武后向他寻访王羲之真迹时，王方庆于神功元年（697）呈献王羲之书一卷，十一世祖王导、十世祖王洽、九世祖王珣、八世祖王昙首、七世祖王僧绰、六世祖王仲宝、五世祖王骞、高祖王规、曾祖王褒，以及九世从祖王献之等凡二十八人书十卷。武后在收纳这批佳作后，在武成殿上遍示群臣，举朝以此为荣。武后令摹写人对王方庆呈献之墨宝拓摹，后对原件加宝饰锦缯退还，并令中书舍人崔融作《宝章集》以记其事。王方庆呈献之法书名迹被编为《王氏宝章集》，即著名的《万岁通天帖》。每帖前多有王方庆小楷所书其祖辈名衔，极为珍贵。

后至明万历三十九年（1611），金坛王肯堂据此墨本刻入《郁冈斋墨妙》丛帖中。全帖计有王羲之《姨母帖》《初月帖》，王献之《廿九日帖》，王徽之《新月帖》，王荟《疖肿帖》《翁尊帖》，王慈《汝比帖》《柏酒帖》，王僧虔《太子舍人帖》和王志《喉痛帖》等，其中尤以王羲之《姨母帖》《初月帖》，王徽之《新月帖》，王献之《廿九日帖》和王僧虔《太子舍人帖》最为精彩。这些法帖的流传，为后世研究王氏家属的书法艺术留下了珍贵的资料。从中可见王方庆对法书艺术收藏的贡献。

二、盛唐及其后的私家收藏

盛唐之后，随着政局的稳定，经济的发展，私人收藏家逐渐增多。值此时期，书画收藏较著名者，除薛稷、钟绍京、窦缵、李造、席巽等人之外，此时的著名画家韩滉、陈闳等也以收藏著名。中晚唐较有名的收藏家除韩愈、李德裕之外，还出现了以家族收藏为特点的收藏群体，他们有张嘉贞祖孙、张怀瓘兄弟、窦蒙兄弟、李勉父子等。盛唐及其后的书画收藏家中，较有名的有徐浩、潘履慎、蔡希寂、窦绍、腾昇、李泌、陆曜、僧肕、高至宜、晁温，此外尚有崔曼倩、赵微明、薛邕、郭晖、潘寂、袁明、张从申、张惟素、萧祐、周昉、朱景玄、张彦远、李方古、卢元卿和王涯。另有姚崇、马怀素、宋璟和苏颋等，他们工书善文，精鉴赏，都曾为唐玄宗内府所藏书画鉴定签押。而其中个人收藏又以薛稷、钟绍京、徐浩最为著名，家族收藏则以张嘉贞祖孙、窦蒙兄弟尤为出众。

薛稷，生于唐贞观二十三年（649），卒于唐先天二年（713）。字嗣通，蒲州汾阴（今山西万荣）人。魏徵外孙。武后朝时擢进士，睿宗时封晋国公，任太子少保、谏议大夫、参知政事、礼部尚书等职，人称"薛少保"。工书善画，其书风近褚体，时称"买褚得薛，不失其节"，为一代书法大家，与欧阳询、虞世南、褚遂良并称"唐初四大家"。薛稷善画，长于人物、佛像、树石、花鸟，尤以画鹤名世，笔力潇洒，风姿逸发，时称一绝。《历代名画记》载："屏风六扇鹤样，自稷始也。"唐玄宗即位后，因太平公主与窦怀贞等密谋政变，后事泄被杀，而薛稷以知情不报而被赐死。

薛稷除了绘画书法上的成就之外，在当时还是一位有名的收藏家。他好古博雅，又博采古迹，习书学画。据《旧唐书·薛稷传》载："外祖魏徵家富图籍，多有虞、褚旧迹，稷锐精模仿，笔态遒丽，当时无及之者。"薛稷外祖魏徵为初唐重臣，家富收藏，其中虞世南、褚遂良墨迹颇丰，稷得以观摩，获誉日多。可见，薛稷不但喜鉴藏，更善于从所藏书画中精心仿学，汲取营养，遂成自己的书风画格。

钟绍京，生于唐显庆四年（659），卒于唐天宝五载（746）。字可大，虔州赣县（今江西赣州）人。系钟繇十七世孙，时称"小钟"，聪颖好学。初为司农录事，开元初年以工书而入直凤阁。景龙中拜中书令，封越国公。开元十五年（727），因罪事削爵，官终少詹事，为宫廷鉴定家。

钟绍京善书，其书师法薛稷，在内廷以擅长鉴别书法真假而闻名。据曾巩《元丰类稿》云："'绍京'字画妍媚，遒劲有法，诚少与为比。"可见评价之高。为武后时内府主要的书画鉴定家。他喜收藏，不惜破产求书，尝用数百万贯求得右军行书五纸。家藏王羲之、王献之、褚遂良等法书真迹数百卷。

徐浩，生于唐长安三年（703），卒于唐建中三年（782）。字季海，越州（今浙江绍兴）人。徐峤子，张九龄甥。官至吏部侍郎、太子少师，封会稽郡公，世称"徐会稽"。徐浩工书，擅八分、行、草诸体，尤精楷书。岳珂在其《徐浩谢赐书帖赞》中云："而本朝观浩之书，又皆以为绝伦。"有《朱巨川告身》传世，著有《法书论》等。

唐玄宗、肃宗时徐浩被任命为搜访书画史，专门从事内府的书画鉴藏，为唐内府著名的书画鉴赏家。

张嘉贞，生于唐乾封元年（666），卒于唐开元十七年（729）。蒲州猗氏（今山西临猗）人。官至中书令、工部尚书，系张彦远的曾祖父。

据张彦远在其《历代名画记·叙画之兴废》一章中曰："彦远家代好尚，高祖河东公、曾祖魏国公相继鸠集名迹。"在《法书要录》中曰："彦远家传法书名画，自高祖河东公收藏珍秘。"[①] 张嘉贞本人及其子张延赏、孙张弘靖均多有收藏。司徒李勉与张嘉贞友善，其子李缵、李约均与张家世好，两家均喜收藏书画奇珍。据张彦远回忆，宪宗元和十三年（818），祖父张弘靖无意中得罪了宦官魏弘简，为魏弘简所忌恨，但魏苦于无法报复，便借故上表宪宗，说是张家书画名迹收藏颇丰，于是皇帝下旨索取。张家迫于无奈，不得不将家中珍藏的钟繇、张芝、卫夫人、索靖真迹各一卷，"二王"真迹各五卷，魏、晋、宋、齐、梁、陈、隋杂记各一卷，另

---

① 卢辅圣：《中国书画全书》第一册，上海书画出版社，1993年版，第30页。

有顾恺之、陆探微、张僧繇、郑法士、田僧亮、杨子华、董伯仁、展子虔至唐代名家的绘画作品共三十卷进呈给了皇帝,其中有陆探微的《萧史图》、顾恺之的《清夜游西园图》、陈闳的《玄宗马射真图》等名迹精品。随之上书呈表:"前件图,臣瞻奉先灵,素所宝惜,陛下旁求珍迹,以备石渠,祖宗之美,敢不献呈。"① 从中可见封建皇权之威和张氏家属之无奈。待至张彦远时,张氏家中之书画收藏已"恨不见家内所宝,其进奉之外,失坠之余,存者才二三轴而已"②,"元和十三年(818),宪宗累访珍迹,当时不敢缄藏,遂皆进献。长庆初又于幽州散失,传家所有十无一二"③。然张彦远本人虽巨迹难得,收藏寥落,却因他见多识广,对鉴藏书画也极富研究,故日后收藏也渐丰富。他对书画的收藏、鉴定、题记、装裱都有自己独特的见解,从而形成了一整套完整而系统的理论,并著成《历代名画记》和《法书要录》等颇具影响力的书画论著,从而奠定了他在绘画史上的地位和影响。这也诚如毛晋在为张氏所著《法书要录》识文中所赞:"迄唐河东张氏,三世藏法书名画,彦远又能汇其祖父所遗成二书以记录书画之事,令陶隐居复生不知又作何愿也。余读其《法书要录》十卷,载汉魏以来名文百篇,不下一注脚,不参一评跋,岂其鉴识未精耶。盖谓昔贤垂不朽之艺,后人睹妙绝之迹,自有袁昂、'二庾'及窦臮诸人月旦在。海虞毛晋识。"④ 从中可证张氏家属书画收藏之富。

窦蒙,生卒年月不详。字子全,扶风郡(今陕西省麟游县西)人。曾任议郎、安南都护,官至试国子司业兼太原县令。工书善文,名冠一时。著有《画拾遗录》《述书赋语例字格》等,为著名的书画史论家、鉴藏家。

窦蒙的伯父窦缵,任司马。在开元、天宝年间已喜爱书画收藏。

窦臮系窦蒙之弟,生卒年月不详。字灵长。扶风郡(今陕西省麟游县西)人。曾任检校户部员外郎、宋汴节度参谋、浙江东西节度判官、朝议大夫检校兵部郎中兼侍御史上柱国等职。工书善文,尤工草隶诸体。

窦臮著有《述书赋》,其开篇立旨叙曰:"今记前后所亲见者,并今朝自武德以来迄于乾元之始,翰墨之妙,可入品流者,咸亦书之。"《述书赋》所评历代诸家,

---

① 张彦远:《历代名画记》,中州古籍出版社,2016年版,第14页。
② 张彦远:《历代名画记》,中州古籍出版社,2016年版,第15页。
③ 卢辅圣:《中国书画全书》第一册,上海书画出版社,1993年版,第30页。
④ 卢辅圣:《中国书画全书》第一册,上海书画出版社,1993年版,第118页。

均经他本人目睹其传世书迹，否则即便是名家也概不录入，史谓"刊讹误于形声，定目存于指掌，其所不睹，空居名额，并世所传拓者，不敢凭准，一皆略焉"。篇末又系以徐僧权等署证八人，太平公主等印记十一家，述作梁武帝等十家，征求宝玩韦述等二十六人，利通贷易穆聿等八人。其"印记"一章，兼画印模于句下，是赋遂成后世朱存理《铁网珊瑚》、张丑《清河书画舫》《真迹日录》著录之祖。

窦蒙、窦臮兄弟收藏颇丰，并共同藏有钟会、王廙书迹各一卷，其藏品中常钤有"窦蒙审定""窦臮印"等印记。

然值得注意的是，唐时这些私人收藏家，购求保存法书名画，大都出于雅玩，并不过多地考虑其经济价值。他们中人，有的不惜破费重金而耽贫乐道，有的不拘一格广取博收，有的则专注于收集某一类之精品加以研学。这些，无疑对保存研究历史上的名画法书起到了积极作用。

三、五代的私家收藏

五代的书画收藏，就私人来说，远不及唐时，然也出现了为数不多但独具慧眼的收藏家。他们中有赵喦、刘彦齐、赵德玄、李昇、胡翼等，其中又以赵喦和刘彦齐最为出众。

赵喦，出生年月不详。又作赵岩，本名霖，字秋巘。陈州（今河南淮阳）人。为梁太祖朱温朝驸马都尉。为人谦和好施，礼优画士，门下食客多达百人。他工画，尤擅人马，所绘人马善用铁线游丝描，有《八达春游图》《调马图》传世。

赵喦除了绘画之外，尤喜书画鉴藏。据北宋郭若虚《图画见闻志》中载："梁驸马都尉赵喦，酷好绘事，兼娴小笔。遇唐末乱世，独推至鉴。人有鬻画者，则必以善价售之，不较其多少，繇是四远向风，抱画者，岁无虚日。复以亲贵擅权，凡所依附，率多以法书名画为贽。故画府秘藏图轴，仅五千余卷，时称盛焉。"

从上可见，他每遇卖画者，总是以高价购入，不计价钱，于是卖画者闻风而至。又因他身为贵戚，依附者即多以法书名画进呈，以致他的书画收藏有五千余卷之多。他的门客中有一位叫胡翼的，是他的私人鉴定家，参与其所藏书画的品第优劣。由于他大力选购书画名作，人们便将他的家称为"赵家选画场"。为此，在唐末五代即被誉为"独推至鉴"。

刘彦齐，生卒年月不详。为后梁左千牛卫将军。他善画竹，尤喜收藏。《图画见闻志·图绘宝鉴》中，便载录了刘氏所作《风折竹图》《孟崇泣竹图》《湘妃图》等图。

刘彦齐身为贵胄，所藏书画数量不下千卷。据北宋郭若虚《图画见闻志》称："其所藏名迹不啻千卷，每暑伏晒曝，一一亲自卷舒，终日不倦。能自品藻，无非精当。"刘彦齐还善于拓摹，他常将从别人处借阅来的名迹，经精心传模仿作后，再用旧裱轴装池，留下真迹，将假的退还别人。这是继张易之后又一作假之人。刘彦齐的书画收藏虽不及赵喦，口碑也不及赵喦，然其鉴别的眼光可与赵氏抗衡。当时就有"唐朝吴道子手，梁朝刘彦齐眼"。至今，人们把擅长书画鉴定者称为"眼睛"，溯其来源，即出自此。

第三节 鉴定专著体例的出现

隋唐乃至五代，书画著述虽遗存不多，然较以往相比要丰富得多。一些史论著述中有不少涉及书画作品，以及论述鉴定、流传、款识、印记、装裱等方面的内容，并出现了专述书画鉴定和收藏论著体例的著作，也即以后所称之的"著录"。隋代杨广的《古今艺术图》，唐代高士廉的《贞观御府书画谱》、彦悰的《后画录》、窦蒙的《画拾遗录》《齐梁画目录》、佚名的《古今名画录》，五代辛显的《益州画录》、李煜的《梁朝画目》等都为当时较有名的著录专述，其中又以裴孝源的《贞观公私画史》、朱景玄的《唐朝名画录》和张彦远的《历代名画记》最为著名。

一、裴孝源和《贞观公私画史》

裴孝源，约生于隋仁孝元年（601），约卒于唐乾封元年（666）。降州闻喜（今山西闻喜）人。活动于太宗、高宗年间。曾任中书舍人、吏部员外郎、度支郎中等职。擅文辞，工书法，善鉴赏，曾负责内府的书画鉴定事项。

裴孝源因受到太宗之弟汉王李元昌的赏识，委以鉴别内府秘藏书画，又因十分关注了解私家收藏以及寺庙壁画的情况，遂于贞观十三年（639）撰写了著名的《贞观公私画史》。

《贞观公私画史》又名《贞观公私画录》，旨在著录古画名目，并品评高下，被视为绘画著录之祖，并开绘画著录专著之先河。

《贞观公私画史》分序及贞观公私画史两部分。序言中言明此系受汉王李元昌之命，将“魏晋以来前贤遗迹所存及品格高下列为先后”①。然书中所载，多为隋朝官库本，即隋室旧藏而尚存于贞观者。从序言中可知，此书是载“起于高贵乡公，终于大唐贞观十三年秘府及佛寺并私家所蓄”，共著录绘画二百九十八卷，壁画四十七处，又集新录官库总二百九十八卷，其中隋唐官本计二百三十卷，十三卷为左仆射萧瑀进，得之于杨素家二十卷，余者为许善心、褚安福等人所进，近十八卷已先在秘府，并辨其中二十三卷恐非晋宋人真迹。

是录于每件作品先列画名，再列作者，并按《梁太清目》（即南朝梁之官库藏画目录）注明是否已收入该目。所记名画均载有作者、画名、本别、件数、题记、印记和来源等，所录画家有陆探微、高贵乡公、卫协、晋明帝、谢稚、顾景秀、毛惠远、嵇康、杨修、蔡邕、史道硕、戴逵、顾恺之、曹不兴、戴勃、陆绥等，凡画史有名者或有名未载入者，于此皆全。全目旨在著录古画名目，并品评高下。此目不但堪称绘画著录之祖，而且据此可考证贞观前名画之存世情况，实为研究画史者之宝器。

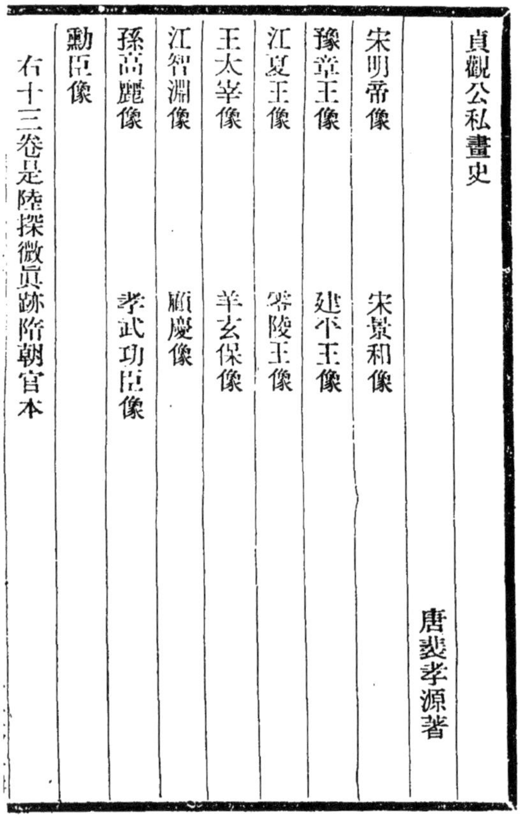
貞觀公私畫史
唐裴孝源著
宋明帝像　宋景和像
豫章王像　建平王像
江夏王像　巴陵王像
王太宰像　羊玄保像
江智淵像　顧慶像
孫高麗像　孝武功臣像
勳臣像
右十三卷是陸探微真跡隋朝官本

图3-6　《贞观公私画史》　唐　裴孝源

据《新唐书·艺文志》载，裴孝源另有《画品录》一卷，与《贞观公私画史》可参照研阅。

不过，也有后人对此画目尚存有疑义，以为其文论述不明，疑传写有误，以及画家姓名讹误等，以存参照。

是书有《王氏画苑》本、《续刊

① 卢辅圣：《中国书画全书》第一册，上海书画出版社，1993年版，第170页。

百川学海》本、《说郛》本、《四库全书》本、《唐宋丛书》本、《美术丛书》本、《中国书画全书》本。

二、朱景玄和《唐朝名画录》

朱景玄,一作景真。约生于唐贞元元年(785),约卒于大中二年(848)。吴郡(今江苏苏州)人。曾任咨议参军,历翰林学士、太子谕德。工诗善文,酷爱画艺,尤善鉴识。著诗一卷,今存十五首。著有《唐朝名画录》《书品目录》。

《唐朝名画录》又名《唐朝画断》或《名贤画录》,一卷。朱景玄此著参阅了《独异志》与《两京耆旧传》等笔记杂著中的有关记载。据序言可知,他因为不满李嗣真之《续画品录》的"空录人名,而不论其善恶,无品格高下"之意而撰写此书。然因自己酷喜画艺,故遍访各处画迹,本着"不见者不录,见者必书"的原则写下此著。

《唐朝名画录》可贵之处在于不但按张怀瓘《画断》体例,以"神、妙、能"三品评定画家品第,每品又分为上、中、下三等,而且在"神、妙、能"三品的基础上,又提出了"其格外有不拘常法,又有'逸品',以表其优劣也"[①]的观点。其中逸品仅列三人:一是王墨,因"图出云霞,染成风雨,宛若神巧,俯观不见其墨污之迹,皆谓奇异也";二是李灵省,因"皆一点一抹便得其象,物势皆出自然,或为峰岑云际,或为岛屿江边,得非常之体,符造化之功,不拘于品格自得其趣尔";三是张志和,因"人物、舟船、鸟兽、烟波、风月皆依其文,曲尽其妙,为世之雅律深得其态"。鉴此,景玄以为"此三人非画之本法,故目之为'逸品',盖前古未之有也"。从此"逸格"便成为品评绘画的又一标准。全书共评唐代画家一百二十六人。他先在目录中注明每位画家所擅长之画科,分为人物、禽兽、山水、楼殿、屋木等门类,再详细记载画家生平故事、画作等事迹,最后评论这些画家的技艺及成就。

此书可贵之处,是记所见画作而言之,因有二十五人未见原作,故仅依附目后,而不列入品第之中。为品吴道子画,因未睹吴氏名迹,故着力寻访吴之真迹后专以品评。故此书虽是一部品评著录之作,却更兼有断代画史的性质与价值,并影响了黄休复《益州名画录》及后代诸多史论家和画家。

---

① 卢辅圣:《中国书画全书》第一册,上海书画出版社,1993年版,第161页。

是书有《五氏书画苑》本、《四库全书》本、《学津讨原》本、《美术丛书》本、《中国书画全书》本。

三、张彦远和《历代名画记》《法书要录》

张彦远，生于唐元和十年（815），卒于后梁开平元年（907）。字爱宾。蒲州猗氏（今山西临猗）人。曾任舒州刺史、左仆射补阙、祠部员外郎、大理寺卿。出身官宦世家，高祖张嘉贞、曾祖张延赏、祖父张弘靖皆担任过宰相。其父张文规，官至殿中侍御史、湖州刺史等，亦善书画。彦远出身收藏世家，家藏法书名画甚丰，精于鉴赏，擅长书画，惜无作品传世。著有《历代名画记》《法书要录》。为唐代著名画家、画学理论家。

《历代名画记》共十卷，约成书于大中元年（847）。卷一主要论述绘画之源流和画之兴废及历代能画人名等；卷二主要是讲绘画的师资传授、用笔、品第及皮藏；卷三主要是记载书画的押署、印记、装裱及古之秘画珍图等；卷四至卷十主要是记载各个不同时期代表画家的情况，自上古轩辕至唐会昌年间共计三百七十二位画家。

总括起来，实际分为三大内容：

一是绘画历史发展的评述；二是画家传记及相关资料；三是绘画的鉴识及收藏。全书结构恢宏合理，内容博大精深，论述精辟独到，继承发展了史、论相结合的优良传统，总结了前人有关绘画历史和画学理论以及有关书画鉴定和收藏的研究成果，开创了绘画通史的写作体例，可谓是中国绘画发展史上第一部关于中国绘画艺术的通史巨著，被誉为"画史中的《史记》"，系我国绘画历史和画学理论的"百科全书"。

张彦远之所以能写出如此完整而系统的绘画通史，与其家庭背景、社会环境，以及自身独特的艺术见解密切相关。

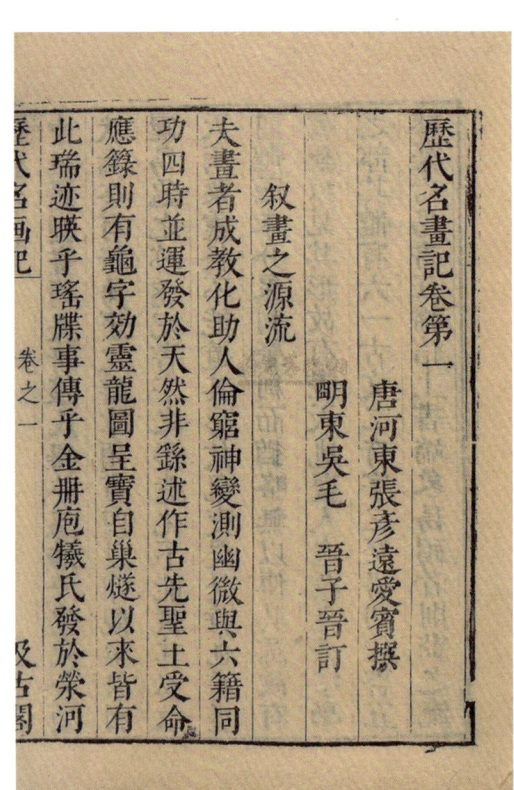

图 3-7　《历代名画记》　唐　张彦远

张彦远出身官宦文人世家，祖上历任高官，自高祖张嘉贞始，其家更是十分注重书画名作收藏，家藏法书名画几可与内府相抗衡。如此的家庭熏陶，致使张彦远自幼就"鉴玩整理、昼夜精勤""竟日宝玩"，以至于"爱好愈笃，近于成癖"，达"唯书与画，犹未忘情"之境地。其实，张彦远正是通过对历代典藏名作的不断研究，逐步深入，才真正理解画史之演变，甄别各家之风范，鉴别笔墨之邪正，评判作品之优劣。事实证明，研究真伪，唯有将历代庋藏流传下来的名家名作作为师鉴学习的典范，这才有可能超越近习，直入堂奥，取道乎上，才可能继承创新。

张彦远生活的时代，正是武宗、宣宗时代。这一时期，表面看去唐朝还维持着统一，对外的威权亦未至于全然失坠。然因藩镇割据，宦官当政，故从大体看之，则终已进入衰乱而不能复振的时代。加之宪宗时，祖父张弘靖无意中得罪了宦官魏弘简，魏借故"以家藏书画名迹"为由加罪于张家。迫于无奈，张家被迫捐出了几乎全部的法书名画，这对张彦远这位酷爱书画的人来说，无疑是一件无比痛苦而不得不忍受的耻事。这些家庭、社会、个人的诸多因素交杂在一起，致使张彦远"既颓然以忘言，又怡然以观阅"。从此，奋笔疾书，昼夜不息，才写出如此精妙绝伦的绘画史学专著。

《历代名画记》的功绩，除了论述绘画发展的历史、历代画家的详情之外，还将书画的庋藏、购求、阅玩，以及书画的押署、印记和装裱正式记载下来，加以详细的评述与论断。不但将书画的鉴藏提到了一个历史的高位，而且使得书画鉴藏成为画学研究的一个重要组成部分，无疑开创了画学研究的一个先河。这既是张彦远的高见之处，也实是绘画发展史不可忽视的一个重要学术研究课题。

此外，《历代名画记》还保留了前朝一些极其重要的画学研究成果，如顾恺之的《魏晋胜流画赞》《论画》《画云台山记》，孙畅之的《述画记》，梁武帝的《画评》，谢赫的《画品》，姚最的《续画品》，张怀瓘的《画断》，裴孝源的《贞观公私画史》，朱景玄的《唐朝名画录》等，并对这些画论及品评提出了自己独特的见解。

鉴于晚唐以来的画史撰著多已不存，加之他对实已湮没或失传的自轩辕时期至晚唐止的不少画家的记叙，故而《历代名画记》便成为了解自古至晚唐绘画及其理论发展的重要著作。由此可见，张彦远可谓功在千秋，为当代及后辈留下了不可多得的有关书画鉴藏的第一手研究资料，成为"画史之祖"，"画史中最良之书"（余绍宋语）。

是书有《太平御览》本、《王氏书画苑》本、《津逮秘书》本、《学津讨原》本、

《四库全书》本、《中国书画全书》本等。

其实，张彦远除撰有《历代名画记》之外，尚有《法书要录》问世。

是书采掇自古论书凡百篇。始起东汉，迄于唐元和年间。凡各家书法理论文章和著名法书等皆具录原文。全书分十卷，书前有自序。一些不可署佚的篇目，实亦由此书录出。鉴此，作者自诩："好事者得此书及《历代名画记》，书画之事毕矣。"作者于当时语出此言，殆饰非奇。彦远之所以除了撰有《历代名画记》之外，再录《法书要录》，其实，从其序言中可知，还是由于书画鉴赏缘起。他在自序中言："金帛散施之外，悉购图书。古来名迹，存于箧笥。元和十三年（818）宪宗累访珍迹，当时不敢缄藏，遂皆进献。长庆初又于幽州散失，传家所有十无一二。先君尚书少耽墨妙，备尽楷模。彦远自幼至长，习熟知见，竟不能学一字。夙夜自责，然而收藏鉴识有一日之长。因采掇自古论书凡百篇，勒为十卷，名曰《法书要录》。"① 从中可知书画鉴赏收藏者著书立说的重要性和必要性。

是书有《百川学海》本、《王氏书画苑》本、《津逮秘书》本、《说郛》本、《五朝小说大观》本、《砚北偶钞》本、《四库全书》本、《丛书集成》本、《美术丛书》本、《中国书画全书》本等。

第四节　书画印记、押署、跋尾及裱背

随着书画收藏的不断兴起，唐代无论皇家庋藏和私家收藏都十分重视藏品的整理和珍藏。作为书画鉴定辅助依据的印记、押署、跋尾及裱背也有了长足的发展，尤其是收藏印记的出现，更是唐代书画收藏兴起的标志。

一、印记

唐代之前的内府未见过专门用于收藏的印记。在隋时，虽有类似押署始带官衔列于名作之后，然没有出现过鉴赏收藏印，更未出现诸多的姓名、官衔等印记。这

---

① 卢辅圣：《中国书画全书》第一册，上海书画出版社，1993年版，第30页。

也正如张彦远所述:"前代御府,自晋、宋至周、隋,收聚图画,皆未行印记。"① 然至唐时始,便已正式使用书画印记,尤其是鉴赏家们已开始使用书画收藏印记。就皇家而言,太宗皇帝自书多以"贞""观"两字作小印。高宗皇帝则多以"开元"二字作一印。内府各掌管书画收藏的机构也出现了"集贤印""秘阁印""翰林印",以及"弘文之印"等,另官府宫中有一"元和之印"多用于拓本书画。

就私人藏家而言,一些书画收藏者多已开始喜欢治印。润州刺史赠左散骑常侍徐峤有"东海"二字印,其子吏部侍郎会稽郡公徐浩及徐浩之子徐璹用"会稽"两字印。议郎窦蒙所用的"窦蒙审定"印,这是一方明显用于书画收藏的专用印。另有张怀瓘兄弟的"张氏永保"印,张嘉贞所用的"河东兆氏"印,王涯的"永存珍秘"印,张敦简的"常山之印""齐臣"等印,均为私家收藏常用的印记。另还有不少的常用印记,如窦蒙之弟范阳功曹窦臮用"窦臮"印,起居舍人李造用"淘安"印,张嘉贞用"河东张氏"印,其子张延赏用"乌石候瑞"印,其孙张弘靖用"鹊瑞"印,李勉用"李氏印",其子李约用"约"字印,李泌用"邺侯图书刻章"印,

图 3-8 "弘文之印"(女史箴图 晋 顾恺之)

① 张彦远:《历代名画记》,中州古籍出版社,2016年版,第76页。

还有画家韩滉用"滉"字印,周昉用"周昉"印。另有"军侯司马""安国亭侯""归至淮水""军司司马""任氏言事"等。在这些印记中,有的是显示身份的,有的是表明官职的,还有的是显示姓名,以及显现其收藏鉴定的,可谓是样式多种,目的各异,凸显出书画鉴藏的雏形。这些不但成为当时人们判别作品之真伪的依据,而且也为后人充分利用印记以鉴别书画真伪开启了先河。不过,真正的收藏家是不会仅仅依靠印章去判别书画真伪的,所以张彦远认为:"此外更有诸家印署,皆非鉴识,但偶获图画,便即印之,不足为证验,故不具录。若不识图画,不烦空验印记。"接着他又指出:"自古及近代,御府购求之家,藏蓄传授阅玩,其人至多,是以要明跋尾印记,乃是书画之本业耳。"这也正如张彦远所曰:"已上诸印记,千百年可为龟镜。……已上并未寻讨去处,皆是识鉴宝玩之家印记,并可为验证。"①

不过唐太宗所用之"贞""观"二字印最早见载于徐浩《古迹记》和韦述的《叙书录》中。徐浩在其《古迹记》中说:"太宗皇帝肇开帝业,大构图书,宝于内库。钟繇、张芝、芝弟昶、王羲之父子书四百卷,及汉、魏、晋、宋、齐、梁杂迹三百卷。贞观十三年(639)十二月,装成部帙,以'贞''观'字印印缝,命起居郎臣褚遂良排署如后。"韦述在《叙书录》中说:"自太宗贞观中搜访王右军等真迹,出御府金帛,重为购赏,由是人间古本,纷然毕进。帝令魏少师、虞永兴、褚河南等,定其真伪。右军之迹,凡得真行二百九十纸,装为七十卷;草书二千纸,装为八十卷;小王及张芝等,亦各随多少,勒为卷帙,以'贞''观'字为印,印缝及卷之首尾。"韦述又说:"开元五年(717),敕陆元悌、魏哲、刘怀信等检校换裱,分一卷为二卷,总见在有八十卷,余并坠失。元悌等又割去前代名贤押署之迹,惟以己之名氏代焉。上白书'开元'二字为印,以印之。右军书凡一百三十卷,小王二十八卷,张芝、张昶书各一卷。右军真、行书唯有《黄庭》《告誓》等四卷存焉。萧令寻奏滑州人家藏右军扇上真书《宣示》及小王行书《白骑遂》等二卷,敕命滑州给驿赍书本赴京。其书扇有'贞观'旧裱织成题字,奉进上,书本留内,赐绢一百匹以遣之,竟亦不问得书所由。"以上记载说明,唐太宗等所用"贞""观"二印,一方面是利用印记作为书画赏玩的证据,另一方面则是为了更好地管理内库的书画藏品。

---

① 张彦远:《历代名画记》,中州古籍出版社,2016年版,第84页。

二、押署

所谓押署,其实就是现在所指的"签字"或"署名",即在书画作品上写上姓名。

所谓跋尾,即是指在书画作品上作评述。因唐之前的作品无挂轴,多为横批或手卷,故作者为书画作品所作的评述多在作品的尾端,故曰跋尾。

"押署"一词在张彦远的《历代名画记·叙自古跋尾押署》一节中是这样说的:"前代御府,自晋、宋至周、隋,收聚图画,皆未行印记,但备列当时鉴识艺人押署。"[1]这是说,唐之前的书画虽尚未使用印记,然押署,也即在作品上签署当时鉴别绘画者及绘画者的姓名在唐之前早已有之。如南北朝时的宋,即有张则、袁倩、陆绥的押署;齐有刘瑱、毛惠远的押署;梁有沈炽文、唐怀克、徐僧权、孙子真、姚怀珍、满骞等的押署;陈有杜僧谭、黄高;北齐有丁道矜的押署。到了隋代有江总、姚察、朱异、何妥的押署。可见这些签字者不是当时的官宦权贵,就是书画家和鉴藏者。

到了唐代,押署的就更多了。较有名的有光禄大夫虞世南、起居郎褚遂良、许州都督长孙无忌、尚书左仆射房玄龄、尚书右仆射高士廉、特进郑国公魏徵、中书令驸马都尉杨师道、左卫大将军李大亮、光禄大夫唐俭、礼部尚书李孝恭、刑部尚书刘德威、太常卿韦挺等,大多为朝中的达官贵臣。

三、跋尾

画中的跋文,除了押署便是跋尾。跋尾的出现似在唐代前的隋朝开皇时期。张彦远的《历代名画记·叙自古跋尾押署》中载:"开皇 年 月 日,内史薛道衡署名跋尾。"这可能是史载较早的书画作品的题跋了。

唐代的书画跋尾比之前代自然要多很多。"唐朝武德初,秦王府跋尾。主簿上开府薛收,文学褚亮,亦有褚亮下更署虞世南姓名。"[2]贞观十一年(637),时任兵曹史樊行负责装裱及整理纸张,宣议郎行参军李德颖、数功曹参军金川县开国男平俨、典司马行相州都督府司马苏勖监、银青光禄大夫行黄门侍郎扶风县开国男韦挺监等人,在当时经整理的书画装裱作品上都作了跋尾。

---

[1] 张彦远:《历代名画记》,中州古籍出版社,2016年版,第76页。
[2] 张彦远:《历代名画记》,中州古籍出版社,2016年版,第76页。

唐开元时期，玄宗想要庋藏天下所有的书画，于是下诏当时的鉴定家进行押署跋尾。

不过，张彦远在《历代名画记·叙自古跋尾押署》一节的结尾作了如下的结论："已上跋尾押署，书画多同此例。今略举大例言之，余不具载。"① 也就是说，唐代在书画作品上作跋尾和押署已渐成风气。以上只是列举了几个代表性的例子而已。

四、裱背

唐代的书画装裱，在总结前代的基础上有了长足的发展。唐太宗对书画装裱极为重视，他专门委派典仪王行真等进行装裱，并让起居郎褚遂良、校书郎王知敬等人负责监管。对此，韦续《墨薮》也有记载："见育宫中，窃观先后阅法书数轴，将拓以赐藩邸。时见宫人出六十余函于亿岁殿曝之，多装以镂牙轴紫罗褾，云是太宗时装。"②

张彦远本人不但重视装裱，而且对装裱用的糨糊也十分讲究："凡煮糊必去筋，稀缓所得，搅之不停，自然调熟。"他在调糨糊时还说："余往往入少细研薰陆香末，出自拙意，永去蠹而牢固，古人未之思也。"这即可有效地达到防虫且延长书画寿命的功效。此外，他介绍说，汧国公李勉家在装裱书画时还会滴入少量的蜡油，并在封闭和湿润的环境下进行。他还认为，装裱时必须观察气候的变化。装裱最好的季节是在秋天，春天一般，夏天则不宜装裱，尤其是在潮湿闷热的日子则更不宜装裱。

对有灰尘的古书画，张氏认为必须用皂荚水浸泡，然后放在平台上进行除垢，为此他还提出了具体的步骤方法。对于书画的轴头，他以为轴身用材最好的是白檀木，因白檀木有香味可以驱除虫子。若装小轴则以白玉最好，水晶次之，琥珀是最不好的。而做大轴的材料，一般以选择油漆过的杉木为好。

对书画装裱的用纸，他以为不要用熟纸，否则纸张会起皱，最好还是选用白滑漫薄的大幅生纸。

另外，对于书画的修补，应用木棍支起，用油绢装背，后将边缘处拉直，须注意拼贴的部分，横竖要对齐，尽量恢复原貌，并补齐缺失最大的部分。为此，他还

---

① 张彦远：《历代名画记》，中州古籍出版社，2016年版，第78页。
② 卢辅圣：《中国书画全书》第一册，上海书画出版社，1993年版，第28页。

列明了具体的步骤。

五代时，其书画装裱的形式大致沿袭唐代。因此时的绘画仍无挂轴，多为手卷或屏风，故装裱时依据手卷或屏风的尺轴大小配以一定的绢帛而装背。

第五节　书画市场及书画作伪

中国的书画艺术，既是一门艺术创作，也是一种精神享受，鉴赏在其中便起到了至关重要的作用。有鉴赏便有庋藏，有庋藏就有市场，有市场就有作伪，这是一个事物的多个方面，也是事物的发展规律，更是人性的展现。

唐代的书画，鉴于皇室的重视和私家的需求，书画作品便在市场上流通起来，书画买卖已成为一种职业。《历代名画记·论鉴识收藏购求阅玩》载："辽东人王昌，括州人叶丰，长安人田颖，洛阳人杜福、刘翌，河内人齐光，皆别识贩卖，此辈虽怜业好事而迹类藩身。"① 这些都是有据可查的书画商人。至贞元初年，为适应私家的需求，书画市场更加活跃起来，其中孙方颙、男盈、赵晏都是很有眼力的书画商人，他们帮助张彦远购得不少名迹，为此而受到了藏家的重视。就此，张彦远在《历代名画记·论名价品第》中就对当时的书画市交易作过生动而形象的描述："必也手揣卷轴，口定贵贱。不惜泉货，要藏箧笥。则董伯仁、展子虔、郑法士、杨子华、孙尚子、阎立本、吴道玄屏风一片，值金二万，次者售一万五千。其杨契丹、田僧亮、郑法轮、乙僧、阎立德一扇值金一万。"这既说明了当时市场活跃，也表明了书画的价值不菲。玄宗时，张怀瓘的《书估》中已把钟繇、张芝之作品定为中估，以为价值千金。他说："近日有钟尚书绍京亦为好事，不惜大费，破产求书。计用数百万贯钱，惟市得右军行书五纸，不能致真书一字。"② 为此，张氏以"三古"对各名家书法论价如下："三古者，篆籀为上古，钟、张为中古，羲、献为下古。上古但有其名，中古乃旷世奇迹，可贵可重，有购求者宜悬之千金。或时不尚书，

---

① 张彦远：《历代名画记》，中州古籍出版社，2016年版，第69页。
② 卢辅圣：《中国书画全书》第一册，上海书画出版社，1993年版，第244页。

熏莸同器，假如委诸衢路，犹可字偿千钱。"① 他还以为："其杜度、崔瑗可与伯英价等，然志乃尤古，力亦渐大，唯妍媚不逮于张芝。卫瓘可与张为兄弟，索靖则雄逸过之。且以右军真书妙极，又人间切须。是以价齐中古，古远稀世，非无降差。崔、张，玉也；逸少，金也。大贾则贵其玉，小商则重其金。"② 张彦远在论及名作价值时即提出董伯仁、展子虔、郑法士、杨子华、孙尚之、阎立本、吴道子之画，屏风一扇价值二万金，其次者亦一万五千金。开元十年（722），何延之指出："今赵模等所拓《兰亭》一本尚值钱数万也。"这诚如杜甫诗中所曰"忆昔咸阳都市合，山水之图张卖时"，从中可见唐时书画市场之兴盛。

书画一旦有了市场，便会有假货出现，制假贩假便会成为常态，这是人心所至。书法的作伪较之绘画要早。据载，书法造假至少是始于南朝的刘宋。书法这一艺术门类的作伪，源自法书名迹的拓摹。唐太宗对王羲之书法的痴迷，让大臣或拓书人复制名迹，以赏赐大臣，这便使得书法作伪成为现实。鉴此，张彦远在《历代名画记·论画体工用拓写》亦有记载："好事家宜置宣纸百幅，用法蜡之，以备摹写。古时好拓画十得七八，不失神采笔踪。亦有御府拓本，谓之官拓。国朝内库、翰林、集贤、秘阁，拓写不辍。承平之时，此道甚行。"其实，太宗内府所藏已有前代伪作，然贞观独尊王羲之，搜求痴爱过于前代。谋利之人为投其所好，以他人书充作王书进奉亦不在少数。然当时作伪最著名者，当属李怀琳。李怀琳太宗时任待诏文林馆，善书。窦臮在《述书赋》中曾称："李怀琳，洛阳人，国初时好为伪迹。其《大急就》称王书，及《七贤书》假云薛道衡作字叙，及竹林叙事，并卫夫人尝咄咄逼人。嵇康《绝交书》，并怀琳之伪迹也。有姓谢名道士者，能为茧纸，尝书《大急就》两本，各十纸，言词鄙下，跋尾分明，徐、唐、沈、范，踪迹煊赫。劳茹装背，持以质钱。贞观中，敕频搜寻，彼之钱主封以诣阙。太宗殊喜，赐缣二百匹。"又述："爰有怀琳，厥迹疏壮。假他人之姓字，作自己之形状。高风甚少，俗态尤多。吠声之辈，或浸余波。"然米芾在其《书史》中却称："《法书要录》所载《七贤帖》，太宗知其伪，爱之，以'贞''观'字印之入御府。"因此而授官职，绝非泛泛之辈，故米芾称其书为"贞观间一种伪好"。阅以上诸记载，可见唐时的作伪之风已盛极一时。接着米芾又说："遂不得与师书耳。但卫不能拔赏，随世所学，

---

① 卢辅圣：《中国书画全书》第一册，上海书画出版社，1993年版，第244—245页。
② 卢辅圣：《中国书画全书》第一册，上海书画出版社，1993年版，第245页。

规摹钟繇，遂多历年所，二十著诗论草隶通解，不敢上呈。卫有一弟子王逸少，甚能学卫真书，咄咄逼人，笔势洞精，字体遒媚，师可诣晋尚书馆书耳。仰凭至鉴，大不可言，弟子李氏卫和南，此帖比今阁帖字亦多，亦其所撰也。次无名帖，次郗超帖，亦摹在阁帖中，次陆机、卫恒帖，卫亦摹入阁帖也。后余以画易于刘泾，分前四帖与李錞，皆贞观间一种伪好。"[1]

张彦远《历代名画记·叙画之兴废》载："天后朝，张易之奏召天下画工，修内库图画。因使工人各推所长，锐意模写，仍旧装背，一毫不差。其真者多归易之。"以上便是有据可查的最早的绘画作伪案了。

此后，五代梁时的千牛卫将军刘彦齐也是一位作假画的高手。他虽眼光独具，收藏颇丰，却常将借阅别人的绘画名迹亲自传摹，将其真迹留下，把假的退还给别人，因此在书画史上留下了不好的名声。

---

[1] 卢辅圣：《中国书画全书》第一册，上海书画出版社，1993年版，第970页。

第四章　宋代的书画收藏
（鼎盛时期）

第一节　北宋内府的收藏

一、宋太祖和宋太宗内府的收藏

宋太祖，生于后唐天成二年（927），卒于宋开宝九年（976）。名匡胤，字元朗，小名香孩儿，又名赵玄郎、赵九重。涿郡（今河北涿州）人。周世宗时任禁军统帅、殿前都点检，领宋州归德军节度使，后通过"陈桥兵变"夺取皇位。虽习字学诗，然自身缺乏文化，妄以"文德致治"。在位十七年。庙号太祖，有诗作《咏初日》传世。

宋太祖统一全国后，因对书画庋藏较有兴趣，为充实内府的收藏，他命令将南唐、吴越、后蜀等诸国的所有书画，陆续运往北宋开封内府。

郭若虚的《图画见闻志》载："太祖平江表，所得图画赐学士院，初有五十余轴，及景德咸平中，只有《雨村牧牛图》三轴，无名氏；《寒芦野雁》三轴，徐熙笔；《五王饮酪图》二轴，周文矩笔。悉令重装背焉，玉堂后北壁两堵董羽画水，正北一壁吴僧巨然画山水皆有远思，一时绝笔也。有二小壁画松不知谁笔，亦妙，今并在焉。"① 可见，太祖对内府收藏还较为重视。这些书画藏品，除少数赏赐给大臣外，大部分入归内府。《图画见闻志》又载："江表用师之际，故枢密使楚公适典维扬，于时调发军饷供济甚广。上录其功，将议进拜，公自陈愿寝爵赏，闻李煜内库所藏书画甚富，辄祈恩赐。上嘉其志，遂以名笔凡百卷赐之，往往有李主图篆暨唐贤跋尾。"② 这是说开国功臣楚昭辅因功而"自陈愿寝爵赏"，太祖"遂以名笔百卷赐之"。此外，他还诏令搜访各地书画，并组织人员加以评定。另赵匡胤还曾派苏大参搜访名贤书画，后获南唐内府所藏千余卷名迹。"苏大参雅好书画，风鉴明达，太平兴国初，江表平，上以金陵六朝旧都，复闻李氏精博好古，艺士云集，首以公倅是邦，因喻旨搜访名贤书画，后果得千余卷上进。既称旨，乃以百卷赐之。公后入拜翰林承旨，启沃之余，且复语及图画，于时敕借数十品于私第，未几就赐焉。至今苏氏法书名画最为盛矣。"故经他鉴定上献之大批作品，尚属稀世珍宝，宋太祖虽"以百卷赐之"，但也收获不小，从而为北宋内府的书画收藏奠定了基础。

宋太宗，生于后晋天福四年（939），卒于宋至道三年（997）。名光义，字廷宜，本名赵匡义，为匡胤弟。后因避其兄宋太祖名讳而改名赵光义，即位后又改名赵炅。自幼聪颖不群，生于开封府浚仪县崇德北坊护圣营官舍。在位后继续完成统一南方的事务，并结束了五代十国的分裂割据局面。庙号太宗，著有《御制诗文》。

宋太宗虽奸佞成性，荒淫无度，然于书画收藏较之其兄更为重视。赵光义较赵匡胤更有文化，故对书画的收藏更具品位。

北宋郭若虚在其《图画见闻志》中的《叙国朝求访》一篇中，曾对宋代的书画收藏作过详细的记叙。

他在《叙国朝求访》一篇中说："画之源流，诸家备载。爰自唐季兵难，五朝乱离，图画之好，乍好乍失。"这是说宋代之前书画的皮藏已散佚大部，几不成体统矣。接着他对宋代，尤其是北宋建立之初的书画收括却大大地赞谀了一番："逮我宋上符天命，下顺人心，肇建皇基，肃清六合。沃野讴歌之际，复见尧风，坐客闲宴之余，兼穷绘事。"对宋太宗于书画的收罗则更是赞美不绝："太宗皇帝，钦明睿哲，富艺多才。时方诸伪归真，四荒重译，万机丰暇，屡购珍奇。"于此可见，由于赵光义多艺多才，又善书画，不但屡购珍品书画，还颁诏"天下郡县搜访前哲

---

① 卢辅圣：《中国书画全书》第一册，上海书画出版社，1993年版，第491页。
② 卢辅圣：《中国书画全书》第一册，上海书画出版社，1993年版，第491页。

墨迹图画",故官宦黎民无不遵命而行。不但得张芝草书、韩幹马图、张九龄画像等珍迹奇品,而且"后之继者,难可胜纪"。此外,赵光义又指派画院待诏高文进和黄居寀广搜遍求。两人均精绘事,擅鉴别,相继将民间秘藏的书画珍品纳入内府。端拱元年(988),赵光义又在原庋藏书画、碑帖、杂项的崇文院之中又增设秘阁,"命吏部侍郎李至兼秘书监点检供御图书",以统管内府庋藏。①

郭若虚在这一节最后又论述道:"选三馆正本书万卷,实之秘监以进御。退余藏于阁内,又从中降图画并前贤墨迹数千轴以藏之。淳化中阁成,上飞白书额,亲幸,召近臣纵观图籍,赐宴。又以供奉僧元霭所写《御容》二轴,藏于阁。又有天章、龙图、宝文三阁。后苑有图书库,皆藏贮图书之府。秘阁每岁因暑伏曝蒉,近侍暨馆阁诸公张筵纵观。图典之盛,无替天禄、石渠、妙楷宝迹矣。"②郭若虚记叙的这段文字,除了说明内府收藏骤增之外,值得注意的还有两点:一是"三馆",另一就是"淳化阁"。

其实,郭若虚所提到的所谓"三馆",与北宋建国之初承袭仿效唐代帝制建立的三馆相仿。据宋吴处厚《青箱杂记》载,宋太宗在宋安国兴邦之初,曾驾车亲临"三馆",然三馆设施简陋,环境嘈杂,故"顾左右曰:'若此卑陋,何以待天下贤俊!'"于是"即日诏有司规度左升龙门东北东府地为三馆,命内臣督役,晨夜兼作,不日而成。寻下诏,赐名崇文院,以东廊为昭文馆书库,南廊为集贤院书库,西廊以经、史、子、集四部为史馆库,凡六库书籍正副本八万卷,斯亦盛矣"③。

于此可见,所谓的三馆,一为东廊的"昭文馆",二为南廊的"集贤院",三为西廊的"史馆",三者合称为"三馆",总称为"崇文院"。这正如《麟台故事校证》说的:"国初循前代之制,以昭文馆、史馆、集贤院为三馆,通名之曰崇文院。"④

据宋程俱《麟台故事校证》载:"朕肇兴秘府,典掌群书,仍选名儒,入直于内。文籍大备,粲然可观,处中禁以宏开,非外司之为比。自今秘阁宜次三馆,其秘书省依旧属京百司。"⑤"端拱元年(988)五月辛酉,诏置秘阁于崇文院中堂。按六典:秘书省中外三阁,掌典图书古今文字,皆在禁中。两汉或徙金马门外,历代

---

① 卢辅圣:《中国书画全书》第一册,上海书画出版社,1993年版,第466页。
② 卢辅圣:《中国书画全书》第一册,上海书画出版社,1993年版,第466页。
③ 吴处厚:《青箱杂记》,中华书局,1985年版,第28—29页。
④ 程俱:《麟台故事校证》,中华书局,2004年版,第7页。
⑤ 程俱:《麟台故事校证》,中华书局,2004年版,第22—23页。

不常其处。……上崇尚儒术，屡下明诏，访求群书，四方文籍，往往而出，未数年间，已充牣于书府矣。至是，乃于史馆建秘阁，仍选三馆书万余卷以实其中，及内出古画、墨迹藏其中。凡史馆先贮天文、占候、谶纬、方术书五千十二卷，图画百十四轴，尽付秘阁。有晋王羲之、献之、庾亮、萧子云、唐太宗、明皇、颜真卿、欧阳询、柳公权、怀素、怀仁墨迹，顾恺之画维摩诘像、韩幹马、薛稷鹤、戴嵩牛，及近代东丹王李赞华千角鹿、西川黄筌白兔，亦一时之妙也。"①

接着，他又提道："淳化三年九月，幸新秘阁。帝登阁，观群书齐整，喜形于色，谓侍臣曰：'丧乱以来，经籍散失，周孔之教，将坠于地。朕即位之后，多方收拾，抄写购募，今方及数万卷，千古治乱之道，并在其中矣。'即召侍臣赐坐命酒，仍召三馆学士预坐。日晚还宫，顾昭宣使王继恩曰：'尔可召傅潜、戴兴，令至阁下，恣观书籍，给御酒，与诸将饮宴。'潜等皆典禁兵，帝欲其知文儒之盛故也。他日，又诏侍臣曰：'迩来武人子孙，颇有习儒学者，盖由人所好耳。'吕蒙正曰：'国家褒待文士，爵禄非轻，故人人自劝，乃圣化所及。'"②

由上可见，宋太宗不但对三馆实施搬迁重建，并将旧馆所藏之物迁入新馆。后又因三馆藏品急骤增多，旧的设施已不适应新的需求，宋太宗便又下诏，于崇文院内设立秘阁，后经多方搜寻，秘阁藏品达数万卷之多。从此，三馆不但成为收藏品第的重要场所，更是成为"兴文教，聚阁书，藏书画，聚人才"的重镇。

此外，他还论道："至道元年六月，命内品、监秘阁三馆书籍裴愈使江南、两浙诸州，寻访图书。如愿进纳入官，优给价值；如不愿进纳者，就所在差能书吏借本抄写，即时给还。仍赍御书石本所在分赐之。愈还，凡得古书六十余卷，名画四十五轴，古琴九，王羲之、贝灵该、怀素等墨迹共八本，藏于秘阁。先是，遣使于诸道，访募古书、奇画及先贤墨迹，小则偿以金帛，大则授之以官，数年之间，献图书于阙下者不可胜计，诸道又募得者数倍，复诏史馆尽取天文、占候、谶纬、方术等书五千一十二卷，并内出古画、墨迹百一十四轴，悉令藏于秘阁。图书之盛，近代无比。"③

至道元年（995），宋太宗命裴愈前往江南、两浙诸州，搜求到诸州郡名画

---

① 程俱：《麟台故事校证》，中华书局，2004年版，第18—19页。
② 程俱：《麟台故事校证》，中华书局，2004年版，第38页。
③ 程俱：《麟台故事校证》，中华书局，2004年版，第39—40页。

四十五轴，古琴九床，王羲之、怀素等墨迹八本，藏于秘阁。另又"从中降图画并前贤墨迹数千轴"，其中有王羲之、王献之、颜真卿、欧阳询、柳公权、怀素、怀仁等的名家法书。对一些著名书画家，且懂得鉴赏的，譬如黄居寀，太宗皇帝"尤加眷遇，供进图画恩宠优异，仍委之搜访名踪铨定品目"①。此外，先是荆湖转运使献出东汉张芝草书、唐韩幹的《马图》，后广东韶州又得唐张九龄画像及文集九卷。另有达官贵胄为迎光义之所好，献出古书画以邀皇上宠幸，后之继者，难可胜记。鉴此，当时的三馆及秘阁不但成为北宋庋藏碑帖、法书、名画及器物的重镇之地，而且成为整理、研究、著录书画的机构，并培养了一批高素质的研究人才，为以后徽宗朝的庋藏奠定了坚实的基础。

从上可知，秘书省的"三馆"，实类似书库，主要掌典图书古今文字，以达"访求群书，四方文籍，往往而出"。然秘阁建立后，原藏史馆的五千余卷书籍，以及顾恺之的《维摩诘像》、韩幹的《圉人呈马图》、王羲之和王献之的法书等古今书画皆转至秘阁。宋太宗还亲笔为秘阁题写书额，选择三馆中真本书籍万余件及书画墨迹百多件藏于其中。三馆的内部管理也很有意思，据《宋会要·职官》记载，三馆之"昭文馆和集贤殿置大学士。史馆内设监修图史，皆归宰相兼领。两馆另设学士、

图 4-1　圉人呈马图　唐　韩幹

---

① 卢辅圣：《中国书画全书》第一册，上海书画出版社，1993年版，第483页。

直学士。史馆和集贤殿创设修撰。史馆还另设直馆、检讨，集贤殿设直院、校理。崇文馆设有检讨、样书，且皆以他官领之"。最初，昭文和集贤学士，史馆修撰，取最上一员判官、院士，并规定，除非皇帝特授，所有馆职人员入馆须考试，除非皇帝特授，可见宋内府对书画庋藏重视的程度。

据郭若虚《图画见闻志》载："王文献家书画繁富，其子贻正，继为好事，尝往来京雒间访求名迹，充牣巾衍。太宗朝尝表进所藏书画十五卷，寻降御札云：卿所进墨迹并古画，复遍看览，俱是妙笔。除留墨迹五卷、古画三卷领得外，其余却还卿家，付王贻正。其余者乃是王羲之墨迹、晋朝名臣墨迹、王徽之书、唐阎立本画《老子西升经图》、薛稷画鹤凡七卷。尤子涣遂得摹诏札刊于翠琰。"①

如上所述，赵光义对王方庆所献之宝仅收留墨迹五卷、古画三卷之外，还仿效武则天将王方庆所献王羲之一门若干法书，交付下属双钩廓填后，又将原迹发还之举。可见，赵光义对书画收藏的大义与胸襟。此外，赵光义还通过派员到民间搜刮，加上众官员的进献，以及接收南唐、西蜀诸官库中的全部法书名画，此时内府书画收藏的数目已大为可观。于是，在端拱元年（988）特建秘阁于崇文院珍藏之。

淳化三年（992），宋太宗命侍书王著将内府旧藏历代法书作品编次为十卷，摹刻成册，名《淳化阁帖》，达四百余件。太宗又将拓本赐予旧臣，官品登枢密院和政事堂（史称二府）以上者，人各一部。

《淳化阁帖》实系一部中国最早汇集名家书法墨本的法帖，内中收录了宋内府收藏的自先秦至隋唐千余年法书墨迹，其中包括了帝王、官宦和书法家的作品，被后世誉为"法帖之祖"。这不但是一部中国优秀书法作品的集汇巨作，而且成为后人研证唐及唐之前法书珍迹的重要参考资料，具有极高的艺术价值和史料价值。

二、宋徽宗内府的收藏

宋徽宗，生于神宗元丰五年（1082），卒于高宗绍兴五年（1135）。名佶。生于东京（今河南开封）。为宋神宗赵顼第十一子，宋哲宗赵煦之弟。先后被封为遂宁王、端王。历任镇宁军节度使、司空、昭德军节度使等职。"靖康之变"后与其长子钦宗赵桓被金兵俘虏北去，后死于囚禁中。徽宗博学多才，善书画，精鉴赏，独创"瘦金体"。然独不善为政，将其所谓的艺术，置于辱国丧民之绝地，最终葬送

---

① 卢辅圣：《中国书画全书》第一册，上海书画出版社，1993年版，第491—492页。

了整个北宋王朝。

其实，自太宗赵炅后，宋朝历代帝王都极为重视书画收藏。为了给收藏提供更好的场地，真宗赵恒为太宗建"龙图阁"，仁宗赵祯为真宗建"天章阁"，神宗赵顼为仁宗和英宗建"宝文阁"，哲宗赵煦为神宗建"显谟阁"，徽宗赵佶又为哲宗建"徽猷阁"，而且每处神御殿阁还都设学士、直学士、待制等职务。使之在三馆秘阁之外，为独立存在的内府库藏之地，从中可见北宋每一帝王对书画图籍收藏的一番苦心。

徽宗朝时，由于赵佶本人痴迷于书画，"自此以后，益兴画学，教育众工，如进士科，下题取士，复立博士，考其艺能"①。又精鉴藏，其内府庋藏历经一百五十多年的搜访之后，法书名画收藏达鼎盛时期。

据《宋辽金画家史料》载："徽宗皇帝天纵将圣，艺极于神。即位未几，因公宰奉清闲之宴，顾谓之曰：'朕万几余暇，别无他好，惟好画耳。'故秘府之藏，充牣填溢，百倍先朝。又取古今名人所画，上自曹弗兴，下至黄居寀，集为一百帙，列十四门，总一千五百件，名之曰《宣和睿览集》。盖前世图籍，未有如是之盛者也。于是圣鉴周悉，笔墨天成，妙体众形，兼备六法。"②

于上可见，徽宗内府的庋藏不但"充牣填溢，百倍先朝"，而且还将古今名人书画珍品，上自曹弗兴，下至黄居寀，结集编纂成《宣和睿览集》，以达"盖前世图籍，未有如是之盛者也"。

另据宋蔡絛在《铁围山丛谈》中载："尝有旨，以所藏列崇政殿暨两廊，召百官而宣示焉"，"时所重者三代之器而已，若秦、汉间物，非殊特盖亦不收。及宣和后，则咸蒙贮录，且累数至万余。若岐阳宣王之石鼓，西蜀文翁礼殿之绘像，凡所知名，罔间巨细远近，悉索入九禁。而宣和殿后，又创立保和殿者，左右有稽古、博古、尚古等诸阁，咸以贮古玉印玺，诸鼎彝礼器，法书图画尽在"③。

与此同时，宋徽宗加大了对书画珍品的搜访力度。"本朝自建隆以后，平定僭伪，其间法书名迹皆归秘府"，"赏以官联金帛，至遣使询访，颇尽探讨。"许多地方官员为邀宠献功，想尽一切办法搜刮民间藏品进献朝廷，有的甚至不惜挖掘古坟。

---

① 陈高华：《宋辽金画家史料》，文物出版社，1984年版，第611页。
② 陈高华：《宋辽金画家史料》，文物出版社，1984年版，第610页。
③ 蔡絛：《铁围山丛谈》，三秦出版社，2004年版，第149页。

对于进献书画器物有功者，朝廷给予奖励，或赏予金帛，或赐予官职。

由于宋代的皇帝都热衷于收访书画图籍，因此，到北宋末期，内府收藏几达鼎盛，多种艺术品收藏的数量都达到惊人的程度。这正如"（徽宗）及即大位，于是酷意访求天下法书图画。自崇宁始命宋乔年掌御前书画所。乔年后罢去，而继以米芾辈。殆至末年，上方所藏率举千计，实熙朝之盛事也"①。接着，蔡絛又说："吾以宣和岁癸卯，尝得见其目，若唐人用硬黄临二王帖至三千八百余幅，颜鲁公墨迹至八百余幅，大凡欧、虞、褚、薛及唐名臣李太白、白乐天等书字，不可胜会，独两晋人则有数矣。至'二王'《破羌》《洛神》诸帖，真奇殆绝，盖亦为多焉。又御府所秘古来丹青，其最高远者，以曹不兴《元女授黄帝兵符图》为第一，曹髦《下庄子刺虎图》第二，谢雉《烈女贞节图》第三，自余始数顾、陆、僧繇而下。不兴者，吴孙权时人。曹髦，乃高贵乡公也。谢雉亦西晋人，烈女谓绿珠，实当时笔。又如顾长康则《古贤图》、戴逵《破琴图》《黄龙负舟图》，皆神绝，不可一二纪。次则郑法士、展子虔有《北齐后主幸晋阳宫图文》，书法从图之属，大率奇特甚至。唐人图牒已不足数，然唐则《度人经》者，乃褚河南书字，而阎博陵绘其相。类多有此。"②

《宋史·蔡京列传》载，崇宁元年（1102），徽宗曾派内臣童贯，"以供奉官诣三吴访书画奇巧，留杭累月。京与游，不舍昼夜。凡所画屏幛、扇带之属，贯日以达禁中，且附语言论奏至帝所，由是帝属意京"。另据《画继》中载："宣和殿御阁有展子虔《四载图》最为高品，上每爱玩或终日不舍，但恨止有三图，其《水行》一图特补遗耳。一日，中使至洛，忽闻洛中故家有之，亟告留守求观。既见，则愕曰：御阁中正欠此一图。登时进入。所谓天生神圣物必有会合时也。"③

宋徽宗不但是一位艺术造诣极高的皇帝，于书法、绘画、诗词无一不精，且精于鉴赏，善于鉴别真伪。鉴此，在他的诏令下，对内府庋藏的法书名画进行了全面的整理著录，大观年间刊刻了《大观帖》，宣和年间又对内府的书画庋藏编纂成《宣和书谱》和《宣和画谱》两部巨著。对所录藏品，评定为上、中、下，神、妙、能三品九等。其间，参与鉴定的鉴定家们不但鉴定水平极高，鉴定品味也各不相同。

---

① 蔡絛：《铁围山丛谈》，三秦出版社，2004年版，第146页。
② 蔡絛：《铁围山丛谈》，三秦出版社，2004年版，第146—147页。
③ 卢辅圣：《中国书画全书》第二册，上海书画出版社，1993年版，第723页。

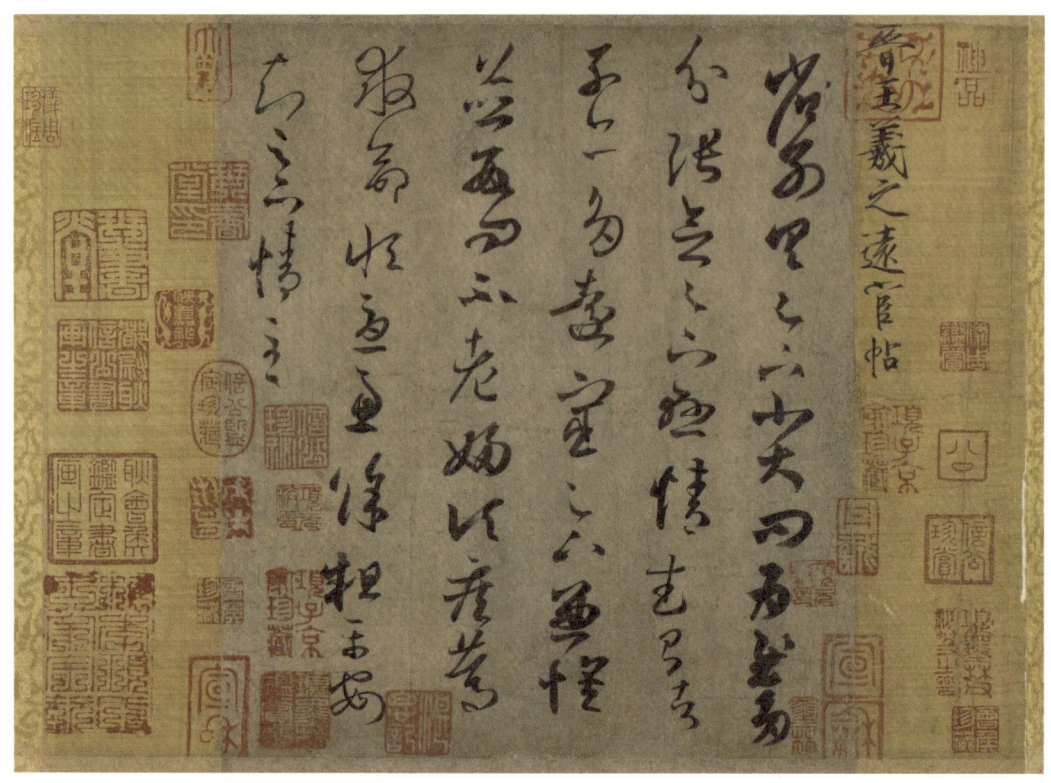

图4-2 "宣和""宣龢"印章（远宦帖 东晋 王羲之）

徽宗时有一位勾处士"在宣和间鉴赏第一，眷宠甚厚。凡四方所进，必令定品"[①]。除此之外，参与鉴定的还有高文献、蔡京、黄居寀、丁晋公、米芾、沈乔年等人，皆为高手。

宋徽宗还对内府法书名画重新加以整饬装裱。天头用绫，前后隔水用黄绢，尾纸用白宋笺，包括画心本身在内共有五段。史称"宣和装""宋式裱""宣和裱"。宋徽宗还命人篆刻"七玺"收藏印，分别为"御书"（葫芦形）、双龙圆印（法书上用）或方形印（绘画上用），"宣·龢"（连珠）、"政和"、"宣和"、"政·龢"（连珠）和"内府图书之印"（大方，九叠文）。

综上所述，宋徽宗不但是一位伟大的艺术家，更是一位杰出的书画鉴赏家。在他的主持下，其内府的书画收藏，包括其他方面的收藏皆达到了历史的鼎盛时期。不仅组织编纂了举世瞩目的《宣和书谱》和《宣和画谱》两部皇家著录宏著，开启了皇家书画庋藏论述之先河，而且在装裱、押署、藏印等方面都有卓越的建树。很

---

① 卢辅圣：《中国书画全书》第二册，上海书画出版社，1993年版，第724页。

难想象，如若《宣和画谱》《宣和书谱》中著录的近八千件北宋及北宋之前收藏的国宝能保存流行至今，那将是一批何等伟大的艺术宝藏和精神财富。然遗憾的是，经过历代千余年王朝的风雨，这批藏品至今已所剩无几。

第二节 南宋内府的收藏

赵构，生于大观元年（1107），卒于淳熙十四年（1187）。字德基，宋徽宗第九子，宋钦宗赵桓之弟。东京汴梁（今河南开封）人，为南宋开国皇帝，庙号宋高宗。曾任建武军节度使，检校太尉，封蜀国公、康王。善文翰，擅绘画，精书法，真行草诸体皆工，著有《翰墨志》。

南宋立国之初，由于金人的大肆掳掠，加之战火的毁灭，原宣和内府的法书名画，一部分为金人所掳，一部分散佚民间。鉴于南宋开国皇帝宋高宗赵构对于书画艺术情有独钟，对书画鉴藏也较为重视，故宋金战事亦未能阻碍其内府的鉴藏活动。

陶宗仪《书史会要》《图绘宝鉴》和庄肃《画继补遗》都对宋高宗作过较高的评价，认为宋高宗不论在艺术天赋，还是艺术的鉴藏与创作上，都有不凡的表现。《书史会要》称："高宗，讳构，徽宗第九子。善真、行、草书，天纵其能，无不造妙。尝言：'学书惟视笔法精神，朕得王献之《洛神赋》六行，置之几间，日阅数十过，觉于书有所得。'又言：'学书必以钟、王为法，然后出入变化。'李心传以谓思陵本敩黄庭坚书，后以伪豫遣能庭坚书者为间，改从右军。或云初学米芾，又辅以六朝风骨，自成一家。"①《图绘宝鉴》又称："高宗书画皆妙，作人物、山水、竹石自有天成之趣。"②

可见，赵构不但于书画天纵其能，无不造妙，更对书画的鉴定收藏有独到的见解。他四处收求广纳散佚在各地的古物、法书、名画，还委派官员前往市场争购。据《宋绍兴御府书画式》记载："思陵妙悟八法，留神古雅，访求法书名画不遗余

---

① 卢辅圣：《中国书画全书》第三册，上海书画出版社，1992年版，第54页。
② 卢辅圣：《中国书画全书》第二册，上海书画出版社，1992年版，第874页。

力。清闲之燕，展玩摹拓不少怠，盖睿好之笃，不惮劳费。故四方争以奉上无虚日。后又于榷场购北方遗失之物，故绍兴府内所藏不减宣政。"①

宋高宗对书画艺术的贡献，还在于访求鉴藏法书名画。《南宋馆阁续录》载录有一千余件历代名画，这应该是宋高宗百般收罗的结果。这在两宋交替的战火纷飞中，生灵涂炭、文物遭劫之时，实为保护传统的书画珍品做出了非凡的贡献。

然可惜的是，赵构内府所购置的书画，由于鉴定人曹勋、宋贶、龙大渊、张俭、郑藻等辈，"人品不高，目力苦短，凡经前辈品题者，尽皆拆去。故今御府所藏多无款识，其原委、授受、岁月、考订，邈不可求，为可恨耳"。所幸宋高宗为保证搜求来的书画作品真实可靠，当时就委派时任画院待诏的马兴祖承担此任，"高宗驻跸钱唐，每获名踪卷轴多令辨验。"② 米芾之子米友仁南渡后，宋高宗又任其为兵部侍郎、敷文阁直学士，直接负责鉴别宫中的书画。高宗又在内府设秘书省，负责内府书画器物的管理。

南宋皇朝历经高宗、孝宗、光宗和宁宗四朝之后，内府的书画收藏日趋可观。据时任南宋朝书监的杨王休于庆元五年（1199）十一月撰录的《宋中兴馆阁储藏图画纪》中载："时内府储藏之图画一百八十七轴，御府续行降付，今并以前录所载旧藏九百十一轴二册，附录名氏于此。"③ 概述起来，共收绘画一千二百多件。所录画家起自晋而止北宋末，显然为南宋高宗至光宗年间（1127—1194）所收集的前代绘画，并由内府所藏后交付秘书省鉴藏。在诸多绘画藏品中，既有徽宗御题画，又有佛道、古贤、人物、仕女画，还有山水、窠石、翎毛、芦鸭、花竹、草虫等，更有"不知名者"。涉及的书画家更是不可计数，较著名的有顾恺之、燕文贵、韦偃、刘永年、周文矩、王齐翰、展子虔、吴道子、李昭道、范宽、董源、边鸾、徐崇矩、陆滉、周昉、韩滉、陈宏、李用、惠崇、曹霸、高克明等。

在法书遗存方面，有《淳熙秘阁续帖》十卷存世，系孝宗淳熙十二年（1185）将内府收藏所得墨迹摹勒上石。

周密《云烟过眼录》"宋秘书省所藏"载："乙亥春，秘丞王汝济以蓬省司点，邀予偕行。……登秘阁，阁内两旁皆列龛，藏先朝会要及御书画。别有朱漆巨匣

---

① 王原祁：《佩文斋书画谱》第五册，文物出版社，2013年版，第4577页。
② 卢辅圣：《中国书画全书》第二册，上海书画出版社，1993年版，第915页。
③ 黄宾虹、邓实：《美术丛书》，江苏古籍出版社，1986年版，第2369页。

图 4-3　明皇幸蜀图　唐　李昭道

五十余,皆古今法书名画也。是日仅阅秋收冬藏,内画皆以鸾鹊绫象轴为饰,有御题则加以金花绫,每书表里皆有尚书省印,关防虽严,往往以伪易真,殊不可晓。"周密又列举了其中的精品有十余件,如展子虔的《伏生》、董元的《笑虞丘子图》、关仝的《山水》、李成的《重岩寒溜图》、燕文贵的《山水小卷》、文同的《枯木竹石》等。不过,最后他说:"余悉常品,亦有甚谬者,通阅一百六十余卷,绝品不满十焉。"①

从周密记载的上述情况分析,南宋末年,经济衰退,私家收藏兴起,其内府收藏,大半已散佚出宫,宫内所藏已大不如北宋诸代,尤不能与北宋徽宗朝相比。

---

① 卢辅圣:《中国书画全书》第二册,上海书画出版社,1993年版,第155页。

第三节　私家收藏日趋兴盛

宋代由于政治的统一,经济的发展,书画收藏之风日益盛行,加之汴京著名的大相国寺内和殿后资圣门前都开辟了书画市场,两宋的书画鉴藏远较前代兴盛,官僚贵族、文人士大夫、商贾富人都纷纷加入这个行业。书画市场的兴起,一方面滋生了书画作伪造假之风,另一方面收藏家和书画鉴定专家也应运而生。

一、楚昭辅

楚昭辅,生于后梁开平五年(911),卒于宋太平兴国四年(979)。字拱辰,宋州宋城(今河南商丘)人。为北宋开国功臣,宋初任军器库使、左骁卫上将军。宋太祖外出征讨,时任京城巡检,累迁检校太尉、枢密副使,太宗太平兴国初,拜枢密使。精鉴赏,为宋初著名书画收藏家,与王溥、王贻正为宋初三大书画鉴藏家。

据宋郭若虚《图画见闻志》载:"江表用师之际,故枢密使楚公适典维扬,于时调发军饷,供济甚广。上录其功,将议进拜,公自陈愿寝爵赏,闻李煜内库所藏书画甚富,辄祈恩赐。上嘉其志,遂以名笔凡百卷赐之,往往有李主图篆暨唐贤跋尾。"①

楚昭辅不但嗜喜书画,求访书画名迹,还经常邀请友朋和旧交至其藏处品赏书画。并且说自己无甚汗马功劳,只是凭借偶然的机会得到了这些藏品,他只是替国家保管这些藏品而已。

楚氏逝世后,其家藏部分散佚。然其孙泰熙于熙宁年间秉承先祖之志,又复始收藏活动,力求恢复旧观。后家藏有唐李绪画、韩滉《五牛图》、王维《辋川图》等名迹。

二、王溥　王贻正　王贻永

王溥,生于后梁龙德二年(922),卒于宋太平兴国七年(982)。字齐物,并州祁县(今山西祁县)人。北周时为中书侍郎、平章事,进宰相。赵匡胤"陈桥事变"后,任职司空,后被罢相。历任太子少保、太子太师,封祁国公,谥号文

---

① 卢辅圣:《中国书画全书》第一册,上海书画出版社,1993年版,第491页。

献。博学多识，擅长史学，尤喜收藏。著有《王溥集》《翰林酬唱集》，编撰有《周世宗实录》《唐会要》《五代会要》等。

王贻永，生年不详，卒于至和三年（1056）。王溥之孙，王贻正之子。字季长，原名克明，因娶宋太宗长女郑国长公主为妻，授右卫将军、驸马都尉，赐名王贻永，与其父同行。性情谨慎寡言，颇通书法。历任节度使、平章事，累迁尚书右仆射、检校太师。精书法，通诗词，喜收藏，精鉴赏。

王贻正与其父王溥、楚昭辅被称为宋初三大书画鉴藏家。

王贻正居官执政期间，曾往返于京雒间访求名迹以充仞巾衍，家藏十分丰富，几可敌国，为宋初庋藏书画名迹最多的家族。据载，家藏除有王羲之墨迹珍宝之外，还有晋朝名臣王徽之画、唐阎立本《老子西升经图》、薛稷《鹤图》等。太宗朝表进献所藏书画十五卷，寻降御札云："卿所进墨迹并古画，复遍看览，俱是妙笔。除留墨迹五卷、古画三卷领得外，其余却还卿家，付王贻正。"其余者，乃是王羲之墨迹、晋朝名臣墨迹、王徽之画、阎立本《老子西升经图》、薛稷《鹤图》，凡七卷。从中不但见证王氏家藏之丰富，而且足显太宗之胸襟。

太宗时，还将内府及士大夫家所藏汉、晋以下法帖，集为十卷，其中晋、宋帖中不少名迹出自王贻正家中。另驸马李玮家所藏《晋贤十四帖》中的一件就从王家购入。

三、苏易简

苏易简，生于后周显德四年（957），卒于宋至道元年（995）。世称苏许公，字太简，梓州铜山（今四川中江）人。官至翰林承旨、参知政事、礼部侍郎。为北宋大臣，与苏舜钦、苏舜元合称"铜山三苏"。才思敏捷，尤善笔札。著有《文房四谱》《续翰林志》，曾奉诏编辑《文苑英华》。

苏易简雅好书画，风鉴明达。太宗赵光义时被任命为搜访书画史，后得千卷以进献，太宗以百卷赏赐。他在任翰林承旨时，有时向宫中借阅书画，继之又有赏赐，渐成宋时最大的藏家。苏易简家族为北宋著名收藏世家。其子耆，孙舜元、舜钦，曾孙泌、激、澥、液泊诸人，均精鉴赏，好收藏，为一门四代的收藏世家。米芾曾赞："苏氏自参知政事易简之子耆，耆子舜钦，钦之子激，四世好事有精鉴，亦张

图4-4 辋川图(明拓本) 唐 王维

第四章　宋代的书画收藏（鼎盛时期）　085

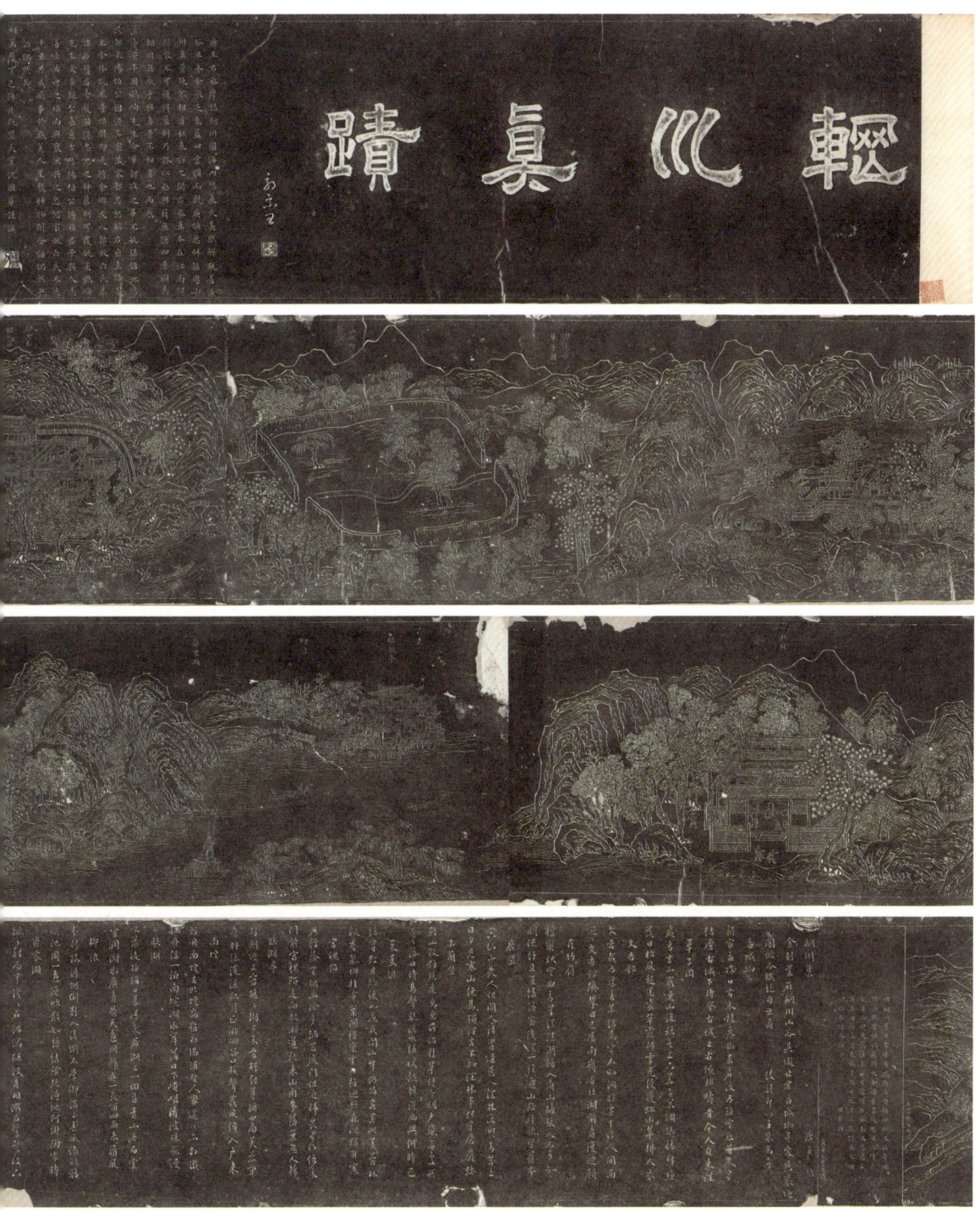

彦远之比。"① 苏易简在宋太宗兴国初年，即被赵光义派往金陵收集法书名画，得名迹千余件，受到百卷的赏赐。当其任翰林承旨时，有时还从内库借阅多卷书画参考，以召对历代书画的演进发展。太宗知其意，继之全部赏赐于他。加上后来所购的，其家藏已成规模，如唐怀素的《自叙帖》，经苏泌收藏，有苏舜钦鉴补。米芾与苏易简曾孙苏泌兄弟友善，他们互相购买交换藏品，据米芾的《书史》载："苏耆家《兰亭》三本，一是参政苏易简题赞曰：'有若像夫子，尚兴阙里门。虎贲类蔡邕，犹旁文举尊。昭陵自一闭，真迹不复存，今余获此本，可以比玙璠。'第二本在苏舜元房，上有易简子耆天圣岁跋，范文正、王尧臣参跋云：'才翁东斋书尝尽览焉，苏泊。'才翁子也，与余友善，以王维雪景六幅、李王翎毛一幅、徐熙梨花大折易得之。"仅米芾所见其家藏的重要作品就有王羲之的《快雪时晴帖》、唐摹的《兰亭集序》、毕宏的《山水》、颜真卿的《乞米帖》等。另据米芾《画史》中载："苏泌家有巨然山水，平淡奇绝；苏洎字及之家有徐熙四花，其家故物；苏汶字达复，有《江南暝禽图》，徐熙一酸榴。"从中可窥见苏氏家族的书画收藏之富，以及与内府收藏之关系。

四、丁谓

丁谓，生于宋乾德四年（966），卒于宋景祐四年（1037）。字谓之，更字公言。长洲（今江苏苏州）人。官至户部判官、右谏议大夫、礼部侍郎、参知政事、吏部尚书、平章事，封晋国公，人称丁晋公。为人邪佞狡诈，后因作恶太多，被罢相。自幼聪慧，精诗工弈，通音律，善绘画，精鉴赏，是一位多才多艺的鉴赏家。著有《青衿集》《晋公集》《丁晋公词》等。

丁谓位居宰辅，曾排斥名相寇准。其位高权重，利用职权罗致各地书画名迹，家藏法书名画十分丰富。据郭若虚的《图画见闻志》等载，其收藏的绘画珍品就有嵇康的《广陵散图》、黄筌的《山水图》六轴、周文矩的《仕女图》、徐熙的《鯿鱼蟹写生图》、徐宗嗣的《折枝图》六轴，且亲笔题笺，并钤有印记。另还藏有王羲之《来戏帖》（摹本）、唐韩择木八分书、唐碧绫《黄庭经》、唐李邕四帖等名迹。

然在丁氏被贬斥之后，因家藏珍贵之品实在太过丰富，皇家要籍没他的藏品就不算什么难事。在他的藏品中，李成的山水寒林图就达九十余轴之多，郭若虚《图

---

① 卢辅圣：《中国书画全书》第一册，上海书画出版社，1993年版，第960—961页。

画见闻志》载："丁晋公家藏书画甚盛。南迁之日，籍其财产有李成山水寒林共九十余轴，他皆称是，后悉分掌内府矣。"①虽这些作品是否为李成原作有待考证，但至少也都是北宋前朝的画作。

五、欧阳修

欧阳修，生于宋景德四年（1007），卒于宋熙宁五年（1072）。字永叔，号醉翁，晚号六一居士。庐陵（今江西吉安）人。工书，真、行、篆皆精，尤擅辞章诗文。官至翰林学士、枢密副使、参知政事。谥号文忠。累赠太师、楚国公。为北宋著名的政治家。系"唐宋八大家"之一，为一代文学宗师、儒学大家。著有《新五代史》《集古录》《欧阳氏谱图序》等。《欧阳文忠公集》，共一百五十三卷，附录五卷，其内容包括诗文、辞章、表奏、跋录、行状、墓志、传文等。

欧阳修除撰有诗文辞章之外，尤嗜金石碑刻的收藏。宋嘉祐八年（1063），他据自家所藏及所见公私的金石遗文，编写成《集古录》。《集古录》集录了上千件金石器物、铭文碑刻，上至周代穆王，下至隋唐五代。其中可正史学缺误的作品，由欧阳修亲题跋尾，序文则请蔡襄书写。凡断简残编，掇拾异同，随得随录，其录载内容十分广泛。

后于熙宁二年（1069），他命其子欧阳棐编录家藏无跋尾的金石拓本一千余种，又续撰成《集古目录》二十卷，欧阳修对其所录的古代碑刻数万通分别加以跋尾评鉴，具有极高的文化价值，实为我国今存最早的有关金石研究的专著。后来，北宋著名金石收藏家赵明诚、李清照夫妇，根据自己收藏的三代彝器及汉唐石刻也编撰了一部《金石录》，其体例就是仿照欧阳修的《集古录》。

六、李玮

李玮，生年不详，卒于宋元祐元年（1086）。又名炜，字公炤。钱塘（今浙江杭州）人。好诗善书，尤擅作水墨竹石。仁宗爱其才，允娶兖国公主，为驸马都尉。官至平海军节度使、检校太师，赠开府仪同三司，谥修恪。

李玮，其祖先本钱塘人，后以章懿皇太后外家得缘戚里，因以进至京师，后因娶了仁宗之女兖国公主而得势。李玮"平生喜吟诗，才思敏妙，又能章草、飞白、

---

① 卢辅圣：《中国书画全书》第一册，上海书画出版社，1993年版，第493页。

散隶。皆为仁祖所知，大抵作画生于飞白，故不事丹青而率意于水墨耳"①。

米芾《书史》载："余同王涣之饮于李氏园池，阅书画竟日未出。此帖枣木大轴，古青藻花锦作裱，破烂无竹模。晋帖上反安冠簪样古玉轴，余寻擎掷枣轴池中。拆玉轴，王涣之加糊共装焉。一坐大笑，要余题跋，乃题曰'李氏法书第一'。"②

据上可知，李玮既是一位书画家，也是一位书画鉴藏家。李玮不但喜收藏，而且家藏十分丰富。

李玮收藏最丰富的是魏晋诸帖。米芾在给薛绍彭的信中说："李公炤家'二王'以前帖，宜倾囊购取。"可见李玮不但家藏魏晋诸帖尤多，而且令米芾也十分羡慕，而其中最让米芾心动的是《晋贤十四帖》，此帖李玮购于王贻永家。苏轼《东坡题跋》载："余尝于李都尉玮处见晋人数帖，皆有小印'涯'字，意其为王氏物也。"

米芾《宝章待访录》中对李玮收藏的晋武帝、王浑、王戎、王衍、郗愔、陆统、桓温、陆云、谢安、谢万等十四帖作过如下评曰："右真迹，在驸马都尉李公炤第。武帝王戎书，字有篆籀气象，奇古，墨色如漆，纸皆磨破，上有'开元'二字小印，太平公主胡书印，美哉，不可得而加矣！世之奇书也！'王涯永存珍秘印''殷浩之印''梁秀收阅古书记字印'。内郗愔一帖，即阁本法帖所录者。昔使王著取溥家书与阁下书杂模，模此卷中，独取愔两行，余在所弃，哀哉！谢安《慰问帖》，字清古，在'二王'之上，宜乎批子敬帖尾也。"③

晋诸帖，其中许多实属罕见的奇珍稀品，传承至今最早的西晋法书墨宝陆机的《平复帖》便系《晋贤十四帖》中的一件。

据上可知，这批魏晋诸帖，不但奇少稀罕，而且流传有绪，上有王涯、殷浩、梁秀诸家收藏印记。李玮家藏的这批珍宝，不但令米芾这样的大藏家在李家"阅书画竟日未出"，而且还发出"李公炤家'二王'以前帖，宜倾囊购取"的感叹，足见李玮收藏之富。

七、苏轼

苏轼，生于宋景祐三年（1036）十二月，卒于宋建中靖国元年（1101）。字子

---

① 卢辅圣：《中国书画全书》第二册，上海书画出版社，1993年版，第129页。
② 卢辅圣：《中国书画全书》第一册，上海书画出版社，1993年版，第963页。
③ 卢辅圣：《中国书画全书》第一册，上海书画出版社，1993年版，第959页。

瞻，又字和仲，号东坡居士。眉州眉山（今四川眉山）人，为苏洵仲子。嘉祐二年（1057）进士乙科，官至端明殿侍读学士、礼部尚书，谥文忠。因"乌台诗案"而遭迫害。苏轼一生浩然正气，才情横溢，诗词、书画、文辞俱成大家，为"唐宋八大家"之一，实为一代文豪。书法独韵，擅画枯木竹石，精鉴赏，为文人画开创者之一。著有《经进东坡文集事略》《东坡全集》等。流传至今的《黄州寒食帖》便是他的代表作之一。

人们一般都认为苏轼是一位大文豪、书画家，殊不知苏轼更是一位书画鉴赏家。苏轼特殊的官宦生涯和地位，令他观览过无数魏晋南北朝、隋唐五代的法书名画，诸多书画名迹还留下了他的题跋、补注和诗文。就法书而言，"二王"的书迹，苏轼曾观览过多次。譬如《题兰亭记》中曰："真本已入昭陵，世徒见此而已。然此本最善，日月愈远此本当复缺坏，则后生所见愈微愈疏矣。"① 又如《题逸少帖》："逸少为王述所困，自誓去官超然于事物之外，尝自言，吾当卒以乐死，然欲一游岷岭，勤勤如此，而至死不果，乃知山水游放之乐自是人生难必之事。况于市朝眷恋之徒，而出山林独往之言，固已疏矣。"② 还有《题二王书》："笔成冢，墨成池，不及羲之即献之；笔秃千管，墨磨万铤，不作张芝作索靖。"③ 此外，他还对卫夫人、褚遂良、薛稷、卫恒、羊欣、萧子云、怀素、颜真卿、张长史、庾征西、桓子等人的书迹，都曾观赏并留下题跋及补注。绘画方面，经他观赏并题跋及补注的就更多了。王维、

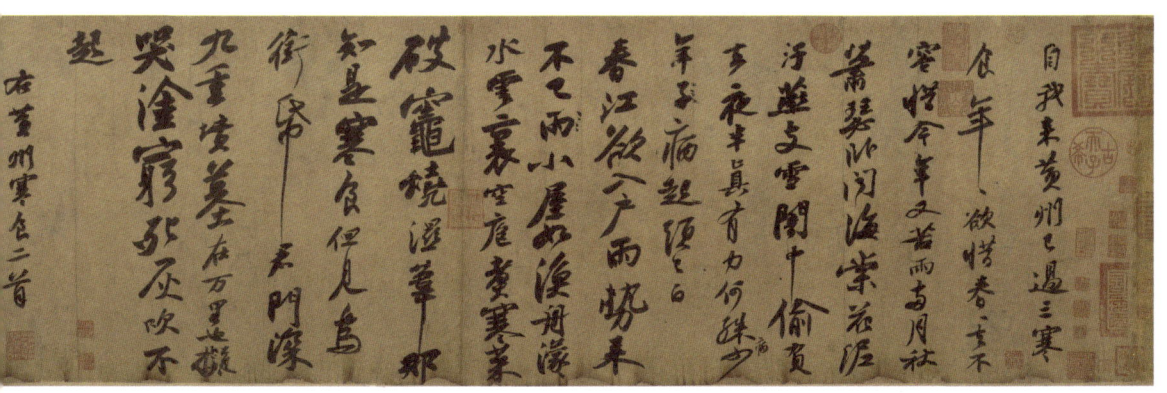

图4-5　黄州寒食帖　北宋　苏轼

---

① 李福顺：《苏轼论书画史料》，上海人民美术出版社，1988年版，第29页。
② 李福顺：《苏轼论书画史料》，上海人民美术出版社，1988年版，第29页。
③ 李福顺：《苏轼论书画史料》，上海人民美术出版社，1988年版，第30页。

吴道子、韩幹、李思训、郭忠恕、石恪、阎立本、韦偃、黄筌等画作上无不留下了他的墨迹，如题《王维吴道子画》："何处访吴画，普门与开元。开元有东塔，摩诘留手痕。吾观画品中，莫如二子尊。道子实雄放，浩如海波翻。当其下手风雨快，笔所未到气已吞。"①《书韩幹牧马图》："众工舐笔和朱铅，先生曹霸弟子韩。厩马多肉尻脽圆，肉中画骨夸尤难。"②

苏轼当时十分关注内府庋藏的藏品，对一些珍品皆有自己独特的见解和辨识。对《晋人帖》，他题曰："唐太宗购晋人书，自'二王'以下仅千轴。兰亭以玉匣葬昭陵，世无复见。其余皆在秘府。至武后时，为张易之兄弟所窃，后遂流落人间，在王涯、赵延赏家。涯败，为军人所劫，剥去金玉轴而弃其书。余尝于李都尉玮处见晋人数帖，皆有小印'涯'字，意其为王氏物也。有谢尚、谢鲲、王衍等帖，皆奇。而夷甫独超然如群鹤耸翅，欲飞而未起也。"③另在《辨法帖》中，他还这样题道："辨书之难，正如听响切脉知美恶则可，自谓必能正名之者，皆过也。今官本十卷法帖中，真伪相杂至多。逸少部中出宿饯行一帖，乃张说文。又有不具释智永白者，亦在逸少部中，此最疏谬。余尝于秘阁观墨迹，皆唐人硬黄上临本，惟鹅群一帖似是献之真笔。后又于李玮都尉家见谢尚、王衍等数人书，超然绝俗。考其印记，王涯家本，其他但得唐人临本，皆可畜。"④从中可见，他参与内府鉴赏及鉴赏眼光之独特。

苏轼与文同、米芾、王诜等人十分友善，不但与他们切磋画艺书道，还与他们一起观阅品鉴诸家所藏书画。元祐九年（1094）四月，苏轼在《北齐校书图》中就记载了王诜送画请他品题的交往："往在都下，驸马都尉王晋卿时时送书画来作题品，辄贬剥令一钱不值，晋卿以为言，庭坚曰书画以韵为主，足下囊中物非不以千钱购取，所病者韵耳。收书画者，观予此语，三十年后当少识书画矣。元祐九年四月戊辰永思堂书。"⑤其实，有关他与王诜交往的记载还有很多。

他与文同的交往也十分密切，虽两人的政治见解有所不同，但友谊至死不断。他不但为文同所绘之竹作过多次题跋及赞语，而且还为其写过祭文。《经进东坡文

---

① 李福顺：《苏轼论书画史料》，上海人民美术出版社，1988年版，第39页。
② 李福顺：《苏轼论书画史料》，上海人民美术出版社，1988年版，第40页。
③ 李福顺：《苏轼论书画史料》，上海人民美术出版社，1988年版，第30页。
④ 李福顺：《苏轼论书画史料》，上海人民美术出版社，1988年版，第31页。
⑤ 李福顺：《苏轼论书画史料》，上海人民美术出版社，1988年版，第107页。

集事略》中的"墨君堂记"载:"从而君之令与可又能以墨象君之形容,作堂以居君,而属予为文以颂君德。则与可之于君信厚矣。与可之为人也,端静而文,明哲而忠,士之修洁博习,朝夕磨治洗濯以求交于与可者,非一人也,而独厚君如此。……然与可独能得君之深,而知君之所以贤。雍容谈笑,挥洒奋迅,而尽君之德。稚壮枯老之容,披折偃仰之势。风雪凌厉以观其操,崖石荦确以致其节,得志遂茂而不骄,不得志瘁瘦而不辱。群居不倚,独立不惧。与可之于君,可谓得其情而尽其性矣。余虽不足以知君,愿从与可求君之昆弟、子孙、族属、朋友之象,而藏于吾室,以为君之别馆云。"又载:"(文同)因以所画筼筜谷偃竹遗予,曰:此竹数尺耳,而有万尺之势。筼筜谷在洋州,与可尝令予作洋州三十咏,筼筜谷其一也。予诗云:'汉川修竹贱如蓬,斤斧何曾赦箨龙。料得清贫馋太守,渭滨千亩在胸中。'与可是日与其妻游谷中,烧笋晚食,发函得诗,失笑喷饭满案。元丰二年正月二十日,与可殁于陈州。是岁七月七日,予在湖州曝书画,见此竹,废卷而哭失声。昔曹孟德祭桥公文,有'车过''腹痛'之语,而予亦载与可畴昔戏笑之言者,以见与可于予亲厚无间如此也。"[1] 此中可见他俩的交往和友谊。

苏轼与米芾的交往显得更有意思。他不但对米芾的书画创作和收藏大为赞赏,而且对米芾借画临后,退还赝作也作过讥讽:"巧偷豪夺古来有,一笑何似痴虎头。"苏轼被贬黄州时,米芾特拜访求教,东坡劝他书学晋风,后米芾以晋人书风为旨归,还收罗了不少晋人法帖,连书斋也改为"宝晋斋"。米芾在其著《画史》中曾记载苏轼家中的藏画:"苏轼子瞻家收吴道子画佛及侍者志公十余人,破碎甚而当面一手,精彩动人。点不加墨口,浅深晕成,故最如活。"[2] 据《苕溪渔隐丛话》"苏轼跋米元章所收书画"中载:"王直方诗话云:'东坡跋米元章所收书画云:画地为饼未必似,要令痴儿出馋水。又云:锦囊玉轴来无趾。山谷和之云:百家传本略相似,如月行天见诸水。又云:拙者窃钩辄斩趾。皆谓元章患净病,及好取人书画也。'"又:"东坡次米芾二王书跋尾云:'怪君何处得此本,上有桓玄寒具油。'刘公嘉话云:'晋书有饭食名寒具者,后于《齐民要术》并《食经》中检得,是今所谓镮饼。桓玄盛陈书画,召客观之,客有寒食具,不濯手而执书,因有污处;玄不怿,自是

---

[1] 李福顺:《苏轼论书画史料》,上海人民美术出版社,1988年版,第148页。
[2] 卢辅圣:《中国书画全书》第一册,上海书画出版社,1993年版,第979页。

命宾不设寒具。'"① 从中可见两人独特的关系和友谊。

作为宋代文人画领袖人物的苏轼,其对文人画的独特见解及精辟论述,除了大量观赏诸多历代法书名画,与师同道友相互鉴别家藏名迹珍品之外,实与唐中叶以后,大批画人随唐室的搬迁而避难入蜀,在蜀留下了大批的画迹不无关系。他在《四菩萨阁记》中说:"始吾先君于物无所好,燕居如斋,言笑有时。顾尝嗜画,弟子门人无以悦之,则争致其所嗜,庶几一解其颜。故虽为布衣,而致画与公卿等。"其弟苏辙在《汝州龙兴寺修吴画殿记》中也说:"予先君宫师,平生好画,家居甚贫,而购画尚若不及。予兄子瞻少而知画,不学而得用笔之理。"

其实,苏氏家族也是收藏世家,只是到了苏轼这辈,由于政治上遭受多次迫害,升迁无望,四处避难,经济拮据,使之无经济实力大量购买书画而已,然于鉴赏品第实为宋代一大家矣。

八、王诜

王诜,约生于宋仁宗庆历八年(1048),约卒于宋哲宗崇宁三年(1104)。字晋卿,太原(今山西太原)人。为北宋开国功臣王全斌之后。后娶英宗女蜀国大长公主为妻,为驸马都尉,官至利州防御使,谥荣安。幼喜诗书,尤能属文,诸子百家,无不贯通。工书善画,真草行隶皆工,尤善山水。琴棋书画,无不造妙。精鉴赏,善收藏。

王诜在宋代不仅是一位杰出的书画家,更是一位收藏大家。他常与苏轼、苏辙、黄庭坚、米芾等交往,与苏轼交往更深,两人关系密切。苏轼因"乌台诗案"曾下狱,王诜也受其牵连,被削去官爵。

王诜常为书画鉴藏与苏轼商榷交流。苏轼曾多次为王诜自作山水题跋,更为他收藏的法书名画题跋、补注和赋诗文。苏轼在《答宝月大师二首》中为王诜的一幅《山水寒林》作过这样的评述:"屡蒙寄纸,一一愧荷。驸马都尉王晋卿画山水寒林,冠绝一时,非画工能仿佛。得一古松帐子奉寄,非吾兄别识不寄去也。幸秘藏之,亦使蜀中工者见长意思也。他甚珍惜,不妄与人。"此中可见其对王诜山水的赞美。苏轼对王诜的书画收藏更是赞誉有加。《画继》中提到王诜时,说其:"作宝绘堂于

---

① 李福顺:《苏轼与书画文献集》,荣宝斋出版社,2008年版,第215页。

私第之东，以蓄其所有，而东坡为之记。"①另《图绘宝鉴》中也记载："筑堂曰宝绘，收藏古今法书名画以为胜玩，东坡为之记。"②这些都充分证明王诜不但嗜古藏画成性，而且与苏轼交往过密。

王诜与赵佶也有交往。《铁围山丛谈》载："王晋卿家旧宝徐处士碧槛《蜀葵图》，但二幅。晋卿每叹阙其半，惜不满也。徽庙默然，一旦访得之，乃从晋卿借半图，晋卿惟命，但谓端邸爱而欲得其秘尔。徽庙始命匠者标轴成全图，乃招晋卿示之，因卷以赠晋卿，一时盛传，人已慺异。厥后禁中谓之《就日图》者，是以太上天纵雅尚，已著龙潜之时也。"③

王诜收藏的法书名画确实不少。为了赏玩保存这批书画名迹，王诜在京师宅邸特筑宝绘堂。"藏古今法书名画。常以古人所画山水置于几案屋壁间，曰：'要如宗炳澄怀卧游耳'。"④为此，王诜曾特地邀请苏轼为其作《王君宝绘堂记》："君子可以寓意于物，而不可以留意于物；寓意于物，虽微物足以为乐，虽尤物不足以为病；留意于物，虽微物足以为病，虽尤物不足以为乐。老子曰：五色令人目盲，五音令人耳聋，五味令人口爽，驰骋田猎令人心发狂。然圣人未尝废此四者，亦聊以寓意焉耳"，"驸马都尉王君晋卿，虽在戚里，而其被服礼义学问诗书，常与寒士角。平居攘去膏粱，屏远声色，而从事于书画，作宝绘堂于私第之东，以蓄其所有，而求文以为记。恐其不幸而类吾少时之所好，故以是告之。庶几全其乐，而远其病也。熙宁十七年七月二十二日记"。⑤

另外苏辙和黄庭坚对王诜及宝绘堂的收藏都作过赞语。苏辙在《王诜都尉宝绘堂词》里描绘了王诜宝绘堂书画收藏的情况："锦囊犀轴堆象床，竿叉连幅翻云光。手披横素风飞扬，长林巨石插雕梁。……骐骥飞烟郁芬芳，卷舒终日未用忙。"⑥黄庭坚在《题北齐校书图后》曰："往时在都下，驸马都尉王晋卿时时送书画来作题品，辄贬剥令一钱不直。晋卿以为过，某曰：'书画以韵为主，足下囊中物，无不

---

① 卢辅圣：《中国书画全书》第二册，上海书画出版社，1993年版，第706页。
② 卢辅圣：《中国书画全书》第二册，上海书画出版社，1993年版，第863页。
③ 蔡絛：《铁围山丛谈》，三秦出版社，2004年版，第146页。
④ 陈高华：《宋辽金画家史料》，文物出版社，1984年版，第425页。
⑤ 李福顺：《苏轼论书画史料》，上海人民美术出版社，1988年版，第91—92页。
⑥ 苏辙：《栾城集》，上海古籍出版社，1987年版，第157—158页。

图 4-6　渔村小雪图　北宋　王诜

以千金购取，所病者韵耳。'收书画者观予此语，三十年后当少识书画矣。"①

米芾作为书画收藏大家，不但与王诜交往密切，常被邀请前往家中观赏书画，在其所著的《书史》《画史》和《宝章待访录》中对王诜宝绘堂的藏品也作过记载。在这些记载中，可知宝绘堂庋藏有颜真卿《送刘太冲序》《文殊帖》《与夫人帖》《朱巨川告身》，谢弈、桓温、谢安法书三帖，怀素二幅，欧阳询四幅，孙过庭《草书书谱》，李邕《光八郎帖》，陆柬之摹《兰亭》等法书及唐人画马、范宽二幅等，米芾记载的仅是王诜书画收藏中的一部分，足见其收藏的规模与档次。

王诜创作的山水，呈清润挺秀、风韵动人、奇古天真的画风。这一方面与他学问精深，性操逸迈，通音韵，精书法，擅诗词密切相关；另一方面与他倚借传统，富于庋藏，精心赏识，悉心钻研，取法乎上紧密相连。他收藏颇丰，既有顾恺之、张僧繇、吴道子、荆浩、黄筌、李公麟等人的名作佳迹，也有右军、鲁公等人的法书巨制。王诜予鉴画，不是一般的欣赏，而是重在辨其风神骨髓，以期对原作格法神韵作探讨评骘。人们从他传世的《渔村小雪图》和《烟江叠嶂图》可以看出，这种"不今不古，自成一家"的画风，正是吸收继承了李成、郭熙及李思训、李昭道的画法而融会贯通，自创新格，乃成"古今第一"的画风特质。这也是王诜对其所藏珍迹鉴别探究，并在绘画实践中作出新的技法和笔墨探寻的结果。

九、米芾　米友仁

米芾，生于宋皇祐三年（1051），卒于宋大观元年（1107）。初名黻，后改芾。字元章，号鹿门居士、襄阳漫士、海岳外史。世称"米南宫""米襄阳"。吴人，祖籍太原（今属山西）。初为太常博士，官至礼部员外郎。徽宗赵佶时被召为书画学

---

① 黄庭坚：《黄庭坚全集》，四川大学出版社，2001年版，第1581页。

博士、太常博士，赐对便殿，具体负责宫内的书画管理。工书法，善绘画，精鉴藏，善辞章。其书艺与苏轼、黄庭坚、蔡襄合称"宋四家"。有洁癖，性狂放，喜奇石，人称"米颠"。著有《书史》《画史》《宝章待访录》《宝晋斋法帖》《海岳名言》等。

米友仁，生于宋熙宁七年（1074），卒于宋绍兴二十三年（1153）。名尹仁，小名寅哥、鳌儿，字元晖，小字虎儿，晚号嫩拙道人，另有海岳后人、懒拙翁。祖籍太原（今属山西）。米芾之子，父子二人有"大小米"之称。宣和四年（1122）应选入掌书学。工书法，擅绘画，精诗文，尤善书画鉴藏。南渡后，官至工部侍郎、敷文阁直学士，为南宋高宗内府掌管书画皮藏。

崇宁三年（1104）米芾任书画学博士，徽宗召对使殿，芾进献友仁所作一山水，既退，赐御书画各一轴。时友仁年仅十九，由此而得名。

米芾为北宋著名的书画收藏家，而其子米友仁为南宋著名的书画鉴赏家。父子俩精鉴赏，喜收藏，共同创立了"米家"山水，在中国绘画发展史上影响不小。《宋史·文苑六·米芾传》中对米芾父子有过这样的记叙：

芾为文奇险，不蹈袭前人轨辙，特妙于翰墨，沉着飞翥，得王献之笔意。画山水人物，自名一家。尤工临移，至乱真不可辨。精于鉴裁，遇古器物书画则极力求取，必得乃已。王安石尝摘其诗句书扇上，苏轼亦喜誉之。冠服效唐人，风神萧散，音吐清畅，所至人聚观之。而好洁成癖，至不与人同巾器。所为谲异，时有可传笑者。无为州治有巨石，状奇丑，芾见大喜曰："此足以当吾拜！"具衣冠拜之，呼之为兄。又不能与世俯仰，故从仕数困。尝奉诏仿《黄庭》小楷，作周兴嗣《千字韵语》。又入宣和殿观禁内所藏，人以为宠。

关于米家父子，《画鉴》中有一记载："米芾元章，天资高迈，书法入神。宣和立书画学，擢为博士。初见徽宗，进所画《楚山清晓图》，大称旨。复命书《周官篇》于御屏，书毕，掷笔于地，大言曰：'一洗二王恶体，照耀皇宋千古。'徽宗潜立于屏风后，闻之，不觉步出，纵观称赏。元章再拜，求索所用端砚，因就赐之。元章喜拜，置诸怀中，墨汁淋漓朝服，帝大笑而罢。其为豪放若此。作画善写古贤像，山水其源出董元，天真发露，怪怪奇奇，枯木松石，时出新意，然传世不多。其子友仁字元晖，能传家学，作山水清致可爱，亦略变其尊人所为，成一家法，烟云变灭，林泉点缀，生意无穷。平生珍重，不曾予人。当时翟耆年有诗云：'善画无根树，能描懵憧山。如今身贵重，不屑与人间。'其为世贵重如此。予平生凡收数卷，散失不存，今但有一横披纸画，上题数百字，全师董元，真元晖第一品也。"①

从这段史料记载可以了解两点：一是两人的绘画创作艺术水准极高；二是两人均善鉴赏，并由此而为内府掌管书画的鉴藏工作。然不同的是，父子两人处于北宋与南宋两个不同的朝廷。

米芾书画收藏的鉴定眼光在北宋当数一流，似无人可出其右。米芾的收藏方式，除了广交朋友，足迹遍布南北，自己竭力购买书画作品之外，还通过交换，甚至通过借临，以退还仿品而获取原作。这一方面证明他的鉴赏眼光和临摹水平很高，但另一方面也说明了米芾之贪心及品行之弱点。

《耆旧续闻·卷九》载："近代酷收古帖者，无如米元章。……元章广收六朝笔帖，可谓精于书矣，然亦多赝本。"②又《独醒杂志·卷二》载："米元章有嗜古书画之癖，每见他人所藏，临写逼真。尝与蔡攸在舟中共观王衍字，元章即卷轴入怀，起欲赴水。攸惊问何为，元章曰：'生平所蓄未尝有此，故宁死耳！'攸不得已，遂以赠之。③另《清波杂志·卷五》记："老米酷嗜书画，尝从人借古画自临拓，拓竟，并与真赝本归之，俾其自择而莫辨也。巧偷豪夺，故所得为多。东坡《二王帖跋》云：'锦囊玉轴来无趾，粲然夺真疑圣智。'因借以讥之。"

以上可见，米芾不但视法书如命，而且确也为获取古帖而不择手段。

正是因为米芾"精于鉴裁，遇古器物、书画则极力求取，必得乃已"，故其收藏的六朝、隋、唐、五代的法书名画，有其名目的多达六十件。他还喜将名画置换法书名帖，《画史》中他自己就说："余家收古画最多"，由于爱好六朝法书古帖，不惜将六朝、隋、唐名画与之交换，有时竟每自一轴加至十轴去换取一件古法帖，"大抵一古帖，不论赀用及他犀玉琉璃宝玩，无虑十轴名画，其上四角皆有余家印记，见即可辨"。在他看来："今人收一物与性命俱，大可笑。人生适目之事，看久即厌，时易新玩，两适其欲，乃是达者。"④他为了一件王献之的《送梨帖》，竟以"欧阳询真迹二帖、王维雪图六幅、正透犀带一条、砚山一枚、玉座珊瑚一枝以易"⑤。可见其视晋帖如宝，几近于发痴的程度。

---

① 陈高华：《宋辽金画家史料》，文物出版社，1984年版，584页。
② 陈高华：《宋辽金画家史料》，文物出版社，1984年版，第574—575页。
③ 陈高华：《宋辽金画家史料》，文物出版社，1984年版，571页。
④ 卢辅圣：《中国书画全书》第一册，上海书画出版社，1993年版，第984页。
⑤ 卢辅圣：《中国书画全书》第一册，上海书画出版社，1993年版，第964页。

米芾对鉴藏印记也十分重视。凡是经过米氏收藏的法书名画，上面都有他所钤印记，有的还书题跋。他在《画史》中记载："余家最上品书画，用姓名字印，'审定真迹'字印、'神品'字印、'平生真赏'印、'米芾秘箧'印、'宝晋书印'、'米姓翰墨'印、'鉴定法书之印'、'米姓秘玩之印'。玉印六枚：'辛卯米芾''米芾之印''米芾氏印''米芾印''米芾元章印''米芾氏'，已上六枚白字，有此印者皆绝品。玉印唯著于书帖，其他用米姓清玩之印者，皆次品也，无下品者。其他字印有百枚，虽参用于上品印也，自画古贤唯用玉印。"① 由此可见，最上品用姓名印"米芾秘箧""审定真迹""神品""平生真赏""宝晋书印""米姓翰墨""鉴定法书之印""米姓秘玩之印"。又有玉印六枚，专供钤古帖之用，即"辛卯米芾""米芾之印""米芾氏印""米芾印""米芾元章印""米芾氏"。帖上钤有这些印记的，都是他认为的绝精之品。除以上印章分别钤用各类藏品外，又有印记百枚，参用于上品书画之中。

米芾书画藏品的来源，也不外乎购买、交换、赠送以及"巧取豪夺"，包括将真迹临摹后以假换真等手段。

他将收藏家分为"赏鉴家"和"好事者"二等："好事者与赏鉴之家为二等，赏鉴家谓其笃好，遍阅记录，又复心得，或自能画，故所收皆精品。近世人或有赀力，元非酷好，意作标韵，至假耳目于人，此谓之好事者。置锦囊玉轴以为珍秘，开之或笑倒，余辄抚案大叫曰：'惭惶杀人。'"② 这种分类，表现了米芾对书画收藏的独到见解，对历朝历代，直至当代的书画收藏都有现实意义。

那么，米芾收藏的法书名画究竟有多少？据《画史》《书史》等载，米芾自己曾说："余家收古画最多，因好古帖，每自一轴加至十幅以易帖。大抵一古帖，不论赀用，及他犀玉琉璃宝玩，无虑十轴名画，其上四角皆有余家印记，见即可辨。余家晋唐古帖千轴，盖散一百轴矣。今惟绝精，只有十轴在。有奇书，亦续续去矣。"其中所录法书包括：王羲之《初月》《尚书》二帖，王献之《中秋帖》，陶弘景《朱阳帖》（归刘世济），智永四帖（一帖分与刘巨济），欧阳询《度尚》《庚亮》二帖，张长史《秋深帖》，张长史绢帖（归刘巨济），颜真卿《朱巨川诰》，怀素《去夏帖》，司空图《赠广歌》，吴融《博士帖》，杨凝式《昼寝帖》《大仙帖》，梁摹《乐

---

① 卢辅圣：《中国书画全书》第一册，上海书画出版社，1993年版，第984页。
② 卢辅圣：《中国书画全书》第一册，上海书画出版社，1993年版，第983页。

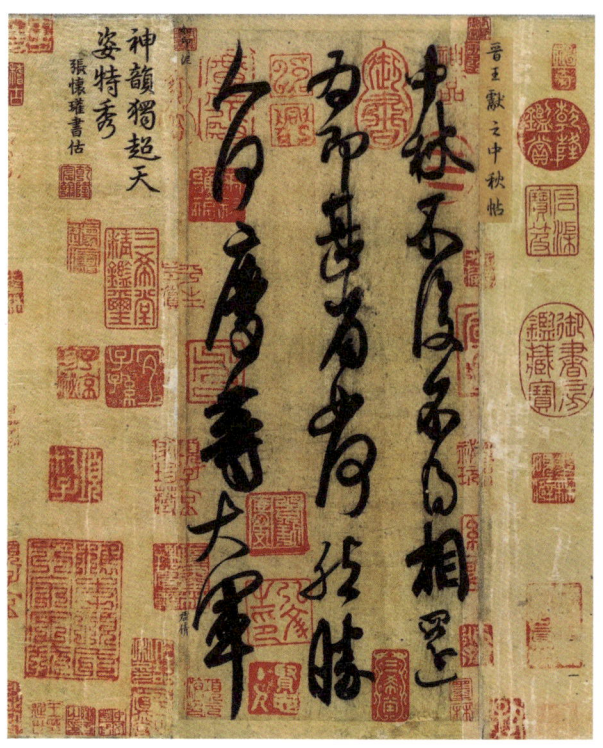

图 4-7 中秋帖 东晋 王献之

毅论》，唐摹《十七帖》等。另据明代大藏家张丑《清河书画舫》"米南宫秘玩目"载其收藏的法书有：王右军《官舍尚书二帖》《快雪时晴帖》，吴融《博士帖》《破羌帖》，谢安《慰问帖》，晋贤《十三帖》，大令《中秋帖》，陶隐居《朱阳帖》，梁临《乐毅论》，智永《临右军五帖》，唐文皇手诏，欧阳询《度尚》《庾亮》二帖，又《春雨帖》，褚摹《兰亭》，唐摹大令《范新妇帖》，陆柬之《头陀寺碑》，徐浩《古诗帖》，张长史《秋深帖》，李邕《多热要葛粉帖》《光八郎帖》《胜和帖》，唐摹《十七帖》，怀素《去夏帖》，又《贫道》等三帖，颜鲁公《朱巨川诰》，司空图《赠广歌》，杨凝式《昼寝》《大仙》二帖。名画有：曹不兴《如意轮》，顾恺之《净名天女》，戴逵《观音》，六朝人画《英布像》，又《王戎像》，薛稷二鹤，王维雪图六幅，又《山居图》小卷，韩幹《调马图》短卷，张萱画《韦侯故事》六幅，唐人画《扬子云像》，李昇《危峰茂林》，荆浩《夏山图》二幅，关仝《仙游图》行卷，董源《雾景》横披，李成《松石》，徐熙《折枝》四幅（双桃、牡丹、甜榴、海棠），李煜《翎毛》四片，范宽《秋山瀑布》，巨然《海野图》长卷，易元吉《芦苇鸲鹆》。①

米芾最为可贵的是，还将其"目睹、的闻、交游、见地、家藏、交换"等书画鉴藏活动，撰汇成《书史》《画史》《宝章待访录》等专著。为后世研究米芾的书画收藏，尤其是北宋的书画收藏留下了极其珍贵的历史资料。

米友仁为米芾之子。据《画继·轩冕才贤》载："（米友仁）幼年，山谷赠诗曰：'我有元晖古印章，印刓不忍与诸郎。虎儿笔力能扛鼎，教字元晖继阿章。'遂

---

① 卢辅圣：《中国书画全书》第四册，上海书画出版社，1992年版，第310页。

字元晖。……友仁宣和中为大名少尹。天机超越，不事绳墨，其所作山水，点滴烟云，草草而成，而不失天真，其风气肖乃翁也。每自题其画曰：墨戏。被遇光尧，官至工部侍郎、敷文阁直学士，日奉清闲之燕。方其未遇时，士大夫往往可得其笔，既贵，甚自秘重，虽亲旧间亦无缘得之。众嘲曰：'解作无根树，能描濛鸿云；如今供御也，不肯与闲人。'后享年八十，神明如少壮时，无疾而逝。"①另据《图绘宝鉴》载："米友仁，字元晖，元章之子。能传家学，作山水清致可掬，略变其父所为，成一家法。烟云变灭，林泉点缀，草草而成，不失天真，意在笔先，正是古人作画妙处。"②

米友仁也擅摹仿古迹。他经常向别人借画临摹，摹完后，总是拿摹本与原迹一起送还给主人自己选择，以此获取不少书画。书画鉴定也独具慧眼。据《画鉴》载："宋高宗每搜访至书画，必命米友仁鉴定题跋，往往有一时附会，迎合上意者。尝见画数卷，颇未佳，而题识甚真，鉴者不可不知也。"③可见米友仁的书画鉴赏在南宋及宋高宗心目中的地位和影响力。同时也见证了米友仁圆滑而迎合上意之人格。

十、赵令畤　赵与懃

赵令畤，生于宋嘉祐六年（1061），卒于宋绍兴四年（1134）。初字景贶，与苏轼友善，苏轼为其改字德麟，自号聊复翁。宋宗室，太祖次子燕懿王德昭玄孙。曾任元祐中签书颍州公事。绍兴初，袭封安定郡王，迁宁远军承宣使等职。富才华，工诗文，尤善词曲。著有《侯鲭录》《聊复集》。

赵令畤为北宋皇家宗室中著名书画收藏家。他极喜书画收藏，家设德隅堂，专门庋藏法书名画。家藏甚丰，俱为精品，据李廌《德隅斋画品》载，其藏品有梁元帝的《蕃客入朝图》、孙位的《春龙起蛰图》、郭忠恕的《楼居仙图》、关仝的《仙游图》、黄筌的《寒龟曝背图》、石恪的《玉皇朝会图》、赵昌的《茵苕图》、李公麟的《长带观音》等。④共二十二家，计二十五幅。

赵与懃，生卒年月不详。号兰坡、菊坡。青田（今浙江丽水）人。宋宗室，系

---

① 陈高华：《宋辽金画家史料》，文物出版社，1984年版，第559页。
② 陈高华：《宋辽金画家史料》，文物出版社，1984年版，第559页。
③ 陈高华：《宋辽金画家史料》，文物出版社，1984年版，第584页。
④ 卢辅圣：《中国书画全书》第一册，上海书画出版社，1993年版，第990页。

赵希怿之子。理宗嘉熙年间知临安府。以右文殿修撰奉祠。工画善文，尤擅临摹古画，作墨竹亦佳。精书画鉴藏。

赵与懃也为宋宗室中书画收藏大家。他精鉴赏，喜收藏，据《赵兰坡所藏书画目录》载："赵兰坡，名与懃，宋宗室也。富于书画，收罗不下千本，名卷多至三百外。"法书中有汉张芝《文问帖》，晋王右军《鹡鸰帖》《快雪时晴帖》《玉枕贴》《奉告帖》等、索靖《出师颂》，隋智永《法华经》，唐虞世南《孔子庙堂碑》、褚遂良《临丙舍帖》《心经》等。名画中有曹弗兴《兵符图》，顾恺之《初平起石图》《列女图》，王献之《渥洼马图》，戴奎《古诗十九首图》，另有谢稚《三牛图》，卫协《述古图》，梁元帝《蕃客入朝图》，还有陆探微、尉迟乙、张僧繇、展子虔、董伯仁、阎立本、阎立德、薛稷、王维、周昉、张萱等人的佳作，时记北宋之前历代法书一百七十九卷，名画达二百一十卷，共四百件之多。

《兰坡所见书画目录》虽无编者著名，然书后有附记："以上书画止是手卷，大

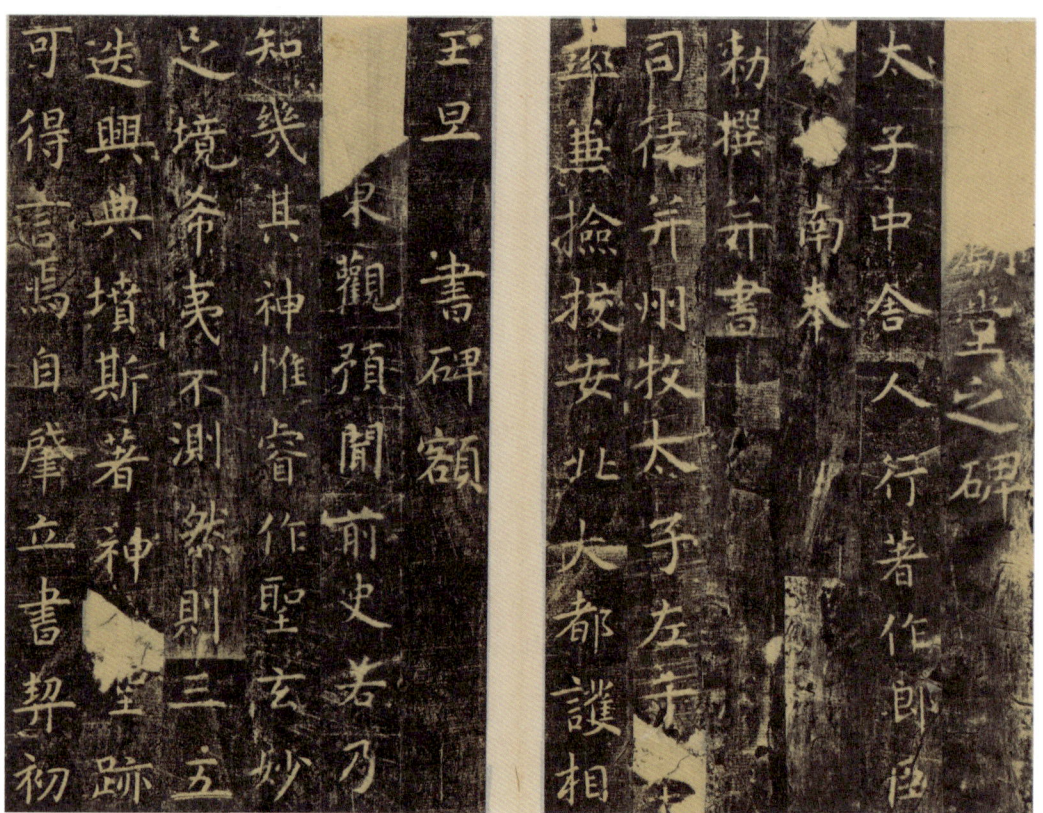

图 4-8　孔子庙堂碑　唐　虞世南

者不在此数，其中多佳品，今散落人间者，往往皆是也。"① 此中可见，尚有不少佳作未被著录在内，足见赵与懃收藏之富。

十一、邓椿

邓椿，生卒年不详。字公寿，双流（今属四川成都）人。系北宋末年至南宋年间人氏。出身世代显贵，祖父邓洵武，北宋末官至枢密院使，拜少保。北宋时曾任通判。喜书画，精鉴赏。

邓椿为北宋末至南宋时著名的书画收藏家。家族世代收藏，受其熏陶，自幼喜书画皮藏，见解独到，博闻广记。因自身的优越条件，广泛接触各藏家所藏书画名迹，著有《画继》一书，为后世留下一部极具文化修养的书画著述专著。他在《序言》中说："自昔赏鉴之家，留神绘事者多矣，著之传记何止一书。"可见，他是以鉴赏的角度去撰述此书。随后他又论道："予虽生承平时，自少归蜀，见故家名胜。避难于蜀者十五六，古轴旧图，不期而聚，而又先世所藏，殊尤绝异之品。"从中可见他家的收藏概况。

他认为："自昔鉴赏家分品有三：曰神、曰妙、曰能。独唐朱景真撰唐贤画录，三品之外更增逸品。其后黄休复作《益州名画录》，乃以逸为先，而神、妙、能次之。景真虽云逸格不拘常法，用表贤愚，然逸之高岂得附于三品之末？未若休复首推之为当也。至徽宗皇帝专尚法度，乃以神、逸、妙、能为次。"②

他还分析："予尝取唐、宋两朝名臣文集，凡图画纪咏考究无遗，故于群公略能察其鉴别。独山谷最为精严，元章心眼高妙而立论有过中处，少陵、东坡两翁虽注意不专而天机本高，一语之确有不期合而自合者。"此外，他还提出："画者，文之极也，故古今之人颇多着意。张彦远所次历代画人，冠裳太半，唐则少陵题咏曲尽形容，昌黎作记不遗毫发，本朝文忠欧公、三苏父子、两晁兄弟、山谷、后山、宛丘、淮海、月岩，以至漫仕、龙眠，或评品精高，或挥染超拔。然则画者岂独艺之云乎？难者以为自古文人何止数公，有不能且不好者。"在他看来："其为人也多文，虽有不晓画者寡矣；其为人也无文，虽有晓画者寡矣。"③

---

① 黄宾虹，邓实：《美术丛书》第三册，江苏古籍出版社，1986年版，第2917页。
② 卢辅圣：《中国书画全书》第二册，上海书画出版社，1993年版，第722页。
③ 卢辅圣：《中国书画全书》第二册，上海书画出版社，1993年版，第722页。

《画继》中，邓椿还较为详细地记录了历代传世名作，对四川乡梓的诸多收藏家的交往，以及宋徽宗、王诜、赵令穰、王诜、米芾、米友仁等人的庋藏情况也均记录在册。

他在"铭心绝品"一章中，记有藏家赵伯兼等三十八家，所藏晋、唐、五代、北宋等诸多名家如韩幹、黄筌、范宽、郭熙、李成、徐熙、崔白、周昉、徽宗等画作一百五十余轴。所载精品绝作，系其一生所见历代法书名画中，"皆千之百，百之十，十之一中之所择也"。此中既可见邓椿于书画鉴赏之独到见地，也为后世研究北宋及宋之前的法书名画留下了极其珍贵的资料。

十二、韩侂胄　贾似道

韩侂胄，生于宋绍兴二十二年（1152），卒于宋开禧三年（1207）。字节夫，相州安阳（今河南安阳）人。北宋名臣韩琦之孙，韩诚之子，母亲为宋高宗吴皇后的妹妹。历任汝州防御使、知阁门事、平章军国事，封平原郡王，加太师。排斥朱熹理学，追削秦桧官爵，追封岳飞为鄂王。力主抗金。善绘墨竹，好收藏。

贾似道，生于宋嘉定六年（1213），卒于宋德祐元年（1275）。字师宪，号秋壑、悦生，天台（今属浙江）人。宋理宗时因姊为贵妃，得以擢太常丞、军器监，升知澧州。后历任沿江制置副使、京湖安抚制置大使、两淮制置大使、参知政事、知枢密院事、右丞相兼枢密使等要职，为宋一代奸臣。有文才，藏书达千，善书画收藏，《悦生所藏书画别录》记其所载。

韩侂胄和贾似道是两位类似米芾称为"好事者"的书画收藏家。相比而言，韩侂胄本人既不懂鉴赏，也不具眼力，纯借权势而搜罗历代书画名作；而贾似道好书画，懂收藏，但生性贪婪而暴戾，凭借权势广收博取，搜刮名迹珍品。两人的书画收藏之丰，足可与内府相抗衡。

韩侂胄本人以贵戚发家，于宁宗赵扩开禧元年居相位，权倾内外，借权势广罗书画名迹。韩侂胄的收藏，有赖于向冰为之掌目。向冰，字若水，为南宋收藏家。周密《癸辛杂识》记载，向冰所藏名画亦达千轴。韩侂胄曾将向冰为之掌眼所搜刮的法书名迹勾勒上石，后名为《群玉堂法帖》。

贾似道极喜收藏，贪婪无极，故凡闻哪家有书画名迹，即不择手段意欲掠之。若不遂己欲，即妄加罪名，意必夺之。有时，即使是内府庋藏亦欲占为己有。为此，他特在京城临安葛岭府第内建一密室，名"多宝阁"，得以"一日登玩"。

据宋佚名撰《悦生所藏书画别录》载："（贾似道）家藏名迹多至千卷，其宣和、绍兴秘府故物，往往乞请得之。今除煊赫名迹载悦生古迹记者不录，第录其稍隐者著于篇。"可见贾似道不但蓄藏名迹甚多，且多为宣和内府之物，所录不过仅为"隐者"之类。据统计，法书计有崔瑗临史游《急就章》、王廙《仲春帖》、王导《省示帖》、卫恒《往来帖》、王珣《三月帖》等共四十二卷。名画计有卫协《毛诗图》、史道硕《八骏图》、梁元帝《蕃客入朝图》、顾野王《古贤像》、郑法士《读碑图》、薛稷《二鹤图》等共五十八卷。《悦生所藏书画别录》评其："似道收蓄书画妙绝古今，不特搜访详备，尤是目力过人。盖其相业虽属误国，而鉴赏则称独步矣。"其书画藏品，除大部存其杭州私宅内，部分还藏于老家天台。然这些仅是《悦生古迹记》千余件藏品中既未载录且名头较为隐蔽的简目而已。可惜原书已佚，诸多法书名画胜迹已无从查考。

贾氏收藏过的不少名迹，如传至今日的展子虔《游春图》、赵昌《蛱蝶图》、崔白《寒雀图》等，钤有"悦生"（葫芦印）、"贾似道用印"、"秋壑图书"等，即为贾似道常用收藏印记。贾似道死后，其家所藏书画经官府查抄，皆归内府籍没。今犹能见到的一些古代书画作品上钤有"台州市房务抵当库记"（九叠篆朱文宋官印），即为查抄其天台老家之藏品。

十三、赵希鹄

赵希鹄，生于宋乾道六年（1170），卒于宋淳祐二年（1242）。宋宗室，为宋太祖之后。工诗文，博学好古，尤擅书画鉴赏收藏。著有《洞天清录》《调燮类编》。

赵希鹄于古物书画收藏，别有见地："尝见前辈诸老先生，多蓄法书、名画、古琴、旧研，良以是也。明窗净几，罗列布置，篆香居中，佳客玉立相映，时取古人妙迹，以观鸟篆蜗书，奇峰远水，摩挲钟鼎，亲见商周，端研涌岩泉，焦桐鸣玉佩。不知身居人世，所谓受用清福，孰有逾此者乎？是境也，阆苑瑶池未必是过。"[①]于此足见其鉴赏高于常人之境界。他除对古琴、古砚、石刻等有其自己的鉴别见解之外，然于绘画也自有独特之赏辨："是故论画，当以目见者为准。若远指古人曰'此顾也，此陆也，不独欺人，实自欺耳。'"[②]并对鉴别古画形成了自己独有的见地：

---

① 黄宾虹，邓实：《美术丛书》第一册，江苏古籍出版社，1986年版，第548页。
② 黄宾虹，邓实：《美术丛书》第一册，江苏古籍出版社，1986年版，第559页。

图 4-9　白描水仙图卷　南宋　赵孟坚

"今名画工,绝无写形状略无精神。士夫以此为贱者之事,皆不屑为。殊不知胸中有万卷书,目饱前代奇迹,又车辙马迹半天下,方可下笔,此岂贱者之事哉。"①

他在"古翰墨真迹辨"一章中,对《建安帖》《鲁公真迹》《宋翰名贤书》,以及《淳化阁帖》《绛帖》《潭帖》《临江帖》《蔡州帖》《武林帖》,包括用纸及用墨都提出了自己与众不同的看法。在"古画辨"一章中,对李营丘、范宽、赵昌、徐熙、黄筌、崔白、韩幹、石恪等都做出了自己独特的见解。此外,他对古画的色泽,画绢的辨识,画轴、装裱、印识的运用都有自己的认知。在"辨名画"一节中对人物、花鸟、走兽、山水的辨别更是概括如下:"人物顾盼语言,花果迎风带露,飞禽走兽精神逼真,山水林泉清润幽旷,屋庐深邃,桥彴往来,山脚入水澄明,水源来历分晓。有此数端,虽不知名,定知妙手。"②

赵希鹄除对书画有自己独特的见解之外,对古帖、石刻、纸绢、装裱、印文、摹帖等均提出其与众不同的见解,实为南宋书画古物鉴藏家之翘楚。

十四、赵孟坚

赵孟坚,生于宋宁宗庆元五年(1199),卒于宋理宗景定五年(1264)。字子固,号彝斋。海盐广陈(今浙江平湖)人,晚年隐居秀水(今浙江嘉兴)。宋宗室,为宋太祖十一世孙。曾任湖州掾、转运司幕、诸暨知县、提辖左帑、朝散大夫、严州守,与贾似道交往过密,后迁翰林学士承旨,不久罢归。工诗文,善书画,尤擅白描水仙。喜收藏,精书画。著有《梅谱》《彝斋文编》。

《宋辽金画家史料》载:"(赵孟坚)修雅博识,善笔札,工诗文,酷嗜法书。两汉三代以来金石名迹,遇合意,虽倾家易之无难色。"他嗜古物,好书画,常用

---

① 黄宾虹,邓实:《美术丛书》第一册,江苏古籍出版社,1986年版,第562页。
② 黄宾虹,邓实:《美术丛书》第一册,江苏古籍出版社,1986年版,第561页。

一艘船载着书画彝物及笔墨纸砚等,东西游适,吟诗作画,评鉴书画古玩。时评赞:"过者望而知为赵子固书画船也。"其家"多藏三代以来金石名迹,遇其合意时,虽倾囊易之而不靳也"。开庆元年(1259),他曾得书法珍品王羲之《兰亭序》,夜间泛舟至霅溪牟山,归时,风作舟覆,其"被湿衣立浅水中,手持禊帖示人曰:'《兰亭》在此,余不足惜也。'"故题"性命可轻,至宝是保"八字于《兰亭序》卷首。周密《云烟过眼录》载:"五字不损本《兰亭》,原系堂后官卢宗迈家物,墨花满面,后一行空处。后归碑驵童道人,姜尧章自童处得之,凡一册,题跋上有白石生四玺之印。又有鹰扬周郊凤仪虞廷印甚奇,盖寓姓名二字。后归萧千岩之侄况介文,后有李秀岩跋。既而复归之俞寿松翁,有梦鸥堂二跋,及'会稽内史'等三古印。最后为赵子固所得,喜甚,乘舟夜归,至湖中弁山,舟覆,幸值浅港,行李具淹,子固独持此卷立浅水中,示从者曰:'兰亭已在,其他不足忧矣。'其跋语亦详载,且题八字于卷首曰:'性命可轻,至宝是保。'其风致殊似米老。子固垂世,以此归贾氏悦生堂,今藏王子庆家。"①

赵孟坚家藏法书名画不少,较为重要的有:曹不兴《兵符图》、王羲之《快雪时晴帖》、褚遂良《摹兰亭帖》、阎立本《步辇图》、李白《上阳台帖》、李唐《清溪渔隐图》等。其常用的收藏印有"赵孟坚子固""玉牒孟坚易""善堂口彝斋"等。

宋代的书画收藏家,除上述撰论之外,尚有不少优秀的收藏家。他们中有的是达官贵人,如宋白、李建中、钱惟演、石扬休、邵必、沈括、钱勰、杨褒、林希、蔡京、任伯雨、王巩、童贯、张舜民、张伯思、赵明诚、洪适、刘瑗、史弥远、岳珂、杨伯嵒、谢奕修等。他们身居要职,工书善文,均善鉴赏。另有不少著名书画家,如黄居寀、高文进、赵令穰、刘泾、黄庭坚、李公麟、牛戬、晁说之、马兴祖等,他们不但工书善画,艺术造诣极高,于书画鉴赏也乐此不疲。其中高文进,善

---

① 陈高华:《宋辽金画家史料》,文物出版社,1984年版,第753—754页。

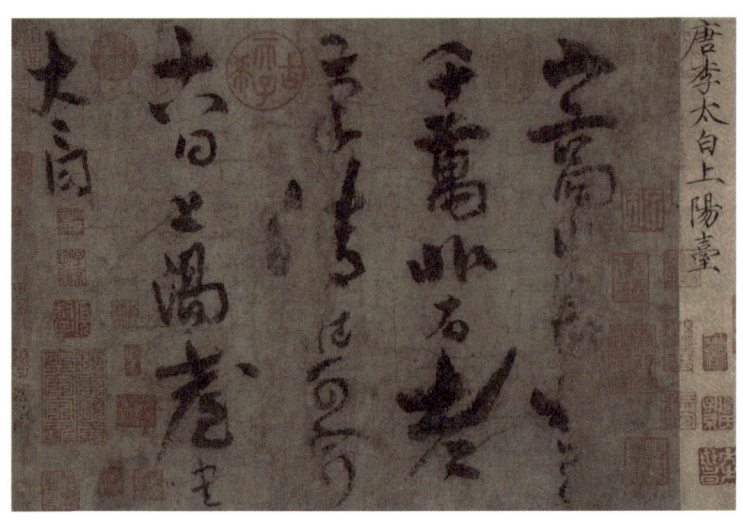

图4-10 上阳台帖（局部） 唐 李白

画，在太宗时被任命为搜访书画史。奸臣蔡京、童贯，嗜书画，好收藏，巧取豪夺，收藏书画颇富。另有董逌，不但家藏巨富，还著有《广州画跋》《广州书跋》。杨王休收藏颇丰，著有《宋中兴馆阁储藏图画记》，影响较广。就连一些大文豪、大词人，如陆游、朱熹、宋括、李清照等也纷纷加入书画收藏之列。

值得一提的是，辽金时也有几位著名的画家极喜收藏。辽代的耶律楚材，博览群书，工书善画，喜金石书画，收藏古今书画、金石达数千件。金代的王庭筠和任洵，诗文书画俱全，工山水，精鉴赏，家藏书画名迹俱丰。

第四节　重要著录专著的呈现

一、《宣和书谱》《宣和画谱》

《宣和书谱》和《宣和画谱》是皇家内府收藏的两部著录集著，无疑也是中国书画收藏史上最为重要的两部著录专著，它记录了北宋内府书画庋藏的实况，为后世人们研究书画鉴藏提供了不可多得的珍贵资料，具有极其重要的史料价值和文献价值。

《宣和书谱》是在北宋后期，徽宗赵佶针对北宋开国以来，经过历代帝王近一百五十年的搜集广罗，法书名画的规模已达鼎盛，加上其又十分重视书画，在他的敕召主持下令侍臣编纂而成。《宣和书谱》虽未留有编撰者姓名，然根据史料记载，此书由蔡京、米芾等人主持，诸众生合撰而成。

《宣和书谱》所录为宣和御府庋藏的名家法帖。全书以各类书体为经线，历代书家为纬线，纵横交错，经纬分明，实系一部皇家内府的法书历史的谱牒专著。全书共分二十卷，首列历代诸帝王书为第一卷，附皇后；次列篆隶，为第二卷，篆隶多有叙论；正书分列四卷，有叙论；行书分列六卷，有叙论；草书列为七卷，有叙论；末列八分书一卷，有叙论。最后由赵佶亲自审定完稿。此书并于法书目录前撰列各书家小传，品第风格，略述源流，最后一卷别附制诏诰命。是书所录书家尤多，上起汉魏，下讫北宋，近二百人，作品共计一千一百七十余件。凡各类书体以叙论述之，明其草创及流变，并以朝代为序，将历代书家罗列排次，且各书家撰有小传，品第书法的师承及艺术成就。

全书编排得当，条理清晰，层次分明，论述精湛，实系中国书法发展历史上的一部重要法书著录专著，为后人研究宋及宋以前的书学和书品提供了第一手资料。更是一部极具史料价值的有关中国书法史的重要史书。然遗憾的是，由于封建专制体制及党派之争，一些所谓的“元祐党人”，如苏轼、苏辙、黄庭坚、吕公著、韩

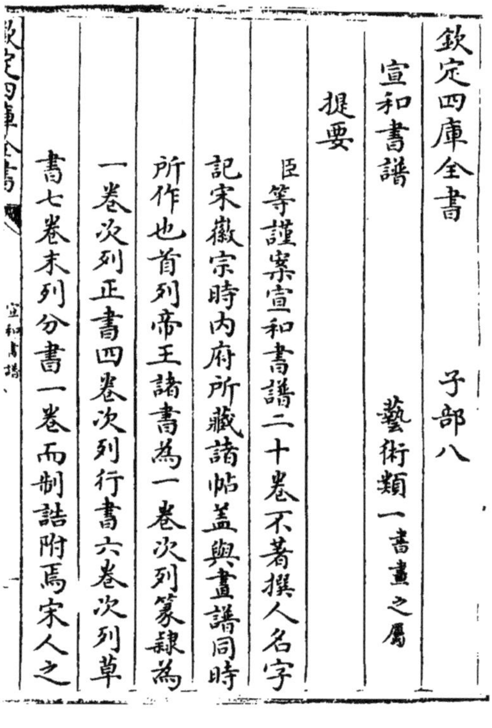
欽定四庫全書　子部八
宣和書譜　藝術類一　書畫之屬
提要
臣等謹案宣和書譜二十卷不著撰人名字
記宋徽宗時内府所藏諸帖蓋與畫譜同時
所作也首列帝王諸書為一卷次列篆隸為
一卷次列正書四卷次列行書六卷次列草
書七卷末列分書一卷而制誥附焉宋人之

图 4–11　《宣和书谱》　北宋

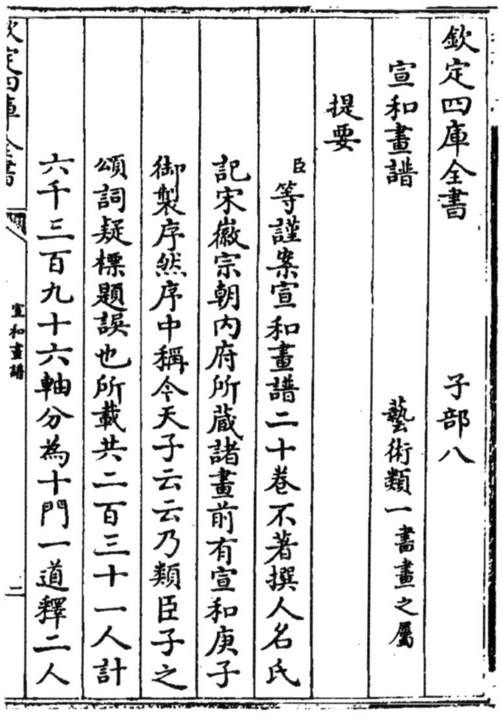
欽定四庫全書　子部八
宣和畫譜　藝術類一　書畫之屬
提要
臣等謹案宣和畫譜二十卷不著撰人名氏
記宋徽宗朝内府所藏諸畫前有宣和庚子
御製序然序中稱今天子云云乃類臣子之
頌詞疑標題誤也所載共二百三十一人計
六千三百九十六軸分為十門一道釋二人

图 4–12　《宣和画谱》　北宋

维、文彦博、司马光等重要的书家及作品未被收录，有失公正。实为憾事。然封建专制制度就是如此，谁也无法奈何。

是书流传至今，有宋刊本、明杨慎刊本、《津逮秘书》本、《四库全书》本、《学津讨原》本、《丛书集成初编》本、《中国书画全书》本等。

《宣和画谱》和《宣和书谱》不同的一点是，《宣和书谱》只道此书成书于"宋徽宗时"，而《宣和画谱》则在卷首就注明是书"成书于庚子岁，夏至日"，是年为宣和二年（1120）。

《宣和画谱》撰录了自北宋开国起至徽宗期间御府度藏的历代绘画珍品。卷首有徽宗赵佶的《御制序》。从序中可知，该书"乃集中秘所藏者晋魏以来名画，凡二百三十一人，计六千三百九十六轴，析为十门，随其世次而品第之"①。

是书首列道释，分为四卷；次列人物，分为三卷；宫室为一卷，附舟车、番族；鱼龙为一卷，附水族；山水为三卷，附窠石；畜兽为二卷；花鸟为四卷；墨竹为一卷，附小景；蔬果为一卷，附药品草虫。每门各卷均先撰叙论，次为画家评传，传后则列画目和件数，较为详细地论述了中国绘画各个分科的源流、传承及收录源流。

然因赵佶本人酷嗜绘画，自作图画也十分优秀，故收录之画家，除编纂者的喜恶好坏之外，赵佶自身的鉴赏品第也起着十分重要的作用，"且谱录之外，不无其人，其气格凡陋，有不足为今日道者，因以黜之，盖将有激于来者云耳"②。又如山水卷："若商训、周曾、李茂等，亦以山水得名，然商训失之拙，周曾、李茂失之工，皆不能造古人之兼长，谱之不载，盖自有定论也。"③从中可见，凡未著录在册的画家，并非技艺低下，品位低俗，实与宫廷喜好直接相连，故对画家评述也有失当之处。

但不管如何，《宣和画谱》与《宣和书谱》一样，全书编目清晰，条理分明，论述精妙，实为中国绘画发展史上一部重要的绘画著录专著，成为后人研究自魏晋及宋各个时代的画学和画品的第一手资料，更是一部极具史料价值的有关中国绘画史的重要史书。这也正如《宣和画谱》结尾所证："数百年来，惟'宣和二谱'足以当之。"

---

① 卢辅圣：《中国书画全书》第二册，上海书画出版社，1993年版，第60页。
② 卢辅圣：《中国书画全书》第二册，上海书画出版社，1993年版，第60页。
③ 卢辅圣：《中国书画全书》第二册，上海书画出版社，1993年版，第88页。

《宣和画谱》流传至今有《津逮秘书》本、《学津讨原》本、《中国书画全书》本等。

二、郭若虚和《图画见闻志》

郭若虚，生卒年月不详。太原（今属山西）人。出身名门望族，为仁宗之弟，东平郡王赵允弼女婿。官供备库使、西军左藏库副使、泾州通判。善书画，精文采，尤善书画鉴赏。其祖父和父亲都喜书画鉴藏。这正如他自述："余大父司徒公虽贵仕，而喜廉退恬养，自公之暇，唯以诗书琴画为适，时与丁晋公、马正惠蓄画均，故画府称富焉。先君少列，躬蹈懿节，鉴别精明，珍藏罔坠。"①

《图画见闻志》系北宋一部重要的绘画著录书，并兼有绘画史学的意义，为后世研究唐代及宋的绘画庋藏，尤其是绘画发展的历史提供了不可多得而独具见地的珍贵资料。

《图画见闻志》成书于宋熙宁七年（1074），是书卷首有郭若虚自序。全书共列六卷，计六十篇。卷一为叙论，列为上、中、下三卷；卷五为故事拾遗；卷六为近事。该书收录自唐会昌元年（841）至宋熙宁七年（1074）间画家共二百八十四人，其中唐代二十七人，五代九十一人，宋代达一百六十六人。

卷一中列叙诸家文字、国朝求访、自古规鉴、图画名意、制作楷模，又列论衣冠异制、气韵非师、用笔得失、曹吴体法、吴生设色、妇人形相、收藏圣象、三家山水、黄徐体异、画论体法和古今优劣等。从全书的体例以及论述的内容审定，

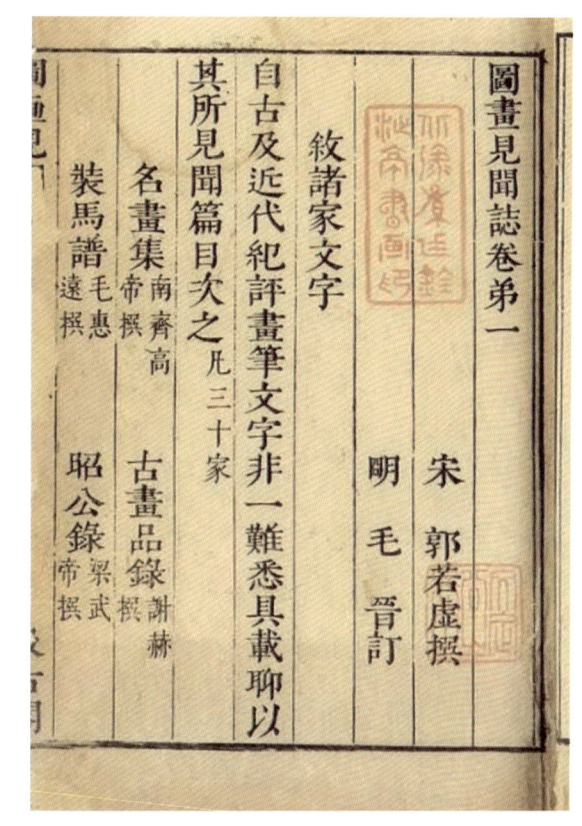

图4-13 《图画见闻志》 北宋 郭若虚

---

① 卢辅圣：《中国书画全书》第一册，上海书画出版社，1993年版，第465页。

卷一无疑是全书中最重要的章节。"叙诸家文字"一节录汇了其所见闻之篇目。在郭若虚看来："自古及近代纪评画笔，文字非一，难悉具载，聊以其所见闻篇目次之。凡三十家。"如谢赫的《古画品录》、姚最的《续画品录》、张怀瓘的《画断》、彦悰的《后画品录》、李嗣真的《后画品录》、顾况的《画评》、裴孝源的《公私画录》、窦蒙的《画拾遗录》、朱景玄的《唐朝名画录》、张彦远的《历代名画记》、黄休复的《总画集》等三十家，这无疑是郭若虚为人们开的一份书单。这三十家有关绘画方面的论著，不但是郭氏认可的历代有关绘画方面的重要论著，自己撰写此部专著的重要参考书籍，而且表明自己欲超越这些著述所论之学术的姿态和信心。

"叙国朝求访"一节，既介绍赞评了本朝太宗皇帝"钦明睿哲，富艺多才"，又记叙了本朝内府"时方诸伪归真，四荒重译，万机丰暇，屡购珍奇"，以达"近侍暨馆阁诸公张筵纵观，图典之盛，无替天禄石渠妙楷宝迹矣"。[1] 从中可证实，所谓的绘画创作、画论研究和绘画品鉴，无疑是建立在绘画鉴定和收藏的基础之上，以至郭若虚会得出"窃观自古奇迹，多是轩冕才贤，岩穴上士，依仁游艺，探赜钩深，高雅之情一寄于画。人品既已高矣，气韵不得不高。气韵既已高矣，生动不得不至。所谓神之又神而能精焉"[2] 的高妙绝论。

"图画见闻志"一节通过史论、画传、画事诸部分，引叙画史、画论，记载了自唐及宋的二百八十四位画家的生平事迹。书中对各种题材的画法研究及有关绘画掌故的记叙，大大丰富了绘画史论与画学研究的领域，是继唐张彦远《历代名画记》后的又一巨篇，构成了一部较为完整的中国绘画通史。

是书不但对宋内府的书画庋藏作了详尽的记叙，还对当时的枢密楚公、苏大参、王贻正、王文献，以及向文简、钟放、丁晋公、李文正、鲁肃简、马正惠、张文懿等一大批收藏家的庋藏作了披载，并勾画出当时士大夫鉴藏书画活动的场景，为后世提供了可供参阅的珍贵史料。此中不难看出内府之收藏鉴赏对书画研究的重要。

总之，郭若虚以全新的面貌与卓越的才能，将中国绘画的画史、画论、画理、画技、画法、画鉴及庋藏等诸多有关画学的独特见闻，全身心地投注于这部宏观巨著之中。这正如书后附录所评："毛子晋称：'若虚深鄙众工，而独归于轩冕岩穴，

---

[1] 卢辅圣：《中国书画全书》第一册，上海书画出版社，1993年版，第466页。
[2] 卢辅圣：《中国书画全书》第一册，上海书画出版社，1993年版，第468页。

为是翁之卓识。’……盖其上继彦远，下开邓椿，亦艺苑之功臣也。”[①]

是书有宋刻配元抄本、《津逮秘书》本、《学津讨原》本、《丛书集成》本、《中国书画全书》本等。

三、米芾和《书史》《画史》

米芾，生于宋皇祐三年（1051），卒于宋大观元年（1107）。字元章，号鹿门居士、襄阳漫士、海岳外史。吴人，祖籍太原（今属太原）。官至礼部员外郎。徽宗赵佶时被召为书画学博士，具体负责宫内的书画管理。工书法，善绘画，精鉴藏，擅辞章。其书艺与苏轼、黄庭坚、蔡襄合称“宋四家”。

米芾撰述的《书史》与《画史》两部著录，是宋代有关书画收藏的重要论著，也是私家收藏的重要著录论著的代表，为人们提供了一部品藻翰墨、辨鉴研究古代法书名画的极其重要的珍贵资料，颇近《历代名画记》《图画见闻志》诸名篇之例。

《书史》又名《米海岳书史》，撰写年月不详。是书卷首表明了米芾撰《书史》的态度和目的。在他看来：“金匮石室，汗简杀青，悉是传录，河间古简，为法书祖。张彦远志在多闻，上列沮苍，案史发论，世咸不传，徒欺后人，有识所罪。至于后愚妄作，组织神鬼，止可发笑。余但以平生目历，区别无疑，集曰《书史》，所以指南识者，不点俗目。”[②]

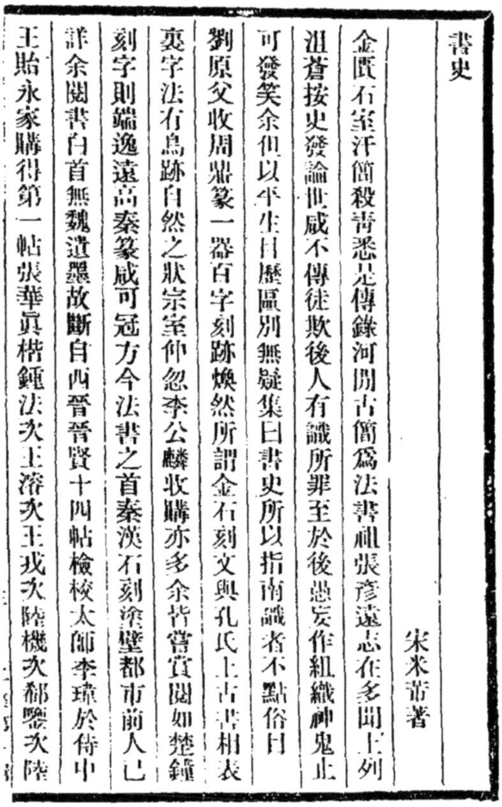
書史

宋米芾著

金匱石室汗簡殺青悉是傳錄河間古簡爲法書祖張彥遠志在多聞上列沮蒼按史發論世咸不傳徒欺後人有識所罪至於後愚妄作組織神鬼止可發笑余但以平生目歷區別無疑集曰書史所以指南識者不點俗目

劉原父收周鼎篆一器百字刻跡煥然所謂金石刻文與孔氏上古書相表裏字法有鳥跡自然之狀宗室仲忽李公麟收購亦多余皆嘗賞閱如楚鍾刻字則端逸遠高秦篆咸可冠方今法書之首秦漢石刻塗壁都市前人已詳余閱書白首無魏遺墨故斷自西晉晉賢十四帖檢校太師李瑋於侍中王貽永家購得第一帖張華真楷鍾法次王濬次王戎次陸機次郗鑒次陸

图 4–14　《书史》　北宋　米芾

《书史》主要记载了米芾家藏法帖及当时所见各重要藏家的法帖庋藏情

① 卢辅圣：《中国书画全书》第一册，上海书画出版社，1993年版，第496页。

② 卢辅圣：《中国书画全书》第一册，上海书画出版社，1993年版，第963页。

况，为人们鉴赏品识法书艺术提供了极为重要的珍贵资料。

全书较为详细地论述了始自西晋、讫于五代的前人法书真迹、印章、跋尾，以及纸绢、装裱、庋藏等。尤其是与王诜等人的交往收藏之事例一一在目。所作评语，皆以平生目历，以区别无疑者断之，按史发论，以指南识者，不点俗目。对各书法名迹，一一考订，辨定真伪，叙其流传渊源，兼及逸闻轶事，读之令人顿觉生机盎然。此书可谓品藻翰墨，鉴别研究古代法书名迹极为重要的著录专著。

是书有宋刊本、明覆宋本、《百川学海》本、《说郛》本、《王氏书苑》本、《四库全书》本、《湖北先正遗书》本、《丛书集成初编》本、《中国书画全书》本等。

《画史》又名《米海岳画史》《襄阳画学》，撰写年月不详。

《画史》是米芾鉴藏绘画之随笔，然体例不明，编次未分，将其家所藏及所见之绘画藏品，根据自己的喜好见地随心所欲地记载下来，评其优劣，述其己见，是一种随笔形式的著录杂记，达“故叙平生所睹，以示子孙”之目的。

《画史》记载最多、也最值得阅览的便是米芾与当时的书画收藏家刘有方、蒋长源、苏泌、蔡堪、王诜、苏轼、王巩等人的交往情况，以及凡晋、六朝、隋唐、五代和宋诸家名画的流落、庋藏、交换和印记、装裱的论述，至于“好事者”与“鉴赏家”之分辨，他也提出了自己独特的看法。其他如“因好古帖，每自一轴加至十幅以易帖”，“古画至唐初皆生绢”，“黄筌画不足收，易摹，徐熙画不可摹”，以及苏东坡、沈括等大文豪的收藏书画情况。是书记录翔实，考订准确，评述精当，可谓慧眼独具，见识卓然，品第超迈，实为著录名画佳作之祖本，鉴赏收藏家不可不读之圭臬。

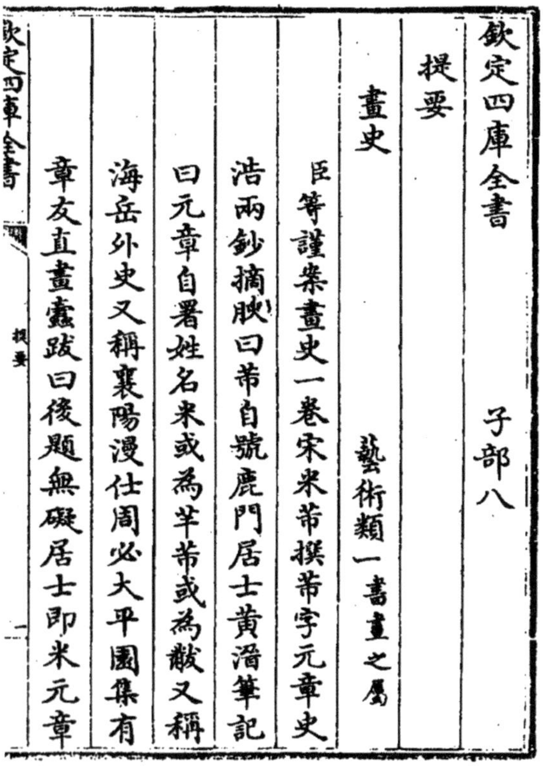
欽定四庫全書　子部八
提要
畫史　藝術類一　書畫之屬
臣等謹案畫史一卷宋米芾撰芾字元章史
浩兩鈔摘腴曰芾自號鹿門居士黃滔筆記
曰元章自署姓名米或為羋芾或為黻又稱
海岳外史又稱襄陽漫仕周必大平園集有
章友直畫蠹跋曰後題無礙居士即米元章
欽定四庫全書　提要

图4-15　《画史》　北宋　米芾

是书有《王氏书画苑》本、《津逮秘书》本、《说郛》本、《四库全书》本、《湖北先正遗书》本、《丛书集成》本、《中国书画全书》本等。

此外，米芾还撰写了一部《宝章待访录》，也系其重要的书画著录专著。因唐有"宝章阁"，为专贮法书之所，是书命名乃本于此。

此书分"目睹""的闻"二类，皆记晋唐墨迹。在"目睹"类中，略记所睹王羲之《快雪时晴帖》、智永真草书《归田赋》、欧阳询《卫灵公天寒凿池帖》、徐浩《张九龄司徒告》和《九龄神道碑》、褚遂良《枯木赋》、颜真卿《送辛子序》、智永《千字文》（唐粉蜡纸本、楮纸本、黄麻纸三种）、王右军《兰亭燕集序》等五十余种。"的闻"类中收有怀素《自序》、洪元眘集右军越州两碑、褚遂良《黄庭经》等二十九种。"目睹"类中所记真迹、藏处、装裱、题跋、纸本、印鉴、避讳、拓制、考证等，皆有简明评述。在"的闻"类中，记录了名本碑帖的藏处。是书所载，与其《书史》相出入。验其成书岁月，知在《书史》之前。两书相较，彼详此略，可相互参订考证。

是书有《百川学海》本、《说郛》宛委山堂本、《湖北先正遗书》本、《美术丛书》本、《中国书画全书》本。

综上所述，米芾所著的《书史》《画史》和《宝章待访录》三部书画著名论著，不仅反映出米芾所藏书画的真实情况，而且展示出他与当时诸多重要藏家交往的状况，更是作者于书画皮藏理论和实践的完美统一，并为后人研究鉴识宋及宋之前的历代法书名画留下了不可多得的珍贵资料，开辟了私家收藏著录论著的先河。

不过，米芾将《书史》《画史》著名称"史"，实在有牵强附会之惑。

四、邓椿和《画继》

邓椿，生卒年月不详，约生活于北宋末南宋初年间。字公寿，双流（今属四川成都）人。官至通判。出身世代官宦家庭，家富收藏。著有《画继》。

《画继》，也称《画继补遗》，是继郭若虚《图画见闻志》之后，又一部重要的书画著录专著，并兼有鉴赏、皮藏、品第和画史等集汇一体的综合论著。具有与张彦远《历代名画记》、郭若虚《图画见闻志》同等的研究价值和学术价值。

《画继》共列十卷，分别为：卷一圣艺；卷二侯王贵戚；卷三轩冕才贤、岩穴上士；卷四搢绅韦布；卷五道人衲子、世胄妇女，附宦者；卷六仙佛鬼神、人物传写、山水林石、花竹翎毛；卷七畜兽虫鱼、屋木舟车、蔬果药草、小景杂画；卷八铭心绝品；卷九杂说论远；卷十杂说论近。由上可见，一至五卷以人分；六至七卷以画分；八卷记所见之奇迹，作为书中妙笔；九至十卷为杂说，分论远、论近两个子目，论远多品画之词，论近多杂事叙说。全书所记自北宋熙宁七年（1074）至南宋乾道三年（1167）间，列凡画家达二百一十九人小传及评语、轶事。全书所述极具系统性和完整性，构成了一个完整而系统的中国画学整体。

《画继》序曰："自昔赏鉴之家，留神绘事者多矣，著之传记，何止一书？独唐张彦远总括画人姓名品而第之。自轩辕时史皇而下，至唐会昌元年而止，著为《历代名画记》。本朝郭若虚作《图画见闻志》，又自会昌元年至神宗皇帝熙宁七年，名人艺士亦复编次。两书既出，他书为赘矣。"直接道明了邓椿撰写此书的构思和目的。从这段序言中可知，邓椿撰写此书一是在承继张彦远《历代名画记》和郭若虚《图画见闻志》两部专著基础之上的；二是从中可见邓氏之意图，即欲写一部与《历代名画记》和《图画见闻志》同等重要价值的论画专著。这两点，邓椿无疑是做到了。就书画鉴赏来说，高明的鉴赏家，必应见过大量名作珍品，才谈得上鉴藏；否则，只是纸上谈兵，徒具意义。那么，邓氏撰写此书的依据又是什么呢？接着他又论道："予虽生承平时，自少归蜀，见故家名胜，避难于蜀者十五六，古轴旧图，不期而聚。而又先世所藏，殊尤绝异之品。散在一门，往往得免焚劫，犹得（彼）〔披〕寻。故性情所嗜，心目所寄，出于精深，不能移夺。每念熙宁而后，游心兹艺者甚众，迨今九十四春秋矣，无复好事者为之纪述。于是稽之方册，益以见闻，参诸自得。自若虚所止之年，逮乾道之三祀，上而王侯，下而工技，凡二百一十九人，或在或亡，悉数毕见。又列所见人家奇迹，爱而不能忘者，为铭心绝品，及凡绘事可传可载者，裒成此书，分为十卷，目为《画继》。"①由此可见，邓氏是在目睹"先世所藏殊尤绝异之品"，"又列所见人家奇迹，爱而不能忘者，为铭心绝品，及凡绘事可传可载者，裒成此书。"

卷一首先记载的是徽宗帝及御府庋藏之情况。有关赵佶"别无他好，惟好画耳"，以及秘府之藏"充牣填溢，百倍前朝"，"上自曹弗兴，下至黄居寀，集为一百帙，列十四门，总一千五百件"等全记录在册，展示出一个较为完整的徽宗内府收藏情况。卷二侯王贵戚记载的则是赵郓王（徽宗二子）、赵令穰、赵士雷、赵宗汉、赵伯驹、赵子澄等宗室相关的一些庋藏与艺事。卷三轩冕才贤、岩穴上士更是记载了苏轼、李公麟、米元章、晁补之、晁说之、刘泾、宋子房、程堂、米友仁、

---

① 卢辅圣：《中国书画全书》第二册，上海书画出版社，1993年版，第703页。

图 4-16　牧马图　唐　韩幹

廉布等一些士大夫，以及杭士林、周纯、高焘、江参、刘明复、李世南、乔仲常等雅士有关绘画收藏及品鉴行径。卷四至卷七则是分别记载了一些善于描绘仙佛、鬼神、人物传写、山水林石、花竹翎毛、畜兽虫鱼、屋木舟车、蔬果药草，以及小景杂画等不少画家群体。许多不见经传的艺事逸闻，经邓椿的笔下都真实地展现了出来，描绘出一幅宋代书画收藏、绘画创作、艺术交流的活地图。

另外，《画继》卷八"铭心绝品"一节，从其所见庋藏之画迹入手，详细记载了赵士俌、赵伯兼，以及文元公、汝州讽、河南邵、邵太史、河南王、中原王、遂宁王等官宦诸家珍藏之铭心绝品，全都一一载录于此。内中既有吴道子《三教图》、韩幹马图、黄筌鹤图、范宽山水、许道宁山水、郭熙《溅扑图》、崔白《禽竹图》等，又有曹弗兴《醉佛林图》、唐画《诸功臣像图》、李后主蟹图、徽宗《花鸟百扇图》，还有王摩诘《横批山水图》、周昉《虢国夫人图》、戴嵩牛图、董源《着色山水图》、东坡《竹石枯槎图》这些珍品奇迹，"皆千之百，百之十，十之一中之所择也"①。此中可见邓氏对这些藏品的重视程度和独特见地。

值得一提的是,《画继·杂说》"论近"一节是述徽宗建龙德宫、宣和殿,设题招考院士及宫廷鉴别收藏书画事宜。然"论远"一节,则可见邓氏于画艺、画品,以及文人画之独特的见解和与众不同的认知,似成千古绝唱。

《画继》中:"画者,文之极也,故古今之人,颇多着意。"在他看来:"其为人也多文,虽有不晓画者寡矣;其为人也无文,虽有晓画者寡矣。"②这一论断不但道出了绘画与文化、鉴画与文化、画家与文化之间的深刻而精妙的辩证关系,而且揭示了绘画作为文化载体的真实价值及现实意义。

此外,邓椿又提出了"自昔鉴赏家分品有三:曰神、曰妙、曰能。独唐朱景真撰《唐贤画录》,三品之外更增逸品。其后黄休复作《益州名画录》,乃以逸为先,而神、妙、能次之。景真虽云'逸格不拘常法,用表贤愚',然逸之高,岂得附于三品之末?未若休复首推之为当也"③的论述,则进一步肯定了黄休复以逸格在绘画品鉴中居首的见解,一变北宋院体画派格法之说,道出了文人画之逸格的重要性。

最后,邓椿在"论远"一节,对本朝的黄山谷、米元章和苏轼这些士夫文人的绘画鉴别也提出了自己的看法:"凡图画纪咏考究无遗,故于群公略能察其鉴别。独山谷最为精严。元章心眼高妙,而立论有过中处。少陵、东坡两翁虽注意不专而天机本高,一语之确有不期合而自合者。"④这种见地及评述,非凡夫俗子之所解,也并非一般的文人学子之所见。只有品格高迈、见地独特、鉴画无数、会心赏目之人才可达矣。综上所述,邓椿实为赏画、品画、鉴画和文人画理论的倡导者和先驱者。

是书有南宋临安府陈道人书籍铺刊本、《王氏书画苑》本、《津逮秘书》本、《四库全书》本、《学津讨原》本、《中国书画全书》本等。

五、周密和《云烟过眼录》《志雅堂杂钞》

周密,生于宋绍定五年(1232),卒于元大德二年(1298)。字公瑾,号草窗、

---

① 卢辅圣:《中国书画全书》第二册,上海书画出版社,1993年版,第721页。
② 卢辅圣:《中国书画全书》第二册,上海书画出版社,1993年版,第722页。
③ 卢辅圣:《中国书画全书》第二册,上海书画出版社,1993年版,第722页。
④ 卢辅圣:《中国书画全书》第二册,上海书画出版社,1993年版,第722页。

霄斋、苹州、萧斋，又号四水潜夫、弁阳老人、弁阳啸翁、华不注山人。历城（今山东济南）人。宋末曾任义乌令等职，入元不仕。南宋著名词人，工诗文，通音律，擅书画，精鉴赏，富收藏。著有《草窗旧事》《萍州渔笛谱》《浩然斋雅谈》《武林旧事》《齐东野语》《草窗词》《癸辛杂识》等数十种。就书画鉴赏而言，著有《云烟过眼录》《思陵书画记》《志雅堂杂钞》等著录书。周密实是南宋至元代的重要藏家，曾在吴兴家中设"书种""志雅"两处藏书楼，藏书四万余卷，祖传三代的金石之刻本一千五百余种。

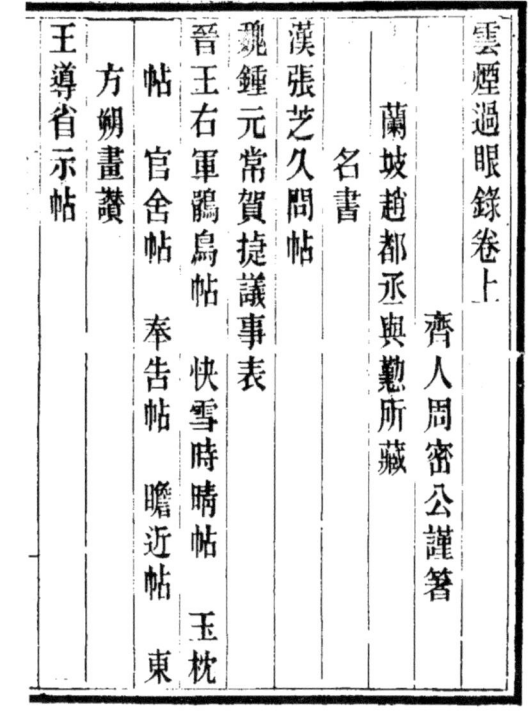

图4-17 《云烟过眼录》 北宋 周密

《云烟过眼录》系中国第一部以著录私家藏画为主要内容兼录南宋皇家部分藏品的著录专著。在宋末元初的私家藏画兴盛、书画名迹较多的情况下，是书可谓开创了著录私家收藏名画的新体裁。

全书分卷上与卷下两部分，记载了当时著名收藏家赵与懃、王芝、郭天锡、胡存斋、王虎臣、赵孟𫖯、李士宏、高克恭、庄肃及秘书省等三十六人家藏历代名画佳迹。是书记其所见法书名画，多以藏者标目，间有赏鉴品评之语。如赵与懃藏品有八十四人的作品一百八十余件，郭佑之藏品有十九人的作品三十八件，王芝家藏品有十九人的作品三十四件，所记颇多，足资查考。

书中所录南宋御府收藏作品，均为周密于宋恭帝德祐元年（1275）亲眼所见："藏先朝会要及御书画，别有朱漆巨匣五十余，皆古今法书名画也。是日仅阅秋收冬藏，内画皆以鸾鹊绫、象轴为饰，有御题则加以金花绫，每书表里皆有尚书省印。"[①] 内容包括庋藏、保管、装裱等情况，并论及徽宗、高宗的用印特征等。

全书共著录四十三家藏品，分别标出作者、画品、题跋、收藏印记及流传经过，

---

① 卢辅圣：《中国书画全书》第二册，上海书画出版社，1993年版，第154页。

并附简明的鉴别论断。

是书有《宝颜堂秘笈》本、《十万卷楼丛书》本、《美术丛书》本、《中国书画全书》本等。

值得一提的是，周密撰写的《志雅堂杂钞》也是一部极其重要的书画著录书。

全书凡分目八：一、图画碑帖；二、诸玩；三、宝器；四、医药；五、阴阳算术；六、仙佛；七、书史；八、图画碑帖。其中"图画碑帖""诸玩"诸章节与书画鉴藏有关。文中记载了乔仲山、郭天锡、王子庆、胡存斋等著名藏家的藏品状况及流传去向，具有十分重要的参阅价值。可谓是《云烟过眼录》一书的重要补充。

是书有《学海类编》本、《粤雅堂丛书》初编本、《美术丛书》本、《中国书画全书》本等。

周密除了撰有《云眼过眼录》《志雅堂杂钞》这两部著录专著之外，另有一部《思陵书画记》存世，是书前有作者序，详细记载了宋高宗时各种品第书画的装潢格式及需用材料、印识、标题等，对鉴定书画的辅助依据提供了足以参考的详尽资料。

是书有宛委山堂刊本、上海古籍出版社影印本。

六、其他的著录专著

两宋有关书画著录的专著较多，除了以上论述的几部重要的著录论著外，尚有刘道醇的《圣朝名画评》《五代名画补遗》，佚名的《赵兰坡所藏书画目录》《悦生所藏书画别录》，黄休复的《益州名画录》，庄肃的《画继补遗》，陈思的《书小史》《书画精华》，董史的《书录》，董逌的《广川书跋》和杨王休的《宋中兴馆阁储藏画记》等也较为重要。

《圣朝名画评》

《圣朝名画评》作者刘道醇，生卒年月不详，大梁（今河南开封）人，其活动年代约在北宋初年。知画理，精鉴赏，尤喜收藏。

《圣朝名画评》亦名《宋朝名画评》，约撰写于宋嘉祐二年（1057）。全书设绘画六门，分人物、山水、林木、畜兽、花卉、翎毛、鬼神、屋木等，并按神、妙、能三品设之。全书记载了自五代末至北宋初至和年间（1054—1056）画家凡九十余人，附以小传和评语。全书章明意全，资料充实可靠，所记内容多为作者根据耳闻目睹或直接寻访的画作而录，是研究宋代早期画史和画家的重要史料。

是书有《王氏书画苑》本、《四库全书》本、《中国画论类编》本、《画品丛书》

本。

《五代名画补遗》

《五代名画补遗》为刘道醇的另一部书画著录专著。书前有宋人陈询直于宋嘉祐四年（1059）十二月初九日所作之序。从陈氏序中可知，因"李嗣真之《画品》、吴郡朱景玄之《画断》皆采摘古今画家名氏业而录之以广其传"，然监察御史胡峤撰写的《广梁朝名画目》因"纪述虽备，阙坠尚多"[1]，故将被遗漏的画家加以叙而编之。

全书收录画家二十四人，是对《广梁朝名画目》的补遗。该书编写体例与《圣朝名画评》基本相同，为五代至宋时的绘画提供了丰富的资料。

是书有《王氏书画苑》本、《四库全书》本、《画品丛书》本、《中国书画全书》本等。

《赵兰坡所藏书画目录》

《赵兰坡所藏书画目录》系宋代大藏家赵与懃收藏的书画目录。有人以为该目录系赵与懃所撰，其实不然，应为佚名。

是录按年代先后编次。自汉迄宋，其法书凡一百七十九种，名画达二百一十三种。所记多为手卷，大者不在此数。赵与懃系宋太祖十世孙，家富收藏，收蓄法书名画不下千本。此录收编颇富，证实可信。然因系抄录编次，难以深加考证，仅为一目录而已。

是录有《四库全书》本、《丛书集成初编》本、《美术丛书》本。

《益川名画录》

《益州名画录》为黄休复所著。黄休复，北宋蜀（今四川）人，一说江夏（今湖北武汉）人。字归本，一作端本。通《春秋》之学，精研画学，收藏甚丰。

《益川名画录》有虞晋外郎致仕李畋作序，该书写于宋景德三年（1006）。全书分上、中、下三卷，以逸、神、妙、能四格品之，收录"自李唐乾元初至皇宋乾德岁其间，图画之尤精取其目所击者五十八人"[2]。

是书不但提出了以"逸"品画的行列，而且是了解和研究唐代中期后，历五代至宋初蜀川地区绘画发展的重要史料，故《四库全书》称"其书叙述颇古雅，而诗

---

[1] 卢辅圣：《中国书画全书》第一册，上海书画出版社，1993年版，第460页。
[2] 卢辅圣：《中国书画全书》第一册，上海书画出版社，1993年版，第188页。

文典故所载尤详，非他家画品泛题高下，无所指据者比也"。

是书有《百川学海》本、《函海》本、《王氏书画苑》本、《湖北先正遗书》本、《说郛》本、《四库全书》本、《中国书画全书》本等。

《悦生所藏书画别录》

《悦生所藏书画别录》载自"贾似道（悦生）留心书画家藏名迹多至千卷，其宣和、绍兴秘府故物往往请乞得之，今除显赫名迹载悦生古迹记者不落，第录其稍隐者著于篇"①。可见，在此收录的贾似道收藏的书画珍品，大部不在此列。

全卷按法书、名画分篇，收录崔瑗《临史游〈急就章〉》、王廙《仲春帖》、王导《省示帖》等法书四十二种，收卫协《毛诗图》、史道硕《八骏阁》、梁元帝《蕃客入朝图》等名画五十八种。然编次不按年代排列，且无从考据。

是书有《美术丛书》本。

《画继补遗》

《画继补遗》为庄肃所撰。庄肃，字幼恭，号蓼塘，官秘书小吏。藏书达八万卷，书画收藏极富，周密《云烟过眼录》中记载了他所藏之画目。是书成书于元大德二年（1298），分上、下两卷。"上卷载搢绅暨诸僧道士庶，下卷载画院众工"②，记录自南宋绍兴至德祐年间的画家共八十四人。系继邓椿《画继》一书的增补录，是现存记载南宋画家较早的专著。

是书有醉经楼本、《中国书画全书》本。

《书小史》《书画精华》

《书小史》和《书画精华》为陈思所著。陈思，生卒年月不详。临安（今浙江杭州）人。官成忠郎、国史实录院秘书省搜访。著有《宝刻丛编》《海堂谱》《两宋名贤小集》等。

《书小史》记载了从太古伏羲画卦至五代郭忠恕等与书法有关的史实，所录书家五百三十余人，各附以小传。全书分十卷，资料丰富，内容翔实，排序有秩，实为研究书学史的纪传体重要专著，被称为中国书法史上第一部通史。

是书有《四库全书》本，《武林往哲遗著》本，《美术丛书》本。

《书画精华》为集古人论书之作，广收名篇一百六十余多。全书分二十卷，按

---

① 黄宾虹，邓实：《美术丛书》第三册，江苏古籍出版社，1986年版，第2928页。
② 卢辅圣：《中国书画全书》第二册，上海书画出版社，1993年版，第913页。

"法""势""状""体""旨""品""评""估""名""序"排列。此书虽主旨恢宏，内容颇丰，然编次丛杂，疏舛较多，尤有所录伪书也辗转录载，务有滥收之异。是书与其《小书史》可谓姐妹篇。

是书有汪氏振绮堂本、《翠琅玕馆丛书》本、《述古丛钞》本、《四库全书》本、《藏修堂丛书》本、《扫叶山房石印》本。

《书录》

《书录》又名《皇宋书录》。作者董史，字更良，自称闲中老叟。豫章（今江西南昌）人。精鉴赏。

是书共三卷，又外篇一卷，是一部专门记述宋代书家的专著。上篇记帝王中能书者；中篇记北宋书家一百一十人；下篇记南宋书家四十五人；外篇记女书家等。每位书家除记载生平事略外，又载录了对该书家的评论。全书排编赅备，典考精凿，是研究宋代书法的重要资料。

是书有《知不足斋丛书》本，《四库全书》本。

《广川书跋》《广川画跋》

《广川书跋》和《广川画跋》作者为董逌。生卒年月不详。字彦远，东平（今山东东平）人。官徽猷阁待制。博览群书，好收藏，尤喜石刻碑帖。

全书共十卷，录汇唐宋书道八十六则，共二百二十六则，凡钟鼎彝器之考辨，石刻碑帖文字之订证，书家书体之流变，莫不兼而备之。书前有其子董弅于南宋绍兴二十七年丁丑（1157）的跋记，称："先世所藏，莫知在亡，或已散逸，遇江随行所携，败于兵火。今所存得于煨烬之余，年来为裒集在者，得书跋厘为十卷，画跋六卷，缮写藏诸家庙，别录以示子孙。"① 是书涉笔广博，论述详备，排列精当，具有较高的史料价值。

是书有《四库全书》本、《津逮秘书》本、《学津讨原》本、《中国书画全书》本。

另有《广州画跋》也是董逌所著。全书六卷，共收跋文一百三十余篇，内容包括宫廷及私人收藏。跋文以考据鉴赏为主，涉及画理、画法，益于古书画的鉴别。此书与《广州书跋》可谓姐妹篇。

是书有《王氏书画苑》本、《四库全书》本、《藏修堂丛书》本、《美术丛书》本等。

---

① 卢辅圣：《中国书画全书》第一册，上海书画出版社，1993年版，第753页。

《宋中兴馆阁储藏图画记》

《宋中兴馆阁储藏图画记》作者杨王休,字子美,象山(今浙江宁波人)。官监司、秘书监,天华阁待制。善文辞,精书画鉴赏。

《宋中兴馆阁储藏图画记》自《宋中兴馆阁书目续目》辑出,又名《宋中兴馆阁储记》,原书已散佚。是书系南宋内府所藏绘画作品画目,共收录画作一千二百一十九件,收录画家始自晋,迄止北宋末,然未收南宋时诸家画作,显然为南宋内府所载的前代画作,原由内府所藏后交付秘书省鉴藏者。是目前有小序,末而记曰:"以上图画,庆元五年(1199)十一月书监杨王休札子。"

全目体例以宣圣像、佛道像、古贤、鬼神、人物、杂画、山水窠石、花竹翎毛、畜兽九门,并以门为经,以人为纬,分别录载。值得注意的是,是目首录徽宗皇帝画三十一轴,一册。画数下双行小字夹注御书文字或年号干支。次为徽宗御题画,目下录有御题诗或御书或御押,其中前列几轴载御书诗外,还有"宣和殿御制并书"七字。这些无疑对研究徽宗赵佶的作品及其所御题的作品的真伪具有一定的参考价值。

是书有《古今图书集成》本、《美术丛书》本。

宋代其他的书画著录专著还有杨迈的《名贤墨迹类编》、龙大渊等编的《大观法帖》、秦观的《法帖通解》、曹士冕的《法帖谱系》、岳珂的《宝真斋法书赞》、曹之格的《宝晋斋法帖》、赵希鹄的《洞天清禄集》、赵构的《韩墨志》、李鹰的《得隅堂画品》、王著的《淳化秘阁法帖》和赵睿的《淳熙秘阁续帖》等,皆为宋代较为重要的书画著录论著。

第五节　书画市场的兴起和书画作伪趋盛

宋代，尤其是北宋，是中国古代商品经济十分发达的重要时期。宋代的书画市场较之前代有了很大的发展。书画作为商品，不但进入了官宦士夫阶层，而且也成为寻常百姓喜爱的物品。书画作品既为商品，便需流通，一旦流通，就有交易，交易的方式也呈多样化的形态。与此同时，由于社会有这一需求，书画作伪自然也就日趋兴盛起来。无论是作伪的方式和手段，抑或是赝品的数量和形态都有了长足的发展，使宋代成为书画作伪泛滥的时期。

一、书画市场的兴起

宋太祖即位不久，即"诏天下郡县搜访前哲墨迹图画"，并将地方各小朝廷内的书画古物运达京师。宋太宗继位后，又在全国范围内搜罗书画名迹，据宋高宗《翰墨志》载："至太宗皇帝始，搜罗法书，备尽求访"[1]，"先帝时，又加采访，赏以官职金帛，至遣使询访，颇尽探讨"[2]。"上有所好，下必甚焉"，为此，各地官吏便纷纷进献法书名画，以此为晋见邀宠之阶。

宋代书画市场的兴起，首先是从宫廷书画赏赐开始的。

据郭若虚《图画见闻志》载："太祖平江表，所得图画赐学士院，初有五十余轴，及景德、咸平中，只有《雨村牧牛图》三轴，无名氏；《寒芦野雁》三轴，徐熙笔；《五王饮酪图》二轴，周文矩笔；悉令重装背焉。玉堂后北壁两堵，董羽画水；正北一壁，吴僧巨然画山水；皆有远思，一时绝笔也。有二小壁画松，不知谁笔，亦妙。今并在焉。"[3]接着又载："江表用师之际，故枢密使楚公适典维扬，于时调发军饷，供济甚广，上录其功，将议进拜。公自陈愿寝爵赏，闻李煜内库所藏书画甚富，辄祈恩赐。上嘉其志，遂以名笔凡百卷赐之，往往有李主图篆暨唐贤跋尾。"另还载："苏大参雅好书画，风鉴明达。太平兴国初，江表平，上以金陵六朝旧都，复闻李氏精博好古，苏士云集，首以公倅是邦。因喻旨搜访名贤书画，后果

---

[1] 卢辅圣：《中国书画全书》第二册，上海书画出版社，1993年版，第1页。
[2] 卢辅圣：《中国书画全书》第二册，上海书画出版社，1993年版，第3页。
[3] 卢辅圣：《中国书画全书》第一册，上海书画出版社，1993年版，第491页。

得千余卷上进，既称旨，乃以百卷赐之。公后入拜翰林承旨，启沃之余，且复语及图画，于时敕借数十品于私第，未几就赐焉。至今苏氏法书名画，最为盛矣。"①

王溥家族因进献书画作品有功，就曾得到太宗的赏识。据《图画见闻志》载："王文献家书画繁富，其子贻正继为好事，常往来京雒间访求名迹，充牣巾衍。太宗朝尝表进所藏书画十五卷，寻降御札云，卿所进墨迹并古画，复遍看览，俱是妙笔。除留墨迹五卷、古画三卷领得外，其余却还卿家，付王贻正，其余者乃是王羲之墨迹、晋朝名臣墨迹、王徽之书、唐阎立本画《老子西升经图》、薛稷画鹤凡七卷。犹子涣遂得模诏札刊于翠琰。"②

这些在郭若虚的《图画见闻志》中都有明确的记载。这无疑使得除皇家内府藏有法书名画巨迹之外，也为官宦和民间的收藏奠定了一定的基础。

除了皇家赏赐书画名迹之外，内府还将高克明等绘成的画作"图成复令传模镂版印染，颁赐大臣及近上宗室"③。这些类似复制品的流传也为宋代书画市场，尤其是民间收藏的兴旺起到了极大的推动作用。

内府出资收购和官宦之间的出资购藏，为宋代书画的流通、市场的兴旺起到了推波助澜的作用。

太宗朝时，对于进献图书三百卷以上者，赐予出身酬奖与赐千钱之多，并量材录用，以致官宦群僚纷纷进献。徽宗继位后，除了竭力寻访天下法书名画佳作之外，凡进贡书画名作佳者，则按进献分级予以奖赏，酬以厚赏或授以官职，予以转官补官，以致王世贞在其《弇州四部稿·说部》中称："书画古器物无过于宋，徽宗以全盛之力收之，见于《宣和书谱》《画谱》《博古图》者，可谓夐绝矣。"据《图画见闻志·卷六》载："景祐中，有画僧曾于市中见旧功德一幅，看之乃是慈氏菩萨像，左边一人执手炉，裹幞头，衣中央服；右边一妇人捧花盘，顶翠凤宝冠，衣珠络泥金广袖。画侩默识其立意非俗而画法精高，遂以半千售之，乃重加装背，持献入大内阁都知。阁一见且惊曰：'执香炉者宝章圣御像也，捧花盘者章宪明肃皇太后真容也。此功德乃高文进所画，旧是章宪阁中别置小佛堂供养，每日凌晨焚香恭拜。章宪归天，不意流落一至于此。'言讫于悒，乃以束缣偿之，复增华其褾轴，

---

① 卢辅圣：《中国书画全书》第一册，上海书画出版社，1993年版，第497页。
② 卢辅圣：《中国书画全书》第一册，上海书画出版社，1993年版，第491—492页。
③ 卢辅圣：《中国书画全书》第一册，上海书画出版社，1993年版，第493页。

即日进于澄神殿,仁庙对之,瞻慕戚容,移刻方罢。命藏之御府,以白金二百星赐答之。"①

蔡肇在《故南宫舍人米公墓志》中曾记载:"是时元章名能书,适官太常。一旦奉诏,以黄庭小楷作《千文》以献,继进所藏法书名画来上,赐白金缗钱甚腆。"张邦基在《墨庄漫录》中曾有记载:"崇宁中,初兴书画学,米芾元章方为太常博士,奉诏以黄庭小楷作《千文》以献,继以所藏法书名画来上。赐白金十八笏。是时禁中萃前代笔迹,号宣和御览,宸翰序之,诏丞相蔡京跋尾,芾亦被旨预观。"②

欧阳修在《归田录》中也记载了另一件有关"润笔"购画一事:"王元之在翰林,尝草夏州李继迁制。继迁送润笔物,数倍于常。然用启头书送,拒而不纳。盖惜事体也。近时舍人院草制,有送润笔物稍后时者,必遣院子诣门催索,而当送者往往不送,相承既久,今索者、送者皆恬然不以为怪也。"③

以上种种,说明了宋代宫廷书画从赏赐到交流,从交流到交易的实际情况。正是由于宫廷的导向作用,使得整个宋代的书画市场呈现出纷繁多变的局面,对宋代的书画创作和文化传承产生了重要的影响。

其次,士大夫文人互相之间的交流交易,是宋代书画市场兴起的另一重要因素。

宋代崇尚文化艺术,推崇"崇文抑武"的国家政策,士大夫和文人成为国之栋梁和社会主流。书画作为文化的主要组成和传播途径,便成为文人士大夫遵循和追逐的重要目标。交流和交易书画作品,甚至痴迷于书画收藏已成为当时社会的一种时尚。

宋代文人画的倡导和推崇者苏轼,其家族富有收藏。其父苏洵,虽家居贫困,然因嗜画如命,而购画常若不及。而苏轼本人不但"尝于秘阁观墨迹"④,而且本人也善鉴喜跋,所题画赞就有"二王"帖、晋人帖、卫夫人帖、羊欣帖、顾恺之画、韩幹画、吴道子画、李思训画、王维画、郭忠恕画、阎立本画、颜真卿帖等,有的以叙记,有的以诗赞,有的诗叙同文,其眼见之高,识见之奇,品味之极,时人无出其右。他还为北宋几位书画大藏家张希之、王晋卿和石康伯等人的秘阁专门撰写

---

① 卢辅圣:《中国书画全书》第一册,上海书画出版社,1993年版,第492页。
② 陈高华:《宋辽金画家史料》,文物出版社,1984年版,第564页。
③ 欧阳修:《归田录》,三秦出版社,2003年版,第54—55页。
④ 李福顺:《苏轼论书画史料》,上海人民美术出版社,1988年版,第31页。

记文，留下了《张君宝墨堂记》《王君宝绘堂记》和《石室画苑记》等美文，开启专蓄书画私第斋室赞记文之先河，为文人士大夫书画交流起到了不可低估的作用。于此还发出了"贵人金多身复闲，争买书画不计钱"的感叹。①

王诜，身为驸马都尉，不但本人精于书画，而且收藏法书名画甚多。故在汴京筑宝绘堂，以专藏古今法书名画。他蓄书藏画，许多是通过购买而得，然不少却是通过交换所得。他不但与苏轼、苏辙、黄庭坚、米芾等人交谊深厚，而且还常与他们交换书画藏品。王诜与苏轼交往密切，情谊深厚。元祐年间，苏轼、苏辙兄弟，还有黄庭坚、米芾等人，在京师王诜宅邸举行过一次雅集，史称"西园雅集"。熙宁十年（1077）七月，苏轼应王诜之邀专为其所蓄书画场所作《宝绘堂记》便是明证。此外，王诜还喜欢收藏苏轼本人的作品。苏辙与王诜也交往颇深，友谊笃厚。他不但撰有《王诜都尉宝绘堂词》一文，还详细描述了王诜宝绘堂书画收藏交流的情景。

黄庭坚也常与王诜交往，王诜常将书画藏品送到黄庭坚处求其品题。

米芾无疑又是一位文人士大夫书画交易中的又一代表人物。他经常光顾当时书画最大的集散地相国寺，购得过王维雪图、徐熙折枝花卉等书画作品。他与苏轼兄弟、黄庭坚，尤其是王诜交往甚密，米芾的藏品中不少就来自于王诜的交换。王诜经常邀请米芾去其宝绘堂品鉴法书名画，索其临学之作，两人还常常互相交换藏品。据米芾《书史》载："又二帖云《增慨》《安西》是也，上有'笔精墨妙'印，苏耆题二字。余得于王诜，以文皇手诏易之。文皇诏，宋素臣尚书家物。"②据《书史》记载："怀素绢帖一轴，杂论故事，后人分剪为二十余处，王诜累年遂求足元数。又一云史陵者，绢帖，以六朝古贤一帧，易与王诜。"③从中可见，王诜曾以《增慨安西帖》易得米芾的《文皇手诏》，又以《六朝古贤帖》一帧易得《怀素杂论帖》。

又据米芾《画史》记载，米芾曾以李昇"山水"易得刘泾一"古帖"，又以韩幹《照夜白图》易得刘泾一怀素法帖。此外与之交换书画的尚有丹徒僧、唐林夫、苏鸿、蒋长源、苏之友等，尤以王诜为多。故米芾在其《书史》《宝章待访录》中记载的王诜收藏，就有颜真卿《文殊帖》《与夫人帖》《朱巨川告身》《乞米帖》，谢奕、

---

① 李福顺：《苏轼与书画文献集》，荣宝斋出版社，2008年版，第15页。
② 卢辅圣：《中国书画全书》第一册，上海书画出版社，1993年版，第972页。
③ 卢辅圣：《中国书画全书》第一册，上海书画出版社，1993年版，第967页。

桓温、谢安"三帖",怀素"诗一首"《书任华歌真迹》等,另有怀素《自叙帖》、王羲之《快雪时晴帖》、王献之《十二月帖》等,竟达六十余幅之多。

三是普通市民之间的书画交易,也对宋代书画市场的兴起起到了不可低估的作用。

宋代宫廷锐意庋藏书画,以及士大夫文人间的书画交流,这些对民间普通市民的书画收藏交易也势必带来一定的

图 4-18 夜照白图 唐 韩幹

影响。据孟元老《东京梦华录》中记载:"以东,街北曰潘楼酒店,其下每日自五更市合,买卖衣物、书画、珍玩、犀玉。"①这是说一潘楼酒店下,每天从五更开市,即行买卖书画珍玩等。又《都城纪胜》中记载:"大茶坊张挂名人字画,在京师只熟食店挂画以消遣久待也,今茶坊皆然。"可见当时的书画作品已逐渐成为普通百姓能赏识和交易的一种商品,甚至成为家内装饰用的饰品。自然市民阶层不像宫廷、士夫那种专注于书画艺术价值和收藏价值,或动辄一掷千金收罗名迹佳作,故多半以兜售营生为目的。当时就涌现出许多以书画为生的画工。据夏文彦《图绘宝鉴》记载,当时有名可查的民间画工就有八百余人。他们作画卖画,普通百姓也乐此不疲,纷纷参与其中。

北宋当时汴京城内除有东华门、南门大街、马行街、潘楼街、十字大街等均有珍玩、图书、书画买卖之外,相国寺更为北宋末年书画交易的图书集散地。相国寺位于东京内城东南部,南临著名的汴河,寺殿规模宏大,庭院宽阔,游人香客络绎不绝,是全城最繁华的区域,为当时东京乃至全国的商贸旅娱中心。相国寺不仅成了礼佛参拜的圣地,同时也成了书画古玩,以及工艺品的集散地。《东京梦华录》载:"相国寺,每月五次开放,万姓交易。……殿后资圣门前,皆书籍、玩好、图

---

① 孟元老:《东京梦华录》,中华书局,2021年版,第133页。

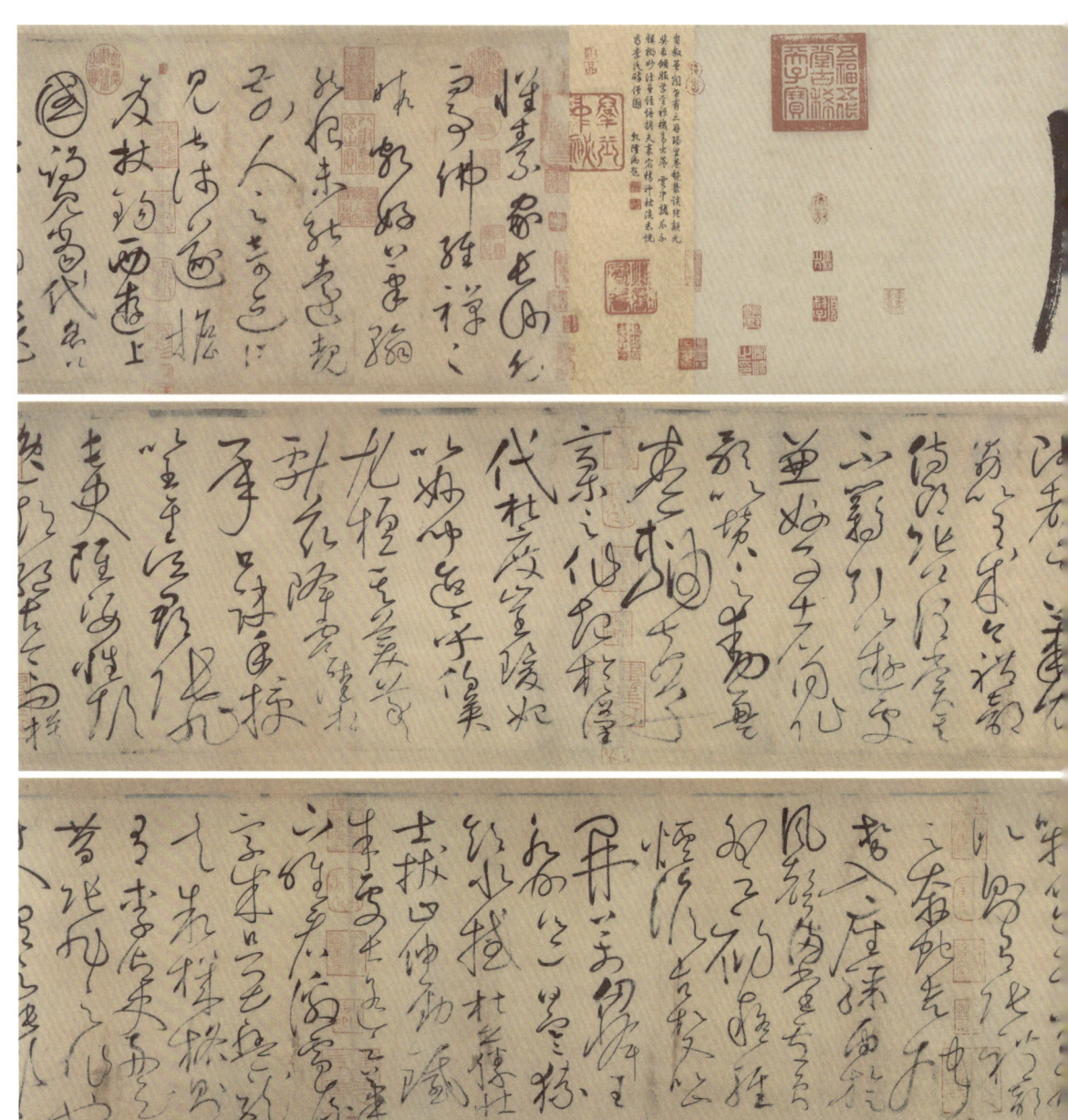

图 4-19　自叙帖　唐　怀素

第四章　宋代的书画收藏（鼎盛时期）

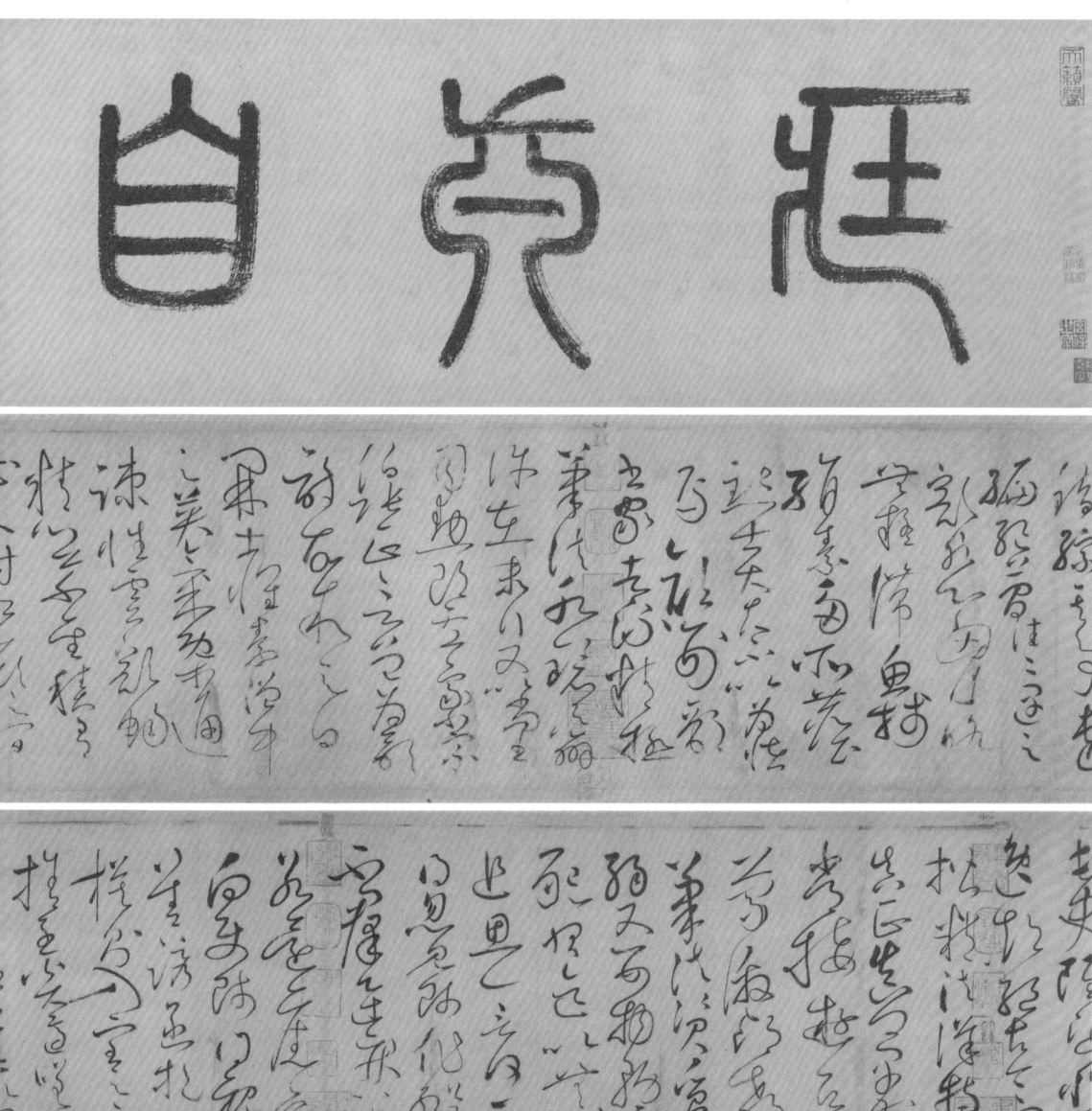

画及诸路罢任官员土物、香药这类。"① 可见相国寺的殿后资圣门前有集中的图书、绘画和古玩珍品的交易市场。

汴京城内，除上述的书画交易市场外，还有"鬼市"，即一种在天未亮前，借助灰暗灯光而进行的一种交易形式。《东京梦华录》就记载了"鬼市"书画交易的状况："又东十字大街，曰从行裹角茶坊。每五更点灯博易，买卖衣物、图画、花环、领抹之类，至晓即散，谓之'鬼市子'。"②

据记载，当时相国寺内交易的物品繁多，品类齐杂，既有图籍、古玩、碑帖、书画、笔墨等，又有药品、刺绣、纺织、食品、杂物等，可谓古籍珍本，书画名迹，金石古玩，文房四宝无所不包，士夫、画工、书商、百姓各路人马，均云集杂出其间，尽选各自心仪的物品。相国寺内有集中的图书市场，宋人文献中也有相国寺购得珍贵书籍、法帖和绘画的记载。寺内不但每日定时开放集市，而且"伎巧百工列肆，罔有不集，四方珍异之物悉萃其间，因号相国寺破赃所"。北宋汴京城里一位叫刘宗道人的画工，擅画"照盆孩儿"，每次创作新稿的同时还画出几百张的画稿一次兜售，以避免别人借机伪造。另有楼台建筑的赵楼台，工于画婴儿题材的"杜孩儿"等在汴京也都享有盛名，从而形成了一个民间画匠的画家群体。

同时，也出现了专事书画买卖的中间人书侩，他们一般通晓书画艺术，了解市场行情，专门从事书画鉴定、估价、促销的工作。书侩的涌现，对书画的鉴定、收藏和流通有了专职的分工，致使宋代的书画收藏日益兴盛起来，大大推动了整个书画市场的发展。

南宋尽管偏安一隅，然书画古玩艺术市场与前朝相比毫不逊色。南宋都城临安（今浙江杭州），不但风光秀美，景色宜人，而且经济发达，商业繁华。城内五方杂聚，人口超百万之多，几居世界前列。当时的临安一年四季都有节日盛会，许多节日多有书画交易。杭城大街"每日清晨，两街巷门，浮铺上行，百市买卖，热闹至饭前，市罢而收"。市肆名家有名者就有"徐藏之家扇子铺""陈家画团扇铺"等，还设有"裱背作"，市肆内笔墨纸砚无所不有。

每年仲夏的花朝节，连"崇新门外长明寺及诸教院僧尼，建佛涅槃胜会，罗列幡幢，种种香花异果供养，挂名贤书画，设珍异玩具，庄严道场，观者纷集，竟日

---

① 孟元老：《东京梦华录》，中华书局，2021年版，第192页。
② 孟元老：《东京梦华录》，中华书局，2021年版，第140页。

不绝"①。在夜市中有"梅竹扇面儿，张人画山水扇"等。南宋还有一种叫"闲人"的："专为干当杂事，插花挂画，说合交易，帮涉妄作，谓之'涉儿'，善取过水之意。"②

南宋还有一种风俗，凡官府设春宴，或乡会，遇鹿鸣宴，文武官试中设同年宴，及圣节满散祝寿公筵，"官府各将人吏，差拨四司六局人员督责，各有所掌，无致苟简。或府第斋舍，亦于官司差借执役，如富豪士庶吉筵凶席，合用椅桌、陈设书画、器皿盘合动事之类，则顾唤局分人员，俱可完备，凡事毋苟。且谓四司六局所掌何职役，开列于后。如帐设司，专掌仰尘、录压、桌帏、搭席、帘幕、缴额、罘罳、屏风、书画、簇子、画帐等"③。以致达"烧香点茶，挂画插花，四般闲事，不宜累家"之成规。从而，活脱脱地展现了一个繁华多彩的南宋书画市场的场景。

二、书画作伪日趋兴盛

随着书画市场的不断发展，书画珍品的需求日益增多，书画作伪仿造便成为宋代书画收藏和流通中的一个普遍现象。

法书作伪在南北朝时就已出现，南朝齐王僧虔在《论书》中述道："张翼《右军自书表》，晋穆帝令翼写题后答右军。右军当时不别，久方觉醒云：'小子几欲乱真。'"《论书》又载："康昕学右军草，亦欲乱真，与南州石道人作右军书货。"张怀瓘的《二王书录》也曰："张翼及僧惠式效右军书，时人不能辨。"还有释智永临写草帖，几欲乱真。

名画作伪，自唐开始。唐以前虽有摹本，但那不称作伪，只是临仿，其目的只是为了传播，不存在利益关系。然唐时却不同，最为臭名昭著的就数武后的两宠臣张易之、张宗昌。此二人曾奉诏修饰内府所藏之书画，于此借机蓄意模仿，大肆作伪，而后重装裱背，以假充真，归还内府，留真归己。五代后梁时，著名鉴赏家刘彦齐，也以假借别人绘画真迹，私模仿制，留真退假以窃为己有。此系中国书画作假谋利之始起。

唐太宗朝时任待诏文林馆的李怀琳，便是作伪高手。震蒙《述书赋注》曰："李

---

① 吴自牧：《梦粱录》，浙江人民出版社，1980年版，第8页。
② 吴自牧：《梦粱录》，浙江人民出版社，1980年版，第183页。
③ 吴自牧：《梦粱录》，浙江人民出版社，1980年版，第184页。

怀琳，洛阳人。国初时好为伪迹，其《大急就》称王书，及《七贤书》假云薛道衡，及《竹林》《叙事》并卫夫人，咄咄逼人。嵇康《绝交书》，并其伪迹也。"

宋代的书画作伪，不仅局限于个体或个别现象，已成一种普遍的现象而客观存在，更是一种为谋利而采取的欺骗手段，且形成一种普遍的社会文化不良风尚。

著名的书画家、鉴藏家米芾，本人就是一位书画作伪的高手。由于米芾书画皆精，又"有嗜古书画之癖，每见他人所藏，临写逼真"①，且"尤工临移，至乱真不可辨"②，又"既见古书帖，乃取模拓，最得其妙，亦有天资绝人"③。从《皇宋书录》画史可见，米芾具有非凡的临摹能力和造假水平，以致他在利欲面前迷失自我，以赝取利，在借他人古法书名画之后，私临模拓，对此，《鸡肋编》称："（米芾）善书，尤工临模，人有古帖，假去率多为其模易真本，至于纸素破污，皆能为之，卒莫辨也。"④以此在书画收藏史上留下极不光彩的名声。据传，流传至今的王羲之的《大道帖》《行穰帖》《鹅群帖》《地黄汤帖》，颜真卿的《湖州帖》等，均出自米芾之手。米芾仿制的伪作赝品不少也流入市场，就连他早年临学的一幅颜真卿的《争座位帖》摹品，在流入民间后，辗转多时竟也身价倍增，以致留下戏录："《争座位帖》是唐畿县狱状硾熟纸……余少时临一本，不复记所在。后二十年，宝文谢景温京尹云：'大豪郭氏分内一房欲此帖，至折八百千众乃许。'取视之，缝有'元章戏笔'字印，中间笔气，甚有如余书者。面喻之，乃云：'家世收久，不以公言为然。'"⑤

一代名画家吴元瑜也有此等作假随记："元瑜渐老不事事，亦自重其能，因取他画，或弟子所模写，冒以印章，缪为己笔，以塞其责，人自能辨之。"⑥

画人赵大亨，本为赵伯驹、赵伯骕兄弟之下人，因常随赵氏兄弟左右，也习得画术一二，"仿二赵画几能乱真"，于是临摹仿造"二赵"画而兜售谋利，致使购画者"误作二赵笔迹倍价收之"⑦。由此，赵大亨不但经济上大获暴利，而且画名上也

---

① 陈高华：《宋辽金画家史料》，文物出版社，1984年版，第571页。
② 陈高华：《宋辽金画家史料》，文物出版社，1984年版，第556—557页。
③ 卢辅圣：《中国书画全书》第二册，上海书画出版社，1993年版，第637页。
④ 陈高华：《宋辽金画家史料》，文物出版社，1984年版，第569页。
⑤ 卢辅圣：《中国书画全书》第一册，上海书画出版社，1993年版，第966页。
⑥ 卢辅圣：《中国书画全书》第二册，上海书画出版社，1993年版，第125页。
⑦ 卢辅圣：《中国书画全书》第二册，上海书画出版社，1993年版，第914页。

声名大增，可谓"名利双收，名垂千史"。从中可见书画造假谋利在封建专制制度下，缺乏法律约束而引发的一种社会怪象。

米芾、吴元瑜、赵大亨等这类文人尚且如此，其他造假之人自不必说。时造假之法，除临制、摹写之外，尚有仿作、造作，另有改款、添款、减款，以及割款拆配、代笔等。大画家王诜也有造假记载，米芾在其《书史》中就有过这样的记载："每余到都下，邀过其第，即大出书帖，索余临学。因柜中翻索书画，见余所临王子敬《鹅群帖》，染古色麻纸，满目皱纹，锦囊玉轴，装剪他书上，跋连于其后。又以临虞帖装染，使公卿跋。余适见大笑，王就手夺去，谅其他尚多未出示。又余少时，使一苏州背匠之子吕彦直，今在三馆为胥，王诜尝留门下，使双钩书帖。又尝见摹《黄庭经》一卷，上用所刻句德元图书记，乃余验破者。"①

米芾在《书史》上还记曰："余临大令法帖一卷，在常州士人家，不知何人取作废帖装背，以与沈括。一日，林希会章惇、张询及余于甘露寺净名斋，各出书画。至此帖，余大惊曰：'此芾书也。'沈悖然曰：'某家所收久矣，岂是君书？'芾笑曰：'岂有变主不得认物耶？'余居苏，与葛藻近居，每见余学临帖，即收去，遂装粘作二十余帖，效《名画记》所载印记，作一轴装背。一日出示，不觉大笑，葛与江都陈昪友善，遂赠之。君以为真，余借不肯出，今在黄村家。余临张直清家虞永兴《汝南公主墓志》，浙中好事者以为真，刻石，右军帖尤多。"② 可见宋时书画作伪之风气之盛。

大凡于书画上能谋利盗名之术，在整个宋代可谓无所不有，无所不能。致使整个宋代，尤其是北宋，书画造假之风甚嚣尘上，逐渐变成一社会之风尚，以至历代传递生生不息。

---

① 卢辅圣：《中国书画全书》第一册，上海书画出版社，1993年版，第974页。
② 卢辅圣：《中国书画全书》第一册，上海书画出版社，1993年版，第971页。

第五章　元代的书画收藏
（式微时期）

第一节　元代内府的收藏

一、元世祖和秘书监的收藏

元世祖忽必烈，生于元太祖十年（1215），卒于至元三十一年（1294）。姓孛儿只斤，蒙古族，铁木真（成吉思汗）之孙。大蒙古国第五任大汗，元朝开国皇帝，庙号世祖。

元内府的书画收藏，始自元世祖忽必烈之时。由于忽必烈较为重视汉文化，重用程钜夫、董文炳、刘秉忠、张弘范等汉族大臣，推崇儒家学说，同时于书画收藏也未放弃。元内府的书画收藏，其藏品的来源无非来自两个方面：一是南宋内府的旧藏，即将南宋内廷百余年的全部藏品悉数纳入；二是金朝从北宋内府掳走或散出的皮藏，也即金章宗内府的旧藏。

据《秘书志卷》记载，对南宋内府书画藏品的接管，首先源自秘书监焦友直、赵侍郎等于至元十二年（1275）九月的奏议。奏议称："临安秘书监内，有乾坤宝典，并阴阳一切禁书，乃本监应收经籍、图书、书画等物，不教失落。"后"又奏江南诸郡，多有经史书籍文板，都教收拾见数，不叫失散"。此后，大将军于伯颜入城后，封藏内府库房，将内府的"经史子集、禁书典故，文字及书画、纸笔、墨砚"等重要文物，分装十余车，悉数运回大都（今北京），交由秘书监掌监。从中可见，元世祖时，其内府书画收藏之丰。

至正二年（1342），秘书监清理分科内府庋藏书画，有两千余件，从中可见元内府收藏之丰厚。至元九年（1272），元世祖设秘书监，为元代的国家图书馆，主要负责庋藏管理由政府收集储存的历代图书和多种阴阳禁书，同时也监管历代的法书名画。其职官有秘书监、太监、少监、监丞等。忽必烈将前户部尚书焦友直改授为秘书监，赵秉温、史杠兼秘书少监，负责经管内府典籍书画，以及历代图籍并阴阳禁书等。至元十三年（1276）改派枢密副使张易知秘书监事，监内另增设专职的验书画直考，具体负责对内府庋藏的历代书画的鉴别和保管。

忽必烈在获得这批珍贵文物之后，为使南北两地的艺术宝藏重新汇聚，于是大开内廷府库，准许文武朝官进入秘书监观赏内府新的庋藏。恰巧被王恽遇上。据王恽撰录的《书画目录》记载，至元十三年（1276）春，适逢王恽调官都下翰林待制，诏许入秘书监观鉴内府书画。"予一夕梦竭"之书画达二百二十八件，其中有王羲之、王献之、智永、褚遂良、谢安、钟繇、唐玄宗等法帖；有阎立本、顾恺之、王维、韩幹、李思训、李昭道等人的名画。其中法书达一百四十七件，名画达八十一件，均为晋唐五代传世名迹，致使王恽"璀璨辉赫与梦中所见者尽同"[①]。然王恽所录的仅是他在一日之内得以批阅的书画，可见这只是秘书监收藏的南宋内府藏品的一部分，甚至仅是其中的一小部分。而据《秘书监志》的记载："钦奉圣旨，教于大都万亿库内分掠到秘书监合收经籍图画等物，可用站车一十辆相送。"其中孙过庭的《书谱》、虞世南的《行书摹兰亭序》、怀素的《自叙帖》、黄庭坚的《行书赠草张大同卷》《书廉颇蔺相如传》等都为至今流传有绪的法书名迹。顾恺之的《洛神赋》、阎立本的《历代帝王图》、崔白的《梅花寒夜卷》等亦为存世稀罕的名画瑰宝。

二、元文宗及奎章阁的收藏

元文宗，生于元大德八年（1304），卒于元至顺三年（1332）。名图帖睦尔，蒙古族，武宗次子，元朝第八位皇帝。元文宗有较好的汉文化修养，工书善画。在位虽仅四年，然对书画庋藏却也十分重视，创建奎章阁学士院和修撰《经世大典》。

[①] 卢辅圣：《中国书画全书》第二册，上海书画出版社，1993年版，第954页。

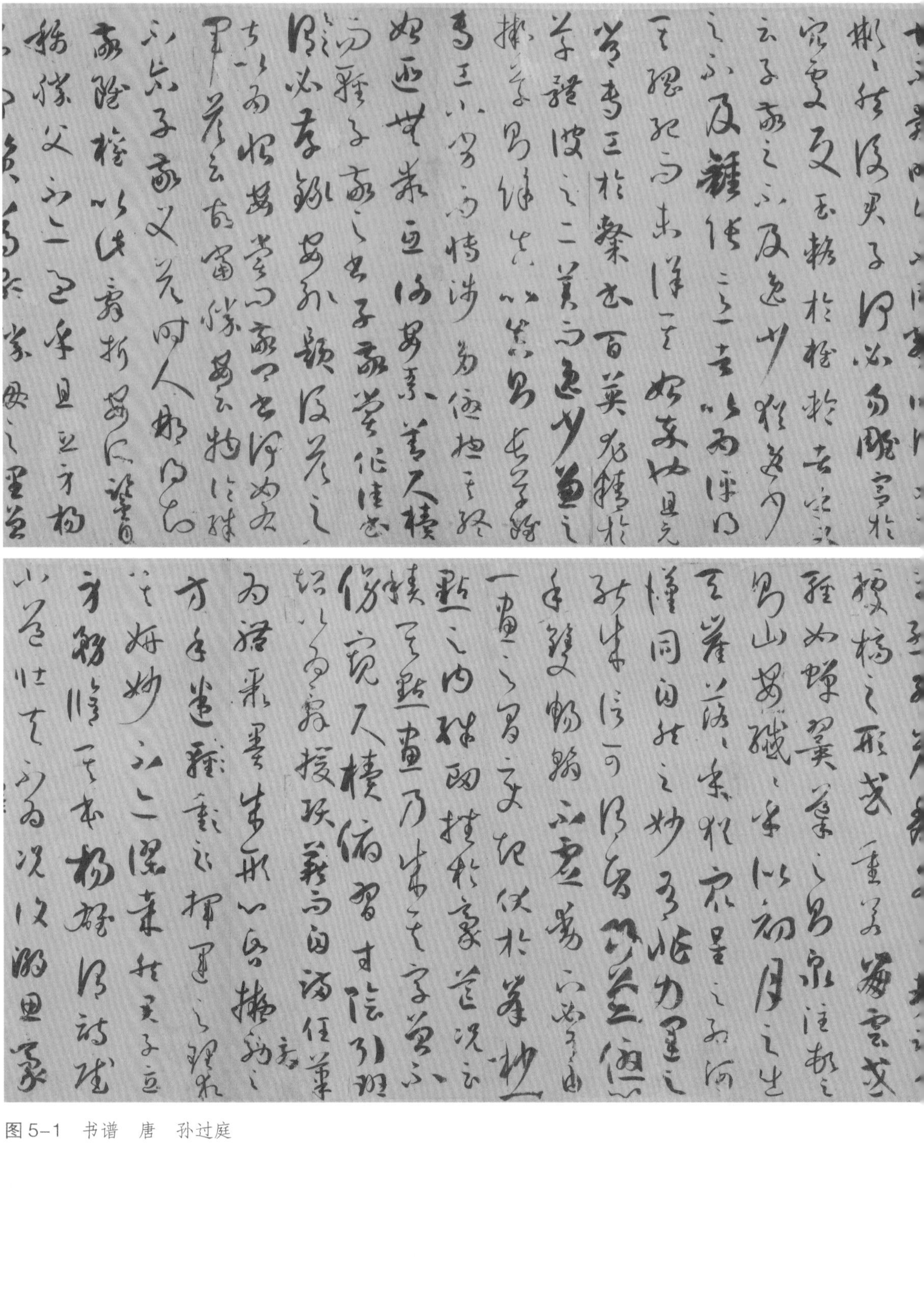

图 5-1　书谱　唐　孙过庭

第五章　元代的书画收藏（式微时期）　137

他崇尚汉学，注重文治，为当时汉文化的发展做出了较大的贡献。

文宗在位时，不但重视汉文化的发扬光大，而且十分重视书画庋藏。泰定二年（1325），文宗居建康时，就在其怀王府广结江南名士，并经常盛邀名士赵淳、李孝光等人去其府邸作座上宾。据《梧溪集》载："（惇）〔淳〕，黄岩人，赵宋宗室裔，先辈胡石堂之门生也。性介洁，不乐茹腥血，因祝发为沙门。壮游金陵，与五峰李孝先（光）并受知梁（怀）王。一日，公引柯九思见，柯以写竹，遂亲幸。王即位，独召用柯。"① 这里提到赵淳将柯九思推荐给元文宗（时称怀王）。柯九思擅长书画鉴定，在元文宗登位时，擢为典瑞院都事，官七品。置奎章阁后，特授柯九思为学士院首任鉴书博士，专门从事内府书画的鉴定编纂工作。

奎章阁的建立，无疑是元文宗重视书画收藏的例证。元文宗登位的第二年，即天历二年（1329）二月，文宗敕建"奎章阁学士院"。置奎章阁及艺文监，专门掌管书画鉴定及刊印图籍之事。奎章阁的建立，除了作为朝廷议事论政的重要场地之外，也是儒臣集聚赏鉴历代法书名画的场所。关于奎章阁的具体活动，陶宗仪的《辍耕录》一书中曾这样记载："文宗之御奎章日，学士虞集、博士柯九思常侍从，以讨论法书名画为事。时授经郎揭傒斯亦在列，比之集、九思之承宠眷者则稍疏。因潜著一书曰《奎章政要》以进，二人不知也。万几之暇，每赐披览，及晏朝，有画《授经郎献书图》行于世，厥有深意存焉。句曲外史张雨题诗曰：'侍书爱题博士画，日日退朝书满床。奎章阁中观政要，无人知有授经郎。'盖柯作画，虞必题，故云。"②

另据《元史·文宗本记》载，天历二年（1329）八月，建奎章阁学士院，下设鉴书博士司、群玉内司、艺文监。鉴书博士司专门鉴辨书画，而群玉内司则专掌执秘玩古物。而艺文监下设艺林库，专事收贮书籍；又设广成局，专门负责印行书籍。文宗还在奎章阁学士院安排了大学士、侍书学士、承制学士、供奉学士、鉴书博士，以及参书、授经郎等，分别从事古玩、书画的鉴定收藏，以及书籍的收贮印行等事宜。从上可见，元文宗不愧是一位重视倡导汉文化的皇帝，也是一位极其喜爱书画艺术的皇帝。奎章阁也就红火了近四年。至顺二年（1331）末，随着御史台弹劾奎章阁参书雅号，柯九思遭罢免。文宗驾崩后，奎章阁的儒臣文士也作鸟兽散，自此

---

① 陈高华：《元代画家史料汇编》，杭州出版社，2004年版，第345页。
② 陈高华：《元代画家史料汇编》，杭州出版社，2004年版，第350页。

奎章阁也就名存实亡了。可惜的是，元文宗在位短暂，奎章阁的建立，以及奎章阁的设置随着他的去位也已成历史。这充分说明恢复汉文化的不易。

奎章阁在短短的数年里也收藏了不少法书名画。就书法来说，有《晋人曹娥碑》、虞世南《临兰亭序》、苏轼《寒食帖》、黄庭坚《动静帖》、宋高宗《嵇康养生论》等；就绘画来说，就有董源《夏景山口待渡图》、关仝《关山行旅图》、赵幹《江行初雪图》、范宽《雪山萧寺图》、徽宗《蜡梅山禽图》、许道宁《山居图》、张择端《清明上河图》等。这些名作佳迹几经传世，有不少散落民间，也有不少消失湮没，更有不少现藏于台北"故宫博物院"、北京故宫博物院、辽宁省博物馆、美国弗利尔美术馆、美国纳尔逊美术馆和英国大英博物馆等。这些藏品中，不少都钤有元文宗内府"天历之宝"和"奎章阁宝"两方收藏官印，有些还有柯九思、虞集的鉴定款。从中可寻迹元文宗和柯九思、虞集等这些儒臣文人之士于奎章阁鉴别品第法书名画的情景，为人们留下了极具研究和参考价值的历史史迹。

三、元惠宗与崇文阁的收藏

元惠宗，生于元延祐七年（1320），卒于至正三十年（1370）。生于蒙古漠北大草原。名妥懽帖睦尔，为元朝第十一位皇帝。也是元朝最后一位皇帝。庙号惠宗。他喜文善书，重视汉文化。因对明军朱元璋的大举进攻不进行抵抗，一心北逃，最后全身而退。朱元璋认为他"克顺天命"，就给了他一个"顺帝"的谥号，史称顺帝。

元惠宗于书画收藏在整个元朝来看还算重视，然与文宗朝相比自然要逊色得多。惠宗自幼受到汉文化的教育，极喜临帖习字，还常将自己书写的书法作品赏赐给从官，故对书画艺术有较大兴趣和感知。加上惠宗身边有一重臣康里巎巎，自惠宗即位起，就"日劝帝务学，帝辄就之习授，欲宠以师礼，巎巎力辞不可。凡四书、六经所载治道，为帝绅绎而言，必使辞达，感动帝衷，敷畅旨意而后已"。又借惠帝观赏古名画时，常以名画喻古论史。由于康里巎巎身为经筵官，常箴常人所不敢言，又语出真诚，惠帝对其十分敬重意从。故在众臣常议欲废文宗朝时所设奎章阁、学士院和艺文监诸属官时，康里巎巎力排众议，呈词言奎章阁的重要性，致使元惠帝欣然允之。《元史·巎巎列传》载："改奎章阁为宣文阁，艺文监为崇文监，存设如初。"后又设立端本堂。由此可见，宣文阁只是由原来的奎章阁改了个名称而已。然当时的宣文阁与原奎章阁相比，部门大为削减，人员裁减不少。原艺文监改名崇文监，并隶属于翰林国史馆。崇文阁不再设学士，唯设授经郎及监书博士。

图 5-2 夏景山口待渡图 五代 董源

第五章 元代的书画收藏（式微时期）

据《元史》记载，元惠宗至正元年（1341），改奎章阁为崇文阁，周伯琦任鉴画博士兼经筵官，奉命篆"宣文阁宝"，成为惠宗内府收藏印代表之一。崇文阁虽延续至元朝亡，官职与权力也大不如前，然其间也做了不少工作，收藏了不少法书名画，如董源《寒林重汀图》、巨然《萧翼赚兰亭图》《溪山林薮图》《山市晴岚图》、宋人《枇杷猿戏图》、智永《千字文》、戴嵩《斗牛图》、蔡襄《谢御赐诗表》、郭畀《雪竹卷》、吴仲圭《古木竹石图》、郭忠恕《比干图》、宋徽宗画等。这些作品有的藏于海内外各大博物馆，有的已不见踪影，从中折射出惠宗对内府书画收藏的重视。

第二节 私家收藏渐趋式微

元代初期，私家书画收藏当以杭州为中心，元迁都后遍及全国。一些士大夫，如郭天锡、鲜于枢、赵孟頫、柯九思、乔篑成等诸人，不但喜爱书画名迹的收藏，而且遇上大宋内府后期法书名画散出的机遇，民间收藏风气渐盛，涌现了不少知名的书画收藏家。其中，又以赵孟頫、祥哥剌吉、倪瓒、柯九思等最为著名。

一、郭天锡

郭天锡，生于南宋宝庆三年（1227），卒于元延祐七年（1320）。字祐之，号北山，云中（今山西大同）人。侨居杭州，曾为御史。工诗善文，擅书画，著有《北山日记》《郭天锡文集》等。

郭天锡应为元朝著名的书画收藏家之一，其收藏之富应为元初私家之首。

郭氏早年便从吾丘衍，后拜赵孟頫为师，与鲜于枢、乔篑成、周密等诸多画家常有交往，故收得不少精美的古代法书名画。周密在《云烟过眼录》中对郭天锡的收藏专门设有"郭祐之天锡号北山所藏"一栏，详细介绍他的收藏状况。栏目一开始就载："晋王右军《得告帖》，又《快雪时晴帖》，皆真迹。有米老跋，遂以名斋且刻石。叶森曾见此二帖，神韵精采。"[①] 叶森为元代著名金石学家、诗人、理论家。

从这文载可知，郭天锡不但为元代著名收藏家，且收得的法帖即为令人羡慕的

---

① 卢辅圣：《中国书画全书》第二册，上海书画出版社，1993年版，第143页。

第五章 元代的书画收藏（式微时期） 143

图 5-3 萧翼赚兰亭图 五代 巨然

王羲之《得告帖》《快雪时晴帖》二帖，足见其收藏之实。此文又载，郭天锡除了收藏此二名帖外，还有唐摹《千文》、梁人《临告》等五帖，唐徐浩《宝林寺帖》、欧阳询《仲尼梦奠帖》、虞世南《汝南公主墓志》、褚遂良小楷《西升经》《极寒帖》，陶弘景《板帖》，御书十余卷等。收藏的名画有：阎立本人物、吴道子《药师佛》《善神像》、李成《风雨图》、陈闳马图、尉迟乙僧《坐神像》、张璪《松石图》、王维《孟浩然像》等。郭天锡还收有一名为"万壑松"的唐琴一床。对以上的载录，周密在《志雅堂杂钞》中也作过详细的记载："辛卯（1351）六月十三日，偕郭北山祐之细观书画于聂子井提控家。"在壬辰年（1352）四月十日周又访郭祐之，共同观赏品弟郭氏家藏书画。从中可见郭天锡与周密的亲密关系。

周密《志雅堂杂钞》对郭天锡的家藏曾有记载："郭祐之家藏李成《寒林》一轴，有丁卯营丘李成题字，古木虬枝，而其下水乃作溅泉，疑即李成笔也。张藻《松泉漱石》一手卷，高宗御题，前后印并全。藻本名璪，又名通，唐人，与毕宏同时，离旧然无奇处，公权然律大尹帖佳，真卿得告帖率更梦奠帖本中齐物，小李将军著山水小片佳，万壑松琴，张亦清妙。"郭氏时因收得王羲之《快雪时晴帖》（非清内府的三希堂本），遂自署"快雪斋"。

时至今日，流传至今的唐摹《神龙本兰亭序》《仲尼梦奠帖》《题欧阳询梦奠帖》，米芾《珊瑚复官二帖》，吴道子《天王图》，以及晋人《曹娥诔辞卷》等，凡经他收藏的书画，往往钤有"天锡""金城郭氏""快雪斋""北山珍玩"等收藏印。他还对王献之的《保母帖》作过楷书题跋，今藏美国弗利尔美术馆。这些都为后世研究这类法书名画留下了可供参考的珍贵资料。

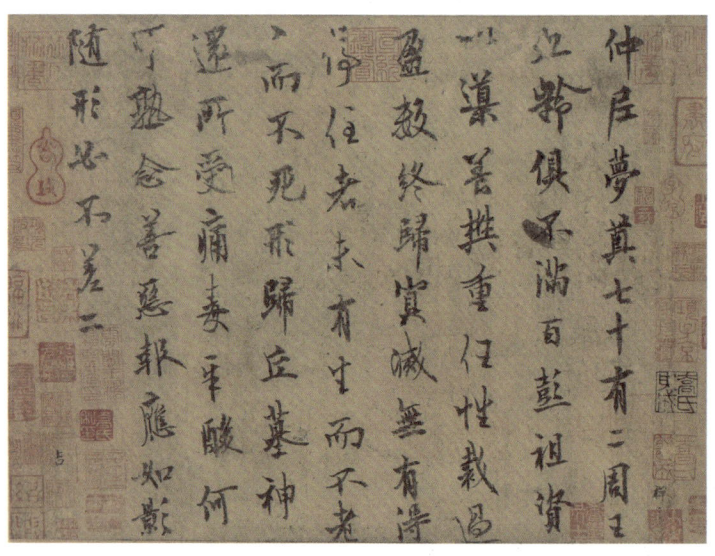

图 5-4　仲尼梦奠帖　唐　欧阳询

二、赵孟頫

赵孟頫，生于南宋宝祐二年（1254），卒于元至治二年（1322）。字子昂，号松雪道人、水晶宫道人、鸥波，中年曾署孟俯。后人称其赵文敏、赵松雪、赵集贤、赵吴兴等。吴兴（今浙江湖州）人。为宋太祖十一世孙，秦王赵德芳之后，赵与訔子。官至集贤直学士、翰林学士承旨、荣禄大夫，封魏国公，谥文敏。精诗擅文，工书善画，精通音律，工篆刻，精鉴赏，为元代著名书画大家，著有《松雪斋集》《印史》等。

元初由于时局不稳，政权更迭，许多珍贵的书画从宫廷内府散佚出来，这就使得社会上的鉴藏之风逐渐蔓延，并推动了文人画学和文人画论的兴起，更为士大夫文人画家的鉴藏提供了难得的机会。他们借助宫廷和私家庋藏颇丰、社会鉴藏风气兴盛的时代趋势，造就了一波又一波的文人画创作及理论研究的高潮。作为其时江南画坛领袖人物的赵孟頫，正是在这种大背景下，尤其是在他珍藏了不少名作佳迹之后，绘画观念大为改变。

赵孟頫精诗善文，尤工书善画，然于书画鉴定收藏更不逊古人和同代人。《大元故翰林学士承旨荣禄大夫知制诰兼修国史赵公行状》："尤善鉴定古器物、法书、名画，年祀之久近，谁某之所作，与其真伪，皆望而知之，不待谛玩也。"《谥文》亦称："（孟頫）鉴品古器、玩物、法书、名画，一经目，辄能识其年代之久近、制作之工拙，此又公学问文章之绪余也。"《圭斋文集·魏国赵文敏公神道碑》称："鉴定古器物、名书画，望而知之，百不失一。"[①] 从赵孟頫的交往和他收藏的藏品中可知，他交往的友朋既有朝廷命官，也有文人雅士，还有书画艺术家。官员有田衍、袁桷、鲜于枢、吴澄等人，文人有戴表元、陈无逸、周密、刘孟质等，书画家有赵与訔、郭天锡、曹知白、仇远、高敬彦、郭畀、王芝、李倜、柯九思、李仲宾、钱舜举等。从这些交往中不难看出，他交往最多的应是书画家，而与书画家的交往，免不了要谈论交流有关书画鉴古习学之事，而这些书画家中如鲜于枢、冯子振、袁易、乔箦成、郭天锡、仇远、高克恭、王芝、李倜、曹知白、柯九思等，他们既是书画家，也是著名的收藏家。而文人官员中的鲜于枢、周密等又都是收藏大家。赵孟頫与周密均为元代收藏界的重要人物。两人不但交情深厚，诗唱歌和，而且书画相赠，为双方各自的书画互作题跋。周密多次造访赵孟頫观赏赵氏家藏的书画、典

---

① 陈高华：《元代画家史料汇编》，杭州出版社，2004年版，第60页。

籍和古玩等，赵孟頫将自己珍藏的名迹巨制二十九帖供其赏鉴。赵孟頫曾为周密所藏的王献之《保母帖》作跋，还于元贞元年（1295）年为周密专门制作了《鹊华秋色图》这一名作。周密也为赵孟頫《水仙图》作过跋。

赵孟頫不但与周密交好，还与郭天赐、乔篑成、鲜于枢等交往甚密。大德二年（1298）二月二十三日，赵孟頫与周密、郭天赐、乔篑成、王芝、邓之原等同集于鲜于枢府上，共观王右军《思想帖》。从上可见，赵孟頫达"鉴古器物、玩物、法书、名画，一经目，辄能识其年代之久近，制作之工拙"，"望而知之，百无失一"的原因。

赵孟頫于诸多名画法帖上作题跋，显示出他独特的见解，反映出他在收藏界的地位和影响。如题董源《溪岸图》、题洞阳解真人《万壑松风图》、题《桃源图》、题《归去来图》、题米元晖《山水》、题先贤张公《十咏图》、题《右军思想帖》、题《定武兰亭跋》、跋《王右军帖》、题东坡书《醉翁亭记》、跋右军《乐毅论帖》等，足见赵孟頫所见古代名迹之多，见识之广，述论之异，实属罕见。

图 5-5　保母帖（拓本）　东晋　王献之

图 5-6 鹊华秋色图 元 赵孟頫

据周密《云烟过眼录》"赵子昂孟頫乙未自燕回出所收书画古物"一栏记载，其收藏的法书有：虞永兴《枕卧帖》、李北海《葛粉帖》、颜鲁公《タ米帖》等；名画有：王右丞《山水》、李思训《摘瓜图》、韩幹《五陵游侠图》、周昉《春宵秘戏图》、吴道子《观音图》、谢稚《三牛图》、韩滉《五牛图》、李成《看碑图》、黄筌《唐诗故实图》、董源《河伯娶妇图卷》《水石吟龙图》、王诜《连山绝壑图》、朱熙《牛图卷》、崔白《兔二图》、宋徽宗《古木寒鸭嫩竹图》、王齐翰《岩居僧图》、李公麟《慈孝故实图》、易元吉《竹石獐猿图》、徐熙《戴胜梨花图》等。在这些藏品中，许多都有"宣和题""高宗题"的跋文，以及"绍兴小玺""御玺押"等收藏印，可见赵孟頫收藏之富之精。

赵孟頫除嗜书画收藏之外，还好古玩诸物，藏有玉器、铜鼎、古砚、铜炉、灵璧石等，对此还题诗曰："丰鼎制特小，周人风故淳。摩挲玉质润，拂拭翠光匀。铸法观来妙，铭文考更真。平生笃好古，对此兴弥新。"[1]充分显现出他对古玩收藏的见解和心态。

此外，赵孟頫还奉旨参与了秘书监内府书画的鉴别，并对秘书监许多无签贴的书画作品重新作了题签。对此《秘书监志·秘书库》就有这样的记载："延祐三年（1316）三月二十一日，穆哩库集赛第一日，嘉禧殿内有时分，对舒库尔齐伊纳克院使、雅布哈与张彦清学士有来，叔固大学士对本监官库库楚少监传奉圣旨：'秘书监里有的书画，无签贴的，教赵子昂都写了者'。么道。"

从赵氏的藏品中窥见，他在京都为官时，就已获得了晋唐宋时的不少真迹佳品，

---

[1] 卢辅圣：《中国书画全书》第二册，上海书画出版社，1993年版，第153页。

图5-7 溪岸图 五代 董源

第五章 元代的书画收藏（式微时期） 149

图5-8 万壑松风图 五代 巨然

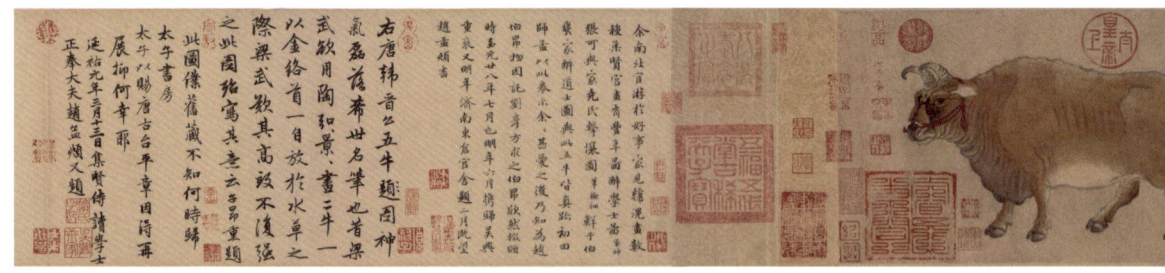

图 5-9　五牛图　唐　韩滉

他的好友周密称其"所藏尤多,不能尽记"。他的藏品不但质量高,而且人物、山水、花鸟、兽犬、马牛各科均全。他不仅临摹所藏作品,还进行了仿作。此外,他还为自己、元内府及其他收藏家的许多藏品鉴定作跋。正是由于赵孟頫鉴定、品第、仿摹了大量的晋唐北宋时的名作佳迹,才使他的目力与见识大大超过了同代人,并与晋唐北宋文人画观念一脉相承。

赵孟頫作为元代的文人画领衔人物,在繁复多变的传习师承中,专注于传统画品中高古超迈的气象摄取,提出了"画贵有古意""书画同源"之口号。其实质,是他厌恶南宋近体中那种用笔纤细、因循相习之陋习,在庋藏鉴识诸多书画名迹而得出的真知灼见之结果,并倡导了文人画的精神理念和规范创作方法。赵氏这种理论的提出,其实有深刻的时代背景和充分的理论依据。他突破了对文人画观念的探索与蹈行,致力于北宋文人画"精微中求放逸"的那种"高逸"风格,从而为元季的文人画风,尤其是"元四家"及以后明代的文人画理论和画风的形成铺垫了正确的道轨,终成承前启后的书画大家。明人王世贞誉赞:"文人画起自东坡,至松雪敞开大门。"

三、鲜于枢

鲜于枢,生于南宋淳祐六年(1246),卒于元大德六年(1302)。字伯机,自号困学山民,又号直寄道人。生于汴梁(今河南开封),大都(今北京)人。任浙东省都事、太常典簿。好诗善书,尤喜古董书画。著有《困学斋集》《困学斋杂集》。

鲜于枢工书善诗,然于法书名画及古器物鉴藏尤精。他与当时的书画收藏家郭天锡、乔篑成、赵孟頫、周密、仇远、高克恭等交往尤深,常在一起论书叙画,品鉴法书名画。鲜于枢将其书斋名为"困学斋",是他和友朋谈论品鉴书画艺术的集聚地。

他与赵孟頫的相识交往长达二十四年。赵孟頫竭力推崇他,还专门为他画像。当时,鲜于枢名声并不亚于赵。至元十五年(1278),赵氏在其诗中曾称:"契合无间言,一见同宿昔。书记往来间,彼此各有得。"他俩不但"奇文既同赏,疑义或共析",而且"绝妙晋唐帖,最后得玉钩。握手传玩余,欢喜见颜色"。特别是赵孟頫借故回吴兴老家休养和在浙江儒学提举任上时,两人的往来更加密切。当时参加鲜于枢困学斋的雅集,除了赵孟頫之外,还有乔篑成、仇锷、周密等,另有收藏家张谦等,可见鲜于枢于法书名画收藏之热衷及影响力。

据《云烟过烟录》和《志雅堂杂钞》载,鲜于枢收藏的名迹中,除了以古书本换取曹彦礼所藏之颜真卿《祭侄稿》墨迹外,另有索靖《月仪帖》、晋武帝书法、王右军《谢玄帖》、董羽《龙图》、范宽《雪景》、卢楞迦《罗汉图》,还有唐徐浩《朱巨川告身帖》、高闲《千字文》,五代杨凝式的《夏热帖》,宋米芾的《两三日帖》、蔡襄的《谢御赐书诗表》,金王庭筠《幽竹枯槎图》等。其收藏的名迹,常钤有"鲜于枢""鲜于枢伯机""困学斋""荣辱之主""虎林隐吏"等收藏印记。这些珍品,有的经海内外博物馆庋藏,有些已不见踪迹。

图5-10 幽竹枯槎图 金代 王庭筠

除书画名作外，鲜于枢还藏有不少古书，其中唐朝的《文思博要帝王部》一卷，实属举世罕见之书籍。《云烟过眼录·鲜于伯机枢所藏》载："文思博要帝王部一，唐类书也。所引《蒯子》《慎子》《尸子》《庄子》数书，皆古书也，天宝十载十二月朔旦臣胡山甫书，字极遒丽。至唐大中年间方自馆中杂书内拣出，是时亦止存一卷而已。卷后有史馆新铸印，用麻纸列馆中典掌之人及三校姓名，赝卷皆绍圣间题跋，其后如蔡元长、周美成、晁说之、薛绍彭诸人在焉，内有历下周子默，不知何人也。"①

鲜于枢还收得唐琴一床，张铁斫，经僧智仁重修。从中窥见其收藏兴趣之广。

四、乔篑成

乔篑成，约生于南宋淳祐四年（1244），约卒于元皇庆二年（1313）。字达之，号仲山（中山），北燕（今北京）人，一说蓟县（今天津）人。曾任秘书郎，历任两浙运司副使，翰林直学士。富博学，善考据，精收藏。

乔篑成在元代是一位颇具影响力的收藏家。陶宗仪《南村辍耕录》："乔公仲山，官吏部郎中，好古博雅，仍喜谐谑。所交皆名人才士。"他与周密、赵孟頫、鲜于枢等人交往甚密，他们一同品鉴书画古玩。传世一些著名法帖中同时署有三人的题跋。周密《志雅堂杂钞》中就有周密偕同鲜于枢造访乔篑成观画的记载："乙丑六月廿一日，同伯机访乔仲山运判观画。吴道子《火星》，智永《真草千文》有'永兴节度使印'及'韩佗胄印'；李伯时《女孝经》，伯时自书不全；胡环《番骑》，神致极妙；郭忠恕《飞仙故实》，界画粗而山水佳；董元《山水》，巨然《溪山》下有一舟四人撑绝好；王维《维摩像》，其像如生。"②

乔篑成自己不仅富于收藏，对于元初鉴藏圈风气的引领也起到了重要的作用。他在江浙为官时，将《宣和书谱》《宣和画谱》传播至杭州，并将自己在秘书监供职时积累下来的品鉴经验带入了杭州收藏圈，从而促进了杭州乃至南北两地书画鉴藏的交流。

乔氏对书画的真伪鉴别十分认真，并对法书名画的题跋、印鉴、装裱等也有自己独特的看法，并特别重视刻帖、著录书等相关的依据。这些既与他个人的修养学

---

① 卢辅圣：《中国书画全书》第二册，上海书画出版社，1993年版，第139页。
② 卢辅圣：《中国书画全书》第二册，上海书画出版社，1993年版，第167页。

图 5-11　夏热帖　五代　杨凝式

识密切相关，也与他在秘书监任职时的经历相连。

乔箦成所藏书画，一部分从郭天锡处得之，也有一部分从鲜于氏家散出后的购藏。他收藏的名迹有晋人《曹娥碑》、怀素《食鱼帖》、杨凝式《夏热帖》，唐王维《维摩像》、颜真卿《祭侄文稿》、高闲《草书千字文》、欧阳询《梦奠帖》，宋苏轼《李太白仙诗》、米芾《石少步二诗帖》，以及顾恺之《列女图》、卫贤《高士图》、李公麟《维摩演教图》、李唐《晋文公复国图》和李思训《江山渔乐图》等。常用收藏印有"乔氏私印""中山父印""乔氏箦成""乔氏""乔氏真赏""仲山"等。

乔箦成视法书名画如同拱璧之珍，其死后，所藏墨迹则大部归柯九思宝藏。

据《云烟过眼录》载，乔箦成收藏的二十二件名迹中，有十三件为宣和、明昌内府旧藏，五件为绍兴内府收藏。其中，他收藏的卫贤《高士图》，尚存宣和原装，上有宋徽宗赵佶之题笺；李思训《江山渔乐图》，上有金章宗完颜璟之题笺，存金代装潢之形制，且"明昌御览"诸玺俱全；陆探微《降灵文殊图》，上有宋高宗赵构之题字；李唐《晋文公复国图》两卷，其中一卷为宋高宗所题，且上钤有三御玺。可见乔箦成对所藏珍品之重视程度及藏品之精。

五、祥哥剌吉

祥哥剌吉，约生于元至元二十年（1283），卒于元至顺二年（1331）。全名孛儿只斤·祥哥剌吉，一作桑哥剌吉、相哥剌吉等。为元世祖忽必烈曾孙女，元顺宗答剌麻八剌之女，兄元武宗，弟元仁宗，元武宗时封为鲁国大长公主。自幼诵习经史，对汉文化具有浓厚的兴趣和爱好。

祥哥剌吉自幼受祖父真金太子的影响，幼时诵习经史，热爱汉文化和艺术，收藏历代法书名画甚丰，实为元代最为重要的书画收藏家之一。

图 5-12 高士图 五代 卫贤

祥哥剌吉由于身份显贵，一生多次受到丰厚赏赐，资财十分雄厚，这为她收藏古代名迹打下了基础。她与虞集、柳贯、朱德润等汉族士大夫交往甚密，这不但促进了她的书画收藏，而且对当时的文艺、宗教、教育产生了很大的影响。祥哥剌吉收藏的书画十分丰富，除法书之外，其藏品不少为原内府所藏之宋、金内府之物，不少是她出嫁时的陪送品。

祥哥剌吉收藏的法书名画作品种类齐全，除山水之外，另有花鸟、人物、宗教、车马、墨竹、鱼虫、走兽等多个种类。其藏品资料集中在袁桷曾奉命所题各书画的诗跋目中。

袁桷为元代文学家，曾任翰林待制，官至直贤集学士、翰林直学士、侍讲学士，他与赵孟頫、黄公望、王蒙、倪瓒，以及邓文原、虞集、柳贯等著名文人书画家都有交往。他曾专为大长公主编撰的《鲁国大长公主图画记》中记载，大长公主收藏的重要法书有《定武兰亭》、黄庭坚《松风阁诗帖》、唐摹《钟繇贺捷表》、宋徽宗扇面《琼兰殿记》等。名画有唐王维《辋川雪景图》，宋江贯道《烟雨图》、萧照《江山图》、宋徽宗《𪉖𪃨图卷》、赵昌《折枝图》、五代燕文贵《山水图》、巨然《山

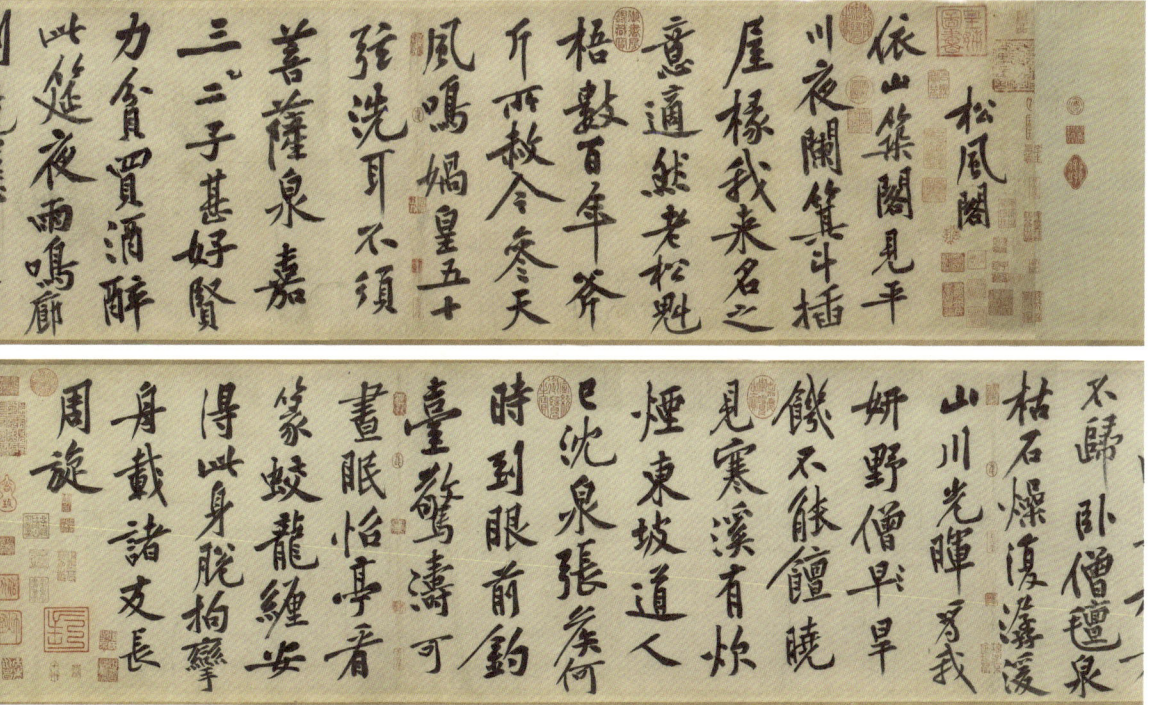

图 5-13　松风阁诗卷　北宋　黄庭坚

水图》，元王振鹏《猩奴图》、吴元瑜《四时折枝图》等四十余件。收藏了五代董源《溪山风雨图卷》，宋刘松年《猿猴献果图》、梁楷《王羲之画扇图》，元王振鹏《渍墨角抵图》等。据统计，祥哥剌吉收藏的名迹超过五十余件，且都为举世瞩目的名作佳迹。

元武宗至大元年（1308）祥哥剌吉曾以公主身份主持过一次祭孔仪式，为中国历史上唯一一位祭祀孔子的女性。还立下了《皇妹大长公主懿旨辞典祝文碑》。

祥哥剌吉喜用"皇姊图书"和"皇姊珍玩"两方收藏印。她除上述收藏的名迹之外，尚有隋展子虔的《游春图》，唐卢楞伽《六尊者像卷》，宋崔白《寒雀图》、赵昌《蛱蝶图卷》、梁师闵《芦汀密雪图卷》、刘松年《罗汉图三轴》，元王振鹏《锦标图卷》、钱选《白莲图卷》等。其中最为重要的要数隋展子虔的《游春图》。

《游春图》为我国迄今为止存世最早的一件山水卷轴画。这不但是中国山水画从雏形期发展到初创期，独立成科的代表作，而且对后世山水画的创作，尤其是唐初及李思训青绿山水画产生了极大的影响。它流传有绪，著录可靠，在中国山水画发展史上具有划时代的意义。此图上除了钤有"皇姊图书"印之外，卷后尚有"前

图 5-14　蛱蝶图卷　北宋　赵昌

集贤待制冯子振奉皇姊大长公主命题"的七言诗一首,后尚有赵岩、张珪题诗各一首。此图曾经南宋贾似道旧藏,今藏故宫博物院。

值得记载的一件事是这位皇姊曾举办过一次大型的书画雅集活动。至治三年(1323)三月,祥哥剌吉在大都(今北京)的天庆寺特举行雅集,邀请各族儒臣雅士赴天庆寺,饮酒赋诗,鉴赏法书名画,遂成为元代文坛的一件盛事。据此,翌年即泰定元年(1324)正月甲寅,袁桷曾专门撰有《鲁国大长公主图画记》一文,后列唐、五代、两宋及本朝名迹达三十七卷之多,《清容居士集》卷四十五《鲁国大长公主图画记》中详细记录这次雅集的盛况:

至治三年(1323)三月甲寅(二十三日),鲁国大长公主集中书议事执政官、翰林集贤成均之在位者,悉会于南城之天庆寺,命秘书监丞李某为之主,其王府之寮寀悉以佐执事。笾豆静嘉,尊罍洁清,酒不强饮,簪佩杂错,水陆毕凑,各执礼尽欢,以承饮赐,而莫敢自恣。酒阑,出图画若干卷,命随其所能,俾识于后。礼成,复命能文词者,叙其岁月,以昭示来世。

从《松风阁诗帖》上,除钤有"皇姊图书"一印之外,卷后还留有魏必复,李

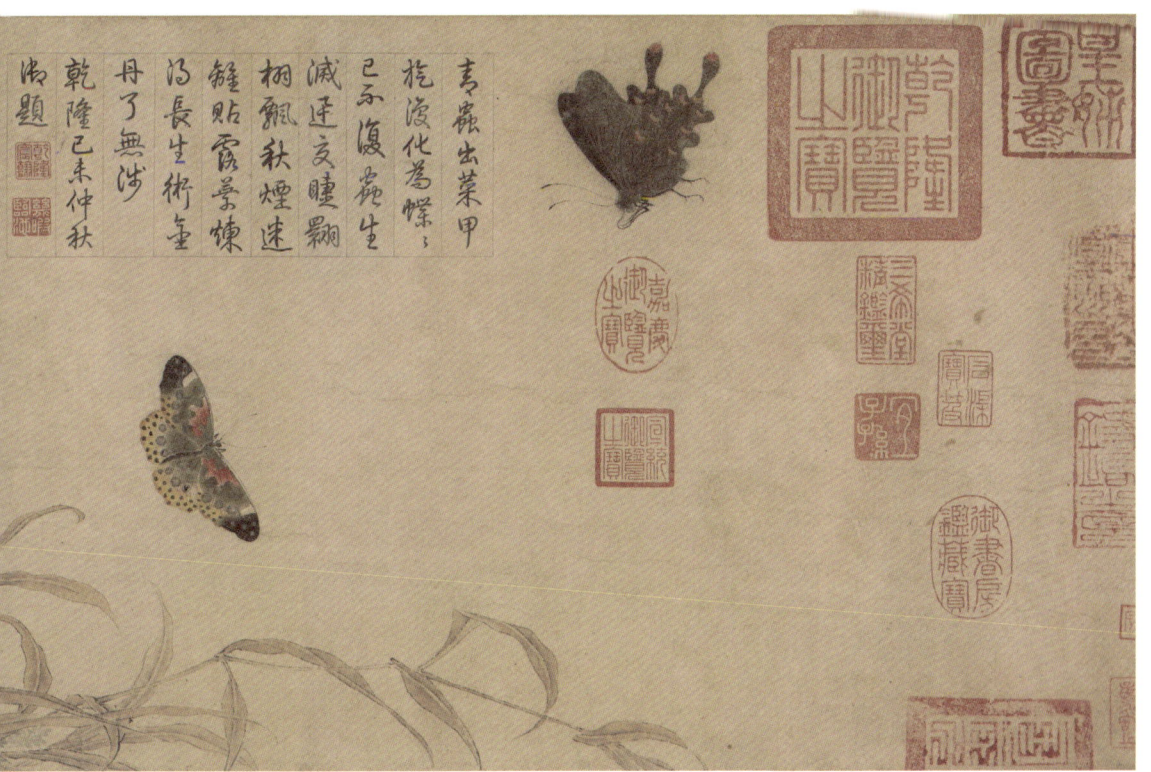

洞、张珪、王约、冯子振、孛术鲁翀、赵昰、邓文原、袁桷等十四人所题的跋，李洞和冯子振在题跋中更是写明了是奉皇姊大长公主之命而写，从中可知这些人便是当时参与公主雅集的部分成员。

目前所知最完整的天庆寺雅集鉴赏品题，见于北宋书法名作黄庭坚的《松风阁诗帖》。这次雅集堪与兰亭集会相比。这种雅集实为中国书画收藏史上值得后人记载与深入研究的一件特殊事例。

综上所述，大长公主不但成为中国书画收藏史上第一位女收藏大家，而且为促进汉蒙的文化艺术交流做出了一定的贡献。

六、柯九思

柯九思，生于元世祖至元二十七年（1290），卒于元惠宗至正三年（1343）。字敬仲，号丹丘、丹丘生，别号五云阁吏，台州仙居（今浙江仙居）人。初授典瑞院都事，后官至奎章阁，授学士院鉴书博士。室名缊真斋、玉文堂，专以收藏书画和举办雅集之用。其父柯谦，曾任元翰林国史检阅、江浙儒学提举，是元朝仙居较为显扬的一个汉族官宦。柯九思博学多识，工诗文，善书擅画，有诗、书、画三绝之誉，尤精鉴赏。著有《竹谱》《丹丘生集》。

延祐元年（1314），柯九思以父荫补华亭县尉，不就。天历元年（1328），柯九思游学于建康，后经人引荐结识了怀王图帖睦尔。不久怀王继位称帝，即为元文宗。文宗对其十分赏识，初被授予典瑞院都事，具体掌管内府各种礼器、瑞宝。天历二年（1329），元文宗仿效宋阁学制建奎章阁，提携柯九思为奎章阁学士院鉴书博士，专门负责宫廷所藏的金石书画及鉴定庋藏工作。凡内府所藏古器物、书画均命柯九思鉴定。王恽的《书画目录》中，曾记载了奎章阁的八十一幅传世名画，阎立本《步辇图》、关仝《关山行旅图》、赵佶《芙蓉锦鸡图》和张择端《清明上河图》等二十幅都钤有柯九思的印鉴。

据《稗史集传》载："（九思）遇文宗皇帝于潜邸，及即位，擢为典瑞院都事。置奎章阁，特授学士院鉴书博士，凡内府所藏法书名画，咸命鉴定，赐牙章，得通籍禁署。念其父谦善教，锡碑名'训忠'，敕侍读学士虞集为文以旌之。宠顾日隆，由是言者见忌。公乘间跪白上曰：'臣以文艺末技，遭逢圣明，而踪迹孤危，殒越无地，愿乞补外以自效，庶几仰报日月照临之万一。惟陛下哀怜，幸甚。'上曰：'朕在，汝复何忧。'翌日，御史章入不报故事，谏臣言不行，则纳印请去。上重违

图 5-15 芙蓉锦鸡图 北宋 赵佶

图 5-16　清明上河图　北宋　张择端

第五章　元代的书画收藏（式微时期）　　161

谏臣意而虑危公，召公谕之曰：'朕本意留卿，而欲伸言者路，已敕中书除外，卿其少避，俟朕至上京，宣汝矣。'公拜且泣，辞出，而中书竟格诏不行。"① 从中可见柯九思受文宗赏识及与文宗间的特殊关系。

柯九思眼力出众，品位极高，元文宗对其十分信任，曾让其能自由出入禁中，文宗特赐"牙章得通籍禁署"，使其与时任奎章阁侍读学士虞集等人一起，常侍皇帝左右，谈论国事，品鉴法书名画。天历元年（1328）二月，文宗命柯九思取其家藏《曹娥帖》进呈内府，并命虞集作题记。两个月后赐还。天历三年（1330）正月十二日，文宗又命柯九思将家藏的《定武兰亭五字损本》进呈，文宗阅观后甚是欢喜，并在其上御识"天历之宝"以赐还。而就在这一天，文宗将王献之《鸭头丸帖》赐赠给柯九思。不久，又赏李成《寒林采芝图》，并赐牙章，从中可见柯九思在文宗心目中的地位和影响。

另从存世画目分析，经柯九思鉴定后进入元内府的名画就有阎立本《步辇图》、关仝《关山行旅图》、李成《茂林远岫图》、赵佶《芙蓉锦鸡图》和张择端的《清明上河图》等，均为举世国宝。不少作品或柯九思作画，虞集题诗，达"宠顾日隆"。从虞集寄柯九思的一些词文中所提到的"晚值金銮殿""花里停骖""书诏许传宫烛"等见之，当时可谓是柯九思辉煌期的一种实录。后因随着元文宗的去世，以及朝中官僚的妒忌，柯九思束装南归，退居吴下，流寓松江、苏州一带。

柯九思在元代可谓是一位极负盛名的书画鉴赏家。他一生喜好文物，善鉴书画。他的鉴赏水平，主要出于他善书画，好诗翰，又识金石，加上随文宗入内府，品鉴宫中玩物，他与众多博雅之士交往游历，品鉴临摹诸多名画法帖，这些都为柯九思的鉴赏打下了坚实的基础。

从魏晋"二王"，到隋唐五代，直至宋元历代大家名迹，但凡多种流派，历代珍迹，他都精心研究，反复揣摩，临摹创作。除了为宫廷鉴赏书画之外，柯九思的收藏也范围极广，他自比宋之米芾，"庋藏书画以米家画舫相比"。上自晋人名迹，下至元人佳作，以及三代金石鼎彝等，可谓琳琅满目，绝非他人所能，并将收藏地曰之"缊真斋"。他曾得晋人《黄庭内景经》真迹，因题其室之斋曰"玉文堂"。他收藏的晋人《曹娥碑》惊动朝野。为此，虞集曾赞曰："敬仲家无此书，何以鉴天下之书耶？"由于柯在朝野的声望，许多人都邀请他鉴定自家藏品。

---

① 陈高华：《元代画家史料汇编》，杭州出版社，2004年版，第326页。

朱德润在《存复斋文集·祭柯敬仲博士文》中曰："呜呼！敬仲止于斯邪？谓义分难以固守，而假之以权，吾不知莽莽者何利以及众姓。谓智力可以必就，而济之以宽，吾不知苍苍者何明以鉴四方。谅天道之难谌，识盈亏之有常。或析圭儋爵于席宠，或离疏释骄而享膏梁。审用舍之有节，知穷达之难量。敬仲之没，曷为使予悲伤。当延祐之六祀，予挟册而观光，同君游于京国，咸弄翰而翱翔。及至治之末纪，又同归乎江乡，尝与笑谭今古，狎弄杯觞。米家画舫，柯氏秘藏。发缄题于十袭，探古雅于奚囊。予既晦于林泉，君竟跻于帝旁。际天历之景运，侍清宴于奎章。金马石渠，图书之府，商彝周鼎，宣室斋房。念前席之方隆，遽乌号之遗良，遂息驾于东吴，迨终老乎耕桑。俄而如埔如栎，爰求千仓。将经营其岁暮，何一疾而弗康。改昫听于桑榆，追灵辰于大荒。岂期变出意外，事返康庄。得非义分有限而智力有竭，遂褫魂于幽堂。於乎！罔冥为元，吾闻于杨，藏身于终，吾闻于亢。仓天回地，游风高日，凉灵有筵而讴有绋，俎有肴而壶有浆。恸衷情于千古，魂仿佛来飨。"①这对柯九思的一生无疑是一种赞语和总结。

柯九思皮藏的法书，"多蓄魏晋法书。至宋人书，殆百十函"②，经他收藏的名迹，除《曹娥碑》《定武兰亭五字损本》、王献之《鸭头丸帖》之外，尚有林藻《深慰帖》、苏轼《天际乌云帖》、黄庭坚《动静帖》《荆州帖》、米芾《拜中岳命诗卷》等。除法帖外，他收藏的名画也十分可观，有隋郑法士《读碑图》，唐张萱《明皇出骑图》、韦偃《双骑图》，五代阮郜《阆苑女仙图》，宋佚名《溪山行旅图》《老子像》、米芾《春山瑞松图》、扬无咎《四梅图》、赵孟坚《岁寒三友图》等。他的收藏不局限于唐宋名画，元代前辈画人的作品也在他的收藏之列。如同代的赵孟頫《秀石疏林图》《秋郊饮马图》、任仁发《二马图》、何澄《归庄图》、方从义《惠方舟行图》、曹知白《远山疏林图》等，均为中国绘画发展史上举足轻重的名迹佳作。

当时，柯九思名望极高，参与其雅集的人不少。据载，泰定五年（1328）正月十日，虞集、宋本、谢端、宋褧、林宇等友人于柯氏寓中观画。天历二年（1329）正月九日，宋本、谢端、王守诚、简正理、偰玉立、林宇、赵期颐七人再次共聚柯氏家赏画。此次较上回人数增多，原来的虞集、宋褧未至。天历二年（1329）二月内府建奎章阁，柯氏将《晋娥帖》名迹进献，四月文宗又赐还柯氏，作为褒奖"鉴

---

① 陈高华：《元代画家史料汇编》，杭州出版社，2004年版，第347页。
② 陈高华：《元代画家史料汇编》，杭州出版社，2004年版，第332页。

图 5-17　二马图　元　任仁发

辨"之劳。一同在奎章阁鉴画的有虞集、忽都鲁尔实、李洞、李讷、雅琥、揭奚斯、林宇、甘立集八人。又在天历三年（1330）正月二十七日，雅琥、白守忠、高存诚、虞囵（集子）同观于柯九思府上。在此前二日，先有纥石烈希元、詹天麟、欧阳玄、王遇四人，为柯九思拜鉴书博士之命，前往庆贺，因得以展观墨迹。再前些时候康里巎巎和边鲁二人在柯氏之玉文堂曾观赏。以上记载，可了解这一时期中柯九思"缊真斋"的收藏状况及其出众的鉴定能力。

至今流传下来的一些晋唐名迹，凡是经柯九思鉴定过的，大都有一定的可靠性，颇具参考价值。由于柯氏在鉴定上的贡献受赏赐，随后又得到王献之《鸭头丸帖》的颁赐，有此双璧，时人为之称羡不已。柯氏收藏既富，目力过人，南方藏家流散出来的名迹，多为他所有。凡是经过柯氏递藏过的古书画，上面都钤有"忠训之家""柯九思""敬仲""奎章阁鉴书博士""缊真斋""柯氏秘笈"诸印记。除此之外，柯九思对其所藏名迹也喜钤上收藏印。他用印与其他藏家相比，相对较多。常用印有"柯九思""柯氏敬仲""敬仲书印""丹丘柯九思章""柯氏真赏""柯氏秘笈""柯氏私印""训忠之家""任斋""丹丘生""玉堂柯九思私印"等，故凡经柯九思钤之的书画名迹，一般多为真迹神品，具有极高的收藏价值与研究价值。

由于柯氏目力过人，收藏既富，南宋散出的名迹多为他所获。故他的收藏虽不能称之"富可敌国"，但至少可雄视江南，独占鳌头。

柯九思的一生，倪瓒曾作有七律诗一首，是对柯氏较为恰当的评价，现不妨录其于后：

> 柯公鉴书奎章阁，吟诗作画亦不恶。
> 图书宝玉尊鼎觯，文彩珊瑚光错落。
> 自许才名今独步，身后遗名将谁托。
> 萧萧烟雨一枝寒，呼尔同游如可作。①

七、倪瓒

倪瓒，生于元成宗大德五年（1301），卒于明太祖洪武七年（1374）。初名倪珽，后改名倪瓒，字泰宇，别字元镇，号云林子、荆蛮民、幻霞子，别号沧浪居士、曲全叟、海岳居士，又号倪迂。毗陵（今江苏无锡）人。精音律，通诗文，善鉴赏，工书擅画，为"元四家"之一。

倪瓒素有高士之称，有关论著，几乎无例外地称其"不媚权贵"，具有"民族气节"。尤其是到了明朝晚期，随着董其昌追捧其为"元四家"之一后，其画作不但被誉为"古淡天真，米痴后一人而已"（《画禅室随笔·卷二》），"格调尤超，世称逸品"（《石渠宝笈·卷二》），而其人也被誉为一位清高绝俗的高士。

今人陈高华，在其编著的《元代画家史料汇编·倪瓒》一节中，对此提出了非议。认为倪瓒认定农民起义军为"妖贼"，镇压农民起义的官员为"元勋"，然此所谓的"民族气节""不媚权贵"之类，统统是欺人之论。②陈高华还认为历史上记载的倪瓒，"所谓'志耽隐遁''浪迹湖泖'，实际上是经济破产，不得不流落他乡，寄食于人而已"③，他更认为"不少记载都说倪瓒在元末全国农民战争爆发前，'海内无事，忽散其资给亲故，人咸怪之。未几兵兴，富家悉被祸，而瓒扁舟箬笠，往来震泽、三泖间，独不罹患'"的记载不实，实则"迟至至正乙未即十五年（1355），亦即农民战争爆发后之第五年，倪瓒尚因'督输官租，羁絷忧愤，思弃田庐，敛裳宵遁焉'"。故此，陈认为所谓"海内无事，忽散其资给亲故"纯属无稽之谈。④

我们暂且不讨论陈的这些"新论"，然倪瓒之书画创作，散发出一种旁人无法达到的"一变古法，以天真幽淡为宗"的"逸品"境界，是稍懂中国山水画鉴赏的

---

① 陈高华：《元代画家史料汇编》，杭州出版社，2004年版，第340页。
② 陈高华：《元代画家史料汇编》，杭州出版社，2004年版，第672—673页。
③ 陈高华：《元代画家史料汇编》，杭州出版社，2004年版，第673页。
④ 陈高华：《元代画家史料汇编》，杭州出版社，2004年版，第672—673页。

图 5-18　容膝斋图　元　倪瓒

人都无法否认的。这可能也是陈高华在"倪瓒"一栏最末提到的:"倪瓒作品追求'写胸中逸气''不求形似',这和赵孟頫提出的'神似',是一致的,代表元代画坛的一种倾向。倪瓒的这种绘画理论和创作,在后代所起的影响是很大的,值得认真研究。"①不过,倪瓒除了他的诗文和书画创作之外,在元代也是一位著名的书画鉴藏家。

倪瓒祖上为大地主,自祖父辈起,广积财产,富甲一方,资雄乡里,"为东吴三大巨富之一"。父虽早丧,然从小得到长兄抚养,生活极为富适。他性格清高孤傲,洁身自好,常年浸习于诗文书画之中。倪瓒常交往的有顾德辉、曹知白、郭畀、张雨、陈惟寅、王伯容、杨维桢、黄公望和王蒙等当时的名人高士。

倪瓒自己也有提及他与王蒙等好友交往的记载:"壬子秋八月,予同叔明友兄养疴于汾湖之滨,承京口郭天锡、广陵王伯容两来慰讯,携龚子开所写诗一卷见示。嗟嗟,子开逝矣,书法绝矣。"②

倪瓒和黄公望可谓是忘年交,视为画坛知己,对其创作的作品赞誉有加。他曾在《题大痴画》中赞:"大痴画格超凡俗,咫尺关河千里遥。惟有高人赵荣禄,赏

---

① 陈高华:《元代画家史料汇编》,杭州出版社,2004年版,第673—674页。
② 倪瓒:《清閟阁集》,西泠印社出版社,2010年版,第363页。

伊幽意近清标。"① 另在《题黄子久画》赞道："本朝画山林水石，高尚书之气韵闲逸，赵荣禄之笔墨峻拔，黄子久之逸迈，王叔明秀润清新，其品第固自有甲乙之分，然皆予敛衽无间言者。外此，则非予所知矣。此卷虽非黄杰思，要亦自有一种风气也。至正十二年一月七日，与明道尊师谒张先生，出此示余，遂得纵观。"② 至正九年（1349），黄公望曾留宿倪瓒处，两人叙咏共事，品艺赏画，黄作《楚江秋晓图》，倪观后赞曰："观其江乡野店，绝壑奇峰，复有匡庐洞庭之想。"更云："'清閟阁'中更得一老友矣。"据《古绿萃录·卷二》载，至正十三年（1353）五月，黄公望与倪云林在清閟阁合作创作了《溪山深远图》。可见两人友谊之深。

此外，倪瓒还为友朋收藏的不少名迹作过跋文，如《题夏圭纨扇图》《题赵荣禄马图》《题赵千里扇上画山》《题高房山画卷》《题郑所南兰》《题扇高敬彦山水》《题怀素酒狂帖》《题东坡村醪帖》《题王右军楷书帖》《跋赵孟頫书药师经》《题李营丘作藏林远山画图》《题吴道子画卷》《题王羲之七月帖》《题燕文贵钓翁图》等。自然，他也为同代画家及自作画题过不少跋，如郭天锡、吴仲圭、王蒙、吴镇等。可见，他交往的人员中，除了一些知名的书画家外，不少是志同道合的家乡名士高人。

为了更好地研习书画，他潜心学问，习书绘作。为此，他在家筑有一座三层楼的藏书楼，名"清閟阁"，内藏经、史、子、集、佛、道书籍千余卷。倪瓒每天在楼上读书作诗，除精心修习典籍外，对佛道书籍也多有涉猎。对此周南老撰《处士云林先生墓志铭》载："所居有阁，名清閟，幽迥绝伦，中有书数千卷，悉手所校定。经史、诸子、释老、岐黄、记胜之书，尽日成诵。古鼎彝名琴陈列左右，松桂兰竹香菊之属，敷纡缭绕。而其外则乔木修篁，蔚然深秀，故自号云林。每雨止风收，杖屦自随，逍遥容与，咏歌以娱。望之者，识其为世外人。客至，辄笑语留连，竟夕乃已。"

"平生无他好玩，惟嗜蓄古法书名画。持以售者，归其直累百金，无所靳。雅趣吟兴，每发挥于缣素间，苍劲妍润，尤得清致，奉币贽求之者无虚日。晚益务恬退，弃散无所积，屏虑释累，黄冠野服，浮游湖山间，以遂肥遁，气采愈高，不为

---

① 倪瓒：《清閟阁集》，西泠印社出版社，2010年版，第284页。
② 倪瓒：《清閟阁集》，西泠印社出版社，2010年版，第296页。

谄曲以事上官，足迹不涉贵人之门。与世浮沉，耻于衒暴，清而不污，将依隐焉。"①

另据曹培廉《清闷阁集跋》中载："家大人平居无他好，独好蓄古法书名画、金石文字，暨唐宋元以来先贤遗集。虽残纸断幅，虫蚀鼠啮之余，皆勤勤补缀，手自点勘。筑一室而弃之，朝夕坐卧其下。"②

倪瓒还在清闷阁附近筑有云林堂、菊闲馆、半玥馆、雪鹤洞、净名庵、水竹居、清遥仙亭、海岳翁、书画轩等，用以接待友朋及聚会。清闷阁收藏的历代书画名迹，除了三国钟繇的《荐季直表》之外，还有宋代米芾的《海岳庵图》等。他为家藏的米芾《宝章待访录》作跋："秘阁《宝章待访录》，大米小楷真迹，秀润圆劲，固足压倒苏、黄。尤是用笔妙处，极得右军《乐毅论》法。平原陆完僭评，善书者必能深辨。丁丑九月，燕市重装，谨题。"③倪瓒对这些名作朝夕赏玩，心摹手追，尤其是对董源的《潇湘图》、李成的《茂林远岫图》、荆浩的《秋山图》等，更是潜心临摹，揣摩其中的创作源头和精神气质。

据《清河书画舫》和《式古堂书画汇考》等记载，清闷阁里藏有经、史、子、集、佛经、道籍千余卷，另藏有历朝法书名画。其中名家法书有：钟繇《荐季直表》、王献之《洛神赋十三行》、智永《月仪帖》、陶隐居《画版帖》、褚遂良《楷书千字文》、钟绍京《通甲神经》、张旭《秋深帖》、米芾《宝章待访录》、薛绍彭《四帖》、赵孟頫《小楷过秦论》；历朝名画有：张僧繇《星宿图》、常粲《佛因地图》、李成《茂林远岫图》、董源《河伯娶妇图》（即《潇湘图卷》）、李公麟《三清图》、米芾《海岳庵图》、马和之《小雅六篇图》等。④又据《明史》记载："四方名士日至其门，所居有阁曰清闷，幽回绝尘。藏书数千卷，皆手自堪定。古鼎法书，名琴奇画，陈列左右……时与客觞咏其中"。可见，倪瓒痴迷于古书画的典藏，并非仅为赏玩，而是利用真迹名作，揣摩其意，探其笔致，以求画艺之正道，得笔墨之真性。令人叹奇的是，他还广纳宾朋，对所藏名作品骘观摩，观鉴览评，以借家藏之富传播笔墨语汇的传承造化。倪瓒画法高妙，独创"折带"新皴法，呈一种天真幽淡的逸气。这种画品的形成，实是源自云林对所藏作品的会赏交流、揣摩品鉴及艺

---

① 倪瓒：《清闷阁集》，西泠印社出版社2010年版，第377页。
② 倪瓒：《清闷阁集》，西泠印社出版社2010年版，第453页。
③ 倪瓒：《清闷阁集》，西泠印社出版社2010年版，第355页。
④ 卢辅圣：《中国书画全书》第四册，上海书画出版社，1992年版，第355页。

图 5-19　潇湘图卷（局部）　五代　董源

术创作所形成的自家风格。

"清闷阁"庋藏的法书名画，今见仅有李成《茂林远岫图》，其上有倪瓒的鉴定题跋，现藏辽宁省博物馆。倪瓒的收藏印有"倪瓒""云林子""自怡悦""云林懒瓒""清闷阁"等。遗憾的是绝大多数已散佚不见。至今很少能见到"清闷阁"庋藏过的名作传世。

八、赵与懃

赵与懃，约生于南宋嘉泰元年（1201），约卒于咸淳元年（1265）。字活舜，号兰坡，一作菊坡，处州青田（今浙江青田）人。宋太祖十四孙，赵希怿第二子。寓居吴兴（今浙江湖州）。官尚书右司郎中、司农卿、枢密院都丞等。工文翰，善书画，喜收藏。

赵与懃善书画创作，绘墨竹尤佳。因藏有许多名画，故其临摹的古画几可乱真。他家藏的法书名画不下千帙。《赵兰坡所藏书画目录》称其："富于书画，收罗不下千本，名卷多至三百外。"较为详细地记载了他收藏的诸多法书名画。其中法书有：汉张芝《文问帖》，晋王羲之《鹤鸟帖》《快雪时晴帖》《玉枕帖》《奉告帖》等，晋人书《晋娥碑》，孙绰《兰亭述》，索靖《出师颂》，隋智永《法华经》《春雨帖》等，多达一百七十九种；名画有：曹弗兴《岳符图》，顾恺之《初平起石图》《列女图》，王献之《渥洼马图》，戴逵《古诗十九首图》，卫协《述古图》等，多达一百十三种。据此目录后载："以上书画止是手卷，大者不在此数，中多佳品，今散落人间

图 5-20 茂林远岫图 北宋 李成

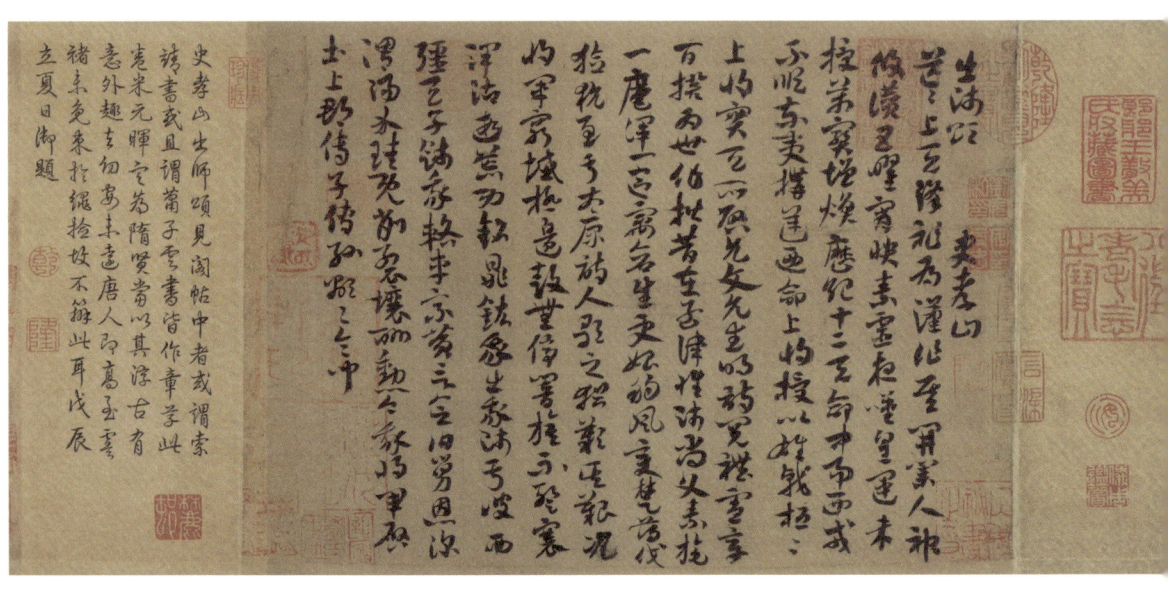

图 5-21 出师颂 西晋 索靖（传）

元气淋漓障犹湿
闲评外自成师弟
合付闲中秀碧画流
稿真赏时
戊寅春畫搞额再题

此卷为石渠宝笈续编上等素
晋题洗薰刻三希堂书帖中气陵

者，往往皆是也。"这一方面证实其收藏之多已无法入录，另一方面说明赵氏作古后，其家藏书画已散佚民间。

周密《云烟过眼录》一书中也记载了赵与懃的不少藏品。其载录的法书名画与《赵兰坡所藏书画目录》中的藏品大致相似，故《赵兰坡所藏书画目录》序文中有"其目首载《云烟过眼录》，而刻本例阙今全录之"①。足见赵与懃收藏之富。

元代除上述几位著名的藏家之外，尚有不少重要的收藏家。周密，工书善画，尤善鉴赏，不但收有颜真卿、米芾、赵孟坚、赵孟頫等名作佳迹，而且于书画鉴藏研究颇深，著有《云烟过眼录》《志雅堂杂钞》《思陵书画记》等，影响深广。王芝，精鉴藏，熟谙装裱技艺，曾奉旨鉴识内府书画和装裱事宜。他收藏颇丰，王羲之、陆探微、李思训、颜真卿、李公麟、李唐等名家巨迹均在他的收藏之列。李倜，博洽好学，以好书名天下，书法宗王羲之，墨竹师文同，尤以嗜好书画收藏名驰天下，收有关仝、董羽、郭熙、黄庭坚、许道宁等多种名作佳迹。庄肃，宋元归隐，潜心书画，喜收藏，收有张萱、戴嵩、李思训、顾闳中、周文矩、郭忠恕等佳品，著有《画继补遗》。张晏，累官御史中丞，身居要位，极喜收藏，藏品颇丰，王羲之、颜真卿、杨凝式、怀素、李白等名家巨匠的珍品皆归其有。

除上之外，元代较为重要的藏家还有申屠致远、王英孙、马绍、李衎、仇远、焦敏中、张斯立、冯子振、龚璛、吾丘衍、赵岩、汤垕、司进、徐琰、王蒙、顾瑛、虞集、曹知白、张雨、吴镇、杨瑀、赵雍、郑元祐、郭畀等。

第三节　著录专著的式微期

元代的公私收藏尽管不如宋代，但也涌现出不少著名的收藏家。然遗憾的是，皇家内府收藏无一留下有关书画庋藏的著录传世，就连一些著名的收藏大家，如赵孟頫、倪瓒、柯九思等也无有关书画收藏的专著留世。相对而言，一些不太著名的学者倒留下了些许重要的书论著录专著。较为著名的有汤垕的《画鉴》《画论》，夏

---

① 黄宾虹，邓实：《美术丛书》第三册，江苏古籍出版社，1986年版，第2915页。

文彦的《图绘宝鉴》，王恽的《书画目录》和庄肃的《画继补遗》传世，为后人研究元代及元代之前的书画收藏留下了可供鉴别研究的重要史料。

一、汤垕和《画鉴》《画论》

汤垕，生卒年月不详。字君载，号采真子，山阳（今江苏淮安）人。曾任绍兴路兰亭书院山长。幼承家学，熟读经史，妙于考古，尤精于书画鉴赏，为元代著名的书画鉴赏家。

汤垕交游甚广，交友甚众，热衷于鉴赏古迹，每见图画就喜不释手。后至京师遇时任奎章阁鉴书博士柯九思，与之纵谈艺事，后遂将平生所见绘画之上品，详加品评，后整理成《画鉴》一书。

《画鉴》又名《古今画鉴》，约成书于天历元年（1328）年间，录载画家颇多。自三国吴曹弗兴，晋卫协、顾恺之，六朝陆探微、展子虔，唐阎立本、吴道子、王维，五代关仝、董源、周文矩、卫贤、厉归真、袁义，宋米芾、苏轼、李成，金王庭筠、任洵，直至同代之龚开、陈琳等，对一百六十多位名画家进行品鉴，以甄别优劣真伪，历陈渊源史脉。如对吴道子评述："吴道子笔法超妙，为百代画圣。早年行笔差细，中年行笔磊落，挥霍如莼菜条，人物有八面，生意活动。方圆平正，高下曲直，折算停分，莫不如意。其傅采于焦墨痕中略施微染，自然超出缣素，世谓之吴带当风。"[①] 可见评价之恰当无可相比。

此书既可作为一部画史览读，又可视为一部名画鉴赏阅览。

《画鉴》不但对其中画家之艺术高下有所详述，而且对鉴赏和藏家也有所载述，如对大藏家王芝有一段记载："王芝子庆家收阎令画《西域图》为唐画第一，赵集贤子昂题其后云：'画惟人物最难，器物举止又古人所特留意者，此一一备尽其妙，至于发采生动有欲语状，盖在虚无之间，真神品也。'"[②]

汤垕除《画鉴》一书外，另有《画论》一卷问世。此书与《画鉴》相比，虽未详尽地述录绘画名家，然于绘画鉴赏却独有见地。内中既陈吴道子笔法之来源，又述数弟子之异同，然予鉴别，亦独具见地。

看画如看美人，其风神骨相有肌体之外者。今人看古迹，必先求形似，次及傅

---

① 卢辅圣：《中国书画全书》第二册，上海书画出版社，1993年版，第894页。
② 卢辅圣：《中国书画全书》第二册，上海书画出版社，1993年版，第894页。

染，次及事实，殊非赏鉴之法也。

看画不可一途，而取古人命意立迹，各有其道，岂可拘以所见绳律古人之意哉！①

相比而言，《画鉴》则曰："初学看画，不可不讲明要妙观阅记录。否则，纵鉴精熟，见画便知阿谁，诘以美恶之由，茫然无对，虽妄加议论，支吾一时，然谈吐俗缪，识见浅短，为知者所哂，不可不学也。人家子弟，不可不留心看画书，盖留心不于此则于彼，所益非一端。前辈名人巨公未有不游意于此者，陈无己诗云：'老知书画真有益，却悔岁月来无多。'读之可为浩叹。"②《画鉴》被《四库全书》著录之时原本已佚。《说郛》收列此书时，名为《画鉴》，《画论》并未另列。《珊瑚网》将《画鉴》论列各代画的部分名之曰《画史清裁》，而将后列为《画论》，名之曰《画论》，后人也将二者分开，其实原为一书。《美术丛书》将《画鉴》中的"杂论"专列一书，名为《画论》，而《中国书画全书》中则将"画论"一节纳入《古今画集》即《画鉴》，可见，此拟为一书。

如果说《画鉴》是其鉴赏名家绘画的实践，那么《画论》则为其从实践中总结而成的绘画鉴赏的方法。两书相互依存，相得益彰。"余自十七八岁便有迂阔之意，见图画爱不释手，见鉴赏之士便加礼问，遍借记录，仿佛成诵，详味其言。历观名迹，参考古说，始有少悟。若不留心，不过为听，声随影终，不精鉴也。"③精读《画

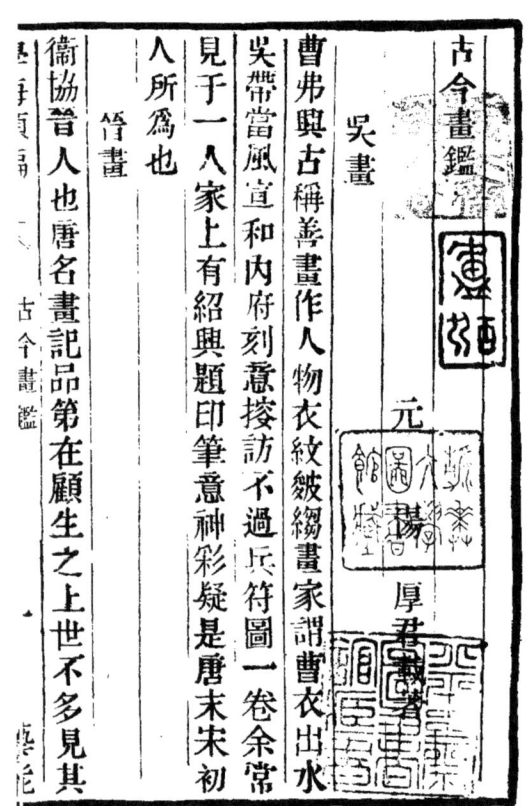

图5-22 《画鉴》 元 汤垕

---

① 黄宾虹，邓实：《美术丛书》第二册，江苏古籍出版社，1986年版，第1707页。
② 卢辅圣：《中国书画全书》第二册，上海书画出版社，1993年版，第902页。
③ 卢辅圣：《中国书画全书》第二册，上海书画出版社，1993年版，第901页。

鉴》，细辨其文，读后值得寻味，这不但是一部画史的记载，对书画鉴定也有一定的帮助。从中可见汤垕其良苦之心。

是书有《学海类编》本、《程氏丛刻》本、《说郛》本、《湖北先正遗书》本、《四库全书》本、《丛书集成》本，《美术丛书》本。

二、夏文彦和《图绘宝鉴》

夏文彦，约生于皇庆元年（1312），约卒于至正二十七年（1367）。字士良，号兰渚生，室名宝墨斋。吴兴（今浙江湖州）人，居云间（今上海松江）。富收藏，精鉴赏，亦擅书画。

《图绘宝鉴》全书分上编和下编，共五卷。成书于至正二十五年（1365），系对前人有关论画与鉴赏的编录，实是将《图画见闻志》《宋朝名画评》《画鉴》等书的有关章节汇辑而成。上编卷一为叙论，内容分为六法、三品、三病、六要、六长以及制作楷模、古今优劣、粉本、赏鉴、装褫书画定式、叙历代能画人名等篇。下编卷二至卷五系从古代传说时代至元代画史的传记。卷二主要介绍了三国吴至五代的画家；卷三主要是介绍宋代的画家；卷四系介绍南宋及金朝的画家；卷五为元代及域外画家。各卷所辑之小传，多取自《图画见闻志》《宣和画谱》《画鉴》等书，并略作增补。书末附《补遗》一卷，系对以上各卷之遗漏做了续补。这诚如作者自序中所说："余性鄙僻，六艺之外他无所好，独尝嗜画，遇所适辄终日谛玩。殆忘寝食，然犹病其不博，稍取历代画史，考论其世，与夫得失优劣之差，以广未至，而卷帙浩繁，不能遍举，欲辑为一书，未暇也。自卜居泗上，人事稀阔，间以《宣和画谱》附之他书，益以南渡辽金国朝人品，刊其丛脞，补其阙略，汇而成编，分为五卷，名曰《图绘宝鉴》。顾所摭虽群，而尚虑遗者不少，益其未备。竭其精诚，俾千载之下，莫逃乎赏鉴，岂无博雅君子与我同志者欤！"[1]

《图绘宝鉴》实系一部详细论述中国绘画的专著，然系将古代诸论画名著杂抄而成，又未加考订整理，故造成不少谬误和纰漏，且编次排列较为混乱芜杂，又将识画之诀误为作画之诀，故此书未被后代学者所重。正如作者自述之"刊其丛脞，补其阙略"，仍具一定的史料价值。有些早已散佚的论著，也能赖此书而见其大概。其中论述一千五百余名画家小传，更为历代画史、画传所无有。另夏文彦沿朱景玄

---

[1] 卢辅圣：《中国书画全书》第二册，上海书画出版社，1993年版，第847页。

论,置"逸品"于三品之外,并分别为三品定义:神品"气韵生动,出于天成,人莫窥其巧",妙品"笔墨超绝,传染得宜,意趣有余",能品"得其形似,而不失规矩",较前人所说更为简明确切。

是书对书画鉴定也自有独特的见地:"古人画墨色俱入绢缕,精神迥出,伪者虽极力仿效而粉墨皆浮于缣素之上,神气亦索然。盖古人笔法圆熟,用意精到,初若率易,愈玩愈佳。今人虽极工致,一览而意尽矣。"对御画他也有自见:"御题画真伪相杂,往往有当时名手临摹之作,故秘府所藏临摹本皆题为真,迩惟明昌所题最多,具眼者自能别识也。"①

此书卷首有元代著名学者杨维桢为之作序,其中赞许:"士良好古嗜学,风情高简。自其先公爱闲处士以来,家藏诸书名画为最多。朝披夕览,有得于中,且精绘事,是编之作,足以知其品藻者矣。视萧米第未足多让也。"②可见评价之高,无须多语。

至明代,韩昂著有《图绘宝鉴续编》一卷,补录明洪武至正德十四年间的画家一百余人。明清之际,坊间又将上述二书刻成《增补图绘宝鉴》八卷。该书虽有谬误,近人(如余绍宋)对此书也存有贬义,然因搜罗广博,资料齐全,取舍得当,仍不失为一部值得后人参阅的中国较早的绘画通史及鉴赏著作。尤其是到了明、清两代,几经翻刻,流传甚广,影响颇深。

是书有至正二十六年(1366)刻本。后有洪武本、《榕园丛书》本、《津逮秘书》本、《四库全书》本、《丛书集成初编》本、借录堂本、武林传经堂本、怡堂本、《中国书画全书》本等。

三、王恽和《书画目录》

王恽,生于金正大四年(1227),卒于元大德八年(1304)。字仲谋,号秋涧。卫州路汲县(今河南卫辉)人。元朝著名学者,工诗善文,诗人兼政治家。历任中书省祥定官、左司都事、中议大夫、中夫大夫等。著有《中堂事纪》《乌台笔补》《玉堂嘉话》《秋涧乐府》等。

《书画目录》又称《元破临安所得故宋书画目》,系王恽有关元内府所见书画名

---

① 卢辅圣:《中国书画全书》第二册,上海书画出版社,1993年版,第849页。
② 卢辅圣:《中国书画全书》第二册,上海书画出版社,1993年版,第847页。

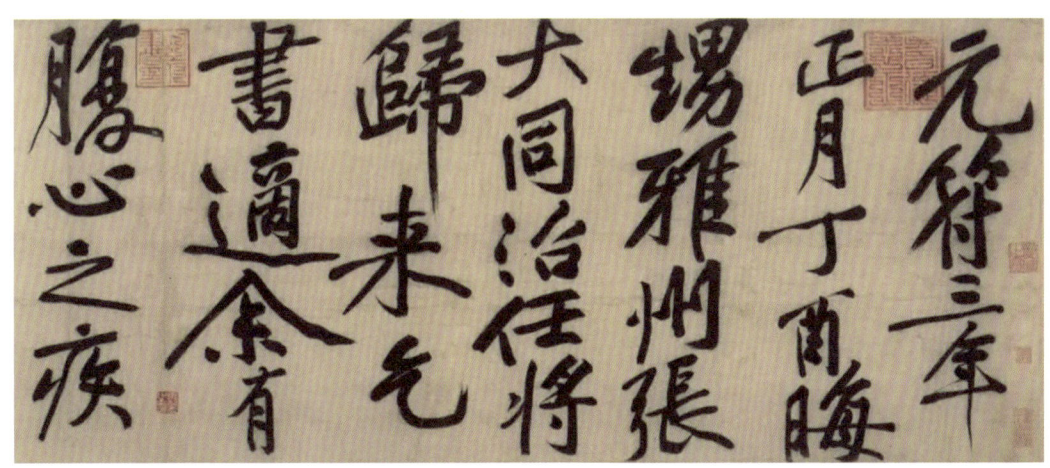

图 5-23　赠张大同卷　北宋　黄庭坚

迹的重要著录。他在自序中称,至元丙子(1276)春正月,江左平。冬十二月,作者在平章太原张公(易)引荐下,正逢"诏许京朝士假观,予适调官都下日饱食无事,遂与左山商台符叩阁披阅者竟日,凡得二百余幅",其中"书字一百四十七幅,画八十一幅"。[1] 王氏阅之名迹,均为晋唐五代传世巨迹,如孙过庭《书谱》、怀素《自叙帖》、黄庭坚《赠张大同卷》、王羲之《四月忧》、王献之《洛中》等三帖、谢安《东山帖》、智永《临右军四帖》等名帖。名画有阎立本《历代帝王图》、顾恺之《洛神赋图》、王维《山水图》《辋川图》《骊山图》、韩幹《山水马》、李思训《崆峒山图》、李昭道《避暑宫图》、戴嵩《牛图》等佳作。

以上是说王恽在至元丙子年(1276)冬,征得旧友、知秘书监事张易的应允,在秘书监内观看内府秘藏法书名画。而且目识手记,将一天内饱览书画名迹的情况,详细地记录下来,这便成了这篇《书画目录》。是篇记录详尽,条目分明,论析得当,不以画家时代为次,为随见随记,较为杂乱。然此目录为人们提供了当时鉴别元内府秘藏书画的内容,从而为鉴别宋及宋之前的书画提供了佐证。

是书有《美术丛书》本、《中国书画全书》本等。

王恽另有《玉堂嘉话》一书除了记录作者所经历的事迹和见闻之外,对书画碑帖也有不少描述,对用墨之法、砚台辨识、碑帖品鉴、绘画论艺等都有所涉及。在其卷二第四十一章中载:"圣上御极十有八年,当至元十一年丙子春正月,江左平。冬十二月,图书礼器并送京师,敕平章太原张公兼领监事,寻诏许京朝官假观。予

---

[1]　卢辅圣:《中国书画全书》第二册,上海书画出版社,1993年版,第954页。

图 5-24　历代帝王图　唐　阎立本

遂与左山商台符叩问披阅者竟日。凡得书画二百余幅，今列于左"，随即附所见宋及宋之前传世书画作品二百余件，作品与《书画目录》中所载大致相同。

是书有《墨海金壶》本、《守山阁丛书》本、《中国书画全书》本。

四、庄肃和《画继补遗》

庄肃，生于南宋淳祐五年（1245），卒于元延祐二年（1315）。字恭叔，一作幼恭，号蓼塘，松江（今上海）人。宋时为秘书院小吏，宋亡后隐居松江青龙镇，著录立说，建"万卷轩"，藏书八万卷之多，被誉为元代三大藏书家之一。撰有《庄氏藏》，另著有《艺经》《画继补遗》。

庄肃性嗜画，于元大德二年（1298）撰成《画继补遗》。全书分上、下两卷，上卷记帝王、贵族、官宦、儒道、士庶画家；下卷主要记画院众工。全书辑录了自南宋绍兴元年（1131）至元德祐元年（1275）间的画家共八十余人，对个别北宋画家也略有涉及。全书系画家传记，内容包括籍里、字号、生平、师承、专擅、画法风格，以及所见作品和当时的影响。

《画继补遗》序文曰："予自龆龀及壮年，嗜画成癖。每见奇踪古迹，不计家之有无，倾囊倒箧，必得之而后已。否则惙惙若有所遗失，致为亲朋之所窃笑。"可见庄肃本身就是一位书画收藏家，然因"平生所藏固不多，而所见亦不少。第恨炎宋中兴以后，画手率多务工取巧，而行笔傅彩，不逮前人，然姓氏科目安可废而不书"。在他以为："唐有《画录》《画品》《画断》，五代有《画补》，宋有《画评》《画志》《画史》《画谱》《画继》，不特徒识姓名，其间亦寓贬奖，予不自揆，辄作《画继补遗》。"[①] 可见，庄肃意继邓椿《画继》而作《画继补遗》，以成他对书画鉴藏方面的认知和夙愿。

《画继补遗》中，收录了不为时政所重视的"皂隶"赵大亨，及曾在太行山为盗的萧照，给予了较高的评价。书中尚存谬误，然给后世研究宋末至元代的画家留下了可供研究的史料价值。

是书有醉经楼本、《中国书画全书》本。

元代除以上几部重要的书画著录专著之外，尚有庄肃《画继遗谱》、陈德辉《继画记》、袁桷《元鲁图大长公主图画记》、汤允谟《云烟过眼录续集》、盛熙明《图画考》、费著《名画记》、佚名《画继补遗》、严录事《书画薮》等。除上之外，元代其他重要的有关书画著录的书籍并不多。这既与整个元代的政治、经济、文化相关，也与元代的书画收藏渐趋衰落相连。

---

① 卢辅圣：《中国书画全书》第二册，上海书画出版社，1993年版，第913页。

第六章 明代的书画收藏
（昌盛时期）

明代内府的书画收藏，较之前代相比已呈下降之势。这一点，表现在皇家内府的收藏上尤为突出。这一方面与明代历代皇帝文化程度低下和艺术修养的欠缺，以及管理混乱相关，另一方面也与经济发展的不均匀相连。

明代的私家收藏，较之明代内府来说，自然要兴旺发达得多。无论是其藏家数量或是藏品质量，从整个书画收藏的历史观察，几达昌盛时期。造成昌盛的原因主要有三：一是朱元璋的农民起义推翻了元朝的统治，建立起一个汉文化统一的皇朝；二是由于内府收藏的管理混乱等原因，致使大量珍贵书画藏品散落民间；三是从明世宗嘉靖元年（1522）起，至明神宗执政后的一百多年间，经济的繁荣发展促进了书画市场的发展。三者合一，整个明代的私家收藏就自然兴旺发达了起来。

明代历朝皇帝对书画收藏一般没有特别的喜好。尤其是自明中叶以后，因经济衰退、国库空虚，隆庆、万历两帝竟将书画藏品作为"折俸"，折价给官员作为薪金。而有些官员的藏品不久又被籍没进入内府，加之管理不善，不少藏品又被中官偷盗出宫而再次散落民间。

正是由于明内府收藏此起彼落，混乱不堪，致使内府收藏逐渐散落民间，从而促进了明代私人书画鉴藏的兴盛。从此，民间收藏和宫廷皮藏并驾齐驱，出现了此起彼伏、互补互济的局面。然相比而言，整个明代私家收藏远超皇家内府收藏，并涌现出不少杰出的书画收藏家。

第一节　内府收藏呈下降时期

一、明太祖内府的收藏

朱元璋，生于元天历二年（1329），卒于明洪武三十一年（1398）。字国瑞，原名朱重八、朱兴宗。濠州人（今安徽凤阳人）。出身贫寒，为农民起义军首领，善治政。为明朝开国皇帝，庙号太祖，年号洪武。明太祖朱元璋虽是一位暴君，也无太多的文化和艺术修养，然因好大喜功，又喜舞文弄墨，加上洪武初年，为适应宫廷的政治需要，宫中不但招罗了不少画家，而且对内府收藏也算重视。

明代立国之初，洪武元年（1368），朱元璋命令大统帅徐达率兵查封了元内府书画典籍，接收的多为元代内府奎章阁、崇文阁的法书名画，另有图籍、彝鼎、古坑、实物等，数量与质量较为可观，尽解金陵，并交由司礼太监收纳管理。流传至今的若干传世名作中，上钤有"稽察司"半印，以及前隔水花绫上存有骑缝编号的作品，现仅存八十九件，即为明代初期宫中收藏过的名迹之佐证。

朱元璋曾亲自撰文论述一位叫盛著的画家。其人为元代著名画家盛懋之侄。盛著善山水，精花鸟，工人物，尤精装裱全补图画，运笔设色几与古人无殊。洪武时被召入宫，供奉内廷，令图往贤著功名者，得到赏遇。后因画天界寺影壁，以水母乘龙背，然因不合旨意而被朱元璋杀害。而当时因此种种原因被杀害的画家还有赵原、周位、王蒙等。这是后话，暂且不论。

明代内府的书画收藏，由于没有一位皇帝能像宋徽宗、清高宗那样酷爱书画艺术，加上宫内也没有设立一专业机构专门从事书画的管理和庋藏，故而整个明代除了籍没元内府的书画藏品以及籍没官宦的一些名迹以充入内府之外，几乎无甚增加。

其实，从洪武年起，朱元璋就已将内府的藏品赏赐给开国功臣及各地藩王。其中晋王朱㭎、鲁王朱檀、黔宁王沐英三大家族得之最多。他们的不少书画藏品中都钤有"司印"的印章，从中可证这批书画是洪武年间内府庋藏所加盖的"典礼纪察司印"半印。在手卷的右下方往往只露"司印"二字或兼露"纪察"二字半印，另一半留在文物账簿上，即由皇帝赏赐而得。

二、其他各皇帝内府的收藏

明代除朱元璋之外，其他多位皇帝内府的收藏与明太祖相差无几。比较而言，明内府的书画收藏，当以宣宗、宪宗、孝宗三朝较为丰富，尤其是迄宣宗朱瞻基朝的近十年间。宣宗自身文化水平较高，他工诗翰，善绘画，工书法，所作山水、人物、花鸟无不臻妙。他在宫内设画院，聘揽人才，对内府收藏较为重视。除了接管前朝内府和籍没大量藏家作品之外，还派太监到全国多地搜罗书画名迹及古玩珍宝，同时还收藏当时名家创作的作品。

整个明朝内府对书画收藏管理并不十分严格，负责此项工作的大都也只是由太监兼任。所以就是像宪宗这样较为重视书画收藏的皇帝，也因内府管理混乱，权贵们趁机通过各种手段将内府的藏品窃为私有。当时时任司礼监太监的黄赐和他的侄子锦衣卫上骑都尉黄琳、太监钱能，以及钱宁叔侄的书画收藏极为丰富。这些无疑可归为两点：一是骗取皇帝的赏赐；二是利用各种手段私下窃取。这些，沈周在他撰写的《客座新闻·中官武臣斗富》一节中可证之："山阴司马公董，字通伯，成化末为御史，董学南几时为余言，近在南京，见太监钱能与太监王赐侄锦衣卫指挥琳二家，各出书画每五日令执事者昇二柜，至公堂展玩，毕复循环而来，中有王右军二十七字，王维雪景一大卷，长三四丈，唐人如韩滉题扇，惠崇斗牛，韩幹马五卷，黄筌醉锦卷，皆极天下之物。小李人李金碧各一卷，董范等卷不以为异，苏汉臣、周防对镜士女，韩滉、班姬题扇，李景高宗应瑞图，壶道文会、黄筌聚禽卷、阎立本锁谏卷，如牛腰书，如顾宏諫松卷、偃松轴，苏黄米蔡各为卷者，不可胜数。挂轴若山水名翰，但多晋唐宋物，元氏不暇论矣，皆神之物，前后题品钤记且多，钱并收云南沐府家物，次第得之，价迨七千余两，其记之亦所有四万余两。王家多内帑物，惜尤物不宜专于一处，聚而复散，其在天地间，寿亦有修，短恐数极一尽，可慨可惜也夫。"①

自明中叶之后，因经济衰退，国库空虚，成化、隆庆、万历朝竟将宫中书画藏

---

① 沈周：《石田翁客座新闻》，上海古籍出版社，2002年版，第165—167页。

品作为"折俸",折价分给官员作为薪金。《双槐岁钞·京官折俸》就有这样的记载:"成化五年(1469),御史李璔监内帑出纳,见纻丝绫罗纱褐缯布之衣帨衾褥,以及书画、几案、铜锡、木诸器皿,皆委积尘土中,日久腐坏,将归于亡用,乃请以充俸钞。制曰:'可'。以是藏吏检会,驵侩估直,枚识之,听各衙门具数,委官领出,分授各属。"对此类荒唐的"书画折俸事件",沈德符在其《万历野获编·籍没古玩》一节中也曾作过记录:"严氏被籍时,其他玩好不经见,惟书画之属入内府者,穆庙初年出以充武官岁禄,每卷轴作价不盈数缗,即唐宋名迹亦然,于是成国朱氏兄弟以善价得之,而长君希忠尤多,上有'宝善堂'印记者是也。后朱病亟,渐以饷江陵相,因得进封定襄王。未几张败,又遭籍没入宫,不数年为掌库宦官盗出售之,一时好事者,如韩敬堂太史、项太学墨林辈争购之,所蓄皆精绝。其时值尚廉,迨至今日,不啻什伯之矣。"①以上记载,一方面证明了内府将书画作为"折俸"分送官员作为薪金的事实;另一方面说明了内府藏品被官员偷盗出宫散落民间的状况。

除了将书画藏品作为官员的俸薪之外,隆庆后,又因军饷不足,竟将内府藏品出售以筹集饷款。更为严重的是,有不少书画藏品被一些太监盗窃出宫,如太监冯保就将《清明上河图》窃出后辗转宫外。

永乐时,有一位叫滕永亨的,工词善文,尤精鉴赏,后被召入宫,授翰林待诏,供奉翰林中书,奉旨负责书画鉴定。一次他陪皇帝鉴别一幅作品,尚未看完,许多人都说这是出自南宋赵伯驹之手,然滕永亨却说这是北宋王诜的手笔,待观赏到结尾时,果然为王诜之作。

到了明中叶以后,民间出现了大批鉴藏精深、藏品丰富的收藏名家。这些人中,既有王公贵族、达官贵人,又有士绅名流、富商大贾,还有集精鉴赏、善绘事于一身的书画家。市场的需求,进一步导致内府大量的珍贵名迹流出宫外。而由于整个明内府的收藏无著录也无相关记载,故人们已很难断定整个明内府书画收藏的确切数量及名目,从中可窥见农民起义窃取政权后内府书画庋藏的种种劣迹及无奈。

---

① 沈德符:《万历野获编》上册,上海古籍出版社,2012年版,第176页。

第二节　私家收藏达昌盛时期

明代的私家收藏较之皇家内府收藏明显要活跃很多。明代皇家收藏的不兴是明代私家书画收藏兴盛的主要原因，故明代私家收藏在整个中国书画史上几臻昌盛时期。

明代私家收藏不但名家较多，庋藏丰富，而且著录颇多，并涌现出一批杰出的收藏家和优秀的书画著录专著。收藏家中当以华夏、项元汴、韩世能为代表；著录书中又以《东图玄览编》《清河书画舫》《平生壮观》为代表。而由文徵明家属摹刻的《停云馆帖》刻本的问世，为书画的鉴赏收藏开创了一个新的领域，并为传播中国书画艺术做出了重大的贡献。

一、沐英

沐英，生于元至正四年（1344），卒于明洪武二十五年（1392）。字文英，别名朱英。濠州定远（今安徽定远）人。系朱元璋养子，为明朝开国功臣，著名军事将领。曾受帐前都尉、镇国将军。官至大都督府佥事、征西将军、封西平侯，赐丹书铁券。后征伐云南，屡建战功，平定云南后一直留滇镇守。去世后，追封黔宁王，赐谥昭靖，侑享太庙。

沐英出身贫寒，自幼颠沛流离，后被朱元璋收养当作义子。朱元璋夫妇待他如同己子，不仅派人教他读书识字，还教他如何带兵打仗。由于沐英屡建战功，征服云南后又大兴儒学，重修和兴建了一批儒学学宫，增设府州县学十几所，并亲自颁学制、学规，礼聘人才施教，自己也积极参与其中，为云南的文化教育事业做出了一定的贡献。《明史·沐英列传》曾对沐英作过较高的评价："黔宁以英年膺腹心之寄。汗马宣劳，纯勤不二，旂常炳耀，洵无愧矣。独黔宁威震遐荒，剖符弈世，勋名与明相始终。"

正是由于沐英的这种特殊的身世和朱元璋的特殊关系，加上沐英声名显赫，竭力推崇汉文化和喜爱收藏，故而沐英的书画收藏在明代早期当属首位。

沐英的收藏不外乎以下几种情况：一是来自明内府的赏赐。沐英因战功显赫，又是朱元璋的养子，接受了大量的赏赐，除了金银珠宝外，名画珍宝不在少数。现

图6-1 龙池竞渡图（局部） 元 王振鹏

存世的沐芦藏品，其中李公麟的《免冑图》、王振鹏的《龙池竞渡图》、郭忠恕的《摹辋川图》，以及不少宋代的团扇上都留有元代内府收藏的印记，这便是内府常赐所致。二是沐家凭借着显贵的权势和优厚的财力，延请当时著名的书画家为其作画，加上沐英本身喜爱书画，故当时供奉内廷的画家王绂、石锐、戴进等都与沐家有交往，这些画家的作品上也留有沐家的收藏印。三是通过市场购买获得。如晋王朱㭎，本身就是位收藏家，其收藏的部分藏品后来也流入了沐英家。这些作品上也留有朱姓家族的收藏印记。

据载，明成化末年，约明成化十二年（1476）至成化十六年（1480）间，太监钱能、王旸等在陪都南京官邸，每隔五日即派人运出两柜历代法书名画巡回交换展出，其中多为晋、唐、两宋巨迹，相互鉴定欣赏为乐。然其中不少系"并收云南沐府家物次第得之"。

被钱能籍没的沐英藏品，除了有王右军的法帖、王维的雪景、惠崇的牛、韩幹的马之外，还有黄筌、大小李将军、范宽、苏汉臣，以及韩滉、阎立本等各种名迹珍品，价值白银四万余两之多，从中可见沐英家族当时收藏之盛。

据不完全统计，沐英收藏的书画名迹除上述记载之外，还有宋郭忠恕的《摹辋川图》、李公麟的《晚冑图》、马和之的《鹿鸣之什图》、马麟的《郊原曳杖图》和

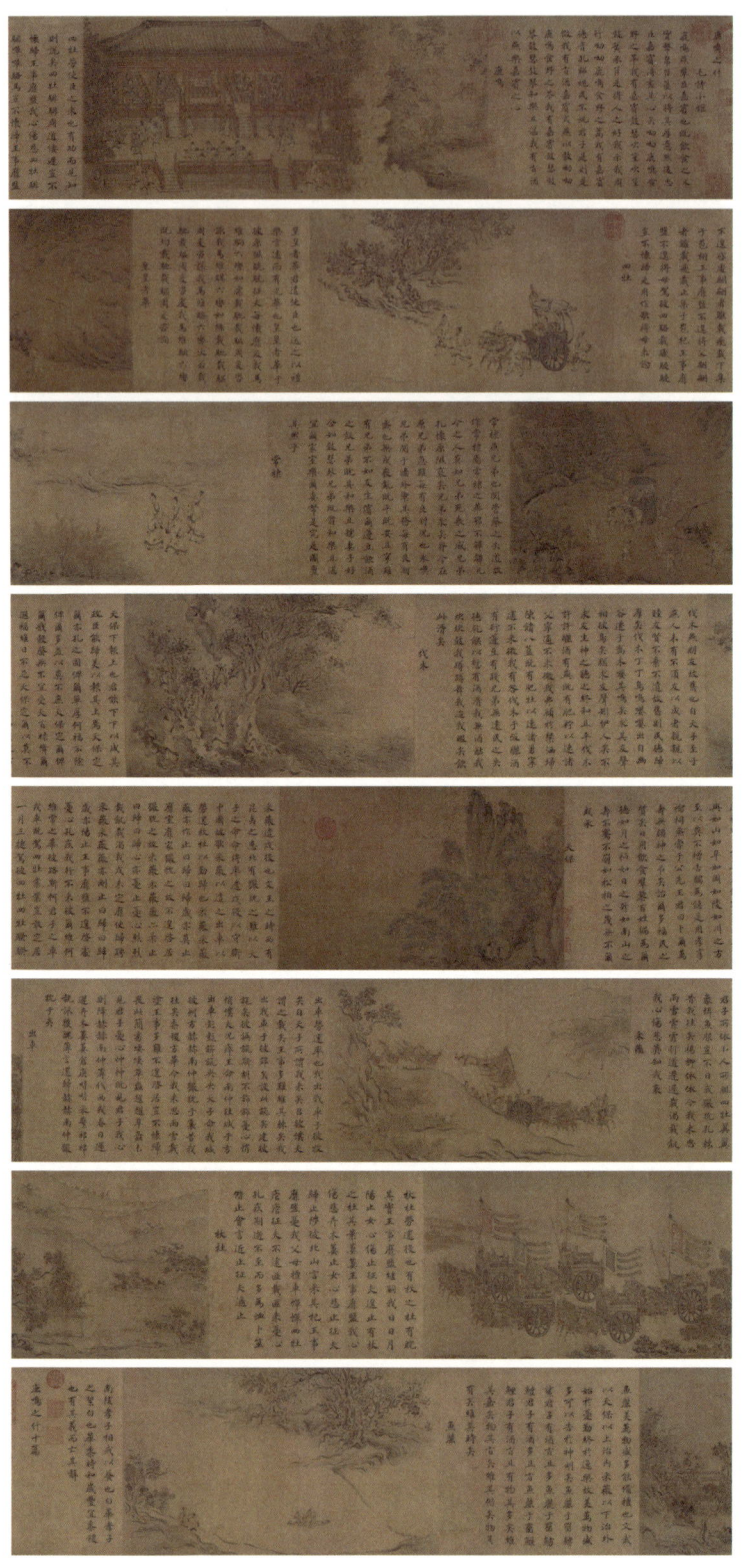

图 6-2　鹿鸣之什图　南宋　马和之

王振鹏的《龙池竞渡图》等。

受沐英的影响，其子孙收藏也算可观。沐昂为沐英三子，受命镇守云南，曾任散骑舍人、府军左卫指挥佥事、都指挥同知。善好诗文，爱收藏，编有《沧海遗珠》等。其孙沐璘，工书善诗，亦喜收藏。沐璘除贮有家藏珍品之外，另藏有宋米芾《行书多景楼诗册》、夏圭《溪山清远图》、赵昀《湖上诗团诗》等。常用收藏印有"沐璘廷章""公余清玩""沐氏珍藏""沐氏珍玩""黔宁王世家""黔宁王子子孙孙永保之"等，从这些收藏印中，不难看出沐氏家属对书画收藏的重视。

二、朱㭎

朱㭎，生于元至正十八年（1358），卒于明洪武三十一年（1398）。濠州钟离（今安徽凤阳）人，明太祖朱元璋的三子。洪武三年（1370）受封晋王，谥号恭王，史称晋恭王。然性暴心恶，因惧坐罪被诛，英年早逝。学文于宋濂，学书于杜环，尤善行书。博雅好古，书画收藏甚丰。

朱㭎因系朱元璋的儿子，又擅文善书，尤喜收藏，故其为明王朝中书画收藏最为富盛的一位皇子。据载，他的藏品，不仅有唐《摹王羲之草书上虞帖卷》、李隆基《鹡鸰颂》之外，还有宋米芾《吴江舟中诗卷》、王诜《叠翠争流图》、马和之《清庙之什图》等。常用收藏印有"晋府书画之印""晋府书画之宝""晋国奎章""晋国图书"等，从这些收藏印分析，其收藏远不止如上所载。另外其收藏的书画上常出现"司印"半印，或元内府的"天历之宝"等印记，这些藏品应出自明内府的赏赐所得。

由于关于朱㭎书画收藏的信息太少，故无法了解他更多的收藏事宜。但不管如何，朱㭎应数洪武王朝私人收藏书画最多的一位。

三、沈周

沈周，生于明宣德二年（1427），卒于明正德四年（1509）。字启南，号石田、玉田生，晚年自号白石翁、竹庄老人、竹居老人。长洲（今江苏苏州）人。沈周出身名门望族，曾祖父沈良琛系元代大画家王蒙的好友。祖父沈澄，工诗善画，亦精鉴赏，时名江南。父亲沈恒吉，系杜琼的学生，工诗词，善绘画。沈周书画创作和书画收藏受其家学渊源影响。

沈周是一位纯粹的读书人。沈周从杜琼、刘珏学画，从陈宽、徐有贞学诗文。

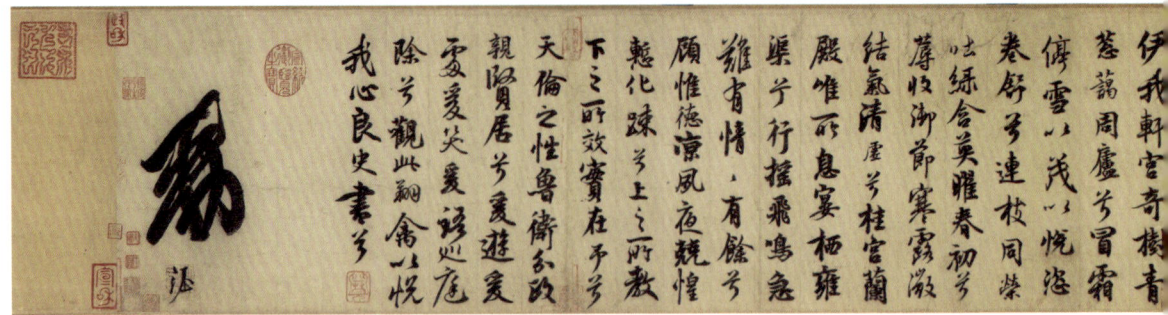

图 6-3　鹡鸰颂　唐　李隆基

他杜绝科举，终身不仕，一生居家读书写字，吟诗作画，将书画创作和书画收藏作为终身的追求。沈周家三世习儒业，遂以诗画擅名，成吴郡文坛之领袖，后创"吴门画派"，为"明四家"之首，终成一代书画大师。著有《石田集》《客座新闻》等。

书画创作必须临习，然临习必具真迹。无真迹无法临习，无临习何谈创作？故古今但凡有成就的传统书画艺术家，必于书画收藏留意一番不可，否则，终难成一名家矣。鉴此，沈周可谓是这一传统画家群体的杰出代表。

沈周的书画收藏起始实是家传影响的结果。沈周的曾祖父沈良琛与王蒙是好友，王蒙系赵孟頫的外甥，其家藏书画之丰自不必说。沈良琛精书画鉴赏，沈家的书画收藏在其时已有一定的积累。加上祖父沈澄，其父沈恒，均工诗善画，亦精鉴赏。这些正如沈周在一米芾画卷后题跋所云："余家三世祖传绘理癖，好董巨、二米笔法，但求见真迹最难耳。余昔从东原杜夫子门下，见其家藏一幅，珍之如宝，玩赏为异。"这些无疑为沈周日后养成书画收藏的习惯和爱好打下了基础。

后随着沈氏家业的不断扩大，尤其是到了沈周这代，随着沈周与书画收藏家、爱好者交流的日益扩大，以及沈周名声的日渐远播，家藏书画收藏达鼎盛期，成为明代一大收藏家。

沈周早年尚徘徊在仕与不仕的矛盾状态中，然在中年后终于坚定了自己终生不仕的信念，埋首于书画创作以了终身的志愿。成化三年（1467），沈周在离旧宅不远处，建造了一处居室，称"有竹居"别业，名"竹居"。竹居傍川临山，修竹万竿，山清水秀，幽静宜人，至此，这里便成了沈周追求隐逸生活，从事书画创作和书画鉴藏的场所。平时友人来访，多被邀留数月，或逢佳节胜时，他便约请诗朋画友，或吟诗作画，或将所藏书画名作供大家欣赏，同时也成为文人雅士、亲朋好友舞文弄墨、雅鉴品赏书画的集聚地。这点从杜琼《杜东原先生集》的"西园雅集图记"中可证：

  长洲沈君孟渊，居娄之东地，名相城之西庄，其地襟带江湖，控接原湿，有亭馆花竹之胜，水云花月之娱，孟渊攻书饬行，郡之庶生硕儒多与之相接，凡佳景良辰，则招邀于其第，觞酒赋诗，嘲风咏月，以适其适。而衣冠伟，如佩玦锵，如于于而趋，雍雍而居。主宾揖逊之有仪，陪台走侍之维谨，人望见之，若丹台紫府仙人之列也。继而群公相继而兴，仕于永乐之朝，孟渊亦受察举待诏公车，复得与诸公骨会焉，其与斯会者，则有青城王文靖公、春宫业卿耻庵窦公、怡庵先生陈大父公、梦庵张高士、中书舍人金尚素、葵丘翁谢孔昭、左绵苏太守、臞樵沈公济、吴山金维则与孟渊氏，凡十人焉。其不至京者，梦庵、维则二人而已。至若臞樵、谢丘，虽不禄仕，亦抱其才艺，出入禁近，遂游公卿之间。流光易迈，今四十年矣。向之诸公皆已仙去，惟二沈年皆耄耋而存。孟渊因观元人顾仲英《玉山雅集图》而谓公济曰：自吾与子亲接诸儒之雅好，而今不可复得矣，虽不可复得，吾未尝不往来与怀也，子其为我效而图之。公济遂想像其人物与其景趣，移入丹青，曲极其妙，题曰《西园雅集图》。俨然诸公之在目前也。予仍疏诸君子之平生，大略于左，后之览者得考见焉。①

  从沈周创作的《西园雅集图》《名贤雅集图》《高贤饯别图》和《虎丘送别图》等图及跋文分析，时与交往并参与竹居雅集的好友众多，他们中既有徐有贞、刘珏、吴宽等人，也有蔡羽、朱圭、彭龙池、袁襄、祝允明、袁补之、杨循吉，又有都穆、史鉴等，尚有文徵明、唐寅、王榖祥等，另有周鼎、祝颢、文林、杨君谦、徐祯卿

---

① 阮荣春：《明清中国画大师研究丛书·沈周》，吉林美术出版社，1996年版，第60页。

图 6-4 庐山高图　明　沈周　　　　　　　　　　　　　　　图 6-5 名贤雅集图　明　沈周

等。他们中有的是其老师，有的是其好友，有的是其学生，还有则是书画家和收藏家。这些无疑为沈周的书画创作和书画收藏提供了不可多得的环境和条件。

沈周家藏法书名画十分丰富，据都穆《寓意编》载，他收藏有："胡繁《番骑图》、郭忠恕《雪霁江行图》、谢康乐《半身像》，苏舜钦、蔡襄、苏轼、苏辙、黄庭坚、米芾诸人遗墨一册，宋人摹《周文矩宫中图》一卷。黄庭坚大楷《杜甫律诗二首》，王文正、秦观、米芾、楼钥、杨慈湖诸人手帖一卷，苏轼《前后赤壁赋》、李公麟作图、李公麟画《女孝经四章》并书，林逋《与僧二帖》、蔡襄《自书绝句诗》、米芾《自书词》一卷，李忠定书一，张忠献书一，赵忠简札子一，外小站一，吕忠穆、李庄简书各一，共一卷，蔡襄、苏轼、黄庭坚、米芾书真迹一卷，张忠献父子（张浚、张栻）与虞丞相（允文）札子，黄庭坚书《马伏波庙诗》一卷并跋（大字），赵孟頫《临伏生授书图》，邓侍郎、程雪楼、徐子方、卢疏斋诸人诗，僧巨然《赤壁》《雪屋会琴》二图，高克明山水一卷。"

此外沈周还收藏五代董源及李成的画、元黄公望《富春山居图》、王蒙为沈兰坡作的山水等。

又据《故宫书画录》载，沈周收藏的巨迹名篇有：一、宋人法书计四册，第一册二十四幅，第二册二十五幅，第三册二十五幅，第四册二十四幅，以上共九十八幅。宋徽宗瘦金书、李宗谔楷书、叶清臣行楷书、富弼行书、文彦博行书、司马光楷书、欧阳修楷书、张方平楷书、沈遘行书、赵朴楷书、吕公弼行书、王安石行书、韩绛楷书（二）、韩绎行书、韩缜楷书、吕大防楷书、钱公辅行书、范纯仁行书、范纯粹行书、吕嘉问行书、唐坰行书、赵令时行书、张商英行书（以上第一册）。蔡襄草书、王素楷书、苏轼行书、苏辙行书、王觌行书、孙甫行书、李之仪行书、裴煜楷书、林希行书、蒋之奇行书、黄庭坚行书、蒲宗孟楼书、陈武瓘行书、陈旸行书、陈师锡行书、米芾行书、薛绍彭草书、邵鼒行书、王岩叟楷书、曾布楷书（二）、曾肇行书、章惇行书、苏迈行书、张阁行书（以上第二册）。李彭草书、王份行书、曾纡草书、蔡京行书、蔡卞行书、蔡修行书、吴说行书、李纲行书、韩世忠楷书、赵鼎楷书、张浚行书、虞允文行书、龙大渊楷书、朱敦儒行书、叶衡行书、洪遵楷书、汪应辰行书、张九成行书、范成大草书、王十朋行书、王淮行楷书、陆游行书、谢谔行书、王之望行书、沈与求行书（以上第三册）。翟汝文楷书、蒋璨行楷书、胡安国行书、洪咨夔行书、朱熹行书、楼钥行书、能孝祥行书、汪藻行书、胡沂行书、张纲草书、康与之行书、韩元吉行书、杨万里草书、徐梦莘行书、

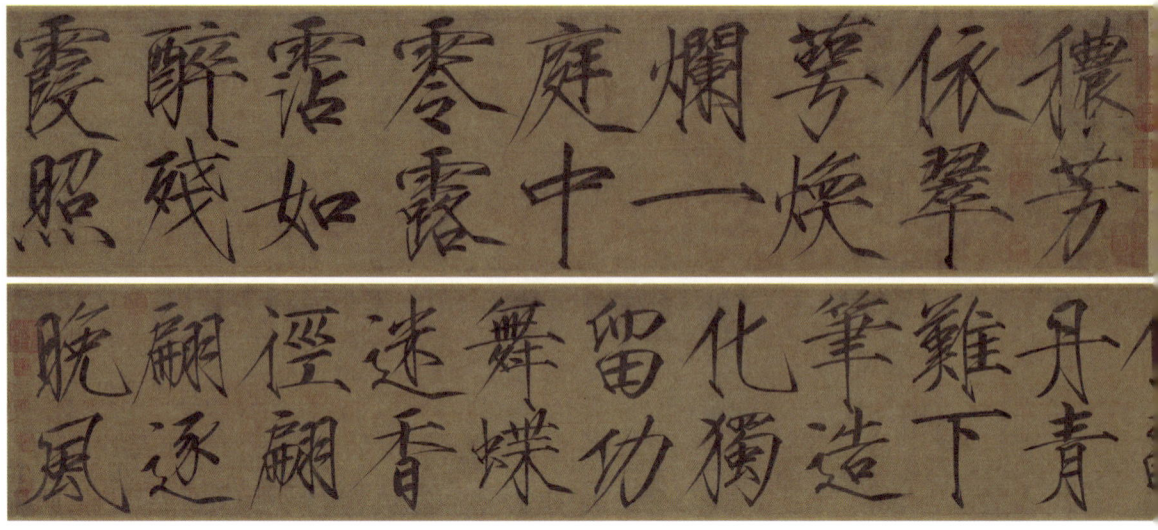

图 6-6　秾芳诗帖（局部）　北宋　赵佶

杜良臣行书、张即之行书（二）、张读行书、乔行简行书、于谟行书、程元凤行书、葛洪行书、陆偰行书、陆秀夫行书（以上第四册）。[①]

　　这些著名的巨迹中，钤有"沈周宝玩""吴沈氏有竹居图书"等收藏印记。从中可了解到沈周于书画收藏，不但面广富丰，而且又系精品名作，皆为历代名家大师之作。对此吴宽就赞其为"真知画者"，故沈周当时在书画收藏圈内就有"吴门巨眼"之誉。

　　然正是由于沈周皮藏了这么多的名篇巨作，才使沈周的书画临习创作有了实物的依据，使之临习、研修、创作达到了他人无法企及的方向及目标，终成一代大家而无愧。现从沈周临习与创作的书画作品分析，他摹古师承的历代名家五十多位，既有五代的董源、巨然，还有宋代的马远、夏圭、燕文贵、梁楷，又有元代的赵孟頫、钱选、高克恭、赵仲穆、黄公望、倪瓒、吴镇、王蒙等。

　　沈周于书画收藏并不是为收藏而收藏，主要是以此临写观赏。至于沈周一生究竟观赏过多少古画，临摹过多少古画，恐怕连他自己也难计数。就现有资料统计，其所摹习古人的作品涉及的除上述这些外，还有如：谢廷循、谢缙、戴进、夏仲昭、杜琼、赵千里、惠崇、王绂、李成、赵大年、范宽、许道宁、钱选、周砥、米友仁、

[①]　阮荣春：《明清中国画大师研究丛书·沈周》，吉林美术出版社 1996 年版，第 172 页。

第六章 明代的书画收藏（昌盛时期） 193

图 6-7 踏歌图 南宋 马远

王渊、杜菫、刘珏、郭熙、张宇初、庄公瑾、张暄、薛希贤、沈士俩、于汉远、郭文通、赵廉、卓民逸、史敏、史璘、陈宗渊、金文鼎、张以文、沈公济、江质等。此外，他还观赏过王维《江干雪意图卷》、荆浩《秋山晚翠图》、唐棣《松窗读易图》、吴伟《渔夫图》，以及米芾、郭忠恕、孙君泽等人的作品。这些作品沈周也都有所摹习。从上述名单即可看到，这其中既有五代、两宋的，也有元人的，亦有浙派的；有北宗的亦有南宗的；有专事水墨写意的，亦有擅长金碧青绿的；有文人画家，亦有院体工匠的。明人董其昌所列"南北宗"两派的代表画人，也均在沈周的师承对象中。

据统计，就"元四家"中，沈周临习倪云林的作品有十三件，吴镇十二件，王蒙七件，黄公望有九件之多。他除了临摹研习自家收藏的名迹之外，还常向友人借鉴临摹。故而他并非为收藏而收藏，更非以收藏为营利，而实是以临习、观赏、创作为宗旨。其中他对黄公望的名迹原作《富春山居图》的临习创作便是佐证。

沈周师学黄公望应在明代成化初年，这可从他作的《仿大痴灵隐山图卷》中可知。成化丁未年（1487），沈周六十一岁，他仿黄公望名作自创了一幅《富春山居图卷》，其卷后跋文云："大痴翁此段山水，殆天造地设，平生不见多作，作辍凡三年始成，笔迹墨华，当于巨然乱真，其自识亦甚惜。此卷曾为余所藏，因诗题于上，遂为其子干没，其子后不能有出以售人。余家贫，又不能为直以复之，徒系于思尔，即其思之不忘，乃以意貌之，物远失真，临所惘惘然，成化丁未中秋日长洲沈周。"

由上跋文可知，黄公望的这卷原作《富春山居图》为其家藏之物。后因家境财务之故，其子云鸿出以售人。从此，沈周一直"思之不忘，乃以意貌之，物远失真，临纸惘惘然"。后他凭着自己的记忆仿绘了一幅《富春山居图》。然就在沈周创作了这幅作品的第二年，即明孝宗弘治元年（1488），他竟见到了这件原为家藏的黄公望原迹。于此，他自然感叹万分，复题长跋于后："大痴黄翁在胜国时，以山水驰声东南，其博学，惜为画所掩所至，三教之人杂然问难，翁论辩其间，风神疏逸，口如悬河。今观其画，亦可想见其标致。墨法笔法深得董巨之妙。此卷全在巨然风韵中来，后尚有一时名辈题跋，岁久脱去，独此画无恙，岂翁在仙之灵而有所护持耶。旧在余所，既失之，今节推樊公重购而得，又岂翁捍人而阴授之耶。节推莅吾苏，文章故事著为名流，雅好翁笔，特因其人品可尚，不然时岂无涂朱抹绿者，其水墨淡淡，安足致节推之重如此。初，翁之画亦未必期后世之识，后世自不无扬子云也。噫，以画名家者，亦须看人品何如耳，人品高则画亦高，古人论书亦然。弘治新元立夏，长洲后学沈周题。"

此后，他还连续临习创作了《深山曲坞画卷》《仿大痴道人山水轴》《仿大痴山水轴》《临大痴富春大岭图轴》等类似黄公望的画作。

沈周晚年痴心于吴镇的摹习创作。鉴于吴镇作品存世不多，沈周竭力搜求借观，每见必临。

刘珏对吴镇也尤为推崇。他曾从夏昶处借得吴镇画作《夏云欲雪图》并临摹不止，鉴此，沈周为此长题于画作后："完庵再世梅花庵，官廉特于山水贪，记拓此帧梅妙品，奉常宝蓄金惟南，借归洞庭小石室，终日默对心如憨，心开手应遂捉笔，水墨用事空青蓝，天光惨淡云勃郁，山阴明灭雨意含，重峦叠嶂拥湿润，远树细琐多杉楠，飞踪迸壑势莫拗，梁圮跨怒森犹监，人家杂树隐深坞，林蹊互接迷阴岚，梅庵如在当吸惜，迫人咄咄夫何惭，有如明月映秋水，水月混合光相函，此图流世人可保，未时珍重宜子男，我因题句感宿昔，物是人非怀莫堪。"诗末，他又云："右原本为夏云欲雨图，实出梅道人之笔，蓄夏太常（昶）所，刘完庵金宪借临几月，始就绪，当时示余，为之赏叹夺真。金宪公亦自珍爱。金宪既观化，其子孙传知先公所惜，益加敬焉。因素余疏其所自云，弘治乙丑三月修禊日。沈周题。"

沈周于绘画的收藏、临习和创作尚见如此，然予书法亦然。沈周祖父沈澄，喜收藏，善绘事，尤于书法兴趣更浓。从他收藏的珍品分析，当以法书名作居多，其中尤以宋人书法为重，竟达百余幅。凡代表宋代书法成就最高的苏、黄、米等均有，这些自然对沈周的影响不小，为此他常临习不断。

沈周对南宋隐士林逋的人品与书作特别仰慕。他不但藏有林逋的两份手帖真迹，除临习师学之外，还乘游历临安时，专程拜吊了林之孤坟隐地，吟诗赞叹。另外，沈周在师学的书法名家中，还对黄庭坚着力尤深，这点除了他赏识黄庭坚的书体书风外，还与他收藏黄庭坚多件原作真迹相关。这些从他为黄庭坚法书作跋的《释典志》《为太白忆旧游诗》等中可清楚地证明这一点。

综上所述，正是缘于沈氏家族的世家收藏，加上沈周本人一生致力于书画鉴藏和书画创作，临习揣摩古书画名作佳迹无数，收藏品鉴古今名迹百千，才使沈周逐渐成为明一代书画大家，画史将其定为"吴门画派"创始人，"吴门四家"之首。

另外，须提及的是其子沈云鸿。

沈云鸿，生于明景泰元年（1450），卒于明弘治十五年（1502）。字维时。曾官昆山阴阳训术，以文学称家。沈云鸿长于考订，诗作工整而不囿于命意。为人宽厚

第六章 明代的书画收藏（昌盛时期） 197

图6-8 仿黄公望富春山居图 明 沈周

善良，善于治家，一直为沈周操劳家事。他设有一书斋，名曰"保堂"，其意明显表示要继承家业，以保传家永世，发扬壮大。

沈云鸿特好古玩器物、法书名画，偶遇珍品佳迹，即抚摩玩赏。凡遇自己喜爱的珍品，往往倾其所能购之，故亦为沈家收获了不少名作佳迹。文徵明曾称云鸿"特好古遗器物、书画，遇名品，摩拊谛玩，喜见颜色，往往倾囊购之"。这一方面说明，云鸿不但喜爱书画古玩，而且眼光也十分不错。另一方面则证明，他实已承担了家庭重任。可惜的是，云鸿不幸死于沈周之前，这对沈氏家族无疑是一大损失，对沈周也是一个打击。然从某种意义上说，若没有沈云鸿长期操持家事，为家庭分忧解愁，恐怕沈周在书画创作和书画鉴藏方面也不一定有如此大的成就。鉴此，特写一节，以示敬意。

四、史鉴

史鉴，生于明宣德九年（1434），卒于明孝宗弘治九年（1496）。字明古，号西村、西村逸史。吴县（今江苏苏州）人。博学通史，家颇富庶，隐居不仕，练达时势，鉴古明志，工诗善书，尤善行书。著有《西村集》。

史鉴在吴门一带也是一位大藏家。史鉴一生隐居不仕，十分关心民间疾苦，尤熟谙史论，时人称"松陵史氏"。

史鉴与沈周系好友，又系儿女亲家，关系十分密切。他俩经常在一起，或吟诗，或鉴赏，或外出，或出游，情同手足，恰似兄弟。成化七年（1471）二月六日，沈周与刘珏、史鉴，弟沈召，共同南下杭州，与居住在杭州的好友刘英、诸中、沈宣、归生共同游览杭州，并作下了《至保叔寺》《谒后坟》等诗作，还创作了《飞来峰图》《灵隐图卷》等画作。对此，史鉴曾作《西村十记》而记之。

史鉴与吴宽也十分友善，两人感情深厚。吴宽在京城为官，然回江南时也时去看望史鉴。明成化二年（1466）十二月十六日，吴宽携史鉴等四人同游大石山，因被秀美的风景所吸引，不但夜宿乡间小宅，还和史鉴共作诗一首《游阳山云泉庵观大石联句》。沈周为此也有记载："明古先生与吴内翰交非一日。每一见，必久馆。"吴宽留有《游西山记》共十五首，就是吴宽邀请史鉴同游苏州西山，观览风景后而作。史鉴过世后，吴宽不但为史鉴撰写了墓表，还作诗一首，以示怀念之心："路绕黄家溪水长，春风洒泪复登堂。草荒求仲常来径，充满元龙旧卧床。分手死生嗟契阔，伤心聚散觉凄凉。高丘数尺栖神地，碧树争凋不待霜。"从中足见两人的友谊之深。

史鉴好客喜学，其居室筑于水竹幽茂处，内设有"日鉴堂"。常邀友至居室，出示家藏三代彝器和唐宋元三代名迹供友鉴赏。晚年亦好着古冠服饰，悠然于幽林山麓间，恰似神仙中人。吴宽将其与沈周并称为"吴下俩逸民"。史鉴交往的人不算多，常与之交往的有沈周、吴宽、文徵明、王鏊等人，他们吟诗唱和，互相鉴赏书画。

史鉴家藏的唐宋元法书名画，较之沈周、吴宽等人，可相媲美。据卞永誉《式古堂书画汇考·书卷之四》"吴江史明古家藏"一栏载，其法书有："唐赵模集晋字千文、褚河南书文皇哀册文、欧阳率更梦奠帖、颜鲁公与刘中使帖、蔡端明八帖、宋贤诸帖一卷、王佚老二帖、朱文公与六十郎帖、宋孝宗赐虞丞相手诏、赵子固书梅竹诗三首、元张师道书木兰花慢词一卷、子昂临大令帖并自书诗一卷、松雪书归去来辞一卷、鲜于伯机自书文一卷、周伯温书四体千文一卷、明古复有薛尚功拏钟鼎款识真迹二十卷。"①又据《式古堂书画汇考·画卷二》"吴江史明古家藏"一栏载，其名画有："陆晃昭君图、僧巨然山水大幅、韩熙载夜宴图、李龙眠九歌图卷、郭熙祝寿一望松图、陈居中五马图、赵千里春江待渡图、福禄寿三星图、宋人画文姬归汉、温日观葡萄、赵子昂人马图、秋江烟霭图、钱舜举画垂丝海棠、班姬题扇图、吴仲圭拟范宽云峰萧寺图、黄大痴溪山图。"②

史鉴的书画藏品，在都穆的《寓意编》中也有较为详尽的记载。因都穆曾受聘担任过史家的塾师，此记载较为可信。可惜的是，都穆在《寓意编》中又记，史鉴家于"（成化戊申）九月，其家火作，书画多付煨烬，惟此帖[指薛尚功《拏钟鼎款识真迹（二十卷）》]，及欧、褚、赵模书数卷独存。"③这是说史家忽遭火灾，长物毁灭甚多。不过流传至今的尚有欧阳询《梦奠帖》、褚遂良《文皇哀册》、颜真卿《刘中使帖》《祭侄文稿》、顾闳中《韩熙载夜宴图》、李公麟《九歌图卷》、林藻《深慰帖》、苏轼《天际乌云帖》诸巨作名迹，实弥足珍贵。史鉴所用鉴赏印有"史鉴""两邨逸史"等。

纵观史鉴一生的收藏，他实是一位文人收藏大家。

---

① 卢辅圣：《中国书画全书》第六册，上海书画出版社，1994年版，第121页。

② 卢辅圣：《中国书画全书》第六册，上海书画出版社，1994年版，第788—789页。

③ 黄宾虹，邓实：《美术丛书》第一册，江苏古籍出版社，1986年版，第708页。

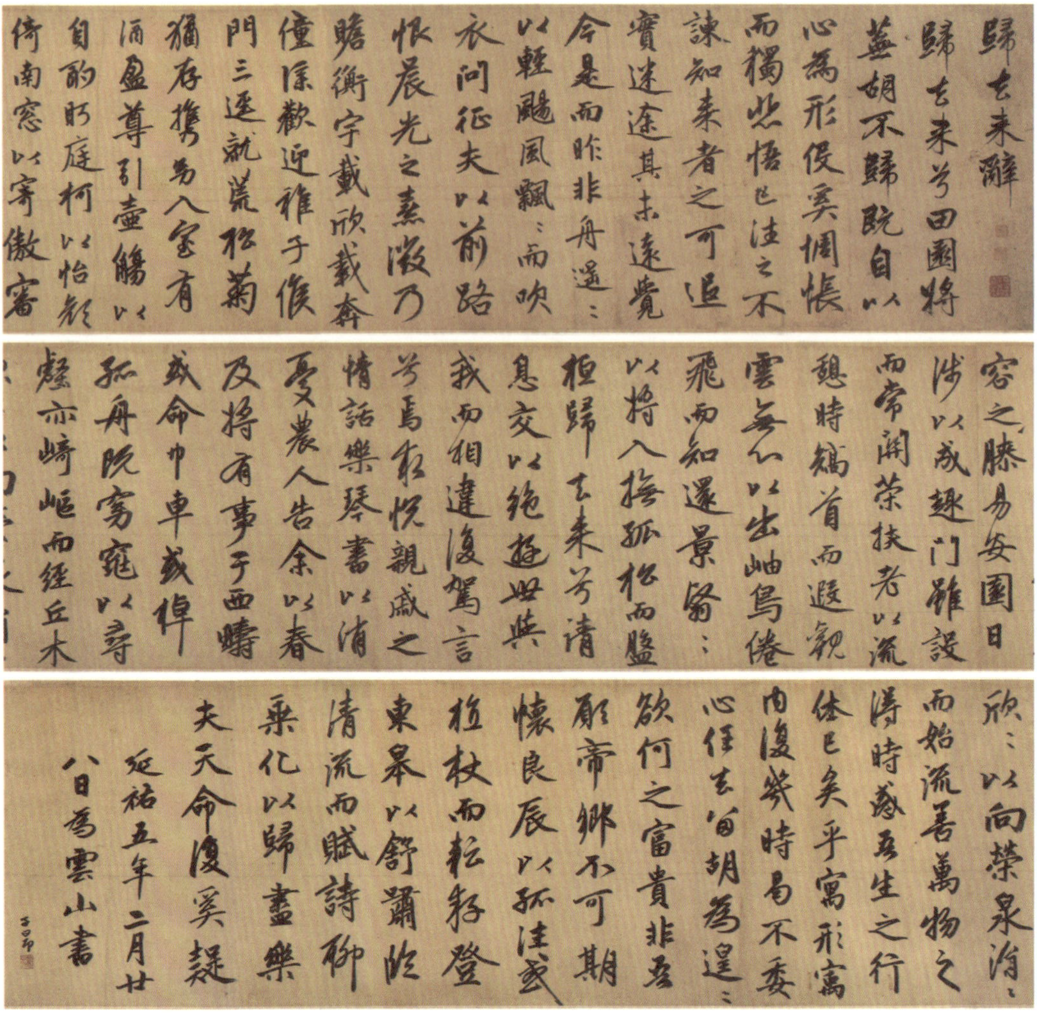

图 6-9　归去来辞　元　赵孟頫

五、吴宽

吴宽，生于明宣德十年（1435），卒于明孝宗弘治十七年（1504）。字原博，号匏庵、匏翁、玉廷亭主。长洲（今江苏苏州）人。举进士，授翰林修撰，曾侍奉孝宗读书，侍讲东宫。后擢吏部右侍郎、礼部尚书。卒后，赠太子太保，谥号文定。工诗善文，擅书精鉴，工书法，尤喜收藏。吴宽节高礼尚，重伦理，笃恩义，行履端洁，识趣高迈。所修多有足范俗敦化者。著有《匏庵集》《家藏集》等。

吴宽喜收藏，尤好藏书，与沈周、史鉴、王鏊等交情颇深。吴宽生前与沈周十分友好，两人感情深厚。吴宽虽长期在京为官，但在家乡也筑有庭宅，名为东庄，沈周多次为吴宽作画。《东庄图册》就是沈周以描绘东庄而为吴宽所作的精品佳作。吴宽于成化十五年（1479）返回老家为父奔丧时，沈周为其创作了《送别图卷》，并在画卷后作诗以志："赠君耻无紫玉玦，赠君更无黄金棰。为君十日画一山，为君五日画一水。"每次吴宽回家乡时，沈周几乎都会为吴宽作画纪念。作为友谊，吴宽也常为沈周的画作题跋，抑或将画作携带至京，恳请在京的其他官员为其题跋，以此提高沈周的绘画地位和影响力。两人的友谊，只需从王鏊所作的《石田先生墓志铭》中文徵明叹曰"石田之名，世莫不知，知之深者谁乎？宜莫如吴文定公矣"中足以见之。

吴宽收藏书籍颇丰，藏书多以抄本见多。其抄本书体隽秀，笔法精伦，条理清晰，时吴中藏书家多以密册珍籍相夸，后朱存理、阎起山、都穆辈皆仿其抄本。叶德辉称吴宽"自明以来，藏家最珍并争藏之本，首列吴抄"，可见其奇珍。由于吴

图6-10　东庄图册（局部）　明　沈周

图6-11　勘书图　五代　王齐翰

宽位高权重，又善鉴赏，故许多藏家常喜将藏品请其作跋，以抬高藏品的身价，故由吴宽题跋过的名家书画不在少数。

吴宽的书画收藏与同代的沈周、史鉴相比毫不逊色。其所藏法书名画偶见其所撰的《家藏集》中，然内中仍有不少名迹遗漏未载。据都穆的《寓意编》和其所著的《家藏集》等载可知，其家收藏的主要藏品有林藻的《深慰帖》、周文钜的《诗意图》、王齐翰的《勘书图》、苏轼的《书醉翁操》《宝绘堂记》《楚颂帖》、米芾的《苕溪诗》、黄庭坚的《大真书头陀赞》、李公麟的《藩王礼佛图》等。其中蔡襄的《十帖》、僧简的《梅坡诗》早已不知去向，而唯文天祥的《宏斋帖》、牧溪的《写生卷》尚有幸流传至今，后藏故宫博物院。从上可知，吴宽应是一位官宦收藏家的代表。

六、朱存理

朱存理，生于明正统九年（1444），卒于明正德八年（1513）。字性甫，又字性之，号野航。长洲（今江苏苏州）人。博学能文，与朱凯同称"二朱先生"。两人皆不喜官场，终身不仕。朱存理在其年轻时就喜与杜琼、周鼎、徐有贞、刘珏等名士同游，后又向沈周、史鉴、吴宽等前辈承学。少从杜琼游，不屑随俗为尘，以藏书赏鉴为乐，以致达到了痴迷的程度。家富收藏，品鉴尤高，考证亦精。精通书法画理，尤擅篆隶。著书颇丰，著有《珊瑚木难》《铁网珊瑚》《松下清言》《鹤岑随笔》《欣赏集》等。

朱存理为明一代收藏家。闻人有异书秘册，必予访求，访求必得方休。其藏书，上始群经诸史，下逮稗官小说，无所不收。亦善抄书，与吴宽、都穆诸藏家争相以抄书为乐。家富藏书十万余卷。朱存理的书画收藏也不少，尤善书画著录。朱存理仿学米芾，筑有一小船，船上载满了书籍和书画藏品，常游学于吴中诸地，读书作文，赏画吟诗，汇聚友朋。

朱氏依据所见元代及明初诸家的书画收藏，摘录前人书画题跋及与书画相关的诗文等辑纂成《珊瑚木难》和《铁网珊瑚》。据载，清康熙帝对前代法书名画颇有兴趣，时任翰林学士的高士奇和江苏巡抚的宋荦为取悦皇上，无不竭力搜珍觅奇，以供御览。他俩听说江苏常熟汲古阁，藏有一部明人著录的珍秘之本，即朱存理的《铁网珊瑚》，共十四册，便准备以每册十金的高价购买，以供皇上览赏。不料汲古阁主人之子拒绝了他俩的要求，可见《铁网珊瑚》的价值所在。

另据《江南通志》云："元季明初，中吴南圃何氏，笠泽虞氏，庐山陈氏，书籍金石之富，甲于海内。继其后者，存理其尤也。"从中可知朱存理在收藏鉴赏方面的眼力和名声。不过，由于朱存理家境较为困顿，故藏品并不太多。其在书画收藏方面的功绩，主要还在于他存世的《珊瑚木难》和《铁网珊瑚》。这两部著录论著奠定了他在中国书画收藏史上的地位和价值。

七、李东阳

李东阳，生于明正统十二年（1447），卒于明正德十一年（1516）。字宾之，号西涯。湖广茶陵（今湖南茶陵）人。为明内阁首辅大臣。历任编修、侍讲学士、光禄大夫、少师兼太子太师、吏部尚书、华盖殿大学士等，谥文正。工诗善画，擅书法，四体皆工，喜收藏，鉴别亦精。尤以诗文名世，为茶陵诗派核心人物。著有《怀麓堂稿》《怀麓堂诗话》《燕对录》等。

李东阳在位时，收罗古代书画名迹颇富，多以法书名迹为主，且多有题记，这与他喜爱书法相关。经他收藏的法书名迹不少，其中有智永的《真草千字文》、怀素的《自叙帖》、米芾的《苕溪帖》、苏轼的《二赋》《四时诗》《寒食帖》、朱熹的《二札》、任询的《书韩愈秋怀诗》、林藻的《深慰帖》、蔡襄的《茶录》、赵孟𫖯的《书王诜烟江叠嶂诗卷》等。其中米芾的《苕溪帖》，李东阳用其玉筋篆及行书为之

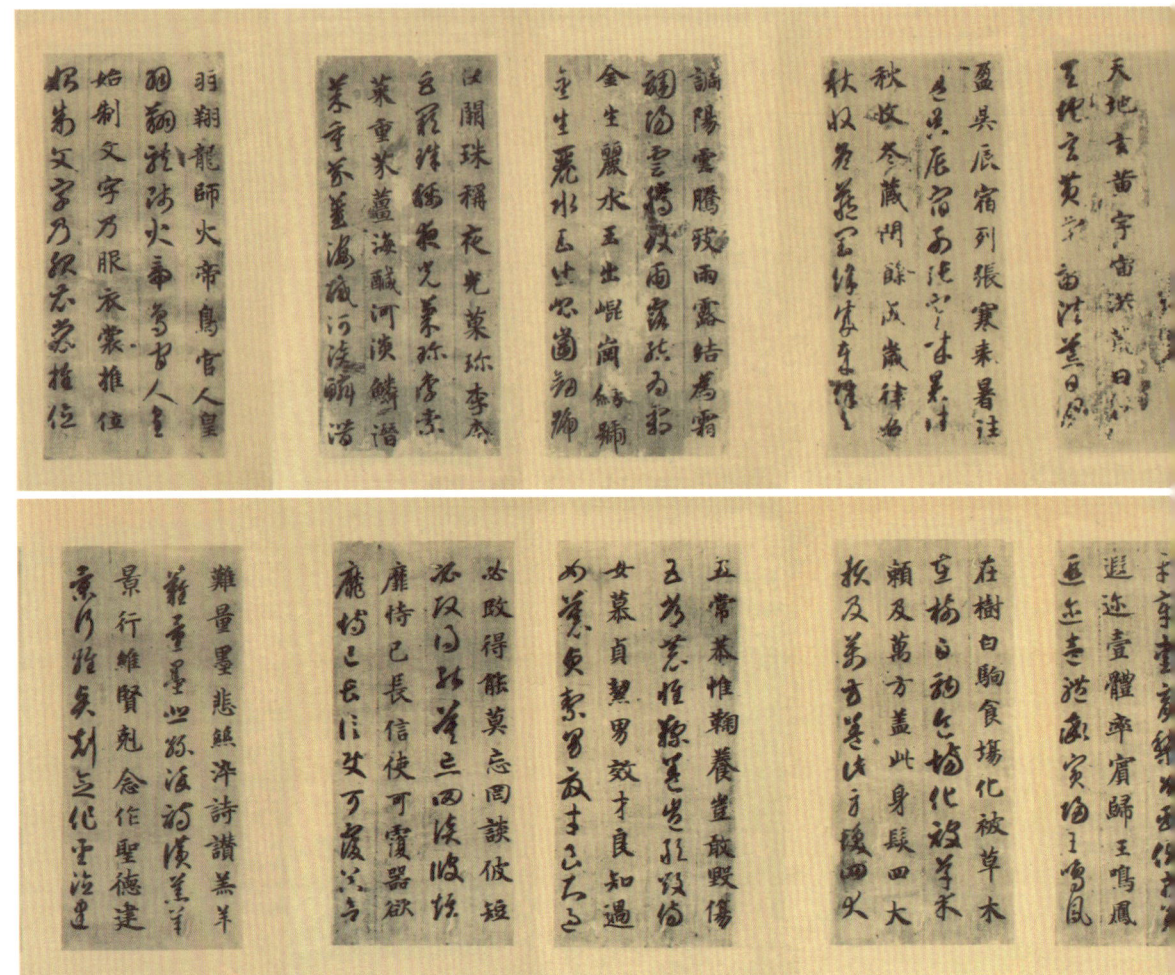

图 6-12　真草千字文　隋　智永

题写的跋文和前后引首尤为其重。除收藏法书名帖之外,李东阳还藏有张择端的著名佳迹《清明上河图》等。

李东阳位高权重,时负盛名,为京津收藏圈内的核心人物。他除了为自己的藏品题跋之外,还为他人的名迹题记引首和跋文,可谓不计其数。他曾为柯九思的《墨竹图》题诗赞曰:"莫将画竹论难易,刚道繁难简更难。君看萧萧只数叶,满堂风雨不胜寒。"著名收藏大家华夏的斋名"真赏斋"即为李东阳的篆书手迹,可证李东阳在收藏圈内的影响力。

都穆十分崇敬李东阳,李东阳也十分赏识都穆,两人情谊深厚。都穆有幸常得以观赏阁老(李东阳)家藏珍品,对此都穆在观赏《清明上河图》名迹后跋文:"是图藏阁老长沙公家,公以穆游门下,且颇知书画,每暇日辄出所藏,命穆品评。"①

从中既可证实两者之间的亲密关系,也可证实李东阳与都穆两人之间的书画鉴赏事宜。

李东阳一生为官,清正廉洁,罢政归乡后,经济拮据,清贫乐道。《明史》赞其:"立朝五十年,柄国十八载,清节不渝。"

李东阳去世后,其收藏的珍品佳作,悉数为内府所籍没,终成收藏之另一途经。这可谓是事物发展的必然,也是书画收藏归宿之必然矣。

八、都穆

都穆,生于明天顺二年(1458),卒于嘉靖四年(1525)。字玄敬,一作元敬,号南濠居士。吴县相城(今江苏苏州)人。任工部主事,官至礼部主客司郎,后乞休,加太仆少卿。工诗善文,精于鉴赏,为明代著名的藏书家、金石学家。述论颇丰,著有《本朝名画记》《铁网珊瑚》《金薤琳琅》《寓意编》《南濠居士义跋》《南濠诗略》《南濠诗话》《周易考异》《游名山记》《史外类抄》等。

关于都穆,《国朝献征录·太仆寺少卿都公穆墓志铭》中有如下记载:"公七岁能诗,及长,不习章句,泛滥群籍,杜门笃学者几二十年。屡空晏如,绝意进取,名声大噪。吴下巡抚都御史何公某,提学御史林公某,忻其名,强之应举,公乃出。"

都穆的书画收藏,主要源自家庭的影响,这点,从他所著的《寓意编》跋尾中称"余家自高祖南山翁以来好蓄名画"即可得知。

都穆自幼聪明好学,他曾奉使至秦中,搜访金石遗文,拓印缮定,又作《金薤琳琅》二十卷。他又好藏书,每得异本,好向人夸示以为乐趣。

都穆长于纂述,所著诗文不少,较著名的有《南濠文跋》《南濠诗话》《南濠诗抄》《周易考异》等。然其中他编撰的《寓意编》则是他有关书画鉴藏方面的著录专著,影响深广,同时也是他作为书画收藏家的重要例证。

《寓意编》主要是记录了成化、弘治年间有关吴江地区一些重要书画作品的收藏情况,对所著录的书画都有真伪品鉴,并提出了自己不同的见解,系一部研究明代江南地区书画收藏家和收藏作品的重要著述。

都穆作为一名书画收藏家,为官清廉,淡泊名利,生活清贫,故其收藏的作品

---

① 卢辅圣:《中国书画全书》第四册,上海书画出版社,1992年版,第143页。

并不多，况且也未能传代。这点，他在《寓意编》中说得十分清楚。篇尾中跋："余家自高祖南山翁以来，好蓄名画。闻之家君云：'妙品有吴道子《鱼篮观音像》、王摩诘《辋川图》、范宽《袁安卧雪图》。'惜今不存。今近所收有唐人画《牛图》、滕玉宵白廷玉诗、李昇画《杨通老移居图》、马兴祖《胡人击毬图》《胡人番人雪猎图》、马远《折技榴花栀子》小幅、龙眠画《君臣故实八事》，伯玉跋。李唐《春江不老图》小幅，上有双龙瓢印，王珏《芦雁》、宋人画《福星图》，皆往往为好事者所得不留意也。"①

都穆因家无置业，又无田产，故晚年生活较为清贫，以著书为业，并将搜寻访到的金石碑刻遗文，编录成《金薤琳琅》二十卷一书，收集历代的金石碑刻，上起周、秦，下至唐穆宗长庆年间共六十三种，其中周刻二、秦刻六、汉刻二十三、隋刻五、唐刻二十七种，补遗五种，录全文，系跋尾，各为辩证，系金石学的一部重要著作。实系其于书画收藏之外所做的又一件要事。

这正如明代著名学者胡缵宗所评："维公束发，好修，奋思古人，完德邃学，星列海内，受知两朝，赠贻有赫，风流仪矩，兴怀后贤，虽老于食贫，不可谓不遇也。"

九、文徵明 文彭 文嘉

文徵明，生于明成化六年（1470），卒于嘉靖三十八年（1559）。初名壁，一作璧，字徵明，后以字行，更字徵仲。因先世为衡山人，故号"衡山居士"，世称"文衡山"。又因官至翰林待诏，私谥贞献先生，故亦称文待诏，文贞献。长洲（今江苏苏州）人。工诗善文，工书法，精绘画，擅收藏。为"吴门画派"创始人之一。与沈周、唐寅、仇英合称"明四家"。著有《甫田集》等。

文徵明幼时不慧，至七岁始站立，十一岁时才会开口说话，然之后却"颖异挺发"，以诗、文、书、画闻名乡里，并与祝允明、唐伯虎、徐祯卿享有"吴中四才子"之美誉。文徵明曾十次应试，然却十次名落孙山。曾授翰林院待诏，后上疏乞归。回苏州老家后，一直以书画文辞终老其生。他文学吴宽，画学沈周，书学李应祯，经过一生的刻苦努力，终成一代书画大家，并与沈周成为吴门画派的创始人。

明嘉靖、万历年间，由于宫内的书画不断流出，加上苏州地区手工业发达，商

---

① 黄宾虹，邓实：《美术丛书》第一册，江苏古籍出版社，1986年版，第711页。

业相对繁华，文人名士云集，古代书画作品大量涌入江苏太湖一带。善于收藏的书画家们和书画商人纷纷参与鉴别交易活动。他们不但在书画藏品上留下了不少可资考证的题跋，而且编撰了数量极为丰富的鉴藏著录专著及刻帖，形成了明代乃至整个清代中国法书名画鉴定和收藏的格局与定式。文徵明和他的两个儿子文彭、文嘉就是这方面的卓越代表，在整个中国书画收藏史上留下了浓重的一笔。

文徵明于书画收藏和他的老师沈周一样，主要是从他师学书法和绘画开始的。于书画收藏他曾自语："余有生嗜古人书画，常忘寝食。每闻一名绘，即不远几百里，扁舟造之，得一展阅为幸。"文徵明曾在《跋李少卿帖·卷二十一》中论道："自书学不讲，流习成弊，聪达者病于新巧，笃古者泥于规模。公既多阅古帖，又深诣三昧，遂自成家，而古法不亡。尝一日阅某书有涉玉局笔意，因大咤曰：'破却工夫，何至随人脚踵？就令学成王羲之，只是他人书耳！'"

从以上的"公既多阅古帖，又深诣三昧，遂自成家，而古法不亡"的言语中可见其学古法书的窍秘。文徵明学书法如此，学画也当如此，这点也可从文嘉的《先君行略》中可证之："（文徵明）性喜画，然不肯规规摹拟。遇古人妙迹，惟览观其意，而师心自诣，辄神会意解。至穷微造妙处，天真烂漫，不减古人。"

正是基于这一点，他在见到李唐的作品时赞叹"其丘壑布置，虽唐人亦未有过之者"。观马远佳作时称其"诚一代能品"，益叹马远画法之妙。他又在观赏米友仁《湘山烟霭图》时提笔赞跋道："今观叔贞所藏元晖《湘山烟霭图》，多断烟残渚，波光晦暝，乍出乍没，可谓奔放横逸，真得画家三昧，实后人所难继者。"从他对李公麟、"二米"、李成、赵伯驹、刘松年、王晋卿、李唐等诸多作品的题跋中不难看出，文徵明的书画鉴藏，都是从他师学法书名画的真迹中展开的，以此拉开了他收藏鉴赏古迹名作的序幕。

文徵明于嘉靖六年（1527）辞官南归后，在其房舍的东边，筑有一新舍，名玉磬山房。对此，其子文嘉在其《先君行略》中曾记之："到家，筑室于舍东，名玉磬山房。树两桐于庭，日徘徊啸咏其中，人望之若神仙焉。于是四方求请者纷至，公亦随以应之，未尝厌倦。"① 此居虽甚简陋，也不气派，然从此成了他书画创作、书画鉴藏和会朋聚友的好场所。当时，常与之交往的至朋好友，除了沈周、吴宽、李应祯等长辈之外，尚有祝允明、唐伯虎、都穆、朱存理、金琮、顾璘、陈沂、陈

---

① 文徵明：《甫田集》，西泠印社出版社，2012年版，第543页。

图6-13 惠山茶会图 明 文徵明

淳、安国、华夏、华云等同辈好友,以及王世贞、王世懋、何良俊等,其中不少都是鉴赏家、收藏家。

客观地说,文徵明的书画收藏固然不少,但并不丰富,尤其是巨迹佳迹并不多。这是因为文徵明家底并不富庶,收藏无巨资无从谈起。文徵明于书画收藏方面的贡献,主要在于他独具慧眼,以及他在明中期整个吴门地区收藏圈内的影响。尤其是他自家刊刻的法书名帖《停云馆帖》和他帮助另一收藏家华夏刊刻的《真赏斋帖》等名帖的问世,这些无疑奠定了文徵明在明代乃至中国收藏史上的地位和影响。

据《明诗纪事·朱存理》载:"性甫好藏书,手自抄录,精致不苟。元季明初,吴中旧俗,好古之士,多以文史自娱。南园俞氏,笠泽卢氏,庐山陈氏,书籍金石之富,甲于海内。景天以来,若叶文庄、吴文定、都元敬、杜东原、邢蠹斋、沈石田、文徵仲、钱孔周、阎秀卿、戴章甫、赵与哲之流,多手自抄写,流播人间。余

尝谓博雅好藏，海内多有。若手自抄录，精册名编，此吴人独绝者也。"[1]

又据《书林清话》载：当时以钞本名世的有"吴钞""叶钞"和"文钞"，此三钞最为藏书家所秘宝之。所谓"吴钞本"，即为长洲吴匏庵宽丛书堂钞本；所谓"叶钞本"，即为先十八世族祖昆山文庄公赐书楼钞本；而所谓的"文钞本"，则为长洲文衡山徵明玉兰堂钞本。其中吴宽的钞本有"丛书堂"三字，而文徵明钞本有"玉兰堂录"四字。

这就是说，当时苏州地区的收藏家们，尤其是一些文人收藏家，多喜以抄书或刊刻这种形式的收藏以自娱，其中文徵明刊刻的《停云馆帖》最为著名。因为《停云馆帖》不但是明代第一家私人汇刻丛帖的代表，而且开启了明中后期私家丛帖刊

---

[1] 周道振，张月尊：《文徵明年谱》，百家出版社，1998年版，第713页。

刻的风尚，终成诸多收藏家展示宣扬优秀法书代表作的载体，传承历代书法艺术的绝佳范本。

《停云馆帖》始刻于嘉靖十六年（1537），以后每得佳迹遂逐次增刻，直至嘉靖三十九年（1560）完成，前后花了整整二十三年之久。该帖为文徵明亲自严格选定，其子文彭、文嘉摹勒。刻者为明代著名铁笔名手章简甫以及吴鼒、温恕等高手。所载自晋、唐、宋、元名迹及当朝文人自书。初为木刻，后因木板火焚，复以石刻，共有十二卷：卷一为晋唐小楷，卷二为摹晋帖，卷三为孙过庭《书谱》，卷四为唐名人书，卷五、卷六、卷七为宋名人书，卷九为元名人书，卷十、卷十一为明名人书，卷十二为文徵明书。

《停云馆帖》之所以以"停云馆"为名，实与文徵明从其父文林那里继承下来的书斋相关。全斋分三楹，前一璧山，大梧一枝。后竹百余竿，晤言室在馆之东。中有玉兰堂、玉磬山房、歌斯楼。"停云"二字实取自陶渊明一首古诗的题目，意为："停云，思亲友也。樽湛新醪，园列初荣，愿言不从，叹息弥襟。"这"停云"不但是陶氏诗卷中的第一卷第一首："霭霭停云，濛濛时雨。"亦是陶诗的代名词。

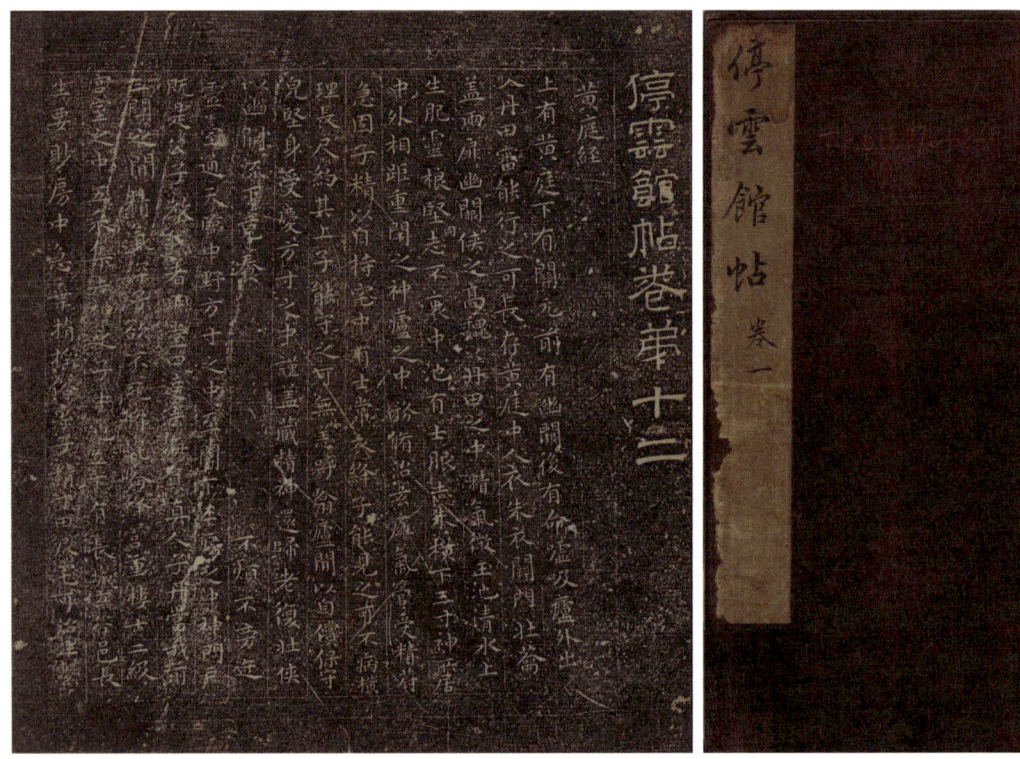

图 6-14　停云馆帖　明　文徵明

这不但是古代文人隐居文化的象征，而且也是文徵明思想价值的体现。鉴此，文徵明的许多书画和藏书都钤有"停云馆""玉兰堂""衡山居士"等印鉴及款识。

《停云馆帖》中的法书名迹，除了少量的来自文氏家族，大都借自吴门地区和周边地区藏家的藏品。该帖不但收录了历代著名法书诸多私家藏品，而且还收集刊刻明朝及同代书法家的作品，同时刊刻了每一件法书作品中的历代题跋。选入的法书名帖自晋唐起，经宋元至明代止，由王羲之的《黄庭经》开始至文徵明的《西苑诗十首》结束。《停云馆帖》自文氏六十八岁始，直至他去世后一年止，前后花了二十四年之久。全帖十二卷，帖石一百二十块，收罗历代书法名家多达八十七人。其中晋唐的书法家有王羲之、王徽之、王献之、陶弘景、虞世南、欧阳询、褚遂良、颜真卿、柳公权、孙过庭、怀素等；宋代的有欧阳修、王安石、蔡襄、苏轼、黄庭坚、米芾、苏舜钦、范仲淹、陆游、朱熹等；元代有赵孟頫、鲜于枢、王蒙、倪瓒等；明代有宋濂、詹希元、解缙、沈度、徐有贞、李应祯、祝允明、文徵明等。全帖选择精准，鉴别严苛，勾摹清晰，刊刻精致，实为举世难得之法帖珍宝。

全帖不但名家诸多，法帖胜优，更是展现了中国书法发展的历史，为人们研究中国书法的历史和艺术留下了一部极其珍贵的可供后世借鉴的宝贵史料。这也诚如王鏊在其后的题跋所言："天后朝，王方庆进其先十一代真迹帖，今不可复见。唐人摹本犹或有存者，余友文徵仲又以双钩法摹得之，间出示余。晋宋风致，宛然可想，恍疑孙叔敖之复生，蔡中郎之不死也。吾何幸得观之，然王氏在晋宋齐梁之间，代以书名，今其后人乃独拙焉。观此虽可喜，亦可愧也。王鏊敬书。"

文徵明在其书画收藏的生涯中，关系最为密切的莫过于无锡的华氏家族，而其中又以华云、华夏两人最为亲密。

华云家为无锡巨富，其父华麟祥颇具文才，后科场失意，在家筑园修林，喜与文人交往，一起吟诗述文，品书鉴画。华云收藏书画颇丰，并筑有一书斋，名"剑光阁"，庭内花木丛生，假山错落，十分雅致。

文徵明常去剑光阁与华云秉烛彻谈，饮酒作诗，品书鉴画。文徵明曾为华云留下不少诗歌、信札、题跋和书画作品。正德十五年（1520），文徵明为华云所藏《寒塘凫雀图》作跋。嘉靖十三年（1534），又为华云作《西斋话旧图》。在华云其父麟祥过世后，文徵明欣然为其父撰写碑文。此外，文徵明在嘉靖三十一年（1552）还为华云家藏的赵元、赵天泽两名人的真迹题跋。后又于第二年，即嘉靖三十二年（1553）中秋节，为其家藏的赵孟頫《天冠山诗》作跋。他与华云的友谊，一直持

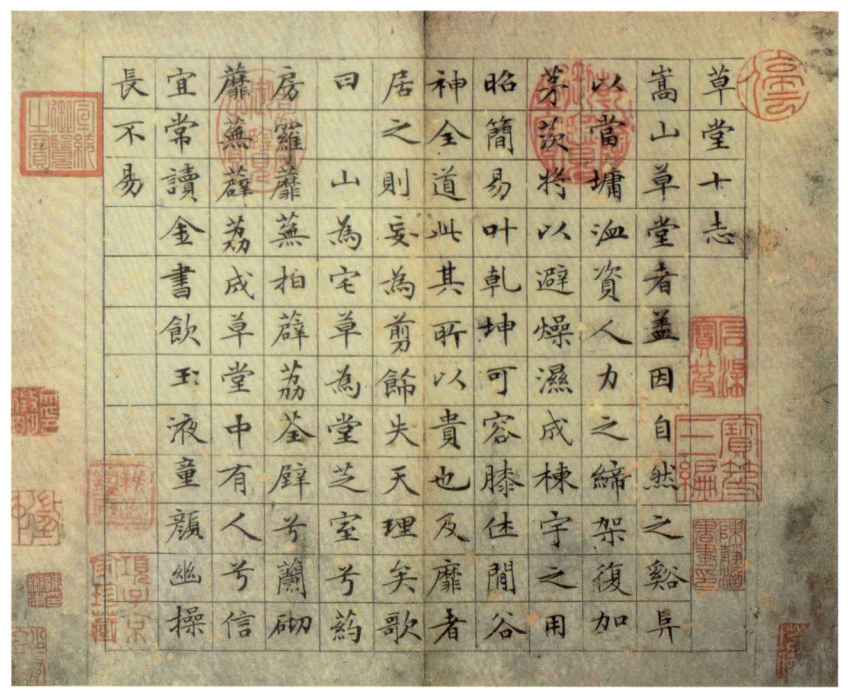

图 6-15 草堂十志 明 文徵明

续到华云去世。

文徵明与华夏的交往也为世人称道。华夏为无锡巨富，自幼酷爱书画收藏，其品味高妙，眼光超迈，被誉为"江东巨眼"。华夏与文氏父子交往甚密。一为鉴藏玩家，一为文人雅士，两人以品鉴书画为媒介，着实留下了一段值得传颂的历史佳话。

华夏收藏书画颇多，眼光深邃，且多为名迹佳作。文徵明眼光邃智，文辞书画尤佳。华夏拿出自己精心皮藏的法书名画，与文徵明共赏品鉴。如此，文氏目睹了不少稀世佳作，眼界大开。而华氏藏品，因有了文氏的品鉴题跋，使之藏品身价陡增，这些无疑为更好地保护国之瑰宝起到了无法言状的作用，此中亦见证了两人的友谊之深、情谊之厚。文徵明与华夏在书画品鉴的交往中，最值得藏界称道的就是《淳化阁帖》的购藏和《真赏斋帖》的问世。

《淳化阁帖》，又名《淳化祖石刻法帖》，共十卷，摹刻于宋太宗淳化三年（992）。集聚了唐以前的名家、先贤及帝王105家，共419件法书名迹，系我国现存最早的一部历代名家书法合集，弥足珍贵。

正德十四年（1519）五月十四日，文徵明在华夏府中见到了《淳化帖》，华氏邀其作跋。然华夏所藏《淳化阁帖》虽为珍贵，却仅为六卷，文氏称华夏藏本为其所见之最佳本，然华夏本人却因藏本不全而心存隐痛。

嘉靖九年（1530），文徵明次子文嘉在书贾处偶见三卷《淳化阁帖》后大喜，遂告之父亲。然文氏并未私自购藏，而告知华夏本人，后华夏以巨资购得。为此，文徵明不但欣然为其题跋，而且在他俩共同品鉴这三卷本后发现，这三卷本不仅与华夏所藏之六卷本的纸张、刻石以及行间朱笔证辩完全一致，况且还与华夏原藏本恰好首尾相连。这着实让文徵明与华夏这对至亲好友喜出望外，兴奋不已。从中也见证了二人的眼力与缘分。

除《淳化阁帖》外，文徵明还为华夏所藏的不少佳迹作跋。嘉靖九年（1530），文氏为华夏所藏的《定武兰亭》作跋："余生平阅兰亭不下百本，其合于此者盖少。"同年，又为华夏家藏的唐人摹本《万岁通天帖》作跋："在今世当为唐代书第一也。"颜真卿的《刘中使帖》，黄庭坚的《经伏波神祠诗卷》等都留下了文氏的题跋赞语。

华夏家中庋藏的法书珍品，最终在文氏父子的帮助下，被编刻成《真赏斋帖》。《真赏斋帖》共分上、中、下三卷。上卷为钟繇的《荐季直表》；中卷为王羲之《袁生帖》；下卷为唐王方庆献上的《万岁通天帖》，每卷均有文徵明的题跋。法帖冠名"真赏斋"，实是源自华夏的斋名。这既是华夏隐居会友的处所，也是他庋藏金石书画品鉴玩赏之乐居。

其实，以"真赏斋"为主题的作品，除了《真赏斋帖》外，尚有《真赏斋图》和《真赏斋铭》，此三本被誉为"真赏斋三部曲"。《真赏斋图》作于嘉靖二十八年（1549），这是文氏等为华氏创作的一幅佳作。后又专为华夏创作了另一幅《真赏

图 6-16 真赏斋图（局部） 明 文徵明

图》,画后有文氏的长篇题跋,即为《真赏斋铭》。这三部曲,不但是两人友谊的见证,更是文徵明艺术创作和华夏书画藏品的完美结合,更是两人共同品鉴赏玩法书名画的经验之论。这点可从文徵明《真赏斋铭有叙》中寻得佐证:"真赏斋者,吾友华中甫藏图书之室也。中甫端靖喜学,尤喜古法书图画、古金石刻及鼎彝器物也。家本温厚,菑畬所入足以裕欲而于声色眼用,一不留意,惟图史之癖,精鉴博识,得之心而寓于目,每饼金悬购,故所蓄咸不下乙品。……今江南收藏之家,岂无富于君者,然而真赝杂出,精驳间存,不过夸视文物,取悦俗目耳。"

其实,文氏父子除了为华云、华夏鉴别题赞法书名画之外,还为不少人鉴别题跋过书画藏品。如为嘉兴项子京及其兄项子长家购藏历代名作所作的鉴定题跋也不在少数,这些足以见证文氏家族的品鉴眼光、鉴赏水平及其影响力。

文徵明不仅勤于研究画学、书学及书画创作,而且经常参与书画鉴藏的实践活动。当时吴门地区诸多的书画家、收藏家以及文人士大夫,都喜与他互鉴藏品或邀其鉴定家藏书画。与之交往的既有沈周、唐寅、祝允明等书画家,还有华夏、项元汴、聂双江、陆宗瀛、沈润卿、史明古、黄应龙、邹光懋、张鳌山、张秉道、王直夫等收藏家和文人雅士。文徵明在与他们的交往过程中,将部分藏品记录下来,或题或跋,为后世留下了可供参考的重要文献。

文氏家族的收藏,应从父辈文林和文森开始,从他俩的题跋中,已知收藏了王献之的《地黄汤帖》、赵孟頫的《临智永千字文》和赵雍的《临李公麟马图》。然从文徵明开始,家藏书画开始渐成规模,其主要来源:一是购自书画市场;再是部分来自文徵明的老师沈周的家藏;三是出自与藏家们的互相交换。这些,詹景凤在《东图玄览编》中曾多次记载。

据詹景凤《东图玄览编》载:"文休承家藏梅花道人古松,根盘绝壁,诘曲轮囷,下架石峰,而枝复上参青天,其势如龙。笔法古劲,下有数石峰,峰下作大棘刺点乱叶,墨汁淋漓,原沈石田家物。"[①]

以上可见沈周与文徵明家的关系及书画藏品的交换。

又:"承示三画并佳,而雪雁尤妙,仲穆教子图亦可观,当以善价购之。""昨示马文璧云山,价可一两之上,二两之间,这些不必收也。"

文徵明家藏的一件米芾《临虞世南汝南公主墓志铭》,便是文徵明用《孔子庙

---

① 卢辅圣:《中国书画全书》第四册,上海书画出版社,1992年版,第23页。

碑》与朱存理交换而得。

这些便是记载文氏家族购藏书画的情况。

论及文氏家族的收藏，不得不提到文徵明的两个儿子文彭和文嘉。他俩都继承了其父文徵明的特长，既擅书画创作，又善书画鉴藏。两兄弟自幼就跟随文徵明参与多种鉴赏品鉴活动，过眼了无数珍品佳迹，鉴别了数不清的历代法书名画，其眼界之高，眼力之邃，非常人所及。

文彭，生于明弘治十一年（1498），卒于明万历元年（1573）。字寿承，号三桥，别号渔阳子、三桥居士、国子先生。长洲（今江苏苏州）人。系文徵明长子。自幼聪慧，从汤珍习举子业。曾参加礼部廷试得第一，授秀水训导，官国子监博士。工书画，善诗文，精鉴藏，尤精篆刻，开创了"吴门派"篆刻之先河。著有《博士诗集》。

文彭年轻时与父亲文徵明相似，屡试不中，后淡出功名，随其父文徵明师学书画鉴藏和书画创作，并对文氏家族的收藏做出了卓越的贡献。

文彭在帮助陪伴父亲鉴别庋藏书画之外，亦有自己的书斋，名"清白堂"，是他自己收藏、品鉴、创作书画和藏书的地方。文彭于书画鉴藏方面的功绩，主要是伴随着文徵明的鉴藏活动而展开。尤其是《停云馆帖》和《真赏斋帖》的刊刻问世，文彭功不可没。其独特的眼光，扎实的勾摹功力，对其日后的书画创作和鉴赏水平的提高起到了无法估计的作用，以至于在文徵明过世后，文彭无疑成为吴门地区又一鉴赏高手。不少收藏家，包括华夏、何良俊，尤其是项元汴，都借助文彭为他们掌眼。项元汴收藏的不少珍品佳迹，一方面让文彭为其鉴别把关，另一方面则是由文彭推荐给项氏家藏。

文彭除了从事书画创作和书画鉴定活动之外，于市场鬻古牟利亦颇精到。尤其是在他步入仕途为官时期，常利用他在收藏界的地位和影响，以及为官后其人脉的急剧扩大，将鉴赏、庋藏和买卖结合在一起，以伪为真，以赝谋利，违背了传统意义上的收藏规范，以至于遭到了一些人的质疑。

经文彭收藏过的重要藏品有：索靖《出师表》、唐摹王羲之《平安帖》、冯承素《摹乐毅论》、李成《晴峦萧寺图》、苏轼《前赤壁赋》、赵孟坚《墨兰图卷》、黄公望《溪山雨意图》、赵孟頫《鹊华秋色图》等名迹佳作。

文彭常用的收藏印有：文彭、文彭印、文彭之印、文寿承氏、文寿承文、寿承氏、三桥居士、三桥文彭家。

图 6-17　晴峦萧寺图　北宋　李成

文彭晚年，文氏家族的书画藏品已被文彭大部散出，所剩无几。也就是到了他这一代，由文林、文徵明长期苦心积累的家族书画鉴藏也随之消失。

文嘉，生于明弘治十四年（1501），卒于明万历十一年（1583）。字休承，号文水，长洲（今江苏苏州）人。系文徵明次子。以岁贡授官，初为吉水县学训导，升乌程县学教谕，后为和洲学正。能诗擅文，工诗善画，精鉴赏，工石刻，为明一代之冠。

文嘉与其兄文彭一样，大半生都侍奉在其父文徵明身边，在文氏家族的鉴藏活动中，可谓文徵明的左右手。直至父亲去世之后，两兄弟才踏上仕途，分别为生计而各自奔波。

文嘉对书画收藏和家藏藏书可谓不遗余力，他有一藏书楼，取名"归来堂"，是他专门收集图藉和藏品的地方。

文嘉自幼聪明好学，年轻时就练成了好眼力。他的山水画得非常优秀，然因其父文徵明和其兄文彭的影响力而被掩盖。在文徵明去世后，尤其是文彭死后，文嘉在吴门地区的地位和影响力才被显示出来，渐成吴门地区书画鉴定的核心人物。著名收藏家王世贞，尤其是项元汴，都依仗文嘉的眼力和人品为其掌眼把关，购藏了不少珍贵的书画精品。

文嘉在书画鉴定方面的特殊贡献，无疑与其兄文彭一样，主要是伴随着文徵明的鉴藏活动而展开。尤其是《停云馆帖》和《真赏斋帖》的刊刻问世，文嘉立下了汗马功劳。他的勾摹功底不亚于其兄，两人共同帮助文徵明完成了这项举世壮举，功不可没。

嘉靖乙丑年（1565）五月，文嘉应提学何宾涯的征召，奉命前去奸相严嵩、严世蕃父子家中清点书画藏品，此是文嘉一生鉴别古书画最多的一次。《钤山堂书画记》后有文嘉一跋文，清楚地记载了这一事件："嘉靖乙丑五月，提学宾涯何公檄余往阅官籍严氏书画。凡分宜之旧宅、袁州之新宅、省城诸新宅所藏，尽发以观，历三阅月，始勉毕事。当时漫记数目以呈，不暇详别，今日偶理旧箧得之，重录一过，稍为区分，随笔笺记一二，传诸好事。明窗净几，时一展阅，恍然神游于金题玉躞间也。"①

严氏父子的藏品分别藏于分宜旧宅、袁州新宅和省城住宅等多处。文嘉将这几处的所有书画藏品一一鉴别，并登记造册。由于藏品实在太多，文嘉花了三个多月的时间才得以完成。后在隆庆戊辰年（1568），凭着自己眼光与见地，对所录藏品进行了较为详细的记载、点评及真伪鉴别，写就了一册《钤山堂书画记》，即严嵩所藏之书画著录专辑。

严格地说，《钤山堂书画记》并非为一部书画著录书，充其量也只是一本粗略地记载了有关书画藏品的抄写账单。不过，在严氏这些藏品中，有少量的作品，文嘉对此存有考证，如对王献之的《鸭头丸帖》（现藏上海博物馆），文嘉考订如下：上题永和真迹，内附献之十三行鸭头，亦绢本真迹，别本无此帖。

对《奉书帖》，文嘉以为："献之真迹传世不多，此书曾在吴中见之，盖其得意笔也。余尝摹一过，此帖据别本补入。"②

又如对孙过庭的《书谱》，文嘉评曰："上下二卷，全，上卷费鹅湖本，下卷吾家物也。纸墨精好，神采焕发，米元章谓其间甚有右军法，且云唐人学右军者，无出其右，则不得见右军者，见此足矣。别本云，真本，惜不全。"③

而对展子虔《游春图》的评鉴仅作四字：精妙绝伦！

另对张择端的《清明上河图》这一名作，文嘉先是记录了其流传："图藏宜兴徐文靖家，后归西涯李氏，李归陈湖（案：陈湖疑为阳湖之误）陆氏，陆氏子负官

---

① 卢辅圣：《中国书画全书》第三册，上海书画出版社，1992年版，第834页。
② 卢辅圣：《中国书画全书》第三册，上海书画出版社，1992年版，第829页。
③ 卢辅圣：《中国书画全书》第三册，上海书画出版社，1992年版，第829页。

绾，质于昆山顾氏，有人以一千二百金得之。"接下来竟作这样的品鉴："然所画皆舟车、城郭、桥梁、市廛之景，亦宋之寻常画耳，无高古气也。"①

从以上对严氏家藏诸名作的鉴述，既可看出文嘉独具慧眼的过人之处，也展示出文嘉传统文人审美眼光的独到之处。文嘉也像他父亲文徵明一样，经常在品鉴过的法书名画上题写鉴别跋语，这便为后世留下了不少可供研究的参考资料。这些从詹景凤《东图玄览编》中不少记载可以获知。文嘉也帮不少收藏家掌过眼，尤其是对项元汴的家藏，起到了不可低估的作用。

文嘉其常用的收藏印记有：休承、文休承、文嘉印、文嘉、文休承氏、玉兰亭印、文水道人家等。

据《东图玄览编》《钤山堂书画记》等记载，文嘉自己收藏的重要作品有怀素《绢本小草千字文》、唐人《文皇舞妓图》、赵孟頫《行书秋声赋》、赵雍《沙苑牧马图》、吴镇《古松图》等。

综上所述，文徵明、文彭、文嘉，文氏父子三人，不但成为明代收藏史上著名的收藏家，而且为中国书画的鉴定和收藏做出了重要的贡献。

十、华夏

华夏，生于明弘治七年（1494），卒于明隆庆元年（1567）。字中甫，一字中父，号东沙子、东沙居士。锡山（今江苏无锡人）。华夏是太学生，年轻时游学于江西等地，后拜王阳明为师。中年后结识文徵明、祝允明、都穆等人，对书画有着浓厚的兴趣，并致力于法书名画、金石彝鼎的收藏。凡经他收藏的书画，多为精品真迹。为更好地从事收藏，他在太湖边建造了一幢豪宅，专门用来收藏书画，并取名为"真赏斋"。其人有"江东巨眼"之誉。

"真赏斋"斋名实取自米芾"平生真赏"一印。华夏取之"真赏"二字，也颇有用意，实为区别米芾提出的好事者和真鉴者之区别。

华夏祖上就有收藏，华夏的收藏不但代表着收藏家的一种品位，而且成为其家族收藏的一种文化。华夏以他的人格影响了中国收藏的文化走向，成一代大家。

华夏的收藏来源，史书尚未作过详细的记载。但我们可从文徵明于嘉靖十年（1531）九月为华夏收藏的王羲之《袁生帖》的跋文中窥见端倪："此帖旧藏吴兴严

---

① 卢辅圣：《中国书画全书》第三册，上海书画出版社，1992年版，第832页。

震直家。震直洪武中仕为工部尚书，家多法书，后皆散失。吾友沈维时购得之，尝以示余。今复观于华中甫氏，中甫尝以入石矣。顾此真迹无前人题识，俾余疏其本末如此。嘉靖十年岁在辛卯九月晦，长洲文徵明跋。"①

沈维时即沈云鸿，字维时，为沈周之子。由此可见此帖系华夏于沈周家得，另一黄庭坚《经伏波神祠诗卷》也来自沈周。华夏收藏的法书名作中，不少来自吴门地区，其中不少出自沈周家。

另从文徵明为华夏藏品题跋中可见，华氏的收藏中还有部分来自另两位大藏家：一为史鉴，另一为都穆。这从文徵明为华夏所藏颜真卿《刘中使帖》跋文"徵明少时尝从太仆李公应祯观于吴江史氏"，以及为华夏另一藏品虞世南《汝南公主墓志铭》"此帖世无别本，必米迹也。予以孔子庙碑易于朱君性甫。都元敬见而称爱，遂题以归之"中足以证之。

华夏与文氏家族关系十分密切，与文彭、文嘉兄弟亦十分友好。至于华夏与文徵明的鉴藏交往，以及文徵明为之藏录刊刻之《淳化阁帖》和《真赏斋帖》，已在文徵明一节中有详细的论述，在此不再赘述。

文徵明曾先后两次为华夏绘《真赏斋图》，一为嘉靖二十八年（1549）；一为嘉靖三十六年（1557）。两图分别藏于上海博物馆和中国国家博物馆。上博所藏一卷，后还补撰有文氏八十八岁时，以楷、隶二体书写的《真赏斋铭》，其文盛赞华夏系书画收藏之真赏者。从中足以资证华夏书画收藏之巨富。另外，著名藏书家、书画收藏家丰坊为华夏作有《真赏斋赋》，此书以赋体之文著述真赏斋所藏书画，并收录于《藕香拾零》第四十六集，从中足见其真赏斋收藏书画之富而精。

华氏收藏过的名迹佳作中常留有收藏印：真赏、华夏、宜子孙、补庵居士、华氏剑光阁珍藏印、锡山龙庭华氏珍藏、真赏斋印等。为后人研究华夏的书画收藏提供了可供参考的佐证。

据《文徵明年谱》一书载，嘉靖辛卯十年（1531），文徵明六十二岁，"秋，华夏又携书画至吴，徵明为跋钟繇《荐季直表》、王羲之《袁生帖》、颜真卿《刘中使帖》及黄庭坚《经伏波神祠诗》"。是年九月，文徵明为《袁生帖》作跋；十月朔，文徵明为《荐季直表》作跋。其中《袁生》一帖，声价遂重。②

---

① 周道振，张月尊：《文徵明年谱》，百家出版社，1998年版，第666页。
② 周道振，张月尊：《文徵明年谱》，百家出版社，1998年版，第438页。

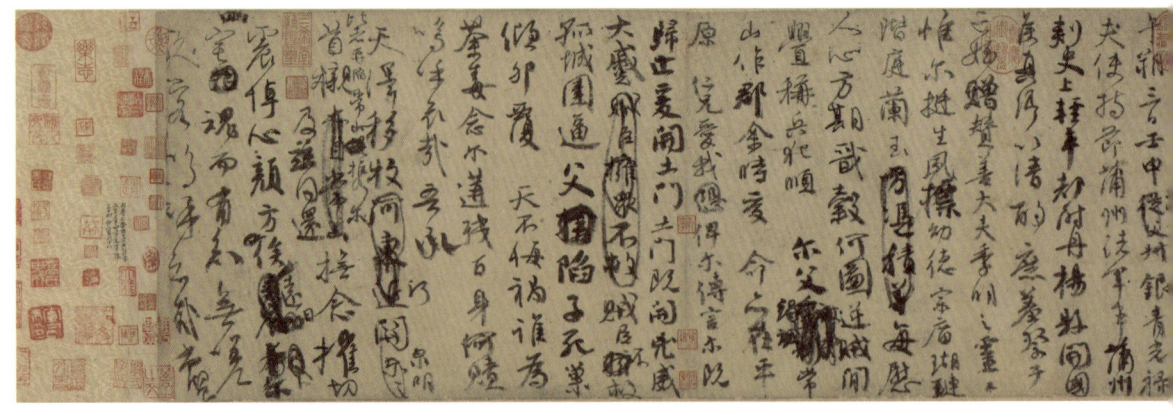

图 6-18　祭侄文稿　唐　颜真卿

从这一记载，足见华夏与文氏之间书画收藏、鉴定及题跋之间的相互关系。

真赏斋藏有三代彝鼎金石，魏晋以来法书名画和宋之善本图籍等，其中善本秘籍更为举世瞩目。其收藏的法书主要有：钟繇《荐季直表》、王羲之《袁生帖》《万岁通天帖》、虞世南《汝南公主墓志铭》、颜真卿《祭侄文稿》《刘中使帖》、徐浩《道德经》、杨凝式《神仙起居法》、黄庭坚《诸上座帖》《太白忆旧游诗》，还有宋高宗《临黄庭经》和赵孟頫《临黄庭经》等。其收藏的名画有：王维《辋川图》、赵孟頫《秋郊饮马图》《溪山仙馆图》、倪云林《惠山图》、仇英《钟馗图》，等等。

此外，华夏还收藏了两宋刻本三十余件，如南唐初刻本刘知几的《史通》《玉台新咏》、聂忠义的《三礼图》、俞言的《五经图说》、荀悦的《前汉纪》、陆游的《南唐书》《周礼》等，还有蔡襄的《八帖册》《自书诗帖》、岳飞的《与奉郎中札子》、宋高宗的《黄庭经》、虞集的《诛蚊赋》、祝允明的《诗翰》《前后出师表》等。名画有黄筌的《柳塘聚禽图》、郭忠恕的《雪江图》、米友仁的《潇湘图》、阎次平的《积雪图》、刘松年的《九老图》、马麟的《四梅图》、倪瓒的《春霁图》、王蒙的《青卞隐居图》。另有孤本《王临川集》、宋刻本《东观余论》，这些都为绝无仅有的罕见极品。

综上所述，无论是华夏留下的真赏斋珍藏名迹和《真赏斋法帖》，抑或是人们对他的"江东巨眼"之誉，华夏无疑是明一代乃至整个中国书画收藏史上独具一格的收藏大家。

十一、丰坊

丰坊,生于明弘治五年(1492),卒于明嘉靖四十二年(1563)。字存礼、人叔、存叔,后更名道生,更字人翁,号南禺外史、南禺病史、西郊农长。鄞县(今浙江宁波)人。嘉靖二年(1523)进士,任南京吏部考功主事,仕至礼部主事。玩世不恭,性格孤僻。工书法,善篆刻,擅绘画。为明代著名藏书家、书画收藏家。著有《藏书记》《书诀》《〈易〉辩》《古书世学》《〈春秋〉世学》《万卷楼集》等。

丰坊为人行事似逸出法理之外,而于书学致博,五体皆能。凡诸家自魏、晋及明靡不兼通规矩,尽从手出。工于执笔,唯喜用枯笔,尤擅草书,然稍乏风韵。

丰坊藏书万卷,负郭田千余亩,尽鬻以购置法书名帖,又常夜以继日,心摹手追,故予书学广博,五体皆工。丰坊家设藏书楼,名"万卷楼",藏法书名帖甚富,有数万卷之多。其临摹几可乱真,常夜以继日,心摹手追。为人撰写法书,以真易赝,不可穷诘。黄宗羲曾在《丰南禺别传》中描述曰:"读书注目而视,瞳子尝堕眶外半寸,人有出其左右,不知也。"晚年倾注书法墨癖之中,穷困潦倒而病逝于僧舍。

丰坊不善理财治家,晚年家产几丧失殆尽。其万卷楼藏书中的宋椠和写本,为门生辈及邻里窃去十之有六,后不幸又遭大火,故所存佳本已无多。丰坊与天一阁范钦交往颇深,是年范钦曾从万卷楼抄书,丰坊也曾为范钦作《藏书记》,故万卷楼劫余之书尽售与天一阁,也就成顺理成

图 6-19 青卞隐居图 元 王蒙

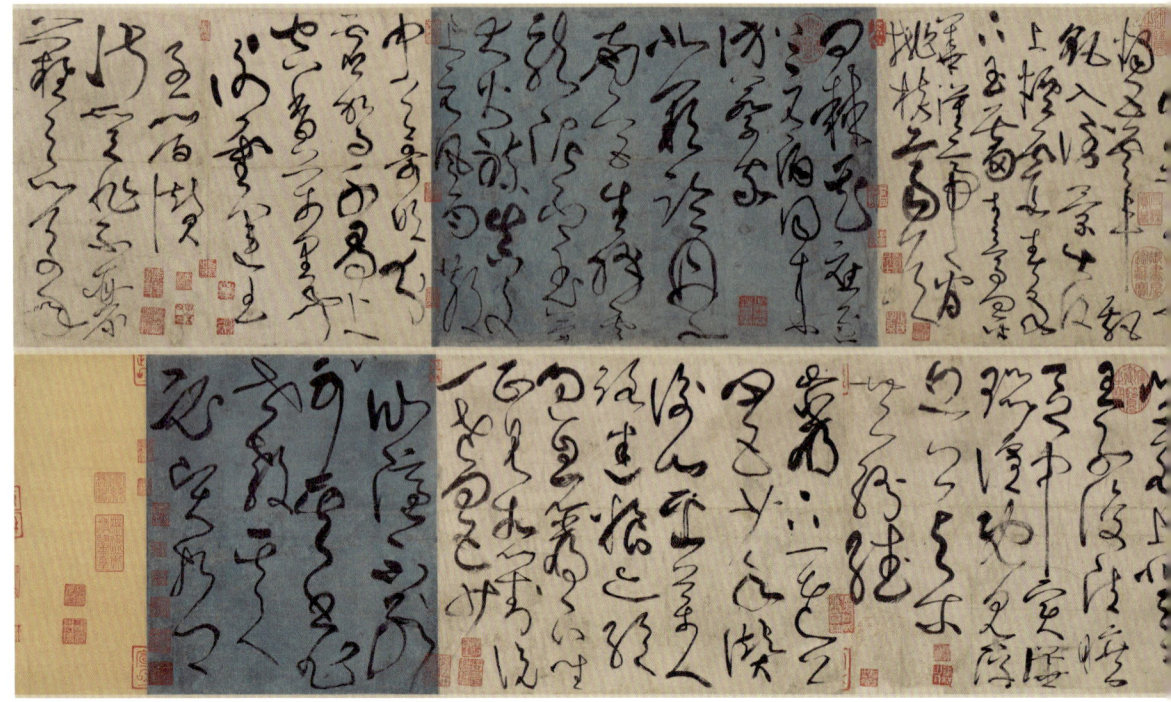

图 6-20　草书古诗四帖　唐　张旭

章之事。

　　丰坊所藏名帖法书甚丰，起自北宋，历元迄明，如《千字文》《孝经》《龙瑞宫记》，以及诸多宋元刻本、抄本、碑帖，及海内名画墨宝。家原有良田千亩，典卖以购法书、名帖、古籍、名画，藏古碑刻尤多，故人称"书淫""墨癖"。丰坊收藏的书画，据不完全统计，计有张旭的《草书古诗四帖》、贺知章的《千字文》、欧阳询的《化度寺邕禅师舍利塔铭》、黄庭坚的行书《懒残和尚歌》，以及佚名《宋元书翰》《元明书翰》等。收藏印记有"天官考功大夫印""碧玉堂下吏""丰氏人季""丰氏人叔""文王孙子""丰氏存叔""南禺外史""四明""发解出身""笔研精良人生一乐""清敏公家"等。

　　然丰坊由于仿造了不少"古书"，如《河图》石本、《鲁诗》石本、《大学》石本，又谎称是祖先清敏公于北宋间得之于秘府云云，故也留下了不好的名声。对此，吴焯在其《绣谷亭薰习录》中评曰："其著述未免欺人，其翰墨洵可传世也。"此等评述，倒也不失公允，从中映现出一门痴迷书画和书籍藏家的悲楚身世。

十二、何良俊

何良俊，生于明正德元年（1506），卒于万历元年（1573）。字元朗，号柘湖居士，华亭（今上海松江）人。授南京翰林院孔目。因仕途失意，弃官归隐。后移居苏州，遂隐居著述。博学多闻，雅好戏曲，攻习诗文，酷爱书画，富收藏，亦善鉴别。著有《柘湖集》《何氏语林》《书画铭心录》《四友斋丛说》等。

《明史》言其"少笃学，二十年不下楼"。《松江府志》亦称其"于学无所不窥"。他在《四友斋书论》中也说："余家宋人书亦有数十种。""余家最爱颜鲁公书，多方购之，后亦得数种。"他家筑有"清森阁"，专心蓄藏古书、名画、法帖及金石。藏书达四万余卷，名画百余签，古法帖、彝鼎数十种。时遇真迹，必厚赀购之，虽倾产也不顾也。晚清学者叶昌炽在《藏书纪事诗》中称"（良俊）四万卷书百鉴画，清森阁似米家船"。他将何良俊之"清森阁"与米芾的"书画船"相媲美，从中可见何氏收藏之富庶。

何良俊于书画收藏，自幼受家庭的影响。其父何孝，博学而名盛，好读书，通经史，善鉴别，又好蓄藏法书名画及古器物。父辈的收藏不但奠定了何良俊收藏的基础，也为他日后收藏倍增信心。何良俊于书画收藏的喜爱程度以及鉴定眼光，在他所著的《四友斋丛说》一书中表述得十分清楚：

> 余小时即好书画，以为此皆古高人胜士其风神之所寓，使我日得与之接，正黄山谷所谓能扑面上三斗俗尘者也。一遇真迹辄厚赀购之，虽倾产不惜，故家业日就贫薄，而所藏古人之迹亦已富矣。然性复相近，加以笃好，又得衡山先生相与评论，故亦颇能鉴别。虽不敢自谓神解，亦庶几十不失二矣。余家法书，如杨少师、苏长公、黄山谷、陆放翁、范石湖、苏养直，元赵松雪之迹，亦不下数十卷，然余非若收藏好事之家，盖欲有所得也。今老目昏花，已不能加临池之功，故法书皆已弃去，独画尚存十之六七。正恐筋力衰惫，不能遍历名山，日悬一幅于堂中，择溪山深邃之处，神往其间，亦宗少文之意也。然亦只是赵集贤、高房山、元人四大家及沈石田数人而已，盖惟取其韵耳。[①]

这段表述，一是表明了家学收藏之渊源；二是表明了自己与众不同的收藏方法

---

① 卢辅圣：《中国书画全书》第三册，上海书画出版社，1992年版，第868页。

及鉴定眼光;三是论述他与文氏家族书画庋藏间的交往;四是坦述了自己晚年不善治家而迫于效法宗少文卧游之窘地。

何良俊的藏品,除了家传之外,主要来自市场的交易,以及友朋的赠送。他除了出厚赀购买之外,还曾以山田一顷换得了赵孟頫的《大洞玉经》。为此,他曾作诗:"高谢人群不受呼,米颠之后有倪迂。百年此意真廖落,岁晏逢君一叹呼。嗟余意度真奇绝,一顷山田换墨皇。赖方汤生能好事,迎风消暑为重装。"如此造成"故家业日就贫薄,而所藏古人之迹亦已富矣"①,可见其对书画收藏的痴迷程度。就何良俊有关书画交换购买,在其诸多论著中多有所提及。如《四友斋丛说》中述:"余家有松雪小楷《大洞玉经》,字如蝇头,共四千八百九十五字,圆匀遒媚,真可与黄庭并观,余尝呼为墨皇。每移至衡山斋中,即竟日展玩,在南京因橐中空乏,有人以重赀购去,至今时在梦寐也。"又记:"余家宋人书亦有数十种,今皆卖去,不复存矣。兹以古人评书其灼然有见者出之。"② 另:"余最爱颜鲁公书,多方购之,后亦得其数种。"

何良俊生性豪爽快朗,淡泊名利,交友十分广泛。除了与徐霖、顾璘、华夏、张宪、项元汴、莫如忠、莫是龙、袁褧、董光裕等都有交往之外,与文徵明父子交往更为深厚密切。他不仅多次拜访出入文氏家宅,还互相品鉴书画:"衡山最喜评校书画。余每见,必挟所藏以往,先生披览尽日。先生亦尽出所蓄,常自入书房中,捧四卷而出。展过,复捧而入,更换四卷,虽数反不倦。"③ 何良俊所撰《何氏语林》便是文徵明为其作序。据《四友斋丛说》载:"余友文休承,是衡山先生次子,以岁贡为湖州教官。尝为余临王叔明《泉石闲斋图》,其皴染清脱,墨气秀润,亦何必减黄鹤山樵耶。文五峰德承在金台客舍为余作仙山图,余每日携酒造之,看其着笔,是大设色。学赵千里者,其山谷之幽深,楼阁之严峻,凡山中之景,如水碓、水磨、稻畦之类,无不毕备,精工之极,凡两月始讫工。"④ 从中既见证了何良俊与文氏家族之友谊,也证明了何家书画收藏另一来源,可见两人关系非凡。嘉靖二十八年(1549),何良俊撰写的《何氏语林》即将完稿,他特意致信文徵明,并

---

① 卢辅圣:《中国书画全书》第三册,上海书画出版社,1992年版,第868页。
② 卢辅圣:《中国书画全书》第三册,上海书画出版社,1992年版,第863页。
③ 周道振,张月尊:《文徵明年谱》,百家出版社,1998年版,第712页。
④ 卢辅圣:《中国书画全书》第三册,上海书画出版社,1992年版,第873页。

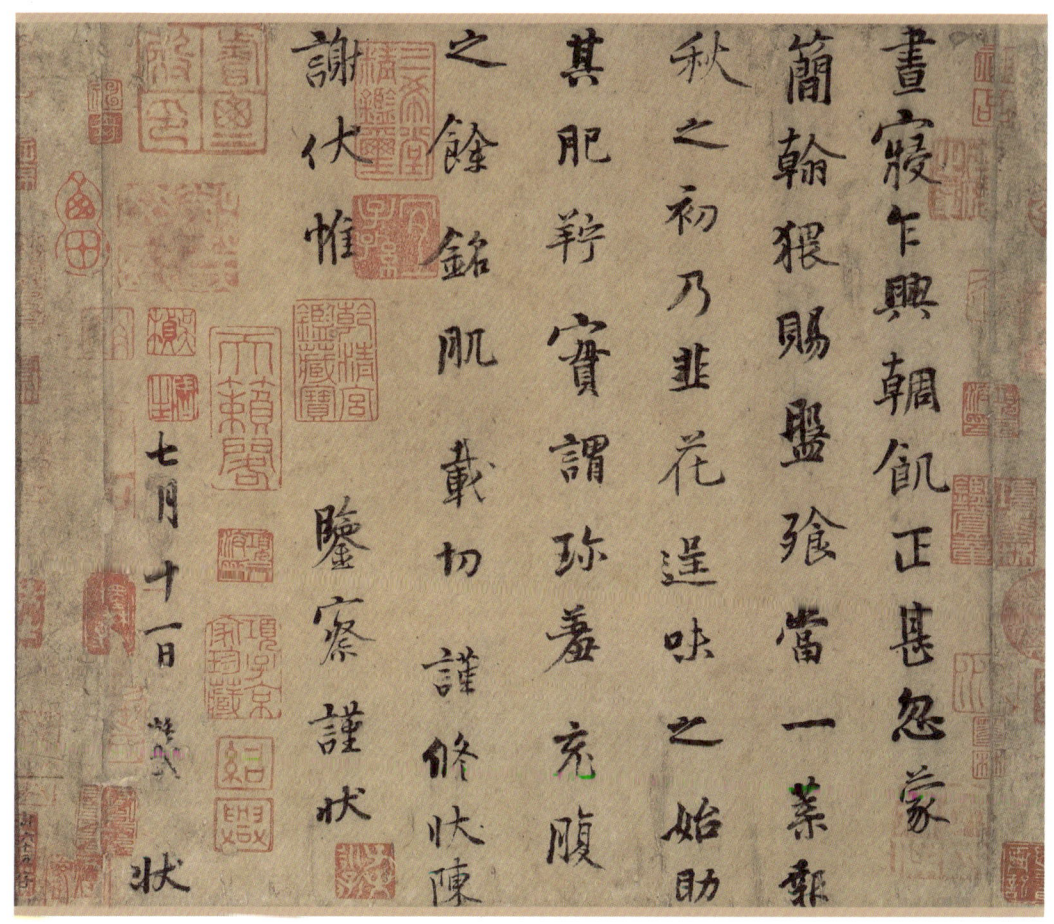

图 6-21　韭花帖　五代　杨凝式

让侄儿带书稿专去苏州请文徵明为其书撰写序文,文徵明为此欣然应允。序文赞曰:"元朗贯综深博,文词粹精,其所论撰,伟丽宏渊,自足名世,此特其绪余耳。辅谈式艺。要不可以无传也。"这些何氏在《四友斋丛说》等书中也有所提及。嘉靖三十五年(1556)十月至十二月间,何良俊在两个月内曾先后两次造访文徵明,在文家观赏书画,品第真赝。同时,他还拜访了著名藏家华云、项元汴、张宪、张景贤、袁褧、董光裕等人,得以品鉴书画,赏玩互通。其间还有幸收获了倪云林的《浦城春色》、赵丹林的《崆峒秋晓》。此年冬日,何良俊在观赏阅遍了三吴各地著名藏家的书画作品后,还撰写了一部专著《书画铭心录》,以此加以品鉴抒意,述论高下。此书实系何氏弃官归隐后有关书画著录之巨制。

何良俊除了撰有《书画铭心录》之外,尚有《四友斋丛说》等著录专著问世。

《四友斋丛说》全书分经四卷、史十三卷、子二卷、杂记一卷、释道二卷、诗文四卷、考文一卷、词曲一卷、继史一卷等。其中涉及书画的有三卷。近人黄宾虹、邓实编《美术丛书》时，从《四友斋丛说》中析出此三卷，分别标出。《四友斋书论》和《四友斋画论》不但是论述古今名家名书名画的论著，更是其记录何氏书画收藏的铭迹："余家法书，如杨少师、苏长公、黄山谷、陆放翁、范石湖、苏养直，元赵松雪之迹，亦不下数十卷"，"故法书皆已弃去，独画尚存十之六七"。[①] 从此书所载可知，何氏所藏名画有：汉画《于鳖壳》，唐《维摩问疾图》，元赵孟頫《醉馗图》、《天闲五马图》、《秋林曳杖图》、《梅花》、《大士像》二轴、《竹石》，倪云林《树石远岫图》《浦城春色图》，明姚绶《夏山图》、沈周《仿云林山水小卷》，另有宋人书法名迹数十种、赵孟頫小楷《大洞玉经》、杨凝式《韭花帖》，还有颜真卿《鲁山碑》《茅山碑》等。可见何氏收藏之富之广，亦实为同代一般藏家所不及。

何良俊百年后，其书画藏品一部分因生活困顿被子孙变卖；一部分为朱大韶、王世贞、项元汴等藏家购入；其余部分则被收入内府。就连他那件以一顷山田购得的赵孟頫《大洞玉经》最后也归入内府。文嘉曾载："然余又曾见翰林孔目何君元朗所藏一卷，乃金陵王南原旧物。字小如黍，纸高五寸余，精妙不可言。今已归之天府，不可得而见矣。犹幸得见此卷，而明窗净几，时一展玩，不惟尘眼为开，而冲襟遐抱亦为之畅。适古物日少，子京其实之，万历三年四月十一日，茂苑文嘉书于归来堂。"

何良俊常用收藏印有何氏元朗、良俊、何良俊印、柘湖居士、清森阁书等。

然值得一提的是，何良俊于书画收藏，并非如一般的藏家为了收藏而收藏，而是在一生的收藏中，经过长期潜心研究，得出了诸多与众不同的论述与观点，形成了一整套自己的鉴藏理念和思维方式，其中尤以"行家"和"利家"之说影响深广。

他在《四友斋丛说》中，将本朝诸多画家，分为"行家"和"利家"两类：

我朝善画者甚多，若行家当以戴文进为第一，而吴小仙、杜古狂、周东村其次也。利家则以沈石田为第一，而唐六如、文衡山、陈白阳其次也。戴文进画尊老用铁线描，间亦用兰叶描，其人物描法，则蚕头鼠尾，行笔有顿跌，盖用兰叶描而稍变其法者，自是绝技，其开相亦妙，远出南宋已后诸人之上。山水师马、夏者亦称

[①] 卢辅圣：《中国书画全书》第三册，上海书画出版社，1992年版，第868页。

合作，乃院体中第一手。①

从上可知，"行家"当以戴文进为首，"利家"则以沈周为首。随后他又论道："衡山本利家，观其学赵集贤设色与李唐山水小幅皆臻妙。盖利而未尝不行者也，戴文进则单是行耳，终不能兼利，此则限于人品也。"②接着又说："沈石田画法从董、巨中来，而于元人四大家之画极意临摹，皆得其三昧，故其匠意高远，笔墨清润，而于染渲之际，元气淋漓，诚有如所谓诗中有画，画中有诗者，昔人谓王维之笔，天机所到，非画工所能及。余谓石田亦然。"③

综合何良俊的"行家""利家"之说，人们不难看出，这些论述及观点，虽失之偏颇，然基本出于两点：一系他收藏诸多书画家藏品后所得出的结论；二系受文人画的影响所致。但不管如何，何氏的"行家"和"利家"之说，还是在中国画史上留下了较大的影响，从中可见，书画鉴藏对画学理论研究的重要作用及价值。

十三、项元汴

项元汴，生于明嘉靖四年（1525），卒于万历十八年（1590）。字子京，号墨林，别号墨林山人、墨林居士、香严居士、退密庵主人、退密斋主人、惠泉山樵、墨林嫩叟、鸳鸯湖长、漆园傲吏等。浙江秀水（今浙江嘉兴）人。为项忠后裔。少即聪慧英敏，博雅好古，决意仕进。工绘画，擅书法，尤精鉴赏，富收藏，但凡图籍、法书、名画、金石、彝器、墨砚等，无不在其收藏之列。为明代极负盛名的一代鉴赏收藏大家。著有《燕窗九录》《蕉窗九录》《墨林山人诗集》。

项元汴家资富饶，自己又工绘画，擅书法，好古博雅，精于鉴藏，故于书画收藏情有独钟。他广搜博取，所藏法书名画，以及彝鼎玉石，储藏之丰，庋藏之广，甲于海内，极一世之盛。他还将储藏书画之所取名"天籁阁"。其之所以取"天籁阁"之名，盖因其曾获一古琴，此琴为晋代铁琴，琴为仲尼式，为晋朝制琴名家孙登所斫，纯系黑铁锻造而成，因琴背刻有"天籁"两字，故借此取名而寓。

项元汴的父亲项铨靠典当发家致富，而后置地买屋，以收取租金而蓄财。项铨死后，将家产分为三份，分给了他的三个儿子。兄长步入仕途，无心家产；二哥醉

---

① 卢辅圣：《中国书画全书》第三册，上海书画出版社，1992年版，第872页。
② 卢辅圣：《中国书画全书》第三册，上海书画出版社，1992年版，第872页。
③ 卢辅圣：《中国书画全书》第三册，上海书画出版社，1992年版，第872页。

心艺术，专注赋诗作画。也许两位兄长出于对其弟的疼爱，所以，项家的资产大部都给了项元汴，这便为项元汴醉心收藏打下了坚实的财力基础。

项元汴于书画收藏，自十六岁时即已开始。三十岁左右当为其收藏的第一高峰，此时的收藏大部分为以赵孟頫为主的元代名品佳作。五十岁左右，项氏的收藏已达鼎盛，此时晋唐及两宋的书画精品都已被纳入其天籁阁。

项氏的书画收藏经历中，与之交往最多且影响最大的莫过于文徵明父子。项元汴与文徵明的交往，若不是文徵明长寿，项元汴是无缘于文徵明的。文徵明长项元汴五十多岁，然作为收藏家的项元汴，深知与当朝书画收藏界核心人物文徵明的交往价值和作用，并借此进入上层文化圈，从而深化和巩固自己在望族绅士中的地位，以获取更大的收益和声望。

据《项元汴年谱》载："嘉靖三十六年（1557）六月，项元汴过停云馆，以润笔四金向文徵明索书，文氏作小楷《古诗十九首》及陶渊明《田园诗》当回赠；嘉靖三十七年（1558年），闰七月十三日，文徵明为项元汴书《独乐园记》。八月二十四日，文徵明为项元汴书沈周《韩愈画记》以回谢。"

由上可知，项元汴为接近文徵明，曾多次主动拜访文徵明，购买书法作品。文徵明也多次为项氏书写古诗及题记，可见两人之交往过从。这点可从《吴宽手抄明太祖文》中的项氏题跋中足可资证："此册得之于东吴文徵明伯子文寿承处，乃先自衡山先生常出示于予。捐馆后，其孙持以属余，恐辞去而遂失先生所珍，且先朝典故所存，不可不重袭而藏之，敬用永宝无忽。就李丘民项元汴谨识。"[①]

吴宽为文徵明之师，又系吴门地区极具声望的名士，文徵明经常将吴宽这一抄本珍品展示给项元汴，这不但证明了他与文徵明的亲近关系，更是说明了文徵明对他的信任和青睐，故文徵明为其把关掌眼法书名画就显得很平常了。

除了文徵明本人之外，其子文彭、文嘉与项元汴的交往似乎显得更为亲密，这恐怕是年龄相仿之缘故。文彭不但常赴项元汴天籁阁观赏书画，而且常为他收藏法书名画把关，更是为其收藏的书画名作题跋，如沈约的《修竹弹芭蕉文》《头责子羽文》《雅琴篇》，王勃的《采莲曲》，怀素的《老子清净经》等名作都留下了文彭的跋文。

文嘉也常赴项元汴的天籁阁，一起鉴赏藏品并为之珍藏的珍品作跋，经文嘉题

---

① 封治国：《与古同游：项元汴书画鉴藏研究》，中国美术学院出版社，2013年版，第162页。

图6-22 溪桥访友图 明 戴进

跋过的名作就有马远的山水、赵孟𫖯的人物，以及《兰亭序》等，其对项氏的书画收藏提供过不少帮助。

除了文氏父子之外，尚有不少人都与项元汴有过深入的交往。他们中有彭年、彭孔嘉、许初、陆师道、王穀祥、陆治、周之冕、项从义、项从德、周六欢、仇英、李日华、王世贞、王复元、曾鲸、张鸣岐、屠隆、冯梦祯、丰坊、盛草汀、陈栝、董其昌等。他们中有的是文人雅士，有的是达官贵人，有的是收藏家，还有的是各类古董商、书画掮客，以及装裱名匠。

对于项元汴的交游圈，董其昌在其《容台集》中曾作过记载："子京夷然大雅，自远权势，所与游皆风韵名流、翰墨时望，如文寿承、休承、陈淳父、彭孔嘉、丰道生辈，或把臂过从，或遗书问讯，淡水之谊，久而弥笃，此外则宁狎飞凫，弗亲轩盖，郡守某以年旧请见，虽复倒屣，殊乖凿坏，为数日不怡，其介特如此。"①

陈继儒的《妮古录》中也曾多次提及项元汴之交游："项子京藏紫端石子砚，如羊肝，不穴研池，而细滑可玩。其研匣银胎外漆之，以宝珠为足，盖阴有金书题名'隆池彭年同高阳许初观'，又'田汝成拜观'，又'黄姬水与柘湖漳余鉴'，'三桥文彭、文水文嘉同五湖陆师道过天籁阁赏'。上又有篆'酉室'二字。"②

从这两位晚明华亭派代表人物的记述中不难看出，项元汴于书画收藏的交游圈，可谓是既多又广，以致达"所收物多有足观者""海内风雅之士，取道嘉禾必访元汴，而登其所谓天籁阁者""人从借观，则骄矜自说好不休，人过之，本欲尽观其所藏，彼固珍秘不竟示"之窘地。③

自然，与项元汴交往至深者，除了文氏家族之外，要数大书画家、大藏家董其昌了。董其昌作为晚明一代书画收藏大家，与项元汴可算是忘年之交。项氏大董其昌三十岁。两人交往，无疑是以书画收藏作为媒介，将两人的心结交在一起。董其昌之所以能成为一代书画大家，并倡导"以古为师"，提出"南北宗论"之说，无非是通过对古代法书名画的鉴赏收藏，借助自家所藏，以及项氏等诸多藏家之藏品，提高了眼力，拓宽了视界，提升了品位，方成一代大家而无愧。

董其昌与项元汴的交往，在其《容台集》中并无太多的记载。然从他的《画禅

---

① 董其昌：《中国古代书画家诗文集丛书：容台集》，西泠印社出版社，2012年版，第480页。
② 卢辅圣：《中国书画全书》第三册，上海书画出版社，1992年版，第1058页。
③ 卢辅圣：《中国书画全书》第四册，上海书画出版社，1992年版，第53页。

室随笔》和《画旨》，以及陈继儒的《妮古录》中，却能窥见两人的交往踪迹。

如《画禅室随笔·卷一》"临洛神赋后"载："大令《洛神赋》真迹，元时犹在赵子昂家。今虽宋拓不复见矣。今写此四行，亦唐摹冷金旧迹，余见之檇李项氏，遂师其意，试朝鲜鼠须笔。"①

再如《画禅室随笔·卷一》"临怀素帖书尾"载："怀素《自叙帖》真迹，嘉兴项氏以六百金购之朱锦衣家，朱得之内府，盖严分宜物，没入大内，后给侯伯为月俸，朱太尉希孝旋收之。其初，吴郡陆完所藏也。文待诏曾摹刻《停云馆》，行于世。余二十年前在檇李获见真本。"②

又如"题大令洛神十三行真迹"中记："余所摹秀洲项子京藏，是《宣和谱》中所收。吴兴云更有唐人临本，后有柳公权跋，亦神物也。视世所传十三行宋拓，何啻霄壤耶？"③

又如"王右丞画"中记："余从檇李项氏见《钓雪图》，盈尺而已，绝无皴法，石田所谓'笔意凌兢人局脊'者。最后得小帧，乃赵吴兴所藏。"④

另有："余从嘉禾项氏见晋卿《瀛山图》，笔法似李营丘，而设色似思训，脱去画史习气。惜项氏本不戒于火，已归天上，晋卿迹遂同《广陵散》矣。"⑤

还有："然从项氏兄弟游，多见项子京所藏名画，遂尔有得。吾友陈道醇特好之"，"余二十年见此图于嘉兴项氏，以为文敏一生得意笔，不减伯时《莲社图》，每往来于怀。今午长至日，项晦伯以扁舟访余，携此卷示余，则莲社先在案上。互相展视，咄咄叹赏"。⑥

……

除以上董其昌与项元汴交流观画的记载之外，陈继儒《妮古录》中有不少记载：余于项氏见蔡君谟手迹，其前后二束即停云馆刻宋《澄心堂纸帖》也，玄宰为余摹云林一幅，题云："陈仲醇悠悠忽忽，土木形骸，绝似嵇叔夜，求之近代，惟懒瓒得其半耳。仲醇好瓒画，以为在子久、山樵之上，政是识韵人了不可得。余为写云

---

① 董其昌：《画禅室随笔》，浙江人民美术出版社，2016年版，第12页。
② 董其昌：《画禅室随笔》，浙江人民美术出版社，2016年版，第14页。
③ 董其昌：《画禅室随笔》，浙江人民美术出版社，2016年版，第44页。
④ 董其昌：《画禅室随笔》，浙江人民美术出版社，2016年版，第58页。
⑤ 董其昌：《画禅室随笔》，浙江人民美术出版社，2016年版，第68页。
⑥ 董其昌：《画旨》，西泠印社出版社，2008年版，第100—101页。

林山景，一似吕安命驾。"①

王齐翰《陆羽煎茶图》、马和之《春霄鹤唳秋空隼举》、王晋卿《雪霁群鸦图》、王右丞《松江图》、宋徽宗《生翎毛图》、李营丘《秋晚图》、盛子昭《雪深处》皆项氏藏册。②

除上以外，另有陈继儒相约董其昌一起赴项元汴天籁阁观画的记载：壬辰九月同董玄宰过嘉禾，所见有褚摹《兰亭》，徐季海《少林诗》，颜鲁公《祭濠州伯父文稿》，赵文敏《道德经》小楷，皆真墨也，是日余又借得王逸季虞永兴《汝南公主志》适到，玄宰手摹之。③

其实，董其昌对项元汴天籁阁的藏品可谓是阅览无尽。这一点，在他《访倪云林山水》一轴中的自题中即可见证："四十年前，嘉禾项子京家藏名画，余尝索观殆尽。"另在他的《画禅室随笔》中也曾有记载："吾学书在十七岁时。先是，吾家仲子伯长名传绪，与余同试于郡，郡守江西袁洪溪以余书拙，置第二，自是始发愤临池矣。初师颜平原《多宝塔》，又改学虞永兴，以为唐书不如晋魏，遂仿《黄庭经》及钟元常《宣示表》《力命表》《还示帖》《丙舍帖》，凡三年，自谓逼古，不复以文徵仲、祝希喆置之眼角，乃于书家之神礼实未有入处，徒守格辙耳。比游嘉兴，得尽睹项子京家藏真迹。"④

正是由于项元汴家藏诸多书画名迹对董其昌的深刻影响，以及两人间由于书画鉴藏所建立起来的深厚友谊，故在项元汴逝世后，其子项穆托董其昌为其父项元汴撰写墓志铭。董其昌不但欣然答应，而且在铭文中给予项氏高度评价，同时也展现出董氏对多年来在天籁阁历观项氏藏珍品心存感恩的心意："忆予为诸生时，游槜李公之长君德纯，实为夙学，以是日习于公。公每称举先辈风流及书法绘品，上下千载，较若列眉，余永日忘疲，即公亦引为同味，谓相见晚也。"⑤

从中足见项元汴与董其昌两人交往甚密，情谊之深。

项元汴的藏品有的来自市场的交易，有的来自其他的藏家，还有的来自内府书画的散出。项氏交往的多为书画家和收藏家，其中交往最多的是文徵明、华夏、李

---

① 卢辅圣：《中国书画全书》第三册，上海书画出版社，1992年版，第1057页。
② 卢辅圣：《中国书画全书》第三册，上海书画出版社，1992年版，第1053页。
③ 卢辅圣：《中国书画全书》第三册，上海书画出版社，1992年版，第1049页。
④ 董其昌：《画禅室随笔》，浙江人民美术出版社，2016年版，第6页。
⑤ 董其昌：《中国古代书画家诗文集丛书：容台集》，西泠印社出版社，2012年版，第481页。

日华、汪珂玉、陈继儒、董其昌等。他们中有的为之掌眼，有的为其题跋，有的出让藏品，更有的是相互交换。文嘉称之"子京好古博雅，精于鉴赏，嗜古人法书，如嗜饮食，每得奇书，不复论价，故东南名迹多归之"。

然遗憾的是，作为大藏家的项元汴，却并未留下有关他书画收藏的著录。因此，人们只能从他的钤印、记账及编号去考察他的藏品。

在收藏的书画作品上钤印，应是唐代以来的传统。每得名作传迹，必钤印以记。然每鉴赏一次，就又盖一次印，以至于整幅钤满了印记，在收藏史上项元汴算是第一人。后来居上者便是乾隆皇帝。项氏所用收藏印记有一百一十方之多。具体来说有：元汴、项氏元汴、子京、子京所藏、项氏子京、项墨林父秘籍之印、槜李、槜李项氏家宝藏、墨林、墨林山人、墨林秘玩、天籁阁等。在《卢鸿草堂十志》上就盖了近一百方；怀素的《自叙帖》上亦盖了七十余方；褚遂良的《摹王羲之兰亭序》上竟也盖了九十八方。过多的印记对书画作品无疑是一种极大的损坏。不过诸多的印记虽不雅观，倒也为后人研究项氏的藏品提供了另一种鉴别依据。譬如，但凡钤有乾隆印记的书画，凡有项元汴的收藏印的，便是清兵进入嘉兴、掠夺天籁阁藏品而后进入清宫的实证了。

记账而非算账，是项氏书画收藏的另一特点。他在每件藏品的题跋中，有时往往将购买的价格也写上。这就跟记账一般，让人知道了这件作品当时购买的价格。如王羲之的《瞻近帖卷》记二千金，怀素的《自叙帖》记千金，赵孟頫的《书道德经卷》记七十金，杨凝式的《韭花帖》记三百金等。

编号是项氏书画收藏的另一种做法。其编号是按《千字文》中的"天地玄黄，宇宙洪荒，日月盈昃，辰宿列张，寒来暑往，秋收冬藏……"的顺序依次排列。

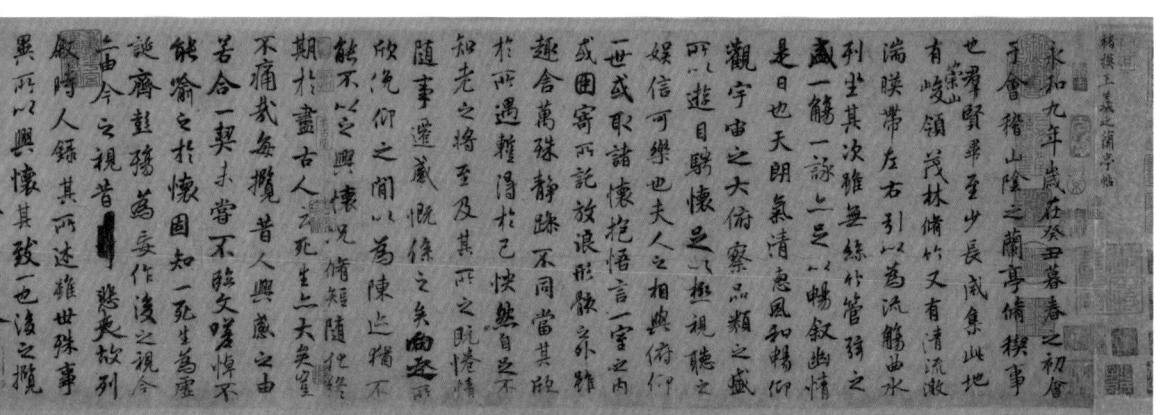

图6-23　摹王羲之兰亭序　唐　褚遂良

他将所藏书画分为两部分，即以千字编号部分和未列入千字编号部分。如韩滉的《五牛图》的编号为"此"字，王蒙的《葛稚川移居图》对应的是"圣"字，苏轼的《致梦得秘校尺牍》的编号为"具"字，米芾《苕溪诗卷》的编号为"独"字，赵孟頫《鹊华秋色图》的编号为"其"字。

自然，项氏大量的法书名画收藏并不局限这些记载。据近代学者翁同龢先生研究统计，项元汴收藏书画的总量为："千文编号书画残目部分达一千件左右，现存世的约二百件，然全部的残余概数约达四百三十八件。以此推断全部丧失量为一千七百五十二件。全部残余量与全部丧失量两者合计，即为项氏收藏书画的总量，共达二千一百九十件。"①

另按故宫博物院的《故宫书画录》载，故宫的书画收藏为四千六百余件，若按项氏的二千一百九十件核比，其收藏的总数竟达故宫书画收藏的一半。项元汴以一己之力，占国藏书画之半。纵观他的书画收藏，几乎展示出一部较为完整的中国书画发展史。这在整个中国书画收藏史上，项氏实为第一人。

项元汴常用收藏印记有：项元汴印、元汴、元汴之印、子京、墨林、子京父印、项墨林印、墨林山人、墨林主人、逸民、子京所藏、墨林秘玩、项墨林鉴赏章、墨林山人子京项氏元汴精玩书画之印、项元汴氏审定真迹、檇李项氏士家宝玩、古檇李狂儒墨林山房史籍印等，这些对鉴别项氏家藏作品具有相当重要的参考价值。

项元汴的书画收藏，在其逝世后，皆归其六个儿子所有，也即吴其贞所说的"六大房物"。不过对这"六大房物"的书画藏品，其最后的去向说法不一。据明末清初学者姜绍书在其《韵石斋笔谈》中的"项墨林收藏"一栏中云："乙酉岁（1645），大兵至嘉禾，项氏累世之藏，尽为千夫长汪六水所掠，荡然无遗。讵非枉作千年计乎？物之尤者，应如烟云过眼观可也。"但据清代吴其贞在其《书画记》"黄大痴《水阁图》小纸画一幅"一栏中则记："时壬辰端午日，予到嘉禾过子毗家得见之，子毗墨林孙，时项氏六大房物已散尽，惟子毗稍存耳。"②然据项元汴之孙项圣谟在其《三招隐图卷》中的题跋可知，应以姜绍书所说较为可信。但不管如何，项元汴死后还不到六十年，清顺治二年（1645），清兵侵入嘉兴，项氏倾几代财力、

---

① 封治国：《与古同游：项元汴书画鉴藏研究》，中国美术学院出版社，2013年版，第181—185页。

② 卢辅圣：《中国书画全书》第八册，上海书画出版社，1994年版，第58页。

第六章 明代的书画收藏（昌盛时期） 235

图6-24 葛稚川移居图 元 王蒙

尽毕生之力经营的"天籁阁"遭毁，这倒是个不争的历史事实。

自清兵攻入江南，嘉兴惨遭屠城。加上项氏后代的殉难，项家累世之藏，尽被掠夺抢劫，几遭殆尽。劫余后的一些藏品归入清内府，这从不少藏品既钤有项元汴的藏印，也加盖乾隆的收藏印的史实即可证明。

另，乾隆曾令内府将宫廷庋藏的原项氏天籁阁所藏之书画，各选出自宋至明名家中的米芾、吴镇、徐贲、唐寅画卷各一幅，移藏至避暑山庄"天籁书屋"。玄烨在乾隆四十九年（1784）最后一次南巡至嘉兴时，见惜项氏天籁阁及其所藏书画早已无存时，遂作《天籁阁诗》一首：

> 携李文人数子京，阁收遗迹欲充楹。
> 云烟散似飘天籁，明史怜他独挂名。

这些无疑证明了这是一场外族入关，明清两廷改朝换代的历史见证之另一缩影。但不管后人对项元汴的书画收藏作何评价，项氏对书画收藏却有自己明确的意图和目的，他在自己所作《竹石小山阁轴》中曾记：

汴以不才困处丘隅，踽踽世故凄恻家艰。惜哉运命受物汶汶，思无自释，援翰宅心。盖取夫岩岭高则云霞之气鲜，林薮深则萧瑟之音微，其可以藻玄莹素疵其者乎。舍此遂无以泄孤愤之叹，以舒抑郁之怀矣。人能观画畴知斯意。

这正如明代李培在《祭墨林先生文》中所记：他曾对友众曰："余之所以稍稍聚积者，非有他术，亦非有他嗜，尽吾事耳！"

项元汴一生绝意仕途，终身从事书画收藏和书画创作，成一代书画收藏大家，其中的艰辛和磨难，绝非常人可及，也非常人所解。他的这些人生寄语，展现了一位收藏家博大而深邃的文人精神和文化情怀，从而奠定了他在明代乃至整个中国书画收藏史上的地位和影响。

项氏家族于书画收藏方面值得铭记于册的，除了项元汴本人之外，尚有其兄项笃寿、孙项圣谟。

项笃寿，生于明正德十六年（1521），卒于明万历十四年（1586）。秀水（今浙江嘉兴）人。系项元汴之仲兄，初名项笃周，字子长，号少溪、兰石主人、少溪主人。嘉靖年间进士，授刑部主事，历任兵部郎中、南京考功郎中等。著有《今献备遗》《全史论赞》。

项笃寿不但是一位书画收藏家，而且更是一位藏书家、刻书家。"万卷堂"便是他的藏书之地。其收藏的图书多为宋元善本，有名的刻本就有《二十四史论赞》十八卷，《郑端简公奏议》十四卷等。

项笃寿与文徵明、谢时臣、丰坊等多有往来，交往最多的自然便是项元汴了。

项笃寿的书画收藏数目不小，其中不少系精品佳作。代表作有东晋《万岁通天摹王氏帖》，唐怀素《论书帖》、颜真卿《刘中使帖》，宋李公麟《郭子仪单骑降虏图》，元钱选《浮玉山居图》、赵孟頫《七札》等。其收藏常钤的印记有项氏子长、项子长文鉴定、笃寿、兰石主人、项氏万卷、堂阁籍印、万卷堂印等。

项笃寿也曾协助其弟项元汴收藏，在《虞雍公诛蚊赋刻石疏》一文中留有项元汴的题跋即可见证：此帖今藏余家，往在无锡荡口，得于华氏中甫处，少谿家兄重购见贻之物。元汴。

项笃寿过世后，他的仲子项梦原继承了他的收藏。

项圣谟，生于万历二十五年（1597），卒于清顺治十五年（1658）。字逸，后字孔彰，号易庵，别号子璋、子毗、胥山樵、胥樵、古胥山樵、莲塘居士、松涛散仙、大酉山人、存存居士、烟波钓徒、狂吟客、醉疯人等。秀水（今浙江嘉兴）人。系项元汴之孙，项德达之子。工诗善画，亦善书法。著有《朗云堂集》《清河草堂集》《历代画家姓氏考》《墨君题语》等。

项元汴过世后，其家产及收藏品分给了他的六个儿子。项德达自然分得了一部分，这为项圣谟的收藏打下了基础。项圣谟自幼受到家庭的熏陶，喜欢写字画画，尤精于古书鉴别。项圣谟一生承学其祖父项元汴，拒绝官场，忧国忧民，反清复明，思想尤烈。一生以书画、诗词表达自己爱国忧民的思绪和志向，创作了不少优秀的绘画作品和诗作。他收藏兴趣颇浓，对其祖父非常崇敬，并以此为豪。曾刻有一方"天籁阁中文孙"印，引以为鉴。

他的许多绘画创作都得益其家藏的作品，比如他临摹过的唐韩滉的《五牛图》，其上就有他的题跋和诸多的收藏印记，证明这画便是项元汴留给他父亲的。他在二十三岁时创作的《松涛散仙图卷》的跋记中曾记："余髫年便喜弄柔翰，先君子责以举子业，日无暇刻，夜必篝灯，着意摹写，昆虫草木，翎毛花竹，无物不备，必至肖形而止。"他曾说："余自髫年学画始，便见吾祖君所藏旧人临卢鸿《草堂图》，用笔周密。今五十有三，自觉聪明不及，依稀记此。"他又说"家藏黄鹤山樵画颇多,余自幼摹仿,后学大痴,久不作想,兹以其笔意写此小景,自喜未忘其本来面目也。"这一方面说明他自幼便喜临摹习画,另一方面印证了他家藏之丰富,以至于董其昌在观其创作的《圣画册》时会作如下的题跋:"古人论画,以取物无疑为一合,非十三科全备,未能至此。范宽山水神品,犹借名手为人物,故知兼长之难。项孔彰此册,乃众美毕臻,树石屋宇,皆与宋人血战,就中山水,又兼元人气韵。虽其天骨自合,亦工力至深,所谓士气、作家俱备。项子京有此文孙,不负好古鉴赏百年食报之胜事矣。"

从董其昌为项圣谟所作的评价,不难看出,项圣谟不但绘画创作十分出色,而且从中可见祖父项元汴及其家藏的古书画对其创作的深刻影响和价值。从某种意义上说,项圣谟若没有对古书画作过深入的研习与临摹,历史上就不可能留下项圣谟这一项氏优秀的晚辈。

顺治二年(1645),清兵攻入并摧毁了扬州,后攻破南京,残酷镇压屠杀掠夺江南反清志士和百姓。阴历闰六月,清兵侵入嘉兴府城,项氏家族及项圣谟的家宅

图 6-25 浮玉山居图 元 钱选

遭到抢夺。其祖父所遗之物,包括古代法书名画及其他古物,有的为战火所毁,有的为清兵所掠,尤其是清兵千夫长汪六水抢劫最多。鉴此,项圣谟在《三招隐图》卷的题跋中追忆道:

明年(1645)夏,自江以南,兵民溃散,戎马交驰。于闰六月廿有六日,禾城既陷,劫灰熏天,余仅孑身负母并妻子远窜,而家破矣。凡余兄弟所藏祖君之遗法书名画,与散落人间者,半为践踏,半为灰烬。

从以上题跋中足见项氏家藏最后归宿之惨烈,以及封建帝王残酷掠夺成性之恶果。但不管如何,项元汴实是中国书画收藏史上饮誉全史的大收藏家。

"收藏不过三代",此语不但印证了书画收藏的艰辛不易,而且也印证了项氏家属收藏的历史轨迹及重大成就。

十四、王世贞　王世懋

王世贞和王世懋兄弟，系明代中期两位极为重要的书画收藏家。

王世贞，生于明嘉靖五年（1526），卒于明万历十八年（1590）。字元美，号凤洲、五湖长，又号弇州山人、志信道人。苏州太仓（今江苏太仓）人，王世懋之兄。历任大理寺左寺、刑部员外郎、山东按察副使青州兵备使、浙江左参政、南京兵部侍郎等职，卒后赠太子少保。他工诗善文，尤擅文学、史学理论著述，为明代"后七子"之一。为人刚正不阿，不附权贵，因无意中得罪奸相严嵩，不仅自己官场不顺，连其父也遭严嵩迫害致死。

著有《弇州山人四部稿》《弇山堂别集》《嘉靖以来首辅传》《艺苑卮言》《觚不觚录》等。

王世贞为东南名士，除著书立说之外，于书画收藏也情有独钟。他筑有一"弇山园"，专门用于收藏图籍与书画，并与王穉登、彭年、袁尊民、陈继儒、张应文等多有交往。

王世贞的书画收藏，一是来自祖上递传及自家购买；二是以他的文章换取画作；三则是来自友朋的馈赠。王世贞出身名门望族，家境富庶，不但经筑豪宅庭院，而且还开设当铺。宅院自然当以集聚图书字画古玩，开设当铺则便于收集书画古玩，将一些无法赎回的珍品充作藏品。王世贞家境丰实，俸禄可观，购买自己喜爱的书画作品也是很自然的事。加上他为文坛领袖，文采出众，随着名声的隆起，求之撰写文章的人也为数不少，其中既有为人书写立传的，又有撰写传记或墓志铭的。其间，不少富豪便以字画古物相赠以代作润笔费，因此，王世贞也着实收获了不少书画名迹。友朋之间的相赠也是王世贞藏品的另一来源。他自己不但将书画送予他人，别人更是将书画赠予王世贞。加上王世贞身处高位，名声显赫，友朋送其的法书名画既贵又精。据记载，王锡爵兄弟家藏的《薛绍彭三帖》、赵用贤家藏阎立本的《萧翼赚兰亭图》、胡颐庵家藏王蒙的《听琴轩图》，以及信阳王太史的《梅竹双清图》都曾送予王世贞。

王世贞收藏书画并非为收藏而收藏，也非为营利，而是考虑如何将收藏品发扬光大，以进一步传承弘扬文化。王世贞的身边集聚了一批人，这其中既有当时著名的书画家钱谷、尤求、文彭、文嘉、陆治、张复、莫是龙等，也有文人墨客俞见文、周天球、王逢年、张凤翼等，还有不少的古董商。他既利用他身居高位及在文坛上的影响力，又利用他与各方人士的亲密关系，将其藏品或集腋成册，或勾勒上石，或木刻成帖，或双钩填墨成响拓本等。他收藏的那些《宋名人山水人物册》《宋人杂花鸟册》《三吴墨妙卷》《六家十二帖》便是这种情况的产物。这种做法，既为较好地保存古代法书名画提供了有效的方法，更为进一步弘扬传统文化艺术做出了贡献。

由于王世贞长期在京为官，与收藏家之间的交流不多，故其眼光的好坏也颇有争议。客观地说，王世贞书画鉴赏的眼光实属一般，他在其《弇州山人四部稿续稿》中也坦诚："余不善鉴画。"这点，项元汴与詹景凤在论及"谁具眼力"时说："今天下谁具双眼者？王氏二美则瞎汉，顾氏二汝眇视者尔，唯文徵仲具双眼，则死已久。"项元汴贬王世贞兄弟为"瞎汉"，这可能是地域性之偏议，也可能是为争鉴藏界"盟主"之异意，也可能是在书画交易过程中的某种矛盾。而王世贞其实也十分看不起项元汴，认为项不过是一介有钱财而无眼力的商人而已。这在中国的收藏历史上，尤其在文人之间是再正常不过的事了。

但不管如何，王世贞的书画收藏十分可观。他的书画收藏，有部分记载在他所著的各类著述中，还有不少可从詹景凤的《东图玄览编》和张丑的《清河书画舫》两部著录中查实。

尤其值得推崇的是，王世贞毕竟是一位大文人，于书画收藏又十分喜爱，故其在收藏法书名画的过程中，为后世留下了为数不少的著述。他的论著大都收录在他的《弇州四部稿》和《弇州四部续稿》中。其中《弇州四部稿》中的卷一百三十一至一百三十八，以及《续稿》卷一百六十一至一百七十一，即为其书画跋语和墨刻跋语，他的主要收藏品及对书画的评述在此尽有记载，实系人们研究王氏书画收藏和书画鉴藏诸多方面的主要文献。

王世贞收藏的历代法书名画，除了晋唐钟繇的《荐季直表》，王羲之的《此月帖》《大热帖》《干呕帖》，史道硕的《八骏图卷》，虞世南的《汝南公主墓志铭稿》，阎立本的《勘书图》，王维的《演教罗汉》，褚遂良的《唐文皇哀册文》，周文矩的《擘阮图》，范宽的《山水卷》，郭熙的《树色平原图》，李公麟的《醉道士图》《十六应真图像》，马远的《山水图十二帖》，薛绍彭的《云顶山诗》《上清连年实享清适》《和刘济诗》，张即之《老柏行》，还有元鲜于枢的《游高亭华岩记及诗》，赵孟頫的《二帖》《归去来图》《灵隐大川济禅诗塔铭》《行书唐诗》《枯树赋》，黄公望的《江山览胜图》，王蒙的《阜斋图》，倪瓒的《西园图》《山阴丘壑图》，方从义的《江山秋兴图》，高克恭的《山水卷》，钱选的《洪崖移居图》《蹴鞠图》等，另有大量同

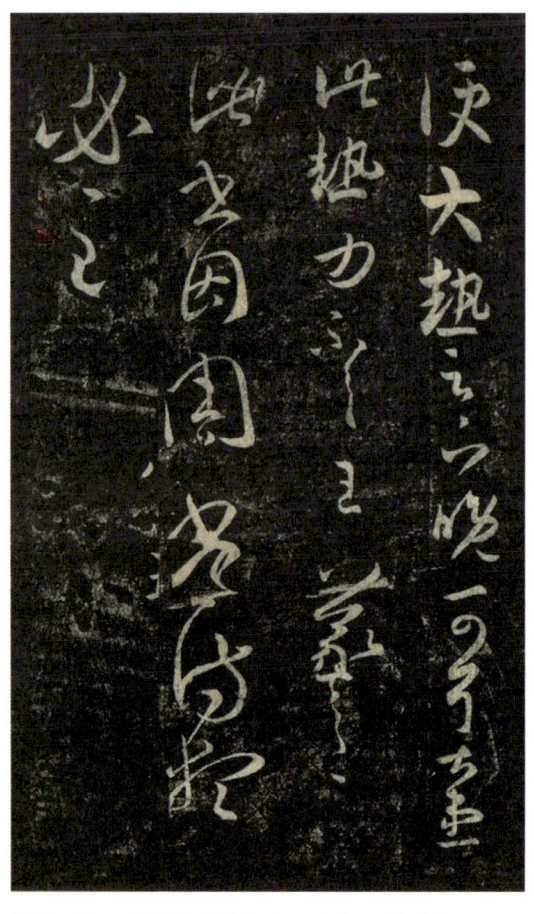

代名家宋克、戴进、王绂、沈周、沈粲、徐有贞、李东阳、张弼、李有祯、祝允明、唐寅、文徵明、王宠、陈淳、周天球、陆治、钱谷、张复、周之冕、莫是龙、王世懋、朱日藩等。

王世贞晚年，由于大肆营造园林，资助文人画家，豢养大批门客，加上超量购买收藏书画和书籍，致使生活拮据，入不敷出。无奈之下，只得出售书画以讨生活。他将自己珍藏的钟繇《荐季直表》，委托他人转售给项元汴。王世贞晚年皈依道门，笃信道教，潜心修行，将家所藏古籍书画珍品交给了他的几个儿子，自己对人世间的事情漠不关心，从此结束了他的收藏生涯，为后世收藏家留下了无尽的遐想。

图 6-26　大热帖（拓片）　东晋　王羲之

图 6-27　蹴鞠图　元　钱选

王世懋，生于明嘉靖十五年（1536），卒于明万历十六年（1588）。字敬美，别号麟州，苏州府太仓（今江苏太仓）人。嘉靖进士，历任南京礼部仪制司主事、员外郎、江西参议、陕西学政、福建提学、南京太常少卿等职。为王世贞胞弟，世人常以"王氏二美"相称，一是说明两兄弟关系极为亲密，再是证明兄弟两人在社会上的名声非凡。王世懋自幼聪慧，工诗善文，痴迷书画收藏。著有《王仪部集》《二酉委谭摘录》《名山游记》《奉常集词》《窥天外乘》《艺圃撷余》等。

王世懋与其兄王世贞一样，一生为官，书画收藏似是其官宦生涯中的一种雅玩和追求。王世懋仿其兄亦建一藏书楼，名为"万卷楼"，专门收藏法书名画、宋版书籍及经史图籍，不少书画珍品充仞其中。

王世懋一生收藏的书画名迹不少，除了受其兄王世贞的影响，收罗了赵孟𫖯的《小楷法华经六卷》《大通阁记》《归田赋》《真草千文》《归去来辞》和《水村图》等书画名迹外，还收有王献之的《送梨帖》《秋日帖》二名帖，颜真卿的《竹山潘氏堂联句》，苏轼的《手书四古体》等。还有高克明《溪山雪意图卷》、李迪《寒塘鸂鶒图》、赵孟坚的《梅花卷》、黄公望的《浮岚暖翠图》、倪瓒的《山水二幅》等。另有举世闻名的王维《江干雪意图》和赵佶《雪江归棹图》。其中《雪江归棹图》的收藏值得人们玩味和尊重。

郁逢庆在其《书画题跋记》卷八中载："朱太保绝重此卷，以古锦为标，羊脂玉为签，两鱼胆青为轴，宋刻丝龙衮为引首，延吴人汤翰装潢。太保亡后，诸古物多散失，余往宦京师，客有持此来售者，遂鬻装购得之。未几，江陵张相尽收朱氏物，索此卷甚急。客有为余危者，余以尤物贾罪，殊自愧米颠之癖。顾业已有之，持赠贵人，士节所系，有死不能，遂持归。不数载，江陵相败，法书名画闻多付祝融，而此卷幸保全余所，乃知物之成败故自有数也。宋君相流玩技艺已尽余兄跋中，乃太保江陵复抱沧桑之感，而余亦几罹其衅，乃为记颠末示微惧，令吾子孙毋复蹈而翁辙也。吴郡王世懋敬美甫识。"[①]

从上可见，王世懋对赵佶的名画《雪江归棹图》所作题跋可证三点：一是此作原藏于明宗室重臣朱希忠、朱希孝兄弟家中。此作曾延请吴人名裱师汤翰重裱，用料十分考究，装潢极其精美，为举世佳作；二是朱家兄弟败落后，家中古物散落于市，世懋正恰赴京，有人持物以售，遂为世懋购得；三是权贵张居正欲占有此物，

---

① 卢辅圣：《中国书画全书》第六册，上海书画出版社，1994年版，第931页。

图 6-28　雪江归棹图　北宋　赵佶

第六章　明代的书画收藏（昌盛时期）　　245

然王世懋却以"士节所系,有死不能"的文人气节,成功地庋藏了这一宝物。

王氏兄弟的书画收藏历程,让世人从中了解了王氏兄弟为官正直、刚正不阿的精神,以及收藏名作佳迹的来之不易。

十五、韩世能　韩逢禧

韩世能,生于明嘉靖七年(1528),卒于明万历二十六年(1598)。字存良,号敬堂,长洲(今江苏苏州)人。隆庆二年(1568)进士,选庶吉士,授编修,入翰林馆,历侍读、祭酒、教习庶吉生、馆阁文字。累官礼部左侍郎。曾参与编撰《世宗实录》《穆宗实录》,充经筵日讲官。生性聪慧,工文,痴迷书画,尤善鉴藏古代法书名画,为明又一著名大藏家,著有《云东拾草》等。

韩世能于书画收藏独具情愫,俸薪所入,悉数用于搜求法书名画。由于长年习学书艺,深厚的文学修养,加上其身份与地位的不同,又独具慧眼,遂使晋唐宋元名迹佳作尽入其门下。

韩世能的书画藏品来源大抵来自三个方面:一是明穆宗隆庆年间,由于国库空虚,皇帝常将内府书画当作俸禄以抵充官员的俸禄;二是宗室朱希忠兄弟死后散出的书画;三是严嵩父子家藏书画被籍没后散落民间的书画。对此,明代学者沈德符在其《万历野获编·籍没古玩》中曾有过如下的记载:

严氏被籍时,其他玩好不经见,惟书画之属入内府者,穆庙初年出以充武官岁禄,每卷轴作价不盈数缗,即唐宋名迹亦然,于是成国朱氏兄弟以善价得之,而长君希忠尤多,上有"宝善堂"印记者是也。后朱病亟,渐以饷江陵相,因得进封定襄王。未几张败,又遭籍没入宫,不数年为掌库宦官盗出售之,一时好事者,如韩敬堂太史、项太学墨林辈争购之,所蓄皆精绝。其时值尚廉,迨至今日,不啻什伯之矣。①

以上明证有三:一是严嵩父子家藏被籍没后,其书画藏品入了内府;二是穆宗初年,即以很低廉的价格作为折俸分给了官员,有些还是极其珍贵的唐宋名迹;三是宗室重臣朱希忠兄弟以低价从中获取不少,且钤有"宝善堂"印记;四是朱氏病重,便又将许多名迹转送给权相张居正,借此获取定襄王的谥号;五是不久张居正

---

① 沈德符:《万历野获编》上册,上海古籍出版社,2012年版,第176页。

病死，家藏书画再次归入内府；六是没过几年，内府珍品被监管库房的太监盗出以售，韩世能、项元汴从中争购，所获皆为精品绝作。

沈德符的这则记载，信息量有些大，它记载的不仅是韩世能等人所获取的书画收藏，而且是这一时期内府书画庋藏的败迹所在，更是这一时期书画收藏的实际展现，折射出明中晚期皇朝官场腐败的真实现象。

韩世能由于为人处世较为谨慎低调，故其书画收藏圈并不大，他接触最多的是董其昌，其他还有张丑、詹景凤，以及朱希忠、朱希孝兄弟等人。

董其昌与韩世能关系十分密切。董其昌拜韩世能为师，这源于董其昌登第后，在翰林院任庶吉士时，正逢韩任馆师，董实为得意门生，从此董其昌得以纵观韩氏家藏众多精品。据载，万历十七年（1589），董其昌从韩世能处借得褚遂良《摹王羲之兰亭序》，后临摹成册。万历十九年（1591），董其昌在韩府欣赏了陆机《平复帖》《曹娥帖》等，又借临《洛神赋十三行》。同年十月，董其昌又在翰林院观赏韩氏所携的李唐画、宋高宗的《书文姬归汉图册》。万历二十五年（1597），董其昌与好友陈继儒赴韩氏苏州家，观其所藏颜真卿《自书告身》、徐浩《朱巨川告身》、赵伯驹《三生图》、周文矩《文会图》、李公麟《白莲社图》等名作。另外，董其昌还刻制有《戏鸿堂法帖》，王羲之《思想帖》《胡母帖》，王献之《十三行洛神赋墨迹》、晋人《书黄素黄庭内景经》、梁武帝《异趣帖》、宋太宗《晚来手敕》、唐玄宗《鹡鸰颂》、颜真卿《自书吏部尚书诰》、徐浩《道经上卷》《朱巨川诰》、苏轼《寒食帖》《前赤壁赋》《宜春帖子词》《墨妙亭帖》，以及赵孟頫《蜀道难》《归田赋》《黄素小楷过秦论二篇》等巨迹名品。另还为韩藏米芾《韩魏公像卷》作长跋，这一方面证明了韩世能与董其昌师生间的亲密关系，另一方面证实了韩氏丰富收藏的可观程度。

韩世能与著名收藏家张丑也时有交往。张丑曾受韩世能之子韩朝延之邀，两次进入韩府得以观赏其所藏。张丑不仅为韩府收藏之富所惊骇，而且受韩家之邀，为韩家藏书画作了详细的记载，为后世留下了一部著名的书画收藏著录专著《南阳书画表》。此书题为南阳者，实系韩氏先祖以荫入仕，赏封南阳郡公所至。《四库全书总目提要》："其称南阳者，韩氏郡望南阳。犹韩唯之称《南阳集》耳。"这在张丑的另一部著录《真迹日录》"宋褚米南宫草书九帖"一栏中，也记录了张丑幼年去韩府观赏所藏书画之记录："此卷幼年曾观于韩宗伯存良家，故有韩世能印。"[①]

---

① 卢辅圣：《中国书画全书》第四册，上海书画出版社，1992年版，第416页。

韩氏家藏书画珍品，除了载录于张丑所著《南阳书画表》《真迹日录》和《清河书画舫》之外，尚有詹景凤的《东图玄览编》，董其昌的《容台集》《画旨》《画禅室随笔》，陈继儒的《妮古录》，卞永誉的《式古堂书画汇考》，顾复的《平生壮观》，以及何良俊的《书画铭心录》等这些重要著录。

据不完全统计，韩氏收藏法书名迹达七十二件，共涉及书写者二十五人；名画佳作达九十五件，共涉及绘画者四十七人。其中法书名迹有：钟繇《摹正考父鼎铭》《篆书孔庙鼎帖》两件，王羲之《谢司马帖》《鹊策帖》《大道帖》《思想贴》《胡母帖》《冠军帖》《十三行洛神赋迹》《上虞帖》八件。另有著名法帖，如陆机《平复帖》、晋人《曹娥诔辞》、王献之《洛神赋》、梁武帝《异趣帖》等魏晋人作品十几件。唐代作品尤多，有唐太宗《晚来手敕》、虞世南《真草千字文》、褚遂良《正书千字文》《倪宽赞》两件、颜真卿《自书吏部尚书诰》《书摩利支天经》两件、徐浩《朱巨川诰》《道经上卷》两件、怀素《画诀帖》《贫道帖》《论书帖》三件、张旭《宛陵帖》一件、孙过庭《书谱》《北山移文》《孝经》三件、钟绍京《灵飞六甲

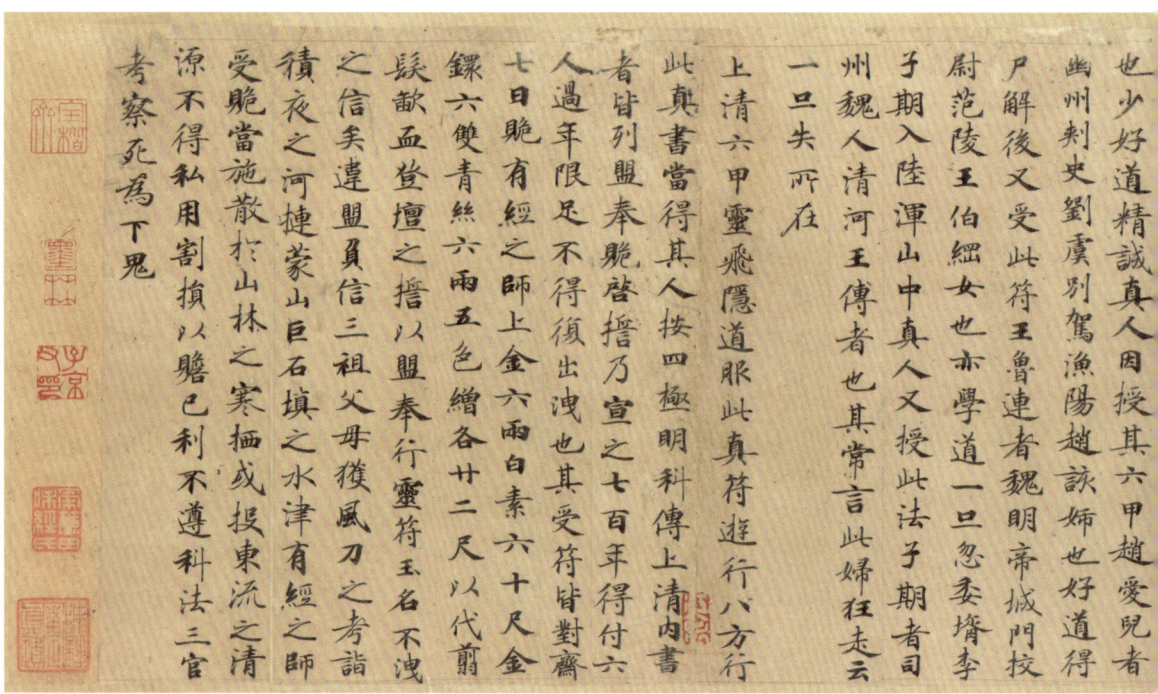

图6-29　灵飞经　唐　钟绍京

经》、柳公权《翰林帖》、贺知章《千文》共十八件。宋代的有苏轼《寒食诗帖》《宜春帖子词》《自书八赋》《前赤壁赋》《挑耳帖》《墨妙亭帖》《虎跑泉帖》《李伯时三马图赞》八件，米芾《二十四帖》《小楷快雪时晴帖跋》《草书十二贴》三件，黄庭坚《李白秋浦歌并自叙百余字》《书东坡大江东去词》《华严疏卷》和宋高宗《洛神赋》等达十九件。另有元代鲜于枢、赵孟頫、康里巎巎等二十余件，其中赵孟頫的近二十件。

名画佳迹有：晋唐（包括五代）有曹弗兴《兵符图》《山水轴》两件、顾恺之《洛神赋图》《射雉图》两件、张僧繇《五星二十八宿图》、展子虔《游春图》、韩幹《照夜白图》《夜游图》《双骑图》《十六马图》《百马图》《拳毛骃图》六件，阎立本《萧翼赚兰亭》、吴道子《送子天王图》《观音变相》各一件，李思训《御苑采莲图》《行李蜀川图》《海天落照图》《桃花源图》四件、王维《圆光二水》《精能图》两件、韩滉《说剑图》《晋公演乐图》《朱陈人海图》三件、张萱《璇玑图》《明皇夜游图》两件、周昉《仕女图》《对鉴仕女图》《日本女骑图》《蛮夷职贡图》《挥扇仕女图》《惜花仕女图》《西旅献獒图》七件、陈闳《人马图》、胡环《番部卓歇图》、荆浩《山庄图》、王齐翰《勘书图》、周文矩《文会图》、徐熙《柳芽鱼图》、黄筌《杏花三猿图》《芙蓉鹦鹉图》两件、董源《夏山林木图》、李成《古木寒泉图》。宋代的有郭忠恕《越王宫殿图》、范宽《长江万里图》各一件，李公麟《九歌图》《西园雅集》等十四件、米芾《五云远树图》《研山图》两件、宋徽宗《高士图》《百合奇石图》等三件、李唐《袁安卧雪图》《山阳图》等六件、马和之《莲社图》等四件、赵伯驹《三生图》等两件、李嵩《大内工作图》、陈居中《胡笳十八拍图》、张翼《临韩滉村翁嫁女图》、李确《春山游骑图》、龚开《钟馗元夜出游图》、马远《待月图》《踏歌图》两件、夏圭《江山清远图》《春日园居图卷》两件。元代的有钱选、赵孟頫、王振鹏、黄公望、盛懋、王蒙、倪瓒等珍品佳作达十六件之多。谁能想到，这么多举世巨璧竟归于一人之有，况且大多竟还是上古晋唐珍迹，宋元之作在韩家已属"普通藏品"。什么是富可敌国？韩氏的书画收藏实已超过皇家内府之庋藏！

韩氏的书画收藏已超过皇家内府之庋藏，这正如其子韩逢禧所言："先太史博求名画，反复谛玩，心领神会，后所收名画神品，何啻数百，丹青墨戏并是甲观，自余南北宦游，不便提挈。"

韩氏为何能收得如此多又精的宏幅巨制，且又是上古举世名迹？细析起来，主要是由内外两方面的原因所决定的：一是韩世能自幼聪慧，又喜书法，善文辞，这就为他收藏书画打下了较好的文化艺术基础。韩氏平生绝意求田问舍，也不购置其他家业，又不善治家，唯嗜爱书画，以致到了痴迷之境地；另一便是韩氏身处高位，行事稳健低调，又恰逢朝廷折俸事件，以及朱文忠兄弟、严嵩父子、张居正等变故事情，韩氏巧妙而机智地抓住了时机，从而获取了常人无法企及的举世国宝。

从韩世能的收藏中，人们自然想到项元汴的收藏。平心而论，两厢相比，在数量上，项氏的收藏比韩氏还多。在整个明代，乃至整个中国书画收藏史上，就私家收藏的数量来说，项元汴无疑是第一人。然从质量来说，韩氏收藏的书画，尤其是晋唐书画要比项氏好得多。在整个中国书画收藏史上，韩世能当为私家收藏第一巨擘无疑。

纵观韩世能一生的书画收藏，还是张丑说得好："韩存良太史以妙年登甲科，位帝师，爵元老。兴灭继绝，人文攸系。生平别无嗜好，绝意求田问舍事，俸薪所入，悉市宝章。晋唐宋元之奇，所收不下百本。[①]

[①] 卢辅圣：《中国书画全书》第四册，上海书画出版社，1992年版，第122页。

韩逢禧，生卒不详。长洲（今江苏苏州）人。字朝延，号古洲、半山草庐、半山老人。韩世能之子，以父荫而入仕，任雷州知府。

韩逢禧的书画收藏，是伴随着其父韩世能的进行而开展的，是韩世能书画收藏事业的延续。韩逢禧除了与董其昌交往颇多之外，与张丑交往更密。韩逢禧与张丑友善，两人年龄相仿，情投意笃，经常在一起共赏书画、品第藏品。在《南阳法书表》中，张丑就记有："长公朝延以余耿尚，时接讨论，瑰宝在陈，剖腹无计。"

张丑《真迹日录》中就记有"丙子阳月望前二日，余同朝延世兄访吴能远氏，话间承示宋裱巨然绢本《萧翼赚兰亭序图》"的记载[①]，足证两人关系之密切。

张丑为韩氏家族专门著录的《南阳书画表》记载的就是韩氏家藏的主要珍品佳迹。其他如《清河书画舫》《真迹日录》中也有不少韩氏家藏的记载。这些著录专著的问世，主要还是由于韩逢禧努力的缘故。

韩世能过世后，其收藏的法书名画，一部分归于韩逢禧，小部分则留给了其弟韩逢祐。但不知是由于韩世能本人不善经营管理，韩氏兄弟俩不善继承保管，还是因为明清战争交济，忙于仕途奔波，韩氏家藏最终散失殆尽，无一存完。

"收藏不过三代"，这话既印证了韩氏的家藏，也是天下所有收藏家的一个宿命。为此，张丑在《南阳名画表》中引述了韩逢禧自己的寄语，读来令人感叹悲切：

第先太史旁耽画癖，亦复不减书淫，前后所收名画神品，何啻数百。丹青墨戏，并是甲观。自余南北宦游，不便提挈，日亡月逸，雨散风飘，遂至遗失数多，零落殆尽。俯仰今昔，感慨系之，岂止北厨或失，壮壁飞去而已耶？追惟先太史之勤收力购，驯至璧合珠联，曾未再传，尽属乌有，当吾世而失之，不胜实有歉焉。追理画目，十忘七八，聊且为我表之。[②]

这不仅是韩逢禧感叹家藏书画收藏之艰辛，而且也概括了韩氏父子于书画收藏的历史轨迹。

十六、董其昌

董其昌，生于明嘉靖三十四年（1555），卒于明崇祯九年（1636）。华亭（今上

---

① 卢辅圣：《中国书画全书》第四册，上海书画出版社，1992年版，第416页。
② 卢辅圣：《中国书画全书》第四册，上海书画出版社，1992年版，第123页。

海松江）人。字玄宰，号思白，别号香光居士。万历进士，授翰林院编修，官至湖广提督副使、福建副使、河南参政、南京礼部尚书等职。曾授太常少卿，掌国子司业。卒后谥"文敏"，故有董文敏之称。董其昌工诗文，擅书画，精鉴赏，富收藏。著有《画禅室随笔》《容台文集》《容台别集》《画旨》《骨董十三说》等。

董其昌实为明一代书画大家、画学理论家、书画鉴藏家。在他十七岁参加松江府会考时，因考官嫌他的字写得太差，文章虽好，只能屈居第二。此事对董的刺激很大，从此发奋习书临帖。董其昌从三十五岁步入仕途，直至八十岁告老还乡，其间为官出仕仅为十八年，告官归隐达二十七年，他以明哲保身的人生哲理游宦于官场，左右逢源，圆滑混世，出神入化。正是这种独特的官宦生涯，致使董其昌腾出大量时间和精力从事书画创作与书画鉴藏，终成一代书画艺术家和书画鉴藏家。

董其昌于书画收藏，最先自然得力于他的馆师韩世能。韩世能收藏巨丰，董其昌得以观赏韩氏家藏书画珍品，还借观不少晋唐宋元法帖宝绘。由此心摹手追，眼界大开，技艺长进，从而为其日后的书画创作和书画收藏打下了坚实的基础。他还不遗余力地搜集王羲之、王献之、谢安、桓温、梁武帝、宋太宗、唐玄宗、颜真卿、徐浩、苏轼、赵佶、米芾等诸多名家法帖，结集载册，于万历三十一年（1603），刊刻成《戏鸿堂法帖》问世，其中不少是韩世能的旧藏，为后人临习研究前人书法艺术留下了极其宝贵的珍贵资料。

为收藏书画、古籍，董其昌在家乡筑有来仲楼、宝鼎斋、戏鸿堂、画禅室、香光室、玄赏斋等，以专门藏蓄法帖、名画、古书和古董等物。

董其昌的交游圈不小，除了馆师韩世能、韩逢禧父子之外，尚有陈继儒、王世贞、王时敏、陆树声、孙克弘、吴廷、王肯堂等知己，还有程嘉燧、李流芳、李永昌、丁云鹏、刘上延、袁枢、詹景凤、杨明时、袁宏道、袁中道等挚友，另有位居高位的王元翰、赵南星、周延儒、叶向高、阮大铖、朱常洛、高攀龙、吴正志、吴诗正、朱国祯等，又有项元汴、冯梦祯、项德纯、华夏等藏友。这庞大的交往圈，不仅为董其昌的收藏扩大了人脉，而且大大促进了他鉴赏眼力的提高。如果说，早年董其昌的收藏得力于他的老师韩世能，收藏圈主要在北方的话，那么中年的收藏则得力于项元汴家族，收藏圈则从北方转到了南方。晚年，随着韩世能、项元汴和王世贞这几位大藏家的相继离世，董其昌于收藏主要是靠他自己，且当时的书画鉴赏水平似无人可与之相比。

董其昌于书画鉴藏的最大特点，便是不计名利，专事品鉴，并将书画品鉴的理论和创作实践完美地结合起来，达到了一个历史的高度。他所提出的诸多画学书学理论，尤其是"以禅说画"和"南北宗论"等论断，实得益于他对书画鉴定收藏与实践理论的深入研究，以及长期从事画史研究和自身创作的结果。从某种意义上说，他既是一位理论家，又是一位书画家，更是一位收藏家。董其昌是一位集书画创作、理论研究和书画鉴藏为一体的大学者。

中国绘画的创作，讲究笔墨，山水画的笔墨则重在皴法。于此，董其昌有句名言："盖大家神品，必于皴法有奇。"① 这就是说，凡优秀的山水画作，其皴法必有独到之处。而这句名言的提出，则是"余昔年于嘉兴项太学元汴所见《雪江图》，都不皴擦，但有轮廓耳。及世所传摹本，若王叔明《剑阁图》，笔意类李中舍，疑非右丞画格。又余至长安，得赵大年临右丞《湖庄清夏图》，亦不细皴，稍似项氏家所藏《雪江卷》，而窃意其未尽右丞之致"② 等诸多名迹之后才得出的结论。

他于书法的临学与研习，尽管先前也师学了不少名帖，然自感"乃于书家之神理实未有入处，徒守格辙耳"，直至"比游嘉兴，得尽睹项子京家藏真迹，又见右军《官奴帖》于金陵，方悟从前妄自标许，譬如香岩和尚，一经洞山问倒，愿生生做粥饭僧，余亦愿焚笔砚矣。然自此渐有小得，今将二十七年，犹作随波浪书家。翰墨小道，其难如是，何况学道乎？"③ 于此可见，他对书画的醒悟及理解也是得力于对项氏家藏真迹观赏后的结果。

董其昌学书法如此，习绘画更是如此。对学书与习画的不同处，他曾有一段名言："学书与学画不同。学书有古帖易于临仿，即不必宋唐石刻，随世所传，形模差似。"这点正如赵集贤云："昔人得古帖数行，专心学之，遂以名世。或有妙指灵心，不在此论矣。"④ 而于学画，他则认为："画家则不然，要须酝酿古法，落笔之顷，各有师承，略涉杜撰，即成下劣，不入具品，况于能妙，乃断素残帧，珍等连城，殊不易致。"他又论道："书有法帖，尚可意求，至于画道，必托缣素，非木石雕镂所能传者。"⑤

从上不难看出，董其昌以为学书和习画是有区别的。学书，只要有流传下来的

---

① 董其昌：《画旨》，西泠印社出版社，2008年版，第62页。
② 董其昌：《画旨》，西泠印社出版社，2008年版，第63页。
③ 董其昌：《画禅室随笔》，浙江人民美术出版社，2016年版，第6–7页。
④ 安岐：《墨缘汇观》，江苏美术出版社，1992年版，第230页。
⑤ 董其昌：《画旨》，西泠印社出版社，2008年版，第147页。

图6-30 茅屋疏林图 明 董其昌

碑刻古帖作为研习的对象即可以了。但学画，则必须有流传有绪的名画作为临学对象才行。这既说明了学书与习画的不同之点，也道明了书画创作，尤其绘画创作与书画鉴藏两者之间的重要关系。从某种意义上说，没有鉴藏就谈不上研习创作，要研习创作，必须从书画的鉴定收藏入手，这也是"眼高手低"之缘由。

董其昌是这样说的，也是这样做的。

董其昌在七十九岁时总结自己学画山水时云："余十七岁学书，二十二岁作画，今五十七八矣，有谬称许者，余自校勘，颇不似米颠作欺人语。大都画与文太史校，各有短长，文之精工具体，吾所不如，至于古雅秀润，更进一筹矣。吾画无一点李成、范宽俗气，然世终莫之许也。"他又曾说："予少学子久山水，中复去而为宋人画，今间一仿子久，亦差近之。"他师学的都是古代名迹，也即是他所收藏的作品，"若元季四大家多所赏心，顾独师黄子久，凡数年而成"。而后又在"长安好事家借画临仿，宋人真迹，马夏、李唐最多，元画寥寥也。辛卯（三十七岁）请告辽乡，乃大搜百乡（元）四家泼墨之作，久之，谓当溯其源委，以北苑为师。"他还论道："予少学子久山水，中去而为宋人画，今间一仿子久，亦差近之。"

从这些他论述自己学画的过程及体会看，其学画主要是师习"南宗"，并以黄公望为"宗"，董源为"源"。古代临习古画，无印刷品，故当以古迹为师，这古迹，不是借临，便是自藏。而对于子久之原作，董其昌则时有见之："黄子久画，以余所见，不下三十幅，要之《浮峦暖翠》第一。""长兴姚中丞家有黄子久《临溪书屋图》，昔年曾访之。如索靖观碑，今犹未尽其法，聊以效颦耳。"他不但关注子久的画，还有幸时有收藏："余以丙申冬得黄子久《富春大岭图卷》，以丙寅秋得沈启南《仿痴翁富春卷》，相距三十一年，二卷始合。""此幅余为庶常时见之长安邸中，已归云间，复见之顾中舍仲方所。仲方诸所藏大痴画，尽归于余，独存此耳。"①"昨年游吴中山，策筇石壁下，快心洞目，狂叫曰：黄石公！同游者不测。余曰：今日遇吾师耳。"②

董其昌对黄子久这个"宗"是这样，而对于董源这个"源"则更是如此。他不但师学董源，更是与鉴藏董源画作结合起来。以他自己的话，即"余自学画几五十年，尝梦寐以求"。据其《画禅室随笔》《画旨》《容台集》等所记：

---

① 董其昌：《画旨》，西泠印社出版社，2008年版，第108页。
② 董其昌：《画旨》，西泠印社出版社，2008年版，第110页。

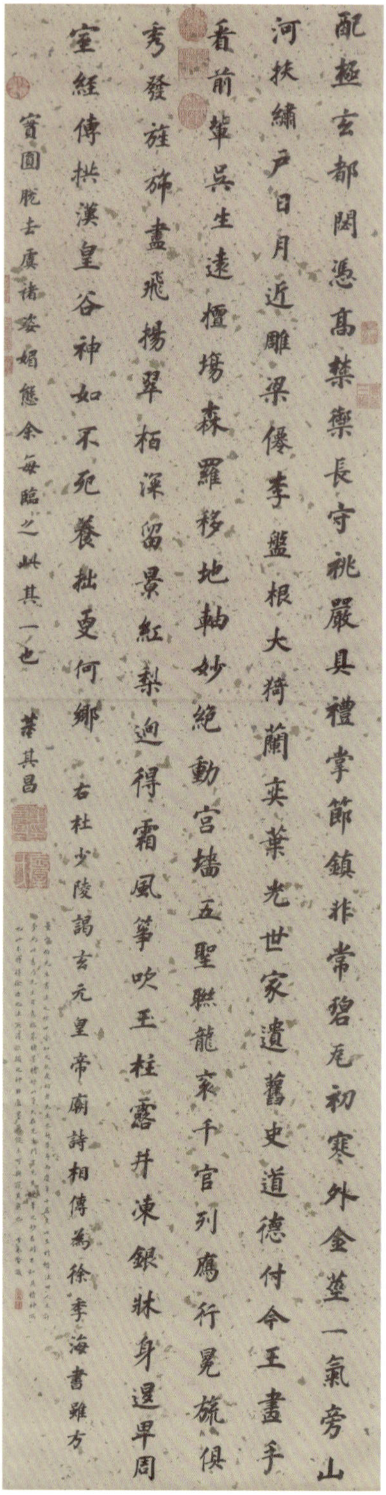

吾家有董源《龙宿郊民图》,不知所取何意,大都箪壶迎师之意。

董北苑《蜀江图》《潇湘图》,皆在吾家,笔法如出二手。又所藏北苑画数帖,无复同者,可称画中龙。

余藏北苑一卷,谛审之有二姝及鼓瑟吹笙者,有渔人布网漉鱼者,乃《潇湘图》也。

余家所藏北苑图,有《潇湘图》《商人图》《秋山行旅图》。

……

以上便是董其昌自诩其收藏董北苑的全部藏品,总计有六七幅之多。按他自己的说法,概括起来:丁酉(四十三岁)得北苑《潇湘图》,甲子(六十九岁)见到北苑《夏景山口待渡图》,癸亥(七十八岁)得北苑作品三幅。为此,张丑在《清河书画舫》中说,董其昌于董源画"前后收得四本,内惟《潇湘图》为最,至以'四源'名其堂云"。可见,董其昌对收藏研究董北苑及董北苑的作品已达痴迷的程度。

于此,围绕着董北苑,便催生出董其昌有关画法、画理、画风和画史等系列问题。在他看来,"画家以古为师,已自上乘"。于是在画法上:"画树木各有分别,如画《潇湘图》,意在荒远灭没,即不当作大树及近景丛木。""董北苑画树,都有不作小树者,如《秋山行旅》是也。""北苑画小树,不先作树枝及根,但以笔点成形;画山即用画树之皴。此人所不知,乃诀法也。""北苑画杂树,只露根,而以点叶高下肥瘦,取其成形。""皴法用董源麻皮皴及《潇湘图》点子皴,树用北苑、

图 6-31 杜甫谒玄元皇帝庙诗 明 董其昌

子昂二家法。""宋人院体,皆用圆皴。北苑独稍纵,故为一小变。倪云林、黄子久、王叔明,皆从北苑起祖,故皆有侧笔,云林其尤著者也。"

在他看来,"宋画至董源、巨然,脱尽廉纤刻画之习","董北苑、僧巨然,都以墨染云气,有吐吞变灭之势",以至"米氏父子宗董源、巨然法,稍删其繁复"。于此,他认为:元季诸君子画惟两派:"一为董源;一为李成。成画有郭河阳为之佐,亦犹源画有僧巨然副之也。然黄、倪、吴、王四大家,皆以董、巨起家成名,至今双行海内。""巨然学北苑,元章学北苑,黄子久学北苑,倪迂学北苑。一北苑耳,而各各不相似。"① 他还认为,董源承上是王维,为此,他极力寻求王维的作品,并认为:"右丞以前作者,无所不工,独山水神情传写,犹隔一尘。自右丞始用皴法,用渲染法,若王右军一变钟体,凤翥鸾翔,似奇反正。"在他看来:"画家右丞如书家右军,世不多见。今昔年于嘉兴项太学元汴所见《雪江图》,都不皴擦,但有轮廓耳。及世所传摹本,若王叔明《剑阁图》,笔意类李中舍,疑非右丞画格。又余至长安,得赵大年临右丞《湖庄清夏图》,亦不细皴,稍似项氏所藏《雪江卷》,而窃意其未尽右丞之致。盖大家神品,必于皴法有奇。大年虽俊爽,不耐多皴,遂为无笔,此得右丞一体者也。"②

董其昌以他收藏的诸多董源作品(包括巨然的)为基点,上承王维,下接米芾、元四家,由此开启了一条中国画史的主脉,也即文人画的主脉,为此,他认为:

文人之画自王右丞始,其后董源、僧巨然、李成、范宽为嫡子。李龙眠、王晋卿、米南宫及虎儿,皆从董、巨得来。直至元四大家黄子久、王叔明、倪元镇、吴仲圭,皆其正传。吾朝文、沈,则又遥接衣钵。若马、夏及李唐、刘松年,又是李大将军之派,非吾曹易学也。③

鉴此,他最终给出了这样一个著名的结论:

禅家有南北二宗,唐时始分。画之南北二宗,亦唐时分也,但其人非南北耳。北宗则李思训父子着色山水,流传而为宋之赵幹、赵伯驹、伯骕,以至马、夏辈。南宗则王摩诘始用渲淡,一变钩斫之法,其传为张璪、荆、关、董、巨、郭忠恕、

---

① 董其昌:《画旨》,西泠印社出版社,2008年版,第118页。
② 董其昌:《画旨》,西泠印社出版社,2008年版,第63页。
③ 董其昌:《画禅室随笔》,浙江人民美术出版社,2016年版,第61页。

米家父子，以至元之四大家亦如六祖之后有马驹、云门、临济儿孙之盛，而北宗微矣。要之，摩诘所谓云峰石迹，迥出天机，笔意纵横，参乎造化者。东坡赞吴道子、王维画壁亦云"吾于维也无间然"。知言哉。①

接着他又论道：

元季诸君子画惟两派，一为董源，一为李成。成画有郭河阳为之佐，亦犹源画有僧巨然副之也。然黄、倪、吴、王四大家皆以董、巨起家成名，至今只行海内。至如学李、郭者，朱泽民、唐子华、姚彦卿辈，俱为前人蹊径所压，不能自立堂户。此如南宗子孙，临济独盛，当亦绍隆祖法者，有精灵男子耶？②

我们暂且不论董其昌"南北宗论"这一论述的正确与否，但有一点很明确，即他所有的论述，包括画法、画理、画风与画史的论析，以及"文人画论"和"南北宗论"的提出和论断都与他的收藏有关。若没有收藏，在中国的绘画史上，就不可能也无法涌现出一个董其昌；没有鉴赏和收藏，也就没有今天的董其昌。尤其他创造的"古雅秀润，清朗明洁"的山水画风，更与他的鉴藏及师学密切相关。他在《董文敏画禅室写意册》中曾跋：

每观古画，便尔拈毫，兴之所至，无论肖似与否，欲使工者嗤其拙，具眼者赏其真。书画同一局耳学书不从临古入，必堕恶道。凭秘殿仿书摹版，尤为是失真。吾尝谓，古帖不足学，学书必见真迹。然非多见古人真迹，不足与语之窍也。

他又在《容台别集》卷四中论道："书百法帖，尚可意求。至于画道，必托缣素，非木石雕镌所能传者。今宋元名笔，一幛百全，鉴定少讹，辄收赝本，而浅学之流，朝事执笔，夕以自标，或曰：'此学范、关，此学董、巨，'殊可惭惶。"

审视董氏的书画鉴藏，有两点值得探究：一是关于他的眼力；二是他究竟收藏了多少藏品。

一是关于他的眼力。

---

① 董其昌：《画旨》，西泠印社出版社，2008年版，第37页。
② 董其昌：《画禅室随笔》，浙江人民美术出版社，2016年版，第62页。

董其昌的书画收藏，最早是受其师韩世能的影响。大约在万历十九年辛卯（1591）始，董氏开始了他的收藏生涯。那时他便开始为韩家所藏名迹题跋，后"请告退里，乃大披吾乡四家泼墨之作"①，可见董氏其时收藏的作品是明四家和吴门画派的作品。后有幸结识了项元汴，不但见到了项家诸多名品真迹，也为他自己的收藏拓宽了眼界。后又专注于黄公望作品的收藏，而对董源的收藏更是不遗余力。在他收得董源的《龙宿郊民图》《潇湘图》《夏景山口待渡图》《秋山行旅图》等佳作后，不但对自己的眼力信心倍增，而且收藏的对象和交游的范围也不断扩大。他在七十九岁时观赵孟𫖯《高松赋真迹卷》后曾自诩："余是时书法殆亦有进境也。今过吴门彭氏，家藏赵书一卷，笔笔生动，精采烂然，一望而知为真迹矣。"这对他自己来说是一种自信，但从另一方面说，也不过是一种自诩的自信。客观地说，他对宋元诸多画家的作品，尤其是元代作品的鉴定眼光较好，因为元代离他所处的年代较近。而于宋以前，尤其是五代及唐代作品的鉴定，就显得拙劣了点。

从董氏从事书画收藏研究的一生去分析，他的眼光无疑是大大超越了一般的藏家。要不，韩氏、项氏这样的大藏家怎么可能与之有这么亲密的关系，更不可能会让他在这么多藏品上题写跋语，故董其昌曾自豪地宣称自己"三百年来一巨眼人"。

自然，事物都是具有两重性的。董其昌眼光虽好，然"打眼""失眼"之事也时有发生。就拿他收藏的董源的作品分析，其绘画技法、绘画风格等有诸多不同。有的简直判若两人。然董氏却不以为意。

二是他究竟收藏了多少藏品。

董其昌作为明一代收藏大家，按理说，他应该有专门的书画著录专著面世，或有他的门生专门为他作著，然遗憾的是，似乎没有。

要了解董其昌一生究竟收藏了多少书画藏品，现今只有从他自己撰述的《容台集》《容台别集》《画旨》和《画禅室随笔》等著作中去查阅了。另外也可从他所题跋的作品中去考证。不过，从他的这些论著中，大致也可知道，他确实收藏了不少古代名迹，他曾自诩："余于宋元之名画，既得观什之四五，所尤想见者燕文贵耳。壬戌入都门，知郭金吾家有藏卷，属所亲先之，凡一再请始得发其箧，展卷鉴阅，烟云缥缈，布置清脱，又有赵源横卷三丈，绝类北苑。"②

---

① 卢辅圣：《中国书画全书》第八册，上海书画出版社，1994年版，第397页。
② 卢辅圣：《中国书画全书》第十四册，上海书画出版社，2000年版，第276页。

他又在《画禅室随笔·画诀》一章中论道："董北苑《潇湘图》、江贯道《江居图》、赵大年《夏山图》、黄大痴《富春山图》、董北苑《征商图》《云山图》《秋山行旅图》、郭忠恕《辋川招隐图》、范宽《雪山图》《辋川山居图》、赵子昂《洞庭二图》《高山流水图》、李营丘《着色山图》、米元章《云山图》、巨然《山水图》、李将军《蜀江图》、大李将军《秋江待渡图》，宋元人册叶十八幅。"对此，他又自诩："右俱吾斋神交师友，每有所如，携以自随，则米家书画船不足羡矣。"

中国的书画收藏史上，宋代的米芾无疑是一位大藏家，其常以"书画船"引以为豪。故上述记载是董其昌将自家的藏品以"米家书画船不足羡"为豪，其中不仅充满了他对收藏的某种自信，而且更是证明了他收藏书画之丰富。

现将董氏的收藏罗列如下，供读者参考。但需说明一点的是，以下所罗列的不一定正确，因为董氏自己对某些藏品的表述也不十分明确，现只是依据他的描述加以整理估计而已。

总括起来有：董源《龙宿郊民图》《蜀江图》《潇湘图》《商人图》《秋山行旅图》，佚名二图，巨然《山水图》《松荫论古图》，范宽《雪山图》《辋川山居图》，李成《晴峦萧寺》《着色山图》，米芾《云山图》《海岳图》《潇湘白云图》，米友仁《大姚村图》《潇湘山水卷》，郭忠恕《越王宫殿》《辋川招隐图》《溪山行旅图》，关仝《秋山暮霭图》，赵令穰《江乡清夏图》，赵伯驹《春山读书图》，赵大年《江乡清夏图》《夏山图》，江贯道《江山不尽图》《江居图》，李照训《蜀江图》，赵伯时《团扇》《西园雅集图》，赵子昂《洞庭二图》《高山流水图》《鹊华秋色图》，宋元人册页十八幅，赵荣禄《仿赵伯驹小幅》《云山秋霁图》，黄公望《富春大岭图》，吴镇《仿巨然山水图》，倪瓒《荆蛮民图》《秋林图》《狮子图》等。

《画源》一节开篇即说："吾家有董源《龙宿郊民图》，不知所取何义……"然后又说："董北苑《蜀江图》《潇湘图》皆在吾家，笔法如出二手。又所藏北苑画数帧，无复同者，可称画中龙。"此外，从文中可知，他还藏有倪云林、王叔明、黄公望、赵千里、赵文敏、李成等名家巨匠的佳品。至于王右丞的作品，他则借观临摹多次。他那"文人之画，自王右丞始""禅家有南北二宗，唐时始分"论点的提出，正是他在言述"京师杨太和家所藏唐晋以来名迹甚佳，余借观有右丞画一帧……""余家所藏北苑画《潇湘图》《商人图》《秋山行旅图》……"，以及"余买龚氏江贯道《江山不尽图》，法董、巨……"之后，紧接着论述的。可见这是他独出机杼的自然之说，是他长期对古迹名作揣摩研习后的内心独白。其实，他的整篇《画禅室随笔》

图 6-32 龙宿郊民图 五代 董源

都是在借古谈今，借名迹说禅论。他不但在"画源"一节谈鉴藏，在"评法书""跋自书""评旧帖"诸论中也在谈鉴藏。董其昌正是凭借其大量的珍贵藏品，以及个人的学识、品操与眼力，将其对于鉴藏的见解，置于整部绘画史的嬗变与交替之中，并通过自己对这些古代名迹的精仿揣临，梳理体悟出一条系统而清晰的历史标

图 6-33 富春大岭图 元 黄公望

格，为自己及后学者提供了一套师学取道、推陈出新的崭新体例，开创了一个集庋藏、鉴赏、师学和创作于一体的传统文人画创作理念，也将自己构筑成一位文人兼学者型画家的成功典范。难怪他在《论用笔》一节中会自豪地说："字之巧处在用笔，尤在用墨，然非多见古人真迹，不足与语及此窍也。"①

董其昌正是凭借他这种鉴藏大师的特殊身份，评判画史，论析大家，讲学布道，说古论今。他的这些理论建树，不但创立了华亭画派，左右了他的同代人，而且影响了自明末直至清代三百余年的整个画坛。

可见，董氏收藏的书画作品数量虽不多，却都是一些极其难得的举世珍宝。审谛董其昌的画学理论，观赏他的书画创作，品鉴他的书画收藏，他的收藏早已超越了他自己，其功绩已远超越了他那个时代，直至影响了整个中国绘画史，乃至中国书画收藏史。

十七、陈继儒

陈继儒，生于明嘉靖三十七年（1558），卒于明崇祯十二年（1639）。字仲醇，号眉公、麋公，松江府华亭（今上海松江区）人。工诗善文，书法绘画皆精，精鉴赏。著有《陈眉公全集》《小窗幽记》《妮古录》《皇明书画史》《书画金汤》等。

陈继儒诸生出身，也许是当时政坛的黑暗激斗，也许是性格所致，二十九岁始，隐居小昆山，后居东佘山。闭门著述，潜心书画，绝意科举，一生不仕。皇上屡次征诏，皆以疾辞，故有"山中宰相"之称。他在山上筑有顽仙庐、米仪堂、晚香堂、拂轩，专门收藏碑石、法帖、名画。他也喜抄录并校对古籍，后得颜真卿《朱巨川告身》真书，乃名其斋室为"宝颜堂"。

陈继儒一生与董其昌交往甚密，两人既是同乡，又为好友，并在书画创作和画学研究上观点相同，志同道合，共同推出"文人画论""南北宗论"。董其昌为方便二人常聚，在其自己的室中为陈专门设立了"来仲楼"，两人在此共同观赏品鉴名迹，董其昌为陈创作的书画也不在少数。其实，在当时，陈继儒的影响并不在董其昌之下，有些成就包括书画创作和画学理论，甚至在董之上。然因董其昌身居高位，弟子众多，影响颇广，在那官本位的封建专制社会，董其昌的影响超过了陈继儒，渐成盟主地位，成为那个时代的代表。

---

① 董其昌：《画禅室随笔》，浙江人民美术出版社，2016年版，第3页。

图6-34 梅花扇片 明 陈继儒

陈继儒虽不入仕,然与社会各界交往颇多,上至达官贵人、文人雅士,下至商贾贩夫、才媛名妓,三教九流无所不往。《妮古录》中就记有乙未(1595)六月初四日,他与郁师古、王子逸、冯鉴之、项希宪等人,赴项又新家,共同品鉴观赏了颜真卿行书、定襄王《郭公帖》、顾定之《修篁图》、赵善长《山居读易图》、王叔明《咏石图》《舟山瀛海图》、徐幼文《林泉高逸图》、赵文敏《观瀑图》等人的名画的记载。①

陈继儒的书画收藏活动,集中体现在他的《妮古录》及《珍珠船》等著述中,尤其是《妮古录》,大致已将他于书画鉴定收藏的经历都记录在册。

《妮古录》中记有他与董其昌的交往踪迹及共同观赏书画的事宜:

> 玄宰携示北苑一卷,谛审之,有二姝及鼓瑟吹笙者,有渔人布网漉鱼者。玄宰曰:《潇湘图》也。②

> 壬辰九月同董玄宰过嘉禾,所见有褚摹《兰亭》、徐季海《少林诗》、颜鲁公《祭濠州伯父文稿》、赵文敏《道德经》小楷,皆真墨也。是日,余又借得王逸季、虞永兴《汝南公主志》适到,玄宰手摹之。③

---

① 卢辅圣:《中国书画全书》第三册,上海书画出版社,1992年版,第1052页。
② 卢辅圣:《中国书画全书》第三册,上海书画出版社,1992年版,第1043页。
③ 卢辅圣:《中国书画全书》第三册,上海书画出版社,1992年版,第1049页。

董玄宰寄余书云：

所欲学者，荆、关、董、巨、李成，此五家画尤少真迹，南方宋画不堪赏鉴，兄幸为访之，作一铭心记如宋人者。俟弟书成，与合一本，即不能收藏，聊以适意，不令海岳独行画史也。①

董玄宰云：

予家所藏北苑画，有《潇湘图》《商人图》《秋山行旅图》，又二图不著其名，其一从秣陵徐魏国处购之，一则金吾郑君与余，余尝悬北苑于堂中，兼以倪黄诸迹，无复于北苑着眼者。②

万历二十年（1592）夏，董其昌在持节封楚藩的归途中中暑病重，陈继儒闻讯起去看望，其间两人在密室中相对品鉴观画。当日，董其昌将两人品鉴书画的情况记录了下来．仲醇挾所藏王右军《月半帖》真迹、吴道子《观音变相图》、宋版《华严经》《古尊宿语录》示余来室中。惟置一床相对而坐，了不蓄笔砚。

万历二十七年（1599），董氏离京回老家赋闲，为了排遣内心的郁闷，七月，他约陈继儒泛游春申之浦，并记曰："惟吾仲醇，壶殇对引，手著翰墨，固以胸吞具区，目瞠云汉矣。"两人一起浏览之状，董其昌对此还多次作画以记。

……

以上记载，虽不多，然足见两人交往之亲密和情谊之深切。

客观地分析，鉴于经济基础和收入来源的窘迫，陈继儒的收藏并不太多。他收藏的碑刻有宋绍兴《华严经八十一卷》刻书册、苏轼《风雨竹碑》、米芾《甘露一品石碑》、黄山谷《此君轩碑》《王长者墓志铭稿》、朱熹《枡云钓月碑》等。收藏的绘画有李嵩《骷髅团扇》、钱舜举《茄菜二帖》、赵孟頫《高逸图》《花木竹石及漫兴语二十七小幅》、倪瓒《鸿雁柏舟图》、王蒙《阜斋图》、吴镇《竹箦图》等，以及明代的沈周、文徵明、唐寅和董其昌等人的书画佳作，其中又以董其昌为多。

陈继儒除了收藏碑刻、书画之外，还收有不少的砚台。陈继儒一生藏书颇丰，除了广搜博采奇书逸籍之外，或亲自抄录校对，又对经、史、诸子、释道、术伎、

---

① 卢辅圣：《中国书画全书》第三册，上海书画出版社，1992年版，第1058页。
② 卢辅圣：《中国书画全书》第三册，上海书画出版社，1992年版，第1059页。

图 6-35　骷髅幻戏图　南宋　李嵩

稗官,以及农桑、果蔬、竹木、花卉、家畜、农产品加工等无不研习。

万历年间,陈继儒曾延请了一些乡间老耄,将一些地方掌故、奇闻琐言、谱牒方志、书画艺术等,分类编排,刻成《宝颜堂秘籍》一书,共六集四百五十七卷,收书达二百二十六种,将明代的秘闻杂志较好地保存了下来。

其实,在晚明的诸多收藏家中,陈继儒算得上是一名真正意义上的文人书画收藏家,他终身隐居,不为名利,著书立说,品鉴赏析,在晚明可谓独树一帜,几无人可及。

十八、李日华

李日华,生于明嘉靖四十四年(1565),卒于崇祯八年(1635)。字君实,号竹懒、九疑、痴居士,秀水(今浙江嘉兴)人。万历进士,历任汝州佐贰副官、西华知县、南京礼部主事、南京太仆少卿。工书善画,尤精墨竹,工诗擅文,精鉴赏,富收藏,世称"博物君子"。著作颇丰,有《六研斋笔记》《味水轩日记》《竹懒画賸》《书画眼》《书画想象录》《礼白岳记》《玺召录》《恬致赏诗话》《紫桃轩杂缀》《恬致堂集》等。

李日华在仕途上也是亦官亦隐。尤其是自万历二十二年(1594)至天启五年(1625),他在家赋闲隐居,这就为他从事书画创作和书画收藏带来了莫大的益处。他在其居所设有鹤梦轩、嘉村堂、六研斋、紫桃轩等书斋,专门用于藏书和收藏书画。李日华藏书颇丰,达数万卷之多,多为文学、戏曲和历史类书籍。

李日华一生收藏书画名迹无数,经他过眼的书画更是无法计算。这一方面是受其父李应筠家教的影响;另一方面也是与他具有较高的文学修养相关。自然,长期的书画临习和创作对收藏带来的好处更不用说。

李日华自幼聪颖慧敏,从小在其父李应筠的关心下识字习文,十四岁即成为生员。他的外伯父周履靖自幼也指导他学习,加上周履靖、李应筠的文化圈及社文圈,以及他的老师冯梦祯的地位和影响,这些无疑为李日华日后的书画创作和书画鉴藏打下了良好的基础。艺术上,李日华造诣极高,诗文书画无所不精。其文其诗,清新雅致,极富小品意味,就连日记也颇具文采。而于书画创作更是高古别致,雅俗共赏,具有一种士夫文人韵格之风韵。

李日华在书画鉴藏活动方面,交往的圈子十分广泛。当时几乎所有的重要人物都与之有来往,其中有项元汴、陈继儒、陈埔、徐弘泽、徐伯龄、汪珂玉、文彭、洪有助、王以稼、郁嘉庆、郁逢庆、董其昌、谭昌言、吴德符、李在公、鲁得之、程季白、戴雯、戴询等。这些人中,不少是书画家、收藏家,更多的是文人雅士,而其中,项元汴和陈继儒对其影响最大。另有占童尚夏贯、吴昊山、吴长卿、平丹林、周秀岩、胡雅竹等。这些,在他的《味水轩日记》中多有载录。

由于李日华之父李应筠与项元汴的友好关系,李日华在少年时就结识了项元汴,这点在其《恬致堂集》中就有记载:"余幼侍家山人谦几,犹及见墨林先生。"加上李日华与项元汴的儿子项穆、项德新又是同窗,他的独子李肇亨又与项元汴的孙子项圣谟结为姻亲,故李日华不但有幸观赏项氏"天籁阁"的皮藏,而且对其日后从事书画鉴藏产生了较大的影响,他在《恬致堂集》中云:

余幼侍家山人谦几,犹及见墨林先生,抵掌谈笑,逸思横发,觥筹之余,抽染毫素,以寄胜情。余方舞篝游胶庠。先生为作《玉树图》,贻家山人言贺,至今椟

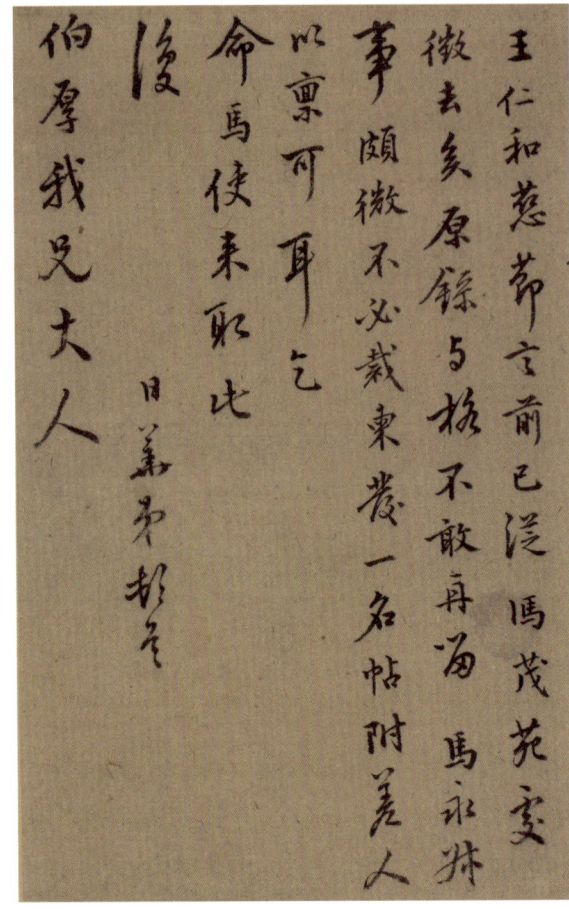

图 6-36　行书致许应培　明　李日华

藏之。意非不洒洒向慕也。……又新治经义，精苦刻厉，与余具游冯具区先生帷中。……即眷念家山人春秋高，留视匕著。益得与又新诸昆季上下其议论。时发墨林先生所遗藏玩，其参稽评骘之语，以自映发，如旦暮遇也。

李日华与陈继儒的交往更为密切。陈继儒作为晚明活跃于江南的一位重要书画家、文学家和收藏家，对李日华的影响不小。李日华十七岁拜陈为师，除了学习书画研习和创作之外，也学习书画收藏。这些在李日华的《六研斋笔记》中多有记载：

陈眉公先生携王文肃公所藏淳化祖帖见示。每卷有臣王著摹，及汪俊、陈知古等名。纸墨极新好，较吾禾项氏所藏又出一头地。每段行间，亦多有异。

从中可见他与陈继儒的关系，也窥见他曾在项氏家观赏名迹的场景。

李日华一生写了不少著作，但关于书画收藏方面的，主要体现在他的《味水轩日记》中。

李日华的书画藏品与其他藏家一样，其主要来源不外有三：一是自己出资购买；二是与古董商交易而成；三是互相交换而得。

一是自己出资购买。

明代嘉靖、万历年间，书画交易市场十分活跃，尤其是苏州、杭州一带，诸多藏家都活跃于这两个地方，李日华也不例外。由于受米芾"书画船"的影响，不少藏家都自备一船只，往来于水路交通相对发达的江浙一带，以便交友、会赏及购买古董书画。李日华也备有自己的船只，不时游走于杭州、苏州等地，在"书画船"上观赏并选购书画。摊肆是明代重要的书画作品、古董杂玩交易场所，这些摊肆又往往设在庙会、灯市、试院和官邸附近，十分热闹。

李日华曾多次在摊肆上购得书画作品：

六日，访曹介人，坐垂露亭，良久而别。俄遇陈良卿，相与阅市，购得罗长源《路史》，全帙十六本，汪然巨观。①

十七日，阅市，晚过贩珠者叶贾楼寓，见壁间郭忠恕《溪山楼阁》单幅。笔意明秀，缣色沈古，真迹也。……流传之余，尚获上价。②

万历四十年八月十一日，李日华在杭州一古董店购得祝允明一小楷书绝句。

万历四十二年八月十九日，购得元谢伯宽《磐石诸侯图》。

……

二是与古董商交易而成。

由于李日华名声在外，人品高迈，又善鉴赏，也时有收购，故携古玩、字画登门拜访的古董商不少。常与之交往的古董商中，较出名的有徽州的王越石、胡雅竹、方樵逸，苏州的张慕江，嘉兴的夏贾，盐官的王丹林，湖州的僧印南和周秀岩等，这些在他的《味水轩日记》中常有记载：

二十日，晴，访岳之律，因袖祝京兆临钟太常四表卷，与之律易祝行草杂手简一卷归。③

四日，盐官王丹林以书画来，殊无足观，止管魏国竹枝数茎小有意，又米书一绝句，大径尺，审是临本。诗曰："船下广陵去，月明征虏亭。山花如绣颊，江火似流萤。"④

二十一日，方樵逸袖一卷相示，乃宋画院仿梁楷渡水罗汉。形状虽奇诡，笔路不佳。⑤

---

① 卢辅圣：《中国书画全书》第三册，上海书画出版社，1992年版，第1097页。
② 卢辅圣：《中国书画全书》第三册，上海书画出版社，1992年版，第1098页。
③ 卢辅圣：《中国书画全书》第三册，上海书画出版社，1992年版，第1150页。
④ 卢辅圣：《中国书画全书》第三册，上海书画出版社，1992年版，第1107页。
⑤ 卢辅圣：《中国书画全书》第三册，上海书画出版社，1992年版，第1127页。

万历三十七年，十四日，夏贾持文衡山《古木寒泉图》来看，老干霜根，甚有先气。①

二十二日，雨，夏贾持思白小画一帧，笔意学巨然。②

十一月三日，周秀岩引一老王姓者来，頳颊短髭，歙人也。探怀出二卷，为沈石田《奚川八景》。③

万历三十八年十三日，吴人张慕江来，慕江名体仁，年八十一而老矣，平生以书画舫行江湖间。二十八日，歙人吴雅竹以赵文敏行书，今所携有倪迂《松坡平远》。④

十日，雨，王丹林携眉子歙石砚见视。⑤

二十六日，王丹林持示唐太宗与庆宫诗拓本，又睿宗景云钟楼铭。⑥

二十七日，湖僧印南者来，贻松萝茶一缶，瀹试有味，徽客吴姓者携画来谒。⑦

十四日，阴晦，方樵逸同吴雅竹来，所挟古物与卷轴甚夥。⑧

……

三是互相交换而得。

文人雅士之间，或文人与古玩商之间，书画作品除了出资购买、交易而得之外，也常有相互交换的情况出现。李日华自然也不例外：

万历三十七年正月二十一日，雨，盛德潜以沈石田《仿倪元镇小景》归余。⑨

十八日，许叔重以倪云林《六君子图》来观，此余友许伯厚物也，昔留余斋中者一年，今复观之，倪自题云：卢山甫每见，辄求作画，至正五年四月八日，泊舟

---

① 卢辅圣：《中国书画全书》第三册，上海书画出版社，1992年版，第1093页。
② 卢辅圣：《中国书画全书》第三册，上海书画出版社，1992年版，第1098页。
③ 卢辅圣：《中国书画全书》第三册，上海书画出版社，1992年版，第1107页。
④ 卢辅圣：《中国书画全书》第三册，上海书画出版社，1992年版，第1113页。
⑤ 卢辅圣：《中国书画全书》第三册，上海书画出版社，1992年版，第1115页。
⑥ 卢辅圣：《中国书画全书》第三册，上海书画出版社，1992年版，第1128页。
⑦ 卢辅圣：《中国书画全书》第三册，上海书画出版社，1992年版，第1172页。
⑧ 卢辅圣：《中国书画全书》第三册，上海书画出版社，1992年版，第1185页。
⑨ 卢辅圣：《中国书画全书》第三册，上海书画出版社，1992年版，第1095页。

弓河之上,西山甫篝灯,以此纸苦征画。①

二十八日,沈翠水贻余倪元镇小景一幅。②

二十五日,雅竹又贻余唐子畏菊枝一帧。③

……

李日华雅好书画,热衷收藏,但他的心态十分悠然。在他看来,尽管市场混乱,伪作遍地,"然晴窗无事,不论真赝,一卷舒指摘,尽可消日忘年,所谓证真固乐,穷伪亦快也"④。

李日华的一生都在从事书画鉴赏活动,但他不以牟利为目的,更不将书画作为炫富的手段,而是将此作为陶冶性情、赏心悦目、交友会朋的一项事业。更为可贵的,有时好友要赠送他佳作名迹时,却被他婉言拒绝。《味水轩日记》中就有这样的记载。万历四十年(1612)他在杭州看到一件沈周仿梅沙弥阔幅山水时回忆道:"此幅真者为余亡友吴伯度购得,悬之堂中,大有气韵。余每见,必袖手恣观,嗟赏不已。伯度欲撤以赠余,固辞之。"⑤

据李日华所著《味水轩日记》等著述分析,李日华收藏的书画名迹并不是很多,这一方面可能与其经济状况有关,另一方面也与他本人的性格相关。《味水轩日记》中,记载李日华最大一笔交易便是在万历三十九年(1611)六月六日。这天李日华从方丈室手中一次就购买了宋拓《九成宫》、虞世南《孔子庙堂碑》《圣教序》、李邕《云麾将军碑》、馆本《十七帖》、吴宽《楷书书目》、祝允明《临钟书四表》、沈周《粗笔山水图》、文伯仁《青绿树石图》、王蒙《淡溪草堂图》。⑥

据统计,李日华收藏的重要作品有:颜真卿《祭伯父濠州刺史文稿卷》、米芾《得真楼帖》《天马赋》、郭熙《扶桑晓日图》、张即之《佛遗教经》、范成大《田园杂兴诗帖》、刘贯道《饮中八仙图》、王蒙《淡溪草堂图》、倪瓒《西山亭子图》等。

从某种意义上说,李日华是一位艺术鉴赏家,更是一位集文学、书画创作和书

---

① 卢辅圣:《中国书画全书》第三册,上海书画出版社,1992年版,第1112页。
② 卢辅圣:《中国书画全书》第三册,上海书画出版社,1992年版,第1137页。
③ 卢辅圣:《中国书画全书》第三册,上海书画出版社,1992年版,第1267页。
④ 卢辅圣:《中国书画全书》第三册,上海书画出版社,1992年版,第1230页。
⑤ 卢辅圣:《中国书画全书》第三册,上海书画出版社,1992年版,第1179页。
⑥ 卢辅圣:《中国书画全书》第三册,上海书画出版社,1992年版,第1149页。

图 6-37 六君子图 元 倪瓒

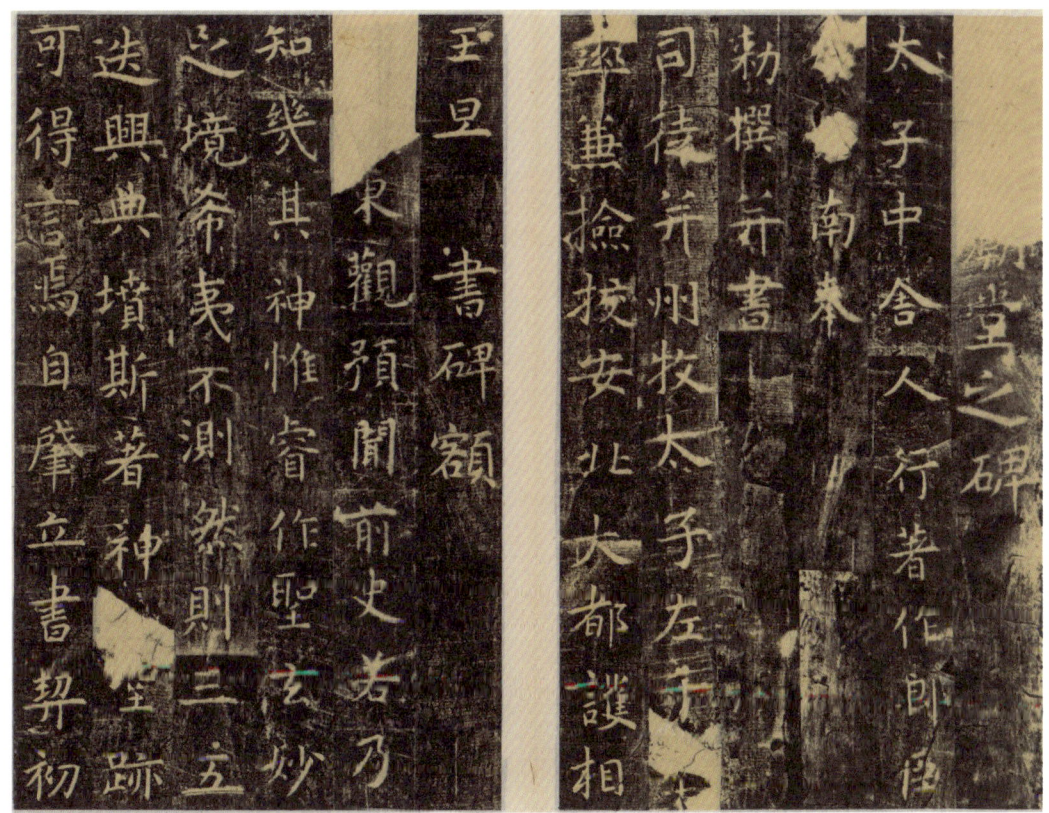

图 6-38 孔子庙堂碑(局部) 唐 虞世南

画鉴藏为一体的大学问家。这样的人物在整个中国书画收藏史上并不多见。自然就书画收藏的数量、质量或眼力分析,他可能比不上同时代的韩世能、董其昌、项元汴等人,然不管如何,李日华实是一位值得推崇和研究的书画收藏大家。

十九、张丑

张丑,生于明万历五年(1577),卒于明崇祯十六年(1643)。原名谦德,一作广德,字青莆、叔益。后改名丑。号米庵,别号亭亭山人、清河生郎,昆山(今江苏昆山)人,定居苏州。工书善画,尤精鉴赏,富收藏。著有《清河书画舫》《真迹日录》《南阳法书表》《南阳名画表》《法书名画见闻录》《瓶花谱》《茶经》《焚香略》《论墨》等。

张丑出身书香门第,自幼聪慧,虽在十几岁时就中了秀才,然之后却屡试不中,后决意放弃功名,一生致力于书画鉴藏和书画著述的研究,并涉及茶道、香道等多个方面。

张丑热衷于书画收藏，源于其家庭的影响。据其著的《清河秘箧书画表》《清河书画舫》等著录可知，张丑祖籍昆山，后随其父迁居苏州。张丑的祖上是一个有着五代书画收藏传承的官宦家庭，"相传始祖真关处士诞生胜国，韬晦全身，修道入山，旁求名迹，所蓄黄鲁直手书《阴长生诗》三章，刘松年《老子出关图》二卷，浮沉散逸，无从稽考"。其曾祖父与沈周、祖父与文徵明交往过密，其父张应文与文徵明的儿子文彭、文嘉关系密切，且又与文嘉有姻戚关系，终日"朝夕过从，无间寒暑，寻源溯流，订今考古，一时家藏珍图法墨甲于吴中"①，加上他家又与王穉登、赵宧光、韩世能、韩朝廷、王世贞、项元汴、王世懋、董其昌、陈继儒等人也多有来往，这些无疑为张丑日后从事书画鉴藏研究，并一生致力于书画庋藏奠定了基础。

为了便于书画收藏，张丑家筑有春草堂、兰香堂、秋山阁、栎金轩等书斋。万历四十三年（1615），张丑有幸收到了米芾的《宝章待访录》墨迹，遂命名其藏书楼为宝米轩，自号米庵，并自诩："五世之泽，名品略具，自诩如波斯聚宝船。"②

张丑为自藏书画和所见书画，以及韩世能所藏名迹撰写了不少相关的书画著录专著。其中《清河书画舫》，以取自北宋米芾"书画船"的典事，冠以张氏"清河"郡望而为名，详细记录了其家藏和所见书画作品。此书记载了韩世能、震泽王氏、朱忠僖、李文正公家、崔湜、冯开之、朱希孝、吴可文、王世懋等诸多与作者同时代收藏家的书画藏品。收录了三国至明代书画名家百余人，除了详细记述了每位书画家的生平故事，还辑录了大量的书画作品及后人为之题跋的文字，对后世研究每幅作品的本身及作品的流传具有极高的鉴别考证价值。

《真迹日录》是张丑撰写的另一部书画著录专著。此书成于《清河书画舫》后，记载了项元汴、韩世能、韩朝廷、陆生、董其昌、莫廷韩、余清堂、刘原文、颜光禄、王世贞、王世懋、吴新宇、吴能、项希宪、吴可文、项笃寿、项又新等江南一带著名藏家的书画作品，系一部不以时代编次信手随笔记录的著录书，拟弥补《清河书画舫》之不全。

李日华另著有《南阳法书表》《南阳名画表》《法书名画见闻表》和《清河秘箧

---

① 卢辅圣：《中国书画全书》第四册，上海书画出版社，1992年版，第125页。
② 卢辅圣：《中国书画全书》第四册，上海书画出版社，1992年版，第127页。

书画表》等。其中《南阳法书表》和《南阳名画表》，有人将两部合在一起，称《南阳书画表》，系张丑专为韩世能、韩逢禧父子家藏的书画记载在册的一部私人收藏目录。张丑取"南阳"名，因南阳系韩世能郡望之名。《法书名画见闻表》是张丑为其所见所闻之法书名画所作的一部目录书。而《清河秘箧书画表》则是张丑专门撰述自家收藏书画名迹的专著，也有人将以上四部合成一部，名为《张氏四种》。

据《清河书画舫》，尤其是《清河秘笈书画表》载，张丑家藏的法书名画达一百六十四件，法书达四十九件，名画达一百十五件。其中法书有：陆机《平复帖》、王羲之《思想帖》《二谢帖》《此事帖》、王献之《中秋帖》、萧衍《异趣帖》、张旭《春草帖》、颜真卿《刘中使帖》、褚遂良《摹兰亭序》、李阳冰《篆书孝经》、李邕《胜和二帖》、宋徽宗《神梦记》、黄庭坚《伏波神祠诗》、苏轼《乞居常州奏状》《仿怀素体千文》、米芾《蒙教帖》等，另有宋至明诸多书法家的名迹。

名画有：顾恺之《洛神赋》、展子虔《游春图》、张璪《古松图》、周昉《南夷职贡图》、吴道子《天龙八部》、周昉《戏婴图》、李思训《御苑采莲图》、周昉《春宵秘戏图》、张符的《十牛图》、张萱《明皇夜游图》、关仝《踏雪图》、周文矩《苏蕙织锦图》、范宽《袁安卧雪图》、文同《盘谷图》、巨然《萧翼赚兰亭图》、郭熙《秋晚残霞图》、米芾《研山图》、赵佶《雪江归棹图》、郭忠恕《仿王维蜀山图》、李成《层峦萧寺图》、董源《溪山风雨图》、范宽《长林大山图》、巨然《江山晚兴图》、李公麟《九歌图》等，另有宋至明诸多名画家之佳作。

张丑于书画收藏的最大功绩，实不在于他的书画收藏本身。他的书画收藏确实巨多，然与同时代人项元汴、韩世能、王世贞等人相比，就略显逊色。张丑的最大功绩，实在于他撰写的那些丰厚的书画著述，其中包括对每一件名迹佳作的文献考鉴，并留有诸多有关书画鉴定方面的独特见解，形成了他自成一体的鉴赏体系。

张丑认为，一位看字识画的人并不一定就是鉴赏家，这中间，有的是鉴赏家，有的只是好事者，并不具有真正的眼光。这明显是继承了米芾的观点。在他看来，赏、鉴二义，本自不同，书画的鉴赏是有区别的，"赏以定其高下，鉴以辨其真伪，有分属也"。那么，什么是"赏"呢？他认为："当局者苟能于真笔中力排草率，独取神奇，此为真赏者也。"这就是说，所谓的"真赏"，其实是指分辨作品的好坏、优劣而已。那么，什么又是"真鉴"呢？他认为："又须于风尘内屏斥临摹，游扬名迹，此为真鉴者也。"这是指，所谓的"真鉴"，其实是指区别藏品的真伪、赝鼎而已。①

张丑根据自己多年的鉴别经验，还将怎样鉴别书画的真伪，总结出四条戒规：观神韵，考流传，辨纸绢，识临仿。这无疑是将书画鉴定中的观韵、考证、作假等诸多鉴定方法归纳在一起，形成了他独到的鉴别方法。他还指出了书画赏鉴的要诀："赏鉴书画要诀，古今不传之秘，大都有四，特为拈出。书法以筋骨为神，不当但求形似；画品以理趣为主，奚可徒尚气色，此其一。夷考宣和、绍兴、明昌之睿赏，弗及宝晋、鸥波、清閟之品题，举一例百，在今犹昔，此其二。只有千年纸，曾无千岁绢，收藏家轻重攸分，易求古净纸，难觅旧素绢，展玩时真伪当辨，此其三。名流韵士，竞以仿效见奇，取重通人，端在于此，俗子鄙夫，专以临摹藏拙，遗讥有识，岂不由兹？此其四。"② 为此他还指出："善鉴者毋为重名所骇，毋为秘藏所惑，毋为古纸所欺，毋为拓本所误，则于此道称庶几矣。"③

此外，张丑对书画的保存也有自己的见地："唐宋人书画，不可日色中展玩，多至损坏。即微有蒸湿。只须风日晴美时，案头舒卷亦得。"他对年代久远的书画上的包浆也十分重视，他以为："鉴家评定铜玉研石，必以包浆为贵。包浆者何？手泽是也。故法书名画不可频洗，则包浆去矣。"

张丑由于著述丰富，收藏颇丰，加之于书画鉴藏的理论和实践方面提出诸多别具一格、自成一体的理论体系，故对后世的影响不小，成为中国书画收藏史上的一座重要的文化艺术宝库。这对明末，尤其是对清代的书画鉴藏有着深远的影响和借鉴作用。鉴此，孙鑛《书画跋跋》、顾复《平生壮观》、卞永誉《式古堂书画汇考》、高士奇《书画总考》、吴其贞《书画记》、王澍《虚舟题跋》、梁章钜《退庵所藏金石书画跋尾》、宋荦《论画绝句》、安岐《墨缘汇观》等都提及或引用他的书画著录中的不少内容。《四库全书总目》对他的《清河书画舫》有一较高的评价："明代赏鉴之家，考证多疏，是编独多所订正，百余年来收藏之家，多资以辨验真伪。"张丑的这些著录专著，对后世所产生的影响之大、范围之广、人数之多，可谓为中国书画收藏史上第一位，并形成了他自成一体的理论研究和鉴定实践完美结合的理论体系。

---

① 卢辅圣：《中国书画全书》第四册，上海书画出版社，1992年版，第137页。
② 卢辅圣：《中国书画全书》第四册，上海书画出版社，1992年版，第355页。
③ 卢辅圣：《中国书画全书》第四册，上海书画出版社，1992年版，第355页。

这正如张丑所著《米庵鉴古百一诗》中所自叙：

浣花旧句勤雠定，典午遗文恣讨论。
五十潜修心自歉，千秋业就岂长贫。

《米庵鉴古百一诗》为张丑的有关中国画题诗诗作，计诗一百零一首。米庵，即为张丑的号，意为因仰慕北宋书画家、收藏家米芾而自取号，从中可见张丑一生于书画鉴藏收藏的一番苦心。

综观他的一生，观赏他的书画，展读他的著述，张丑实是一位集书画创作、鉴赏、收藏和著述为一体的一代书画收藏大家。

二十、汪珂玉

汪珂玉，生于明万历十五年（1587），卒年不详。字玉水，号乐卿，此水居士、修月人、定青居士。徽州（今安徽歙县）人，后移居秀水（今浙江嘉兴）。曾任山东盐运使判官。工诗善文，擅书画，精鉴赏，著有《珊瑚网》《古今鏖略》。

汪珂玉与大多数的收藏家一样，可供查阅的原始资料并不多。好在他撰有一部《珊瑚网》行世，从中可知有关他书画鉴赏和收藏方面的一些情况。《珊瑚网》系汪珂玉一生从事书画收藏的总结。没有这部名著，人们不但不太可能全面了解汪珂玉，而且更不可能知道他的书画收藏。汪珂玉将这部鸿篇巨制取名《珊瑚网》，一来是承朱存理《珊瑚木难》之脉，二来是因珊瑚网的词意。汪氏摄取珊瑚的铁网，出自《新唐书·西域传下·拂菻》："海中有珊瑚洲，海人乘大舶，堕铁网水底。珊瑚初生磐石上，白如菌，一岁而黄，二岁亦，枝格交错，高三四尺，铁发其根，系网舶上，绞而出之，失时不取即腐。"此即引申指收罗珍品或人才的措施。

在汪珂玉看来，"天地间自然之文，唯画能寓其形而并载其理。故自舜妹嫘始，封膜继焉。形理无穷，写之不尽，代不乏名家也。余自霞玩韵赏后，复整旧藏，搜新得成册，正见画无绝笔耳。"

但细读《珊瑚网》，实是其作者本性使然矣：

余观画之术，非细也，图山林岩壑，则使人忘嚣尘，志淡薄，图川泽河海，使人心胆疏通，神气浩荡。①

汪珂玉对书画的鉴赏，自有自己独特的见解，尤其是书画二体的鉴别，更是独具见地。在他看来：

李龙眠书法极精，山谷谓其画之关钮，透入书中，则善鉴画者，应先鉴书。可知画为书之绪余，岂特同体而已哉。②

正是这种对人生不同常人的理解和对书画艺术独特的认知，才令他花毕生精力撰写成了这部《珊瑚网》。崇祯癸未（1643）腊月，汪珂玉五十六岁，他在《珊瑚网·古今名画题跋叙》一节中论道："此余一睹名图，即披佳句，岁月既深，砚穿囊绽，不下所录法书，固重重铁网乎，纵积翠池女珊，亦必罗而致之，岂直如涪翁云。日对古人法书名画，可扑面上三斗俗尘哉。"③故而，在他看来："况古人笔墨，留缣素者，传之有限，登简册者，垂之无穷。得以备考订，存鉴戒，穷神变，测幽微，可黼黻皇猷，山龙华虫作绘，可型模功烈。云台麟阁之图，张彦远所谓与六籍同功，四时并运，宁漫无所关系耶？余更欲挥铁如意，碎却七八尺以下珊瑚枝，将网以弥罗碧金丝，有火齐木难相错。区区寻常著语焉乎，陈后山云：晚知书画真有得，却悔岁月来无多，其即余之意也夫，其即后之得余意也夫。"④

正是这种对书画艺术的责任感和对书画作品几达痴迷的程度，才在中国书画收藏史上，涌现出这样一位汪珂玉，一位真正意义上的收藏家。

汪珂玉于书画收藏，实是受其家风的影响。祖父汪明甫，酷爱书画收藏，盖自其高祖以下四世鉴藏。至其父汪继美已达家藏的高峰。汪继美，字世贤，号爱荆，别号荆筠山人，曾任盐场使。"先子爱荆公自少善购图史古物，每长日永夜展玩不休"⑤，"玉水亦以其父爱荆，与嘉兴项元汴交好，筑凝霞阁以贮书画，收藏之富，甲于一时"⑥。

---

① 卢辅圣：《中国书画全书》第五册，上海书画出版社，1992年版，第990页。
② 卢辅圣：《中国书画全书》第五册，上海书画出版社，1992年版，第713页。
③ 卢辅圣：《中国书画全书》第五册，上海书画出版社，1992年版，第990页。
④ 卢辅圣：《中国书画全书》第五册，上海书画出版社，1992年版，第991页。
⑤ 卢辅圣：《中国书画全书》第五册，上海书画出版社，1992年版，第1199页。
⑥ 卢辅圣：《中国书画全书》第五册，上海书画出版社，1992年版，第1240页。

汪珂玉年幼时就见凝霞阁内悬挂有唐六如的《白描宫人图》，还常见宋元名迹贮于斋内，除有小李将军的《金碧山水四景》、江贯道诸幅作品等之外，他还在《珊瑚网》中多次载曰："吾家凝霞阁，向藏当代诸名画，为册约半千，可供嘉客累日之玩"①，"其面上书画，则文沈而下，陈董以上大作家约千余握，内有最精者得三百柄"②。从中可见，他家除了收藏宋元名画之外，同时也收有诸多同代人，包括沈周、文徵明、陈继儒、董其昌等名家的作品。

汪家除了其父筑有"凝霞阁"的书斋外，汪珂玉自己也置有"东雅堂""韵石斋"等书斋，以蓄书画、图籍、古玩，同时也是他与友朋聚集交流的场所。

汪珂玉交往的朋友不少，项元汴、周少谷、孙枝、沈士英、孙克弘、张龙章、董其昌、陈继儒、李日华、李肇亨、张凤翼、王穉登、陆士仁、王越石、项德新、项圣谟等都是至朋好友。他们中既有达官贵人，又有文人雅士，还有书画家，另有收藏家和古玩商。其中，汪珂玉父子与项元汴家属关系十分密切。其父爱荆与元汴交好，而汪珂玉与项元汴子孙关系也十分密切。《珊瑚网》对此也有记载："名笺草草，以大痴意为之，想亦当法眼，古人哭子丧明，而不肖尚有闲情事笔墨，是亦大痴矣。一哭一哭，玉水契兄博雅，教弟德新顿首。"这是项德新写给汪珂玉的信札，而汪珂玉在《珊瑚网》中则追忆道："复初于此道为项氏白眉，与余交最昵，时追念也。"③

《珊瑚网》中又载："日者，饱玩所藏图书，恨不作蠹鱼，归时每与雏生谈及，便啧啧道兄高致也。所委写右丞诗意，先以二帧奉览，未识有合于尊意否？想右丞见之必鼓掌，在当世或可寓目，兄翁以为然否？右迹匀再乞付三四联，择其最精妙者补之何如？诸名公笔，便希赐览，并白。玉水翁兄老亲家，眷小弟项圣谟顿首上。"④从中又可见汪珂玉与项圣谟之间之的亲密关系。

除却项家，汪珂玉与大藏家李日华的关系也非同一般，对此，《珊瑚网》也有记载：

> 昨中坐慢去，尽倾倒。当俟牡丹红时图再举耳，文画卷承借观，容留数日作题

---

① 卢辅圣：《中国书画全书》第五册，上海书画出版社，1992年版，第1182页。
② 卢辅圣：《中国书画全书》第五册，上海书画出版社，1992年版，第1200页。
③ 卢辅圣：《中国书画全书》第五册，上海书画出版社，1992年版，第871页。
④ 卢辅圣：《中国书画全书》第五册，上海书画出版社，1992年版，第872页。

语奉还也。拙画何足观，以本意欲驰往严州，故不得奉。他日有涂抹，即须尊意任检拾之，何如？季白屏上文，当即图之，不尽。玉水亲家大雅，日华顿首。①

令郎嘉礼，一媒远，一媒多事，所幸我两家相知之素，言语可以竟达，鄙意一以简静为主，粗叅数事，以一舟达潭府，所遣仆辈，不烦犒宴，即使宠临，亦不及奉款矣，亦迫于时日，势不能纡徐也。鼓吹之类，并亦可汰，不失山林泉石之格何如。特此专达，不一，玉翁老亲翁大人，日华顿首上。②

函中所称"玉水亲家大雅""玉翁老亲翁大人"，以及"所幸我两家相知之素"等，不但资证两人关系密切，而且还有姻缘关系。

由于项元汴的关系，汪砢玉与董其昌的关系也相当亲密。董其昌经常去汪砢玉的书斋，两人互相鉴赏品评书画，董其昌也常为汪砢玉的藏品题跋，由此留下了不少鉴定见解。这些在《珊瑚网》中都有记载："二王《行穰》《中秋》两帖。万历戊午，于吴江周敏仲舟中，获观右军《行穰帖》，止存二行，约二十余字，在黄麻纸上，书法精彩异常，惜无前贤跋，后项子京自叙数行。董玄宰题云：此帖所至处，常有青云覆其上，但肉眼自不见耳。又大令《十二月帖》，截《中秋》三行，纸色与《行穰》相似，书法遒密，亦无跋语，玄宰题数行，后书君家子敬十六字：气压邺侯三万笺，绣里汪砢玉识于漱六斋。"③

汪砢玉由于本人的社会地位和经济来源，其书画收藏作品不是太多。他既无法与项元汴、韩世能、王世贞等人相比，然大致可与张丑相媲美。他的收藏，大部还是系他父亲爱荆留传给他的。崇祯元年（1628），汪砢玉为父母筹集丧葬费，"因出家藏书画，宋元明代名迹各百余册，卷轴称是"，具体有：王右丞《团扇小景》、褚遂良《圣教序》、米芾《山水图》、贯休《应真图》、马和之《破斧图》、许道宁《池草鸣禽图》、张择端《兴庆宫五王弈棋图》、周昉《折桂美人》、黄筌《红蜻蜓淡竹花》、赵幹《梨花》、赵昌《月下海棠》、苏汉臣《货郎担》、钱舜举《牡丹双桂》、吴镇《折竹》诸册、《写明圣湖十景册》等，数量之多，质量之精，价格之薄，令人扼腕。

不过遗憾的是，汪砢玉晚年时，由于家道中落，加上父亲去世，入不敷出，其

---

① 卢辅圣：《中国书画全书》第五册，上海书画出版社，1992年版，第871页。
② 卢辅圣：《中国书画全书》第五册，上海书画出版社，1992年版，第872页。
③ 卢辅圣：《中国书画全书》第五册，上海书画出版社，1992年版，第722页。

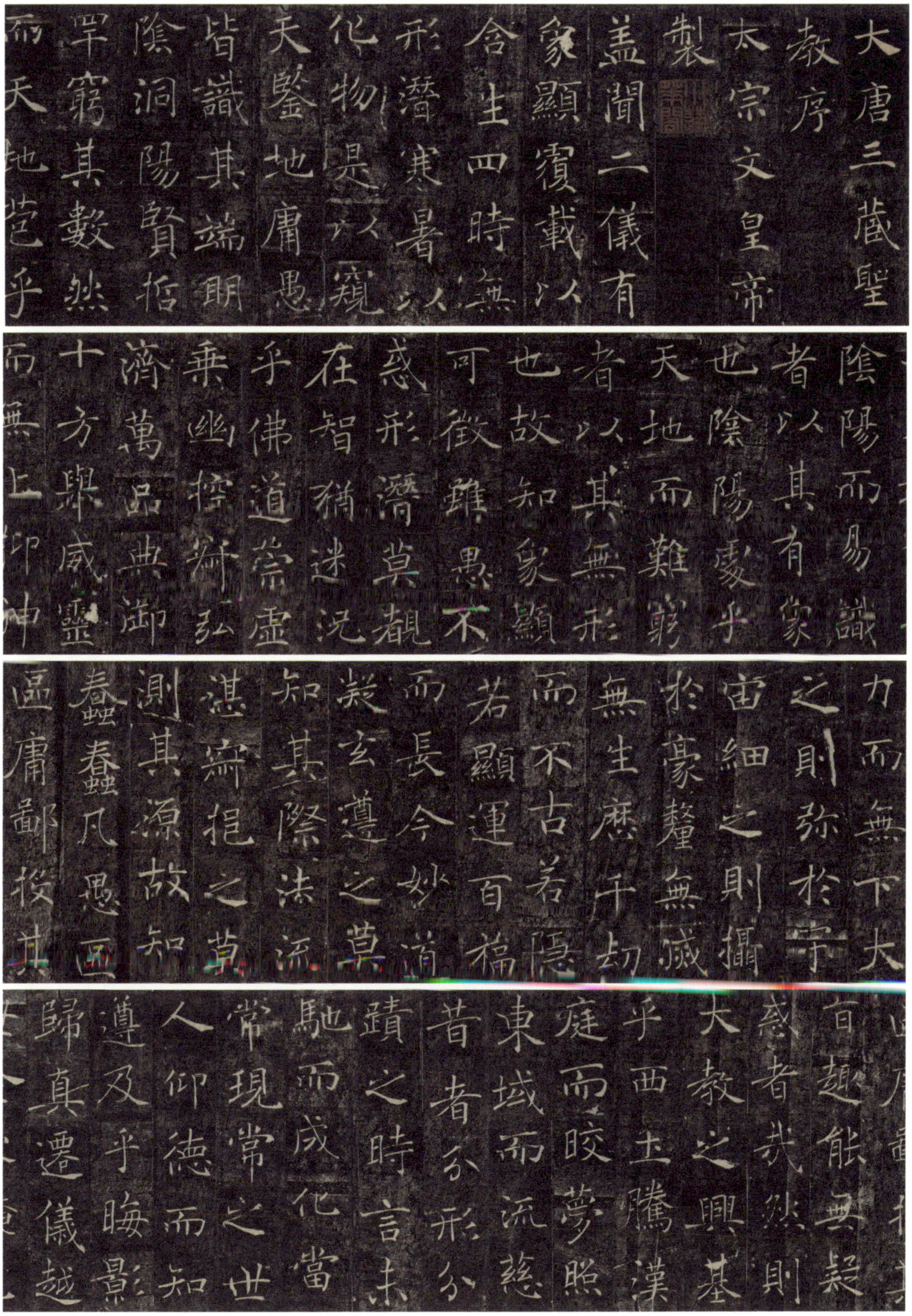

图 6-39 雁塔圣教序（局部） 唐 褚遂良

世代收藏的书画珍品，包括古鼎、玉石，已大部卖出："虽家因好事贫，然犹足自怡悦也。无何，闵天不吊，余自历下旋里，百费猬集，遂割爱售之。敢云风流散金石，聊尔皎洁弄文史焉。"①从中可见汪氏晚年生活之窘境，也即见证了"收藏不过三代"之人生事理。

二十一、吴廷

吴廷，约生于明嘉靖三十五年（1556），约卒于崇祯八年（1635）。又名吴国廷，字用卿、左千，号江邨，余清斋主人、江村居士，丰南（今安徽歙县）人。为诸生，后为太学生。博古善书，精鉴赏，长于制墨。

吴廷出身安徽歙县大户人家，祖上为盐商。随着徽商的兴盛和经济的繁荣，徽商与江南地区，尤其是苏州地区的文化交流日益扩大，徽州渐成收藏重镇，至明末清初，在徽州更是出现了"家家书画，户户鼎彝"的收藏盛况。而吴氏家族的收藏为"休歙之最"，其中又以吴廷最为杰出。对此，徽州古董商、收藏家吴其贞在其所撰的《书画记》中就有记载："忆昔我徽之胜，莫如休歙二县，而雅俗之分，在于古玩之有无，故不惜重价争而收入。时四方货玩者，闻风奔至，行商于外者，搜寻而归，因此所得甚多。其风开于汪司马兄弟，行于溪南吴氏，丛睦坊汪氏继之。余乡商山吴氏、休邑朱氏、居安黄氏、榆林程氏，所得皆为海内名器。"吴廷家有兄弟三人，他排行老二。由于父亲早逝，其兄吴国逊肩负家业，在外经商，赡养家母及两个弟弟。后吴国逊带着吴廷外出经商，又购买书画古玩，终成徽州一大藏家。

吴廷家中设有书斋，取名余清斋，匾额系董其昌亲笔书写。另设有丛睦坊，专门用以蓄藏书画鼎彝。关于"余清斋"的由来，吴其贞以为是因吴廷曾收藏了一幅王蒙的《有余清图》，故将书室命为余清斋："王叔明《有余清图》纸画一幅。……此图原系吴江村物，故名其斋曰'余清'。今有《余清斋帖》传世，系江村所刻。"②

吴廷不但精于鉴赏，而且更喜交友，与之交往的文化名人不少。常与之交往的有董其昌、陈继儒、袁中道、王穉登、刘承禧、陈衎、杨明时、詹景凤等，而其中又以董其昌最为密切。两人不但交换藏品，且有书画交易往来。董其昌赴徽州，一般就居住在余清斋。董氏不但常去余清斋与吴廷共同观赏品鉴法书名画，还常常为

---

① 卢辅圣：《中国书画全书》第五册，上海书画出版社，1992年版，第1200页。
② 卢辅圣：《中国书画全书》第八册，上海书画出版社，1994年版，第36页。

吴廷的家藏珍品题跋。吴廷收藏的王羲之《官奴帖》等许多名迹都留下了董其昌的题跋，而吴廷的不少名迹也成了董其昌临摹学习的范本，两人还经常相约赴苏州、松江、南京和杭州等地，共同品鉴书画，游览风景名胜。

《丰南志·士林》中的《吴廷传》中有所记志："吴国廷，一名庭，字用卿，丰南人。博古善书，藏晋唐名迹甚富。董其昌、陈继儒来游，尝主其家。尝以米南宫真迹与其昌，其昌作跋，所谓'吴太学书画船为之减色，然尚藏有右军《官奴帖》真本者也'。刻《余清斋帖》，杨明时为双钩入石，至今人珍袭之，谓不减于《快雪》《郁冈》诸类帖。所刻有馆本《王右军十七帖》……皆刻于万历中。清大内所藏书画，其尤佳者半为廷旧藏，有其印识。"这一方面证明吴廷和董其昌的亲密关系，另一方面说明了吴廷在收藏上的成就。另在米芾《蜀素帖卷》中，董其昌曾为其题跋："米元章此卷如狮子捉象，以全力赴之，当为生平合作。余先得摹本，刻之戏鸿堂帖。甲辰五月，新都吴太学携真迹至西湖，遂以诸名迹易之。时佟茂、吴方 谐吴观书画，知余得此卷，叹曰：已探骊龙珠，余皆长物，吴太学书画船为之减色矣。然复自宽曰：米书得所归矣。太学名廷，尚有右军《官奴帖》真本。董其昌题。"①

吴廷与詹景凤也有交往，《东图玄览编》载："唐人用硬黄纸临《黄庭》。素师硬黄纸书《自叙》一卷。李龙眠绢本石勒《参禅》一卷。夏圭绢写《江天晓色》一小轴，《祈雨图》一大轴，皆真本。以上四者俱于吾郡骨董吴廷处见。"②

吴廷既是一位古董商，又是一位收藏家，更是一位有文化的收藏家。作为一位古董商，只购不藏，充其量只是一位古董商人；而作为一名收藏家，只收藏不研究，也成不了一名实际意义上的收藏家。吴廷学养精深，眼界宽广，虽然他并未留下一部有关自己收藏的著录专著，然为了让自己收藏的法书名迹传承后世，竭尽自己的全力，为后人留下了一部极具艺术价值的法帖——《余清斋法帖》。

《余清斋法帖》刻于万历二十四年（1596），成于万历四十二年（1614），前后耗时十八载。为了将这部刻帖打造成传世名碑，他特意邀请了董其昌和陈继儒，并延请歙县名人杨明时，共同在余清斋，一起对其家藏的法书名迹一一进行品鉴题跋，再由杨明时铁笔双钩上石，以汇刻成帖。杨明时为徽州地区一名画家，擅长山水人物，精鉴赏，善刻石。全帖汇集了自晋、隋至唐宋的历代著名书法名迹达二十六种，

---

① 卢辅圣：《中国书画全书》第八册，上海书画出版社，1994年版，第91页。
② 卢辅圣：《中国书画全书》第四册，上海书画出版社，1992年版，第43页。

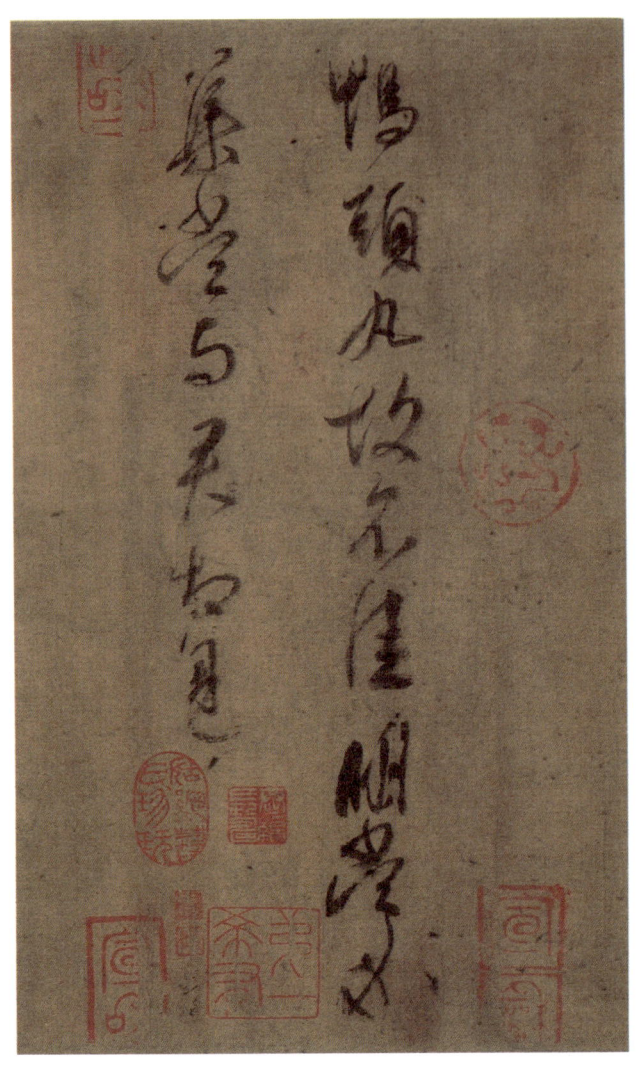

图 6-40　鸭头丸帖　晋　王献之

帖后评语题跋六十五篇，观记款识二十一处，多为历朝达官名人和书家。其中正篇六册十六卷，有晋代王羲之的《十七帖》《迟汝帖》《兰亭集序》《乐毅论》，王珣的《伯远帖》，王献之的《中秋帖》《兰草帖》《东山帖》；隋代智永的《归田赋》；唐代虞世南的《积时帖》，孙过庭的《千字文》，颜真卿的《祭侄文稿》；宋代苏东坡的《赤壁赋》，米芾的《千字文》《评纸帖》《临右军至洛帖》，共十六种。续篇二册八卷，有晋代王羲之的《行穰帖》《思想帖》《胡母帖》《东方朔像赞》，王献之的《鸭头丸》《洛神赋十三行》，谢安的《中郎帖》；唐代颜真卿的《蔡明远帖》共八种。《余清斋法帖》所收录之法帖，大多为吴廷家藏。此法帖不但较好地保存了历代名帖的原有风貌，而且从中也可窥见吴廷家藏之丰，更可见吴廷作为一名收藏家的风骨和情怀。《余清斋》刻石历经四百余年，至今仍保存完好，比《停云》《真赏》《戏鸿》等残损后再翻刻的碑帖，其价值要高一等。这正如沈德符在《万历野获编》中对吴廷的评价："今目新安大估吴江村，名廷者，刻《余清斋帖》，人极称之。"著名学者杨守敬为此称道："吴江村收藏之富，几与项子京埒"，远出文徵明父子汇刻的《停云馆帖》，董其昌汇刻的《戏鸿堂帖》等诸帖之上。

吴廷的书画藏品，除却在《余清斋法帖》中所述大量法书名帖之外，绘画方面吴其贞在《书画记》中就记有方方壶《云山图》、韩滉《眠犊图》、王孤云《葡萄台榭图》和夏圭《雪亭图》等，"系溪南吴氏收藏物"。另尚有五代黄筌《写生珍禽图》、吴道子《画梅檀神像》一卷、柯九思《竹谱图》、王蒙《有余清图》、李唐《晋文公复国图》、杨补之《雪梅图卷》等。然遗憾的是，吴廷去世不久，这些珍品佳作也随即散去。这些在吴其贞《书画论》中曾多次提及，如柯九思《竹谱图》、王蒙《有余清图》等后归歙县榆村藏家程正言；王献之《鸭头丸》、颜真卿《祭侄文稿》等皆转藏于同乡之手。"以上四卷观于汪天赐、吴云从、吴国珍、宋元仲之手。原是吴江村之物，后属于王凤昆仲，而宋元仲等系王凤家人也。"鉴此，吴其贞感叹道："余至溪南借观吴氏玩物，十有二日，应接不暇，如走马看花，抑何多也。据（汪）三益曰，吴氏藏物十散有六矣。……至今日渐次散去，计其得失不满百年。可见物有聚散，理所必然。时己卯四月十四日。"①

从此，吴廷家藏的法书名画大多散佚江南诸多藏家之手。不过，至乾隆朝时，最后又多归于清内府，许多被收录在《石渠宝笈》中，成为人们称羡不已的国宝，因此也证明了吴廷在中国书画收藏史上的地位和影响。

二十二、袁枢

袁枢，生于明万历二十八年（1600），卒于清顺治二年（1645）。字伯应，号环中，又号石寓。归德睢州（今河南睢县）人。工书善画，擅诗翰。博古好学，家筑有"石仙堂"，专嗜书画版本收藏。为名将袁可立之子，以父尚书荫授詹事府录事。官至户部郎中、河南布政司左参政、大梁兵巡道。袁氏一生忠勇，侠烈慕义，文武双全。清兵攻克南京后，绝食忧愤而亡，为晚明一代忠臣。

袁枢善书工画。其书师袭褚遂良、米芾诸家，作品呈清新遒劲之风姿。其画承学董巨、公望一脉，呈工巧奇趣之风韵。流传书画作品有《临米芾诗帖扇面》《书洛神赋图》《松溪泛舟图》《平泉十石图》等。

袁枢性格爽朗，喜交良友，常与交往的多为当代名流。其与黄道周、倪元璐、钱益谦、刘理顺、方以智、王铎、董其昌、王时敏、王鉴等交往密切。他们互相诗文唱和，作书赏画，其中又以王铎、董其昌关系甚密。

王铎为明天启二年（1622）进士，是年春，袁枢之父袁可立时任考官，于王铎有知遇之恩。袁枢与王铎交情深厚，交往密切，其父袁可立的神道碑文和墓志铭，

---

① 卢辅圣：《中国书画全书》第八册，上海书画出版社，1994年版，第46页。

以及袁枢之母宋夫人行状都系王铎所书。崇祯十六年（1643），王铎曾下苏州袁枢浒墅关避难数月，二人常在一起品鉴藏品，合作书画。王铎不但为袁枢作《浒墅北发石舟中远送因以寄怀》等诗数首，而且还书《赠袁枢诗册》相送。另又为袁枢所藏董源《潇湘图》、巨然《层峦丛树图》等题跋文。崇祯癸未年（1643）夏，王铎还在苏州为袁枢书《益雪精会诗卷》。次年二月，袁枢还与王铎、张永禧、韩逢禧等人在苏州半山宫一起观赏唐摹王羲之的《黄庭经》墨迹。

袁枢与董其昌的关系密切，源于董其昌其父与袁枢之父是同年，两人同出于陆树声尚书之门，皆为陆氏得意门生，后袁与董关系密切，同年之谊几传为百年佳话。这点，董其昌在《袁伯应诗集·序》中也提到："余与伯应尊公少司马（袁可立）同举于兰阳陆先生之门。"缘于此，袁枢与董其昌本人关系密切也就不足为奇了。

袁枢与王时敏、王鉴关系也相当密切。

崇祯十七年（1644）六月，王时敏在《烟客题跋》中赞袁枢："环翁使君，既工盘礴，又富收藏。李营邱为士大夫之宗，米南宫乃精鉴之祖，故使荆关董巨真名迹归其家。"并题诗赞叹："关门紫气幻云烟，大石寒山列西边。割取一峰深秀色，可堪移入米家船。"

王鉴在《仿巨然真迹图》跋曰："董宗伯所藏巨然真迹，今归袁环中使君。昨在其署中出此相示。余丙子年（1636）曾见于宗伯案头，今得复还旧观，为之三叹，漫仿其意，不识合作否？"

袁枢不仅善于书画创作，于书画鉴藏更是不遗余力，"使车所至，登临啸咏，动盈卷轴"，凡"遇古翰墨器物，极力求取，必得乃已"。故"足迹所至，尽搜冗之奇，海内推为风雅冠冕"。袁枢其父亦喜收藏，至袁枢时家藏甚为可观。

从以上"二王"对袁枢的跋文及诗赞，复见董其昌的藏品归入袁氏，其收藏规模已成"米家船"。

袁枢的藏品中除有董源《潇湘图》《夏山图》《溪岸图》，巨然《萧翼赚兰亭图》《层岩丛树图》《赤壁图》《秋山图》等名作佳迹，在明代，袁枢实系董巨作品收藏之集大成者。这些作品多来自原董其昌的庋藏。其中《潇湘图》，系董其昌承藏于袁枢，董氏仅"原值加四帑焉"传之。除董巨之外，袁枢还藏有王维《山阴图》、赵孟頫《临兰亭序》、董其昌《疏林远岫图》、《董其昌纪游册》（十六幅）等，另有王铎为其书写或绘作的《赠袁枢诗册》《雪景竹石图》等。还有唐颜鲁公《赠裴将军诗》，宋《松桂堂帖》《武冈帖》、苏轼《海棠诗卷》，元赵孟頫《兰亭序》、鲜于枢《苏轼海棠诗卷》等。又有郭熙《关山雪霁图》、姜夔《雪竹图》、赵坚《水仙图卷》、吴镇《溪山深秀图》、沈周《送吴匏庵行卷》、陆治《采真瑶岛图》等。

袁枢除家藏书画名迹之外，另有刻帖版本收藏也甚奇观，《宋拓淳化阁帖》（泉州本）历经袁家袁可立、袁枢、袁赋诚三代递藏，乃天下法帖之祖，具有极高的版本研究价值和文物收藏价值。南宋拓本《松桂堂帖》，亦为宋版法帖之精品，可见收藏版本之精。

钱益谦曾在其《牧斋全集》中赞袁氏：

负文武大略，博雅好古，散华落藻，轺轩问俗，戎车出塞，山水登临，友朋谈燕，揽采风物，伸写情性。所至必有诗。而其诗，高华鸿苑，苍老沉郁，亦与境而俱变。

袁枢所用藏印不多，常用印有：袁枢、枢、伯应、应、石、珍玩、袁氏珍玩之印、袁枢私印、袁枢之印、袁枢明印、明袁枢鉴赏书画之印、袁枢鉴赏、袁枢家藏书画之印、袁伯应珍藏书画印记、袁氏珍玩之印等，其中不少为特制的书画收藏印信。了解袁氏所用藏印，从中不但了解印证袁枢实为明末一大藏家，而且对袁枢珍藏之法书名画的鉴别带来一定的借鉴作用。

袁枢因系抗清名将、一代忠臣，故袁氏父子遗绪三百年来，因"文字狱"之故，其诗文也遭遗弃，至清末已鲜闻于世。其收藏更为世之少闻。

袁枢生有二子，其中长子袁赋诚官至广西南宁府新宁州知州，次子袁赋谌任国子监生，二人皆承父志，喜鉴赏，精收藏。今存上海图书馆的著名刻帖《宋拓淳化阁帖》（泉州本）、北京故宫博物院《松桂堂帖》、安徽省博物馆的董其昌《纪游册》（十六幅）等不少藏品上都钤有其二人的鉴赏印记。其中，书画藏品中以袁赋谌的印记为多，而袁氏法帖藏品以袁赋诚的印记为多。

袁枢之家藏，从其父袁可立始，至袁枢本人，再延至其子赋诚、赋谌，又延至其孙袁倜等，历任四代不辍。袁氏"石仙堂"家藏之富，名冠天下。现今海内外不少著名博物馆都藏有袁氏流传的艺术珍品，包括北京故宫博物院、台北"故宫博物院"、上海图书馆、天津博物馆等，有些成镇馆之宝。

清兵入关后，袁氏家道逐渐中落，其家藏书画、彝鼎、图书诸物散落民间，其中书画大部归卞永誉、安岐、梁清标、宋荦等递藏。

纵观袁枢的书画收藏及其悲壮的一生，张庚的《国朝画征录》中对其的赞语可

图 6-41 夏山图 五代 董源

第六章 明代的书画收藏（昌盛时期）

谓是最好的总结：

> 枢博学好古，精鉴赏，家富收藏。工书画，为华亭董宗伯、孟津王觉斯所推许。山水出入董巨、子久间，光华清寂，其橅梅华道人所临巨然《萧翼赚兰亭图》，气韵冲淡，绰有古趣，今藏同里蒋郎中泰家。所写《折枝花》，有白阳山人风致。余游雎见先生遗墨及所藏旧迹皆精雅，其风期略可想见，而郎中又为余述先生生平，遂慨慕景仰无已云。

从中活现出一位正气凛然、文武双全，集书画创作和书画收藏于一身的收藏大家。

明代的书画收藏家，除了上述介绍的几位主要的藏家之外，尚有不少重要的收藏家。他们中既有文人雅士类的收藏家，也有官宦士族类的收藏家，还有商贾贩卖的收藏家，更有好事者类的所谓的收藏家。

在这些藏家群中，文人雅士类的收藏家最多，代表有：徐达左、季应祯、宋濂、袁忠彻、文林、黄云、王鏊、祝允明、邵宝、沈津、徐霖、陈沂、唐寅、陆深、陈淳、王穀祥、沈禹文、文伯仁、彭年、唐顺之、钱毂、莫如忠、周天球、黎民志、朱大韶、张凤翼、詹景凤、孙克弘、王穉登、莫是龙、屠隆、冯梦桢、朱之蕃、邢侗、唐时升、张应文、范允临、赵宧光、米万钟、文震孟、归昌世、李流芳、钱谦益、李肇亨、汪珂玉、文柟、姜绍书、陈洪绶、张孝思、李永昌、张应召等。他们中既有名扬天下的著名文学家，也有著名的书画家，更有书画兼长、文豪词翰并举的大学问家。然就书画收藏而论，宋濂、徐达左、姚绶、吴宽、陈淳、李肇亨、张孝思、陈定、朱之赤等尤为居先。他们不但眼光独具，收藏颇丰，而且藏品多为举世瞩目的珍品奇迹，为世人所崇。

第三节　重要著录专著的涌现

明代的书画著录专著，内府著录几无所存，然私家著录较之前代有了长足的发展，不但作者众多，著录丰富，而且内容之广、数量之多、体例之丰实大大超越了前代。这一方面是由于皇家内府收藏的衰败，致使内府的大量藏品散落民间；另一方面则是文人士大夫在集权专制统治下，包括民间有识之士，将书画收藏作为精神上的一种寄托，将众多优秀的法书名画珍品寄情于著书立说之中，以致明代书画著录专著一部又一部地问世，开创了明代书画著录有别于前代的先河。

明代的书画著录专著中，都穆的《铁网珊瑚》、詹景凤的《东图玄览编》是官僚文士著录中的代表；那么，张丑的《清河书画舫》、朱存理的《珊瑚木难》则是民间文人著录中的代表。这些著录的问世，在中国书画收藏史上具有划时代的意义。

一、都穆和《铁网珊瑚》《寓意编》

都穆，生于明天顺二年（1458），卒于明嘉靖四年（1525）。吴县（今江苏苏州）人。字玄敬，一作元敬，郡人称南濠先生。弘治年间进士，授工部理事，官礼部郎中，累迁太仆少卿。工诗善文，尤精书画鉴赏。他曾言："余自高祖南翁以来，好蓄名画。闻之家君云，妙品有吴道子《鱼篮观音像》、王摩诘《辋川图》、范宽《袁安卧云图》，惜今不存。"可见其出身收藏世家。著有《金薤琳琅》《南濠诗话》《寓意编》《周易考异》《史补类抄》《史外类抄》等。

《铁网珊瑚》系都穆记其所见之书画名迹。先记书画名称与数量，后录题跋印章及所藏之处，并记其真伪等。全书共二十卷，是书与朱存理《铁网珊瑚》同名，全编前四卷皆为都穆所撰书籍及书画题跋。殆仿米芾《书画史》而作，约成书于明弘治年间。

全篇记录详细精当，真伪判别确切，实系人们了解掌握当时

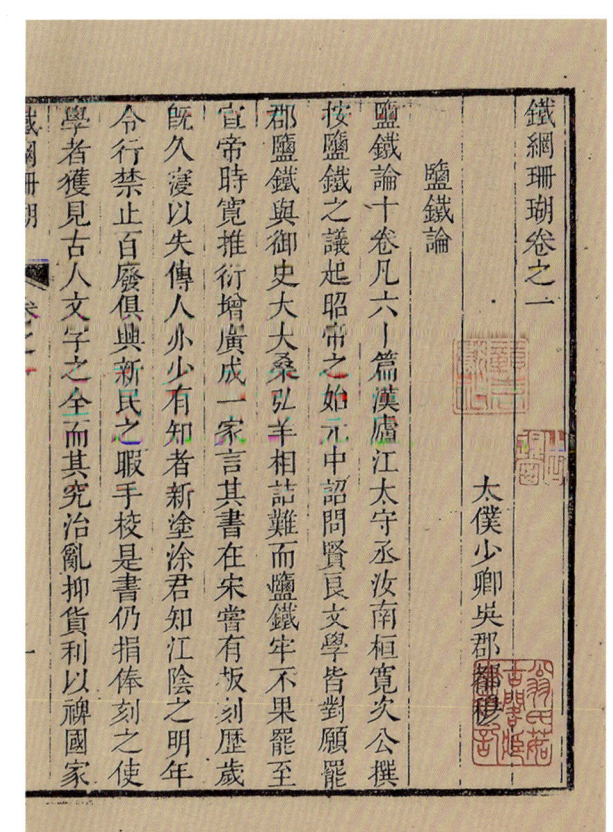

图6-42 《铁网珊瑚》 明 都穆

收藏家及藏品的重要参考资料，具有较高的史料价值。然也有学者认为，此书出于伪托，与旧题朱存理《铁网珊瑚》同名，以为卷六以下为袭旁人所述，采自他人之书，借穆之名以行之。故有称朱存理纂，然实非朱氏所为。今《中国书画全书》收录的《铁网珊瑚》中，仅录"书品"和"画品"二门，"书品"为十节，其余皆未录入。内有赵绮美识和年希尧跋，此概为原貌。而《四库全书》却言"旧本题朱存理撰"，是书乃赵琦美得无名氏残稿所编，把此著作归于赵琦美名下。无论是都穆的《铁网珊瑚》还是朱存理的《珊瑚木难》，抑或是赵琦美的《铁网珊瑚》，这几部有关"珊瑚类"的著录专著的归属，实在是一个值得后人深入研究的课题。

全书分书品、画品两门，备录题跋印记，为张丑、郁逢庆诸书所宗。是书前四卷皆为都穆所撰书籍、书画题跋等。卷五为都穆所作《寓意编》。然都穆尝以所见书画别为一书，此又以类相同，附于书目之后。卷六为何良俊所撰《书画铭心录》，卷七至卷九采自诸家文集，卷十以下抄自伪本张抡《绍兴古器评》，卷十二以下则录汤垕《画鉴》，卷十五以下又录赵希鹄《洞天清录》，十八卷以下则又录周密《云烟过眼录》，此皆非都穆所自著，故疑为奸黠书贾杂衰成编而借都穆之名以行世也。

是书有《学海类编》本、《奇晋斋丛书》本、穆海本、《四库全书》本和《千顷堂书目》本等。

《寓意编》是都穆的另一部著录书，殆仿米芾《书画史》体例。一卷记其所见书画名迹及当时著名藏家，共六十条。所论各书画作品名迹，皆属精要。其中有法书名画和郁氏未曾见之者，或间受他人亲见的名迹，仅列其名，以待后人鉴别证之。是书亦系随笔所记，故行文简略。《寓意编》也在都穆的《金薤琳琅》《铁网珊瑚》中有所录著。

是书有《四库全书》本、《宝颜堂秘笈》本、《学海类编》本、《奇晋斋丛书》本、《丛书集成初编》本、《美术丛书》本。

二、朱存理和《珊瑚木难》

朱存理，生于明正统九年（1444），卒于明正德八年（1513）。字性甫、性之，号野航，长洲（今江苏苏州）人。布衣，终身不仕。工诗善文，擅书法，精鉴赏，富收藏。与同郡文人学者李应祯、吴宽、沈周、祝允明、文徵明友善，在当地有很高的地位和影响。著有《珊瑚木难》《铁网珊瑚》《鹤岑随笔》《楼居杂著》《经孝录》等。

是书为朱存理撰，共八卷。全书记其所见书画，备录其中诗文题跋，存世所罕睹者均有附录。考其书名，乃采曹子建诗"明珠交玉体，珊瑚间木难"之句。每种有自评，并系以跋语。实系抄录书画题跋文字结集而成的著录专著。所记以文徵明、文嘉、王穉登和王腾程四家收藏居多，以元末明初人的题跋为主。据《珊瑚木难》前言作者序称："兹编悉载所见字画题跋，其卷中前人诗文世所罕睹者，亦附录焉。……存理又工于考证，凡所题品，具有根据，与真赝杂糅者不同。"加之朱存理与当时的收藏大家来往密切，所以当时许多罕见的珍贵资料借此书得以保存下来。

作者善于鉴别，工于考证，故凡所题品都有考据。明以前著录之书，一般均不录原文及题跋款识，到朱氏此编始录之，定为书画著录的首例。是书有后学章授作识，说明此书旧稿购置情况，篇末有张钧衡跋，对朱存理及其《珊瑚木难》均有较高的评价。是书虽然编排次序有些杂乱，然仍不失为一部具有重要参考价值的著录书籍，开创了以题跋文学形式著录书画作品之先河。

是书有清雍正六年刊本、《适园丛书》本、《四库全书》本、《中国书画全书》本。

三、文嘉和《钤山堂书画记》

文嘉，生于明弘治十四年（1501），卒于明万历十一年（1583）。字休承，号文水，长洲（今江苏苏州）人。为文徵明次子，工诗善文，尤擅书画，工篆刻，精鉴赏。筑有藏书楼归来堂等，专以蓄藏古籍书画。著有《和州诗》。

是编系作者奉檄于嘉靖己丑年（1529）五月查阅籍没奸相严嵩、严世蕃父子所藏书画时，据记录，后于隆庆戊辰年（1568）冬经过整理而成的一部书画目录，一卷。钤山堂为严嵩斋名，原白跋谓历时三月始毕事，此记录作品数目，间有附注。书末有文氏跋文称："嘉靖乙丑五月，提学宾涯何公檄余往阅官籍严氏书画，凡分宜之旧宅、袁州之新宅、省城诸新宅所藏，尽发以观，历三阅月始勉毕事。当时漫记数目以呈，不暇详别。今日偶理旧箧得之，重录一过，稍为区分。随笔笺记一二，传诸好事，明窗净几，时一展阅，恍然神游于金题玉躞间也。隆庆戊辰（1568）冬十二月十七日，茂苑文嘉书于文江草堂。"可见这是文嘉分别从严嵩三处住宅查阅的书画。全编按年代为序，法书、名画分列。其中珍贵名迹巨丰。名画有顾恺之的《卫崇像》，陆探微的《道相图》，展子虔的《游春图》，另有吴道子、李思训、李昭道、阎立本、王维、韩滉、周昉、韩干，以及宋元明诸多名画之珍品。另有法帖墨迹珍品无数，皆为举世国宝。是编不仅可从中了解严嵩父子巧取豪夺法书名画的劣迹，也对鉴别书画真伪具有极其重要的参考价值。

是书有隆庆二年本、《知不足斋丛书》本、道光二十二年楚香书屋刊本、明朝遗事本、《丛书集成》本、《美术丛书》本、《中国书画全书》本等。

另有《严氏书画记》一卷问世，以轴、卷、册页分类，每类按时代先后为序。按文嘉于《钤山堂书画记》跋文分析，除编例不同、文字略有出入之外，钤山堂所藏书画目皆全见，然数量、文字也有出入。故是书或为文氏所记数目中之一，或为"全录一过"之底本，后被汪珂玉所觅见，因不署名，又无文氏跋文，故不题姓氏，然又因缺少他证，故且归文氏名下。

是书有《古今图书集成》本。

四、王世贞和《弇州山人题跋》

王世贞，生于明嘉靖五年（1526），卒于明万历十八年（1590）。字元美，号凤洲，又号弇州山人。官至刑部尚书。博学多识，工诗善文，擅鉴赏，善收藏，为明代文坛领袖之一。著有《艺苑后言》《弇山堂别集》等。

王世贞收藏宏富，书画真迹经眼颇多，前人书画论著更是熟稔于胸。《弇州山人题跋》便是其书画鉴别的集中体现。是书有墨迹跋三卷，俱论宋以前及元代人书法，颇见精要。画跋一卷，上卷四十一首，俱元以前画，下卷四十七首，俱明人画。弇州本人不能画，所论不若书法之精。但因收藏极富，在评古论今中，仍颇多见识。后有余姚孙鑛撰《书画跋跋》，跋世贞所跋。正编分墨迹、碑刻及绘画各一卷，续集也同为三卷。续编与正编同，共计四百二十六则。

是书各类题跋，内容广博，涉面复杂，不仅述录了王世贞本人所蓄藏或过目的书画跋文，同时也反映了作者书画辨析和鉴赏的水平和眼识，从中可了解相关法书名画的流传及品鉴。展示了明代文人生活的真实面貌，也是探讨王世贞书学、画学、文学和史学思想的重要资料。

是书有居业堂刻本、《四库全书》本。

五、汪珂玉和《珊瑚网》

汪珂玉，生于明万历十五年（1587），卒年不详。字玉水，号乐卿。徽州（今安徽歙县）人。任山东盐运使判官。精鉴赏，富收藏。

是书成书于崇祯十六年（1643）。全书分书录、画录两大部分，法书题跋二十四卷，名画题跋二十四卷，系作者载录自藏、目见、钞集书画款识、题跋、庋藏目录，间杂自撰之跋语和论说。后附《书旨》《书品》《画继》《画法》，系摘录前人成说对绘画技法之名目。

全书前列跋，后附论说，纲领目张，秩然有条。尤载记之名画，凡宋元诸家，铭心绝品，收录之详，诚为罕见。书录一至十八卷为法书真迹，著录自钟繇以来法书名迹，大多录其原文、款识、旁跋等。十九至二十卷为碑帖石刻；二十一卷为丛帖，逐一述各石刻墨迹及成部丛帖，并录入相关题跋；二十二卷为书凭，著录名家书法收藏目录；二十三卷为书旨；二十四卷为书品，皆编录历代书法理论评论。第二部分为古今名画题跋，共二十四卷，卷一至卷二十二著录顾恺之《洛神赋图》以来的名画，凡但有款识、题跋、印章皆录入其中。卷二十三为画据，录入自宋以来公私藏画目录。卷二十四为画继，并附画法、编录名家画史、画论及画评。

是书守藏朱存理《珊瑚木难》之体，然又异于朱氏，乃汪氏承例。后卞氏《式古堂书画汇考》、厉鹗《南宋院画录》皆借是书所成。全书收罗弘广，纲举有序，论述精当，篇目恢宏，实为收藏著录专著之巨器。前有作者自序，尾有张钧衡跋。另有关书画作品真伪等重要问题，亦缺乏考据订正，然些许考评论述也未尽精慎，所录书法不少属伪藉，且有的较为杂乱，殊不足存。

是书有《适园丛书》本、《丛书集成》本、《中国书画全书》本。

六、李日华和《味水轩日记》

李日华，生于明嘉靖四十四年（1565），卒于崇祯八年（1635）。字君实，号竹懒、九疑、痴居士，秀水（今浙江嘉兴）人。工书善画，尤精鉴赏，收藏颇丰。著有《官制备考》《竹懒画媵》《六研斋笔记》等。

是书纯以日记的形式，记其所见之书画，并附时事杂闻。内容以"翻阅书画，并附翰墨"为主，兼习时事、异闻、奇物、酒肴、花鸟等。说是日记，实为品鉴书画之参照物。

是书记时自万历三十七年（1609）三月十日起至万历四十四年（1616）十二月四日止，历时八年。其子李肇亨撰引言。所录之书画大部见之他书著录者，录其跋而评以论之。作者自作书画及题咏亦有记录，以此可考知作者写作年月，以及题赠对象，而知其交游者，以此可补充作者与同时代人物之传记资料，且此部的记载翔

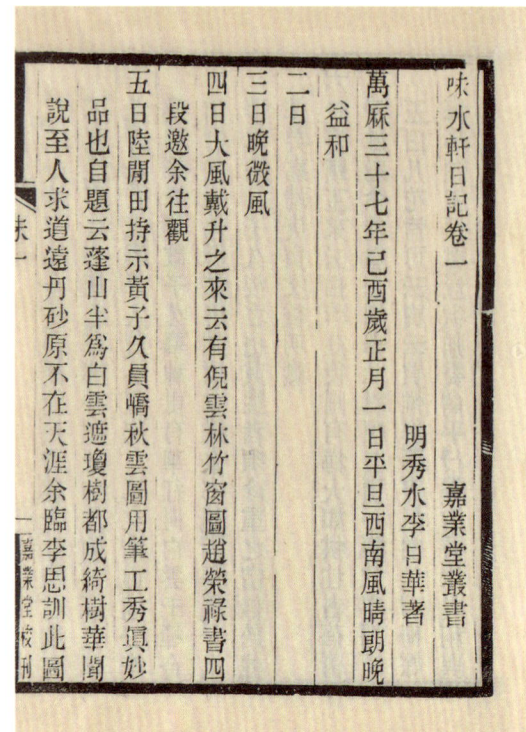

图 6-43 《味水轩日记》 明 李日华

实而可信。日记中还记录了不少他与画商夏贾、王丹林等人的书画交易交换购赠的详情，从中印证明代中晚期书画市场交易的情况。同时印证了作者自己的收藏、眼力、交游及对书画独特的见解和识别能力。

是书向无刻本，清《啸园丛书》本收李日华曾孙含潜手写一百五十五条，仍作八卷。《嘉业堂丛书》本共六册，前有其子肇亨述，后有嘉庆二十三年（1818）晚闻居士记，同治二年（1863）刘承幹跋。

是书有《嘉业堂丛书》本、《中国书画全书》本。

七、孙凤和《孙氏书画钞》

孙凤，约生于正德八年（1513），约卒于万历十五年（1587）。字鸣岐，长洲（今江苏苏州）人，好读书，工书能文，善书画鉴赏，家世代精装潢，擅装裱。

是书系作者在为藏家装裱书画时，录其诗文、题跋，积久成帙。是钞按《珊瑚网》体例，系上海秦嘉楫录而传之。秦嘉楫，字少说，号凤楼，嘉靖三十八年（1559）进士，历官南京工部主事。

全书分列法书、名画三卷，法书一卷录原文及题记；名画仅录题记，亦得书画记载不同之体。其他如何人所藏，以及卷轴种类等都未有记述。所录书画藏品大多为当时著名藏家未见之作。所录之书画，是否皆为真迹，迄今未能断明。然其所录皆有取舍，并非为裱一记一之账册，录其诗文跋语，积久成巨帙。其中不少作品如朱存理、赵琦美、张丑等多未著录之。然作为一工匠的孙凤，虽工艺之微操，却靡不博古精鉴，而又能记次成书，以传于远，其用心良勤，诚可敬矣。

是钞编后有居简题，孙毓修跋。据书后万历间人旧跋，谓此书出自孙凤之手。

是书有《涵芬楼秘笈》本、《中国书画全书》本。

八、詹景凤和《东图玄览编》

詹景凤，生于明嘉靖十一年（1532），卒于明万历三十年（1602）。字东图，号白岳山人，安徽休宁人。任南京翰林院孔目、南吏部司务。精鉴赏，善收藏，工书法，尤以草书名世。著有《东图全集》三十卷。

是书又名《詹东图玄览编》，全书分为四卷，系记述体文本。是书成于万历十九年（1591），为景凤逝后，由其子辑集再刊。

《东图玄览编》共四卷。内容涉及法书名画六百余种，卷末附碑帖书画题跋三十八条。叙述之内容不仅为书画的真伪，还包括作品的内容、款识、处所、质地、尺寸、印章等项。尤其对各类画家画派的笔墨技法，以及不同的风格特征、艺术评价，均有鉴赏家自我的评价和见地。如对举世瞩目传世最早的卷轴画《游春图》，是编有详细的记载和品鉴。文中不但记录了徽宗题字、冯子振等题跋，还对《游春图》的笔法、墨法和着色法都作了详细的描述，以致作出了"此殆始开青绿山水之源""盖创体而未大就其时也"的结论。这种从微观到宏观、从局部到整体，力求从绘画史的发展予以定位，正是詹景凤的高明之处。可谓系一部集著录、题跋、品评和历史于一体的著录巨作，洵为画学著述中罕见者。尤其是书中提及自己对书画品鉴的诸多独特之见解，有助于后学者们增进书画鉴藏知识，其中载录与诸多文人、藏家的交往之事迹，以及作者游历之风情世故，也为后人留下了不少可供研究的资料。加之作者见地宏广、鉴赏精辟、品位独具，故所记所藏之法书名画较为可靠，对后世鉴别书画真伪具有重要的参考价值，实开古代书画著录之先河。这诚如鉴定家启功先生所述："此编所记不斤斤于款识印章而详于笔墨法度，昔读张浦山图画精意识，以其备论画法得失，于书画著录体例

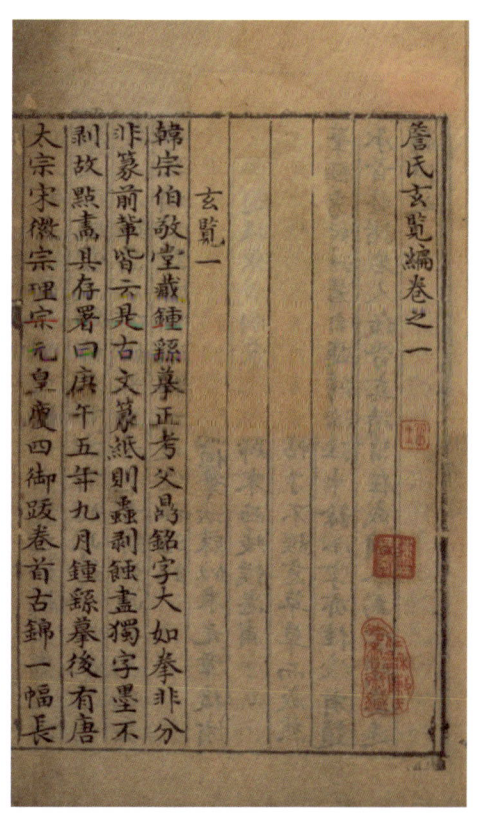

图 6-44　《东图玄览编》　明　詹景凤

中独辟蹊径,赏鉴之道始不堕于空谈,而能有益于学者。及见东图之书,则已先乎浦山矣,岂偶然哉。丁亥冬月,启功。"①

是书惜无目录,编排体例也无章可循,既不以时代为序,也不按类别排序,亦为憾事。

是书有明抄本(四卷)、故宫博物院明抄本排印本、《中国书画全书》本等。

九、陈继儒和《眉公书画史》《妮古录》

陈继儒,生于明世宗嘉靖三十七年(1558),卒于明崇祯十二年(1639)。字仲醇,号眉公、麋公,松江府华亭(今上海松江区)人。工书善画,擅鉴赏,著有《陈眉公全集》《小窗幽记》等。

《眉公书画史》亦称《书画史》,系作者生平所见法书名画之录叙,系杂记体叙文。论画家遗事,兼及名迹,偶涉交游,以随笔形式录之。全篇凡六十二条,篇目不长,内容有描述所藏书画内容,或简述书家言行,或评论书家及作品等。载有王羲之、董其昌、王子敬、杨维翰、黄庭坚、文徵明等名家及作品。所记作品有参考对比之价值。

是著称为书画史,实名不符实,章不成文,仅为篇,且以随笔形式录之,全无史之感觉。此篇曾收录于陈氏亲辑之《宝颜堂秘笈》一书。

是篇有《宝颜堂秘笈》本、《说郛》本、《丛书集成》本、《美术丛书》本、《中国书画全书》本。

《妮古录》为陈继儒所撰的另一部重要著录书,前有作者自序。成书于万历二十一年(1593)。是书杂记书画、碑帖、古玩之事,其中关于书画的记载较多,对书画作品的评论鉴赏颇多见地。由于该书系作者所见书画随见随汇,故有不少重复且较为杂乱,故读者当自审之。

序中之言颇具陈氏之性格及个性:"予寡嗜,顾性独嗜法书名画及三代秦汉彝器。"在他看来:"收藏家缄扃封闭传之后世,可谓古人之功臣,赏鉴家批驳其真伪丑好,穷秋豪之遁情,振夏虫之积瞆,可谓古人之直臣。"另,序末言:"杨用修云:'六书中有妮字,软缠之谓,乃笑以妮古名录。'"从中可见是书命名之厚义。书中记载所论,些许与莫是龙《画说》、董其昌《画旨》相同,这为剖析研究"南北宗

---

① 卢辅圣:《中国书画全书》第四册,上海书画出版社,1992年版,第59页。

论"和"文人画论"提供了一些依据。另文中记录有关董其昌绘事条幅较多，这一方面证实了他与董氏之亲密关系，另一方面为人们研究董其昌的绘事提供了第一手资料。

是书有《宝颜堂秘笈》本、《丛书集成》本、《美术丛书》本、《中国书画全书》本。

十、赵琦美和《赵氏铁网珊瑚》

赵琦美，生于嘉靖四十二年（1563），卒于天启四年（1624）。原名开美，字玄度，一字如白，号清常道人。常熟（今江苏常熟）人。以文荫补官太仆丞，任南京都察院照磨、太常寺典簿、都察院都事、刑部郎中。善藏书，擅鉴赏。著有《洪武圣政记》《容台水草》《伪吴杂记》《脉望馆书目》等。

是书历来传为朱存理撰，约成书于弘治、正德年间，后据《四库全书总目提要》中赵琦美的跋始定赵氏所编。然仍存不少疑虑，有关《铁网珊瑚》此类著录书尚存不少值得研究之处。

书中据著录的古今书画名迹，分为书品十卷、画品六卷。全书收录作品自唐迄明正德年间，按时代记录作品的款识及题跋，分别录画家姓名、画名于前，诸家题跋于后，所录画家始自唐而迄于明，诗文作者起自北宋而迄于明正德时。所题有画家题己作之画，亦有画家与文人题他人之画，其中有不少宋至明代之诗文。一般没有考证。是书资料丰富，著述详尽，然全书似乎并非出自一人之手，拟分几家，集录增补而成。文中有不少为史传所不传者，故有不少可为历史之可究资料。尤其是文中载录的大量画家及画作，实为研究书画史及书画鉴赏带来了可供研究的第一手资料，诚为难得。

是书有明嘉靖间刊本、欣赏斋刊本、清雍正六年牟氏刊本、《四库全书》文渊阁本、海虞秦氏本。

十一、张丑和《清河书画舫》《真迹日录》《张氏四种》

张丑，生于明万历五年（1577），卒于明崇祯十六年（1643）。原名谦德，字青莆、叔益，号米庵。昆山（今江苏昆山）人。工诗词，精鉴藏，善考证。著有《瓶花谱》《茶经》《论墨》《米庵鉴古百一诗》等。

《清河书画舫》，书名取"清河"乃张氏之郡望，"书画舫"系取米芾"米家书画船"之句。是书系作者记叙其所藏和所见之法书名画，似仿米芾《书画史》而作。此书也名《清河书画表》。书前有作者小引，严诚作序。言曰："第于书画卷轴，粗能上窥前贤心画之秘，每至契合处，恍然神游金题玉躞间，原终身作老蠹鱼而不害。"可见此书耗作者心血之缘由。书中所载真迹及管见，大半散见《书画记考》中。前列真迹，次陈前人诸论，间以己见。全书排序分十二个字为目，计十二卷之多。所录书画作品始于三国，迄于明中期，按时代顺序排录。共计书画家达一百四十人，书迹四十九件，画迹一百十五件，并作评论考证。对有疑义之作不多加纠辨，或偶作评鉴。书中不少评鉴多有己意，如对鉴赏的看法，作者以"赏"以定其高下，"鉴"以辨真伪，有分属也，苟能于真笔中力排草率，独取神奇，此为真赏者也。是书对鉴别和考察明中期之前的古书画作品的鉴藏具有重要的参考价值。是书成于万历四十四年（1616）。书后附《米庵鉴古百一诗》一卷，另有《真迹目录》三集，系是书续编。

是书最为可贵之处，绝非一般著录画目与题跋之书，其要旨则在赏鉴、鉴别书画之真伪，并对书画鉴别和收藏提出不少独特的见解和看法，诚为后学者学习书画鉴赏提供可供研究学习之范本，也系学习书画收藏必读之书。

此书惜经多方辗转传录，既无原本，又失校验，以致某些篇幅时代不清，纲目错乱，杂糅不分，造成文不合题，题不附文，诚为憾事。

是书有释就堂抄本、池北草堂刻本、《知不足斋丛书》本、《四库全书》本、《中国书画全书》本。

《真迹日录》为续《清河书画舫》之作，共五卷，系《清河书画舫》之续补篇，其价值不凡。是书较为详细地记叙了作者所见所闻书画之名迹，除书画名作名称之外，尚有藏家题跋、出处、备注等。系一部较为完整而系统的书画著录专著。

是书前有作者自序，虽谦说此书是"信乎其一二，随见随书，不负差次时代"，然并非全是。此书最为可贵之处，作者录选作品大部为名品珍迹，故作者自诩"命曰真迹日录，然在吾看来，似改真迹实录"更佳。此书对后人查阅比较历代名作极具参考价值，可谓张丑所撰著录专著第二矣，也为后人留下了不可多得的书画鉴藏之范本。

是书画目前后有重复处，续记多补前未录之题跋，书中纰漏较多，且记录为随笔所成，文字又无定式，故舛误之处尚不在少数，读者当引起重视。

是书有《知不足斋别刊丛书》本、《四库全书》本、《述古丛钞》本、《中国书画全书》本。

《张氏四种》实系张丑编撰之四种有关法书名画之著录，分别为《法书名画见闻表》《南阳法书表》《南阳名画表》和《清河秘箧书画表》。而其中《南阳法书表》和《南阳名画表》，有人作《南阳书画表》。此《张氏四种》实系作者除《清河书画舫》和《真迹日录》著录之外的又一重要的著录专篇。

《法书名画见闻表》在《钦定四库全书》中名为《书画见闻表》。前有张氏小序，可知是表乃仿米芾《宝章待访录》体例而变为表式。全表分为四格：上格为"年代"；第二格为"目睹"；第三格为"所闻"；末

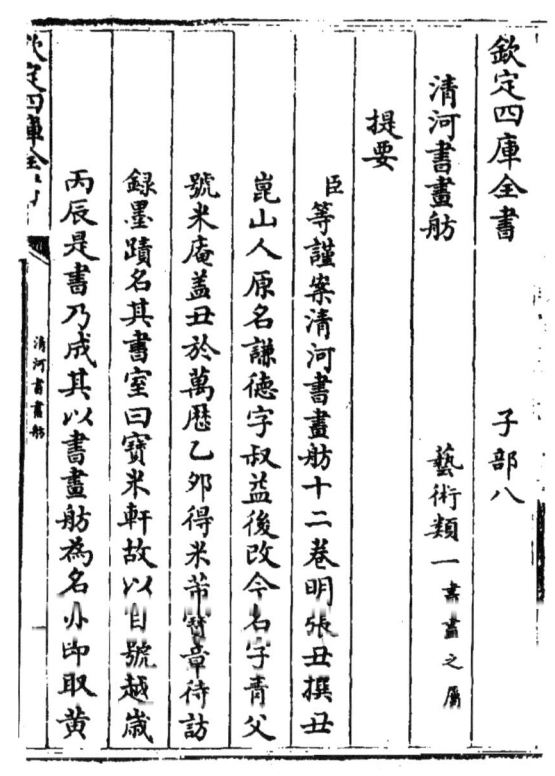

图 6-45 《清河书画舫》 明 张丑

格为"会计"，系每一年代总计数。是表所记凡一百五十五人，法书一百八十八帖，名画三百五十六图。末附顾恺之《夏禹治水图》、王羲之《行穰帖》等四种，为表成后补遗。此表实系"杂见《南阳秘箧表》中者不载，所闻皆录确有凡系，影响附会者后书"。

《南阳法书表》和《南阳名画表》，《钦定四库全书》合称《南阳书画表》，是表共分为二卷：一为法书，一为名画。二表体例相同，一以书体分，一以画科分，所列皆为明代大藏家韩世能之书画收藏。法书中，作者二十七人，作品七十二件；名画中，作者四十七人，作品达九十五图。分别为五格，排列大致与《法书名画见闻表》类似。

此两表，先有法书表，后因受韩世能之子朝延之属，增补名画表。此两表之所以称为"南阳"，皆因藏家韩氏郡望"南阳"而定。全表分五格，第一格为时代，始起唐而迄止元代。第二格为道释人物，自魏曹弗兴《兵符图》而迄止元钱选《萧翼赚兰亭图》，凡四十二图。第三格为山水界画，自隋展子虔《春游图》而迄止元倪瓒《家园图》，凡三十八图。第四格为花果鸟兽，自唐陈闳《人马图》而迄止元

图 6-46　钟馗元夜出游图　元　龚开

钱选《昭陵六五图》，凡十三图。第五格为虫鱼墨戏，自宋米芾《研山图》而迄止元龚开《钟馗元夜出游图》，凡二图。见闻此表，不但能清晰地了解掌握韩氏收藏之规模，也可知晓韩世能的一些身世和经历，为后世留下了一部不可多得的私家收藏之重要的参考图目。

《清河秘箧书画表》，在《钦定四库全书》中名为《清河书画表》。书前有张氏自序，序中述家世甚详，称其自始祖真关处士诞生以来，屡世就有搜求书画名迹者。此表系作者张丑录藏自家累世所藏法书名画矣。是表所列以书画时代为经，以世系为纬，历数自家自高祖始至作者及延其侄七代世藏。所藏作品上始晋，下迄明，计作者八十一人，法书四十九帖，名画一百一十五图，从中可见张丑及其家世藏之书画规模。表前有作者自序，较为详尽地介绍了私家收藏之艰辛及无奈。从中可进一步了解作为大藏家张丑的生平学识和见地，以及家藏书画之情况。

是书有《翠琅玕馆丛书》本、《述古丛钞》本、藏修书屋本、《四库全书》本。

另有一《茅氏南阳名画表》，明茅维撰，是书亦韩世能之子韩朝延属茅氏撰，记其旧藏者。前有小引，述朝延之言。所记凡四十七人，图凡九十有余，拟补《南阳名画表》之全。

纵览张氏所著之书画著录专著，不但让人较为全面地了解张丑其人及所藏之面貌，而且展读他的著录论述，对进一步了解研究中国书画收藏鉴定的历史，具有不可估量的史料价值和参考价值。

十二、郁逢庆和《郁氏书画题跋记》

郁逢庆,约生于万历元年(1573),约卒于崇祯十三年(1640)。字叔遇,号水西道人,嘉兴(浙江嘉兴)人。家筑有义墨堂、畅叙堂。性喜收藏。

是书系作者郁氏记其所见之唐宋元明法书名画及碑帖,抄录其题跋而汇集成册。书前有休阳汪森序,序中有郁氏自跋:"右书画题跋十二卷,为禾郡逢庆氏编辑。其后序云:余生长江南,幸值太平之日,游诸名公间,每出法书名画,燕闲清画,共相赏激,因录其题咏,积数十年,遂成卷帙。是编盖订于崇祯七年也。"[①]前集末有崇祯七年(1634)自跋,可见其成书时间。全书分为正续各十二卷,总计二十四卷。全书书画碑帖不分类,无时代次序,也无体例,系随笔所记。如王叔明《竹趣图》一栏中,不但载录了王蒙创作此作的缘由、经过,而且还将黄公望的题跋录于其后,公望跋曰:"叔明公子,文敏公之外孙也。天资神品,其于翰墨深入晋汉,至于鉴裁尤所精诣,鸥波之宅相非子而谁耶?至正壬辰冬公望。"[②]寥寥数语,将一个活脱脱的王蒙呈现在人们的面前。然有的作品除记题跋外,另附有质地、印鉴、尺幅、藏处等。全集采摭丰富,资料保存完备,对后世查阅对照、鉴别真赝具有重要参考价值。

书中集有大量的题画之作,文体俱全,既有赋、诗、赞、词,又有题、跋、记

---

① 卢辅圣:《中国书画全书》第四册,上海书画出版社,1992年版,第580页。
② 卢辅圣:《中国书画全书》第四册,上海书画出版社,1992年版,第582页。

等,题跋之全、品貌之多、种类之富为其他著录所少见。这些既可作为鉴别书画真伪的辅助资料,也为后人研究画跋诗文提供了第一手史料。

是书原无抄本,也无刻本。至宣统三年(1911),始有顺德《风雨楼》附印本十二卷,无续记。

是书有《四库全书》本、神州国光社本、《中国书画全书》本。

十三、朱之赤和《朱卧庵藏书画目》

朱之赤,约生于明泰昌元年(1620),约卒于清康熙二十年(1681)。字守吾,号卧庵,休宁人(今安徽休宁),后迁居江苏吴县(今江苏苏州)。工书善文,善鉴赏,喜收藏,通天文术。

是目约成书于明末清初,系朱氏自藏书画作品著录,录载作品计二百九十件。藏品以明代人为主,宋元人仅数件,系一部目录著录。录记了各作品名称,并附题跋人之姓名,以及鉴别、质地、着色和注释等说明,偶有品评,如"上""神品上上"等。除书画目外,尚有书编、旧抄本书目等。是编实系其收藏依先后随手记载之简目。

全书叙述较为简略,描述较为精练。是目所载书画中,其所藏书画今尚有传世者,当有一定的借鉴参考价值。

是书有赵氏竹崦抄本、顾氏艺海楼抄本、清无名氏精抄本、《美术丛书》本、《中国书画全书》本。

十四、张泰阶和《宝绘录》

张泰阶,约生于万历十六年(1588),约卒于清顺治年(1645)。字爱平,号放言子,斋名宝绘楼。华亭(今上海松江)人。世上三代为官,万历年间进士,授上党县令,累官温庭副使,后因贪污而被弹劾。回归故里后潜心金石书画,嗜鉴赏,好收藏。筑宝绘楼以蓄书画,著有《宝绘录》之外,另有《北征水草》,陈继儒作序。

是书又名《四朝宝绘录》,成书于崇祯六年(1633),谓系自家收藏之物。是书颇具规模,卷一为总论、杂论;卷二至卷七为画卷、画册类;卷十八至卷二十为挂幅类。全书收录自六朝至元明藏品,可谓无家不备,无画不全。收录作品二百件之多。全书以绘画为主,并录历代诸家题跋,然所录实又不尽为其自家所藏。此卷篇幅皆为张氏所撰，三篇总论分述诸朝山水名家所绘之风格，以及鉴赏家之品评。其中有宝绘楼记，则记叙其家藏之真迹。全书记录详尽，条分缕析，论述精到，然实系托名古人，伪作迭出，谎言自欺。

是书中所藏作品，据后人查考，基本为赝品无疑，《四库全书》提要收此书时，亦疑"其出于一手未之信也"。吴修《青霞馆论画绝句》中有诗嘲讽曰："不为传名定爱钱，笑他张姓谎过天。可知泥古成何用，已被人欺二百年""实受其巧饰之辞蒙骗矣"。此书可谓开伪著录之先河，于后世危害不小。然此家伪著录书，于后人也具一定的参考价值。因所著伪品必传之后，以此书作参照，也可对真赝及题跋别具一参照数矣。

是书有《四库全书存目丛书》本、金匮书屋刊本。

明代的书画著录专著中，除上述论及的几部重要的著录论著之外，尚有舒敏的《古画记》、瞿佑的《游艺录》、文徵明的《书画见闻志》、李开先的《中麓画品》、项德新的《历代名家书画题跋》、虞景风的《书苑补益》、丰坊的《真赏斋赋》、张应文的《清秘藏》、吴桢的《清鉴赏帖》、杨顺慎的《名画神品录》、何良俊的《书画铭心录》、顾起经的《江右名画记》、王世贞的《尔雅楼所藏名画》、茅维的《南阳名画表》、董其昌的《画禅室随笔》、佚名的《名贤画录》等。这些书画著录，声名虽不及前录所述诸著录书，然对进一步了解明代的书画珍藏颇具参考价值和研究价值。

第四节　书画的款识、印记和装裱

明代随着书画家人数的不断增多，书画艺术市场较前代有了较大的发展，故书画的款识、印记和装裱也就有了很大的变化。随着明代以区域命名的第一画派——浙派的诞生，明代早期的书画款识、印记和装裱出现了独有的变化特征。明中期和晚期，随着吴门画派、华亭画派的诞生，款识、印记和装裱较明早期有了更大的变化。掌握明代早、中、晚期的款识、印记和装裱的这些特征和变化，对鉴别收藏明代书画作品无疑会带来较大的益处和帮助。

一、款识

明代初期的书画款识，大致沿袭元人的风尚，但也发生了一些变化。其书画作品上的题跋似可分为两类：一类是沿袭元人画法的文人画家；一类即为师法两宋院体画法的宫廷画家和浙派画家。前者的款识大致与元人画家类同，题跋较为简单，先写画名，再落作者之款。若有赠送人，则写上被赠者的名字。有的文人画家除了题写画名、名款之外，还写有题记，如杜琼、刘珏、姚绶、赵原、谢缙等。而后者，由于大都出自专业画工之手，书法水平一般，又不善题写诗文款识，故其款识大致与南宋院体画家类同，不少只署穷款，大致只落画家名号，少有跋识，如戴进、吴伟，以及浙派传人张路、汪肇、蒋嵩等，另有宫廷画家如王谔、李在、朱端、林良等，有的或将郡望与姓名同署，如"四明吕纪""楚江倪端"等。有的只署字号，如"平山"（张路）、"海云"（汪肇）、"石泉"（万邦治）等。然不同的是，其书写的部位已不类南宋院体，仅书写在树后隙缝或画幅的某一角，而是书写在比较明显的部位。然最突出的一点是，宫廷画家在落款前，往往会加上作者本人的职称及头衔，以便让皇上知晓，如落有"锦衣镇抚""锦衣卫指挥""武英殿直锦衣镇抚""锦衣都指挥"等，如谢环、刘俊、吕纪、林良等。有的还将官衔带姓名同署，如"锦衣都指挥刘俊""锦衣卫指挥周全"等。

明代中期，由于吴门画派的兴起，致使文人画迅速发展，他们继承发扬了元代文人画，尤其是"元四家"的习尚，故在书画作品上，除了落写自家姓名、字号之外，不少画家还书有诗文、题记等，使诗、书、画、印得到了完美的结合，如沈周、文徵明、陈淳、唐寅等，然个别的，如周臣、仇英等，由于不善书法，文翰欠差，题款仅作"周臣""仇英""仇十父"等。明代晚期，有些画家开始将画名直接写在画幅中间了。

明代晚期，出现了以董其昌为首的华亭派。稍晚，随着杨文聪、程嘉燧、李流芳、卞文瑜、邵弥、张学曾等"画中九友"以及徐渭等文人画家的涌现，款识较之明中期又有较大的发展。此时还出现了长跋，以后渐成风气，就连晚期武林画派的创始人蓝瑛等画家，其题跋也都有长跋。题跋内容除了诗文之外，还有跋文，尤其是董其昌、陈继儒等。董其昌所作的书画作品，画幅上除了自己的题跋之外，还有陈继儒的跋文，有的为跋赞，有的为资证，其篇幅、内容、尺幅大大地超越了任

图 6-47　月夜松鹰图　明　汪肇

何一时代。另一点不同的是，董其昌等人还常为某一古迹名作题跋，以资证其画作的真伪，以此提升书画的价值。董其昌本人的落款也很有特点，绘画作品上，只落"玄宰""董玄宰"，而书法作品上则落"其昌""董其昌"，"书不玄宰，画不其昌"，渐成定律。

明代于册页上的题跋形式也渐有变化，有的每幅上都题有名款或诗义，而在最后一幅上写有款识；有的每幅上都不写名款，只钤盖印记，而最后一幅则题名款或上款；更有的每幅均有题跋加印记，最后一幅书写长跋，再落款加钤印记。

绘画署款，一般有"平行款"和"抬头款"两种格式。所谓"平行款"，即写有自己名字，题写给某某人的款识，上款的第一行和第二行的起头应是平行。这种格式，大致从元代起直至明中期嘉靖年间前，包括"吴门四家"，所有的款识均为平头款。到了明代中期约在嘉靖年间，落款出现了"抬头款"，也即第二行的款文起头超过了第一行。但"抬头款"出现后，原有上下款文齐头平进的"平头款"的落款形式依然存在。

明代中晚期，手卷的题款位置也发生了一些变化，落款的位置不再书于画面的末尾，而是移至画面中上部的空白处。

明代成化、嘉靖年间，有些书画作品上还出现了"奉赠""写赠"等字句。天启年间，有些书画作品款后又有"词盟""词宗""词丈""年丈"，还有"社长""社翁""社兄""盟兄"等尊称，这种称呼一直延续至清初。另外，明晚期有些绘画作品上还出现了"临"或"仿"某家画法等字样的题跋，这在之前是绝对不可能出现的。

双款的出现，始自明代中期，除了作者本人的落款之外，还写有被赠送人的款，以示友谊和谦虚。如唐寅的《秋都图卷》上就落"吴门唐寅为叔高画秋声图"。

了解和掌握明代各个时期书画落款的情况和特点，对鉴别书画的真伪和年代无疑带来了一定的作用和价值。

二、印记

明代的书画用印有些类同明代书画的题跋，不同时期呈现出不同的特点。

总的来看，明代书画家的用印，较之前代有明显的变化。不但数量增多，印文内容多样，而且闲章也逐步增多。有些收藏家，包括从事书画鉴藏的书画家，则又多了收藏用印，以示某件作品的流传经过、钤印人的身份地位和真伪的标志。

明代早期，除了一些文人画家用印较为讲究，宫廷画家及一些浙派画家用印就不十分讲究。有的只有穷款，而不钤印；也有的只有钤印，却未落款。

明代书画家用印，数量之多、印文内容繁复也为前代少有。不少文人画家虽然款识很简单，但款下必加钤印记，有的不仅只用一二方，其形式也多种多样，印文的内容也较前代有较多较大的变化。尤其是对一些文人画家来说，除了增加姓名、字号等印章外，闲章大有增多，内容也十分丰富。如文徵明所用的名章和闲章就近二百方，除了"文徵明""文徵明印""徵明印""文璧""文璧印""文徵仲""衡山文璧""长洲文璧"等，还有斋名印，如"停云""停云馆""玉兰堂""玉碧山房"等。更有一些闲章印，如"雁门世家""悟言室印""玉兰堂印""惟庚寅吾以降"等，而其中最常用的是"衡山""文徵明印""停云馆"印等。

另有董其昌，其用印也有一百六十多方。除了名章"玄宰""董玄宰""其昌""董其昌""董其昌印"之外，尚有"宗伯学士""玄赏斋""大宗伯""太史氏""香光居士"等。而其中，画作常题"玄宰"，钤"玄宰"印，书作常跋"其昌"，钤"其昌"印，这是董氏用印之常理。故"画不其昌，书不玄宰"则系鉴定界的一个常识。然文徵明和董其昌在赏鉴历代法书名画之后，所用的收藏印，文徵明常钤"文璧""衡山文璧"，董其昌则常钤"玄赏斋""宗伯学士"。

图 6-48 雪景山水 明 蓝瑛

以印章证其画家之身份，也是明代早期用印的一个特点。明代供奉内府的一些院体画家中，除了落款书其官衔的身份外，也常以官衔制印钤其画作之上，如石锐的"锦衣镇抚"、周全的"指挥使周全图书"、刘俊的"锦衣都指挥"、李在的"金门画吏之章"等。

明代随着书画收藏鉴赏之风兴起，私家收藏者的增多，收藏印也较前代大幅度增加。有名的藏家大多都拥有自家特别的收藏印记，有的以斋名取之，有的以官职代之，更有的则干脆以某某收藏，或"子子孙孙永保之"等示之。如王世贞的"天弢居士"钤在钱谷《溪山深秀图》，吴廷的"用卿"钤在赵孟頫《百尺梧桐轩图》，沐昂的"黔宁王子子孙孙永保之"钤在米芾《多景楼诗册》上等。

项元汴由于收藏作品巨丰，故其所用收藏印更多，有的一件书画作品上就钤有二百多方，其中竟有一印重钤多次。有的书画作品较少的也在三方以上，且印色深浅也不同，似分多次钤盖。具体分析，既有直接用姓名的，将"项元汴"钤在钱选《浮玉山居图》上，"元汴之印"钤在赵孟頫《行书送秦少章序》上。又有用字号的，以"墨林之印"钤在王蒙《太白山图卷》上，以"虚朗斋"钤在欧阳询《梦奠帖》上。还有的就直接用收藏印，以"子京珍秘"钤在张渥《竹西草堂》上，以"博雅堂宝玩"钤在马和之《唐风图卷》上，以"子孙永宝"钤在欧阳询《梦奠帖》上，如此种种，不一一言述。

另外，明代的印泥也有变化。明代早期一般书画家所用印泥多为油印，其红色显得较淡且略显黄色。然宣宗朱瞻基所用之印色比一般的画家要红，以显其帝王本色。明中期所用印泥虽仍是油印，其红色较前期稍浓，然仍有浓淡之分。也有少数书画家所用印泥为水印，其色淡而不匀，且印文较为模糊。而明中后期，文彭极善治印，创立的花乳石治印，印文显现出"金石味"，体现出一种特有的刀法味和印石味，故印文较为清晰。

总之，整个明代的用印，虽多然较杂乱，其钤后的印文，远不及清代之后的印文显得色重而均匀，字口清晰而分明，这应与印章的材质和刀法的不同相关，故钤在书画作品上较之前相比就显得不那么清晰明丽，这些对具体鉴别书画的真伪也势必带来一定的参考价值。

三、装裱

明代书画的装裱与前代相比，无论是装裱形式，还是装裱技艺，都有了长足的发展，书轴和画轴的装裱形式明显增多。就书法来看，元以前的立轴形式尚不多见，至明早期已有书轴这一装裱的形式，至明中期开始增多。装裱形式有宽边和窄边的区别。宽边的系明代装裱的典型款式。绫圈采用宽式，颜色多用米黄色，上下天地采用深蓝色花绫，这些代表了明代装裱的风格。窄边的即是仿宣和裱，裱边多用龙凤、云鹤等代表皇家的图案。明中后期始，开始出现带诗堂的立轴裱式。即画芯上端裱褙处，留有一空白，以便让名家题写画名、诗文或跋语。带诗堂的立轴装裱有两种形式：一是画芯与诗堂之间镶有绫条或绢条；另一是画芯上方直接镶诗堂。手卷的装裱也有了新的变化，即在天头后，画芯隔水前增加了一段空白，即所谓的"引首"，也称"迎首"，其目的大致与诗堂类同。这空白一般用宋经笺、白宋笺，或高丽蔺纸、花经笺等高档纸笺，卷尾后扩充了许多，以便让更多人跋赞，或论其真伪和优劣。册页的装裱形式也有变化，不但数量增多，形式也有改变，以前仅为向上翻的"推蓬式"，而向右翻的"蝴蝶式"，也渐成主角。

折扇在明代更是兴旺流行起来。折扇相传是宋代时由朝鲜传入。古代称之"折叠扇"或"集头扇"。用折扇作画，大约始自明永乐年之后，宣德年间已开其端，至明中期成化年间兴起。吴门地区的画家吴宽、李应祯、沈周、文徵明等人已常用折扇写字画画。此外还出现了折扇扇面改成册页或挂轴的新形式，这在以前也是不曾见的，算是明代装裱的演进。

随着明代书画收藏风气日盛，书画家创作作品骤增，明代的装裱工艺更是十分讲究，极为发达。工艺最佳的要数苏州，史称"苏裱"，不但工艺讲究，材质精良，而且工匠众多，手艺出众。这一方面固然是因苏州地区文人画家倍增；另一方面是因苏州时为书画市场的交易中心，加之手工艺和丝绸业的发达，遂使苏州成为全国闻名的装裱重镇，同时涌现出一批书画装裱能手。据史载的就有汤翰、汤毓灵、孙凤、强百川、庄希叔、汤时新等名匠，汤家和强家又号称"国手"。周嘉胄所撰的《装潢志》中就有所提及：

> 王弇州公，世具法眼，家多珍秘，深究装潢。延强氏为座上宾，赠贻甚厚，一时好事靡然向风，如装潢之道足重矣。汤氏、强氏，其门如市，强氏踪迹，半在弇州园。①

---

① 黄宾虹，邓实：《美术丛书》第一册，江苏古籍出版社，1986年版，第80页。

图6-49　太白山图卷　明　王蒙

此即王世贞常以厚礼聘请汤氏、强氏赴家中装潢的情形,故"装潢能事,普天之下,独逊吴中"①。

另,在装裱界,晚明出现了一位装裱高手周嘉胄。周氏,字江左,江苏扬州人。深谙香道,著有《香乘》一书,共二十八卷,系中国香道文化之集大成之著。若谈香道,必以此书称首。周氏除研香道之外,尤精装裱,又精究书画装潢之道,积累

---

① 黄宾虹,邓实:《美术丛书》第一册,江苏古籍出版社,1986年版,第76页。

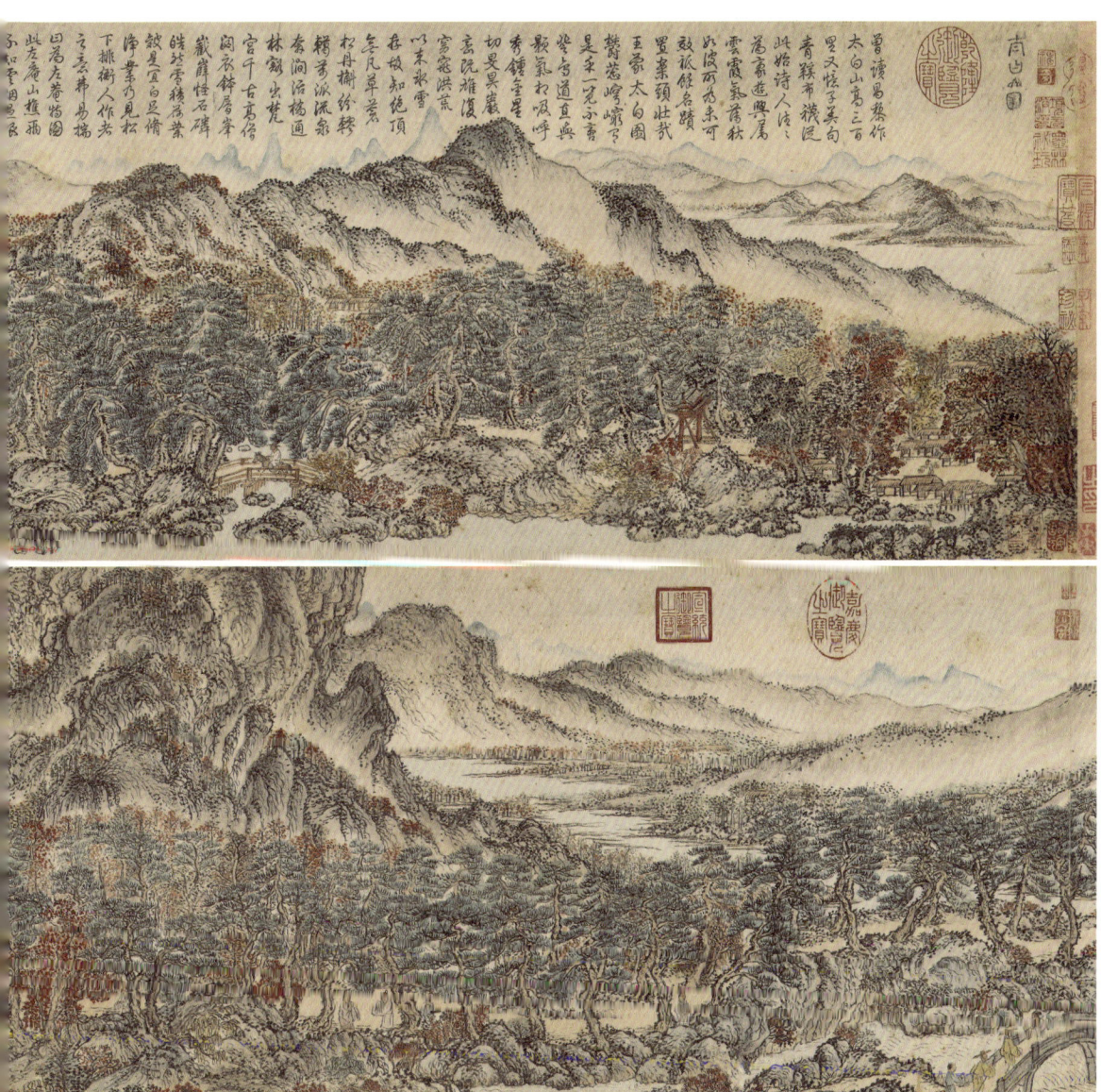

年之辛，终成《装潢志》一卷。在他看来，装潢之优劣，实乃名迹存亡系焉。装潢者，书画之命也，诚得其要旨。此编既论装潢之法，也述装潢之史。装潢虽无关画法，但画赖装裱而传，且更有辅佐鉴别书画真赝之作用，亦可断画下限之年代。

周氏《装潢志》的问世，既说明了装潢对书画的保护鉴别之重要价值，也证明了明代书画市场的繁华兴旺。

于此，足见明代尤其是苏州书画装裱之概貌。

了解明代书画装裱的形式和特点，掌握其时代特征和地区差异，从书画鉴定的角度去认知，为辨别古代书画作品的真伪提供了一定的参照依据。

第五节　书画作伪及代笔

一、仿名人名家的作伪

按人类趋利的本性，哪里有商品交易，哪里就有人做假；交易越是兴旺，做假就越是猖獗。书画一旦成为商品，变成了铜钿，做假作伪便成为常态。此风自唐时始开，之后作伪之风就延绵不绝，直至延续至现代，至今仍猖獗不绝。

书画作伪虽古已有之，然大规模作伪并牟取暴利而渐成风尚，并以此谋生又作为一职业者，则又自明代始矣。尤其是明代自嘉靖至万历年间的中后期，作伪方法之绝，作伪数量之众，作伪范围之广臻达历史最高峰。

明代嘉靖至万历年间，随着工商业及手工业的大力发展，全国出现了许多以安徽人为主的工商大户，他们手中集聚了大量的财富，或为谋利敛财，或为附庸风雅，或为显贵摆阔，这些富商便成了伪书画的主要购售对象。对此，明人沈德符也曾载录："比来则徽人为政，以临邛程卓之赀，高谈宣和博古、图书画谱，钟家兄弟之伪书，米海岳之假帖，湦水燕谈之唐琴，往往珍为异宝。吴门新都诸市骨董者，如幻人之化黄龙，如板桥三娘子之变驴，又如宜君县夷民改换人肢体面目，其称贵公子大富人者，日饮蒙汗药而甘之若饴矣！"[①] 尤其是："嘉靖末年，海内晏安。士大夫富厚者以治园亭、教歌舞之隙，间及古玩。如吴中吴文恪之孙、溧阳史尚宝之子，皆世藏珍秘，不假外索。延陵则嵇太史应科，云间则朱太史大韶，吾郡项太学锡山、安太学、华户部辈，不吝重赀收购，名播江南。南都则姚太守汝循、胡太史汝嘉，亦称好事。若辇下则此风稍逊，惟分宜严相国父子、朱成公兄弟，并以将相当途，富贵盈溢，旁及雅道。于是严以势劫，朱以货取，所蓄几及天府。"[②] 正是由于徽商

---

① 沈德符：《万历野获编》下册，上海古籍出版社，2012年版，第552页。
② 沈德符：《万历野获编》下册，上海古籍出版社，2012年版，第552页。

的兴起和全国各地富庶之地的富贾、权贵们的附庸风雅，以及某些画家的从中作崇，致使明代仿名人名家的作伪风起。对此，沈德符又曰："金陵胡秋宇太史家旧藏《江干雪意卷》，虽无款识，然非宋画苑及南渡李、刘、马、夏辈所办也。冯开之为祭酒，以贱值得之。董玄宰太史一见惊叹，定以为王右丞得意笔，谓必非五代人所能望见，李营丘以下所不论也。作跋几千言，赞誉不容口，以此著名东南。祭酒身后，其长君以售徽州富人吴心宇，评价八百金。吴喜慰过望，置酒高会者匝月。今真迹仍在冯长君。盖初鬻时，觅得旧绢，倩嘉禾朱生号肖海者，临摹逼肖，又割董跋装褫于后以欺之耳。今之赏鉴与收藏两家大抵如此。"① 另从《万历野获编·假骨董》载："骨董自来多赝，而吴中尤甚，文士皆借以糊口。近日前辈，修洁莫如张伯起，然亦不免向此中生活。至王伯谷则全以此作计然策矣。……时娄江曹孝廉家一仆范姓，居苏城，亦好骨董，曾购一阎立本《醉道士图》，真绝笔也。王以廉值胁得之，索价千金，损之亦须数百，好事者日往商评。不知范素狡黠，已先令吴人张元举临摹一本，形模仿佛，几如桓元子之于刘越石，酬之十金，王所收者是也，真本别得善价售矣。元举眇一目，偶为王所侮，因宣言于外，谓若双目盲于鉴古而诮我偏明耶？此语传播，合城引为笑端，王遂匿不敢出。真伪二本，予皆见之。董太史玄宰，初以外转，予告归至吴门，移其书画船至虎丘，与韩青君古洲各出所携相交。时正盛夏，惟余与董、韩及董所昵一吴姬四人，披阅竟日，真不减武库。最后出颜清臣书、朱巨川告身一卷，方叹诧以为神物，且云：'此吾友陈眉公所藏，实异宝也。'予心不谓然，周视细楷中一行云'中书侍郎开播'。韩指谓予曰：'此吾郡开氏鼻祖耶？'余应曰：'唐世不闻有姓开，自南宋赵开显于蜀，因以名氏，自析为两姓。况中书侍郎乃执政大臣，何不见之《唐书》？此必卢杞所荐关播，临摹人不通史册，偶讹笔为开字耳。鲁公与卢关正同时，此误何待言？'董急应曰：'子言得之矣，然为眉公所秘爱，姑勿广言。'亟卷而箧之。后闻此卷已入新安富家，其开字之曾改与否，则不得而知矣。顷韩宦滁阳，偶谈颜卷，予深悔当年妄发。"②

从来雅玩之物以古为贵，其价又遂以与古为敌，故以近出者当之，动辄价值千百，倾囊相酬或真赝不可复辨。以至沈（周）、唐（寅）之画，上至荆（浩）、关（仝），下止文（徵明）、祝（允明）之书，进彦苏（轼）、米（芾），可谓饥不择食。

---

① 沈德符：《万历野获编》下册，上海古籍出版社，2012年版，第556页。
② 沈德符：《万历野获编》下册，上海古籍出版社，2012年版，第552页。

这种不论真伪优劣、不计价格贵贱的掠夺式的收藏购买，无疑为明代书画作伪提供了一个偌大的市场。

二、地区性作伪

明代书画作伪不但猖獗，而且具有地区性特点。作伪的地区遍布江南几个重要的商业地区，其中尤以苏州地区最为猖獗，其他还有南京、松江、嘉兴、湖州、杭州等地。

万历年间，苏州地区手工业和商业十分繁荣，加上吴门地区以沈周、文徵明、唐寅、仇英为首的"吴门四家"及吴门画派的崛起，尤其是随着书画收藏，包括古玩市场的兴起，苏州地区渐已成为全国书画作伪及销售中心。这也正如明沈德潜所云："骨董自来多赝，而吴中尤甚，文士皆借以糊口。近日前辈，修洁莫如张伯起，然亦不免向此中生活。至王伯谷则全以此作计然策矣。"文中所涉张伯起即为张凤翼，王伯谷即为王穉登，张、王均为吴门地区著名的文人书画家，连这两位尚需从书画作伪中谋取渔利，从中可知整个苏州地区的作伪现象和书画市场了。

苏州地区的书画作伪，多以流水作坊式的方式作假。造假地以桃花坞、专诸巷一带的市井里弄为据地，这里生产制作出来的作品，史称"苏州片"。"苏州片"制作多有所本，并非凭空而造，多以苏州虎丘、山塘所产之细绢，染成赭黄色，主要伪造唐宋及明代名家绢本青绿设色画。造仿对象多以画史上较有名的书画家为主。他们中，既有宋代的李思训、李昭道、赵伯驹、赵伯骕，又有元代的赵孟頫、赵雍，以及明代的沈周、文徵明、唐寅等。其中又以仇英的青绿山水和人物故事为多。苏州片作伪的特点，即为画法工细，设色艳丽，且题材广泛，布置繁密，尤以绢本为多。他们作假方式名目繁多，作伪手段五花八门。其常见且多用之法，除了按原作摹仿造假之外，另将原来画得较好的作品，通过改款、涂款、折配等手法，加以改头换面，使之成为更值钱的作品。这些现象，一般都发生在"院画"和"浙派"画家群中。具体的方法还有，将这些作品的原名挖去，改成或添上宋代，尤其是南宋院体的某一画家的名款，以冒充宋画销售获取暴利。具体的有将院体画家李在的改成郭熙的；王谔的改成马远的；郭纯的改成夏圭的；另还有将朱邦的改成李唐的；仲昂的改成郭熙的，甚至将夏芷的改成戴进的，等等。清顾复在《平生壮观》中介绍明代林良、吕纪、戴进时说："近来三人之笔寥寥，说者谓洗去名款，竟作宋人款者，强半三人笔也。"总之，为了牟利，可谓五花八门，不言而喻。"苏州片"流传较广,遍及全国各地,甚至连清宫内府中也有收藏。如某博物馆馆藏的李思训《海天落照图》卷,李嵩的《海岳添筹图》卷,上钤有清内府的收藏印记,著录于《石渠宝笈》中。

明代作伪除了苏州地区之外,尚有松江地区以伪造董其昌为主的赝作;绍兴地区以伪造徐渭、陈洪绶的赝品为主;开封地区以专门伪造颜真卿、柳公权、苏轼、米芾、蔡襄、赵孟頫、鲜于枢等唐宋元名家书法的赝作;还有南昌地区专门伪造黄庭坚、文天祥等大名头书法家的赝品。其他还有杭州、湖州、无锡等地区专仿当地名家的赝品,等等。

明代除了地域性书画作伪之外,作伪之专职人员也不在少数。较为出名的有:杭州人詹僖以专仿赵孟頫的书法及吴镇墨竹为生;获溪人王涞以专仿沈周的画作为生;苏州人朱朗以专仿文徵明的画作为生;苏州人王彪以专仿仇英的画作为生;吴县人袁孔彰以专仿沈周、文徵明的画作为生;无锡人吴应卯以专仿祝允明的书法为生,另有沈硕、文葆光、朱生等也是作伪高手。这类作伪者,与"苏州片"的作伪不同,他们专攻一家,技法高超,画法熟练,所仿对象似成竹在胸,其仿赝作几可乱真,以致后世极难辨之。

清代顾复在其《平生壮观》中曾对此多次作过描述:

杏花双雉,三尺绢幅,杏上栖雀四头,月季为辅,草石亦佳。再见时,去纪名而改李迪矣。

鹅雀蓉桂,三尺绢轴。一桧一桂间芙蓉二枝,树栖双雀。坡集四鹜鹅,一欲下

图6-50 青绿山水 宋 佚名(苏州片)

水状,甚佳。题作黄筌,细察之,洗去廷振款者。①

可见,以上是将明代吕纪的作品《杏花双雉图》改成南宋李迪的,将另一吕纪的《鹀雀蓉桂图》改作五代黄筌的了。对此,顾复在文中发出了无奈:

先君云,文进、廷振以善翎毛花卉,宋人余教未衰,髫年时见纪芦雁良松鹤极佳。中岁惟究心山水,于元人三人之迹屏弃而不视矣。迩来三人之笔寥寥,说者谓洗去名款竟作宋人易之。好事家所见之翎毛花卉宋人款者,强半三人笔也,予不能不为三人危之。②

明代书画作伪,除了改款、添款之外,较为普遍的作伪方式就是仿造。即以某一大名家为特定对象,竭力模仿其用笔用墨的特性而加以仿造,几达以假乱真之目的,以牟取暴利。这类情况,除了仿造中国书画史上,尤其是绘画史上各著名的名家之外,仿造对象较多的是时负盛名的吴门画派中的沈周、文徵明、唐寅、仇英,以及华亭画派的董其昌、陈继儒等人。

沈周为吴门画派之首,又时负盛名,摹仿作伪他的作品自然较多。伪造沈周的作品,手法可谓多样,情况也较为复杂,一类是凭空仿造,一类是摹仿原作,略加改变。还有的便是一幅之中既有别人所绘,也有他的亲笔,另有的是别人所画,落款及钤印则是他本人。

沈周为人忠厚豁达,但凡摹仿他的赝品,他从不追究。有人为牟利,拿赝品让他作题,他也笑而应答。每遇贫穷的画家造假他的作品,请他题款钤印,或有买家购得他的赝品后请他鉴别,他都乐意题签钤印。有时因求画者众,一手不能尽答,即令子弟摹写以塞之,是以真笔少焉。以致他后来欲收藏自己的作品,有时收得赝品,自己竟也真伪难辨。

文徵明《题石田先生画》时云:"近来俗手工慕拟,一图朝出暮百纸,先生不辩亦不嗔,自谓适情聊复尔。"祝允明《记石田先生画》中记:"沈周先生,当世之望。乞画者赏寝常充牣,贤愚杂处,妄求亵请,或一乞累数纸,殊可厌恶,而先生处之泰然。其后赝幅益多,片缣朝出,午已见副本,不十日到处有之。凡十余本者。

---

① 卢辅圣:《中国书画全书》第四册,上海书画出版社,1992年版,第1006页。
② 卢辅圣:《中国书画全书》第四册,上海书画出版社,1992年版,第1006页。

时日未者，惟辨私印，久之印亦繁，作伪之家便有数枚。印既不可辨，则辨其诗，初有效其书逼真者，已而先生又遍自书之，凡所谓十余本皆此一诗，皆先生笔也。"

文徵明晚年声名大噪，但因年事已高，目力腕力都大为减弱，然因应酬太多，不能付诸。为此，他的两个儿子文彭、文嘉也三不五时地代理父亲的绘事。除了文徵明的儿子，他的学生朱朗也是书画界公认的代笔人，而且"在文徵明生前及身后靠赝作文徵明之画而牟利"。另有一学生钱榖，更是经常"代文徵明不屑一为的差事"。更有的求画者，径直寄信及钱予钱榖，请他画"乔松大石"，而后，"持往衡翁（文徵明）亲题"。

文徵明的书画有朱朗为之代笔及作假，唐寅的书画有他的老师周臣为之代笔，而造假者有朱伦。另"时有一叫袁孔彰的人，画学沈周、文徵明、唐寅，所仿文、沈、唐三家几可乱真。吴中人每请其造笔作赝，钤印加款，裱锦加轴。若眼力不济，目力有限，鲜有识得者。以致若求文氏真迹者，惟入其室忐其画件，及得住，且'尤伪'之地步"。文徵明传世赝品之多之杂，连王世贞也时有感叹："以故先生（文徵明）书画遍海内，往往真不能当赝十二，而环吴之里居者，润泽于先生手，几四十年。"这就是说，当时文徵明的声誉超过乃师沈周，以致成为作伪者追捧的伪造对象，几近延绵四十年之久。

文徵明既为沈周的学生，自然十分喜欢沈周的作品。一次，他去专诸巷，看到有人在卖沈周的山水，他兴高采烈地买回后悬挂在画室，径自观摩欣赏。他的朋友见此，随后也去专诸巷买画，以更便宜的价格买下了一幅沈周的山水，两相对比，与文氏所购的竟一模一样。

文氏为人亦宽厚恬淡，对别人作假或仿其赝品也不加追究，反而以为"彼其才艺本出吾上，惜乎世不能知，而老夫徒以先饭占虚名也"。故当别人拿伪作请其鉴别时，他即"随手与之，略无难色"。加之他本人也常授意学生代笔，致使文徵明画作真赝混杂，莫可辨也。

三、代笔的涌现

所谓的代笔，即系作者本人让别人代为创作书画，然后题上作者本人的名款，再钤上印记。请人捉刀代笔，一般是基于作者本人名声较大，市场需求和求画者太多，自己又应接不暇，因而让人替代自己。另有作者晚年因笔力不济，体力不支，让旁人找高手替代，以对应酬。

代笔这种现象，在明代之前，似不多见，然在明代已渐成趋势。说到底，这是商品经济发展下，书画走向市场的反映，也是一些文人画家开始堕落的产物。一切以权力为尚，这是中国封建专制制度的必然走势和人性本质之表现。代笔与作伪虽然形式和目的不尽相同，但其实质均为利益所驱。代笔实际上也是一种虽被代笔者认同，却仍属作伪的一种行当。明代代笔最多的名家有沈周、文徵明、祝允明、唐寅、董其昌、陈继儒、米万钟等，其中又以文徵明和董其昌为甚。

据史料记载，为文徵明代笔的多为其学生朱朗。朱朗，字子朗，号青溪，吴县（今江苏苏州）人。画学文徵明，系文氏弟子，又与文氏比邻而居，其父朱荣又系文氏好友。其写生花卉，鲜妍有致，时擅名声；其所绘山水，与文徵明酷似，多托名以行世。文氏本人经常请朱朗代笔，其应酬之作，间出于朱朗之手。文徵明曾在给朱朗的信中写道："今雨无事，请过我了一清债。"一次，金陵有一人客住苏州，令童子送礼于朱朗，求作文氏赝作。不料童子将信误送至文氏宅中，表主子求画之意。没想到文徵明笑而答曰："我画真衡山，聊当假子朗，可乎？"一时传为笑谈。朱朗代笔文氏的画作，一般多为青绿山水，多是较为讨巧的一路。除了文徵明请其代笔之外，朱朗自己也假冒其师画作出售，更有的将朱朗的本款改成文氏款而获利。以致当时吴中人，每见文氏画迹，辄疑为朱朗代笔或创作，几成常态。对此，詹景凤竟谓曰："予生平于太史画一望而知其真赝也，盖朱朗诸人，工或似之，而笔则未劲，匀颇得之，而超则未能。"

另有一位叫袁孔彰的人，也为文氏代笔或仿文氏赝作。袁孔彰，字叔言，吴县（今江苏苏州）人。山水学沈周、文徵明。其画作精于仿古，所摹唐宋之名迹，几可乱真。吴中人常请其传写赝本。此外，为其代笔的还有文彭、文嘉兄弟，以及周天球、钱榖、居节等人。

文彭、文嘉兄弟为其父文徵明代笔提刀已不是什么新鲜事。文氏兄弟画学其父，极善摹刻，又擅治印，常随父亲身边耳濡目染，在文氏应酬不济时为其父代笔也成顺理成章之事。尤其是文徵明晚年，其传凡文徵明的书法，无论是小楷、行书和草书，都为文彭手笔。

为唐寅代笔的，即是他的老师周臣。周臣，字舜卿，号东村，吴县（今江苏苏州）人。生活于成化、嘉靖年间，画学南宋院体，画法严谨工整，用笔精准，时与戴进齐名。唐寅与仇英都是他的学生。后因唐寅声名鹊起，求者益多，即请老师周臣为其代笔。此传最早见于明何良俊的《四友斋丛说》。另据李日华在其《味水轩日记》中，于沈倩斋头见到唐寅《霜松烟瀑图》时，即记载："余定为周东村笔。东村工密而老致，伯虎秀润而超逸，气韵自然不同，若仇十父工密有余，苍老不足，无望超逸矣。此三家均法李唐，而雅俗流别如此，特为指出。"

为董其昌代笔的比之文徵明，则谓是有过之而无不及矣。

董其昌位居高位，画名鹊起，声名显赫，并形成了以他为首的"华亭画派"。士夫官宦，文人学士，商人贾贩者均以能得到他的书画作品为荣耀。董氏本人绝不可能应酬这么多的需求，故而，代笔也就势所必然。故在整个明代，为之代笔者最多的怕就是董其昌了。

据考证，为董氏代笔的，有吴易、赵左、僧珂雪、赵行之、赵洞、杨继鹏、叶君山、吴振、沈士充、杨彦冲等人。这些代笔人中，既有他的门下客，也有他的翰墨交，另有一些不知名的僮奴辈。因为董其昌，尤其是其晚年，影响之大，波及之广，已远超吴门画派中的沈周、文徵明、唐寅和仇英等。求画者日盛，购藏人不绝，代笔、造假已不可遏止。常为其代笔的则为赵左、吴振和沈士充。顾复在《平生壮观·图绘类》中曾以亲历者的身份对为董其昌代笔的情况作过详细的陈述："（先君）与思翁交游二十年，未尝见其作画，案头绢纸竹箧堆积，则呼赵行之（洞）、叶君山（有年）代笔，翁则题诗写款用图章，以与求者而已。吾故不翁求而翁亦不吾与也。闻翁中岁，四方求者颇多，则令赵文度（佐）代作，文度没而君山、行之继之，真赝混行矣。"

赵左与董其昌系翰墨好友，对董氏的画风颇为熟悉，系董氏绘画主要的代笔人，为此，朱彝尊曾在《说画绝句》十二首中指出："隐君赵左僧珂雪，每替香光应接忙，泾渭淄渑终有别，漫因题字概收藏。"末朱氏自注云："董文敏疲于应酬，每请赵文度及雪公代笔，亲自书款。"另姜绍书在《无声诗史》中也云："与董思白为翰墨友，流传董迹，颇有出文度手者。"朱彝尊也在《论画绝句》中云："董文敏疲于应酬，每倩赵文度及僧珂雪代笔，亲为书款。"

其实，对于代笔，连董其昌自己也不忌讳，他在《书札》中坦诚自曰："暑中以裋褐为嫌，不能相过从为念。久不作画，时以沈子居笔应求者，倘得子居画，不佞昌可题款，否则使者行期有误，奈何奈何？全幅奉纳，以省往来之烦。"

为此，钱谦益《列朝诗集小传》写《董其昌传》时竟也毫不隐瞒地对代笔一列作了如下的描绘：

玄宰天资高秀,和易近人,不为崖岸,庸夫俗子皆得至其前。临池染翰,浑洒移日,最矜慎其画。贵人巨公,郑重请乞者,多倩他人应之,或点染已就,僮奴以赝笔相易,亦欣然为题署,都不计也。家都姬侍,各具绢素索画,稍有倦色,则谣咏继之,购其真迹者,得之闺房者为多。①

图6-51 倚松阁图 明 董其昌(沈士充代笔)

"思翁名声大,代笔乃充忙。无虑真赝识,游戏人生荒。"这首诗既是对董其昌代笔的最好总结,也是对明代代笔兴起的嘲讽之讥。

四、伪著录专著的出现

著录书籍本是作者将自藏书画作品或他藏作品,以文字的形式撰述入录,为保存和研究历代法书名画珍品留下宝贵的资料。而将一大批伪赝书画作品,以编撰出书的形式,以假充好,以伪乱真,以达欺世盗名之目的,这在明代也算是开了个"好头"。这位代表人物便是张氏泰阶,其所撰亲录专著即名为《宝绘录》。

张泰阶,约生于明万历十六年(1588),卒于清顺治二年(1645)。字爱平,号放言子,华亭(今上海松江)人。万历四十七年(1619)进士,官至刑部主事、潞安知府,后因贪污而遭弹劾。他一生好喜金石书画,自家也收藏了不少,并擅

① 参见樊波:《董其昌》,吉林美术出版社,1996年版,第456页。

于临摹。

该著全书共二十卷,所录书画大多为自家所藏,名为《宝绘录》,意即所录均为珍宝之物。张氏自序,成书于崇祯六年(1633)。书中收录全系古代名家作品。三国之曹不兴,晋之顾恺之、陆探微,隋之展子虔、张僧繇,以及宋元诸大家之伪作,均别列在目。书作后还编造出全套的假题跋,委实水平不低。

是书所隶藏名画真迹甚多,操论甚高。然录其历代名家,如顾恺之、陆探微、展子虔、张僧繇等诸多名家,竟卷轴累累,皆为前人古之所未睹也。其录阎立本、吴道子、王维、李思训、郑虔诸人,以朝代相次,仅厕名第六、七卷中,几以多而见轻。揆以事理,似乎不近。且所列历代诸家跋语,似如出一手,更复可疑。然细辨之,是书二十卷,其一卷《叙论》尚有可采之外,其余十九卷尽系伪造前人之语。《四库全书总目提要》对此书的真实可靠性提出了质疑,清人吴修在《青霞阁论画绝句》中更将此书讥为"发笑"之物。

研叙张氏此举,实也不怪。一个因贪污而遭弹劾的所谓文人,不作此事,焉作他为?难怪活不到五十即一命呜呼,一切皆由因果使然。

张氏也因此书而名传中国收藏史和著录史,成中国书画收藏史上的第一部伪著录专著,成一典型的反面教材。这对后世诸多的伪著录和假画册,以及当今的"国宝帮",无疑也是一个历史的印证,也算是中国文化之骄傲矣。

第六节 书画市场及交易的兴旺

明朝开邦之后,明太祖定都南京,这就为江南的书画,包括瓷杂、钟鼎等艺术市场的发展奠定了基础。与前朝相比,明代的书画市场有了长足的发展,至明中晚期几臻发达。从某种意义上说,明代无疑是古代书画市场最为繁华的时期。

明代书画市场之繁华究其缘由,其因有三:一是皇家内府的书画珍品不时散佚出来,有的竟作为俸禄、军饷,被权贵、奸臣霸为己有,更有的出手偷窃;二是明代整个商业经济,尤其是到了明中晚期,包括手工业、餐饮、肆市都有了较大的发展,这自然带动了书画市场;三是明代文人官僚中,不少人不屑政治内斗,有的在政治上遭受倾轧迫害后，于书画中寻求精神寄托。加之整个明代纳贿、取媚、显富之风盛行，这些势必对书画艺术市场的发展和交易带来不小的影响。故而整个明代，尤其是中晚明，收藏群体已从达官显贵、富商大贾、文人雅士，扩展为一般的文人士子、普通百姓，甚至僧侣、奴仆等，以达"近来富贵家儿，与一二庸奴纯汉，沾沾以好事自命"①的地步。

明代的书画市场，除了以上诸多原因之外，还与苏州地区吴门画派的崛起，以及文人画家参与市场交易有关。明中叶以后，以沈周、文徵明、唐寅、仇英为首的"吴门四家"，以及吴门画派中诸多的文人画家，一方面努力创作，为社会提供了诸多以供玩赏的书画作品，另一方面，这些书画家们自己也积极涉足于书画市场的交易。还有不少职业画家涌入市场以卖画鬻书作为谋生手段，为书画艺术市场的发展起到了推波助澜的作用。同时，以苏州地区为中心，带动了南京、杭州、嘉兴和松江等地书画市场的繁荣发展。"吴门四家"和"吴门画派"中的领军人物沈周和文徵明，两人不但努力创作书画，出售自己的书画作品，而且也积极参与书画艺术市场的交易，由此带动了整个吴门地区的书画艺术市场。

沈周当时名声太大，求画的人众多。他在中年时，离居家不远处修建了一处别墅，取名"有竹居"，专门用以款待招纳朋友之用。他的儿子云鸿善理家务，敬待宾客，四方友人便常聚集于此。沈周为人厚道，又好客，常作画分送好友，获得者拱为至宝。沈周又好游，曾多次去庐山、南京、扬州、杭州和嘉兴等那些书画市场较为发达的地方会友作画。由此，名声更盛。一次，他游西湖，为避求画人之众，躲宿杭州宝石峰僧舍，以致他的好友刘邦彦作诗嘲云："送纸敲门索画频，僧楼无处避红尘。东归要了南游债，须化金仙百亿身。"甚至有段时间家门未开，求画的人便已蜂拥而至，甚至连"贩夫牧竖"也纷纷持纸索画。以致连他的好友王鏊竟说："近自京师，远至闽楚川广，无不购求真迹，以为珍玩。风流文翰，照映一进，真亦盛矣。"

沈周不但自己作画卖画，而且购藏古画也乐此不疲。"有竹居"不但是他会客交友的场地，而且也是他鉴别收藏历代书画名迹的地方。与之交往的不但有文人雅士、地方官宦，更有收藏家、鉴赏家，如徐有贞、文徵明、都穆、史鉴、王毂祥等。沈周家藏古代法书名迹颇丰，其中黄公望的举世名迹《富春山居图》卷，原由沈周

---

① 黄宾虹，邓实：《美术丛书》第二册，江苏古籍出版社，1986年版，第1849页。

收藏，后被儿子云鸿出售失之，痛心疾首。待再遇《富春山居图》时，又苦于手头吃紧，无力购回。无奈之下，凭自己的记忆，仿绘了黄公望的这一名作，留传至今。此事足显沈周参与书画艺术市场交易的明证。

文徵明凭借着他在书画和诗文上的造诣，以及借助沈周在吴门地区的影响力，逐渐成为吴门地区最具影响的书画家，遂成为吴门画派的盟主。对此王穉登在其《吴郡丹青志》中就直接论道："文先生名璧，字徵明，后以字行，更字徵仲。金昌世家，奕叶簪组，弱龄隽藏，蜚声公卿间，好古笃修，大雅君子，书名雄天下。画师李唐、吴仲圭，翩翩入室。由诸生荐为翰待诏，未几谢归。逍遥林谷，益勤笔砚。小图大轴，莫非奇致，晚岁德尊行成，海宇钦慕，缣素山积，喧溢里门。"从中可见文徵明在吴门地区是名盛天下。不过，这位文徵明的门生，笔锋一转，又论道："寸图才出，千临万摹，家藏市售，真赝纵横。一时砚食之士，沾脂泡香，往往自润。然慧眼印可，譬之鱼目夜光，不别自异也。年龄大暮，神明不涸。断烟残楮，篝灯夜作，故得者益深保爱，奉如珪璋。"

这"寸图才出"，即"千临万摹"，于是"家藏市售"，以达"真赝纵横"。王穉登的这段纪实，一方面说明了文徵明当时在吴门地区的巨大影响力，同时也印证了书画市场赝鼎纵横；另一方面了也证实了沈周、文徵明在推动吴门地区，乃至江南地区的书画市场，起到了推波助澜的作用。

詹景凤在《东图玄览编》中列出了当时文徵明的画价："是时价平平，一幅多未逾一金，少但三、四、五钱耳。予好十余年后，吴人乃好。又后三年，而吾新安人好，又三年而越人好，价埒悬黎矣。"①

文徵明家筑有停云馆，停云馆不仅成为他蓄藏书画图籍之场所，也是他诗酒文会、品鉴名迹古玩之境地，更是他交易互换各类作品之场地。他带领他的两个儿子文彭、文嘉编排整理历代名帖又经镌刻而成的《停云馆帖》，便是文徵明品鉴收藏法书名迹的最好说明，同时也提供了他参与市场交易的旁证，从而扩大了他的影响，使之更大程度地收藏到更多更好的书画作品。自然，保存传播文化艺术也便在其中，这点自不用赘言。

其实，作为吴门地区书画家之一的王穉登，本人虽为布衣，然诗文精湛，真草篆隶皆精，声名显赫，人们亦争相购藏。对此，钱谦益在《列朝诗集》中说道："名

---

① 卢辅圣：《中国书画全书》第四册，上海书画出版社，1992年版，第52页。

满吴会间,妙于书及篆隶,闽粤之人过吴门者,虽贾胡穷子,必踵门求一见,乞其片缣尺素后去。"从中也可见吴门地区书画作品市场之兴旺。

明代的几位著名收藏家,如李日华、项元汴、董其昌等都有参与书画艺术市场交易的记录。

李日华所撰的《味水轩日记》中,不少地方都有他参与书画买卖的记载。

李日华为了收藏鉴赏到更多的法书名画,除了常与书画家、收藏家交往之外,更喜与古董商们打交道。这些古董商有夏贾、吴吴山、吴长卿、王丹林、方樵逸、周秀岩和胡雅竹等。他们经常四出寻货,然后转手送往李日华的味水轩。由于李日华名声在外,几乎隔三岔五就有人携带书画文玩登门拜访。李日华从中购得不少。

李日华经过长年的书画鉴赏和收藏实践,不仅练就了判别真伪、甄别时代、识别优劣的眼光,也形成了对每一幅字画的价值判断标准。他根据作品的创作年代、风格特征、艺术价值、水平高下就能确定每幅作品的价值。

李日华作为大藏家,自然也拥有自家的书画船。他的书画船一旦靠岸,便有古董商登船造访,兜售自己的书画作品:

十二日,雨。市侩持柯九思《云石轩小景》来,索值甚高,然非真者。①

购得杨南峰逸稿十种,内金辽二小史。余十五六时见之吴阊一友家,觅之三十年,今始得之,快甚。②

从《味水轩日记》中,人们还可得知,李日华于万历四十年壬子岁(1612)始,曾陪其子赴杭州赶考,记载着他在这期间进行书画交易的事实:

(七月)二十七日,午时,用日者言。登舟取丙方送亨儿往会城乡试,晚泊皂林。

二十一日,泊松茅场。

二十二日,蚤饭后至昭庆寺云山房寓楼。

以上便是李日华启程送其子赴杭会考的记载。

---

① 卢辅圣:《中国书画全书》第三册,上海书画出版社,1992年版,第1094页。
② 卢辅圣:《中国书画全书》第三册,上海书画出版社,1992年版,第1101页。

二十五日，苏买肆阅画，有大幅倪云林，上下作坡麓三四段，中有石，极磅礴……

二十六日，杭客携示唐伯虎雪景一帧……

二十七日，万盖卿孝廉来，携宋拓智永千字乞余跋……

二十八日，大雨，客携古帖数种，有目未经见者，……丹林力劝余购此。

二十九日，夜雨，前是督理织造内臣孙隆于昭庆寺两廊置店肆百余，客僧作市。鬻僧帽鞋履蒲团琉璃数珠之属，而四方异贾亦集，以珍奇玩物悬列待价，谓之摆摊，余每饭罢，东西游行，厌而后舍去。

三日，热，杭人莫姓者持黄大痴山水长条画，王叙明《秋山草堂阁》……

六日，……廊肆中见唐伯虎丝竹……

七日，稍凉，无事。假王丹林所携琚君瑕藏旧拓鲁公争座位帖……

十一日，饭罢，与儿子步宝叔塔院，……项志，猷人，初占籍仁和为诸生，以事谢去，隐两湖岳祠侧近。老屋半间，前为列肆，陈瓶盎细碎物，与短松瘦柏，蒲草棘枝堪为盆玩者，率意取钱籴米来煮食，有以法书名画来者，不吝倾所蓄易之，支床堆案，盛是物也。

二十日，小雨，苏人持画轴来看，黄大痴杉鋬图，又大痴雪山，又墨浮……

七日，……经贡院前，列肆中有倪云林画一帧，……

以上便是李日华乘书画船陪其儿赴杭赶考期间，进行书画鉴别，以及闲逛杭州市肆的实际情况，足见当时书画市场及交易的场景与事实。

其实，通览《味水轩日记》，这不仅是一部李日华记载书画收藏鉴别的日记，更是一部有关书画市场及书画交易的历史，为后人提供了一部可供研究的有关书画收藏和市场的珍贵资料。

项元汴作为明一代书画收藏大家，更是参与书画艺术市场及交易的高手。

项元汴受其家庭的影响，遵循"宁少置田地房产，也要多购书画古玩"的理念，十六岁时就参与书画和古董的收藏活动。这种看来既好玩又赚钱的行当，渐成他一生追求和为之奋斗的人生目标。为了更好地收藏，项氏家筑"天籁阁"，其规模之宏大、气魄之非凡当属江南第一。他更是备有一书画船，专门从事和蓄藏历代书画名迹和古玩杂项之用。

项元汴的收藏圈也和他的天籁阁和书画船一样，形成了一个规模庞大而复杂的网络。其中既有类似李日华、董其昌、汪继美、汪珂玉、陈继儒这样的收藏家，也有如文徵明、文嘉、文彭、仇英、陈淳这样的书画家。另外还有诸多古玩商，以及装裱匠和僧侣、仆人等。

项元汴的书画收藏，有两个与别的藏家显然不同的地方：一是千字文编号；另一就是记价。如果记千字文编号是为了收藏查阅之方便，那么，记价则明显是参与市场交易的需求结果。

项元汴的书画藏品，除了朋友互赠、委托代购、当铺典当之外，大部分藏品都来自交易购买。他家藏的王羲之珍迹，《此事帖》即以"五十金的价格从无锡安氏手中购得"，另一《每思帖》也是"价五十金得于安氏"。又如阎次平的《寒岩积雪图卷》，以"出价一百贰拾锭记之轴上"。

然项元汴画轴上的记价，有的是他自己认为的市场价，而非购入价。如王羲之的《瞻近帖》记二千金；怀素的《自叙帖》记价值千金；怀素的《天姥吟卷》记八百金。而王羲之的《平安帖》《何如帖》《举橘帖》，三珍仅值二百金，而怀素的《自叙帖》，他以六百两的价格从朱锦衣家购入，其后标的却是"其值千金"，这"值千金"其实是他自己认定的价格。有些可能与作品的真伪、品相及尺幅大小有关。凡此种种，不一一列举。

项氏由于家藏书画巨繁，即专聘一装裱师王复元专门从事项家的书画装裱。而王复元除了为项氏家藏的日常装裱之外，为多得银两，平时利用他的关系为项氏收购书画，"每独行阅市，遇奇物佳玩与缣素之迹，即潜之"。对此，陈继儒也曾说道："赵子昂《亭林碑》，其真迹曾粘村民壁上，王野宾买之以转售项氏。"

董其昌作为文人画家，参与书画艺术市场及交易也不在其下。

他一生不图官禄，游弋于亦官亦隐的书画创作、书画鉴赏和书画收藏的生活之中，负有"东山不出，洛下不相"之美名。

随着他的名声增大，诸多官僚豪绅、书画商人纷至沓来，不是请他写字作画，便是约他品鉴古迹文物，而让他在古迹名作上题跋赞语的更多。于是，董其昌所得的润笔题跋费十分可观，这便为他参与书画艺术市场的买卖交易打下了基础。

> 赵令穰《江乡清夏卷》，笔意全仿右丞。余从京邸得之，日阅数过，觉有所

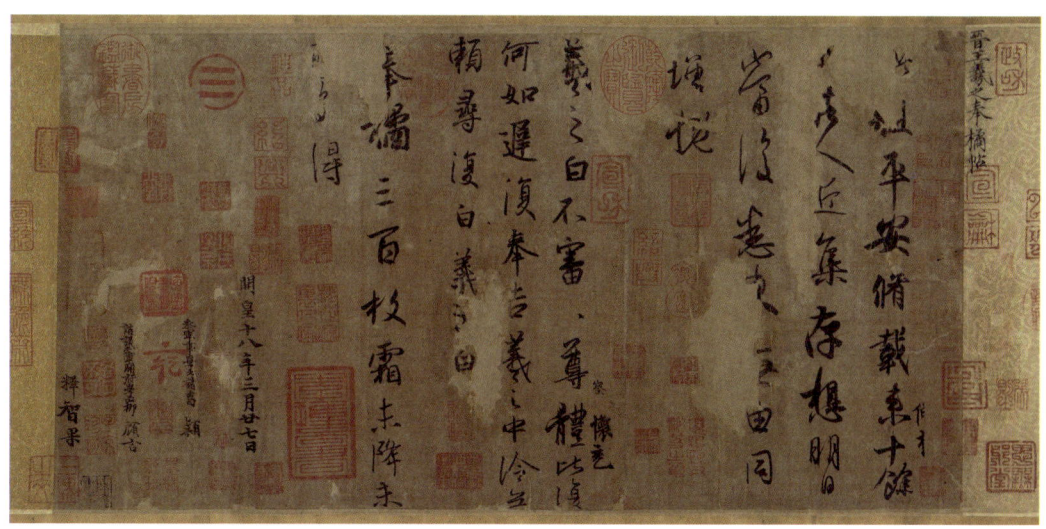

图 6-52 平安何如奉橘三帖 东晋 王羲之

会。①

李成《晴峦萧寺》,文二桥售之项子京,全法王维,今归余处,细观之,其名董羽也。②

宋赵千里《设色桃源图卷》,昔在庚寅见之都下,后为新都吴太学所购。余无十五城之偿,惟有心艳。③

郭忠恕《溪山行旅图》,余得之长安。馆师韩宗伯见而奇之,谓此图如沧海沉珠,荆山韫玉,卞和一出,真足绝凡。④

昔李伯时《西园雅集图》有两本,一作于元丰间王晋卿都尉之第,一作于元祐初安定郡王赵德麟之邸。余从长安买得团扇上者,米襄阳细楷极精,但不知何本。

余以丙申冬得黄子久《富春大岭图卷》,以丙寅秋得沈启南《仿痴翁富春卷》,相距三十一年,二卷始合。

石田《春山欲雨图卷》,向藏王元美家,今归余处。

上元后三日,友人以巨然《松阴论古图》售于余者。余悬之画禅室,合乐以享

---

① 董其昌:《画旨》,西泠印社出版社,2008年版,第48页。
② 董其昌:《画旨》,西泠印社出版社,2008年版,第78页。
③ 董其昌:《画旨》,西泠印社出版社,2008年版,第91页。
④ 董其昌:《画旨》,西泠印社出版社,2008年版,第97页。

同欢者。①

……

以上便是董其昌在其所著《画旨》中提及的有关购入书画名迹之记载。自此，董其昌作为一位文人画家，不像李日华、项元汴那样，对于书画交易会直抒其意，而常以"归""得"之字代之，而其实便是购之与买入，只是显得较为隐晦罢了。

在《画旨》中，董氏还记有他乘书画船，携友参与书画鉴藏活动的记载：

余以至后三日，与陈仲醇、唐元征、张兼之同处谷水至娄江。信宿，元征先别，余两三人稍逗帆观米元章《乐圃先生志》、王晋卿《烟江叠嶂图》。

自后泊舟吴山，遍采诸胜，意兴所至，辄尔泼墨。凡为仲醇作画十余幅，归已经月矣，因识岁月。

这些有关书画市场与交易的记载，在他的《容台集》《画禅室随笔》等均有载录。

吴其贞《书画记》中曾记载过董氏以五十两白银出售一幅高手仿的假画，从中获利不少：

王叔明《花溪渔隐》一全幅，纸写，大树千余株，似王笔作树身与点叶，并有逸趣。作小柳林数十株，乃大失步，山与石有佳者，有失步者，点苔则大失步，作小楷七八十字，落款乃生硬而不成章，想是当时高手临本，云间董翰林思白卖与黄开先，取价五十金。

董氏与诸多藏家，尤其是与项元汴及其子孙的交往更为密切，参与书画市场及交易不在少数。以致他前二十岁"尽发项太学子京所藏晋唐墨迹"，直至晚年"嘉禾项子京家藏名画，余常观殆尽……"，足显董氏参与书画鉴赏和书画市场的轨迹。

明代承袭了宋代米芾"书画船"的传统，几乎每一位大的藏家都有自己的"书画船"，这一方面是因为江浙一带水路交通发达，便于出行往来；另一方面也是便于储放和交易书画、古董之故。

摊肆也是明代重要的书画交易的场所，这些摊市主要集中在多地的庙会、灯市、

---

① 董其昌：《画旨》，西泠印社出版社，2008年版，第131页。

试院和官邸附近,以便供这些较为繁华和热闹之地从事书画交易。这些摊肆主要集中在南京、苏州和杭州等地。"书画船"和摊肆的设立和打造,无疑也对整个明代书画市场的发展起到不可低估的作用及价值。

整个明代的书画艺术市场,正如明沈德符在其《万历野获编》卷二十六中所载:

未几冰山既泮,金穴亦空,或没内帑,或售豪家,转眼已不守矣。今上初年,张江陵当国,亦有此嗜,但所入之途稍狭,而所收精好,盖人畏其焰,无敢欺之,亦不旋踵归大内、散人间。时韩太史世能在京,颇以廉直收之,吾郡项氏以高价钩之,间及王弇州兄弟,而吴越间浮慕者,皆起而称大赏鉴矣。近年董太史其昌最后起,名亦最重,人以法眼归之。箧笥之藏,为时所艳。山阴朱太常敬循同时以好古知名,互购相轧,市贾又交构其间,至以考功法中董外迁,而东壁西园,遂成战垒。[1]

这怕是明代书画市场的一个较好的总结。

---

① 沈德符:《万历野获编》下册,上海古籍出版社,2012年版,第552页。

第七章 清代的书画收藏
（全盛时期）

第一节 清代内府的收藏

一、康熙的收藏和《佩文斋书画谱》

康熙，生于清顺治十一年（1654），卒于康熙六十一年（1722）。名爱新觉罗·玄烨，满族，为清世祖爱新觉罗·福临第三子，清朝第四位皇帝。年号康熙，庙号圣祖。康熙为清朝入关后的第二位皇帝，由他统治天下后，已由武功逐渐转向文治。加上他从小受汉文化的教育和熏陶，尤对中国书画艺术的兴趣甚浓，致使宫廷收藏书画之风日盛。但由于明代末期，内府所藏书画大都被崇祯出售充作军饷开支，清内府的书画收藏数量已不多。至康熙帝时，他便着力于书画的收括与庋藏。

康熙对明代董其昌的书画尤感兴趣，不但刻苦师学董氏的书画艺术，还处处着力于董氏书画作品的收藏。上行下效，在他的带领和影响下，朝廷不少大臣，如姜宸英、沈荃、陈奕禧等人也莫不如此，他们乐此不疲，处处与董氏为伍。这点，从宫中收藏的华亭画派和董其昌的作品日益增多，几达至盛即可见证。以至于连玄烨的侍从大臣高士奇，在其将收藏书画作品编目成册的《江村销夏录》中，还特将董其昌的作品专列成一目。他还以罚没的方式，获取了大臣索额图和明珠的不少藏品，从中可见皇威的力量和影响。

康熙于书画收藏最大的功绩,不仅体现在内廷书画收藏的日益增多,更在于做了一件十分了不起的事情,那就是《佩文斋书画谱》的编纂问世。康熙四十四年(1705),他敕命王原祁、孙岳颁、宋骏业、吴暻、王铨等人编撰《佩文斋书画谱》。

《佩文斋书画谱》,始撰于康熙四十四年(1705),成书于康熙四十七年(1708),历时三年。全谱共计一百卷,内容始自五帝迄止于元明。计分论书、论画、帝王书、帝王画、书家传、画家传、历代无名氏书、康熙皇帝御制书画跋、历代名人书跋、历代名人画跋、书辩证、画辩证、历代鉴藏等。该谱所引古籍从清内府所藏及四处搜罗而得的共达一千八百四十四种,凡经史子集、稗官野乘、山经地志、释典道藏,靡不搜采。正文前列有所纂辑书籍目录和书画谱总目,编辑体例为分门别目,其中对书画家传记的引证,均注明其出处。

书前有康熙四十四年(1705)二月撰的御制序,其后为凡例和总目,并列康熙四十四年(1705)和康熙四十六年(1707)奉旨纂辑此谱的官名和官职,可见此书的重要性和价值。全谱规模恢宏,体例精密,卷帙浩繁,引据翔实,材料丰富。然遗憾的是,此谱对于伪书也一并收录,又不作鉴别,尤其是时藏内府的书画作品并没有编目入谱。

谱中除录有大量的书画家及法书名画珍迹外,自第九十一卷起至一百卷,录集了有关历代鉴藏类书籍,并分为"历代鉴藏书一""历代鉴藏书二""历代鉴藏书三"和"历代鉴藏书四",以及"历代鉴藏画一"至"历代鉴藏画六"。但凡有关书画著录类的书籍尽归于此,这无疑为后人展读这些著录书画提供了不可多得的重要资料,也将历代书画论著中的有关书画著录归集一起,为研究书画鉴定和收藏提供了一条新的脉络,其功绩不可估量。

《佩文斋书画谱》为中国的书法和绘画保存了大量重要的资料,实为中国第一部集书画著作之大成的工具书。

此谱有康熙四十七年内府刻本、《四库全书》本、《摘藻堂四库全书荟要》本。

二、乾隆内府的收藏达全盛时期

乾隆,生于康熙五十年(1711),卒于嘉庆四年(1799)。名为爱新觉罗·弘历,满族。别号天寿、文殊皇帝,号长春居士、信天居士,晚号十全老人。工书善画,擅诗文,尤热衷于书画文物的鉴别收藏。乾隆为清朝第六位皇帝,入关后的第四位皇帝。执政在位共达六十年。

乾隆是中国封建专制社会中后期一位声名显赫的皇帝。他在康熙、雍正两朝文治武功的基础上，进一步完成了国家多民族的统一，社会、经济、文化诸多方面有了进一步的发展。他在位时，清王朝几达历史发展最高峰，但同时，也是一个闭关自守的时期。

乾隆在位时，十分重视中国典籍文献的编纂工作，先后编成了多种官修书籍，如《续文献通考》《皇朝文献通考》《大清会典》，以及《清文鉴》《唐宋诗醇》《大清一统志》《授时通考》《医宗金鉴》《历象考成后编》等，百余种之多。尤其是大型文献丛书《四库全书》的编纂成书，更是填补了从先秦到乾隆前有关经、史、子、集诸方面的重要古籍文献，内容几乎涵盖了中国所有的学术领域，为中国传统文化做出了重大的贡献。然在编纂过程中，凡被他认为违背伦理常规的，不含义理名教的，讥贬满族先世、危及皇朝专制统治的，均在焚毁之列。

然乾隆在位时，因其性好大喜功，又位高权重，专制集权，先后制造了一百三十多桩冤假错案。他在生活上，奢靡腐败，铺张浪费，并自称"十全老人"，这些反映在他的书画收藏上更是暴露无遗。

乾隆的书画收藏，包括其他的古玩珍藏在内，其来源不外乎三个方面：一是从祖父康熙、父亲雍正那里承继下来的；二是臣仆的进呈贡献；三是藉没民间其他藏家的珍品，少量的是洽商购入的。

康熙时，以罚没的方式收藏大臣索额图、明珠的藏品；雍正时，抄大臣年羹尧家时，获取了大批的珍贵书画。至乾隆时，分散于民间多地的书画名迹，又逐渐归入几家收藏巨富之手，这就为乾隆搜刮法书名画珍迹创造了良好的条件。

乾隆实在是太喜欢书画艺术品了，于是，他通过访求寻索、抄家罚没、捐献纳买、谕旨洽购等诸多方式，将民间大量的历代流传有绪的法书名画，悉数网罗进宫。宋权、宋荦的书画收藏，历经两代人的收藏已蔚为可观，然到了乾隆朝时，被迫"献纳进宫"；安岐父子收藏书画品质甚高，后经沈德潜从中斡旋，不得已以"价购入宫"；大藏家高士奇，虽愚弄康熙进献些许假画，然到了乾隆手上亦被一网打尽，全部充入内府。其他的，如冯铨、孙承泽、梁清标、张先山父子，其后人的收藏也未能逃过一劫，统统被乾隆收入内府。苏州古董商归希之、盐商江孟明、陈以谓等人的书画珍品，仅被乾隆一道圣旨，尽被收至内廷。至此，民间的法书名画珍迹几乎全部纳归乾隆，自宋徽宗以来内府书画收藏已臻全盛。从中可见，皇权的淫

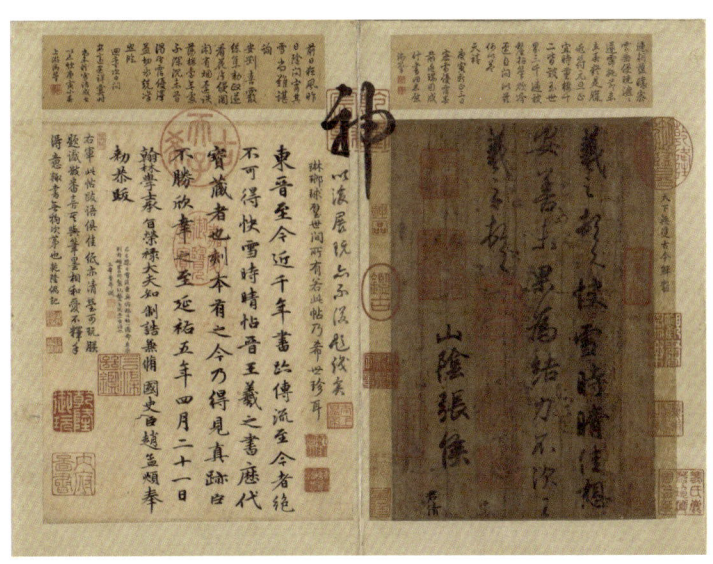

图 7-1 快雪时晴帖 东晋 王羲之

威、极权的专制在书画收藏上表露无遗。

乾隆曾二度南巡，礼部尚书沈德潜前往接驾时，一次就进献了董其昌行书二册、文徵明山水一卷、唐寅山水一卷、王鉴山水一轴、恽寿平花卉一轴、王翚山水一轴七件明清名家书画珍品，另也有和珅、李侍尧等进贡的一些书画珍品。

乾隆最引以为豪的，当是他数十载如一日地对历代法书名帖的搜集。乾隆十一年（1746），他将其最为钟爱的王羲之的《快雪时晴帖》、王献之的《中秋帖》和王珣的《伯远帖》三帖，珍藏于大内养心殿西暖阁内，并以"三希堂"名之。乾隆四十四年（1779），他又将内府珍藏的虞世南、褚遂良、柳公权和冯承素所摹的《兰亭序》四件真本，《戏鸿堂帖》中的"柳公权书兰亭序"原刻木（于敏中奉旨为这个原刻本填补阙笔的全本），董其昌的《兰亭序》临本，以及乾隆自己临写的董其昌《兰亭序》本，共八种《兰亭序》本墨迹，摹刻上石，命名为"兰亭八柱"。

除了书画名迹的收藏之外，乾隆还热衷于玉器、青铜器、古砚等收藏。他又让大臣中各精其道的儒雅侍臣，分门别类，编成目录，而后再编辑成《西清古鉴》《宁寿鉴古》《西清砚谱》等古鼎、古砚目录集。在他的影响下，官僚士夫中普遍形成了嗜古皮藏的风尚。他们鉴定考古，著录摹拓，相互驳辩，著书立说，从而使得考古之学风气大开，出现了一批卓有成就的官僚收藏家和古文字学家。

乾隆九年（1744），就在清内府法书名画收藏几达顶峰时期，乾隆决定要将内府所有的书画作品进行一次大规模的编辑整理。他先命文臣张照、梁诗正、励宗万、张若霭等,编录内府各宫殿所藏有关道教和佛教题材的书画,名之《秘殿珠林》。随后又要求编录内府所藏非宗教题材的其他书画作品,后于乾隆十年(1745)完成,名《石渠宝笈》。此后,又命王杰、董诰、彭元瑞、金士松等,增补编录,但已不再分宗教和非宗教题材,于乾隆五十六年(1791)完成,名《秘殿珠林·石渠宝笈续编》。之后又命英和、黄钺、姚广田、吴其彦等敕编,收录有续编后入藏内府的书画作品,又曰《秘殿珠林·石渠宝笈三编》。这些著录书籍的编纂问世,虽为取悦皇帝赏玩之需求,但却为后世保存有关书画艺术提供了丰富而翔实的资料。这既是明清两朝近六百年宫廷内府法书名画庋藏的总结,也为存在了两千年的中国宫廷庋藏书画名迹画上了一个句号。这对后世研究画史书史,考证法书名画的流传及鉴定收藏具有不可估量的重要价值。

乾隆不但组织了大规模的法书名画的编纂工作,同时,又受宋徽宗和徽宗七玺的影响,喜欢在编录过的书画作品上钤盖玺印。《石渠宝笈》中著录过的书画作品分上等和次等两个档次。上等作品除了钤上"乾隆御览之宝""石渠宝笈"和贮某宫殿的印记之外,又会钤上"乾隆鉴赏""三希堂精鉴玺""宜子孙"三印,共计六玺印。在清内府第二次鉴定整理后的书画作品中,除了上述的六玺之外,又会加钤"石渠重编""石渠继鉴""珠林新编"诸印,加以区别。乾隆逊位、让位于嘉庆皇帝后,每阅书画作品后,又会在上添钤"太上皇帝""古稀天子""八征耄念之宝"等玺印。清宫第三次整理内府所藏书画作品时,凡经鉴定著录了的书画作品,一般又加钤"石渠三编""嘉庆御览""嘉庆御览之宝"诸玺。

宣统帝溥仪逊位后,在他仍留蛰宫内期间,学仿乾隆、嘉庆等帝,曾命载瀛、

图 7-2 柳鸦芦雁图 北宋 赵佶

陈宝琛、朱益藩、耆龄、袁励准等臣，将故宫所藏书画集中清点过一次，经过此次查点的书画作品，则会钤上"宣统御览""宣统御览之宝""无逸精鉴玺"等印。

其实，乾隆所用印玺多而繁杂，除了上述印玺之外，还有"秘殿新编""珠林重编""石渠定鉴""定笈重编"等。除此之外，乾隆还会根据书画作品庋藏的不同场所，加钤"乾清宫鉴藏宝""养心殿鉴藏宝""宁寿宫鉴藏宝""学诗堂"等印，以区别不同的收藏场地。此外，还有"古稀天子""乾隆宸翰""神""品""得佳品""有同春""乾""隆""半榻琴书""寿"等。

乾隆的钤印虽然也有一定的格式，入编《石渠宝笈》《秘殿珠林》正编的书画作品一般在书画作品的本幅右上钤"三希堂精玺印"（朱文长方印）、"宜子孙"（白文方印）；作品的中上钤"乾隆御览之宝"（朱文椭圆印）；作品的左上钤"乾隆鉴赏"（白文圆印）、"石渠宝笈"（朱文长方印）或"秘殿珠林"（白文方印）。而在入选重编的精品上再加钤"秘殿新编"（朱文圆印）、"珠林重定"（白文方印），有时也会钤上"石渠定鉴"（朱文圆印）、"定笈重编"（白文方印）等。然而，乾隆钤印时经常会随心所欲，增减无度，有时在一幅作品中竟一印多钤，钤印的地方也无固定。

乾隆的钤印如此，那么他于书画作品上的题跋则更为可怕。在很多情况下所题内容与原画精神大相径庭。尤其是他所题的一些长跋，往往喜题在画幅的正中，既臃肿局迫，又呆板无趣。有时竟一题再题，以显自己皇权的至高无上，以为这所有的书画作品全是他的私人财产。其实，他所题记的款识、所钤盖的印玺，不但大大地破坏了整个画面的美感，从某种意义上说，更是对中国书画艺术的一种摧残。这些，在赵佶的《柳鸦芦雁图》、王希孟的《千里江山图》、王诜的《渔村小雪图》、

李唐的《江山小景图》、米友仁的《潇湘图》、倪瓒的《容膝斋图》、梁师闵的《芦汀密雪图》等作品中均可见证，这实是一种专制皇权淫威破坏传统文化艺术的一次浩劫。

在一般人的眼里，乾隆的鉴定眼光应该不错。他钤了那么多的印，题了那么多的跋，否则，怎敢如此胆大妄为？其实，对一位皇帝来说，尤其是对乾隆皇帝本人来说，他日理万机，朝政繁杂，批御无数，又有六宫百妃，吃喝放纵，哪来的那么多时间、精力去从事书画的鉴定收藏？充其量只不过是一位好事者而已。说他嗜好倒是真的，说他懂鉴定，那只是痴人说梦。正鉴于此，他对古代名作的误判也就不足为奇了，漏洞百出也是常事。以至于将米芾的伪作《云山图》奉为上等，将宋徽宗的《蔡行敕》定为宋太宗，将张渥的《竹西草堂》误定为赵雍的名迹，将赵孟頫的《苏轼烟江叠嶂诗》定为"双钩赝作佳者"，将董北苑《寒林重汀图》定为伪作等。在诸多误判冤鉴的作品中，最著名的便是他一手炮制的"富春疑案"。

《富春山居图》为元代著名画家黄公望晚年历经七年之久而创作的一幅山水杰作，被誉为"右军之《兰序》，实为百代标程、艺昭百代的一幅旷世奇作"。

《富春山居图》原有两个版本：一为"无用师卷"，另一为"子明隐君卷"。

"无用师卷"是黄公望为其师弟郑樗，即无用大师所作，前后历时七年之久（有说三四年）。黄公望通晓人事，信奉道家之说，精于卜卦，在他创作完这一佳作的那刻起，就预言此画未来的命运必是多舛未卜，故在该作画末题有："至正七年，仆归富春居，无用师偕往，暇日于南楼写成此卷，兴之所至，……无用过虑有巧取豪敚者，俾先识卷末，庶使知其成就之难也。……"此卷因郑樗而起，郑樗号"无用大师"，故称"无用师卷"。"无用师卷"在六百多年的辗转流传中，历经沈周、樊舜举、谈志伊之手，后被明代董其昌收得。无奈董氏因手头拮据，将此卷典当给了当地的富人吴之矩。画卷在吴家传承了三代，到了吴问卿手中，不想吴问卿是个画痴，临终前竟命人烧此画卷以殉葬。就在画卷付之一炬之时，吴家侄子吴静庵乘机将画卷抢救了出来，无奈此卷已烧成两段，小段最后被上海画家吴湖帆收藏，现藏浙江省博物馆，名"剩山图"。长段"无用师卷"从吴家流出后，历经张范我、季寓庸、高士奇、王鸿绪、安岐等多人递藏，后于乾隆十一年（1746）冬收入内府。

然就在"无用师卷"流入内府之前，乾隆已于乾隆十年（1745）收得一卷《富春山居图》。乾隆得此卷后，大喜过望，竟在此"子明卷"画面的空白处填满了他的题跋。从乾隆十年（1745）到嘉庆四年（1799），画卷上共题有乾隆五十五处跋语,其中画卷之中有五十三处,另二则题在画卷的前后隔水之上,并在上题有近六百字的长记,题定为:"偶得子久《山居图》,笔墨苍古,的系真迹。"是图称其为"子明卷",因其画作本幅末书有:"子明隐君将归钱塘,需画山居景图此赠别。大痴道人公望,至元戊寅秋。"故此作名为"子明卷",或"子明隐君卷"。

然没想到的是,就在这一年的夏天,乾隆从沈德潜进呈的"诗、古文稿"中,看到了他写的有关《富春山居图》的跋文二则,知大藏家安岐手中还藏有一卷黄公望名为《富春山居图》的画。乾隆十一年(1746)冬,安岐家道中落,又迫于皇家权威的胁迫,无奈将《富春山居图》等一批珍贵的书画藏品售于皇亲傅恒,后即归入乾隆内府。乾隆在观此《富春山居图》卷(即"无用师卷")后,发现竟与旧题所谓的《富春山居图》(即"子明卷")雷同,则命内侍出示旧图观之。两相对比,笔墨、构图、布局、跋文等均大体相同。次日,乾隆命梁诗正等共赏品鉴,辨其真伪,虽以为《无用师卷》"有古香清韵""非近日俗工所能为",然品鉴的结果为"乃咸以旧为真,新为伪"。鉴此,乾隆帝谓:"儗洲、高士奇、王鸿绪辈之侈常鉴之精,贾直之重,以为豪举者,均误也。《富春山居》本属一图,向之题山居者,遗富春二字,故虽真而人疑其非真耳。"他还特地找出两画中董跋的差异:"二跋字不易,而此卷(指无用师卷)笔力(慢)弱,其赝鼎无题,惟画格秀润可喜,亦如双钩,下真迹一等。"

至此,这件"下真迹一等"的真迹被打入"冷宫",赝鼎却被奉为"圣洁"。从此,"富春疑案"便成为中国书画收藏史上一典型的案例。

值得庆幸的是,乾隆命梁诗正在"无用师卷"上留有长跋,使得《富春山居图》画面被破坏的程度大大地减小,避免了又一次的"毁容"行径。然审视"子明卷"本,无论是大空、江水、坡石,还是空白处,只要能驻笔的地方,都被乾隆长短不一的题跋书写了四十余次,还加钤了无数的玺印。真的不敢设想,要不是乾隆指鹿为马,黄公望的这幅举世名作还不知道会以何种面目流传人世?

从乾隆对诸多古代名作所作题记审视,他的题跋不但没有规律,而且跋文内容又缺文采,大多又题于画幅正中(包括钤印)。故无论是跋文的内容,还是书体的选择、墨色的变化、字体的排列等,对名作佳品不但起不到增色的作用,而且对中国画气韵生动的境界是一种严重的破坏。

2015年9月至11月,在北京故宫博物院举办的"石渠宝笈特展(典藏篇)"第三单元的"伪讹考辨"部分,即展出了不少经《石渠宝笈》著录而确系伪讹之作。

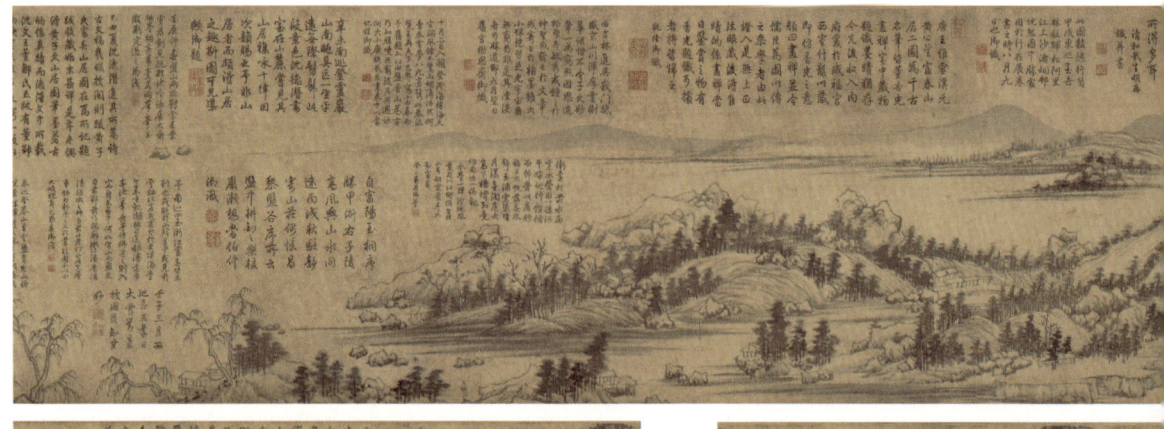

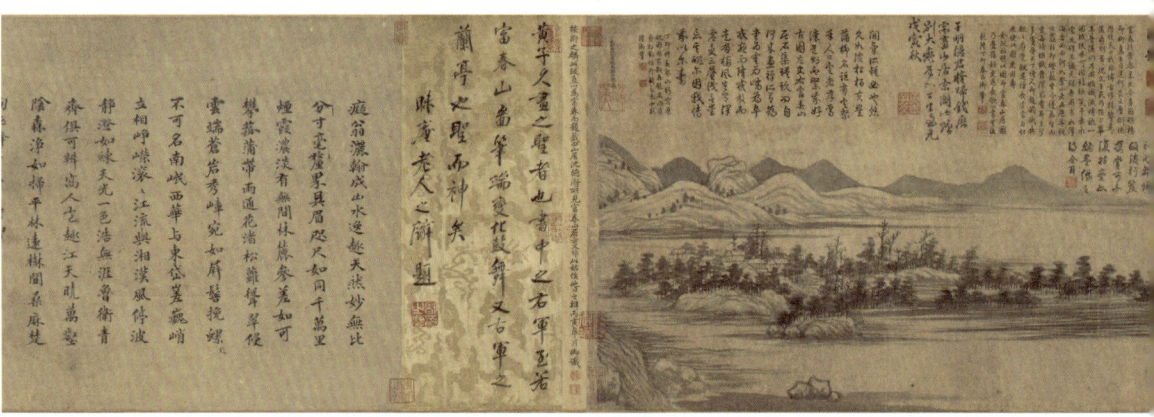

图 7-3 富春山居图（子明卷）

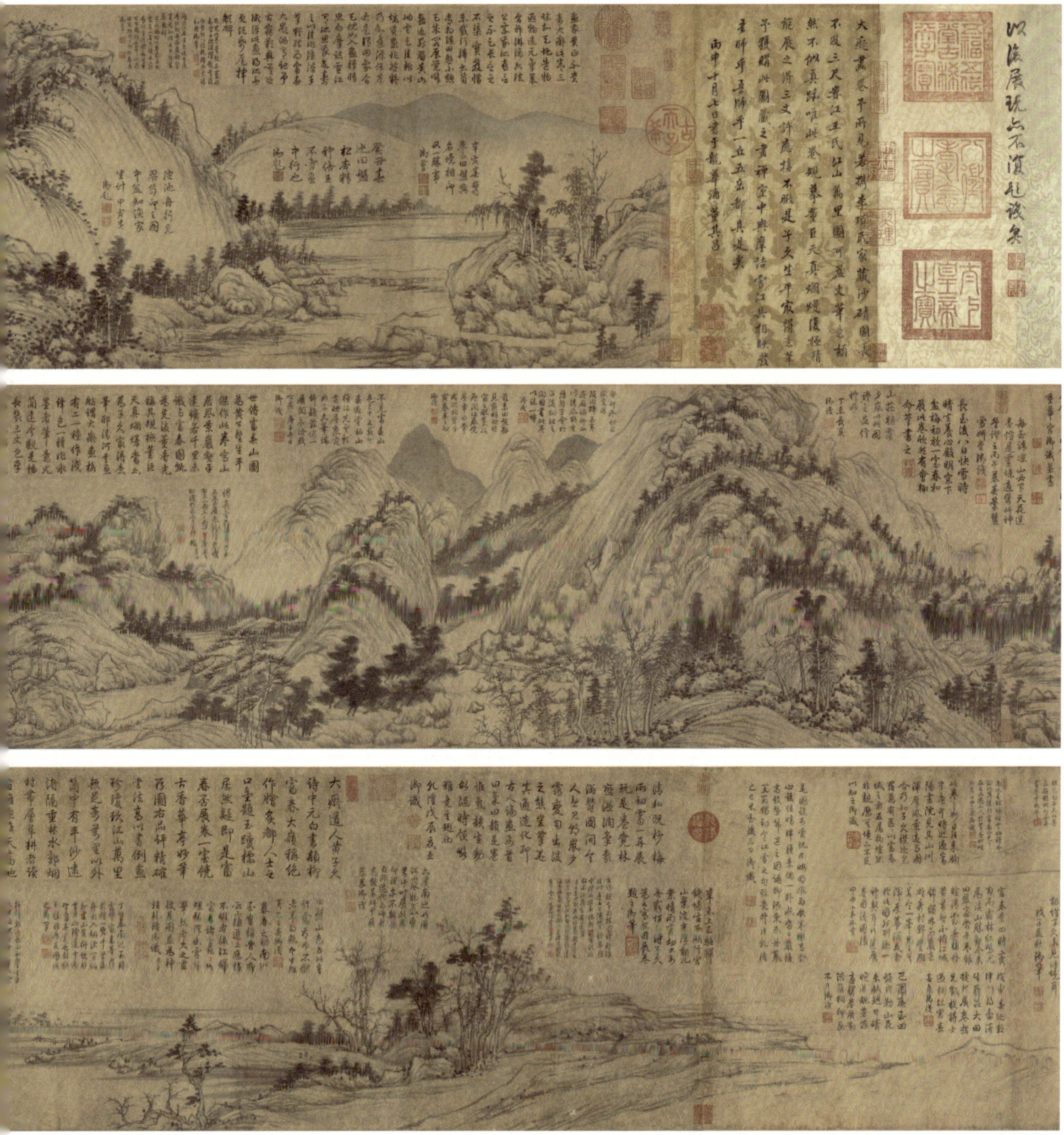

第七章 清代的书画收藏（全盛时期）

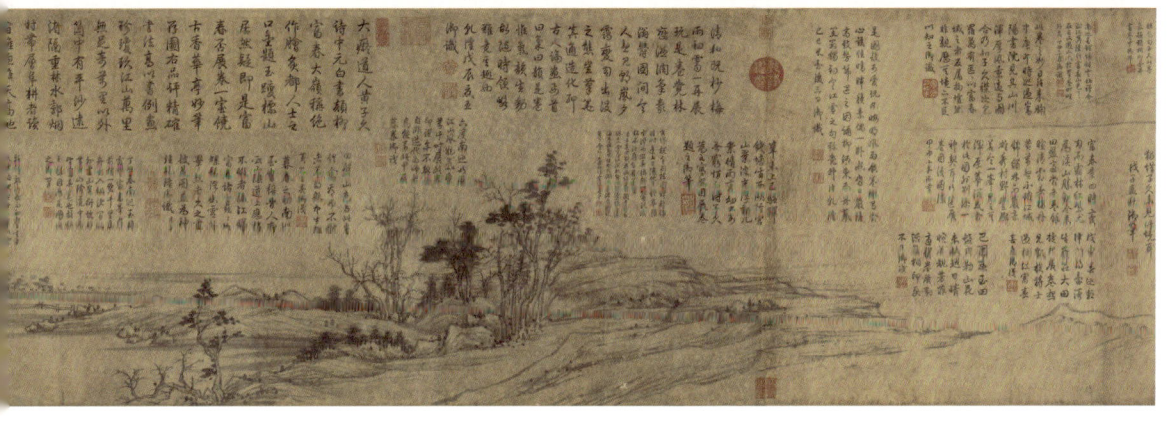

图 7-4 富春山居图(无用师卷) 元 黄公望

此次展出的作品，如李隆基《楷书毛应知恤诏卷》、仇英《兰亭修禊图卷》等，大多皆系因乾隆误判而著录的。不过，对这一点，《石渠宝笈》初编的凡例中已称"是编所收皆古今名迹，虽或临本逼真亦概置之次等，题疑俱仍其旧，而真赝自别"，可以资证。

如今，在北京故宫博物院和台北"故宫博物院"，以及世界各大博物馆有关中国法书名画中的镇馆之宝，大多经过乾隆内府收藏。如北京故宫博物院所藏原"三希堂"中王珣的《伯远帖》、米芾临王献之的《中秋帖》、展子虔的《游春图》等；台北"故宫博物院"藏的范宽《溪山行旅图》、郭熙《早春图》、李唐《万壑松风图》和王羲之的《快雪时晴帖》等；美国大都会博物馆收藏的郭熙《树色平远图》、燕文贵《夏山图》、黄庭坚《廉颇蔺相如列传草书卷》、米芾《吴江舟中诗卷》，美国波士顿美术馆收藏的宋徽宗《五色鹦鹉图卷》、赵令穰《湖庄清夏图卷》等；日本京都博物馆收藏的黄庭坚《李白诗忆旧游诗卷》、王庭筠《幽竹枯槎图卷》等。2002年上海博物馆举办的"晋唐宋元书画国宝展"中展出的七十二件珍品，绝大部分都为经乾隆内府收藏过的珍宝佳品。

不过，这些对好事的收藏者来说倒确是一种逐利好名的无限追求。"富春疑案"从它的产生、发展，直至定案，便展现出一种无奈而可悲，然又是值得庆幸的一桩书画收藏史奇案。

综上可见，从乾隆的书画收藏到"富春疑案"，再到他对诸多名作的乱题乱钤，展现出封建专制的皇权淫威、独断专行。尽管他组织大臣编目整理，出版了可供后人研究的许多著录书籍，客观上起到了保护研究历代书画作品的作用，其功可誉，然从历史的发展审视，乾隆的书画收藏，从某种意义上说，已成为中国书画收藏史上的一种浩劫。说到底，乾隆视书画作品为他个人之私有财产，而非人类共有的文化艺术遗产。这在封建专制制度统治下的中国已不足为怪。功过是非，立此存照。

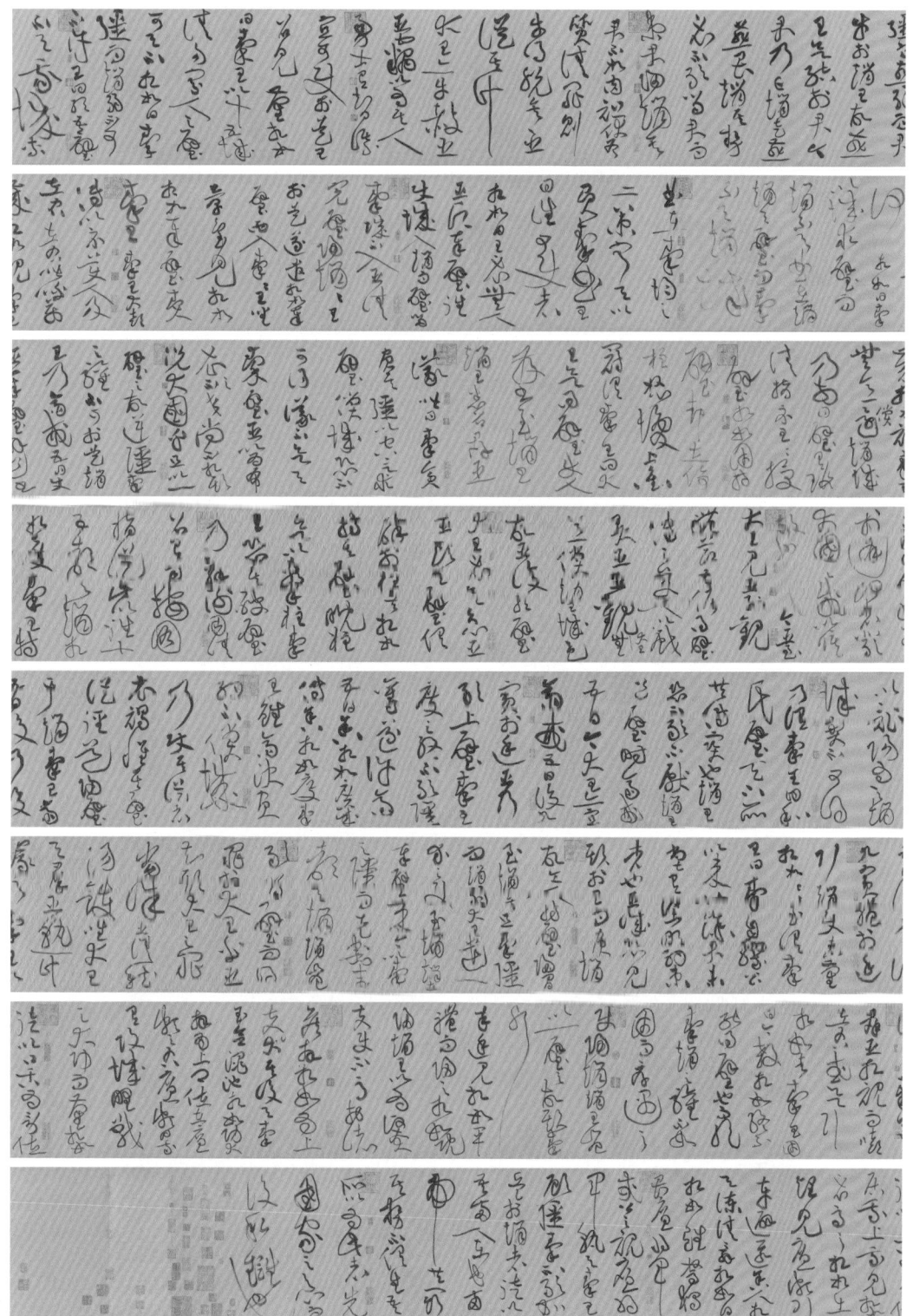

图 7-5　廉颇蔺相如列传草书卷　北宋　黄庭坚

图 7-6 溪山行旅图 北宋 范宽

三、清朝后期各内府的书画收藏

嘉庆,生于乾隆二十五年(1760),卒于嘉庆二十五年(1820)。原名永琰,全名爱新觉罗·颙琰,乾隆第十五子,为清朝第七位皇帝。年号嘉庆。擅书画。因受乾隆的影响,对书画收藏亦情有独钟。

乾隆逊位后,嘉庆二十年(1815),清宫开始了第三次对内府所藏书画进行鉴定整理。自春至冬,前后历时十月有余。此次整理,以弘历、颙琰内府的书画为多,共计约二千四百九十三件,其他历代书画计九百一十六件。由英和、胡敬等人负责,实际由胡敬承担具体工作。于此,胡敬还专门撰写过一本《西清札记》,就对当时入宫书画鉴定整理的情景作过详细的记载。是编系分纂《石渠宝笈》三编时之记录,并逐日就所览者记之,间加案语,考订详细。此外,阮元也有一部《石渠宝笈随笔》问世。系他奉敕续编内府储藏书画为《石渠宝笈》时,随笔所记之著,算是对内府书画的一种札记。然因鉴别人员的鉴定水平较前两次相比较略显逊色,故具体的鉴定水平尚不够理想。然若从目次编排以供后人参考这方面审视,还是具有较高的参考价值。这次内府的书画鉴别整理,编成了《秘殿珠林·石渠宝笈三编》,其形式略同于重编。

嘉庆二年(1797)十月,乾清宫交泰殿大火,对清宫所藏的书画作品造成了较大的损失。如庋藏在乾清宫内的《万岁通天帖》,就留有明显的火烧痕迹。

其实,自嘉庆帝颙琰继位之后,国力渐弱,国事多舛,经济渐衰。加上道光、咸丰、同治和光绪诸清朝皇帝对书画艺术亦无多大兴趣,故对内府的书画也不闻不问。自嘉庆时,皇帝喜将宫中所藏书画作品颁赐各亲王及大臣,有些还是极为重要的名迹。如颁赐给成亲王永瑆的部分作品中,就有西晋大学者、大书家陆机的《平复帖》和唐人韩干的《照夜白图》。《平复帖》系中国传世法书作品中最早也最为可靠的墨宝,它的传世对人们研究中国书法发展的历史,尤其是草书的演变提供了极为珍贵的实证。

道光之后,皇帝将书画作品赏赐亲王、大臣的情况有增无减,仅颁赐给恭亲王奕䜣的法书名画中,就有宋徽宗的《五色鹦鹉图》、陈容的《九龙图》、王冕的《梅花图》等名作佳迹。又赏赐侍臣曹文埴的就有赵孟頫的《二羊图》等。

除上之外,清宫内庭的太监们也常图谋不轨。他们趁火打劫,将从宫内盗窃出来的各名迹佳作出售给古玩商们,有的竟隐藏于市,伺机兜售。如清宫旧藏的一册

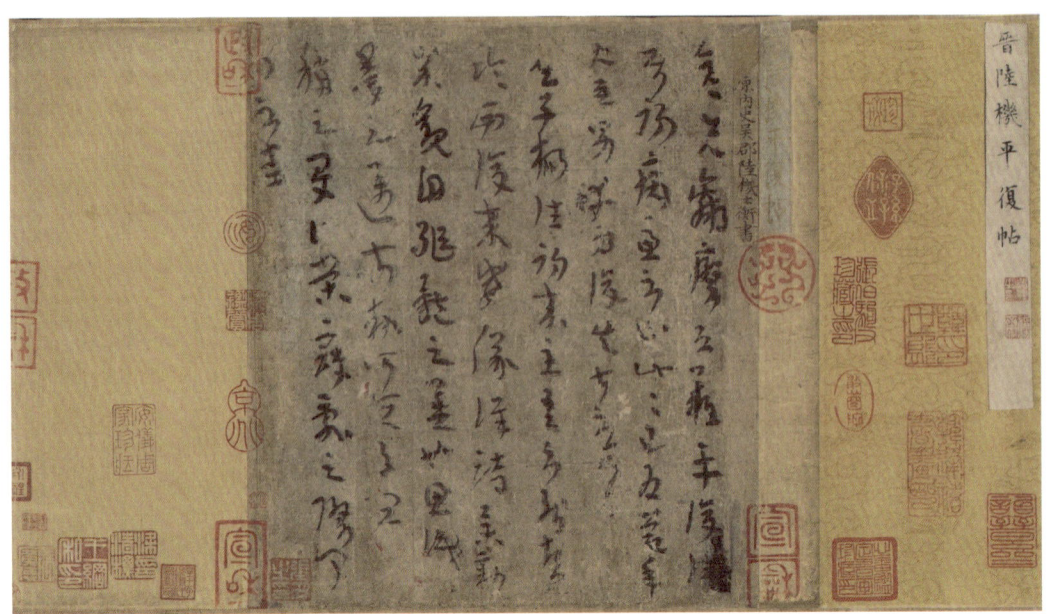

图 7-7　平复帖　西晋　陆机

《法书大观》，内有北宋苏轼、黄庭坚、米芾、蔡襄四大家的墨迹，著名大书家苏轼《季常帖》即为其中一件。此册曾经太监暗中将画幅中的诸印去掉，藏于一土坑之中，伺机携出以售。另还在宫内一小殿的宝座垫子下面发现了一件唐代卢楞伽的《六尊者像册》，实也为太监所为。

光绪三十四年（1908）正月，《国粹学报》第三十八期刊登了一幅名为晋顾恺之的《箴谏庶姬图》，即为《女史箴图》。这幅名作原藏清内府，"庚子事变"时落入英国人之手，后流入大英博物馆。加之北京琉璃厂古玩书画市场的兴起，不少宫内的作品在此兜售，从中可见清晚期已有不少名迹流出海外。

第二节　溥仪偷盗书画出宫案件

溥仪，生于清光绪三十二年（1906），卒于公元1967年。全名爱新觉罗·溥仪，字曜之，号浩然，清宣统帝。为光绪帝之侄，摄政王载沣长子。于清光绪三十四年（1908）至民国元年（1912）在位。后在日本人的扶植下，在东北建立伪满政府。为清朝最后一位皇帝，世称末代皇帝。

论述清朝内府的书画庋藏时，不得不提及一个人，这便是末代皇帝溥仪。他在短暂的逊位期间，将故宫大量的法书、名画、古籍、珠宝等珍贵文物偷盗出宫，致使这批名贵书画等艺术珍品惨遭损坏流失，造成了不可估量的重大损失。

溥仪于光绪三十四年（1908）三岁时登位，由其父摄政王载沣摄政。宣统三年（1911）辛亥革命爆发，民国元年（1912）2月12日被迫退位，清朝皇权统治至此结束，帝制从此废除。此时的溥仪虽已失去皇权，然仍居清宫，享受民国临时政府议定的清室退位的优厚条件。按中华民国政府与清王室达成的《关于清帝逊位后优待条件》规定大清皇室辞位之后，其原有之私产，由中华民国特别保护。这一规定明确表明，紫禁城所有公产一律由中华民国政府接收，这自然包括各类字画、金石、典籍和文玩等。对此，溥仪和他的父亲载沣等少数近臣并不甘心失去这些珍宝。他们乘当时军阀混战、社会动荡之时，密谋策划窃盗宫内珍宝，这些珍宝自然是一些便于携带且不被人发现的字画、古籍、古董和珍玩等。为窃取这些珍宝，他们采取了多种方法：一是变卖文物；二是变相赏赐；三是偷盗出宫。

一是变卖文物。

溥仪退位后，仍然将宫中多种文物视为私有财产。不但不加强管理，而且设法变卖各类文物。从1922年至1923年间，几次公开招标拍卖宫中珍宝，或抵押银行而获取银圆，据统计，卖给汇丰银行的珍贵古董就有八十件之多。

二是变相赏赐。

1923年，日本东京、横滨一带发生地震，溥仪竟派陈宝琛给日本天皇送去一批价值三十万黄金的字画文物和珠宝。

溥仪赏赐近臣等画迹也不少。1916年11月14日，赏赐书画就有：陈宝琛得王时敏《晴岚暖翠图卷》、伊克坦得米芾《米元章真迹卷》、朱益藩得赵伯驹《玉洞群仙图卷》、梁鼎芬得阎立本《孔子弟子像卷》。1917年，赏伊克坦《唐宋名臣像册》，梁鼎芬获《唐宋名臣像册》，朱益藩获范中立《夏峰图》、恽寿平《仿李成山水》等。另外，溥仪近臣在未经赏赐的情况下借而不还的情况也不在少数，溥仪之师陈宝琛、朱益藩等人常将名迹以借的名义偷出紫禁城。如陈宝琛曾借郎世宁《百骏图》不还，后竟有摹本在琉璃厂的古玩铺中出现。

三是偷盗出宫。

图 7-8　百骏图　清　郎世宁

从 1922 年起，溥仪等人就秘密筹划如何将宫中文物珍宝偷盗出宫。按当时宫中规定，如果溥仪要把宫中物品赏人，不但要在某宫的账簿上记载清楚，另需得到司房载明某物品赏给某人，然后需开一字据，才能将物品携带出宫。此外，还有守护宫门的太监、宫廷外护军的岗哨，以及还有民国步兵统领指挥的内城守卫队等的同意。故欲将文物携带出宫也并非易事。对此，他们想出了一个十分巧妙的方法，

借以为筹集溥杰、溥佳出国留学经费为名,即利用他俩每天下课出宫的机会,并以赏物的名义,分六批将宫中的古籍版本和历朝名人法书名画偷盗出宫。

他们最开始偷盗的是善本古籍。由于溥杰、溥佳平时附带的课本表面大小与古籍善本大小形式相仿,他俩就用黄缎包裹做伪装,由于这与太监携带的黄绫包裹很相像,竟骗过了内城护卫队的防护。从1922年7月13日至9月25日,被偷盗出宫的宋元善本达二百零九件，总计五百零二函，其中不少是官府监本精刻版，又以南宋临安临本《韩文朱注》尤为珍贵。

有了前段偷盗积累的经验，溥仪的"赏赐"开始转向了法书名画。为出宫方便，他们先从册页和手卷下手。这一方面是因为册页和手卷体积较小，容易携带；另一方面是清宫收藏的书画都有特定的包装，册页系绫锦的包装，手卷系淡黄或淡青花绫包袱，这些包装又与课本的包皮相仿，容易躲过值班守卫的检查。据载，"赏赐"从1922年9月28日起至12月12日止，每天偷盗从十件到三十五件不等，总共盗出手卷达一千二百八十五件，册页有六十八件，还有不少并未列入清单。

在这些被偷盗出宫的书画珍品中，手卷竟有一千余件，册页、挂轴有二百多种，宋版书达二百种，如此荒唐而可恨的偷盗行径，不但在中国书画收藏史，乃至在世界收藏史上尚属首例，而且对中国文化艺术是一种无法名状的摧残。

为了确保这批盗出宝物的安全，他们将这些宝物偷偷运到天津英租界内，暂时存放在英租界十三号路一百六十六号楼。据《故宫已佚书籍书画目录四种》载，溥仪偷盗的法书名画有王羲之的《孝女曹娥碑》《二谢帖》，另有钟繇、怀素、欧阳询、米芾、赵孟頫等人的名迹，还有司马光的《资治通鉴》原稿，王维的人物画，夏圭等人的《长江万里图卷》，更有张择端的《清明上河图卷》等。

1924年10月，冯玉祥发动"北京政变"，溥仪等人被驱逐出宫。在日本人的唆使下，溥仪潜逃至天津，在日本租界的"张园"设立"新宫"。为了保障"新宫"的生存和维持奢侈尊荣的生活，溥仪开始变卖偷盗的国宝。乾隆"三希堂"中王献之的《中秋帖》、王珣的《伯远帖》被出售，李成的《寒林图》《茂林远岫图》、燕文贵的《溪风图》等也先后被售出。

除了变卖书画文物之外，在天津散佚的书画虽已无法统计，然有几件著名的书画作品却留下了记载：

唐阎立本的《历代帝王图卷》，先是作为酬资赏给了陈宝琛，后归华北伪政权的头目梁鸿志，再转售给日本人，现藏于美国波士顿博物馆。

晋王献之的《中秋帖》和王珣的《伯远帖》，被溥仪出售后，转至郭世五手中，后被宋子文收得，又被张伯驹购得，后捐给故宫博物院。

唐阎立本的《历代帝王图卷》《步辇图》和五代阮郜的《阆苑女仙图卷》，先是赏赐给陈宝琛的外甥刘骏业，后在民间流传，现藏故宫博物院。

宋李公麟《潇湘卧游图》流出后，辗转归日本菊池惺堂收藏。

第七章　清代的书画收藏（全盛时期）　353

图 7-9　寒林图　北宋　李成（传）

宋赵令穰《湖庄清夏图》，先流行至日本，后归美国波士顿艺术馆收藏。

南宋李嵩的《西湖图》，由一上海收藏家购于天津，现藏上海博物馆。

元赵孟𫖯的《滦菊图》，流出后归日本人收藏。

明代沈周、文徵明的书画被伪军家属当作柴烧了。被埋入地下的名人书画还有唐杜牧的《张好好诗》、李隆基的《恤狱诏》，南宋朱熹的《举同张敬父城南二十咏》，元王振鹏的《伯牙鼓琴图》，明戴进的《达摩六世祖图》、王绂的《湖山书屋图》、沈士充的《仿宋元十四家笔意图卷》等。

另有唐虞世南的《积时帖》、阎立本的《职贡图》、周昉的《地宫出游图》，宋范仲淹的《二札帖》、燕文贵的《溪风图》、米芾的《苕溪诗六首》《自书易义》、牟益的《西岳降灵图》、夏圭的《江山胜迹图》、徐本的《历代钱谱》，元钱选的《三蔬图》《秋江待渡图》，明王绂的《万竹秋深图》、沈周的《辛夷花图》等。这些珍品在被重新发现时，已被伪军国兵撕为数段，残缺不全。

图 7-10　西湖图　南宋　李嵩

"九一八"事变后,日本帮溥仪在东北建立了伪满洲国。日本关东军司令部将这批珍宝运至长春,安放在伪宫东院的一座隐蔽的建筑内,这便是所谓的"小白楼"。这批书画在这座小白楼中度过了整整十四年之久。

1945 年 8 月,日本宣布投降前夕,日本关东军将伪满洲国迁移至通化。13 日,溥仪一行携带伪宫中的一百二十余件书画及珍宝,装满六十辆大车逃往通化大栗子沟,准备乘飞机逃往日本。15 日,日本宣布投降,抗战结束,伪币变成了废物,溥仪只得从箱内取出几件书画珍品,以最低的价格卖给了当地的士绅,其中有韩幹的《神骏图》、赵伯驹的《莲舟新月图》《小村图》等。17 日,溥仪等人在经过沈阳准备换机时,被苏军俘虏,所带的书画珍品被缴获,后收藏于辽宁省博物馆等馆所。然而尚留存小白楼内的书画珍品都惨遭抢劫毁损。

日本投降后,驻扎在东北的关东军撤退,由伪满军队的士兵在伪皇宫担任警卫任务。一次偶然的机会,一位士兵发现了小白楼内珍藏的书画,他便随手取走了几

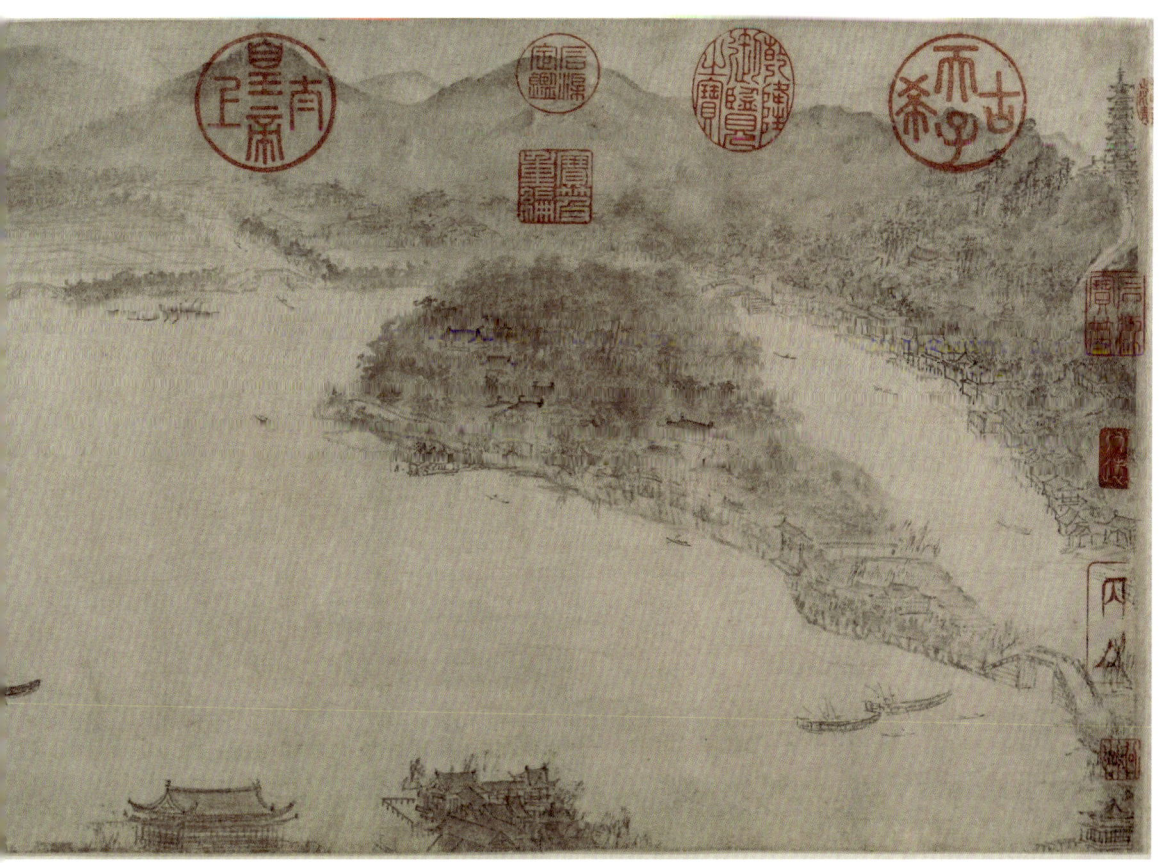

图 7-11　伯牙鼓琴图　元　王振鹏

个手卷。此事一传开，小白楼内的书画便遭国兵们的野蛮抢劫。有的手卷被夺撕成两半，有的被分为三、四段，更有的被撕抢成碎片。如李公麟的《三马图》被撕为三截，米芾的《苕溪诗六首》卷首被撕去，赵孟頫、管道升、赵雍一家的《赵氏尺牍三帖》，后只存赵雍一札。王振鹏的《龙舟竞渡图》中的名家题跋佚散，隶书题记残缺。被国兵从小白楼抢劫出的法书手卷册页，有的被贩卖，有的被私藏，有的被毁残。其中一位叫金香蕙的国兵将掠夺的书画珍宝几十卷带回老家辽宁盖县（今辽宁盖州），解放初实行土改，金香蕙正巧外出，因其家被划为地主，其妻怕查出文物加重罪名，竟将这些珍贵的国宝当柴火烧毁，其中有王羲之的《二谢帖》，岳飞、文天祥的《书法合卷》，陈容的《六龙图》等。

另有被称作"东北货"的不少书画珍品，一时被各路藏家纷纷抢购，其中有国民党接收大员、文物收藏家、古玩商、外国古董商等，不少珍品在当时的文物集散

地北京琉璃厂销售。这些书画珍品中,有的收藏于辽宁省博物馆、北京故宫博物院等,有的则散落于美国、英国、法国、日本等多家博物馆,还有一些散落民间不知去向。

溥仪的这宗偷盗国宝案,不仅使中国书画珍品国宝蒙受巨大的损失,而且造成中国书画艺术不可弥补的重大恶劣影响。

第三节 私家收藏呈职业化趋势

清代的书画收藏,与明代相比,出现了诸多不同的变化。明代的书画收藏,皇家内府由盛转衰,私家收藏则达昌盛期,不但人数众多,而且书画著录也日趋兴盛,书画艺术市场更是兴旺发达。而清代则与此相反,皇家内府收藏从康熙时起就得到高度重视,到乾隆朝时达历史收藏的顶峰,但凡民间私家的收藏,绝大部分统归内府。私家收藏则随着朝廷的变化而呈现出不同的变化。

清代的私家收藏,人数可谓不少,著录专著也不在少数,且呈现出职业化的趋向。然不管如何,明代的内府收藏较之清代,实在无法相比。而私家收藏,无论是藏家的人数、藏品的规模、藏品的质量,与明代相比要逊色很多。整个清代的书画收藏,皇家收藏和私家收藏相互消长,此起彼伏。每当皇家收藏达丰庶时期,私家收藏便趋弱势。当乾隆朝内府收藏达昌盛期,民间私家收藏便趋于衰落。而清晚期,当朝廷收藏趋于衰落,民间收藏则又兴旺起来。这既是社会制度使然,也是封建专制体制的必然。

一、孙承泽

孙承泽,生于明万历二十一年(1593),卒于清康熙十五年(1676)。字耳北,一作耳伯,号北海,又号退谷,一号退谷逸叟、退谷老人、退翁、退道人、退庵。室名研山堂、研山斋,内筑有"万卷楼"。山东益都(今山东青州)人,世隶上林苑籍,实系北京人。崇祯四年(1631)进士。官至刑部给事中。李自成攻陷北京后,曾任命他为四川防务使。清顺治元年(1644)被起用,历任吏科给事中、太常寺卿、大理寺卿、兵部侍郎、吏部右侍郎等职。工书,尤善鉴藏,家中藏书、碑帖、书画不可计数。著有《春明梦余录》《天府广记》《思陵典礼记》《九州山水秀》《思陵勤政记》《尚书集解》《山居随笔》《研山斋集》等,有四十余种。

孙承泽的一生,经过"仕明,投李,降清"三个阶段。虽历任不少官职,然却并无实权,且遭人非议,有"贰臣"之称。后于顺治十年(1653)辞官归里,专心书画鉴藏和著书立说,开始了吟诗鉴画、以文会友、大隐于市的文人学者生活。孙承泽晚年著述颇多,史学、经学、方志、书画都有所涉及,而其中《闲者轩帖考》

《法书集览》《研山斋墨迹集览》和《庚子销夏记》则是有关书画方面的著作，其中《庚子销夏记》为其有关书画鉴定方面的重要专著，影响深远。

孙承泽在京师任职时，曾手抄经学书籍二百余册，时与河北藏书家梁清标、汴中藏书家朱睦㮮，因富甲藏书而名扬一时。缪荃孙曾记载："京师收藏之富，清初无逾孙退谷者。盖大内之物，经乱皆散逸民间，退谷家京师，又善鉴赏，故奇迹秘玩咸归焉。"从中可窥见孙氏典籍收藏之富。

孙承泽的书画收藏，其来源有三：一是得自于明内府的旧藏；二是新旧权贵间的相互赠送；三是经市场的交易购求所得。

一是得自于明内府的旧藏。

孙承泽在其宦海生涯时，也即在明亡之前，就十分注意书画的收藏。而他所处的时代又是明末清初改朝换代的之际，明内府不少书画因战乱而流出宫外，金石书画也像人逢乱世，漂泊人间，即谓"甲申之变，名画满市"①，使他有机会得以收藏。这点，我们从他所著的《庚子销夏记》一书中可得知。据"荆浩山水"一条中记载："洪谷子以山水专门，为古今第一。甲申之变，名画满市，独无浩画，一日见从故内负败楮而出者，浩画在焉。然已破烂之甚，余使善手重装。"②甲申，指公元1644年，为顺治元年，明崇祯十七年。这一年，明朝灭亡，李自成占领北京又败走，清兵入关。这正是明内府书画古董散乱之时。

"米元晖《白云出岫图》"一条中又记："元晖作《白云出岫图》，山峦林木全仿董源，大变其父之法，犹之大令不袭右军也，故字曰二王，画曰二米。不囿于家学，乃所以善承家学耳。此图得之故内，边边处已泡烂，乃裁去寸许重装之。"③

据"文与可大幅竹"一条记："石室人品甚高，画竹为古今第一，从故内得大幅竹二帧，一题'巴郡文同与可戏墨'，一题'熙宁元年仲冬与可文同作'。竹仅一枝，真有月落空庭千万丈之势。"④

另据"关仝山水"一条中载："余求关仝画不可得，忽于故内得一帧，已坏绝而画体不伤。世传关画师荆浩，其造境绝相类。"⑤

---

① 卢辅圣：《中国书画全书》第七册，上海书画出版社，1994年版，第765页。
② 卢辅圣：《中国书画全书》第七册，上海书画出版社，1994年版，第765—766页。
③ 卢辅圣：《中国书画全书》第七册，上海书画出版社，1994年版，第768页。
④ 卢辅圣：《中国书画全书》第七册，上海书画出版社，1994年版，第763页。
⑤ 卢辅圣：《中国书画全书》第七册，上海书画出版社，1994年版，第766页。

这些从内府散出的书画，孙承泽获得不少。

王士祯在其所著《池北偶记》中也记载："唐朝画家阎立本《孝经图》，褚河南之法书为故明大内物，后归孙北海侍郎承泽家。"

还有黄筌《翠竹图》记："黄筌长幅竹数竿，双钩填色，菁翠欲滴，疏密俯仰，无不为此君写生。昔人言筌花竹真而俗，然画至真处亦不易言也。同里李宗伯得之故内以归余。"①

宋荦在跋王维《济南伏生像》（传）时也说："不知何时取入大内，鼎革时散落人间，为孙侍郎退谷先生所得。"

以上足见孙承泽的书画收藏得自于明内府的旧藏之事实。

二是新旧权贵间的相互赠送。

孙承泽由于书画收藏时负盛名，加之其独特的鉴赏眼光，不但古董商们会持画以兜售，官宦朋友相互间也常以书画交换相赠。

据《庚子销夏记》载："曹嘉禾溶有山谷小字墓志稿二合装一卷，董玄宰大书四字于后曰'山谷墨宝'，真墨宝也。嘉禾（曹溶）与余好尚相若，其应征入京尽以所携卷册送予斋。如米老卷、君谟卷及此卷俱累累千百言，世不多见之珍也。"②他还收有王诜的《设色山水》卷，也为曹溶赠之："曹秋岳（曹溶）赠余一卷，布景不多，悠然有海阔天空之妙。"③

还有"赵子昂自书诗稿"一条载："诗稿二纸，一书天冠山二十八咏，一书元洲十咏寄贞居先生。贞居乃句曲外史张雨也。字法仿《黄庭》《乐毅论》，是其中年笔。余有文敏大字条幅，袁六完从淮上差回得此卷，乃以相易。易后有持条幅来售者，书小陆何如大陆贤七言律一首，字更遒逸可爱。又得书唐绝句一幅，余以赠山西卫郐孙。"④

又有"仲圭《松泉图》"一条记："《松泉图》境界甚奇，以淡墨作一坡陀，巨泉飞落其上。又以古松一株夭矫覆之，手写长歌，诗字俱劲逸，不可一世。可谓灵心独绝，不可以画笔观也。张云庵携至京师，予以倪云林、徐卿《二子图》易得

---

① 卢辅圣：《中国书画全书》第七册，上海书画出版社，1994年版，第763页。
② 卢辅圣：《中国书画全书》第七册，上海书画出版社，1994年版，第756页。
③ 卢辅圣：《中国书画全书》第七册，上海书画出版社，1994年版，第765页。
④ 卢辅圣：《中国书画全书》第七册，上海书画出版社，1994年版，第758—759页。

之。"①

尚有"沈石田《煮雪图》"一条中又记:"《煮雪图》是纸画大幅,……此帧旧在孙汉阳家,陈眉公重装于墓田丙舍,后入淮抚李修吾家。上有其印,王长垣赠余,为沈画之冠。"②

另有"石田《江山一览图》"记:"石翁此卷乃仿黄卷也,识力悉足相敌,卷在开封王半庵惟俭家,张孝廉民表购以赠余,今相依三十年矣。"③

"伯虎《山静日长图》"记:"玉露中山静日长一段,余酷爱之。旧见文衡山有图,尚未尽致……庚子夏,闻无锡华氏有子畏所作画十二幅在龚合肥处,议以旧人书画相易,真定梁玉立见而爱之,携去,至五月初,余复借至东篱书舍藤下。"④

从上述记载不难看出,孙氏与新旧权贵之间相互赠送书画作品的实际情况。

三是经市场的交易购求所得。

孙承泽的收藏除了来自明内府旧藏和官臣朋友之间互相赠送之外,大量的藏品则来自市场交易购置所得。

右军《黄庭经》记:"乙酉之春,从市贾得宋装小册一函……每晨坐小窗下,旭光满室,开卷欣然,盖十五年于兹矣。"⑤

此外,在孙承泽的记载中,有苏子瞻的《苦雨诗》,原为孙氏所藏,后因乱丢失,没想到有一古董商将此送上门来售之。另有"黄石斋书《孝经》"一条载:"越二十年庚子,市贾持小楷本来售,余旧印宛在也。追维今昔,不胜怃然。"⑥更有董玄宰的《夏木垂阴图》,竟系"先生(指董其昌)之孙携至京师,予购得之",而"此帧仿北苑,颜色苍翠欲滴,恐北苑亦未必能及也"。⑦

又赵仲穆《长桥图》记:"余向有松雪《待渡图》,极其精工,盖仿其家伯驹之作。又得仲穆《待渡图》,自题同松雪临伯驹,是父子一时所作,俱获入目。乱后坐池上,陈山人持一画来售,乃伯驹《待渡图》,即松雪父子所临者,翰墨信乎有

---

① 卢辅圣:《中国书画全书》第七册,上海书画出版社,1994年版,第762页。
② 卢辅圣:《中国书画全书》第七册,上海书画出版社,1994年版,第769页。
③ 卢辅圣:《中国书画全书》第七册,上海书画出版社,1994年版,第770页。
④ 卢辅圣:《中国书画全书》第七册,上海书画出版社,1994年版,第770—771页。
⑤ 卢辅圣:《中国书画全书》第七册,上海书画出版社,1994年版,第775页。
⑥ 卢辅圣:《中国书画全书》第七册,上海书画出版社,1994年版,第793页。
⑦ 卢辅圣:《中国书画全书》第七册,上海书画出版社,1994年版,第772页。

缘也。"①

又"沈石田《煮雪图》"记："余最爱先生（沈石田）画，沧桑后世家所藏尽在市贾手，余见辄购之。然每亦为同好者携去，今存者无几，皆真本妙品也。"②

又"赵松雪《枯木竹石图》"记："松雪竹石凡数见，此帧高古简澹，赵画之极有生韵者。上不落款惟用其印，又陈山人持一帧来售与此相若，上有云林题语。"③

又"石田《松鹤高士图》"记："此帧乃广平刘半舫珍爱者。半舫清正，为当事大臣不喜，借河工事系狱，部拟遣戍，上未允。传闻事在不测，乃自狱以所用小砚及此画作一诗别余。余以半舫之故更珍爱之。贼变，画已失去，重于市贾买之。"④

董玄宰《夏木垂阴图》记："玄宰画以设色者为难得。予旧有其临王叔明一《梧轩图》，画境直逼叔明而设色之妙叔明有所不逮。此帧仿北苑，颜色苍翠欲滴，恐北苑亦未必能及也。先生之孙携至京师，予购得之。"⑤

孙承泽除上数例书画作品购之以外，另有不少拓本也得于市场或兜售购之。

宋赐毕文简《淳化阁帖》载："余既得文简赐本而缺首卷，以为大美忌完理固如是，正不必求全。阅数月忽有持首卷来售者，乃宋拓之最精者也，与宋人汪逵诸君所考无异。"⑥

宋赐本《大观太清楼帖》载："宋拓《大观帖》有黄白纸二种，所见不一，而黄纸者止见一部，字法精妙，宛如手书。乃徽宗赐宰相余深者，予初从市贾得二本，于江右李梅公得二本，莱阳左旦明得二本，浙江张尔唯得一本，宝坻曹子固得一本，第一本在以盐换烂纸者担头吴太和收之，余数四购求不与，后以银酒卮十件易得。"⑦

右军《黄庭经》载："《黄庭经》传世者少佳本，褚河南临者旧称第一，然石缺其半，乙酉之春，从市贾得宋装小册一函，展视用笔之妙宛如手书。"⑧

另有一些书画珍迹则是孙氏用自己收藏的古器物或书画交换得来的，有一吴仲

---

① 卢辅圣：《中国书画全书》第七册，上海书画出版社，1994年版，第763页。
② 卢辅圣：《中国书画全书》第七册，上海书画出版社，1994年版，第769页。
③ 卢辅圣：《中国书画全书》第七册，上海书画出版社，1994年版，第763页。
④ 卢辅圣：《中国书画全书》第七册，上海书画出版社，1994年版，第769页。
⑤ 卢辅圣：《中国书画全书》第七册，上海书画出版社，1994年版，第772页。
⑥ 卢辅圣：《中国书画全书》第七册，上海书画出版社，1994年版，第773页。
⑦ 卢辅圣：《中国书画全书》第七册，上海书画出版社，1994年版，第773页。
⑧ 卢辅圣：《中国书画全书》第七册，上海书画出版社，1994年版，第775页。

圭的《松泉图》:"张云庵携至京师,予以倪云林、徐卿《二子图》易得之。"

以上便系孙承泽经市场交易购求所得的诸多记载,从中可证孙氏所藏书画,包括碑帖购之市场的确切之来源。

孙承泽还喜在书画藏品上作跋。在他的跋语中,有的是记载作品的由来,有的是叙述作品之流传,有的则是抒发自己的感受或赞叹,更有的是在作品上题书自己的诗作,以抒发自己的情感和寄托。

如题吴仲圭《松泉图》:"吴仲圭一代高士,绕屋植梅,隐居读《易》,知元之将乱也,自称梅花和尚。喜画竹,而松尤妙,备见孤高特立之致。"

如崔白《芦雁图》则作诗一首,以暗喻自己的隐居生活:"白露苍苍已结霜,蒹葭深处独徜徉。羽毛无损性情适,不羡高冈有凤凰。"

除了在藏品上作诗作跋之外,孙承泽也喜在其庋藏的书画作品中钤盖印记。流传至今的一些书画作品中常用的印章有:姓名章有七种:孙氏、孙承泽印(五种)、承泽等;隐居后常用的闲章有八种:深山闭户、退谷、退翁(二种)、退谷老人、退谷逸叟、八十一翁、八十二翁。此外还有以斋名及传给后代的藏印:研山斋、思仁、北平孙氏珍藏书画印、长宜子孙、北平孙氏砚山斋图书等。

图 7-12 夏木垂阴图 明 董其昌

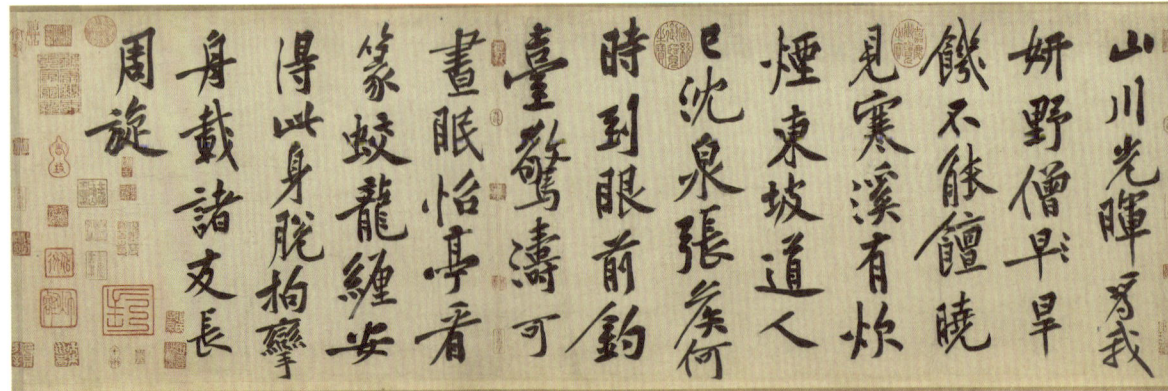

图 7-13　松风阁诗卷　北宋　黄庭坚

孙承泽由于收藏书画作品较多，为便于鉴赏及保存，他并没有将书画安放在一个地方，而是分藏在好几处居落，且每一处都冠以一典雅的名称，仅见于记载的藏舍就有以下几处：

砚山斋。地处今前门外章家桥西，现名孙公园处。

闲者轩。地处今天坛北的金鱼池附近。

烟霞窟。地处今西山退谷中。

海云阁。地处今天津市内。

另有几处藏舍也尚有详细记载：

墨缘居："予有墨缘居在室之东，或有自携所藏间相过从，千秋名迹幸多寓目焉。追忆记之。"看来墨缘居是孙氏收藏名迹最多最优的地方。

东篱书舍："庚子四月之朔，天气渐炎，晨起坐东篱书舍，……徜徉少许，复入书舍，取法书名画一二种，反复详玩，尽领其致，然后仍置原处。"这是孙氏观赏名迹常驻的地方。

万卷楼："退谷万卷楼藏书，今大半在黄氏季昆家，而《记》中所载缣素卷轴，又不知散归谁氏。"看来这是孙氏曾经藏书藏画过的一个地方。

除上述藏室外，孙氏还曾记载：

家有小室，入冬则居之。其中置杨补之所画竹枝、赵子固水仙、王元章梅花三卷。继得吴仲圭古松泉石小幅、长条，仿宣和装法，改而为卷。余以八十之老婆婆其间，名曰岁寒五友……岂易得哉？退道人再记。

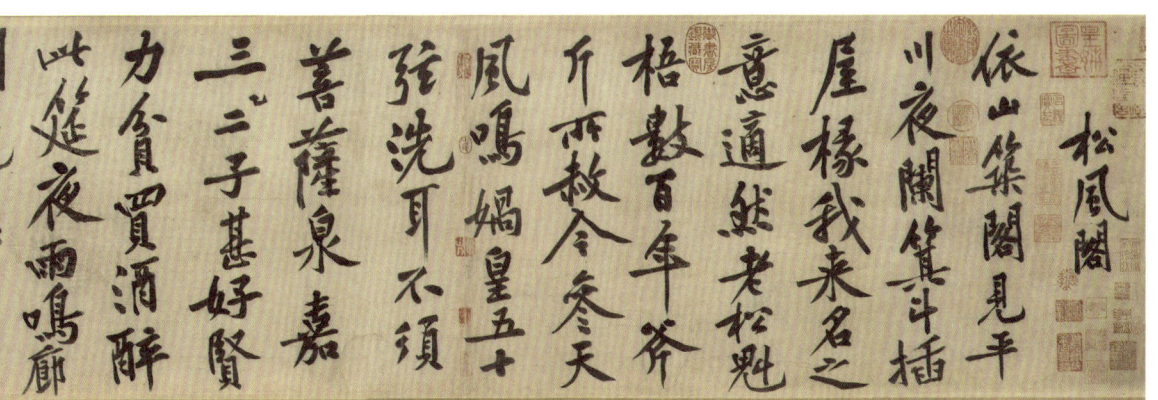

孙承泽收藏书画，一是为了排忧遣怀；二是为了保存国宝免遭厄运；三是为了研究之用。这些，据他所著的《庚子销夏记》自序中即可证之："甲申后，铜驼既在荆棘，玉碗亦出人间，二三同好，日收败楮断墨，以寄牢骚。予有墨缘居，在室之一东，或有自携所藏间相过从，千秋名迹幸寓吾目焉。"① 孙承泽先后在明清两朝为官，然一直不被重用，身为"贰臣"的他，在书画收藏和辞官隐居后的生活中寄托了自己的精神世界。

孙承泽在从事书画收藏鉴赏活动中，常与书画金石同好者交往。他们中既有士夫官僚，又有金石书画家，也有收藏鉴定家。其中有记载的就有曹溶、李元鼎、朱迎畯、梁清标、东荫商、朱徽、龚鼎孳、张学曾、张孝廉、王惟俭、程正揆、王铎、李青眉、袁六完、刘半舫、房海堂、干鉴、宋再恭、朱楣、邹衣白、王长垣等。而其中交往最深的要数曹溶、张学曾、程正揆、王铎、邹衣白等。明末时，他就和著名收藏家袁枢时有往来，他与曹溶、张孝廉、王惟俭等人的交往在《庚子销夏记》中也都有记载。他曾说："嘉禾（曹溶）与余好尚相若，其应征入京，尽以所携卷册，送予斋。"他们或互赠书画，或共同鉴赏，有时还在藏品上题跋作诗，为后人留下了极具研究价值的史料实证。

综上所述，孙承泽不但精于鉴赏，而且藏品甚丰，其收藏的重要法书名画有：

名帖：王右军《黄庭经》、孙过庭《书谱》、苏东坡《苦雨诗》、黄山谷《松风阁诗墨迹》、宋赐毕文简《淳化阁帖》《定武契帖瘦本》、宋拓《大观太清楼帖》等。

---

① 卢辅圣：《中国书画全书》第七册，上海书画出版社，1994年版，第794页。

图7-14 匡庐图 五代 荆浩

名画：荆浩《匡庐图》、宋迪《秋山图》、崔白《芦雁图》、赵孟坚《水仙图》、李公麟《摹韦偃牧放图》、黄筌《翠竹图》、赵松雪《待渡图》、王诜《设色山水卷》、李成《寒林图》、关仝《匡庐图》、范宽《夏山图》、米芾《山水小幅》等。

孙承泽著作不少，在金石书画方面著有《研山斋珍赏历代名贤图绘集览》《研山斋珍赏历代名贤墨迹集贤》《研山斋珍赏历代名贤法书集览》和《闲者轩帖考》等。这些都是孙氏观赏历代书画时所作的随手笔记，也是他最后一部名著《庚子销夏记》的底本集成。故《庚子销夏记》价值颇高。

孙承泽收藏的法书名画，当其在世时，就已经开始散失。当他撰著《庚子销夏记》时就对所藏书画的散佚感叹万分，当时他的藏品已失去大半。其中有的失之战乱，有的散佚友朋，有的流入市场。这正如《庚子销夏记》附录中载："退谷殁后，其物大半归黄昆圃家，而散于海内者亦复不少。"[1] 他的藏品，包括大量的藏书，多半归同乡黄叔休所有，书画后归梁清标，再后归入清内府。

纵观孙承泽的一生，他无疑是明末清初一位极为重要的收藏家。作为一名官僚政治家，他无疑是一位失败者；而作为一名书画鉴藏家，他无疑是成功的。他的成功，不但表现在他收有大量珍贵的法书名画，更在于他能辨善鉴，眼力极高，而且将理论和实践结合起来，并投注于他所著的《庚子销夏记》等著作中，为后人留下了书画鉴藏方面值得研究借鉴的珍贵历史资料。

---

[1] 卢辅圣：《中国书画全书》第七册，上海书画出版社，1994年版，第807页。

二、王时敏　王鉴　王翚　王原祁

"清四王"是指清早期以王时敏为首、活跃于苏州地区的四位山水画家：王时敏、王鉴、王翚和王原祁。他们都以元代黄公望为师尊，继承董其昌的衣钵，以古为师，以古为荣，以传承文化为依托，志在传统功力的修炼，形成了正统派的主导地位，对清中后期的书画创作产生了深远影响。

王时敏

王时敏，生于明万历二十年（1592），卒于清康熙十九年（1680）。初名赞虞，改名时敏，字逊之，号烟客、归村老农、西田主人、偶谐道人、西庐老人。江苏太仓人。为明代相国王锡爵之孙，崇祯初以荫仕至太常寺卿，故亦称"王奉常"。因祖父王锡爵的缘故少时便与董其昌、陈继儒往来密切，感情颇深，常在一起观赏品鉴书画。时与董其昌、杨文聪、程嘉燧、张学曾、卞文瑜、邵弥、李流芳、王鉴有"画中九友"之誉称。入清后隐居不仕。工书法，精山水，擅诗文。著有《西田集》《疑年录汇编》《王奉常书画题跋》《西庐诗草》等。

据恽寿平《瓯香馆画跋》记："娄东王奉常烟客，自髫时便游娱绘事，乃祖文肃公属董文敏随意作树石以为临摹粉本。凡辋川、洪谷、北苑、南宫、华原、营丘，树法石骨，皴擦勾染，皆有一二语拈提，根极理要。"这说明王时敏从小受祖父的影响，并将他嘱托给董其昌，师古鉴学传统山水画。从中可见证其与书画之渊源关系。

王时敏学画不但受董其昌的影响，而且其师学庋藏更受董其昌的濡染。加上他家本富收藏，凡遇名迹，即不惜以重金购入。这除了系个人爱好之外，更是为了揣摩师学古人之法。他从黄公望师学始起，追摹家藏宋元名画无数，并提携后学王翚、王原祁，形成了他那恬静清脱、气定神闲的独特画风，终成"四王"之首，影响深远，声名远播。

王时敏家藏书画名迹十分丰富。王时敏的祖父王锡爵为首辅相国，父亲王衡曾任翰林编修，两人均喜收藏，故家藏图书古籍、法书名画，应有尽有，数不胜数。为更好地临摹古迹，便于收藏名迹，他筑有"拙修堂"，珍藏古代大家作品不少，如董源《溪山行旅图》、李成《山阳泛雪图》、范宽《山水图》、赵令穰《湖庄清夏图》、王蒙《林泉清集图》《船春晓图》、黄公望《陡壑密林图》，以及沈周《富春山居图》等。他在《西庐画跋》中称："余家藏赵大年《湖乡清夏图》，柳汀竹屿，茅舍渔舟，

图 7-15 仙山楼阁图 清 王时敏

种种云趣，非南渡后人所及。"凡遇名迹，不惜以重金购之，据《国朝画征录》载："李营丘《山阴泛雪图》，费至二十镒。"他曾在《题自画寄冒辟疆跋》中自谓："追溯曩昔藏子久一二真迹，自壮岁以迄白首，日夕临摹，曾未仿佛毫发。盖子久丘壑位置，皆可学而能，惟笔墨之外，别有一种荒率苍莽之气，则不可学而至。故学者罕得其津涉也。"据《国朝画征录》载，他尚择古迹之法备气至者二十四幅为"小中见大"缩本，装成巨册，载在竹笥，出入与俱，以时楷模。故凡布置设施，勒勒斫拂，水晕墨彰，悉有根柢。他在《西庐画跋》评述王石谷之画时又述："然子久真迹，余平生所见几及二十余帧，家藏亦有三四，今皆散佚无存。"①

他不但家藏丰富，还四处拜访诸多藏家。然就是这样一位文人气十足的文人画家，"每得一秘轴，闭阁沉思，瞪目不语。遇有赏会，则绕床大叫，抚掌跳跃，不自知其酣狂也"②，可见其收藏激情无可抑也。

王时敏晚年，因困囤赋闲，无奈将家中珍藏之黄公望《陡壑密林图》《白岩山馆图》出售，致使他茫然若失，痛惜不已，自语："如盲人失杖，怅怅何依。"从中可见其于书画收藏之心绪，也足见其作为文人收藏家之本性。据此，《清史稿》中对其评价可谓定其史名：

时敏系出高门，文采早著。鼎革后，居家不出，奖掖后进，名德为时所重。明季画学，董其昌有开继之功，时敏少时亲炙，得其真传。锡爵晚而抱孙，弥钟爱，居之别业，广收名迹，悉穷秘奥，于黄公望墨法尤为深奥，暮年益臻神化。爱才若渴，四方工画者踵接于门，得其指授，无不知名于时，为一代画苑领袖。

王鉴

王鉴，生于明万历二十六年（1598），卒于清康熙十六年（1677）。字玄照，后为避康熙玄烨之讳而改圆照，又作员照、元照、圆炤，号湘碧，自称染香庵主。江苏太仓人。崇祯时曾任廉州府知府，故有"王廉州"之称。入清后隐居不仕。室名"染香庵"。工书擅画，尤长山水，诗文皆善，与王时敏友善，"与时敏同族，为子侄行，而年相若"，故有"清四王"之"娄东二王"之称。结识董其昌、陈继儒，为"画中九友"成员，系明代王世贞曾孙，故又自称"弇山后人"。

---

① 吴聿明：《四王画论辑注》，浙江人民美术出版社，1994年版，第33页。
② 卢辅圣：《中国书画全书》第十册，上海书画出版社，1996年版，第425页。

图 7-16 湖庄清夏图 北宋 赵令穰

第七章 清代的书画收藏（全盛时期）

王鉴曾祖王世贞，为明代著名文人、鉴藏家，家藏字画、古董、书籍号称江南第一。著有《弇州山人四部稿》《艺苑卮言》等，被尊为文坛盟主，官至南京刑部尚书。王鉴在明末曾出任过廉州知府，后不满明末政治腐败而罢官归里，从此绝意仕途，惟于故纸堆中寻找生活。他不但培养了王翚和吴历，还与王时敏共同培养了王原祁，为娄东画派之祖，也是娄东画派之奠基人。

王鉴由于家庭的关系，家中世有收藏，自幼习字画画，临摹不辍。家筑有尔雅楼，藏书万卷，书画文物无数。他与王时敏不同的是，王时敏习画从黄公望肇始，又以黄公望为皈依，终其一生。而王鉴虽也从黄公望入门，然兼习南北二宗，路子较广。这正如《国朝画征录》所载："（王鉴）精通画理，摹古尤长。凡四朝名绘，见辄临摹，务肖其神而后已。故其笔法度越凡流，直追古哲，而于董、巨尤为深诣。"①

据记载，王鉴家藏的名迹有董源《山水长卷》、巨然《溪山深秀》《赤壁图》、黄公望《浮岚远岫图》、吴镇《水竹山居图》、赵仲穆《溪山渔隐图》、董思白《仿古山水册》、刘珏《仿吴镇〈夏山浴雨图〉》等，这些仅是从王鉴的一些画论题跋中见之，其实收藏名迹应为更多。

王鉴对于习古临学，除了对家藏的名画进行临摹揣学之外，更多的是与收藏家打交道，通过游学天下，遍访获观各地名家所藏历代名迹佳作而获得创作灵感。他交往的收藏家有张觐宸、袁枢、徐弘基、孙承泽、张学曾、周敏中、韩逢禧、王镛、吴其贞等，而其中交往最多的便是一代宗师董其昌。据王鉴在董源《山水卷》中跋："余丙子（1636）九月，谒文敏公于华亭。"另据顾云臣跋王鉴《临北苑潇湘图》载："湘碧（王鉴）先生幼喜绘事，时从董宗伯、王奉常游，得见宋元诸名公墨迹。"②

从中可见王鉴与董其昌及王时敏的亲密关系。

至于王鉴在董其昌处观画鉴赏那更是常事，现摘录如下：

据《王鉴年谱》载："董文敏原藏北苑画卷，乃贾秋壑物。余丙子九月，谒文敏公于华亭，出此鉴赏，真希世之宝。后归袁寰中司农，每形于梦寐。己亥秋仲，雨坐弇园，追师其意，愧未能仿佛万一，掷笔为之汗流。王鉴识。"③

---

① 卢辅圣：《中国书画全书》第十册，上海书画出版社，1996年版，第431页。
② 卢辅圣：《中国书画全书》第八册，上海书画出版社，1994年版，第1158页。
③ 俞丰：《王鉴画论译注》，荣宝斋出版社，2012年版，第46页。

图 7-17 秋山红树图 清 王鉴

又据《吴越所见书画录》载："董宗伯所藏巨然真迹，今归袁环中使君，昨在其署中出此相示。余丙子年曾见于宗伯斋头，今得复还旧观，为之三叹，漫仿其意，不识合作否？壬午小春，王鉴识。"[1]

又据《仿松雪卷》载："余丙子年（1636）访董文敏公于云间，出所藏《鹊华秋色卷》见示，相与鉴赏，叹其用笔浑厚，设色秀润，非后人所能梦见，忽忽几三十年矣。去冬游金阊，新安友人持松雪《水村图》来观，乃余先宫保珍藏者，后有元人六十余跋，皆极推重。其画法如初执笔者，天机活泼，绝无画家习气，二卷为墨林至宝。今春偶寓南翔之白鹤精舍，晴窗幽寂，颇觉适意，自起涤研，追师二卷，熔成此图，愧不能仿佛万一，聊见衰迈之年，尚欲悬习耳。时壬寅春初，王鉴识。"[2]

《陡壑密林图》："黄子久有《陡壑密林图》，为董思翁所藏，后归奉常烟翁，余时得纵观。雨窗岑寂，戏弄笔砚，漫师其法，不求形似也。壬寅小春望日写于染香庵中。王鉴。"[3]

《山水（三）》："余见董思翁所藏赵文敏仿北苑画，怀于脑中者几三十年，客窗无聊，漫拟其法。"[4]

《关山秋霁图》："梅道人《关山秋霁》，深得北苑、巨然三昧，向为华亭董文敏所藏，余时得纵观。三十年来不知此画在于何处，偶见绢素润细，长短相似，遂追师其法而成此图。愧不能仿佛万一，掷笔为之惘然。时庚戌九秋，王鉴识。"

《仿赵黄笔意图》："余见董文敏所藏赵松雪《溪山萧寺图》、京口张氏所藏子久《秋山图》，皆仿北苑笔，各有造极处。今春雨窗无聊，戏弄笔墨，合两家法而成此，愧不能仿佛万一也。甲寅春二月，王鉴。"

《仿宋元山水》："余昔年见董思翁所藏宋元画册二十余幅，皆择古人得意之笔，稍涉画院习气者即弃而不取，后归奉尝烟翁，今复为山左友人易去，不知何时再能一见，客窗漫仿其半，愧未梦见万一也。乙酉九秋，娄水王鉴。"

从上可知，王鉴不但诚服董其昌，敬佩董其昌，而且从董氏收藏的大量名画中

---

[1] 俞丰：《王鉴画论译注》，荣宝斋出版社，2012年版，第20页。
[2] 卢辅圣：《中国书画全书》第九册，上海书画出版社，1996年版，第1100页。
[3] 俞丰：《王鉴画论译注》，荣宝斋出版社，2012年版，第66页。
[4] 俞丰：《王鉴画论译注》，荣宝斋出版社，2012年版，第76页。

获益匪浅，并悉遵董其昌的教诲，认真师学传统画学，从中获取创作的灵感。

《仿曹云西寒溪晓色》："董文敏常谓余曰：学画惟多仿古人，使心手相熟，便能名世。"①

《仿黄子久山水》："董文敏常谓余曰：'元季四大家惟子久真迹最少，一生所见不过数幅。就所见之中以《秋山图》为第一得意之作；其次则《浮峦暖翠》，恨绢素昏黑。'然文敏所见，余皆得观。文敏殁于丙子九月，此后余游两都，又得见数帧，则文敏公所未及见者。虽皆真虎，毕竟以让《秋山图》，次有《陡壑密林》，在蹊径之外别具书堂气，恐不肯居《秋山》之下。"②

以上便是他听从董其昌的教诲，认真师古从学的记载。

王鉴以收藏、鉴古、临摹师学为开宗，又以董巨、公望为肇始，继而遍学博众为拓展。他创作的山水，博采众长，汲取精华，于南北二宗兼收并蓄，终成一代宗师。这正如王时敏在观王鉴《仿黄公望山水》时评赞的："元四大家风格各殊，其源流皆出于董巨。玄照郡伯于董巨有专，诸作往往乱真，此图复仿子久，而用笔皴法仍师北苑，有董巨之功力，又有子久之逸韵，瓶盘钗钏，熔成一金，即使子久复生，神妙亦不过如此，真古今绝艺也。余老钝无成，时欲仿子久而粗率疥癞，相去愈远。今见此杰作，珠玉在侧，益惭形秽，遂欲焚弃笔砚矣，叹绝、愧绝。"③

王翚

王翚，生于明崇祯五年（1632），卒于清康熙五十九年（1720）。字石谷，一字曜樵、象父，号耕烟散人、耕烟外史、乌目山人、剑门樵客、清晖老人、天放闲人、雪笠道人。江苏常熟人。系文人世家，祖上五代均善画。幼时拜张珂为师，后遇王鉴，收为弟子。又再拜王时敏为师。工文，善书，精画，尤善山水。为"清四王"之一。娄东画派创始人。被誉为"清初画圣"。王翚由于家贫，宋元名迹收藏不多，然自师从王鉴、王时敏之后，在"二王"的悉心教导下，潜心临习师学古本。王鉴"先命学古法书数月，乃亲指授古人名迹粉本"。王时敏则让王翚住在他庄园，"许纵观古今名迹"，把家藏的真迹秘本全拿给他观赏临摹，以致王翚在年轻时就临仿古人名迹达"凡唐宋元明诸家无不摹仿逼肖"，几达集大成的地步。除了王时敏、

---

① 卢辅圣：《中国书画全书》第八册，上海书画出版社，1994年版，第1160页。
② 俞丰：《王鉴画论译注》，荣宝斋出版社，2012年版，第105页。
③ 朵云编辑部：《清初四王画派研究论文集》，上海书画出版社，1993年版，第493页。

图 7-18 仙山楼观图 清 王翚

王鉴之外，他还喜与其他的文人、画家交往。据《清晖堂同人尺牍汇存》中记载，与之订交的还有周亮工、笪重光、查士标、恽南田、吴伟业、曹溶、查升、汤右鲁、秦松龄、朱彝尊、禹之鼎、程邃、梅清、钱谦益、唐宇昭、王士禛、宋荦、王鸿绪、高士奇等，而其中不少是大藏家。

"以元人笔墨，运宋人丘壑，而泽以唐人气韵，乃为大成。"这正是王翚作为一位书画家于书画收藏经过长年的借古临学，终成一代大家而发自内心的真实写照。以致王时敏认为，在众多"力追古法者"，"亦不过专学几家，岂能于历代诸名迹，尽得其阃奥。且形似者神或不全，神具者形多未肖"，然"求其笔墨逼真，形神俱似，罗古人于尺幅，萃众美于笔下者，五百年来从未之见，惟吾石谷一人而已"之感叹。①

王原祁

王原祁，生于明崇祯十五年（1642），卒于清康熙五十四年（1715）。字茂京，号麓台，系王时敏孙，王揆之子。太仓人。康熙时进士，曾任河北任县知县、刑部给事中、侍讲、侍读学士、太子府詹事、户部左侍郎等职。工诗善文，尤精山水，为"清四王"之一，娄东画派首领。著有《雨窗漫笔》《麓台题画稿》《罨画楼集》。

王原祁为王时敏之孙，于书画收藏自不用说。在他十岁时，出于绘画的天赋，即被王时敏发现，便悉心指导他临习观赏历代宋元明名迹。二十岁时，王时敏又亲自绘制了一套《仿李成以下宋元名家山水册》，作为王原祁师学古人名作的范本。王氏家藏名迹甚丰，宋元明佳作尽其观赏师学。于此，王原祁于古画临习得出了一套自己的定律："临画不如看画。遇古人真本，向上研求，视其定意若何，结构若何，出入若何，偏正若何，安放若何，用笔若何，积墨若何，必于我有出头地处，久之自与吻合矣。"正是因为王原祁在师学鉴古方面下了远超常人的努力，才使王原祁在山水画创作上达到了常人无法达到的境地。正是由于他卓越的绘画创作才能，终被康熙帝看中，后以画供奉内廷。康熙还亲笔写下了"画图留与人看"六字以示赞扬，且在他五十九岁时补为右春坊中允，并敕命他鉴定内府所藏书画，以定真伪，使他能有更多机会接触大量的皇家内府的书画庋藏。此举，不但令他眼界大开，而且更是促进了他的山水画创作。康熙四十四年（1705），在王原祁六十四岁那年，他奉命出任书画总裁，与孙岳颁、宋骏业、吴暻、王铨等一起，纂辑了清内府有关

---

① 吴聿明：《四王画论辑注》，浙江人民美术出版社，1994年版，第15页。

图 7-19　神完气足图　清　王原祁

书画艺术，包括书画收藏的大型集著——《佩文斋书画谱》。这些，无疑使得王原祁终成一代山水画艺术大师和书画鉴赏家而名闻天下。

画史称"清四王"的王时敏、王鉴、王翚和王原祁，都是直接承继董其昌衣钵的文人画家。他们虽都强调正脉，以"南宗"为根，但王时敏始终着力于董巨、"元四家"，尤崇尚黄公望，并以黄公望为皈依；王鉴师承较为广泛，始师黄公望，不独宗"南宗"一家法门，就连"北宗"诸家的荆、关、李、范，及至刘、李、马、夏也兼收并蓄。他俩虽均从摹古临习入手，然王时敏"强借千载上诸君子之名漫云摹仿"，而王鉴则"凡四朝名绘，见辄临摹，务肖其神而后已"，可见鉴古的方法有所不同。王翚作为后起之秀，先拜王鉴为师，得以纵观古人真迹，仿临鉴学名画不止，后在王鉴的引荐下又投王时敏门下，时敏尽发家藏宋元名迹为之临学。在两位名师的直接指授下，王翚饱览二公家藏珍迹，得以广学鉴古诸家而追本溯源。时王原祁出，得王时敏指授，亦循临古师学之路，尤以黄公望为依归，并承传家传的不少技法。

"清四王"虽都从鉴古临摹、师承传统起手，然也因鉴古的对象不同，师承的方法各异而呈各家不同的品貌。相比较而言，王时敏的山水显示出恬静清脱、气定神闲的风格；王鉴的山水呈现出气度沉雄、精丽秀逸的风趣；王翚的山水展示出工致清幽、笔劲力遒的风韵；王原祁的山水则呈现出简练稳重、浑厚苍润的风姿。从中足见，书画的鉴藏对书画创作，以及画风的形成和画派的确立有着多么重要的作用和价值。艺术家唯有通过典藏的笔墨实践，甄别历代名家风范之长，规范自己的画格品旨，方能确立自己在画史中的地位和坐标。"四王"无疑是杰出的代表。

三、宋权　宋荦

宋权

宋权，生于明万历二十六年（1598），卒于清顺治九年（1652）。字元平，号雨恭，梁园，自号归德老农。归德府（今河南商丘）人。宋荦之父。明天启进士，曾任明都察院右佥都御史、山西副史，入清后任国史院大学士。主持会试主考官，虽有"贰臣"之称，然一生为人正直，为官刚廉，后追太子太保，谥文康。工诗善文，雅好书画。

宋权喜收藏，其书画鉴定具有较高的水平，尤其是对书法的鉴定水平极高。他在评黄慎轩的书法时，鉴定其书法："书出米而出乎米。"宋荦在其《筠廊偶笔》中曾提道："所监晋唐宋明诸帖，皆出晋唐宋明之外，以大学士蒙赐。"宋荦之所以能成为一代书画收藏大家，这与宋权自幼对宋荦的教育，以及留传在家的书画藏品密不可分。宋权历经明清两朝为官，虽为"贰臣"，然却有自己独特的收藏条件。他的藏品大都来自朝廷的赏赐，这一点宋荦在《西陂类稿》中曾记曰："顺治三年（1646）七月二日，上出大内历代珍藏书画赐廷臣，父权（宋权）以大学士蒙赐，……一时辇下侈为美谈。"有一范宽的《雪山萧寺图轴》，上有宋权的题跋"顺治三年七月初二日，钦赐廷臣大学士臣权恭记"即是明证。

宋权不但喜藏书画，有时也会"乘兴点染，灿然天真"，对此宋荦在《文康公十友图跋》中曾忆道："童子时于渔阳官舍见公醉后泼墨，题为《十友图》。"宋权交往的书画家也不少，如王铎就曾在京师为宋权画过兰花手卷。据此，也可从中了解宋权的书画收藏及宋荦受其父宋权的影响之深。

宋荦

宋荦，生于明崇祯七年（1634），卒于清康熙五十三年（1714）。字牧仲，号漫赏，又号西陂、绵津山人，晚号西陂老人、西陂放鸭翁。归德府（今河南商丘）人。为国史院大学士宋权之子。曾任湖广黄州通制、山东按察使、江苏巡抚、吏部尚书。自幼笃学好游，工书善画，擅诗文，通节律，善刻印书籍，尤精鉴藏。为清代宋诗派中的重要诗人。著有《漫堂说诗》《漫赏墨品》《绵津诗抄》《筠廊偶笔》《西陂类编》《沧浪小志》《江左十五子诗选》等。

宋荦曾多次获得康熙帝御书。康熙三十八年（1699）至四十四年（1705）间，康熙三次南巡，皆曾驻跸苏州，且皆由时任江苏巡抚的宋荦负责接驾，康熙以御书"仁惠诚民"和"怀抱清朗"相赠。宋荦在老家西陂村筑有老屋，以作退隐之所。康熙四十二年（1703）南巡，宋荦求御书"西陂"两字。可见宋荦对西陂老宅的重视和喜爱。

宋荦自幼就受家庭影响，喜爱书画和图籍的收藏。顺治十四年（1657），宋荦常与当时著名的收藏家孙承泽、王崇简、熊伯龙、周亮工等相从甚密，并通过汪琬和高珩结识了大藏家梁清标。这一点，可从他的《西陂类稿》中可证："余雅好法书名画，襄从孙侍郎退谷、周侍郎栎园两先生得闻绪论，自官郎署来，更奉教梁真定棠村先生，博考详辩，摩挲金题玉躞，颇得此中三昧。"从上可见，宋荦的书画收藏，先得力于孙承泽和周亮工，而后更由梁清标领入佳境。高士奇曾赠予宋荦一幅董其昌的《江山秋霁图》，这令宋荦十分感激。他在此画的卷尾作诗一首："昭代鉴赏谁第一,棠村已殁推江村,五年当湖暂休沐,摩挲卷轴穷朝昏。"这既明证了他俩的情谊,也说明了宋荦对高士奇鉴赏眼光的赞许。在宋荦的心目中,梁清标(棠村)的眼力当首推第一,高士奇(江村)较之梁清标只能屈居第二。宋荦和孙承泽关系也十分友好,两人虽然年龄相差较大,但系忘年交。又因同道书画爱好,孙承泽常邀宋荦去孙氏的"三雅斋"共赏书画。这在《西陂类稿》中也有明证:"退谷先生许数过,高斋三雅共摩挲,偶披五石瓠中目,始恨当年未见多。"

宋荦性嗜古,精鉴赏,在商丘古城除筑有西陂之外,尚置有御书楼,以专门收藏康熙帝给他题写的墨宝。另置有青论馆、鱼麦堂和松庵等,以专门收藏古籍书画。宋荦交往的人不少,既有达官贵人,又有文人雅士,也有书画家,更有收藏家等。除大藏家孙承泽、高士奇、梁清标之外,尚有汪琬、高珩、朱彝尊、毛奇龄、魏裔介、施闰章、王翚、柳愚公、罗牧、王武、王士禛、恽寿平、朱载震,以及李长衡、陈霭公、汪东山、吴孟举、祝京兆等。

宋荦收藏的书画名迹,其来源也与其他的藏家大致相同:一是父辈传继而来,再是官宦之间的互赠,二是从市场或藏家中购买。

宋荦其父宋权,位居大学士,顺治三年(1646)暑期,以国史院大学士身份蒙赐,曾得之大内历代珍藏书画。据此,宋荦在《筠廊偶笔》载:"七月二日,上出大内历代珍藏书画赐廷臣,父权以大学士蒙赐。"这是说在他十三岁时,其父宋权擢升为翰林大学士,故其父以大学士身份获得皇帝赏赐的内府藏品。而宋荦本人也在康熙朝时多次得到康熙赏赐的书画,如曾赏赐"手指螺纹画《江渡水牛图》,意态生动,虽戴嵩莫过焉",另有《风竹阁》等。

宋荦为官时,也备受康熙帝的恩赐,得康熙赏赐宋荦御题的作品。康熙于四十四年(1705)七月,赐给宋荦"御书诗扇一柄"。同年十月,书"福""寿"二字赐之。另加上以前所赐的"仁惠诚民""怀抱清朗"等御字,为此,宋荦在晚年时,专筑有一"御书楼",以专门珍藏康熙帝所赐的作品。他在《西陂类稿》中说"拜赐御书恩浩洋,仁惠诚民额臣堂。怀抱清朗褒殊常,临米芾书缭绫光",即证实了这一点。

宋荦除了承袭家藏书画之外,与其他官僚及友人间的互相赠送也是常事。徐俟斋就曾送他《芝兰图》一幅,他还作诗示谢。宋荦曾在北京慈仁寺购得《十六国春秋残本》。顺治年间,宋荦曾远游安徽、金陵等江南诸地,收罗了大量的名帖秘籍,其中常熟毛晋"汲古阁"藏书散佚后,大半为宋荦收获,如宋版《徂徕文集》《阳陵先生诗》《玉澜集》，以及《松雪斋集》《刘豫事迹》《安禄山事迹》等名籍，大半归宋荦购入。

宋荦的眼光也为世人称道。他曾自诩："余尝云黑夜以书画至，摩挲而嗅之，可辨真赝。"其实，这些对懂鉴画者来说，也真的算不了什么。不过梁章钜在《浪迹丛谭》中曾引《筠廊随笔·宋漫堂鉴赏》一则述："合肥太史孙筌家藏《画鹑》一轴，陈章侯题曰'此北宋人笔'，人不知出谁氏之手。公（荦）览之，定为崔白画。座间有窃笑者，以为姑妄言之耳。少顷持画向日中曝之，于背面一角映出图章，文曰'子西'。子西即（崔）白号，众始叹服。"

另有黄州司理王俟斋，在客厅悬一画以试宋荦眼力。宋荦坐在门外车上一见，便断此为林良所作。王俟斋心悦诚服矣。清代朱彝尊有诗赞云："妙鉴难能别毫发，一时难得两中丞。"两中丞所指的就是当时收藏界的卞永誉与宋荦。

宋荦一生收藏的法书名画不可计数，其中法书珍品有：钟繇的《荐季直真迹卷》、杜牧的《张好好诗卷》、徐浩的《朱巨川告身卷》、文天祥的《木鸡集序卷》、苏轼的《自书诗卷》《治平帖》《杂书卷》、徐铉的《私诚帖》、朱熹的《生涯帖》、赵佶的《闰中秋月帖》、陆游的《尊眷帖》、黄庭坚的《寒山庞居士诗卷》、宋襄的《墨迹卷》《虚

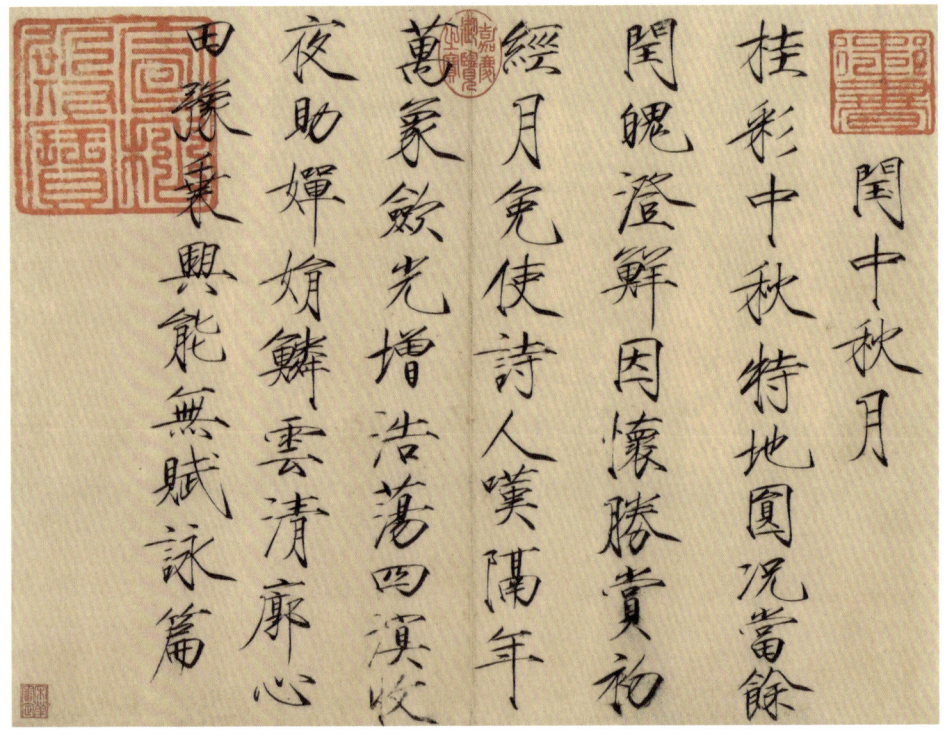

图 7-20 闰中秋月帖　北宋　赵佶

堂诗帖》、吴说的《尺牍册》、赵孟𫖯的《跋定武兰亭卷》《行书十二札卷》《千字文卷》等；名画珍迹有：吴道子的《钟馗小妹图》、阎立本的《孔子弟子像图卷》、王维的《伏生授经图》、韩幹的《马性图卷》《五牛图卷》、周昉的《宫人调鹦鹉图卷》、顾闳中的《韩熙载夜宴图卷》、巨然的《陵山林薮图轴》、郭熙的《江山雪霁图卷》、王齐翰的《采芝仙图》、范宽的《雪山萧寺图轴》、赵佶的《四禽图册》《五色鹦鹉图卷》、王诜的《烟江叠嶂阁卷》《渔村小雪图卷》、李公麟的《马图卷》、江参的《林峦积翠图卷》、李唐的《江山小景图》、马远的《江山深秀图卷》、马麟的《静听松风图轴》、郑思肖的《画兰图卷》、崔憨的《榍鸠图卷》、钱选的《三蔬图卷》、赵孟𫖯的《鹊华秋色图卷》《红衣罗汉图》《二羊图卷》《窠木竹石图卷》、董其昌的《秋兴八景图》，等等。

经宋荦收藏的书画名迹，其上大多钤有臣荦、字牧仲、宋荦私印、荦、牧仲、西陂、宋荦审定、长楙占人、漫赏珍藏、宋氏牧仲、商丘宋氏收贮图书、纬绣草堂画记、商丘宋荦审定真迹、西陂诗老书画府印等，其中不少是特制的收藏印记，这些对鉴别宋荦藏画具有一定的参考价值。

宋荦收藏的名迹，后来部分转让给了梁清标，有部分到了张照手中，也有的为安岐所藏。不过，之后的重要藏品虽经张照、安岐之手，最后也全转入了乾隆内府。

宋荦另著有《西陂藏书目》一卷，内计有数万卷图籍之多。

综合宋荦的一生，史评宋荦："所藏宋元名迹，宋元秘帙，冠于河右。"周绍良

图7-21　红衣罗汉图　元　赵孟𫖯

在其《清代名墨丛谈·宋荦墨品·三卷》中称："鉴赏之精，收藏之富，不惟冠绝一时，后来者也难伦比。"故誉其为"江南第一收藏大家"。

四、吴其贞

吴其贞，约生于明万历三十七年（1609），约卒于清康熙十七年（1678）。字公一，号寄谷，室名梅景书屋、怡春堂。安徽休宁人。喜文辞，尤擅鉴藏，著有《书画记》。

从某种意义上说，吴其贞若没有留下《书画记》这一书画著录书以传世，后世的人们可能就无法真正地了解他，他在书画收藏的历史长河中也就不会留下大名。正是这部《书画记》的传世，让人们有幸了解他、认识他，从中获取了诸多值得研究和探讨的问题及价值。

《书画记》的开篇，并没有记下他观览书画的时间。在他有意要记下看画的时间时，已是明崇祯乙亥年（1635）二月三日，系他在观赏张萱《仕女鼓琴图》时所记。这正如他在"张萱《仕女鼓琴图》绢画一卷"一条中记："时崇祯乙亥年（1635）春二月三日，而记中注年月者始此。"① 然以后的撰录，有的计时，有的仍不计时。

《书画记·卷一》开篇记有五幅名画，分别为：夏珪的《夏江泛棹图》、关仝的《江村积雪图》、徐熙的《粉红莲花图》《风芙蓉图》，以及元人佚名的《野草图》。在《野草图》后接着又记："以上五图大人所藏物。大人笃好古玩书画，性嗜真迹，尤甚于扇头，号千扇主人，然不止千也。主人字豹韦。"② 从上可知，吴其贞出身于书画收藏之家，其父豹韦，不但收藏诸多书画，还藏有不止千把的扇画，故得"千扇主人"之号。

《书画记·卷五》"张樗寮《楷书金刚经》二本"记："此经同长儿振启观于本郡东山营游府王公方仲公廨内。"③ 又《书画记·卷六》中，在"宋无名氏《村落秋收图》纸画一小幅"一条中记："此图观于长男振启手。"④ 另黄大痴《游骑图》中："将欲北渡复索前书画，同长男振启细玩终日。"⑤ 从这几则的记载中可知，吴其贞还常

---

① 卢辅圣：《中国书画全书》第八册，上海书画出版社，1994年版，第32页。
② 卢辅圣：《中国书画全书》第八册，上海书画出版社，1994年版，第25页。
③ 卢辅圣：《中国书画全书》第八册，上海书画出版社，1994年版，第100页。
④ 卢辅圣：《中国书画全书》第八册，上海书画出版社，1994年版，第112页。
⑤ 卢辅圣：《中国书画全书》第八册，上海书画出版社，1994年版，第83页。

与其子振启一起外出观画购画。如此看来，吴家三代均喜书画收藏。

吴其贞曾经参加过科举考试，但因未能及第而后热衷于书画收藏。他从事书画收藏约四十年之久，实系一位集文人和古玩商为一体的书画鉴藏家，为清代著名书画收藏家之一。

吴其贞在自己的书画收藏生涯中，交往的人也不少。从《书画记》一书中可知，常与之交往的有吴国珍、宋元仲、汪三益、程龙生、王仲嘉、汪嘉甫、汪亦止、王尔吉、程正言、吴本文、王荦敬、汪仲绥、陆家达、王君政、季固是、顾维玉、郑季豹、吴民培、归希之、庄淡庵、张范我、王君政、曹溶、朱敬琚、邹之麟、王越石、王廷宾、朱我安、陈师仲、李升之、卞永誉、何石介、张黄美、李孝廉、顾禹岳等。他们中有的是官僚士夫，有的是书画家，有的是收藏家，有的是古董商和装裱师等。这些人在《书画记》中常有记载，然没有记载的肯定还有不少。

观览《书画记》中的记述，以及《书画记》末卷的王齐翰《渊明图》一卷中载："以上三图观于扬州吴期玉斋，时丁巳十二月六日。"丁巳系康熙十六年（1677），吴其贞时年七十岁。就此可知，吴其贞鉴赏经营书画，长四十余年，足迹遍于浙江、江苏、安徽一带，所历城市包括苏州、扬州、杭州、绍兴等地，从中既可掌握作者本人收藏鬻售书画之经历，又可窥见了解不少藏家、画商及徽商购藏书画的情况。

吴其贞对书画真伪的鉴别也有自己独特的一套方法。除了运用经验性的方法，对书画作出真伪辨别之外，还运用笔墨法、气韵法、风格特征，以及纸张、印鉴和题跋等诸多方面进行鉴定，并在比较中作出自己的判别。

运用笔墨法鉴定

依照每一位书画家不同的运笔用墨的方法对书画作出真伪鉴别，这无疑是古代书画鉴定的常用方法。吴其贞虽也运用此鉴定法，然有着与常人不同的判别见解和独特的看法。这些在他的《书画记》中有大量的描述和记载。

如对绘画作品的鉴定：

《书画记·卷二》"黄大痴《秋山访友图》小纸画一幅"记："气色佳，绘一丘一壑之景，树木高大，上有两重山头，用笔柔软，皴法松秀浑化而有精神，绝无常法，盖效巨然，真神品也。"[①]

《书画记·卷五》"黄大痴《群峰耸翠图》纸画一大幅"记："纸张上段稍有剥

---

① 卢辅圣：《中国书画全书》第八册，上海书画出版社，1994年版，第34页。

落而墨色乌黑精彩，迥然如新。画为高远幽深之境，运笔纵逸。由其放宕天真烂漫，气韵浑厚。"①

如对书法作品的鉴定：

《书画记·卷二》"怀素师《苦笋帖》一卷"记："书法秀健，结构舒畅，为素师超妙入神之书。"②

《书画记·卷四》"怀素《自叙帖》一卷"记："书法秀健，结构飘逸，深得大令意趣。为素师生平得意之笔，诚法书之宝也。"③

《书画记·卷一》"张樗寮《楷书秋风辞》一卷"记："笔法苍老，如断钉折铁。"④

运用气韵法鉴别

以气韵鉴别书画的真伪，是从唐宋直至明清两代以来，历代书画鉴定家的常用手法。吴其贞作为一位书画商人，因其学问见识颇高，阅书赏画颇丰，故对书画鉴定也常以气韵加以鉴别。

《书画记·卷一》"黄大痴《临江阻风图》纸画一幅"记："笔法古雅，气韵生动，神品也。"⑤

《书画记·卷二》"黄大痴《幽亭图》小纸画一幅"记："气色尚佳，……用笔老苍，气韵高致，为大痴之好作。"⑥

这些对气韵鉴画的描述，并以此法鉴别书画作品的真伪，在《书画记》中可谓比比皆是。如对李唐的《风雨归牛图》作"气韵如真，为神品画"；对赵松雪的《梨花白燕图》作"气色如新，画法精媚"；对李唐《观碑图》作"画法精俊，气韵浑厚，神品也"；对巨然《萧翼赚兰亭图》作"画法工致，山头松秀，树木森然，气韵生动，丘壑幽绝，神妙作也"，等等。

运用纸绢、印鉴作鉴别

如对纸绢的鉴别：吴其贞对古书画所用纸张及绢素十分熟悉，一眼便知其为何

---

① 卢辅圣：《中国书画全书》第八册，上海书画出版社，1994年版，第97页。
② 卢辅圣：《中国书画全书》第八册，上海书画出版社，1994年版，第48页。
③ 卢辅圣：《中国书画全书》第八册，上海书画出版社，1994年版，第75页。
④ 卢辅圣：《中国书画全书》第八册，上海书画出版社，1994年版，第26页。
⑤ 卢辅圣：《中国书画全书》第八册，上海书画出版社，1994年版，第36页。
⑥ 卢辅圣：《中国书画全书》第八册，上海书画出版社，1994年版，第39页。

纸或何绢。

《书画记·卷一》"《宋人小画图册》一本计十二张"记："李后主《葫公图》，纸画镜面，是唐白麻纸，纸墨并胜。"①

《书画记·卷一》"马和之《豳风图》纸画一卷十则"记："画于澄心堂纸上，气色尚佳，画法工致。"②

《书画记·卷一》"黄山谷《饯君帖》"记："书在白粉笺上，书法行楷，无颤掣之气。"③

《书画记·卷一》"唐人廓填《王右军中郎帖》一卷"记："是为硬黄纸，精彩有上古气韵，笔法贯通绝无停滞处。"④

《书画记·卷四》"王右军《袁生帖》一卷"记："书卷冷金笺上，纸墨佳，书法之妙，已经历代帝王名贤品评。信旷代在世法书第一也。"⑤

如对印章的鉴别：以印章去判别书画作品的真伪，在古代是一种常用的方法。然若要真正地掌握这种方法，主要依靠的是其藏有或鉴别过大量的真迹，以其真迹上的所用之印去加以比较。另外还必须靠积累观画之丰富的知识和经验才可获取。

吴其贞曾对两幅宋高宗书法作品从印章上去加以鉴别。

《书画记·卷二》"宋徽宗《大白蝶图》小绢画一幅"记："此系比时徽宗目睹苑内飞来有此蝶特貌之为图，识天水花押用御书瓢玺。后来高宗见之，未免蓼莪之感，故敬题于后，亦用印玺，尚为宋裱。"⑥

这是吴其贞见了徽宗之画，又经高宗题跋及所钤御玺，从而得出此作为真迹的结论。

《书画记·卷五》"马远《永宝长生图》绢画一幅"记："……赐王都提举为存用，辛巳御书，二玺书法圆健，有殊于常，若非此二玺，则认为高宗矣。"⑦

这就是说，这画中所写的御书，若不仔细辨认画上的两枚御玺用印，很容易误

---

① 卢辅圣：《中国书画全书》第八册，上海书画出版社，1994年版，第26页。
② 卢辅圣：《中国书画全书》第八册，上海书画出版社，1994年版，第27页。
③ 卢辅圣：《中国书画全书》第八册，上海书画出版社，1994年版，第27页。
④ 卢辅圣：《中国书画全书》第八册，上海书画出版社，1994年版，第31页。
⑤ 卢辅圣：《中国书画全书》第八册，上海书画出版社，1994年版，第74页。
⑥ 卢辅圣：《中国书画全书》第八册，上海书画出版社，1994年版，第45页。
⑦ 卢辅圣：《中国书画全书》第八册，上海书画出版社，1994年版，第97页。

判此书为高宗所写。

《书画记·卷三》中还记载了他观赏黄公望《富春山居图》的情况,以及收藏《剩山图》的隐秘,从中折射出吴其贞独特的鉴画眼光,以及《剩山图》之名的由来:

画法柔软,松放秀嫩,盖效董巨二家,绝无虞山丘壑面目绘写富春山水也。坂上一片松木宛如倪云林,溪峰一带松树逼似王叔明,变幻无穷,高韵悠然。长有三四丈,望之使人清爽欲仙。此图不惟为大痴第一画,当为亘古第一画。夫图画者基于太极,成于秦汉,盛于晋唐宋元,评者曰:"画人物今不及古,画山水古不如今,二者指元人也,而元人山水又首推大痴。"识曰:"至正七年,仆归富春山居,无用师偕往,暇日于南楼援笔写成此卷,兴之所至觉叠叠布置如许,遂填札阅三四载未得完备,盖因留在山中而云游在外故尔。今特取回行李中早晚得暇着笔,无用过虑有巧取豪夺者,俾先识卷末,庶使知其成就之难也。"十年,青龙在庚寅歇节前一日,大痴学人,用一峰道人图书,卷后有沈石田、周公瑕、王百谷、董思白、邹臣虎等题跋。此卷原有六张纸,长三丈六尺,囊为藏卷主人宜兴吴问卿病笃命焚以殉,其从侄子文俟问卿目稍他顾迅将别卷从火中易出,已烧焦前段四尺余矣。今将前烧焦一纸揭下仍五纸长三丈,为丹阳张范我所得,乃冢宰赤函先生长君也。聪悟通诸技艺,性率真,好收古玩书画,无钱即典田宅以为常。予于壬辰五月二十四日偕庄淡庵往谒借观,虽日西落犹不忍释手。其图揭下烧焦纸尚存尺五六寸,而山水一丘一壑之景全不似裁切者,今为予所得,名为《剩山图》。①

顺治九年(1652)五月的一天,吴其贞与一位官场朋友庄冏生一同前往丹阳张范我的府上观赏《富春山居图》,直至斜阳西下,阳光落到画卷上,吴仍无意释手。当时他俩观赏的《富春山居图》已经焚烧后重新装裱,焚余长卷仍按旧称,然烧焦后的一纸经重裱后名曰《剩山图》,后终于归入吴其贞,成为吴其贞之至爱:"其图揭下烧焦纸尚存尺五六寸,而山水一丘一壑之景全不似裁切者,今为予所得,名为《剩山图》。"并在画芯右下方钤有"其贞"小印一枚。

庄冏生,系张范我的好友,庄氏系清顺治四年(1647)进士,擅长书画,尤喜收藏。他常邀请吴氏去他家观赏品鉴其所藏之名迹,同时,庄也从吴氏手中购去不

---

① 卢辅圣:《中国书画全书》第八册,上海书画出版社,1994年版,第58页。

图 7-22 剩山图 元 黄公望

少名迹,后大部进奉清内府。

万历二十四年(1596),《富春山居图》曾辗转到了董其昌之手,董氏他还曾邀请王穉登至其画禅室中欣赏。董其昌晚年又以高价质押给吴兴的吴止志,传给了吴家第二代的吴洪裕,之后便发生了世人皆知的殉画事件。顺治九年(1652),吴其贞在丹阳张范我家披阅观赏,四年后,张又将名迹转售于泰兴的季寓庸。顺治十二年(1656)的四月,吴其贞在季家又观赏了《富春山居图》。季寓庸为明朝天启二年(1622)的进士,辞官后专事盐业生意,获资丰盛,故有收尽天下法书名画之宏图,惜其眼力未逮,常邀吴其贞前往其家观赏,帮助其鉴别书画真伪,借此所观名迹无数。

吴其贞秘藏的《剩山图》,后迫于无奈转到了扬州通判王廷宾手中。因王廷宾想将其所得的《三朝宝绘》册收编完整,吴其贞曾为王廷宾掌眼,王为了使自己成为大收藏家,几乎买走了吴其贞的全部藏品,《剩山图》即为其中之一而已。

吴其贞除了运用笔墨、气韵、风格,以及纸绢、印章对书画作品作出真伪判别之外,还对书画中的题跋和款识作过深入的研究,以此对法书名画作出自己的判断。《书画记·卷五》"米元章《拟古诗》一卷"一条中作过如下的记载:

书在蜀素之上,气色如新,计字五百五十有六,大如指头,是为行书也。书法清健,结构潇洒,落笔处绝无垂珠滴露,盖用悬针全脱本色,似效李北海,稍类《山阴图》题跋诗之后段。素上有宋人胡完夫题曰"熙宁八年四月十四日,与东海徐道渊、成都同丘公显同赴子中邵氏东园之招观此数遍。晋陵胡完夫题"，此题是观赏其素也。又无名氏题曰"泰伯镇书蜀道难已下"，此题想前段还有伯镇书也。又东川题曰"庆历甲申岁东川造此"，是造素人题也。又希子中题曰"蜀素一卷藏在余家二十余年，今既装褫，将蜀善书者题。熙宁元年戊申丙月吴郡记"，又希子中此系藏素主人所题也。以上诸题时而元章尚未为书，及元章书后剩有白素至完夫题处空有二尺，为明董思白题于其中曰："米元章此卷如狮子捉象，以全身力赴之，当为生平合作。"余先得摹本刻之戏鸿堂帖，甲辰五月新都吴太学携真迹至西湖遂以诸名迹易之，时徐茂、吴方诣吴观书画，知余得此卷叹曰："已探骊龙珠，余皆长物，吴太学书画船为之减色矣。"然复自宽曰："米书得所归矣，太学名廷，尚有右军《官奴帖》真本董其昌题，又陈瓛题曰'万历乙卯长至日海昌陈瓛观题'，到此蜀素毕矣。"卷后副纸上有沈石田、祝枝山、文衡山、顾从义、王衡、董思白等题跋，前面引首宋笺上又有思白题跋，隔首上又有思白题跋，此卷已载米氏志林。余慕之久，今始观于子鱼侄孙海昌之侨居，玩赏两日，陪赏者子鱼从兄长公也。时甲辰仲冬廿二日。①

吴其贞的书画藏品，大部分来自他自己的购买，有的系朋友之间的相互交换，也有的系相互赠予。

关于购买：

《书画记·卷五》"李伯时《莲社图》绢画一幅"记："此图去年六月观于绍兴朱石门先生令孙十三老家，令人不能释手，恨不得卧于图下，千谋百恳至今年四月方购到手。"②

《书画记·卷五》"崔子西《喧晴图》绢画一小幅"记："濠梁崔白画《喧晴图》，上有草庵居士胡安国题七言绝句一首，书法苍秀。上有印玺花押似一'任'字，但不知何代帝王花押也。二图购于新建伯后裔之手，系新建伯继子王瑞楼所遗之物。"③

《书画记·卷一》"马远《秋江垂钓图》绢画斗方"中记："……超妙入神作也。以上三图观于夏季远，夏邑人骨董前辈也。予购其《秋江垂钓图》并元人书札三

---

① 卢辅圣：《中国书画全书》第八册，上海书画出版社，1994年版，第91页。
② 卢辅圣：《中国书画全书》第八册，上海书画出版社，1994年版，第100页。
③ 卢辅圣：《中国书画全书》第八册，上海书画出版社，1994年版，第104页。

纸。"①

《书画记·卷一》"梅道人《竹梢图》小纸画一幅"记："纸墨如新，写一枝晴竹枝叶简略，盖法文与可。以上四图并元人书简一卷，购之于王尔吉。"②

其他如易元吉的《戏猿图》、马和之的《毛诗图》、管道昇的《竹石图》、僧梵隆的《高僧图》、倪云林的《松林亭子图》、李嵩的《松阴鼓琴图》，以及黄公望的《云收月空图》等均为吴其贞购买所得。

另在《书画记》中有不少作品记有来自"得于"和"得之于"，这"得于"与"得之于"几字，是其购买还是赠予就不得而知，总之，这也应是他购买或他人所赠之藏品。

关于赠予的有：

《书画记·卷二》"张伯雨《雨竹图》小纸画一幅"记："张雨戏写，此图向在雁塘吴村庸家，以十嗜书画特持见赠。"③

"夏禹玉《竹斋读书图》小纸画一幅"记："画法高简，识二字曰'夏珪'，上有龙石元鼎题咏，用一墨印。此老友陈君一携来吴门赠予。"④

还有交换的：

有一件米芾的《拟古诗》卷，吴其贞将其收藏的经过作了如下的描述："余先得摹本，刻之《戏鸿堂帖》，甲辰五月新都吴太学携真迹至西湖，遂以诸名迹易之。"⑤这是说，他以"诸名迹"交换后得到了这件米芾的真迹。

另有一钱舜举的《江村捕鱼图》，也是经交换而得来的："气色如新，盖仿赵千里金壁山水，上有题识'以上六图在钱唐张公署中观之'。公讳文光，号樵门，祥符人，戊辰进士，居官清介，有恺悌风。理政之暇惟好博古，家多收藏，是日与予易去王晋卿《西岳降灵图》、李营丘《古木流泉图》、工若水《古木寒禽图》、马世荣《竹深荷净图》、宋元翰墨一卷。"⑥

吴其贞在与诸多书画家的交往中，尤与邹之麟的交往颇有意思。

---

① 卢辅圣：《中国书画全书》第八册，上海书画出版社，1994年版，第30页。
② 卢辅圣：《中国书画全书》第八册，上海书画出版社，1994年版，第31页。
③ 卢辅圣：《中国书画全书》第八册，上海书画出版社，1994年版，第54页。
④ 卢辅圣：《中国书画全书》第八册，上海书画出版社，1994年版，第81页。
⑤ 卢辅圣：《中国书画全书》第八册，上海书画出版社，1994年版，第91页。
⑥ 卢辅圣：《中国书画全书》第八册，上海书画出版社，1994年版，第56页。

宋高宗《临智永千字文》中记载了他与邹文麟的交往："是为草书，书在绢上，气色如新，书法圆健，风神藻丽，为高宗绝妙之书。上有乾卦小玺。以上二种并记中颜鲁公《祭侄文》，在中元兄丘园上观于仇斗垣手。同观者有武进邹臣虎先生，先生讳之麟，号衣白，善临池丹青，笃好古坑器皿，特来余乡欲谋《祭侄文》，及见鲁公《送裴将军出征诗》，后有太仓二王题跋。先生爱之，购此而却《祭侄文》，又《出征诗》是廓填者。时辛巳三月二十二日。"①

另《书画记·卷二》"孙太古《产黄庭图》"中还记有他欲购名迹而不得，遂生妒心之记载："画法苍秀，气韵高古，与众不符，为超妙入神之画。上有徽宗题曰'孙太古画仙姬李八百株《产黄庭图》'，用有御玺。此图向藏在溪南，昨为王越石得之，以为至宝不肯售，余深妒之。"②

那么，作为收藏家的吴其贞一生究竟收藏了多少书画名迹呢？

据《书画记》中所载，以及其他资料可知，吴其贞除了藏有黄公望的《剩山图》名作外，还藏有：郑思肖的《墨兰图》、王献之的《鸭头丸》、陆机的《平复帖》、王诜的《瀛山图》等这些至今尚仍存世的名迹，另收有张萱的《仕女鼓琴图》、米芾的《朝议士大夫诗帖》、许道宁的《天台采药图》、钱舜举的《林檎双鸟图》《戏婴图》、米友仁的《云山图》、赵昌的《芙蓉图》、苏汉臣的《婴儿斗蟋蟀图》、米芾的《拟古诗》、王诜的《梦游瀛山图》、马远的《莲塘白鹭图》《秋江垂钓图》、夏圭的《松溪泛棹图》、赵孟頫的《泛舟追凉图》《修竹蕙兰图》《枯木修篁图》、黄公望的《云收月空图》、高克恭的《烟江水阁图》、吴镇的《清溪勘鹤图》《洞庭钓艇图》、王蒙的《兰雪斋图》、倪云林的《松林亭子图》，等等，可谓是名迹繁多，不可计数。据《书画记》中所载，吴其贞收藏的书画

图7-23 墨兰图 元 郑思肖（传）

---

① 卢辅圣：《中国书画全书》第八册，上海书画出版社，1994年版，第49页。
② 卢辅圣：《中国书画全书》第八册，上海书画出版社，1994年版，第51页。

多达一千二百五十六件,另有小品册页达一千四百五十件,总共二千七百余件。一个人的一生经眼鉴藏如此之多的书画名迹,这在古代交通不便、信息不通的封建社会实属相当不易。

这正如吴其贞本人于崇祯十二年(1639)感叹道:"忆昔我徽之盛,莫如休、歙二县;而雅俗之分,在于古玩之有无。故不惜重价,争而收入。时四方贷玩者闻风奔至,行商于外者搜寻而归,因此所得甚多。"

从上可知,吴其贞因著有《书画记》让后人了解知晓他的书画收藏世界,也因《书画记》而得以藏史留名。从中可见书画著录的现实价值和历史意义。

吴其贞不愧是一位文人兼画商的收藏人家。

图 7-24 松林亭子图 元 倪瓒

五、吴昇

吴昇,生于崇祯十二年(1639),卒于康熙五十二年(1713)。字子敏,吴郡(今江苏苏州)人。善文,博雅好古,尤精书画鉴赏,为一位成功的书画商人,著有《大观录》。

吴昇自幼受家庭影响,嗜古好学,鼎彝法物皆善鉴识,尤精书画收藏,并与著录撰文结合起来,可谓既有实践,又有理论,实为古玩商中之成功人士,令其名垂青史。

吴昇于书画收藏,据王掞在其《大观录》序中称:"我郡吴君子敏自少好古,鼎彝法物皆善鉴识。尤于前贤书画甄别不爽,曾从余先奉常公及退谷、倦圃诸先辈游处，因得研搜翰墨，评次丹青。厥后交益广，所见益夥，藏缣秘轴靡不经览，尤能自出心眼与古人参证于毫芒杪忽之介，斤斤乎疑信不苟畦畛划然，故俗伪难眯其所精赏者特真。夫子敏非能书画者也，乃能抉书画之精髓而融会其神趣，凡所品第甲乙各随时代之气候，其笔墨有厚薄，神理有衰旺，气韵有雅俗，纸素有粗细，运以勤思，饎以老识，迄晚年鉴别可以未观款跋，一望而知为某代某人斯亦善矣。"①

宋荦则称其："子敏雅有嗜古癖。得古人真迹断墨残楮，追其神补其迹，因游艺苑间遂推海内第一。"②从王掞和宋荦这两位的序文中，可见对吴昇的书画鉴藏评价之高。

吴昇时与当时享有盛名的书画鉴藏大家孙承泽、梁清标，以及曹溶、宋荦等交往甚密，固得以研搜书画名迹，评品书画。

宋荦藏有董源的《万木奇峰图》轴，朱彝尊依据《宣和画谱》上的记载，题记"称其为董源之作"，然吴昇以为此作虽为宋氏藏品中的佳作，《宣和画谱》上也有记载，却为何画作上"无徽庙标题，亦无宣和玺痕"。再从用笔分析，他认为画面缺乏董源应有的"气雄力厚"之笔力，却有似巨然描绘自然景物的"萧森"。为此，他鉴别此作应为巨然之作。③

元代何澄有《归庄图》，尽管诸多鉴赏者对此赞誉不绝，誉其一卷千金，贵比连城，且图上尚有赵孟頫、邓文原、虞集、刘必大、揭傒斯、柯九思等诸多大家的题跋。然吴昇经鉴别后却认为此作"有气韵"，只是图上的"树石屋宇，行笔俱疏落，未见有精能绝诣处"。鉴此，吴昇感叹道："不知文敏诸巨公何以交相引重？至谓一卷千金贵比连城可讶也。"④

另有王右丞《江干雪意图卷》，上钤有御书印、内府合同印、揭傒斯等诸印，另有沈周、王鏊、董其昌等跋，全卷虽呈"风蒲猎猎景象，气韵古厚雄放"，然吴昇以为"似宋初郭恕先笔，盖右丞真迹余四十年来历从诸赏鉴巨公家未曾见一本，即所谓漆筒古墩中物，要不过好事者，以讹传讹神其说以炫俗耳，余就画言画定为郭迹"，并感叹曰"博雅君子将无同乎"。⑤

---

① 卢辅圣：《中国书画全书》第八册，上海书画出版社，1994年版，第124页。
② 卢辅圣：《中国书画全书》第八册，上海书画出版社，1994年版，第124页。
③ 卢辅圣：《中国书画全书》第八册，上海书画出版社，1994年版，第419–420页。
④ 卢辅圣：《中国书画全书》第八册，上海书画出版社，1994年版，第466页。
⑤ 卢辅圣：《中国书画全书》第八册，上海书画出版社，1994年版，第382页。

以上事例，足见其与众不同的鉴识水平及眼力。

其实，吴昇精于书画鉴别，一方面得力于广搜博求无数古迹名作；另一方面得力于自己混迹市场，购藏交换藏品之实践所至。

吴昇曾于甲子年（1684）在扬州购得倪云林的《耕渔轩图》一轴。此作系"独仿董源墨深气厚"之作，后携至长安，被梁清标鉴别购去后，感叹曰："不觉神往而有概乎中焉。"

乙卯年（1675）春，王石谷赴吴门，吴昇将其收藏的仇英的《莲溪渔隐图》让他观赏，没想到，王石谷一见此作，就惊讶不已，问吴昇从哪里收得此作，吴昇回答此作在武塘用八金购得。没想到王石谷"欲信其值纳诸橐"，竟以双倍的价格将其买下。

吴昇旧藏有一幅黄居寀的《秋荷坡石图》，图中所绘秋荷残叶，舒卷离披，莲房绽裂，别具高雅灵动之韵。然因当时官府征税催逼特急，他无奈只得将此画卖掉交税。卖掉后吴昇心情不佳，"徘徊追恋，盖不胜陈后长门之叹云"。

吴昇鉴识过的法书名画，皆为举世名作，法书有：钟繇的《荐季直表》、陆机的《平复帖》、隋人的《出师颂》、王羲之的《快雪时晴帖》、王献之的《中秋帖》、冯承素的《摹兰亭序》、欧阳询的《梦奠帖》、孙过庭的《书谱》、张旭的《古诗四帖》、颜真卿的《祭侄文稿》、杜牧的《张好好诗卷》、怀素的《自叙帖》、杨凝式的《神仙起居法帖》等。名画有：顾恺之的《女史箴图》、展子虔的《游春图》、阎立本的《职贡图》、梁令瓒的《五星二十八宿真形图》、韩滉的《五牛图》、周昉的《簪花仕女图》、阮郜的《阆苑仙女图》、顾闳中的《照夜白图》、宋徽宗的《虢国夫人游春图》、赵幹的《江行初雪图》、董源的《潇湘图》《龙宿郊民图》、黄公望的《富春山居图》等，从中显见吴昇的眼光。

从以上作品分析，其中晋人陆机的《平复帖》现藏北京故宫博物院，是迄今存世最早的草书名迹，对研究中国早期的书法演变提供了不可多得的依据。展子虔的《游春图》现藏北京故宫博物院，为迄今存世最早的山水图卷，对研究中国早期山水画从初创期至发展期提供了极为重要的价值。

吴昇"藏缣秘轴靡不经览，尤能自出心眼与古人参证于毫芒杪忽之介，斤斤乎疑信不苟畦畛划然，故俗伪难眯其所精赏者特真"，然吴昇本人虽"非能书画者也，乃能抉书画之精髓而融会其神趣，凡所品第甲乙各随时代之气候，其笔墨有厚薄，神理有衰旺，气韵有雅俗，纸素有粗细，运以勤思，雠以老识"，"得之展阅披勘，

图 7-25 张好好诗 唐 杜牧

图 7-26 簪花仕女图 唐 周昉

牧大和三年佐故吏部沈
公江西幕,好二年十三,始
以善歌舞来乐籍中
後一歲公镇宣城復置
好於宣城籍中,後三年
沈著作迷師以雙鬟納
之又三歲,霧有於潯陽東
城重覩好,感舊傷懷
故題詩贈之

十三繞枝花
娉娉裊裊餘年華
豆蔻梢頭二月初
春風十里揚州路
捲上珠簾總不如

自作新詞韻最嬌
小紅低唱我吹簫
曾過垂虹亭下否
松陵煙雨晚蕭蕭

燕燕輕盈,鶯鶯嬌軟
分明又向華胥見
夜長爭得薄情知
春初早被相思染

別後書辭,別時針線
離魂暗逐郎行遠
淮南皓月冷千山
冥冥歸去無人管

張好好詩 并序

年标月注以揭平生巨观,如错锦成襄积瑶为府,笼古今之神逸悉归诸学林识海中,以视笥袭而箧珍者所得不更侈耶"。以至吴升晚年鉴别书画可达"未观款跋一望而知为某代某人斯亦善矣。"①

吴昇虽为一书画商人,然于书画鉴别的最大功绩,无外乎集一生之力,撰写了一部《大观录》巨制,这对一位书画商人来说,实非易事,在中国书画收藏史上留下了浓重的一笔。

六、周亮工

周亮工,生于明万历四十年(1612),卒于清康熙十一年(1672)。字符亮,一字减斋,号栎园、淘庵、适园、减斋,人称栎园先生、栎下先生。祥符(今河南开封)人,居南京。崇祯十三年(1640)进士,任山东潍县知县,后迁留察御史。入清后历任两淮盐运使、福建布政使、左副部御史、户部右侍郎。博学多才,工诗文,擅书画,善收藏,精篆学,字画、图书、钟鼎、砚台无所不收,尤善印章收藏。筑有赖古堂、藏密庵,专供收藏之用。一生坎坷,做人正直,为官清廉。著有《赖古堂文集》《读画录》《印人传》《赖古赏藏印》《赖古赏印谱》《赖古堂未刻诗》《闽小记》等。

周亮工,作为一名收藏家,其收藏范围极广。除了字画之外,尚于图书、彝鼎、砚台无所不收,尤予印章更是收罗不凡,与之交往的印人不少,故收得印章千余钮。

他除了自己善刻印之外,并于收藏之中,结合印人、印学加以深入研究,辑编成《赖古堂印谱》《印人传》《赖古堂藏印》等,实为篆刻鉴藏之榜样。

周亮工于书画收藏卓有成就。然其书画收藏大部分藏品时代不远,并以金陵地区自明至清的画家为主,集中反映在其所著的《读画录》中。由于周亮工特有的才气和名望,与之交往的书画家为数不少,时有龚贤、樊圻、程正揆、吴宏、邹典、王时敏、王著、陈卓等。加上他非凡的评述鉴论,画家多喜以作品赠之。于是,他将其所藏画作之精品,装订成集,随身携带,出游差事间,信手翻阅,加以点评、品藻,将画家之生平、逸事、传闻悉尽记载,并对画风、题咏及作品加以撰述,终成《读画录》著制,为后人留下了研究金陵画家或寓居金陵的画家极为珍贵的第一手资料。这既是《读画录》的由来,也是《读画录》的价值。

---

① 卢辅圣:《中国书画全书》第八册,上海书画出版社,1994年版,第124页。

《读画录》为明末清初的画家之传记，列录者始于明代的李日华，止于清代的章谷，立传共四十余人，明代画家多被收录。书后附录无名氏画家六十九人。品鉴《读画录》，可证周亮工实系金陵地区画坛的评鉴权威。按现时的说法，便是最高级别且影响巨大的权威批评家，并为后人提供了研究金陵地区画家翔实的资料，从中可见周亮工作为一名史论家、批评家和收藏家的重要地位和影响力。

周亮工的著作，大部于康熙九年（1670）被焚尽，唯《读画录》因"以其阙而未备，猝不成书，杂乱纸破砚中，故未烬之一炬耳，而浚等于手迹既湮之后，从敝箧中收拾遗编乃获登兹一帙"①（周在浚跋）。后经整理，方始传于世。

《读画录》中除了详细介绍每位艺术家的生平事迹、艺术水准等基本状况之外，还记注有不少周亮工本人与画家交往时收藏画家作品的情况。

如《读画录》中列居第一位的"李君实（日华）"一栏中，除了详细介绍李君实的字号、别称、喜好与习性之外，还有他收藏李君实画作的记载：

……知吾辈学问当一意以充拓心胸为主，极服先生议论，愈思见先生笔墨，后在都门北海孙大了以先生画帙一册见贻，已浙游又得先生数幅。先生画以意少变北苑，而其源则实出巨然僧、梅道人，苍郁秀润并极出蓝之妙。至于题画诸诗诸跋，一语两语皆妙极，形容坡公之后未易得其匹也，而最爱其题画诸绝，一绝有一幅佳画，有三数幅佳画择其最惬鄙衷者录于后。②

《读画录》关于"陈章侯（洪绶）"一条中，也记载了获得陈章侯画作的情况：

余时为十二龄即得以笔墨定交，辛巳介谒选再见于都门，同金道隐伍铁山诸君子结诗社，章侯谬好余诗，遂成莫逆交。余方赴潍，章侯遽作《归去图》相赠，可识其旷怀矣。③

又《读画录》"王石谷"一条中，周亮工不但盛赞石谷山水之妙，并誉之"石谷天资高年力富，下笔便可与古人齐驱，百年以来第一人也"，而且记载了他收藏石谷画作"予收合画册五十帙，前后几四十年，得石谷最晚，而搜罗之役亦毕于

---

① 卢辅圣：《中国书画全书》第七册，上海书画出版社，1994年版，第944页。
② 卢辅圣：《中国书画全书》第七册，上海书画出版社，1994年版，第945页。
③ 卢辅圣：《中国书画全书》第七册，上海书画出版社，1994年版，第948页。

此",并自夸曰"庶可以压多宝船也"。①

从以上所列举《读画录》中周亮工与诸多画家的交往,以及收藏他们的画作情况分析,又据其子周在浚在《读画录》序言中述,周亮工之书画收藏十分丰富,其波及画家之广,收集画作之丰,集聚时间之长,已不可计数。对此,周在浚论述道:"忆先大夫嗜画三十年,集海内名笔千百页,装成卷册,每出载以自随,督穑江南时,乘一艇按部锡峰虎阜广陵濑水间,辄自展玩。"②

另一为《读画录》作序者张瑶星则总结为:

> 凡海内之士有以一竹一木、一丘一壑见长者,无不曲示奖借收之夹袋,而海内之士凡能为一竹一木、一丘一壑者,亦无不毕谒所长,以求鉴赏。数十年中所收不下数千帙,于是拔萃选尤装潢成册,一时名流多为品题。此《读画录》所由作也,盖先生于役淮阳,舟中多暇,乃取前册信手翻阅,随意所至为立一传,或志相立之因缘,或叙作画之始末,或诗或跋,或繁或简,不独山水之神情跃跃欲现,即作山水者之面目具在寸楮尺幅中矣。③

从上可见,周亮工作为一名书画收藏家,其收藏之富,在清初也算是一位大藏家了。不过他收藏的作品大多为他同时代的作品,这与一般收藏家有较大的不同,故《读画录》作为一部著录书,是尚不够格的,但作为一部书画批评论著则当之无愧。《读画录》不但较为详细地记录了他自己与诸多著名书画家,包括一些当时并不出色或尚未出名的书画家交往的情况,而且对他们的生平、事迹、画法、画风,以及艺术风格和艺术成就都作了极为客观而详情的撰述,可谓是一部明末清初的书画品鉴论著,其功绩自不可低估。

周亮工除了收藏同时代的书画家的作品之外,其实也收藏了一些古代书画作品,对此,张瑶星在《读画录》序言中也有记载:"(栎园先生)至于绘事尤多赏心。予尝见先生所衷唐宋诸家手迹,神奇变化触目怡神,信云术之灵函,重韬之瑰秘也,下逮时贤咸加征集。"④

---

① 卢辅圣:《中国书画全书》第七册,上海书画出版社,1994年版,第953页。
② 卢辅圣:《中国书画全书》第七册,上海书画出版社,1994年版,第944页。
③ 卢辅圣:《中国书画全书》第七册,上海书画出版社,1994年版,第944页。
④ 卢辅圣:《中国书画全书》第七册,上海书画出版社,1994年版,第944页。

不过，周亮工收藏的古贤名迹并不多。他曾收藏过黄庭坚的一件《诸上座草书卷》，另有刘贯道的《群仙献寿图》等，上都有周亮工的收藏印记。另有一件黄公望的《望天池石壁图》也经他收藏，然此件却明显系赝品。由此可见，周亮工对古书画的真伪识别是有局限的。因为按常理来说，收藏同时代书画家的作品，一般不存在真伪问题。然若收藏前代书画家的作品，往往就缺乏一定的鉴别真伪的眼光。这是鉴定家的局限，也是在鉴定界存在的客观事实。

七、曹溶

曹溶，生于明万历四十一年（1613），卒于清康熙二十四年（1685）。字秋岳，一字洁躬，亦作洁躬，号倦圃、纯汉、锄菜翁。秀水（今浙江嘉兴）人。明崇祯十年（1637）进士，官御史，后历任顺天学政、会试监试官、太仆寺少卿、太常寺少卿、左通政、左副都御史、户部右侍郎、广东布政使等职，后降山西阳和道。曹溶亦系"贰臣"身份，与梁清标等人的遭遇类同。他几次被擢拔，几次被降，一生几不得志。工诗善文，堪称明末清初一大文人，尤擅书法，精收藏，家筑有静惕堂，以蓄图籍、书画、拓本等物。著有《金石表》《崇祯五十宰相传》《刘豫事迹》《倦圃莳植记》《粤游草》《静惕堂诗集》《疏通古书约》《德藻堂诗集》《明人小传》等。

曹溶极喜收藏，家庭的熏陶和家乡的滋染，使其自小就确立了嗜古的喜好。他于家乡嘉兴南湖之滨筑有倦圃别业，内设静惕堂，这也是岳飞孙岳珂金陀坊旧地，因所珂号倦翁而名之，以集蓄宋、元文集，藏书中宋元古本丰富，近千种，借此编撰成《静惕堂宋元集目》，按四部分类编排，所藏宋集达一百八十家，元集达一百十五家。另辑有《学海类编》，分经翼、史参、子类、集余四类，收书籍达四百三十一种，刻宋、元、明各种著作四十余种数百卷，并著有《疏通古书约》，首次提出了古书流通法，向藏书家提出藏书不仅为了保存，更重在流通。

他于书画收藏更是十分投入。同里项元汴、朱彝尊等对其书画收藏印象尤深。其后长期在京城为官，良好的鉴古氛围和收藏人脉使其很快进入这个领域。

曹溶生前交往的人不少，据其《静惕堂诗集》等可证，与之交往的除了官僚、文人、书画家之外，收藏家也不在少数。他们中有宋辕文、方亨咸、项东井、朱子庄、李云田、沈逢吉、胡彦远、朱竹庵、王敬哉、陆义山、程山尊、朱彝尊、王铎、陈洪绶、吴伟业、周月如、恽含万、查士标、项圣谟、笪重光、沈筌、龚贤、宋荦、施闰章、吴琦、王崇钤、龚鼎孳等，人数二百人左右。

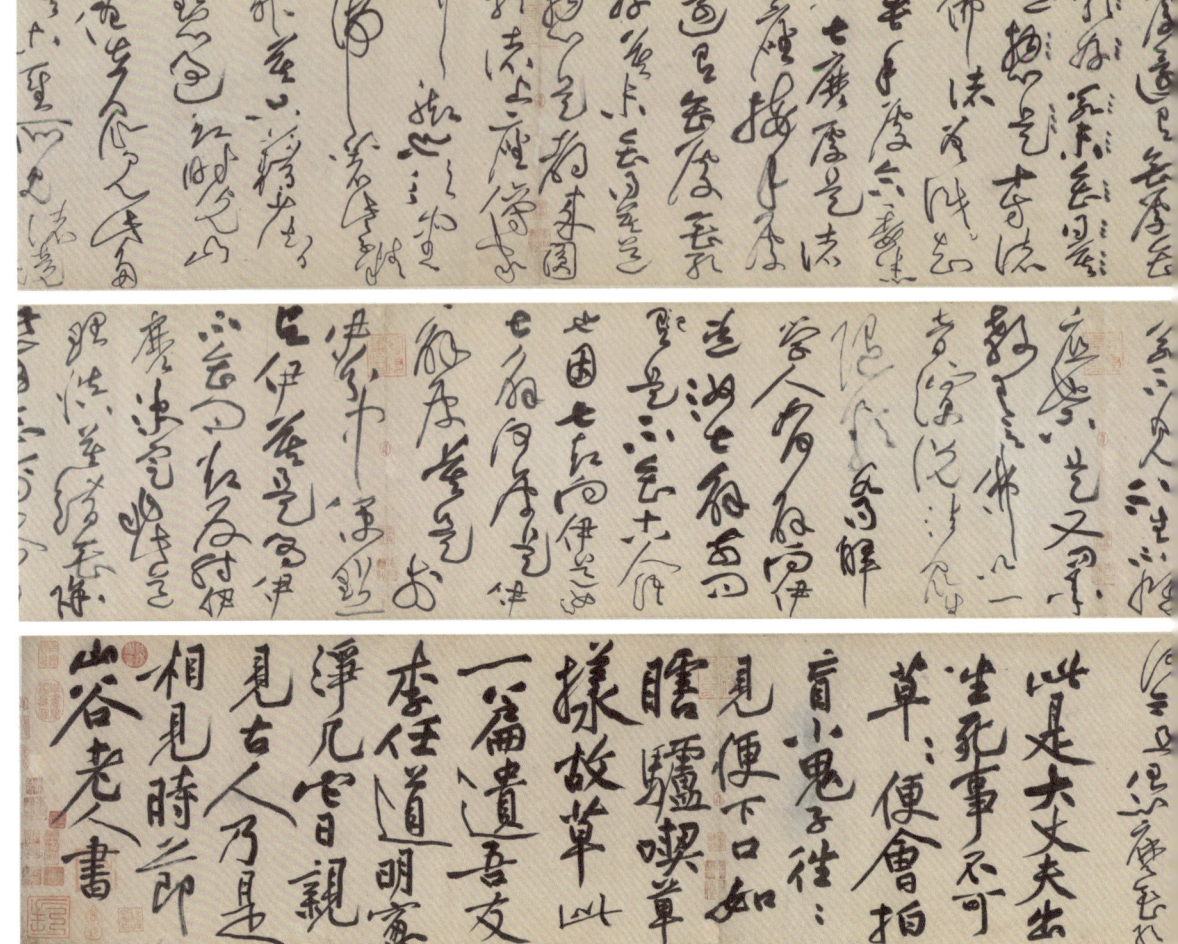

图 7-27 诸上座草书卷　北宋　黄庭坚

曹溶在与许多友朋的交往中，与大藏家孙承泽的交往十分密切，时间长达二十余年。两人互赠藏品，并以诗文相答。曹溶曾将自己所藏的王诜《烟江叠嶂图》赠予孙，以示答谢之意。孙承泽也将所藏《徐幼文画册》相赠予曹溶。

他与朱彝尊十分友善，朱氏为曹溶的收藏作过《题倦圃》，对曹溶位于嘉兴南湖湖畔的别业倦圃及其收藏作了高度的评价。曹溶去世后，朱彝尊又为曹氏写过《曹先生挽诗六十四韵》，诗中不但对曹溶倍加夸奖，而且视曹溶为平生知己。

曹溶于书画收藏重点在宋及宋以前的作品，对法书的庋藏尤为关注，故藏品中自然以法书作品为多。他于书画收藏，较为关注每一件作品的递藏过程，尤其是藏者、钤印和题跋。大凡藏者地位清晰、题跋明了、钤印清晰的作品，他都视为可藏

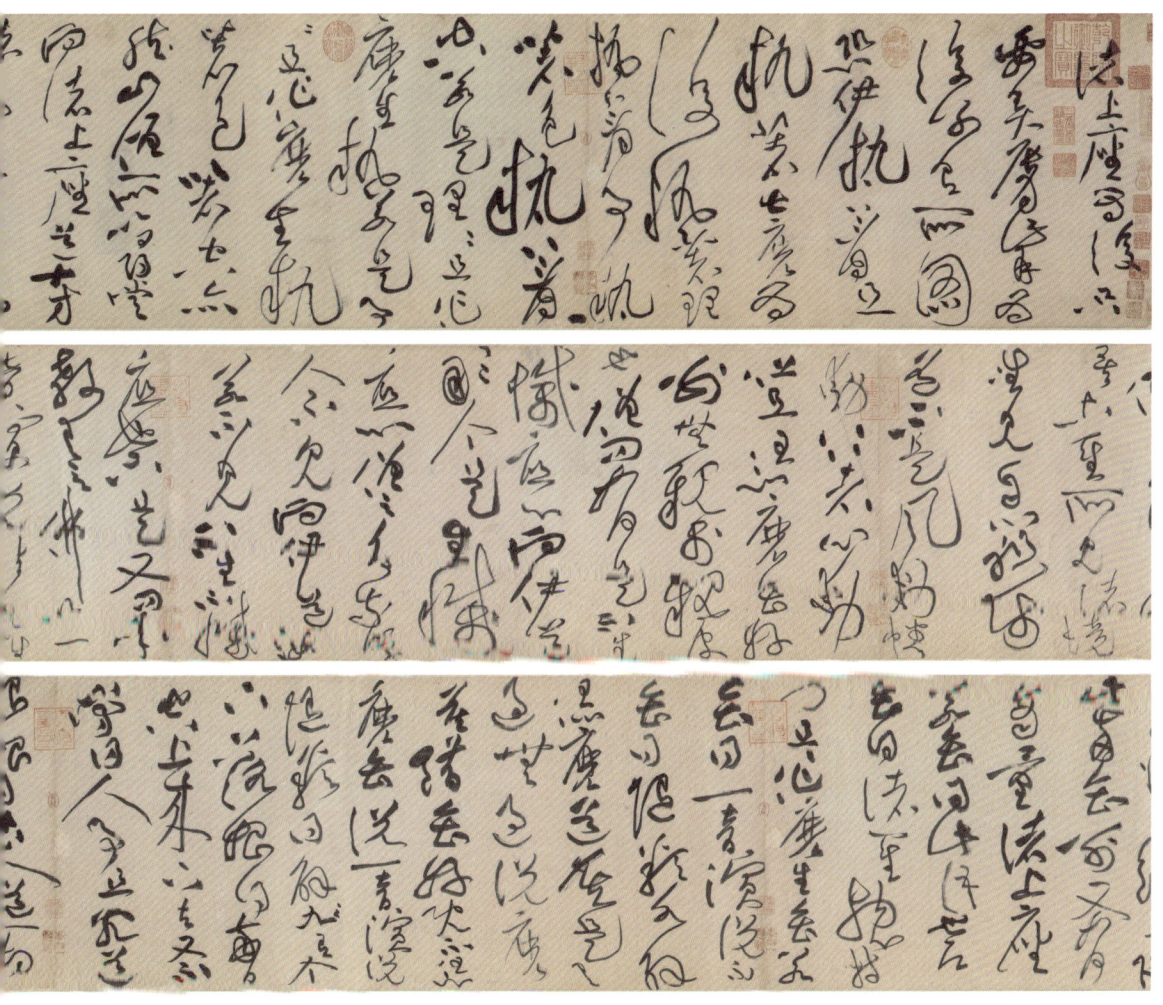

作品，故有时他常将得意之作重新装裱，并将有些作品裁去题跋视为可恨事。

曹溶一生收藏法书名画为数不少，其中较为珍贵的有：

东晋王羲之的《平安帖》、王献之的《东山帖》；唐陆柬之的《文赋》、佚名的《临王羲之东方朔像赞卷》、颜真卿的《刘中使帖》；五代的杨凝式《夏热帖》；宋米芾的《多景楼诗卷》、苏轼的《苏氏一门法书册》、吴琚的《杂诗帖》；元赵孟頫的《鹊华秋色图卷》等。

曹溶除了专治有藏书印，如槜李曹氏藏书印、锄菜翁、槜李曹氏收藏图书印、西河使者、相赏松石闲意等外，另有钤于古书画上的，如倦圃、曹溶私印、秋岳生、曹溶鉴定书画印等收藏印记。

图 7-28　烟江叠嶂图　北宋　王诜

曹溶晚年家境不佳，经济拮据，无奈之下，只得将所藏书籍、字画出售以补家用，以致藏品殆尽。但不管如何，曹溶在清代收藏史上的地位极高，卞永誉将其与孙承泽、梁清标和宋荦并列，誉为清初书画收藏界四大巨眼之一。

八、梁清标

梁清标，生于明万历三十年（1602），卒于清康熙三十年（1691）。字玉立，号苍岩，又号棠村，一号蕉林，筑有蕉林书屋，专事书画收藏。直隶真定（今河北正定）人。明崇祯十六年（1643）进士，任翰林院庶吉士，授编修，历任宏文院编修、国史院侍讲学、詹事府詹事、礼部左侍郎、吏部右侍郎、兵部尚书、礼部尚书、刑部尚书、户部尚书、保和殿大学士等职。有"贰臣"之称。工诗文，擅书法，精鉴藏。著有《蕉林诗集》《棠村词》《蕉林书目》《蕉林随笔》等。

梁清标自幼聪颖敏捷，《正定县志》称其："生而颖异，读书目数行俱下，搦管成文，飙发泉涌。"一生风雅，嗜古、诗词、文章卓然成家。善读书，喜藏书。在其老家筑有书楼"蕉林书屋"，专心富藏图籍、书画等。他藏书极富，时与孙承泽并称两大藏书家。孙氏精于蓄藏经、史类书籍；梁氏则善于藏子、集类图书，积书数十万卷，故有"项（元汴）家'蕉窗'，梁（清标）'蕉林'，图书之富甲古今"之誉。

梁清标出身官宦世家，为名门显贵之后。其曾祖父为明代大名鼎鼎的梁梦龙。梁梦龙为万历年间蓟辽总督，曾为抗倭名将戚继光的上司。其后的多位叔叔均为朝

廷显官,且都精通诗文,尤喜蓄藏图籍书画。

叔祖梁志也为"收藏甲富"之人,对梁清标影响不小。到了梁清标时,前辈的藏品都已转入梁氏手中,家贮财富越发雄厚,并在老家拥有大量地产。他所作《秋忆赵郡风物成杂咏三十首》中称:"城东别墅辋川图,手种垂杨一万株。大麓经秋霜千秋,绿烟犹似昔时无。"加上他本人风流儒雅,诗文并扬,官爵显贵,鉴赏独具,这些都为他日后收藏书画打下了良好的基础。

梁清标官场几度沉浮,几度兴达。革职也好,处罚也罢,却始终为官正直,清高雅洁,这些外串风度和独特人格,无疑为他的诗文词翰、图籍字画的创作与收藏带来无尽的益处,这也是大藏家所特有的处事和性格所致。

幸运的是,梁清标生活在明末清初朝廷更替之际,这时正是书画藏品更迭交换时期。一方面,皇家无暇顾及书画庋藏;另一方面,内府的大量书画藏品被作为"折俸"或赏赐分偿到多位官宦手中。这些从宫内流出的书画珍品,以及那些不喜书画的旧臣手中的藏品大量散出,加上民间书画市场的兴起,无疑为梁清标等人的收藏提供了难得的绝佳机会。曾在康熙身边任御前侍卫的纳兰性德,在他去世后,有部分藏品为梁清标收藏,其中现存北京故宫博物院的阎立本《步辇图》就是其中之一。孙承泽所藏的一些书画珍品,后来也陆续转归梁清标手中,如宋李嵩《货郎图》、李公麟的《临韦偃牧放图卷》就是其中的几件。包括曹溶的一些藏品,后也转入了梁氏的囊中。梁氏与明末河南睢阳大藏家袁枢之子袁赋诚、袁赋谌兄弟相交甚密,故袁氏兄弟书画藏品中的部分珍迹亦归入梁清标。

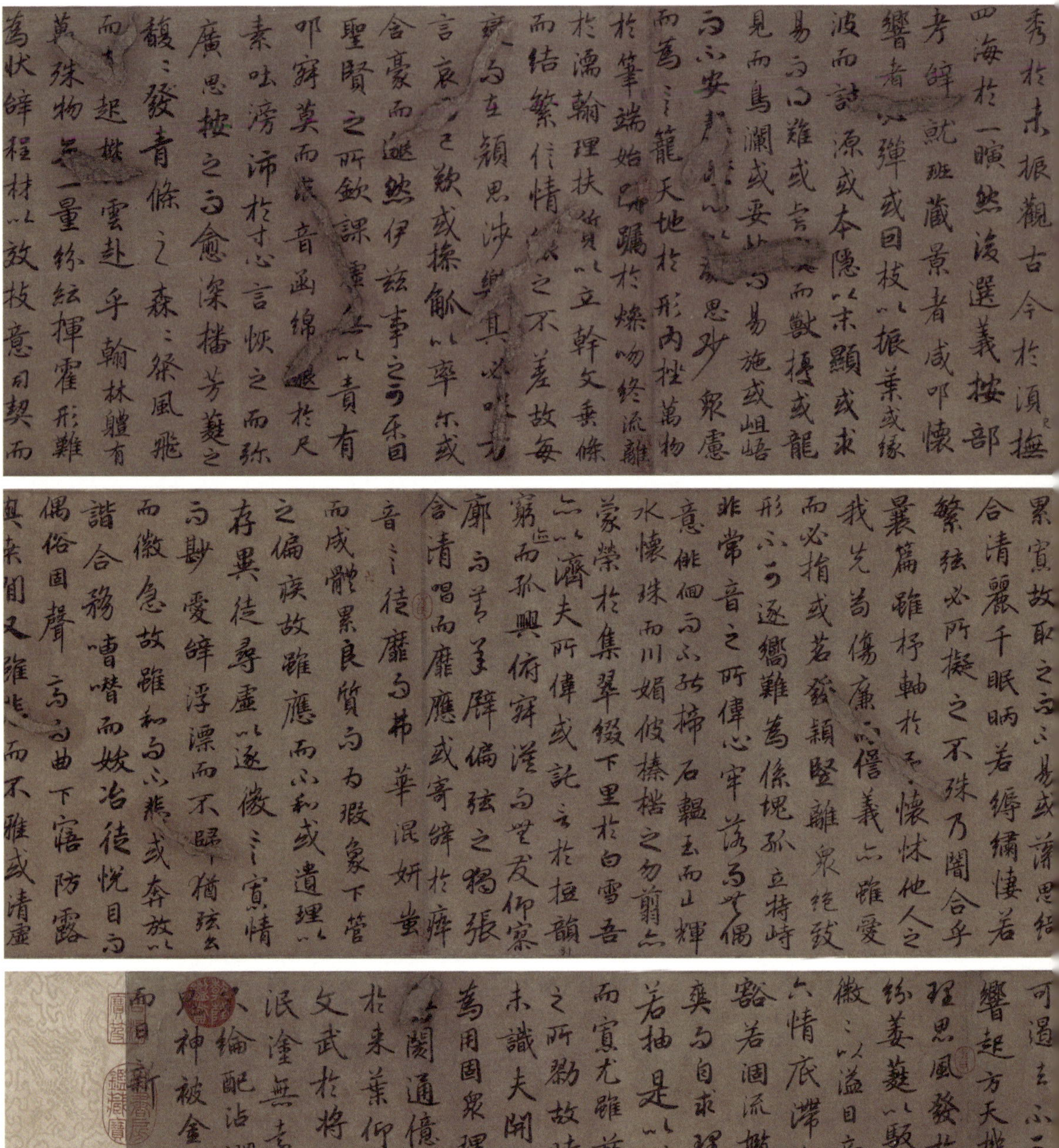

图7-29 文赋 唐 陆柬之

文赋

余每观才士之作，窃有以得其用心。夫其放言遣辞，良多变矣，妍蚩好恶，可得而言。每自属文，尤见其情。恒患意不称物，文不逮意，盖非知之难，能之难也。故作文赋以述先士之盛藻，因论作文之利害所由，他日殆可谓曲尽其妙。至于操斧伐柯，虽取则不远，若夫随手之变，良难以辞逮，盖所能言者，具于此云。

伫中区以玄览，颐情志于典坟。遵四时以叹逝，瞻万物而思纷。悲落叶于劲秋，喜柔条于芳春。心懔懔以怀霜，志眇眇而临云。咏世德之骏烈，诵先人之清芬。游文章之林府，嘉丽藻之彬彬。慨投篇而援笔，聊宣之乎斯文。

其始也，皆收视反听，耽思傍讯，精骛八极，心游万仞。其致也，情曈昽而弥鲜，物昭晰而互进。倾群言之沥液，漱六艺之芳润。浮天渊以安流，濯下泉而潜浸。于是沉辞怫悦，若游鱼衔钩而出重渊之深；浮藻联翩，若翰鸟缨缴而坠曾云之峻。收百世之阙文，采千载之遗韵。谢朝华于已披，启夕秀于未振。观古今于须臾，抚四海于一瞬。

然后选义按部，考辞就班。抱景者咸叩，怀响者毕弹。或因枝以振叶，或沿波而讨源。或本隐以之显，或求易而得难。或虎变而兽扰，或龙见而鸟澜。或妥帖而易施，或岨峿而不安。罄澄心以凝思，眇众虑而为言。笼天地于形内，挫万物于笔端。始踟蹰于燥吻，终流离于濡翰。理扶质以立干，文垂条而结繁。信情貌之不差，故每变而在颜。思涉乐其必笑，方言哀而已叹。或操觚以率尔，或含毫而邈然。

伊兹事之可乐，固圣贤之所钦。课虚无以责有，叩寂寞而求音。函绵邈于尺素，吐滂沛乎寸心。言恢之而弥广，思按之而愈深。播芳蕤之馥馥，发青条之森森。粲风飞而猋竖，郁云起乎翰林。

体有万殊，物无一量，纷纭挥霍，形难为状。辞程才以效伎，意司契而为匠。在有无而俛仰，当浅深而不让。虽离方而遁员，期穷形而尽相。故夫夸目者尚奢，惬心者贵当，言穷者无隘，论达者唯旷。诗缘情而绮靡，赋体物而浏亮。碑披文以相质，诔缠绵而凄怆。铭博约而温润，箴顿挫而清壮。颂优游以彬蔚，论精微而朗畅。奏平彻以闲雅，说炜晔而谲诳。虽区分之在兹，亦禁邪而制放。要辞达而理举，故无取乎冗长。

其为物也多姿，其为体也屡迁。其会意也尚巧，其遣言也贵妍。暨音声之迭代，若五色之相宣。虽逝止之无常，固崎锜而难便。苟达变而识次，犹开流以纳泉。如失机而后会，恒操末以续颠。谬玄黄之秩叙，故淟涊而不鲜。

或仰逼于先条，或俯侵于后章。或辞害而理比，或言顺而义妨。离之则双美，合之则两伤。考殿最于锱铢，定去留于毫芒。苟铨衡之所裁，固应绳其必当。

或文繁理富，而意不指适。极无两致，尽不可益。立片言而居要，乃一篇之警策。虽众辞之有条，必待兹而效绩。亮功多而累寡，故取足而不易。

或藻思绮合，清丽芊眠。炳若缛绣，凄若繁弦。必所拟之不殊，乃暗合乎曩篇。虽杼轴于予怀，怵他人之我先。苟伤廉而愆义，亦虽爱而必捐。

或苕发颖竖，离众绝致。形不可逐，响难为系。块孤立而特峙，非常音之所纬。心牢落而无偶，意徘徊而不能揥。石韫玉而山辉，水怀珠而川媚。彼榛楛之勿翦，亦蒙荣于集翠。缀下里于白雪，吾亦济夫所伟。

或托言于短韵，对穷迹而孤兴。俯寂寞而无友，仰寥廓而莫承。譬偏弦之独张，含清唱而靡应。

或寄辞于瘁音，徒靡言而弗华。混妍蚩而成体，累良质而为瑕。象下管之偏疾，故虽应而不和。

或遗理以存异，徒寻虚以逐微。言寡情而鲜爱，辞浮漂而不归。犹弦幺而徽急，故虽和而不悲。

或奔放以谐合，务嘈囋而妖冶。徒悦目而偶俗，固声高而曲下。寤防露与桑间，又虽悲而不雅。

或清虚以婉约，每除烦而去滥。阙大羹之遗味，同朱弦之清氾。虽一唱而三叹，固既雅而不艳。

若夫丰约之裁，俯仰之形。因宜适变，曲有微情。或言拙而喻巧，或理朴而辞轻。或袭故而弥新，或沿浊而更清。或览之而必察，或研之而后精。譬犹舞者赴节以投袂，歌者应弦而遣声。是盖轮扁所不得言，故亦非华说之所能精。

普辞条与文律，良予膺之所服。练世情之常尤，识前修之所淑。虽浚发于巧心，或受蚩于拙目。彼琼敷与玉藻，若中原之有菽。同橐籥之罔穷，与天地乎并育。虽纷蔼于此世，嗟不盈于予掬。患挈瓶之屡空，病昌言之难属。故踸

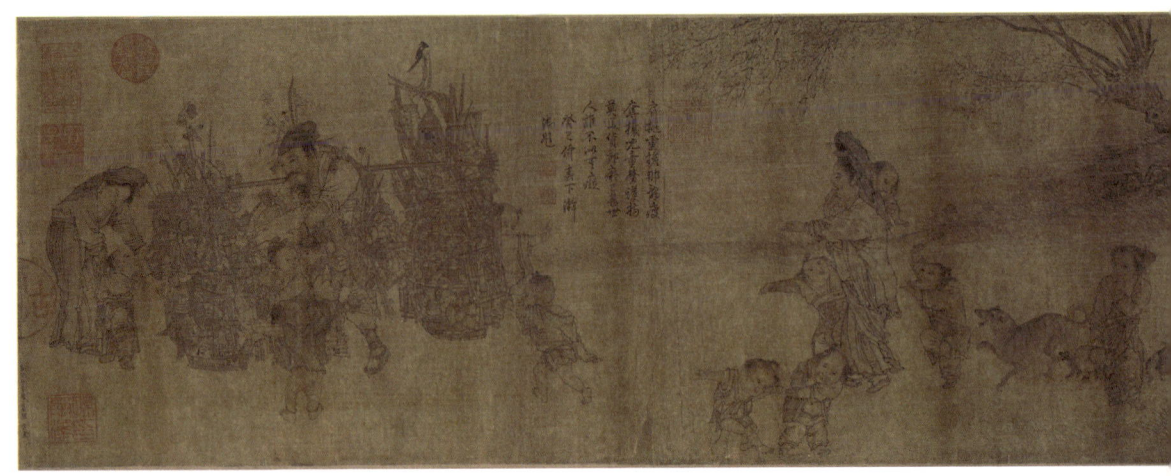

图 7-30　货郎图　南宋　李嵩

梁清标的交游十分广泛，与之交往的除了同行、官宦、门生之外，尚有不少书画家和鉴藏家。

他常与之交往的官宦中，除了王崇简、纪光甫、王敬哉、曹静之、米吉士、高珩、钱唯善、魏裔介、吴绮、徐釚等人之外，尚有书画家崔子忠、沈荃、笪重光、李寅、王铎、吴伟业、萧晨、方亨咸等。收藏家中，他交往最多的是孙承泽。他俩不但互换书画，而且还有诗文唱和，这些在梁清标的《蕉林诗集》和孙承泽的《庚子销夏记》中均有记载。另一藏家宋荦与梁清标交往也十分密切，宋荦不但敬重梁清标，而且对梁的鉴赏水平作过较高的评价：他在《高江村詹事舟过吴闻得纵观所藏书画临别以董文敏〈江山秋霁卷〉见赠作歌纪事录卷尾》一诗中作："昭代鉴赏谁第一，棠村（梁清标）已殁推江村（高士奇）。"作为清初大藏家之一的曹溶与梁清标的关系也十分密切，两人常在一起品鉴书画，题跋唱和。

梁氏鉴于自身公事繁忙，杂事缠身，为收得更多更好的书画作品，他一方面雇用了书画经纪人张则之，专门为他收罗书画作品；另一方面又专职雇用了一名裱画师张黄美，一是为他装裱所收之藏品，再是利用裱画之机为他从南方购买书画。

张则之，原名孝思，字则之，号懒逸，为明代末年时期的书画收藏者。亦会写字画画，鉴别眼光尤精，家筑有"培风阁"，专门收藏书画。吴其贞在其《书画记》中，对张则之也曾作过记载，他在"唐人廓填《平安捧诵帖》"一节中提及："明有项墨林、张则之题识，以上三种同黟县汪如海观于京口张则之家。则之修羽先生公孙，先生为海内收藏名家，所藏尚多不轻易出视于人。是日仍见有倪云林、王叔明、徐熙等小画数幅，匆匆不暇为记。"①从中不难看出，梁清标聘张则之为其张罗收藏书画所起到的作用及价值。

吴其贞在《书画记》中也曾多次提到了张黄美，在"赵松雪《写生水草鸳鸯图》纸画一小幅"记："此图观于扬州张黄美裱室。黄美善于裱褙，幼为通判王公装潢书画，目力日隆。近日游艺都门，得遇大司农梁公见爱，便为佳士。时戊申季冬六日"②。

从上可见，张黄美精于书画装裱，也善鉴书画。此前为扬州通判王公（延宾）装裱书画，后于戊申（1668）冬日，在京遇梁清标，此后便专为梁清标购藏书画，并兼装裱。

另"刘松年《秋江挂帆图》绢画一小幅"一条中又记载："此图今入于大册之中，三图观于扬州通判王公斋头，系近日使张黄美买于京口张即之手。时庚戌秋七月六日。"③从中亦可看出张黄美为王延宾购藏书画的事实。另在"盛子昭《秋林渔隐图》绢画一卷"一条中，吴其贞又记："武博盛懋为竹溪作，卷后有铺等五人题跋，以上八种观于扬州张黄美家，系近日为大司农梁公（清标）所得者。时癸丑六月八日。"④这便证明康熙十二年（1673）时，张黄美已为梁清标大量购藏书画了。

为了更好地保存传统的书法艺术，梁氏专门从自家收藏的法帖名迹中，精选了陆机的《平复帖》、王羲之的《兰亭集序》、杜牧的《张好好诗》、颜真卿的《自书告身帖》《竹山堂联句》、苏轼的《洞庭春色赋》《中山松醪赋》、黄庭坚的《阴长生诗》、米芾的《七言诗》、赵孟頫的《秋碧堂法书》等，刊刻印制了《秋碧堂法帖》一箱八卷，聘金陵雕刻大师尤永福精心摹刻，为后人研究师学传统中国书法留下了极其宝贵的珍贵资料。

另外，凡经梁清标自藏的书画珍品，他专聘工艺精湛的装裱师为之重新装裱，并有特定的装裱形式，且用料十分讲究，工艺十分精良，尤其是手卷，仿宣和装裱式，隔水、天头都用云鹤斜纹绫，如现藏北京故宫的唐杜牧《张好好诗》，便是梁氏装裱的样式，轴上题有"唐杜牧《张好好诗》，蕉林珍秘，神品上上"。

---

① 卢辅圣：《中国书画全书》第八册，上海书画出版社，1994年版，第88页。
② 卢辅圣：《中国书画全书》第八册，上海书画出版社，1994年版，第103页。
③ 卢辅圣：《中国书画全书》第八册，上海书画出版社，1994年版，第105页。
④ 卢辅圣：《中国书画全书》第八册，上海书画出版社，1994年版，第111页。

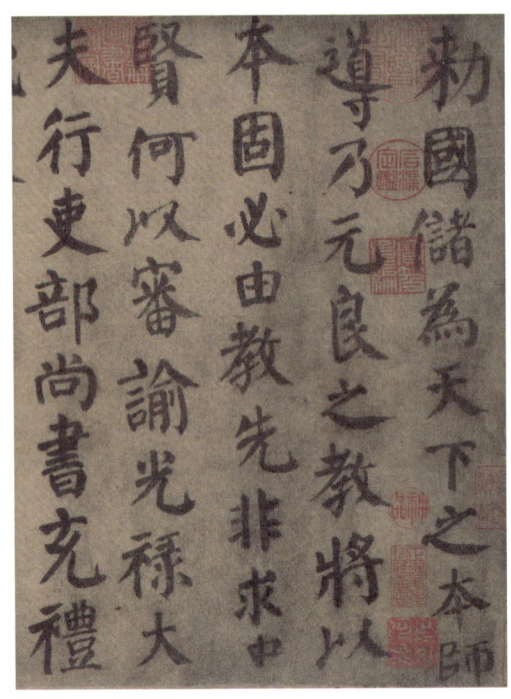

图 7-31　自书告身帖（局部）　唐　颜真卿

梁清标收藏的书画珍品，其法帖有：晋陆机的《平复帖》、王羲之的《兰亭序》；唐李白的《上阳台帖》、杜牧的《张好好诗》、颜真卿的《自书告身帖》《竹山堂联句》；宋苏轼的《洞庭春色帖》《归去来辞》、黄庭坚的《阳长生诗》、米芾的《七言诗》、蔡襄的《自书诗》；元赵孟𫖯的《洛神赋》《黄庭经》等。

其名画有：晋顾恺之的《洛神赋图》；隋展子虔的《游春图》；唐阎立本的《步辇图》、周昉的《簪花仕女图》；五代顾闳中的《韩熙载夜宴图》、荆浩的《匡庐图》、宋范宽的《溪山行旅图》等。这些无疑均为举世瞩目的珍稀国宝。

梁氏钤于书画及藏书上的印记有"梁清标印""棠村""河北棠村""蕉林""蕉林书屋""秋碧堂""苍岩""赐麟堂""伯鸾后人""苍岩子""玉立氏印章""冶溪渔隐""家在北潭""天垢""净心抱冰雪"等。这些印记的内容，其实不少均为梁氏的藏画之地。

蕉林书屋，地址在真定城南关里，为梁氏的书斋名。

图 7-32　洛神赋图（宋摹本）　东晋　顾恺之

秋碧堂是梁氏故居，意取"余尝读陶诗而爱其悠然见南山之句"而名之。

棠村，距真定府城外六里，原为梁清标曾祖别墅，又名柏棠庄。祖孙均有咏柏堂之诗句。

然经考证，梁氏于书画题跋、钤印及题签很少，绝大部分的晋唐藏品，他一般不作题跋、钤印。若欲钤印，也仅在卷首或卷尾上下边角处加钤。其他的名作仅见于前后隔水和跋尾，且多不影响画面的完整性。而经他题签和钤印的多为宋及宋以后的藏品，可见梁氏予书画鉴藏独特的性格和习惯，同时反映出他独特的见识和对文化的认知高度，这些实为一般藏家所不能具备。

同时，梁氏收藏着重于晋唐宋元之高古作品，而对明清两代，收藏相对较少，所藏也仅限"明四家"及"清二王"的作品。

时人评述谓：以当时私人藏家而言，以数量计，当推项元汴；以质量论，当数梁清标。徐世昌在《大清畿辅先哲传》中曰："（梁氏）搜罗金石、文字、书画鼎彝之属甲海内。"

梁清标的书画鉴定眼光，在明代末年乃至清中期实为一流。除了宋荦曾称誉且"明代鉴赏谁第一，棠村（梁清标）已殁推江村（高士奇）"之外，梁氏自己对此也毫不自谦。他在自己的诗作中亦自诩："谛观审辨折毫芒""博物多识鉴赏精"。这些，从他所收藏的法书名画精品中足可证明。

据统计，梁氏收藏的法帖有一百零七件，其中晋唐名迹二十八件，宋元名迹七十四件。其收藏的名画五百多件，晋代、五代的有六十三件，宋元藏品三百五十

多件。

梁氏的藏品后大多归入清内府，其中有一百四十七件藏品编入《石渠宝笈》，不少法书还刻入《三希堂法帖》，可见其藏品之精之优。

梁氏殁后，其家藏书画逐渐散出，至其孙梁彬时，因病归田，出售藏品，遂家道中落，所蓄藏品已散失殆尽。从中映现出每一位收藏家最终的不归之路。

九、高士奇

高士奇，生于清顺治二年（1645），卒于康熙四十二年（1703）。字澹人，号瓶庐，又号江村、竹窗，谥号文恪。浙江余姚（今慈溪）人，一说浙江平湖人。世居钱塘。才学渊博，工诗文，擅书法，通史学，精考证，善鉴赏。著有《左传纪事本末》《春秋地名考略》《扈从西巡日录》《经进文稿》《天禄识余》《随辇集》《北墅抱瓮录》《左传国语辑注》《清吟堂集》《三体唐诗补注》《毛诗讲义》《江村销夏录》《江村书画目》等。

高士奇祖上自河南开封南迁浙江慈溪。自幼家贫，然勤奋好学，博览群书。顺治十八年（1661）入籍浙江杭州，补杭州府学生员。康熙三年（1664），高士奇随父北上游学京师，以卖文写帖讨生活。后于康熙八年（1669）进入太学，得一机会幸遇康熙帝，后在康熙的推荐下，参加会试，名列前茅，后供奉翰林院，从此步入仕途。历任詹事府录事、翰林院侍读、右庶子、詹事府少詹事、翰林院讲学士、政治典训前副总裁等职，并为康熙器重，成为康熙的近臣，大半生陪伴并效忠于康熙。康熙三十二年（1693），高士奇四十八岁辞官归田，定居浙江平湖。康熙三十三年（1694），高士奇二度进京，奉命编纂《古今图书集成》《全唐诗》《佩文韵府》《康熙字典》等。康熙三十五年（1696），高士奇随驾出征噶尔丹，后于康熙三十六年（1697），高士奇以照养亲母为名乞归。

高士奇与康熙帝关系非同寻常，可谓亲密无间，此种君臣关系实属罕见。康熙几次南巡，高士奇几次接驾。据载，康熙二十八年（1689）康熙第三次南巡，高士奇随驾，在游杭州灵隐寺时，主持恳求康熙题写匾额，康熙在题写"灵隐"二字时，竟将"灵"字的"雨"字头写得过大，以致下面的三个"口"及"巫"字无法写下，高士奇见状，写上"云林"二字，装作磨墨，乘机暗示康熙，康熙就势写上"云林"二字，自此灵隐又有"云林"之称，从中可见高的机灵及君臣的关系。后康熙四十二年（1703）第五次南巡，高士奇随驾后第三次入京。二月后回平湖，不久病故。对这次病故，传说高氏突然毙命，是因明珠在与高士奇的告别宴上下毒致故。

高士奇一生，学问精深博广，处世圆滑灵机。据《清史稿·卷二百七十一·列传五十八》载："南书房以诗文书画供御，地分清切，参与密勿。乾学、士奇先后入直，鸿绪亦以文学进。乃凭借权势，互结党援，纳贿营私，致屡遭弹劾，圣祖曲予保全。乾学、鸿诸犹得以书局自随，竟编纂之业，士奇亦以恩礼终，不其幸欤。"这内中所说的"致屡遭弹劾"，其实是指时任左部御史郭琇在掌握了高士奇与王鸿绪等人结党营私、贪赃枉法的犯罪事实后，于康熙二十八年（1689）上书弹劾高士奇一行。然因康熙实在舍不得高士奇这位老师，无奈之下，只得令高士奇"休致回籍"。而徐乾学、王鸿绪等人都因高士奇而得以保全。这既证明了高士奇的处世之道，也证实了封建社会君主专制的弊端。这也正如陈康祺在其《郎潜纪闻二笔》所述的那样：

之恪（高士奇）以单门白士，徒步游长安街，遭辰逢时，半陟鸿罴，仁皇帝（康熙）数十年之矜全培护，断非他人梦寐所敢几，奈辞章而外，他事无闻。其结欢内侍，纳赂疆臣，无非为身家富贵之计，依恃宽大，巧言自文，不以墨败，幸也。视世之五谏从讽，片语回天者，辟诸草木，区以别矣。

长期伴随在皇帝身边，又任职于南书房，高士奇自然得以接触到皇家珍藏的大量珍贵书画，这对他步入书画收藏无疑是一个缘头。加上官场的尔虞我诈，钩心斗角，对于文化素养极高的高士奇来说，更是让他得以从书画艺术的鉴赏和收藏中获得一种慰藉，这种内外因的结合，促成了高士奇走上书画收藏之路。

高士奇不但眼光独特，鉴别尤精，且于书画、古籍、器品、文献无不收藏。他家筑有"朗润堂""岩耕草堂""江村草堂"，专以收藏古物。他还喜刻印图书，尚有所刻隋杜公瞻《编珠》（二卷）、宋周弼《唐三体诗》（六卷）、宋高鹏飞《林湖遗稿》（一卷）等十多种，共千余卷。

高士奇的《江村销夏记》撰于康熙三十二年（1693），共三卷，书中收录了他所藏及过目的法书名画共二百零九件，其中绘画作品一百六十九件，书法作品四十件。朱彝尊、宋荦两位大人为其作序。

朱彝尊在序言中称："此詹事（高士奇）第于退居之暇先以江村所见录之。书成于康熙三十二年（1693）六月，故以销夏名编。"①这里，朱氏已将此书的编排序次、成书年月交代清楚，而且赞曰："评书画者至此而大备矣。"

高士奇《江村销夏记》自序中的叙述倒也更能说明问题：

> 长夏掩关，澄怀默坐，取古人书画，时一展观，恬然终日。间有挟卷轴就余辨真赝者，偶遇佳迹，必详记其位置、行墨、长短、阔隘、题跋、图章，藉以自适。然宁慎无滥，三年余仅得三卷，名曰《江村销夏录》，欧阳公所云"晚知书画真有益也"。曩在大内，伏见晋、唐、宋神品，不啻天球弘璧，惜未记其尺寸，录其跋尾，而海内诸家之所收藏，则又不能一一目睹，今姑略之。其所录者，皆余亲经品第，足资鉴赏者也。近代《铁网珊瑚》《清河书画舫》二编，亦载世间名笔，而多未精详，恐尚有传闻之病。世人嗜好法书名画，至竭资力以事收蓄，与决性命以饕富贵，纵嗜欲以戕生者何异？览此者当作烟云过眼观。康熙癸酉夏六月，江村高士奇识。②

纵观高士奇的《江村销夏记》，凡经他编入的作品主要的是经他过目过的，少量的是经他收藏的。不过，凡经他过目的作品凡有画名、题跋、印章、尺寸等皆详细录入。如元黄公望《富春山居图卷》，既注明了作品质地、尺寸、印章、题跋、位置等，又有作者的自题全文，更有董其昌行书题跋、文彭行书题记、王穉登行书题记、周天球行书题观，以及邹之麟行书题识等，这对后人鉴别这件举世名作的真伪提供了可靠的依据。同时，他还在不少的作品后配有他自己所作的诗文。这些诗文既表达了他鉴赏作品后的感受，又有自己对作品真伪的见解，实为难能可贵。

《江村销夏记》的著录体例，与他所提及的《铁珊瑚网》《清河书画舫》等书相比，无论是在著录的体例、编排，还是记录作品的基本情况，以及对作品的评价、辨伪，包括所作诗文，在同代或前辈同类中的著录论著应是最为完备的。这正如朱彝尊在其序中所述："于古人书画真迹，为卷为轴，为笺为绢，必谨识其尺度、广狭、断续及印记之多寡，跋尾之先后，而间以己意，折衷甄综之，评书画者至此而大备焉。"③以致朱氏为此发出慨叹："今之作伪者，未尝不仿尺度为之，然或割裂跋

---

① 卢辅圣：《中国书画全书》第七册，上海书画出版社，1994年版，第988页。
② 卢辅圣：《中国书画全书》第七册，上海书画出版社，1994年版，第988—989页。
③ 卢辅圣：《中国书画全书》第七册，上海书画出版社，1994年版，第988页。

尾印记，移真者附于伪而以伪者杂于真，自詹事（高士奇）之书出，稍捐益之不可。虽有大驵巨狯伎，将安施哉。"①

高士奇除了撰有《江村销夏记》之外，另还有一部有关书画著录的书，即《江村书画目》。《江村销夏记》与《江村书画目》的根本区别在于：一是公开的；一是秘密的。更有人以为，一是经典之作；一是赝伪之品。

其实，《江村书画目》只是高士奇收藏书画的一本秘密账册，算不上是一本著录书。整个账册分为十类，共记录书画作品达五百一十八件。记有"不真""赝""仿"的作品九十九件，其中绝大部分又都包含在"进字壹号""进字贰号"和"送字号"之中。且在每个条目下多注明真赝、优劣、购藏的价格等，仅少数条目注明了作品的用途，分进、送、永存、秘玩等，此册有一吴谷人跋文，并指出此书谓"出文恪（士奇）手书"。此册原为高士奇所作，但在其去世后才被公布于世，传录者系其子高舆。有人以为，此中所谓的"进字壹号""进字贰号"等的论述和分类也不是高士奇所为，而是其子所为。但也有人认为，此为后人所作的伪本，其目的是玷污和诋毁高士奇。

《江村书画目》的公之于世，是在1924年以东方学会的名义发表的，距高士奇去世时的康熙四十二年（1703）已过了二百多年。近人罗振玉以为："其曰进者以进呈，曰送者以充馈遗，皆注明赝迹且值极廉者，其永存秘玩则真品而值昂，其他类中亦间有赝迹，皆——注明。是此目虽为文恪后人传录而确出手定。"鉴此，他还认为："案文恪以韦布入侍近禁位至列卿，遭遇之奇，古今所罕。而通贿营私屡登白简，幸赖圣祖如天之仁始终保全。宜何如冰渊自惕，乃竟以赝品欺罔，心术至此令人骇绝，其留此记录以遗后人，殆不啻自暴其恶，是何心以传之。仰此文诸居编者，知当时言官所弹，犹未能烛其隐微，不如其自定之爱书为详尽也。"②

罗振玉作为清代学者、遗少，如此评价高士奇也不足为怪。

另获得此册者为吴锡麒。吴锡麒，生于乾隆十一年（1746），卒于嘉庆二十三年（1818）。字圣微，号谷人，钱塘（今浙江杭州）人。为乾隆四十年（1775）进士，嘉庆六年（1801）授国子祭酒，工书法，尤善行楷。著有《正味斋全集》。他在《江村书画目》后题记："此册系江村手缮墨迹，向为石门方氏所藏，据云得自

---

① 卢辅圣：《中国书画全书》第七册，上海书画出版社，1994年版，第988页。
② 卢辅圣：《中国书画全书》第七册，上海书画出版社，1994年版，第1078页。

高氏后人。今又为予获，何幸如之，缀笔以记，永宝无致。嘉庆丙子夏六月既望。"

从上可知，此册为手写墨迹，原为石门一方氏所藏，据说得自高氏后人。吴氏得获此册，系在嘉庆丙子，即1816年。距高士奇去世时也已有一百一十二年矣。

然有一点必须注意的是，是册成书于康熙四十四年六月，也即1705年，高去世是在康熙四十二年，即1703年，然此年高士奇已不在这个世上。可见此册应为后人所写，而非高士奇本人所缮。

然不管如何，若加以综合分析，此册应为高士奇本人所为。单不说他在官场上的圆滑世故，康熙对他的包庇恩宠，以及他对书画痴迷的疯狂程度，加上《江村书画目》中呈现出来的分类，真伪确立，以及"进"与"不进"，加上每幅作品的标价，旁人是完全没有必要去仿这个东西的。

展读《江村书画目》，人们不难发现，是册除了分为"进字壹号""进字贰号""进字号""无跋收藏手卷"之外，尚有"永存秘玩上上神品""自题上等手卷""自题中等手卷""自怡手卷"等栏目。其中"进字壹号"和"进字贰号"无疑是送呈皇上的书画作品，另"送字号"和"无跋收藏手卷"所述书画就很难说全是呈送皇上的。因下面都标有"进""可进"，以及"送人用"等。据罗振玉等人以为，高士奇所呈康熙的全是赝品，"乃竟以赝品欺罔，心术至此令人骇绝"。其实仔细分析，内中当有不少真迹充塞其内。如《明文太史〈山斋三友图〉》一卷，文衡山《七言律诗》一卷，沈启南《虞山古桧图》一卷，董文敏《临兰亭序》一卷等，名下都标有"真

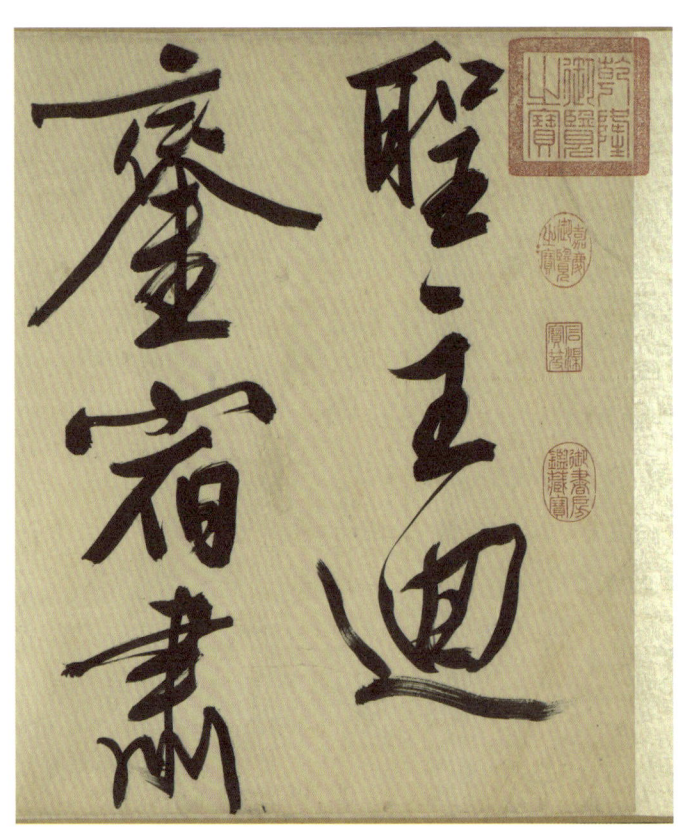

图7-33　七言律诗（局部）　明　文徵明

迹""真的""真"等字样，加上不少的作品名下未注任何之标释，应该均为不错的作品。如此看来，高士奇进献康熙内府的作品应该是真伪混杂，未可细辨。这一方面说明高士奇知晓康熙不懂书画，很难辨真伪之故，另一方面也证明了高士奇为人圆滑世故的品性。

然在他列为"永存秘玩上上神品"和"自题上等手卷"两栏中，所列书画名迹无疑是他秘藏自悦的经典之作，至于"自题中等手卷"和"自怡手卷"，则不过是他自己玩玩的作品而已。

又从《江村书画目》分析，那些在作品下标注"真""真的""真迹"或"不真""赝""摹本""赝本""假""临本""旧临""不佳""乱真"，以及"上上神品""无上逸品""上上真迹""真而精"等，则从另一层面证明了高士奇的鉴别眼光。若是一般的鉴定家，是绝对说不出这么多的，也分辨不出这么多的断语。

高士奇书画藏品主要来自市场的交易。

康熙执政期，收藏兴起，不少官宦、文人及市民都加入这个行列。而处于京城的北京琉璃厂就是一个重要的交易场所。高士奇有空就常去琉璃厂购货。这点在《江村销夏记》卷三"唐王右丞《万峰积雪图》卷"一节的诗文中即可得到证实："今藏御府人难窥，我居京师颇留意。日寻断帧收残碑，琉璃厂西得兹卷。败箧零乱萦蛛丝，长江峻岭互合沓。"①

另外，他筑有"燖荫轩""瓶庐""间静斋"等，这是他独自欣赏书画作品的处所，也是他与友朋品鉴、交易书画的场所。如《江村销夏记》卷二"元赵文敏小楷书《道德经卷》"一条末题有："康熙壬申（1692）二月八日，宿雨初晴，春寒未退，坐瓶庐敬跋。江村抱瓮翁高士奇。"②

高士奇常用的收藏印有高士奇、朗润堂、蕉香斋、澹人、疏香斋、香斋、生香乐意斋、竹窗、高氏江村草堂珍藏书画之印等，这些对鉴别高氏的藏品均有一定的参考价值。

高士奇的一生，作为一位宠臣，虽深得康熙帝的恩宠，然几起几落，宠爱交加，仅活了五十九岁。就官场仕途来说，无疑是失败的；但作为一文人，尤其是收藏家，其学识精深，著作颇丰，又无疑是成功的。然在这中间，书画收藏既给高士奇带来

---

① 卢辅圣：《中国书画全书》第七册，上海书画出版社，1994年版，第1025页。
② 卢辅圣：《中国书画全书》第七册，上海书画出版社，1994年版，第1015页。

了无限的乐趣，但最终也因福得祸，给后世的藏家带来了无尽的遐想和警示，值得深入地研究和探讨。

清代初年，就书画收藏而言，历有"三家村"之说。所谓"三家村"，指字号中有一个"村"字的三位大藏家。这三位大藏家就是梁清标、安岐和高士奇。梁清标字"棠村"，安岐字"麓村"，高士奇号"江村"。而这"三家村"中，梁氏与安氏庋藏的藏品以精良宏富而著称，高氏则以鉴赏水平的高妙而名世。故凡经高士奇掌眼过的作品，便身价倍增，以此证明高士奇的眼光之深邃，也难怪康熙帝会这么欣赏庇护他。

十、卞永誉

卞永誉，生于清顺治二年（1645），卒于清康熙五十一年（1712）。字令之，号仙客，祖籍山东黄县（今山东龙口），世居盖平（今辽宁盖州）。卞三元之子，隶汉军正白旗，一作镶红旗或正蓝旗。康熙年间，由荫生任道政使司知事，历任福建兴化知府、江苏按察使、浙江布政使、福建巡抚、刑部左侍郎等职。晚年因案件牵连引发争议而被责罚，后以衰疾乞休解任，晚年居京。嗜好书画，博学好古，工书善画，工诗擅文，喜收藏，精鉴赏。著有《式古堂书画汇考》《式古堂朱墨书画纪》《式古堂集》等。

卞永誉自幼喜好书画，按他自诩的说法："予年十三四，好嗜古人书画，把一卷坐崇兰丛桂中往往终日。"卞氏曾随其叔卞三畏学画山水，善绘水仙柏石。卞永誉所处年代正是孙承泽、梁清标、曹溶等这些书画大藏家活跃时期，卞永誉有幸目睹这些大藏家的收藏事宜，为此，他常"具笔札，就其斋阁伏聆诸论，目睹手写，乐此不彼"①。这是指卞永誉经常到孙承泽、梁清标和曹溶处请教，故在其《式古堂书画汇考》卷首自序中云："其时孙退谷、梁苍岩、曹秋岳诸先辈负博物之望，因于休沐策小骑，从两奴。"②

历史上有关卞永誉的资料及其记载并不太多。卞永誉在整个书画收藏史中享有崇高的地位，是因其花毕生精力所著的《式古堂书画汇考》。

《式古堂书画汇考》全书共六十卷，成书于康熙二十一年（1682）。上溯魏晋，

---

① 卢辅圣：《中国书画全书》第六册，上海书画出版社，1994年版，第2页。
② 卢辅圣：《中国书画全书》第六册，上海书画出版社，1994年版，第2页。

下止元明，似采录前人诸多著述加上本人所见所闻书画藏品汇辑而成。前三十卷为书法，后三十卷为绘画，以年代为序，每条目均标明作品年代、尺寸、质地，叙述作品的内容、题跋、印记、流传经过，并加以自己的评论。全书先纲后目，先总后分，条理秩然，惜所载法书名画不尽己所藏，亦非尽得之目见，大抵多从汪珂玉《珊瑚网》、张丑《清河书画舫》等诸家采摭衰辑而成。

卞永誉的《式古堂书画汇考》与同时代别的书画著录书的根本区别在于，他是以一名学者的身份去阐述记录所见的法书名画，故更注重著作本身的学术价值和研究价值，而非单纯地将作品作一简单的记录。故而他著书的目的是为了"以备真赝，庶免日久散失""以资鉴赏家渊源寻流"。他在自序中言："窃以游艺圣人之教，书画一道未必遂沦逸豫，于是吏事已毕，衙鼓既罢，相与宾客偕聚一堂。上溯魏晋下迄元明，大之忠贞之迹法戒之图，小之文章词翰江山云物，厘甲乙，较亥豕，当务即休，退食友然，编摩阅岁汇聚成书。"[①]

卞永誉《式古堂汇书画考》和高士奇《江村销夏记》在成书后，均请宋荦作序。宋荦对两人所著之作都作出了高度的评价，并在《西陂类稿》十三卷中曾作诗以专记此事："中丞撰述寄员门（指卞永誉），书画源流费讨论。今日快披销夏录，一时雅尚又江村（指高士奇）。"

宋荦对《式古堂书画汇考》的评价相当之高，他在该书序言中述："世有博雅之士取凡书法图画之流传者，诠次其源流荟萃成书，使览者一披卷而古今之书画纷然罗吾几而悦吾目也。展卷而欣然，掩卷而亦怡然。得丧何有，忻戚两忘，则可以尽得书画之乐而无其累，此卞公《书画汇考》一书所以可传也。"他还以为："先是有《书史会要》《图绘宝鉴》《土氏书画苑》《清河书画舫》《铁网珊瑚》及《珊瑚网》诸书，往往行于世，然或略而不该，或駮驳而无序，而是书集其成。自魏晋迄明，书考画考各厘为三十卷，蔚乎巨观矣。公以名臣分符山左，精理百十余郡县，邮政长驭，远驾日在，烦剧之中而能以整暇之时与文章之士品甲乙于蛛煤蠹茧间，则公之贤亦于兹具见。"序末他还将自己与卞氏相比后自谦："予不佞与公窃有同嗜，顾生平所阅不足当公十一，而品题鉴赏自谓逊公远甚。"[②]

钱曾在《式古堂书画汇考》序文中称卞永誉："笃于嗜古，自龆年以及壮游晨

---

① 卢辅圣：《中国书画全书》第六册，上海书画出版社，1994年版，第2页。
② 卢辅圣：《中国书画全书》第六册，上海书画出版社，1994年版，第1页。

夕讨论，识高眼明，卓然不惑。"他还回忆曰："予尝视公箧衍所藏虽寥寥无几，然于故家旧族之所传贮，或居奇贩子之所挟持，一闻名迹所在即步屦相过身亲目睹，随援笔缮写以归。"①

对《式古堂书画汇考》一书，钱曾还赞述："是编所载，凡表颂志赞骚赋诗词、名贤之德言、政事高人之柬札篇章无不一一具录，图人物则往事足以垂鉴戒，绘山河花鸟则灵活生动之致宛在目前。翻阅此书古人神情风韵皆跃然于纸上，谓非与图史相表里者与，且昔人诗文类多散佚。是书搜采甚富，间有宋元明人集中所未收，唯此独存，后来采诗汇文者网罗放失于焉是征。"②

另一作序者潘耒也赞卞永誉："盖牟卞公神鉴精朗无所不烛，自少好古多闻，生长京都，扬历中外，世家旧族之所收藏无不目涉心赏，兼与闻人宿老上下其议论，见闻博而考究精，与偏方婆儒执纸上语以衡量古今者相去万万，历数十载此好不移，品题甲乙不著累黍，盖所谓真赏而非好事也。尝以一人之睹记有限而古人之名迹甚多，因为讨论其渊源，隐括其大概，作书画汇考若干卷。属画考先成，得而详览焉。凡历代相传妙迹无不备载其详，至于楮绢、墨色、标题、跋语、印章、款押悉录不遗，古人用意之工与行笔之妙，虽未睹其画者亦仿佛见之，而昔贤之佳篇美句不载本集者亦往往在焉。"最后，他又赞誉："得此书以审定绘事，若披谱牒以辨族姓之昭穆，操符节以验信使之往来，真伪是非可以立判，即使劫灰蠹蚀之后其画已亡而籍记尚存，千载而下犹得想象其流风余韵，将古人之慧命赖是以续，为功不既多乎。纂辑此书之意，将公天下而垂无穷，公之衡鉴精明而用心溥博，类如此矣。"③

从以上诸位的评赞可知，卞永誉不但自幼喜爱书画收藏，而且眼光之锐，在当时可谓屈指可数。而于《式古堂书画汇考》的撰述，更是举世无双。

卞永誉所藏书画身后部分流入安岐家中，安岐在其《墨缘汇观》中曾多次提及卞永誉，也多引述《式古堂书画汇考》中的内容。不过安岐在《墨缘汇观》中对卞永誉的记述，贬多于褒。如褚遂良《摹王右军兰亭序卷》一栏中载："原本不知流落何所，此纸为卞少司寇所有，装于卷后，然无害于真迹。余恐复蹈聚讼之消，遂

---

① 卢辅圣：《中国书画全书》第六册，上海书画出版社，1994年版，第2页。
② 卢辅圣：《中国书画全书》第六册，上海书画出版社，1994年版，第2页。
③ 卢辅圣：《中国书画全书》第六册，上海书画出版社，1994年版，第684页。

述之，非徒饶舌也。后龚开等跋虽真，亦非原跋。"①

王士禛在其《居易录》卷三十三中云："十一月二六日，小集卞侍郎令之斋中，观宋江贯道山水目幅，题曰山阴会真响川江参作。又王黼孟端小幅山水……，又董思白宗伯临黄鹤山樵一轴……""庚辰腊月下浣六日，同田绝霞少师徒舞、吴容大少司寇涵，小集卞少司寇令之下永誉斋中观画，略记其概。"这是王士禛多次记载赴卞氏家中观画的情况。作为清初文坛领袖的王士禛，能屡次拜访卞永誉，并将观画录记于自己的《居易录》中，可见卞氏在王士禛心目中的地位和影响。

现存卞永誉的鉴藏印记有：卞氏令之、令之清玩、令之、仙客、卞令之鉴定、式古堂、式古堂雅玩记、式古堂书画、式古堂书画印记等。

据载，卞永誉自家的书画收藏并不算多，然其眼光却非同一般。朱彝尊《论画诗》中有"妙鉴谁能别苗发，一时难得两中丞"之句，这"两中丞"是指卞永誉和宋荦。因宋荦为江西巡抚，卞永誉为福建巡抚，故有"两中丞"之称。

从上可见，卞永誉的书画收藏及其所著的《式古堂书画汇考》，在中国的书画收藏史上具有重要的价值和意义。

十一、王鸿绪

王鸿绪，生于清顺治二年（1645），卒于清雍正元年（1723）。初名度心，字季友，号俨斋，别号横云山人。中进士后改名鸿绪。华亭张堰镇（今上海金山）人。父王广心，官至巡按御史。为康熙十二年（1673）进士，授翰林院编修，任工部尚书。工书法，精诗文，擅鉴赏，精收藏。著有《赐金园文集》《横云山人集》《史例义》等。

康熙三十二年（1694），因大学士王熙、张玉书推荐，王鸿绪曾入明史馆任《明史》总裁，又任《佩文韵府》修纂之一。为少数能给康熙帝写密折的重臣之一。为编撰《明史》，王鸿绪曾聘万斯同一起参与编纂。后《明史》列传刚脱稿，在尚未订正时，万斯同去世。康熙四十八年（1709），王鸿绪因招权纳贿被免职，以原官解任回籍。他借此私下携史稿回乡，经过五年的删改整集，成稿后进献康熙，被重新得以起用。后又任《诗经传说汇纂》《省方盛典》总裁官。不久，王鸿绪将《明史稿》列为己作，并以敬慎堂之名列印，名《横云山人明史稿》，共计三百一十卷，

---

① 安岐：《墨缘汇观》，江苏美术出版社，1992年版，第10页。

然未具万斯同名。鉴此，史载颇具争议。

王鸿绪工书法，师学米芾，为董其昌再传弟子。其书笔法隽秀自然，结体行云流水，具有一种清秀雅丽的风韵。史评："奄有魏晋以来诸家之长，挥毫落纸，人争藏弆"，"仿米芾而失秀润之气，学董其昌而腴润有致，但稍欠弱软"，可见其书法之貌。

王鸿绪位高权重，视野开阔，对书画的研究又深透彻理，其书画收藏自有独到之处，故其收藏的书画既精又奇，实为清初具有较大影响的重要藏家。王鸿绪收藏的宋元书画精品有董源的《龙宿郊民图》、欧阳询的《梦奠帖》、米芾的《蜀素帖》、苏轼的《祭黄几道文帖卷》、黄公望的《富春山居图》（无用师卷）、张中的《太平春色图》等。另有明清两代的不少珍品，如董其昌的《婉娈草堂图》、王翚的《杜陵深意图》《仿古山水图》《仿杨昇没骨水图》等。

王鸿绪于书画收藏，较为崇信董其昌和李日华。如董其昌收藏过的董源《龙宿郊民图》、李日华收藏过的张中《太平春色图》等，这些都成为他的重要藏品。其中张中的《太平春色图》被进献康熙内府。王鸿绪曾收藏过一幅赵孟頫的《致郭右之二帖卷》法书，经鉴定后在卷后跋文："按史传，赵吴兴在英宗至治二年（1322）六月卒，年六十九，追封魏国公，谥文敏。今观手札中云：一出之后，南望矫首，不觉涕泪之横集，当是至元二十三年，程钜夫荐之入朝，阅三年迁集贤学士，时年三十四岁矣。明年为辛卯，石民瞻谒选至燕京，吴兴为书《过秦论》。"对此，他以为："董华亭《戏鸿帖》为时年三十八，误也。是时吴兴书法正当壮年，英俊之气，圆润之姿，直追二王，无一毫习气。其俗笔者，皆赝书耳！华亭自谓因生得秀，敛驾吴兴而上之，似未为定也。"从中可见王鸿绪的鉴定水平之高及与旁人不同的鉴定眼光。

王鸿绪收藏中最为重要的藏品是黄公望的《富春山居图》（无用师卷）。《富春山居图》历经高僧无用、沈周、樊舜举、谈志伊、董其昌等诸藏家庋藏后，转入宜兴收藏家吴之矩（名正至）之手。吴之矩又传给了他儿子吴问卿。吴问卿谨守家规，珍爱无比，特在家中筑"富春轩"以庋藏，后虽经战乱动荡岁月，吴问卿"直以性命殉之矣"。但意想不到的是，清顺治七年（1650），吴问卿在生命垂危之际，竟命家人以火焚此图卷为自己殉葬。万幸的是，他的侄子吴子文乘其不注意时，迅速抢救出了正在焚烧的图卷。然可惜的是，此图燃烧后被分为两段：一为《富春山居图》（无用师卷本），长三丈有余；一为《富春山图》（吴湖帆题），也即《剩山图》（吴其贞命名）残本，仅一尺六寸。《富春山图》（剩山图）后经吴其贞、王延宾和近人吴湖帆收藏后，现珍藏在浙江省博物馆。

《富春山居图》主体卷本（即无用师卷）再度在收藏家中辗转。此卷先为丹阳张范我拥有，后转入扬州季寓庸手中。"入国朝归高江村（士奇）詹事，詹事以六百金收之。后归王俨离（鸿绪司农），亦如其直。"从金士松在卷中的题跋可知，清康熙二十九年（1690）左右。此卷被高士奇以六百金购入，后又被王鸿绪以原价从高士奇手中买进，并钤上"俨离秘玩""云涧王鸿绪"鉴定印。雍正六年（1728），王鸿绪去世，此卷辗转于吴门淮扬等地，寻求新的藏家，此时索价已高达千金。对此，金士松在题跋中有载："司农（王鸿绪）没，仆人挟之来苏，逾月无售者，旋转之维扬矣。詹事司农（高士奇）品地声势，极一时之盛，今不三四十年，如春风飘零，云烟解散，而山人笔墨，长留人世间。洵秾华难久，而谈寂者多味外味也。雍正戊申年（1728），观于黄鹂坊某氏，时六月二日。戊申年（1728）岁于黄鹂坊某氏，阅黄子久《富春山居图》，时俨斋王司农（鸿绪）家人持卷求售，索直千金。吴中无人力者，将之淮扬，后亦不知所之矣。"《富春山居图》经王鸿绪收藏后，雍正十三年（1735）前，遂被安岐购入，直至乾隆十一年（1746），最后被乾隆内府收纳，现藏台北"故宫博物院"。以上所述，不仅可见王鸿绪和高士奇之间不同寻常的关系，而且足证王鸿绪的收藏及在收藏界的影响。

王鸿绪去世后，他所藏的作品，一部分归入安岐之手，一部分则被乾隆内府收藏。

纵观王鸿绪的收藏，他与高士奇一样，一生为官，酷爱书画收藏。高士奇是起于书画收藏，毁于书画收藏；而王鸿绪于书画收藏，似乎比高要幸运些。从某种意义上说，他与高士奇的命运是连在一起的。他俩为官从政，嗜画如命，书画收藏似乎印证了他们的人生命运，这既为他们的官宦生涯带来了不少乐趣，也为他们的从政增加了一定的负面影响。

十二、安岐

安岐，生于清康熙二十二年（1683），卒年不详。字仪周，号麓村，晚号松泉老人。安岐原为朝鲜族，后入旗籍，天津卫（今天津）人。其父安尚义，因经营盐业而富甲天下。室名有思原堂、古香书屋、沽水草堂等。工书法，善诗文，尤精书画鉴藏，为清一代书画收藏大家。著有《墨缘汇观》《墨缘汇观续录》。

据传，安岐其父安尚义，朝鲜族人。后随高丽贡使而入清，安岐也随父入清，后居北京。康熙年间，安岐父子为时任武英殿大学士明珠之家臣，后得明珠的信任，先后在天津、扬州经营盐业而富甲天下，这便为安岐的书画收藏打下了坚实的经济基础。关于安岐的身世有各种不同的说法。有说安岐是纳兰明珠太傅巨仆安图少子，世为盐商，家世富，拥厚赀，年轻时即与当时文人多有结纳。

安岐自幼酷爱读书，学问宏通，博雅好古，尤喜法书名画，精于鉴赏。收藏巨富甲于海内。他在天津筑有一沽水草堂，内设思原堂、古香书屋，专门从事书画的收藏研究。凡遇精品佳作，辄重赀购藏。这正如安岐在《墨缘汇观》序言中所言："余性本迂疏，志居澹泊，自髫年以来，凡人生所好爱者，如声色之玩、琴弈之技，皆无所取，惟嗜古今书画名迹以自娱，每至把玩，如逢至契，日终不倦，几忘餐饮。自亦知其玩物之非，而性之可好，情不能已也。"[①]

又据《文端公年谱》记载："麓村安氏精鉴赏，凡樵李项氏、河南卞氏、真定梁氏所蓄古迹，均倾赀收藏。图书名绘，甲于三辅。"这是说，当项元汴、卞永誉、梁清标三大藏家相继去世之后，所藏书画珍品，后多为安岐花巨资庋藏。

安岐仗义疏财，常赈济灾民。雍正三年（1725），正值洪水泛滥，天津城墙和壕沟毁损严重，安岐父子捐款重建新城。江淮地界，凡遇贫穷潦倒之人，他也乐意解囊相助。这种性格和处世，使他在收藏界及书画圈内名声大噪，与之交往的名人颇广。交往的藏家中，除梁清标之外，还有卞永誉、曹溶、宋荦、孙承泽、高士奇、耿昭忠等。所以他的不少藏品都来自这些藏家。最多的要数梁清标。这些在其所撰的《墨缘汇观》中都有记载。如陆机的《平复帖》，他自述："此卷余得见于真定梁氏，世传晋迹，未有若此而无疑义者。"以至于他在索靖《出师颂》卷一栏中发出："余良幸获再观此希世之珍，所小不满者，子云奇迹，遂以永绝，令人慨叹。"[②]

安岐除了与收藏家多有交往之外，其他与之交往的名人也不少。清初"四王"之一的王翚，不但与安岐交往颇深，还在安岐六十七岁时和著名宫廷画家焦秉贞精心合作绘制了《安麓村小像》以赠，后又在安岐八十四岁时又作《云山竞秀图》和《麓村高逸图》长卷以贺安氏寿辰。王翚还在《云山竞秀图》卷后作跋："麓村先生主盟风雅，深志翰墨，鉴别品题，尤为海内所推重。"从中证明了安岐在当时社会上的影响，以及与这些文化名人间的情谊。

---

① 安岐：《墨缘汇观》，江苏美术出版社，1992年版，第3页。
② 安岐：《墨缘汇观》，江苏美术出版社，1992年版，第4页。

他的书画收藏之规模,在整个清代,唯"大藏家梁清标可与之比肩"。安岐的鉴赏水平相比其他藏家要高出一等。当时天津、扬州两地,不少收藏家都经常邀其鉴定书画,书画商们也都乐意和他交往,更有不少鬻古者常将家藏作品求售予他。如钟繇的《荐季直表》卷,他曾自叙:"偶于乾隆甲子(1744)重阳前五日,有客持此来售,余因久病杜门,闻之喜不自持,邀客坐古香书屋,共赏称叹,遂以重价易之。时是录已成,意谓此卷生平不能一睹,故以西晋为首,何幸衰朽余年,复能得此墨妙,事属寄甚,岂非与翰墨有因缘耶!"[1] 从中可知,安氏于书画交易和鉴赏的状态和心情。

据查礼《铜鼓书堂遗稿》载,他的古香书屋,贮"牙签万轴,余尽商周秦汉青绿宝器,唐宋元明名家之翰也。寝食期间,俗夫不得窥户牖,时人比之清闷阁"。从中可见其于书画鉴赏及交易的状况与性情。

图7-34 麓村高逸图 清 王翚

安岐于书画鉴定,与清代别的藏家相比,自有其独特的见解及方法。而这些见

---

[1] 安岐:《墨缘汇观》,江苏美术出版社,1992年版,第2页。

解及方法则集中反映在他撰著的《墨缘汇观》这本书画著录论著中。

《墨缘汇观》全书共计六卷，正编四卷，法书、名画各为二卷；续编二卷，法书、名画各为一卷。全书记叙翔实，考证精当，颇具卓识，为后人鉴别书中所载名作佳迹留下了极具价值的参考凭证，成为古代著录论著，尤其是私人著录专著中的绝佳巨作。

从《墨缘汇观》中可以看出，安岐的鉴定方法大致有四：一是以气韵笔墨法鉴之；二是注重考订和文献记载；三是倚重前代及同代鉴定家的意见；四是重视辅助依据的可靠性。

一是以气韵笔墨法鉴之。

《墨缘汇观·法书卷上》一篇所列第一件为钟繇的《荐季直表》卷，安岐以为此件"正书十九行，墨气如漆，神采焕然"，从气韵认定，故以为"晓然无疑为真迹"。对陆机的《平复帖》，他以为"然此帖大非章草，运笔犹存篆法"，这就是从笔法审定，认定"未有若此而无疑义者"。而对于王羲之的《袁生帖》卷，安岐"谛观此帖，用笔确合重若崩云、轻如蝉翼（《书谱》语）之论，墨气浓淡中，转折顿挫，着眼立辨，非双钩填廓者比"，故"宜命为真迹"。① 这便是从气韵和笔墨综合上去进行鉴别了。

对法书的鉴别如此，对名画的鉴定更是如此。《墨缘汇观·名画卷上》一篇所列第一件为顾恺之的《书画女史箴卷》，安岐以为此作"色泽鲜艳，神气完足""笔法位置，高古之极，落墨真若春蚕吐丝，洵非唐人所能及也""楷法淳古端严"，这便是从笔墨、气韵，以及着色等综合去加以鉴别真伪。另对董源的《潇湘图》卷，安岐以为此卷"山水以花青运墨，不作奇峰峭壁，皆长山复岭，远树茂林，一派平湿幽深，具苍茫浑厚之气，其远近明晦处，更无穷尽"，"俱用点子皴法，真登峰造极之作也。此卷绢素完洁，神采焕然，傅色古雅"，② 可见也是从气韵、笔墨和着色诸方面去加以真伪鉴别。

二是注重考订和文献记载。

注重考订和文献记载是安岐鉴定书画的又一方法。对法书的鉴定，如王羲之的《裹鲊帖》卷，安岐以为此卷："米海岳《书史》曾经记载，为薛道祖所收，唐模最

---

① 安岐：《墨缘汇观》，江苏美术出版社，1992年版，第1—4页。
② 安岐：《墨缘汇观》，江苏美术出版社，1992年版，第154、159、160页。

精者。"接着,他又载:"观《清河书画舫》,此帖薛氏已刻石赞,其后赞有'崇嗣与钦,鉴赏同好'之句,是知曾经苏、徐所收无疑也。"鉴此,他以为:"按《书画舫》所载薛氏题赞云:'右军为书,暮年更妙。……清闷于归,是则是效。"如王献之《送梨帖》卷则载:"《宣和书谱》、米氏《书史》俱载。"对柳公权的小楷《度人经》卷,安岐以为:"此卷《宣和书谱》所载,纸墨精妙,内渊字、世民字皆讳笔,后有大顺元年(890)二月十九日华山道士鱼又玄小行草书题于本文纸末,字字飞舞,有天真焕发之妙。"①

安岐对名画的鉴定,也十分注重考订和文献记载。如对董源《风雨出蛰龙图》,安岐以为:"按《宣和画谱》载有北苑风雨出蛰龙图二、水石吟龙图一,吴门顾维岳评此图,当以水石吟龙名之,玩其龙之间静良然。"又如对李成的《读碑窠石图》,安岐以为:"按成画,昔米元章见真迹二本,欲作'元李论'者,因其人品最高,不能与人作画,故有是语。盖当时太平未远,所传真迹,术者岂能尽见哉。"鉴此,他认为:"《图绘宝鉴》云,晓画尝于李成读碑图上见之,即此亦可知为真迹无疑矣。"②

安岐在鉴定时,除了十分重视《宣和画谱》和《宣和书谱》之外,尚有米芾的《画史》《书史》《宝章待访录》、王世贞的《弇州四部稿》等重要的鉴定论著。

二是倚重前代及同代鉴定家的意见。

安岐于书画鉴定,除了以气韵笔墨法、注重考订和文献记载等方法鉴别之外,尚十分倚重前代及同代鉴定家的意见。如对法书王珣的《伯远帖》卷,他载道:

图7-35 读碑窠石图 北宋 李成

---

① 安岐:《墨缘汇观》,江苏美术出版社,1992年版,第5、7、13页。
② 安岐:《墨缘汇观》,江苏美术出版社,1992年版,第159、161页。

"前绫隔水,董文敏题'晋王珣伯远帖'。"接着,他又载:"后绫隔水,文敏小行楷一跋云:'晋人真迹,唯二王尚有存者……戊戌(1598)冬至日,董其昌题。'"最后,他载:"思翁云,幸书不尽淹没,良然。"① 此卷竟有三处提及董其昌的鉴别意见,可见安岐对董其昌鉴定意见的重视。如怀素的《自叙帖》,安岐记载:"前苏舜钦补写六行","引首李西涯篆书'藏真自序'四字在描金銮雀笺上","后有苏耆、李建中二题。……后纸有杜衍、蒋之奇、苏辙、邵䶵、蒋璨、曾纡、赵令畤、苏迟、富直柔题,又吴宽、李东阳二跋。后续文太史墨拓一跋及文寿承所书释文。卷拖尾文寿承墨迹,又题观于陈湖陆氏,并项墨林注,其价值千金。卷多项氏印记"。② 从中足见,安岐十分重视前人和同代鉴定家的意见。

又如绘画,于王蒙的《青弁隐居图》,安岐记载:"董文敏题为山樵第一山水,非虚美矣。右首题'至正廿六年四月黄鹤山人王叔明画青弁隐居图'。"随后载:"此图为明锡山华氏中甫所藏,内有真赏朱文瓢印、华夏白文印,及项墨林诸印。"接着又载:"上藏经纸诗塘,董文敏题云:笔精墨妙王右军,澄怀观道宗少文。王侯笔力能扛鼎,五百年来无此君。倪云林赞山樵诗也。"故有"此图神气淋漓,纵横潇洒,实山樵第一得意山水"之结论。③

安岐除了较为重视董其昌和前人的鉴定意见之外,另对同代人陈继儒、王世贞、王世懋、项元汴、张丑以及孙承泽、梁清标、曹溶、宋荦等的鉴定意见也十分重视。

四是重视辅助依据的可靠性。

中国书画的鉴定,其主要依据除了笔法和墨法,以及结构和章法所形成的艺术风格之外,款识、题跋、印章、纸绢和装裱等辅助依据也必不可少。安岐除了十分重视书画鉴定的主要依据之外,对辅助依据也相当重视。

纵观《墨缘汇观》全书,内中有关款识、题跋,以及印章(包括收藏印)、纸绢和装裱的相关记载比比皆是。如对蔡襄的《谢赐御书诗》卷,他以为系"宋人墨迹中之铮铮者"。其依据为款识有:"后有米芾、文及甫、吴禅客、谢克家、鲜于枢、赵孟頫、胡俨、解缙绅、吴牧、宋洵、刘真、尹昌隆、赵友同、夏元吉、吴宽、陈继儒、董其昌题识。"印章有:"卷前半钤一宽边大印,下又半钤三印。前后有乔中

---

① 安岐:《墨缘汇观》,江苏美术出版社,1992年版,第8页。
② 安岐:《墨缘汇观》,江苏美术出版社,1992年版,第15页。
③ 安岐:《墨缘汇观》,江苏美术出版社,1992年版,第194页。

山、王芝、华亭黄氏等印。"纸绢为："澄心堂纸本，洁白若玉，墨色如漆。""纸四接，每接缝用小合同印。"① 从中可见其对辅助依据的重视程度。如对颜真卿的《湖州帖》，题跋为"颜鲁公湖州帖"六字。藏印有："有内省斋白文一印"，"本帖前有宣和、绍兴内府书印，下角钤稽察司半印，后政和小玺、绍兴连珠大玺、机暇清玩之印，又绍兴连珠小玺及张氏珍玩、北燕张氏宝藏二印。后纸有秋壑图书、欧阳玄印。卷多项墨林家藏印"。纸绢为："牙色纸本，纸质坚厚"，"此帖前黄绫隔水"，另有"青绫标签"等。②

安岐对法书的鉴别是如此，对名画的鉴别也是如此。如对赵幹的《江行初雪图》卷，题跋有："金章宗墨题'赵幹江行初雪图'七字，仿宣和瘦金书"，"后列元季忽都鲁都儿迷失、赵世延撒迪、虞集、朵来李洞、沙剌班、李讷、雅琥、柯九思、张景牛诸臣衔位"，"自左起往右，排书拖尾"。绢纸有："绢本，高七寸六分，长一丈一尺，淡着色"，"前锦文黄绫隔水"。藏印有："御府飘印"，"上钤明昌长玺，下钤明昌宝玩方玺，前一半钤旧印，文不能辨，下边横钤稽察司半印；卷中上押天历之宝朱文大玺"，"后隔水上下押御府宝绘、内殿珍玩二玺，后钤群玉中秘长方大玺；后纸押明昌御览大玺。此图明昌七玺全备"。③ 可见其对书画鉴定之辅助依据的重视程度。

安岐的书画收藏，其藏品的年代跨度很大。上溯三国魏晋，下止明末清初。范围之广，数目之多，品位之高，在整个清代实属罕见。据统计，其收藏的名画佳作有：顾恺之的《女史箴图》、赵幹的《江行初雪图》、李成的《读碑图》、燕文贵的《匡庐清晓图》、郭熙的《幽谷图》等。法书名迹有：钟繇的《荐季直表》、索靖的《出帅颂》、王献之的《东山松帖》、欧阳询的《卜商帖》、米芾的《参政帖》、黄庭坚的《帆清道人帖》、范仲淹的《道服帖》、欧阳修的《灼艾帖》、王安石的《楞严经旨要》等，凡经安岐收藏的作品，他都必钤上印记。他常用的收藏印有仪周鉴赏、安氏仪周图书之章、翰墨林、无恙、心赏、古香书屋、思原堂、仪周珍藏、安仪周书画之印、安仪周家珍藏等。

安岐于书画收藏的功绩，除了收藏保护了大量的书画名迹之外，晚年将其积累

---

① 安岐：《墨缘汇观》，江苏美术出版社，1992年版，第23页。
② 安岐：《墨缘汇观》，江苏美术出版社，1992年版，第13页。
③ 安岐：《墨缘汇观》，江苏美术出版社，1992年版，第160页。

图 7-36　江行初雪图　五代　赵幹

第七章 清代的书画收藏（全盛时期） 431

了数十年来的有关书画札记,编撰成《墨缘汇观》一书。

《墨缘汇观》共计六卷。全书记叙翔实精当,考证精明扎实,卓识独具风韵,为后人鉴别此类名作佳迹,尤其是私人著录专著的察辨,留下了极具价值的参考资料,成为古代书画著录论著中的绝佳巨作。

安岐除了喜收藏书画作品之外,还喜收罗古籍、古砚及古董等。这些藏品在他去世后,都归于盛昱、端方等藏家,后大部分又入乾隆内府,部分散落民间,至今大多已无存于世。

纵观安岐的一生,除了《文端公年谱》盛赞"麓村安岐精鉴赏,凡檇李项氏、河南卞氏、真定梁氏所蓄古迹,均颜赉收藏。图书名绘,甲于三辅"之外,另据端方在《墨缘汇观》叙中所述:"第宅云连,陈设瑰丽,收藏之富,几与士夫相颉颃。以故海内法书名画之归麓村者,若龙鱼之趋薮泽也。又,其人夙精鉴别,得书画之佳者,辄考其纸墨,记其印章,定真赝而手录之,久久成巨帙,精识如孙北海、高江村或谢弗敏焉。"[1]

以上便是对安岐一生收藏书画的最好评价,也是安岐一生从事书画收藏的最佳写照。安岐不愧为清一代鉴赏之高手,乃无愧于书画收藏大家之列。

图 7-37　幽谷图　北宋　郭熙

---

[1]　安岐:《墨缘汇观》,江苏美术出版社,1992年版,第1页。

十三、张庚

张庚，生于清康熙二十四年（1685），卒于乾隆二十五年（1760）。初名焘，字溥三、浦山、公之干，号瓜田逸史，又号弥伽居士、白苎村桑者。浙江秀水（今浙江嘉兴）人。幼孤家贫，赖其母以针线活抚养长大。工诗文，精山水，擅鉴别。著有《强恕斋诗文集》《浦山论画》《瓜田词钞》《国朝画征录》《图画精意识》等。

张庚善绘事，山水师法董源、巨然和黄公望，自成体貌。亦善白描，花卉师学陈淳，亦善人物，可谓诸科皆精。

张庚于书画鉴藏与一般藏家的不同之处为，其书画收藏是为其绘画创作服务的。他不但师古人，又师今人，亦师造化，足迹遍布大江南北，探访名迹历时十余年，习之既久，领略益深。他曾寓于睢州蒋郎中泰家数年，因睢州袁可立大司马家道中落，诸多藏品流入蒋家，张庚借此得以观览明末著名画家袁可立遗墨及所藏旧迹，得益匪浅，不但练就了眼光，书画创作也日见长进。这些，在他为董其昌《疏林远岫》所作跋中可见："已趁云林迂近，艺苑逸品，倪黄合人事才如此体自出，称宗称祖，宁为诬，蒋君爱画，入骨膏髓，宝之不异宝此驱。呜呼，公书此稀观，莫叹蒋君所好拘。乾隆五年（1740）秋八月，秀水张庚题。"

张庚著述颇丰，较有影响的除了《浦山论画》之外，尚有《国朝画征录》。

《国朝画征录》始作于康熙六十一年（1722），成书于雍正十三年（1735）。凡此十余年间，张庚游历南北，探讨名迹，"凡遇图画之可观者，辄考其人而录之"[1]。从中可见张庚的《国朝画征录》实是从鉴赏国朝名迹而作出的独特见解。对此，他的好友蒋泰在《国朝画征录》序文中有言："既而读其所著画征录，其论宗法渊源造诣深浅，皆确然有据，而评骘不肯轻下一字，非深于是者能乎？至若因人以及画，或因画以及人，另具奥旨微意有遗音矣，盖深有得于史也。"[2]

《国朝画征录》前除有蒋泰序文外，也有张庚自序。全书收录清初至乾隆年初画家共计四百五十余人，原书分上、中、下三卷，后又增补三卷，录自八大山人迄袁枢。书中记叙画家的生平、专擅、宗派、师承等，偶间以合传或附传。但凡有画家精妙名言，亦摘录入传。最为可贵的是，凡重要画家，间以引出"白苎村桑者曰"，即作者对该画家独到的评议，可谓是一种画史和画论相结合的撰评体例。

---

[1] 卢辅圣：《中国书画全书》第十册，上海书画出版社，1996年版，第423页。
[2] 卢辅圣：《中国书画全书》第十册，上海书画出版社，1996年版，第423页。

图 7-38 松荫观瀑图 明 蓝瑛

张庚的《国朝画征录》，其史料和理论价值一直为后世所重。此书不但成为后人检阅清一代名家画手的人生简历，更为后人识别鉴识清一代画家的重要参考标尺之一。

其实，展阅《国朝画征录》，实是张庚基于鉴别品览原作佳作，经鉴赏品评后得出的独特见解。这点不但在其《国朝画征录》的自序中可资证之，也可从他对不少画家的评价中得出结论。

《国朝画征录》自序中言："录国朝之画家征其迹而可信者，著于篇得三卷，凡画之为余寓目者，帧障之外及片纸尺缣，其宗派何出，造诣何至，皆可一二推识，窃以鄙见论著之，其或闻诸鉴赏家所称述者，虽若可信，终未征其迹也，概从附录而止。署其姓氏里居与所长之人物、山水、鸟兽、花卉，不敢妄加评骘，漫夸多闻，夫画道亦微矣。"① 可见所录画家系"征其迹而可信者"。例如《国朝画征录》中对蓝瑛、蓝涛之评价："蓝瑛字田叔，号蝶叟，钱唐人。山水法宋元诸家，晚乃自成一格，伟峻老干，大幅尤长，兼工人物、花鸟、梅竹，名盛于时。画之有浙派，始自戴进，至蓝为极，故识者不贵。子涛号雪坪，世

---

① 卢辅圣：《中国书画全书》第十册，上海书画出版社，1996年版，第423页。

其业。余尝见其《衰梧丛菊图》,颇有旧法而树石则仍父习也。白苎村桑者曰:余少时闻乡前辈论画,每至宋旭、蓝瑛辄深诋娸之。后见宋所画《辋川图卷》不袭元本,自出机杼。皴擦则用黄鹤山樵法,恣极浚邃而一出自然,实为有明一代作手不独不可诋娸,乃学者所当急摹者也,奈何与田叔一例抹倒。前辈之论画疏矣,吾乡至今沿习其说,故当亟辩其冤也。虽然,名人手迹恒多赝本,是又在学者善别之。"[1]

以上可见,张庚对蓝瑛(包括宋旭)的评价,一是推翻了前人某些不公正的评价,另一是从蓝瑛原作佳迹的审谛基础上而作出的结论。至于末尾"名人手迹恒多赝本,是又在学者善别之"之论证,则又是基于鉴赏的范畴了,可见张庚对鉴赏的重视。不过,此栏中,将蓝涛归于"蓝瑛之子"的说法实属大谬。蓝瑛之子应为蓝孟,蓝涛为蓝孟之子,蓝瑛之孙。张庚为清人,离蓝瑛时代不远,与蓝涛应为同代人,出此谬误实不可谅也。

综上所述,张庚实是清早中期极为重要的一位书画鉴赏家。尤其他所著的《国朝画征录》,体例严谨,征信翔实,书中保存了清代重要画家大量的第一手资料,对研究清代前期画史具有重要的参考价值。

十四、陆时化

陆时化,生于清康熙五十三年(1714),卒于乾隆四十四年(1779)。字润之,号听松,别号听松散仙、听松老人。室名翠华轩、啸云轩、听松山房。太仓(今属江苏)人。陆毅之孙。恣性聪颖,富有文采。擅治印,精鉴赏,富收藏。以岁贡生入国子监,为太学生。后绝意仕宦。著有《吴越所见书画录》《书画说铃》《赏鉴杂说》《书画作伪日奇论》等。

陆时化热心公益事业,曾建育婴堂以收留弃婴,并赈灾多善举,修海塘,尤嗜书画古籍收藏。家藏图书达万卷,抄校精审,不亦乐乎。善治印,取法汉印,介于铸凿之间,刀法酣畅淋漓,不假修饰,变化多端,功力深厚。精通营造之学,负责主持、参与苏州多项重大工程项目。

陆时化称,其祖父辈已经积累了一定数量的书画收藏,这也为陆时化的收藏奠定了基础。他在太仓西门的住宅内,设有啸云轩、翠华轩、剪鉴亭、听松山房等,为专门从事书画收藏及与友朋一起品鉴书画的场所。陆氏一生收藏所见名画数百种,

---

[1] 卢辅圣:《中国书画全书》第十册,上海书画出版社,1996年版,第429页。

图7-39　野航图轴　清　石涛

记其纸绢、条幅、行款，积年累月，成《吴越所见书画录》一书。这诚如他在书中所述："凡有所得如采珠拾翠，必记其尺寸、绢楮、题款以归藏之先子钓游之地，忽不惬于心，又检出其所记之纸而弃之，亦有重至其处而反覆更审者。世事无常，有重去而已易主，无可追踪，中心不能释然，亦必检弃，期于不畜疑，而无少假而止，或得见于客途者，不能度其尺寸，则仅记其绢楮、题款。"①是书除录有唐宋元诸名家画作之外，大部以明人之迹为多，止于清四王、吴、恽六家。凡六百二十八件，其间亦偶载自书题跋。其鉴藏之富，品鉴之精，时与当时著名书画藏家毕泷并誉，故同乡名士盛大士在《溪山卧游录》中曾赞："吾州赏鉴家，向推陆听松山人时化、毕竹痴老人泷。两家书画甲于吴郡，惜余不及见其美富也。"

陆时化于书画收藏与别的藏者相比自有许多不同之处。

首先，在他看来，书画鉴赏是比娱玩更为高尚之事，与辞赋具有同等的价值。这点，在其所著《书画说铃·书画说四》中即可见之："书画供人之娱玩而非但供人之娱玩，辞赋可与本人之正集参考，图绘可合山经水乘发明。"②

其次，他以为笔墨是书画鉴赏的核心。他在《书画说铃·书画说四》中又说："作者之知愚贤不肖及性情之刚柔高卑，往往流露于笔墨之间，此又从书画之理而

---

① 卢辅圣：《中国书画全书》第八册，上海书画出版社，1994年版，第961—962页。
② 卢辅圣：《中国书画全书》第八册，上海书画出版社，1994年版，第975页。

旁见侧出者也。"① 他还认为："画自山龙藻火，至为圣贤神佛图象，山水、花果、鸟兽各立一法以自成家，归于有笔墨神韵而具书卷气者，其传必远。"②

三是，他还认为书画作伪是一件十分可恶的事情。作为鉴藏家的陆时化，在具体的鉴定事宜中，对书画作伪十分厌恶。他在《书画说铃》中多次提及书画作伪的起因及可恶性。他以为："自书画可易货利而作伪者出，始而欺人，继而欺友，至及父兄师长而无怍色，其世俗居心尚可问乎？"③ 他还说："荀悦有言，善恶要于功罪而不淫于毁誉，听其言而责其事，举其名而指其实，故实不应其声者谓之虚，情不覆其貌者谓之伪，毁誉失其真者谓之诬，言事失其类者谓之罔。今世上之事，尚不能冀其虚伪不得设，诬罔不得行。区区书画出之古人，古人往矣，不能起九原而问之，又乌能归于真实而无虚罔，而断断论说之哉？惟不能使天下事归于真实而无虚伪诬罔，而姑务之于书画也。天下之事出之于天下之人，一草茅贱士，既无德位，又鲜时势，其将何以挽格之哉？书画自古及今，作伪者亦终有数，尽心力而考之，且以此无关轻重之一端，归于真实，绝其虚罔，使是非明而黑白定也。"④

另外，陆时化对书画的题跋、藏印、装池，以及交易都提出了自己独特的见解和看法，为后人提供了不可多得的参考意见。

陆时化除了乐于书画收藏之外，极喜蓄书，藏书达万卷，他曾手抄唐宋元明名人文集数种。藏有宋刻《太平御览》千卷，《道德宝章》《国策》《襄阳郡志》等，又购墨本书以贻子孙。

陆时化有一子，名愚卿，在父亲的影响下，承袭父志，另辟藏书楼，名怀烟阁，以蓄书画图书，颇具一时影响。

纵观陆时化一生的收藏，其所处年代正值乾隆搜尽人上法书名画归己占有，而民间收藏短缺的时代，陆时化身为一名布衣，劳毕生精力，费时三十余年，收藏名迹，记其绢纸，累其题跋，著书立说。尤其是其所著的《吴越所见书画录》，论析清晰，条理分明，见解独特，构成了他独有的书画鉴赏论鉴，实是一部理论研究和实践探索相结合的极佳著录，代表着清中后期江南地区书画鉴赏的最高水准。尤其

---

① 卢辅圣：《中国书画全书》第八册，上海书画出版社，1994年版，第975页。
② 卢辅圣：《中国书画全书》第八册，上海书画出版社，1994年版，第975页。
③ 卢辅圣：《中国书画全书》第八册，上海书画出版社，1994年版，第975页。
④ 卢辅圣：《中国书画全书》第八册，上海书画出版社，1994年版，第975页。

是他那正直而率真的传统文人思想,有机融入他那独特的书画鉴赏观念中的系列见解和总结,无疑为后人树立了一座新的丰碑,其功实不可没。

十五、毕泷 毕沅

毕泷

毕泷,生于清雍正十一年(1733),卒于嘉庆二年(1797)。字涧飞、剑飞,号竹痴、竹屿。江苏太仓人。毕沅弟。精书善画,工诗文,尤善收藏。所作山水苍浑深秀,自号"竹痴",即源于他对竹石的钟爱。家筑广堪斋、静寄轩、抱云书屋,专供书画收藏及藏书之用。著有《广堪斋藏画》一卷。

清代早期,尤其是到了乾隆朝时,内府广搜博取各地的书画珍品,各大藏家的文物字画也纷纷被收纳入宫,而江南的一些文人雅士,包括商人,仍承袭历代文人收藏的风气,竭力搜罗购买散落在民间的古玩字画。毕泷世居太仓,自古以来即是文人荟萃的地方,文人雅士、书画家、收藏家代有传人。文学先驱王世贞独蛰文坛二十年,时有理学家陆世仪、名士张溥、诗人吴伟业、琴师徐上瀛、画家王原祁皆为一时之翘楚。加之著名画家"四王"中的王时敏和王鉴,既为杰出的书画家,又为著名的书画收藏家,因而不但形成了太仓独有的娄东文化,而且形成了娄东画派,这些无疑对毕泷和毕沅兄弟从事诗文创作和皮藏书画产生了巨大的影响。

毕泷、毕沅出身文人兼商人世家。祖父为商人,外祖父为知县,父亲毕镛以贡生候选州同,后因疾早逝。其母张藻挑起了抚育教养子女的重任。张氏博学多闻,工诗擅文,著有《培远堂诗集》。

据刊刻于嘉庆七年(1802)的《直隶太仓州志》载:"毕泷,字涧飞,沅弟,少工举业,应试失利,沅为入赀,例选部郎,意弗屑也。性坦易,工书画,善赏鉴,于古器物及碑刻字画,辄能别其真。所居曰广堪斋,非名人旧物屏勿,御炉香茗,婉坐竟日,卒六十五,病卒。"由此可见,毕泷少年因举士失利,由其兄毕沅代为入赀,例选部郎。由于曾有过捐例部郎之举,为此,时人常呼毕泷为"毕部郎""毕员外""毕部曹",然亦因这科场失利,毕泷从此绝意仕途,后专事书画及古籍的收藏。这也正如张咏荼在钱溥为毕泷所绘一小像上题跋所述:"矫矫先生,抱璞舍真,形如鹤瘦,骨比梅清,不慕荣利,不染俗尘,左图右史,与古为邻,逍遥岁月,布袍幅巾,非朝非市,是谓逸民。"这一题跋,真实地描绘出毕泷作为一位书画收藏家的本来品貌。从毕泷的性格看,毕泷不善交际,常与之交往的人士多为当时太仓周边的文人雅士，如王昶、赵怀玉、顾光旭、冯金伯、陆朴野、王文治等，他们中有文学家、诗人、画家和书画藏家等。

毕泷的藏品，一是出于互赠互换，二是出资购买。

一是互赠互换。

如元柯九思的《对临与可倒垂竹图》即是毕泷的收藏。吴镇《卧涧长松图》与之互换而得。又据王文治《快雨赏题跋》载："余庚戌（1790）阳生之月，借居吴趋经训堂，与毕竹痴评论古今书画，并各出行箧中所携名迹相质。余携有高房山《仿米氏云山》轴，竹痴爱之特甚，携归斋中赏玩至夜分弗辍，遂不肯见还，明日以陈所翁《墨龙》长卷并董书相易。"无奈，王文治只得忍痛交换，余后发出"此轴归竹痴，亦宝剑之赠烈士也"的感慨。①

二是出资购买。

出资购买书画更是毕泷收藏之常事。他曾以八十两银购得吴历的《摹宋元人山水册》，又以重金从淮扬马氏购得柯九思《双竹图轴》，王时敏《仿宋元大家山水册》更是他花重赀从陆朴野处购入。有一件王维的《江山雪雾图》，则为一浙人替物主持画专程携至广堪斋，后毕泷以一千三百金购入。这正如王昶称其："性好古器，遇有当意，不惜重价酬之"，"收藏之雄，甲于江左"。也如太仓收藏家安盛人士赞其："昔闻吾乡竹痴君，弃藏富欲侔王公。"刘瑗也曾评毕泷曰："癖嗜古书画及金石文字，闻有佳物，不辞千里，不惜重赀，务以入手为快。"

乾隆癸卯年（1783）冬，清代著名画学史论家冯金伯拜访毕泷，毕泷出示所藏宋元明画。冯氏对此有载："毕涧飞泷，号竹痴，秋帆先生胞弟也。风格冲夷，吐弃一切，独酷嗜书画，凡遇前贤翰墨苟沿己趣，不惜重价购之。予于癸卯冬奉访，出示所藏宋元明人笔墨，皆真迹中之烜赫者，无论赝鼎矣。其于国朝太常、烟客、南田、墨井、石谷、麓台诸家所收尤为精粹，几于目不给赏。工诗，喜临池写竹，尤苍浑得古法。"②

毕泷一生收藏的书画藏品，集中体现在他所著的《广堪斋藏画》手写本中。《广堪斋藏画》刊行时，吴县吴辟疆作后跋曰："此广堪斋藏画目，手书于聚头扇上，都七十九事，案跋语识为竹屿翁晚年手定，当是乾隆季年时作也，旧为同甫姻丈世

---

① 卢辅圣：《中国书画全书》第十册，上海书画出版社，1996年版，第811—812页。

② 卢辅圣：《中国书画全书》第十册，上海书画出版社，1996年版，第705页。

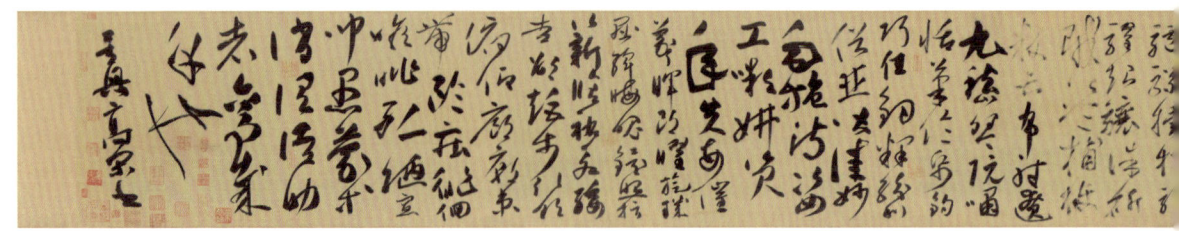

图 7-40　草书千字文残卷　唐　高闲（传）

守，丁丑变作。所藏先世手泽散佚殆尽，此箧亦不知落入谁手，予幸昔年曾从瓿借手自移录，更检阅诸家著录，有可考者辄为疏记，或亦足为鉴赏家之一助欤。"[1]可见其藏画仍能留传至今，亦实属不易。

其实，毕泷除上述提及的藏品之外，现藏上海博物馆的高闲《草书千字文》、辽宁省博物馆的杨维桢《张适楷书周文英志传卷》、中国历史博物馆的宋拓《颜柳白米四家法帖》，以及台北"故宫博物院"的易元吉《猴猫图卷》等都经毕泷皮藏。

《广堪斋藏画》中记载毕泷藏品共达七十五件，多为宋元明作品。代表藏品有李营丘《万山飞雪图》、范华源《晚景图》、李龙眠《孝经图》、米芾《雪山图》、宋徽宗《夜月梨花图》、李迪《古木双鹰图》、高房山《雪山图》、赵松雪《竹枝图》、郭天锡《秋山图》、朱泽民《寒林平远图》、王孤云《墨幻角牴图》、柯丹丘《临文与可悬崖竹枝图》、黄大痴《陡壑密林图》、吴仲圭《竹谱图》、倪云林《隔江山色图》、沈石田《古槎竹石图》、文衡山《高山图》、唐六如《桃花庵图》、仇十洲《桒几斋图卷》等。

从《广堪斋藏画》中又可看出，他的不少藏品都经历代或同代不少著录专著记载，如王文治的《快雨堂题跋》、李佐贤的《书画鉴影》、孔广陶的《岳雪楼书画录》、阮元的《石渠随笔》、陆心源的《穰梨馆过眼录》、庞元济的《虚斋名画录》等。其中陆时化的《吴越所见书画录》中，记载毕泷所藏书画尤多，约有二十件。鉴此，毕泷在该书后跋曰："此皆余斋中所藏五代宋元明名人之画，风日清美时赏玩一过不啻神交师友，元章所谓声色之美不能夺也。惜世之耳鉴者多知此后甚寥寥。余四十年苦心积此数十件，觉米家书画船不足羡矣。"这也正如他在一跋文中所述："余自弱冠时即有前人书画，迄今四十余年，所藏宋元名迹颇欢。"从中可见毕泷于书画收藏之心态和胸怀。

---

[1] 卢辅圣：《中国书画全书》第十四册，上海书画出版社，2000年版，第754页。

除《广堪斋藏画》之外，毕泷尚有《广堪斋印谱》问世。此谱经毕泷审定，毕家后人及友人整理出版，前后辑集刊印三次。《广堪斋印谱》共收录印章达二百九十方，印人自元至清有三十八人，元三人，明十七人，清十八人，还收有毕泷自己的鉴藏印。这既对研究古代印学提供了极为难得之资料，也为鉴别毕泷书画藏品带来了可供借鉴之对比物。

毕沅

毕沅，生于清雍正八年（1730），卒于嘉庆二年（1797），字纕蘅，小字秋帆，自号灵岩山人。江苏太仓人。毕泷兄。博学多才，潜心经史，敬重文士，礼贤下士，尤好扶植培养后人。涉历经学、史学、金石学、地理学等，工诗善文，喜收藏。家筑静逸园、经训堂、灵岩山馆，为专门从事书画及图书收藏之地。幼时受其母影响较深。后拜沈德潜和经学大师惠栋为师。中举后授内阁中书，迁军机章京。状元及第后，授翰林编修，历任侍读学士、太子右庶子。著述颇丰，涉及极广，著有《麻城道志》《湖北通志》《史籍考》《传经表》《通经表》《经典辨正》《灵岩山人诗集》《经训堂集》，汁疏《道德经考异》《晏子春秋注》《吕氏春秋注》等。主编《续资治通鉴》。其著述影响深广，远扬海内，填补了学术领域多个空白，被誉为清一代学问大家。

毕沅一生虽混迹官场，然因雅好翰墨，尤喜收藏。他曾自诩："书则羲献，画则辋川。"其所作山水，仿倪似黄，呈清新淡雅之韵。所作书法，真隶皆工，呈清逸雅丽之态。

毕沅与其弟毕泷不同的是，毕沅因身居要职，位高权重，又喜文翰诗画，还好交友，故与之交往的人员不少。其中既有乡贤故人，又有文人雅士，也有官宦同僚。常与之往来的有章学诚、汪中、段玉裁、洪亮吉、吴泰来、孙星衍、钱坫、王文治、赵怀玉、王宸等。

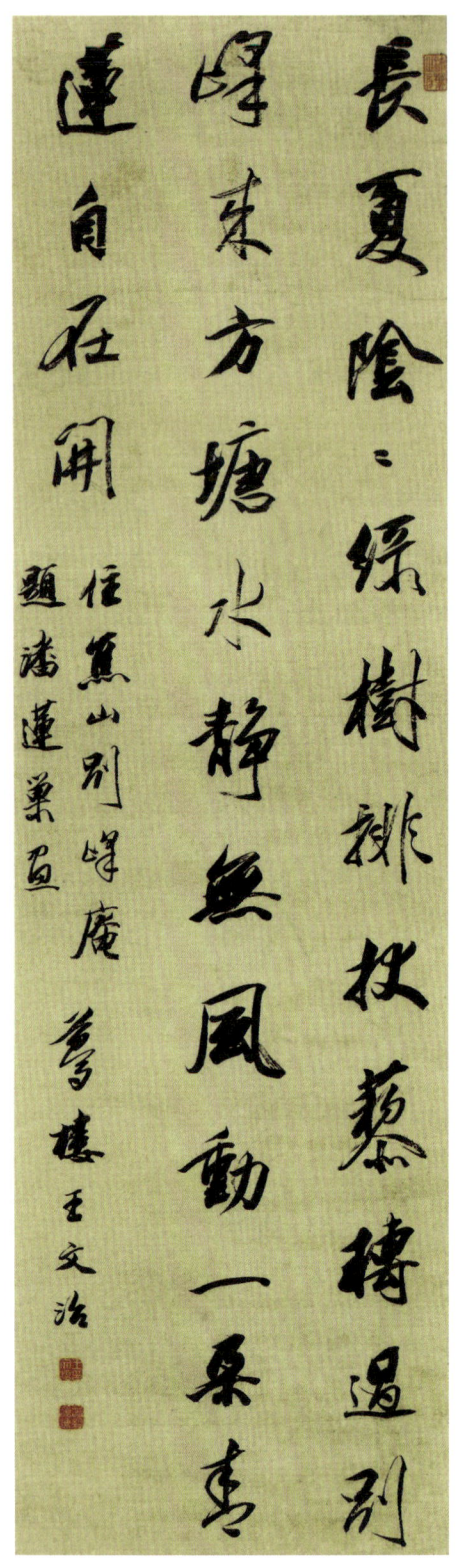

图 7-41 题画诗 清 王文治

他与王文治交往颇深。如乾隆四十年（1775）二月，他与王文治、严长明曾在西安同观毕沅所藏的唐人临右军的《瞻近帖》《蜀人帖》。

毕沅收藏的不少法书名迹，如在乾隆五十五年（1790）前后经王文治鉴定，钱泳、孔千秋等人刊刻而成的《经训堂法书》，共十二卷，内就收有毕沅所藏的王羲之、虞世南、徐浩、怀素、蔡襄、苏轼、米芾、赵孟頫、倪瓒、杨维桢、王宠、祝允明、文徵明、董其昌等人的佳作。

除名画法书之外，毕沅收藏的拓本也不在少数，较有名的就有：《右军长者帖册》《圣教序册》《降帖册》《周孝侯庙碑册》《岳麓寺碑》等。

毕沅的书画藏品来源与其弟毕泷相似，一是互赠互换，二是出资购买。如王文治收藏的《黄石斋孝经》，原系王文治女婿所藏，后转赠给毕沅。张僧繇《没骨山水》、董源《潇湘图卷》等毕沅都出重金购入。赵孟頫《妙法莲华经第五卷》、苏东坡《天际乌云帖》，毕沅则以千金从歙人藏家吴绍浣处购入。

毕沅收藏的绘画作品十分可观：张僧繇的《没骨山水》、张择端的《清明上河图》、董源的《潇湘图》、任仁发的《侯马图》、吴彬的《楞严廿五圆通佛像册》、仇英的《美人春思图》、文徵明的《仿赵伯骕后赤壁图卷》、陈洪绶的《梅石蛱蝶图卷》、文伯仁的《杨季静小像卷》、陆包山的《练川草堂图卷》、钱谷的《石湖八景图册》等不少经典

图 7-42 雪山红树图 六朝 张僧繇(传)

作品都经他收藏，尤其是《清明上河图》，卷后钤有毕沅及毕泷的收藏印记。

收藏的法书有：怀素的《小草千文卷》、唐人的《月仪帖》、张即之的《墓志铭卷》、颜真卿的《竹山书堂连句诗》、范文忠的《行书卷》、赵孟頫的《七札册》、倪瓒的《自书诗稿册》、文徵明的《庄子册》、董其昌的《白居易琵琶行册》、王宠的《五忆歌卷》等。

他还自称"予环香吟阁藏杨羲和书黄素黄庭真迹，为历代法书第一"。另《石渠宝笈三编》中载录毕沅庋藏过的书画藏品就有数十种之多。

毕泷常将自己所藏之作品转手给毕沅，如《宋拓岳麓寺碑》，据王文治跋文云："此帖乙未（1775）岁，余见于西安抚署中，盖竹痴山人物也。越十九年癸丑（1793）而复见于武昌制署，则竹痴又贻其令兄灵岩公矣。"现存著名的张择端《清明上河图》，曾经毕沅收藏，然与毕泷也不无关系。图卷上除有"毕沅秘藏"的藏印之外，前隔水尚有"毕泷审定"之印。另宋拓《定武兰亭》和怀素《小草千文卷》上也有"毕泷书画"之印。这一方面证明了两兄弟于书画收藏之间的亲密关系，另一方面

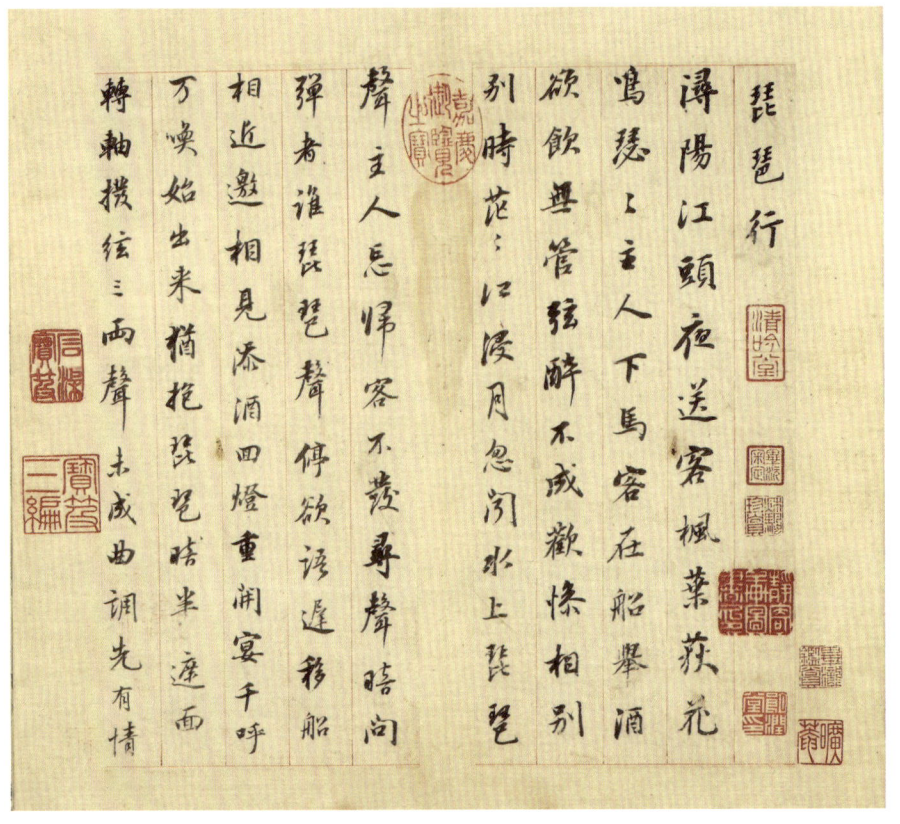

图 7-43 白居易琵琶行册 明 董其昌

也证实了毕沅的一些藏品经毕泷审定或转让于他。

毕沅于书画收藏的态度较之其他藏家，显得十分坦荡悠然。他曾作诗曰："我得此图阅三稔，锦囊什袭亲题封。得石轩中一展玩，卧游使我心神融。"故王文治也曾多次赞美毕公："灵岩公好古善鉴，故名书画多归之，然往往随手云散，曾不吝情去留。"毕沅曾藏有宋拓数本，不少为他人索去，后仅有两本。其中有一宋拓《圣教序册》，原为沈光禄公起元故物，后光禄殁后家人为筹葬礼费用，无奈将此册售于毕沅。后毕沅又归还光禄公的外甥沈碻。

他另有董其昌《山水轴》，因同年曹文埴喜爱之，毕沅便随手相赠。另有一件董其昌《仿米芾潇湘奇境图》，图轴中有跋文谓为陈氏旧物，于是毕沅便转赠给同官的湖北布政使陈淮。这诚如王文治言："尚书于名画虽爱入骨髓，而云烟过眼，任其往来，殆寓意而不留意。"

毕沅于书画收藏也有不雅之举，时有将文物据为己有，也有购入假画之例。其弟毕泷对其眼光也有异议："乾隆戊申（1788），秋帆一开府中州，与涧飞盘桓节署数月，秋帆以审定诸名迹自命，而涧飞每笑其鉴别之误。"然不管如何，每一位藏家都有眼光失聪之举。毕沅一生戎马倥偬，身居高位，诸事繁杂，这实属难免之事。然他收藏的大量经典之作，实为书画收藏事业做出了非凡的贡献。

乾隆五十八年（1793）春，王文治专程赴武昌拜访毕沅，曾观赏鉴别毕沅所藏拓本名品多种，其中宋拓《定武兰亭》上有王文治题跋："灵岩山人所收《定武兰亭》是柯九思家藏，殆希世之珍也。"另共赏的还有宋拓《代度寺》《醴泉铭》，唐拓《郎官壁记》等，可见毕沅所藏拓本之富之精。

毕沅除了喜收藏书画之外，也喜藏书。他与章学诚交往颇深，并让章氏编书修志，为方便启，毕沅曾出其私人藏书二十万卷交于章学诚。修有《麻城通志》《湖北通志》《史籍考》等。届时，著名学者孙星衍、洪亮吉、段玉裁等皆曾受知其门下。为编撰《关中金石记》，他搜罗秦中金石拓文一千五百余种。他编有《经训堂书目》，辑刊《经训堂丛书》，收书达二十一种，由其门生洪亮吉、孙星衍等共同校对整理。此书系辑者注释、校对重要古籍的汇刻，被藏书家誉为善本收藏。另有巨制《续资治通鉴》问世，全书历时二十年，有二百二十卷之多。他还刊刻图书数种。另又专刻藏书印多枚，如"秋帆珍赏""秋帆图书章""经训赏珍藏印"等。

嘉庆二年（1797），毕沅因国事南北奔波，后积劳成疾，病死于戎马生涯。毕沅去世后，没料到的是，嘉庆四年（1799），乾隆去世，后嘉庆在查办乾隆宠臣和珅时，竟涉及毕沅，嘉庆帝下谕重治毕沅："追论沅教匪初起失察贻误，滥用军需帑项，夺世职，籍其家。"至九月更下谕旨重治其罪，故毕家被抄家籍没，其孙被削去世职，家中田产、资畜皆归皇廷，古玩、字画及碑帖、善本、印章等，大部被籍没收纳内府，少量则散佚殆尽。毕沅一生的心血皆付之东流。

综合毕沅、毕泷两兄弟的书画收藏，他俩在整个清代书画收藏史上，实系两位举足轻重的人物，也数昆仲收藏中的杰出者。两昆仲相比，在书画收藏方面，毕泷应较其兄毕沅稍胜一等，然学问著述，毕泷远在其兄毕沅之下。这些既是毕氏家族受优秀传统文人思想的影响，也是母亲家教成功之结果，又是兄长毕沅官居高位、光宗耀祖及经济基础的支撑，亦是太仓地区书画创作和书画收藏风气之熏陶，这才造就了两位优秀收藏家的诞生。

十六、吴荣光

吴荣光，生于清乾隆三十八年（1773），卒于道光二十三年（1843）。原名燎光，字伯荣、殿垣，号荷屋、可庵，晚年号石云山人、拜经老人。南海佛山镇（今广东佛山）人。历任翰林院编修、江南道监察御史、刑部员外郎、福建按察使、浙江布政使、湖广总督等职。工诗文，擅书画，精鉴赏，嗜金石，酷藏书。著有《石云山人文集》《绿伽楠馆诗稿》《历代名人年谱》《辛丑销夏记》《金石款识类》《筠清馆金石录》等。

吴荣光为官清廉，体察民情，勤政持重，政绩显著。他从学阮元、翁方纲，为阮元高足。于书画创作、书画鉴赏十分精湛。其创作的山水、花鸟为时人所重，而于书画鉴藏更是非凡出众。其书法曾被康有为称作"清代广东第一人"。

吴荣光祖父辈经营盐业，家境富庶，故其年轻时就喜收藏金石书画和古籍碑帖。后科举入仕，足迹遍布大江南北，广交天下名士，为其书画收藏奠定了基础。

《七二斋诗话》称其："荷屋中丞，人知其善书，而不知其能画。曾见其所作《望云图》，笔意缥缈，得二王法，盖官黔藩所作。"《欧钵罗室书画过目考》亦称："荷屋中丞，精鉴金石，工书画，于古董肆见有墨笔仿梅道人大帧，笔意雄旷，许仁山阁学藏有设色山水便面，亦极清健，又设色花卉便面，得南田妙意。"

他精于辞章，尤酷金石考证之学，特嗜古籍和金石的收藏。他筑有筠清馆、石云山房、友多闻斋、岘樵山房等，专以蓄贮图书古籍之用，其所藏图书八千余卷，碑版二千余通，又以宋本为多。后又建赐书楼，以储"先帝所赐上方善本"。善本书有《史记》《汉书》《苏诗》《韵府群书》《陈后山集》等。

嘉庆十四年（1809）被革职后，曾以书画古籍换米度日。嘉庆二十三年（1818），复出任陕西陕安道时，"以馆阁通行易得之本，悉赠友人"。后在福建任职时，尚建凤池书院，又捐图籍一千二百余卷。他曾将家藏真迹及拓本刻成《筠清馆法帖》六卷，影响深广。

吴荣光为官四十余年，足迹遍布大江南北，又由于喜好收藏，故结交书画家和收藏家不少。交往最多的有刘墉、陈崇本、翁方纲、蔡之定、永瑆、阮元、李崇瀚、叶梦龙、英和、潘正炜、张岳崧、罗天池、伍元蕙等人。他们中有的是他的老师，有的是达官贵人，有的便是书画家和收藏家。他们雅集聚会，或品评鉴赏，或吟诗作画，形成了一个以翁方纲、阮元、叶梦龙、吴荣光等人为主的文化收藏交流圈，这对吴荣光的收藏事业起到了不可低估的作用。翁方纲作为吴荣光的老师，两人不但交往密切，翁氏还曾为吴荣光的藏品题跋，唐人临右军《瞻近汉时二帖》："嘉庆丙子（1816）仲冬，南海吴荣光获藏此册，大兴翁方纲题跋于后。"①

翁方纲还曾为吴荣光藏宋范宽《山水》题跋："荷屋藏文与可《竹卷》，神品也。愚尝为题其斋曰'可庵'。今见此轴，又当为所藏画品之甲观矣。昔见荷屋藏顾汝和玉泓馆旧装《化度寺碑》，北宋庆历间拓本，墨昏淡处，弥见神力，古光盎然。闻已通灵飞去，不可再见矣。今日得见华原此轴，何减化度旧帖复来还耶，廿九日，方纲又记。"②

另吴荣光所藏李唐《采薇图》，嘉庆甲戌（1814）春二月廿十四日，翁方纲："题荷屋所藏李晞古《采薇图》。"这年翁方纲已八十有二。接着又题："乙亥（1815）二月，与掣本一卷对看，益见此真本之古妙，又得借留几间三日也。可庵秀气，日日飞动，八十三叟方纲又书。"③

吴荣光所藏的这件李唐《采薇图》，卷上不但有翁方纲的题跋，还有他另一老师阮元于道光六年（1826）正月廿日题跋。除这两位师尊的题跋之外，《采薇图》上尚有倪琇、陈寿祺、赵在田、林春溥、林则徐同观于吴荣光筠清馆之斋房的记

---

① 卢辅圣：《中国书画全书》第十三册，上海书画出版社，2000年版，第838页。
② 卢辅圣：《中国书画全书》第十三册，上海书画出版社，2000年版，第843页。
③ 卢辅圣：《中国书画全书》第十三册，上海书画出版社，2000年版，第861页。

图 7-44　采薇图　南宋　李唐

载。① 另有一件吴荣光所藏宋游昭《春社醉归图》，上亦有阮元于道光十六年（1836）"阮元从吴氏筠清馆得观并识"的题跋。② 从中可见吴荣光与这些师友之间的友好情谊以及他在文化官宦圈内的广泛影响。

道光二年（1822），吴荣光在其《云石山文集》中，谈及了他与刘墉、翁方纲关于书画鉴赏的一段故事。一日，吴荣光搜得一件《蔡元长送郝元明使秦诗卷》请刘墉鉴定。刘墉以为此卷有江湖气，故定为伪作。吴荣光见状，恳请刘墉将此卷留下再仔细辨鉴。翌日，刘墉持卷与吴荣光曰："果是真迹，已跋之矣。"又一次，翁方纲和吴荣光一起谈起李春湖处藏有虞永光《夫子庙堂碑》，翁氏以为"近拓王节度覆本兆庶乐推等字，已缺漏矣"，而吴荣光则认为"此唐拓残缺，以近拓搀补耳，请再审定"。翌日，翁氏经过仔细辨赏，复勘定为唐拓，同意了吴荣光的看法。正是这种师生友朋之间的交往，不但见证了吴荣光与这些名儒前辈间的友谊和感情，

---

① 卢辅圣：《中国书画全书》第十三册，上海书画出版社，2000年版，第861页。
② 卢辅圣：《中国书画全书》第十三册，上海书画出版社，2000年版，第863页。

而且极大地提高了吴荣光的鉴赏水平,故吴荣光感慨道:"两翁虚心下访,与余实有翰墨缘。"

作为收藏家,吴荣光的收藏心态很好。在他看来,收藏皆在缘分,更不能夺人所爱。道光二十一年(1841)五月,吴荣光受潘正炜之邀。戊子(1828)冬月,潘正炜因吴荣光藏有五代周文矩名作,决定将明代顾云臣《拟周文矩红线图》相赠,以补周文矩之完美,然吴荣光却"予素不欲人割爱,谢而还之"。从中表现出其不图他人之物的宝贵品质。

吴荣光的藏品,大部来自市场或别人携物以购。他身为重臣,公事繁杂,往来南北,然常抽空去各地厂肆寻觅心仪之书画、古籍。这些从其著述的《辛丑销夏记》中多有载记:

宋徽宗《御鹰图》,吴荣光于嘉庆乙丑(1805)十二月得之都下。[①]

[①] 卢辅圣:《中国书画全书》第十三册,上海书画出版社,2000年版,第841页。

《宋封灵泽敕》，吴荣光于道光甲午（1834）五月初六日购得。①

《宋文潞公札》，吴荣光于道光丁酉（1837）四月得于吴门。②

元王叔明《听雨楼图》，吴荣光跋曰："余以黔藩入都，得此卷于厂肆。"③

元倪云林《优钵昙花轴》，吴荣光题跋："余以道光庚寅（1830）十二月过吴门，见鬻画者以二题装一赝本求售，欲去画而留其题，终不可得，乃补录于边绢右方。此帧经纯庙鉴定，五玺具存，有御笔诗，洵为石渠珍品，不知何年赏赐大臣遂流传人间，余以嘉庆丁卯（1807）得之京师厂肆，藏弄二十有八年矣。"④

以上便是吴荣光出入厂肆，游弋市场购藏书画的实录。

吴荣光所藏的李唐《采薇图卷》，其购藏经过也颇具意思：

嘉庆丁卯、戊辰间，偶过厂肆，见书贾所鬻赝本，即黄氏重摹本，辗转散出者，余所书各跋宛然尚存，深可笑也。庚午，南归省亲，岁除日有人持一匣来，云是黄氏《高隐图》真本，见之狂喜，罄囊得之。廿年来梦想此本，竟为我有矣。……道光乙酉（1825），携至黔南，微遭水厄，庚寅（1830）入京，在英德，以十一月七日夜途次为肱箧者窃去。辛卯（1831），宛转购归，念藏弄廿余年，两受波折，抚兹旧物，益深珍惜耳。⑤

为庆祝自己荣获此名迹，吴荣光作诗曰："一憕清风吹我寒，西山休作等闲看。天将冠履存千古，人识殷周有二难。老树萧萧容抱膝，荒泉虢虢问加餐。三千年后薇筐在，可胜时流画牡丹。（用希古诗意）题采薇图，丙申三月十六日，吴荣光时年六十有四，书于邵阳行馆。"并自慰："春雨乍晴，几席朗润，南来第一好境也。"

从这一跋文可知，吴荣光不但去厂肆寻觅购藏书画，而且也有人持物相售。而这件《采薇图》曾被人窃去，后又被吴氏购回。收藏家常说的书画鉴藏需要缘分，在吴荣光购藏这件《采薇图》的事中得以充分的证实。

吴荣光凭借自己官宦的身份，学者的地位，独特的眼光，非凡的影响力，收藏了一批古代书画，以及金石鼎彝等名迹，终成一代收藏家中的翘楚。吴荣光收藏的

---

① 卢辅圣：《中国书画全书》第十三册，上海书画出版社，2000年版，第843页。
② 卢辅圣：《中国书画全书》第十三册，上海书画出版社，2000年版，第848页。
③ 卢辅圣：《中国书画全书》第十三册，上海书画出版社，2000年版，第903页。
④ 卢辅圣：《中国书画全书》第十三册，上海书画出版社，2000年版，第904页。
⑤ 卢辅圣：《中国书画全书》第十三册，上海书画出版社，2000年版，第861页。

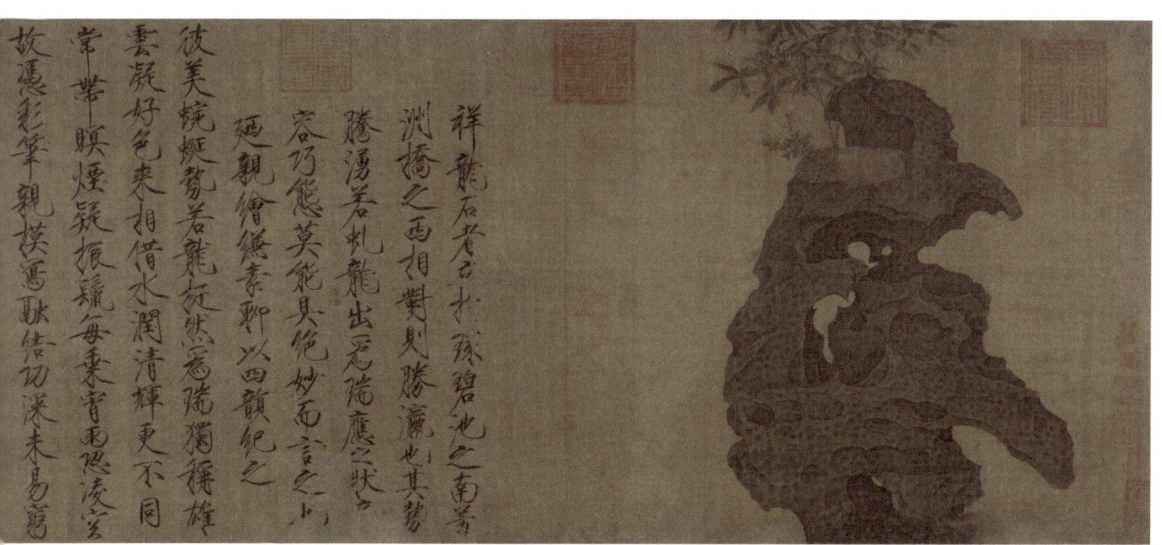

图7-15 祥龙石图 北宋 赵佶

法书名画，上迄晋人名帖，下止明清书画，并以宋元名家和吴门四家为优。据载，皮藏的宋元书画计一百二十余件，吴门四家计二十余件，而其中流传至今的尚有现藏北京故宫博物院李唐的《采薇图》、赵佶的《祥龙石图》，现藏辽宁省博物馆仇英的《摹清明上河图卷》等。另有五代张戡的《人马图》，元倪瓒的《优钵昙花图》、王蒙的《松山书屋图》《听雨图》、沈周的《谷林堂诗意图》等名作佳迹。道光辛丑年（1841），吴荣光告老还乡后，仿效高士奇的《江村销夏录》体例，编撰成《辛丑销夏记》一书。

《辛丑销夏记》共五卷，前有叶德辉为之作序，称其："百年以来，巍科鼎甲著述名家，与文达抚浙所建之诂经精舍、抚粤所建之学海堂，岩岩山之相望久矣，今则风流浸歇，弦诵之韵阒然若无闻。俯仰当时，不无今昔之感，睇是书者，其将以为召伯之甘棠，抑将以为羊公之岘石乎？吾尤愿继中丞而治吾湘者闻风兴起也。光绪乙巳夏五，长沙叶德辉序。"[1]

粤人康有为评吴荣光："吾粤吴荷屋中丞帖学名家，其书为吾粤冠。"

近人学者余绍宋在其《书画书录解题》中称："是书体例虽仿自《江村》，而精审过之，所附跋语考证，至为确当，偶附题咏亦无泛词，可谓青出于蓝矣。"[2]

---

[1] 卢辅圣：《中国书画全书》第十三册，上海书画出版社，2000年版，第825页。

[2] 余绍宋：《书画书录解题》，北京图书馆出版社，2003年版，第460页。

以上诸名家赞语,足见吴荣光在当时藏界之地位和影响力。

十七、梁章钜

梁章钜,生于清乾隆乙未年(1775),卒于清道光己酉年(1849)。字闳中、茝林,号芷邻、茝邻,晚号退庵、退庵居士、退庵老人、芝南居士。福建长乐人。历任礼部主事、军机章京、员外郎、按察使、布政使、广西江苏巡抚、两江总督。晚年辞官归田,以著述自娱。工诗词,擅书法,精鉴赏,著述繁富。内容涉及政治、经济、文化、艺术、历史、考证等诸多方面,著有《制义丛话》《浪迹丛谈》《归田琐记》《文献旁证》《清书录》《论语旁证》《藤花吟馆诗钞》《三思堂丛书》《退庵所藏金石书画跋》《退庵诗存》《楹联丛话》《吉安宝书录》等。为清代仕宦中著撰之丰第一人。

梁章钜一生为官清廉,深受百姓拥戴。主张杜绝鸦片,是第一位向朝廷提出以"收香港为首务"的督抚。其在楹联创作研究方面的贡献颇大,为楹联学开山之祖。

梁章钜精鉴赏,富收藏,喜爱金石文字考订。他收藏的字画、碑拓、金石不下三百种。碑拓有《宋拓黄庭经跋》《鲜于伯机扬州诗四十韵》;书法有《黄忠端楷书长卷》;名画有刘松年《竹亭清暑卷》、李龙眠《白描罗汉》,以及《今稽春晓屋》《清晏图卷》《双碑图卷》《松泉轴》等。梁章钜收藏的金石书画,集中体现在他自己所著的《退庵金石书画跋》专著中。

梁章钜精鉴赏,喜收藏,拜翁方纲为师,学习诗文及金石学。与阮元、伊秉绶、程少农、吴荣光、林则徐、陶澍等交往密切,常与他们一起研究金石,考证史辨,探研书画,品评鉴别。

梁章钜于书画收藏,在二十余岁时即行开始。他在《退庵所藏金石书画跋尾·卷第十三》中,曾对王叔明《松窗读易卷》的收藏作过如下注叙:"余二十许岁时,即获此卷于福州市肆中,为购收书画之第一件。携至都门重装。"[①]

据《退庵所藏金石书画跋尾》载:梁章钜一生收藏,其藏品上迄商周青铜、汉瓦、砚台等器物达十三件,碑拓达九十余件,书法作品有一百二十余件,绘画作品最多,达二百五十余件,合计共达四百七十余件。不过这仅是他自己记录在案的藏品,其他未载的肯定还有不少。

---

① 卢辅圣:《中国书画全书》第九册,上海书画出版社,1996年版,第1078页。

梁章钜藏品的来源，一是同僚师友间的相互赠送；二是经厂肆或向私家自行购买；三是由其子代为购置或获得。

一是同僚师友间的相互赠送。

据"郑本绎山碑"一条记："道光辛丑（1841）秋，伊少沂邑侯念曾，以家藏此碑旧拓本寄赠。"[1]

"嵩山太室石阙铭"一条记："此陈望坡尚书所赠，云是其巡抚中州时所得旧家藏本。"[2]

"裴岑碑"一条记："此纸乃林希五广文雨化从塞外携回举以相赠者。"[3]

"史晨前后碑"一条记："此黄小松郡丞易旧藏精拓本持赠余先叔父九山公，公复转以畀余。"[4]

"雁塔圣教序"一条记："惟此本毡蜡极精，楮墨并旧，为亡友郭兰石廷尉朝夕临摹之本，丁未诗返里时留以相赠，不可忘也。"[5]

"化度寺碑"一条记："此横石本之最旧拓也。王梦楼太守之后人持以相赠，后幅有太守跋。"[6]

"宋拓云麾碑"一条记："道光丁亥（1827）江阴令德宣持此相赠。"[7]

"争坐位帖第三本"一条记："先叔父太常公与侍御同年至好遽以持赠。"[8]

……

以上相赠的是拓本，另有书法相赠也不少。

据"宋高宗书文赋册"一条记："道光丁酉（1837）芸圃复以赠予，谓闽物仍归闽人，且继也。"[9]

"张樗寮书古柏行册"一条记："张樗寮即之人书杜老古柏行真迹册，从吾芸圃

---

[1] 卢辅圣：《中国书画全书》第九册，上海书画出版社，1996年版，第1002页。
[2] 卢辅圣：《中国书画全书》第九册，上海书画出版社，1996年版，第1002页。
[3] 卢辅圣：《中国书画全书》第九册，上海书画出版社，1996年版，第1002页。
[4] 卢辅圣：《中国书画全书》第九册，上海书画出版社，1996年版，第1004页。
[5] 卢辅圣：《中国书画全书》第九册，上海书画出版社，1996年版，第1011页。
[6] 卢辅圣：《中国书画全书》第九册，上海书画出版社，1996年版，第1016页。
[7] 卢辅圣：《中国书画全书》第九册，上海书画出版社，1996年版，第1021页。
[8] 卢辅圣：《中国书画全书》第九册，上海书画出版社，1996年版，第1024页。
[9] 卢辅圣：《中国书画全书》第九册，上海书画出版社，1996年版，第1036页。

水部所赠。"①

"赵文敏秋兴赋卷"一条记："余在粤西时万乙楼观察保以此相赠。"②

"杨忠愍自书诗记册"一条记："此亦余官桂林时王巨川郡丞所赠。"③

"张二水书中庸册"一条记："卓海帆同年见而击赏遂以赠之。"④

"张文敏书文赋册"一条记："此册为祝东岩亲家持赠。"

"赵千里子虚上林赋卷"一条记："道光丙戌（1826），余由历下移官吴中，周邑候宗华持此为赠。"⑤

同僚师友除赠拓本、书法之外，还赠有不少绘画。

"赵子固兰石横轴"一条记："此在桂林为程紫垣库使庆龄所赠。"⑥

"沈石田听松图卷"一条记："余在江南购求书画颇闻于时，张云巢鹾使青选从邗上寄此为赠。"⑦

"文衡山拙政园轴"一条记："次日，王蒙泉郡丞养度携书画数十事来观中有此轴，因稔余近事留此为赠。"⑧

"仇十洲献兽图轴"一条记："此在桂林时同乡黄璧庵所赠。"⑨

"宋漫堂恽南田合作卷"一条记："道光壬寅（1842）秋，适提兵上海防堵英夷，王梦湘观察玥出此相赠。"⑩

除上以外，还有互赠的。如"燕文贵寒山萧寺轴"一条中记："此册系官淮海道时河帅黎襄勤公所赠，先是余于市肆购得明人黎惟敬民表行书一旧轴，公见之甚喜，以谓黎姓本少闻，人翰墨尤鲜见，盖有欲得之意。越数日，余遂装潢以献，公即持此轴为报。"⑪

---

① 卢辅圣：《中国书画全书》第九册，上海书画出版社，1996年版，第1037页。
② 卢辅圣：《中国书画全书》第九册，上海书画出版社，1996年版，第1039页。
③ 卢辅圣：《中国书画全书》第九册，上海书画出版社，1996年版，第1049页。
④ 卢辅圣：《中国书画全书》第九册，上海书画出版社，1996年版，第1051页。
⑤ 卢辅圣：《中国书画全书》第九册，上海书画出版社，1996年版，第1070页。
⑥ 卢辅圣：《中国书画全书》第九册，上海书画出版社，1996年版，第1072页。
⑦ 卢辅圣：《中国书画全书》第九册，上海书画出版社，1996年版，第1085页。
⑧ 卢辅圣：《中国书画全书》第九册，上海书画出版社，1996年版，第1088页。
⑨ 卢辅圣：《中国书画全书》第九册，上海书画出版社，1996年版，第1091页。
⑩ 卢辅圣：《中国书画全书》第九册，上海书画出版社，1996年版，第1111页。
⑪ 卢辅圣：《中国书画全书》第九册，上海书画出版社，1996年版，第1065—1066页。

……

二是经厂肆或向私家自行购买。

梁章钜的书画来源,除了同僚友朋间互相赠送以外,大量的藏品来自购买。经他自行购买的书画作品之外,另有拓本、金石等。除了赴市肆购买之外,还向私人手上购得。

据《退庵所藏金石书画跋尾》记载,他在厂肆购买的书画作品主要有:

嘉庆癸酉(1813),"于福州旧书摊中"购得《岳忠武手札册》。[①]

嘉庆辛未(1811),《王文简与林吉人杂札册》"得于福州市肆"。[②]

嘉庆癸酉(1813)冬,"在福州市肆"购得《蔡文勤行书轴》。[③]

在吴中"市肆中检阅古书残画,为余物色此卷(指《四家古画合卷》)遂以重值留之"。[④]

《沈荒谷山萧寺轴》,"此轴得于桂林市肆"。[⑤]

《倪文贞芦鸭轴》,"此幅得于京师琉璃肆,盖当正月观厂之时"。[⑥]

《陈老莲画钟馗轴》,"余于嘉庆甲子(1804)得于福州市摊"。[⑦]

梁章钜除在厂肆购买书画作品之外,尚有不少藏品仅记"得""获""购得"之字样,譬如道光戊子(1828)于无锡舟中获《倪云林湖山书屋卷》,道光庚寅(1830)于吴中得《汤文正与解侯斋杜册》,道光丁亥(1827)于吴门购得《褚临兰亭第一卷》等。

三是由其子代为购置或获得。

梁章钜育有五子四女,儿辈中虽然没有一位达到父亲的地位和成就,但也十分优秀和出众。长子建辰,任兵部员外郎、江苏候补同知。次子丁辰,官至内阁中书。三子恭辰,任浙江候补知府、温州府事。四子映辰,任刑部员外郎。他们在父亲梁章钜的教育培养下,也担负起书画收藏的责任,为家庭收获了不少的书画精品。这

---

① 卢辅圣:《中国书画全书》第九册,上海书画出版社,1996年版,第1037页。
② 卢辅圣:《中国书画全书》第九册,上海书画出版社,1996年版,第1055页。
③ 卢辅圣:《中国书画全书》第九册,上海书画出版社,1996年版,第1061页。
④ 卢辅圣:《中国书画全书》第九册,上海书画出版社,1996年版,第1062页。
⑤ 卢辅圣:《中国书画全书》第九册,上海书画出版社,1996年版,第1066页。
⑥ 卢辅圣:《中国书画全书》第九册,上海书画出版社,1996年版,第1098页。
⑦ 卢辅圣:《中国书画全书》第九册,上海书画出版社,1996年版,第1107页。

些在《退庵所藏金石书画跋尾》一书中也多有记载：

梁逢辰福州购得《曹忠节楷书册》。①

梁逢辰于福州市肆购得《陈所翁墨龙轴》。②

梁丁辰济南购得《怀仁圣教序第三本》拓本。③

梁丁辰于京师购得《赵文敏四札册》。④

梁恭辰于桂林购得《董文敏行书册》，并"携至吴门精裱之"。⑤

梁恭辰于王蒙泉处得《赵子固水仙图卷》。⑥

世上竟有如此之孝子，乃章钜之福分也。他所著的《退庵所藏金石书画跋尾》，不但让人们了解了他的书画金石之购藏，而且证明了书画著录对一位藏家的重要意义和价值。

梁章钜除书画金石收藏之外，尤喜藏书，一生嗜书如命。他筑有黄楼，后又筑东园、北东园，专以蓄书之用。他的藏书来源有三：一是其祖传的藏书，是其藏书的基础。二是他自己购买的。他为官数十年，足迹遍布全国各地，而每一任上，都会广为收集各地的书籍。三是他喜刻书，以自己所刊刻的书籍赠送同僚，或同僚回赠，借此积集了大量的图书。他的藏书，不但数量可观，有十万余册之多，而且门类十分齐全，内容涉及经史子集、人物艺文、图书目录、金石书画诸多门类。他于藏书，一是喜好，另一实为他著书立说之参考。

综上所述，梁章钜不但是一位书画收藏家，更是一位集藏书、读书和著书为一体的学者。

十八、李佐贤

李佐贤，生于清嘉庆十二年（1807），卒于光绪二年（1876）。字仲敏、贻隽，号竹朋，斋名石泉书屋。山东利津（今山东东营）人。授翰林院编修，任文渊阁校理、国史馆总纂、福建汀州知府等职。后辞官归隐，著书自乐。自幼酷爱金石书画，

---

① 卢辅圣：《中国书画全书》第九册，上海书画出版社，1996年版，第1050页。
② 卢辅圣：《中国书画全书》第九册，上海书画出版社，1996年版，第1071页。
③ 卢辅圣：《中国书画全书》第九册，上海书画出版社，1996年版，第1012页。
④ 卢辅圣：《中国书画全书》第九册，上海书画出版社，1996年版，第1038页。
⑤ 卢辅圣：《中国书画全书》第九册，上海书画出版社，1996年版，第1046页。
⑥ 卢辅圣：《中国书画全书》第九册，上海书画出版社，1996年版，第1071页。

善画竹，擅书法，工诗文，尤以古钱研究为尚。被后世称为钱币学家、金石学家、书画鉴赏家。著有《古泉汇》《书画鉴影》《石泉书屋》《石泉书屋类稿诗抄》《武定诗抄》《尺牍》《吾庐笔谈》《石泉书屋类稿》《金石题跋》《画史及见录》等。

李氏族人素以"耕读为业，孝悌传宗"为治家之本。李佐贤出身文苑官宦世家，数代为官。其父李文桂擅长辞章之学，曾任云南路南知州、普洱府知府、广东德庆知州等。为官清廉，创建书院，延师授读，著书立说，著述颇丰。这些对李佐贤的成长产生了深远的影响。

李佐贤年轻时就嗜爱金石书画，考取进士后，久居京师，尤以藏研古币书画为乐。在他的一生中，无论是求学、做官、为民，还是在其辞官归隐后，从未放弃这一嗜好。他在国史馆任职达九年之后，虽公事繁杂，但凡空闲期间，常到街市、厂肆浏览购买书画、古籍、文物。北京琉璃厂、海王村是他经常出入的地方。凡遇自己喜爱之珍品，常节衣缩食，不惜重金购买。对此，他的好友张铨曾作诗赠曰："断火浓食心自欣，海王村里觅古籍。收藏切磋几十载，泉汇回影成巨著。"

李氏家族历经百年历史文化的积淀，世代传承的图书、文物收藏已十分丰富。李佐贤一家文物收藏多为稀珍之物，既有金石书画，也有鼎彝、泉币印玺等，藏书有三万余卷，为鲁北少有焉。

李佐贤交往的多为金石学家、书画收藏家、知名学者、古钱币学家等。其中交往最多的有陈介祺、吴式芬、鲍康、刘喜海、王懿荣、何绍基、杨继震、铭东屏、杜受田、叶东卿、吕尧仙、吴霖宇、李古农、钟丽泉、许瀚、吴云、戴熙、李季云、达受等。他们互结金石之盟，并通过相互走访和书信往来，将所得金石、书画、古币，以实物或拓片相互赠送，互通有无，共同探究相关学问。若遇见珍贵文物，人难以筹集资金时，则常互相合伙购买，有时则慷慨解囊，持物相赠。

道光二十六年（1846），李佐贤时任福建汀州知府。在任期间，他体察民情，秉公办事。闲余之时，不忘探幽访古，寻购古币、金石、书画。"曾得书画三十余件，其中有董其昌、文徵明两件，皆为精品，黄石翁画松亦逼真无疑，为稀世珍宝，李佐贤称之为'入闽第一奇缘'。"[①]

咸丰二年（1852）冬，李佐贤辞官返回老家，次年途经杭州，在杭州南屏禅舍拜访了六舟（达受）和尚，两人累日品鉴书画金石，相见甚欢。后又特意去著名画

[①] 王增山：《李佐贤生平著述考》，齐鲁书社，2014年版，第27—28页。

家戴熙府第看望戴公。戴熙扶病相见，述故交之情，并以自画山水一幅相赠。

李佐贤存世的近百通信函中，有一函致六舟达受和尚的信，足见两人的交往：

> 六舟上人如晤，午岁袁浦旅次得聆教言，深慰渴慕，承碑版之投赠，结翰墨之因缘……去岁晤鹿春如观察，方知系上人知交，借稔主持净慈禅院。山色湖光，悟上乘之妙谛；吉金乐石，结获古之深情。佳况良多，颂忱曷既。佐向有同好，近将各家拓本汇集，衷然成帙，而缺略仍复不免，尊处为金石渊薮，祈惠寄以补不足何如。①

李佐贤的书画收藏，集中体现在他的那部《书画鉴影》中。

李佐贤虽自幼喜爱书画金石收藏，然初感目力不济，真赝难辨。为官后，宦游京都多地，结交四方藏家好友，日览同道历代书画，共同商榷作品真伪，随着时间的推移和藏品的增多，眼界大开，目力骤增。他所藏的巨然《万壑松风图》、倪瓒《小山竹树图》等，均为传世之珍品。

李佐贤在回归故里后，埋首于翰墨怀情中，仿高士奇《江村销夏记》和吴荣光《辛丑销夏记》之体例而变通之，随阅随录，积久成帙，并于同治十年（1871），将其自家收藏的历代书画作品编纂成《书画鉴影》一书。

《书画鉴影》共二十四卷，按装潢之形式，共分为三类：卷、册、轴。屏幅、横帙则附于轴一类。所录名迹，上自东晋，下止清代乾隆，凡所见皆详载之，且仅收墨迹。鉴赏录载历代书画六百余幅，作者二百余人。凡宋元之藏品见之即录，明代则择其佳迹载之，清代则载至乾隆为止，且择其最佳者录之。每类首例标目，次记质地和尺寸，再录画之笔墨、设色、写意、工细、布景等，另涉字体、行数，以及题跋和印章等。是书前有作者自序，序中称"鉴赏名迹，其中乐趣，可为知者道，难为不知者言"，从中可见作者之高雅情趣。《书画鉴影》的编纂问世，不仅体现了李佐贤书画收藏与独特的鉴识水准，而且反映了清晚期书画鉴藏研究的一个成果，对后人的书画鉴藏研究具有重要的史料价值和参考价值。

李佐贤除著有《书画鉴影》之外，尚有《续鉴影》《画史及见录》等有关书画鉴藏和书画史学专著存世。

李佐贤除收藏书画之外，还收藏了大量的古钱币，并编纂成《古泉汇》一书。

---

① 王增山：《李佐贤生平著述考》，齐鲁书社，2014年版，第32页。

据《古泉汇》载，其所收古钱币始于先秦，止于明末。书中载，收各类古刀七万零五品；历代圜法正品二千二百九十七品；异泉杂品一千零七品，全书共载古宗达五千零三品。其中先秦钱币古文字居多，有《说文解字》所未备。汉唐以来钱币，篆、隶、真、行一代书法俱在，实是我国文字变革和书法艺术发展史的见证。难怪，王懿荣会盛赞李佐贤之《古泉汇》，与刘喜海之《古泉苑》、初尚龄之《吉金所见录》和王锡棨之《泉货汇考》为"垂千古万世之文献"。罗振玉则在《俑庐日札》中称："古泉谱录，佳者至少，自李氏《古泉汇》出，而压倒以前诸家。予谓古泉学家当具小学、历史、鉴别三长，然能兼此三者甚少。"此外，李佐贤还编有《续泉汇》和《续泉说》，这三部有关古钱币的收藏研究，对他的书画收藏也起到了很大的帮助和参考价值，无疑奠定了李佐贤在中国古币鉴藏研究史上的历史地位和影响力。

十九、顾文彬

顾文彬，生于清嘉庆十六年（1811），卒于清光绪十五年（1889）。字蔚如，号子山、紫珊，晚号艮盦、艮庵、过云楼主。元和（今江苏苏州）人。晚清著名书画收藏家。历任湖北汉阳知府、擢盐法道台，授浙江宁绍台道。工倚声，善操琴，擅书法，以词名世，尤精书画鉴赏，收藏颇丰。在苏州老家筑鹤楼、眉绿楼、过云楼及怡园等胜迹，专以收藏书画名迹。著有《过云楼书画记》《鹤庐画学》《集词楹帖》《百纳琴言》《眉渌楼词》等。

顾家世代经商，顾文彬父顾大澜酷爱书画，经商之余，收藏历代名家之作，并一门心思培养儿子走读书致仕之路。顾文彬不负父望，后考中进士而入仕途。又受父辈影响，在步入仕途后仍酷恋书画收藏。

顾文彬厌倦官场，晚年称疾辞官。于同治、光绪年间，在苏州老家吴宽的旧宅遗址上建一宅院，名怡园。园中筑过云楼。光绪元年（1875）过云楼建成后，顾文彬毅然辞官回乡。"过云楼"名源于苏东坡"书画之于人，子瞻氏目为烟云过眼者也"，专以收藏金石书画。所藏碑版卷轴，乌阑小字，题识殆遍，"自唐宋元明清家名迹，力所能致者，靡不搜罗"，并著有《过云楼书画记》。其"所著录书画皆为个人收藏，考辨多精审"。《过云楼书画记》共十卷，是其收藏书画千余件中精选二百五十件集撰而成，其中书法类为卷有四，绘画类为卷有六，合璧者则入画类。共收法书五十八件，绘画一百八十八件。启自隋唐，至止明清。其中尤以明四家（沈周、文徵明、仇英、唐寅）、董其昌和清初四王（王时敏、王鉴、王翚、王原祁），以及恽寿平收藏尤多。书中不仅真伪鉴别尤慎，而且考订严实、引经据典、评述精当，至于师承渊源、佚事逸闻、笔墨优劣均娓娓道来，令人不胜叹服。

顾文彬在湖北为官期间，得以与左宗棠共事，左宗棠虽为朝中重臣，但也因树大招风，被人诬陷，竟被逼到了要入狱的地步。据此，左宗棠致信名臣湖北巡抚胡林翼，表示不愿入狱受审。胡林翼与左宗棠虽是至交，但与主审此事的湖广总督官文关系不睦，总督官文力主严惩左宗棠。无奈之下，胡林翼转而请顾文彬帮忙，因为官文是顾文彬的恩师。

顾文彬与左宗棠虽素昧平生，但顾文彬念及左宗棠的功绩，于是仗义执言，为了左宗棠恳求恩师官文，终于让左宗棠逃过了牢狱之灾。这个故事，一方面表现出顾文彬的正直性格，另一方面也反映了他为人处世的风格。

顾文彬辞官归乡后，居家十五年，义行不胜书。数十年为官生涯及处事仗义，使其建起的怡园集聚了一批志趣相投的同道之士。在苏州这座传统文化十分浓郁的城市，除了顾文彬的过云楼，还有沈秉成的蘧园、吴云的听枫园、李鸿裔的网师园等，他们之间互相往来，书画传播彼此相托，形成了苏州特有的文化现象。顾文彬与亲密挚友勒方锜、李鸿裔、潘曾玮、沈秉成、吴云、钝舫组成了"吴中七老"，办起了"真率会"。他们纵情恣意，吟诗作画，品鉴书画，谒尽风雅之事。光绪五年（1879），顾文彬举办了一次怡园雅集，专门请来了画家胡淦与任薰为这次雅集作画，绘成了一幅《吴郡真率会图卷》。其间他们饮酒品鉴，诗文酬唱，赏析书画。

另据《过云楼书画记·书类一》中"朱文公周易系辞本义手稿卷"一节载："壬午（1882）二月四日，余姻吴愉庭（吴云）取'假年学《易》'之义，持赠此卷为儿子承寿。"[①] 这是吴云为了顾文彬之子顾承的生日，特持《朱文公周易系辞本义手稿卷》相赠，这既是雅集的结果，也是他们间的情义所至。又据《过云楼书画记·书类一》"魏文靖文向帖卷"一节载，《魏文靖文向帖卷》后归两罍轩（吴云居所），"承儿心爱是卷，以汉铜官私印四十纽易得之"。

此二记载，证明了顾文彬和吴云之间不同寻常的友谊和关系，同时也证明了顾文彬对其三子顾承的关爱和信任。《过云楼书画记》便是"余与三子承所手定者也"。[②]

---

① 顾文彬、孔广陶：《过云楼书画记·岳雪楼书画录》，上海古籍出版社，2011年版，第28页。
② 顾文彬、孔广陶：《过云楼书画记·岳雪楼书画录》，上海古籍出版社，2011年版，第3页。

顾文彬的书画收藏，除著录于《过云楼书画记》之外，《续书画记》和《楚游寓目编》等中也有记载。

据统计，顾氏家藏法书代表作有：释智永《真草千字文》《唐写郁单越经卷》《写续华严经疏卷》《写三弥底部论卷》、苏文忠《祭黄几道文卷》《兴谢民师札卷》、黄文节《梵志诗卷》、朱晦翁《上时宰二手札》、吴道玄《水墨维摩像轴》、释巨然《海野图卷》、李龙眠《醉休图卷》、米元晖《潇湘奇观卷》、夏禹玉《烟江叠嶂图卷》、刘暗门《蓬莱仙居图卷》、扬补之《四清图卷》、赵文敏《墨竹轴》、王一峰《浮风暖翠轴》、王叔明《怡亲堂图卷》、王蒙《葛稚川移居图》、倪云林《赠袁寓斋卷》、吴仲圭《水墨竹石轴》等，元四家代表作达十四幅，另有明代吴门四家、吴门画派、松江画派等无数佳迹名作。

顾家除了书画收藏之外，藏书也十分可观。从顾文彬开始，经过六代人近一百五十年的传承，顾家藏书达到了相当可观的程度，藏书几集宋元古椠、精写旧抄、明清佳刻、碑帖印谱八百余种。

顾文彬曾于书画收藏写下了十四忌的家规，这个家规不但镌刻在过云楼的门楣上，在《过云楼书画记》的《凡例》中也有记载：

> 书画乃昔贤精神所寄，凡有十四忌，庋藏家亟应知之：霾天一，秽地二，灯下

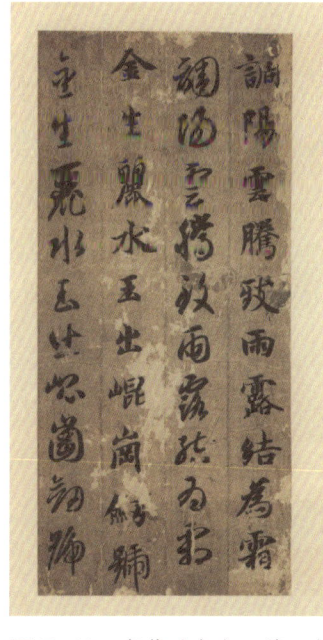
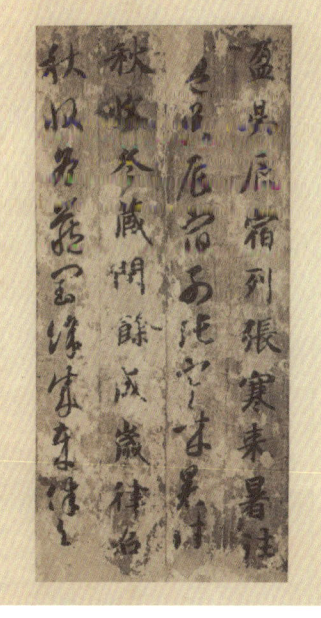

图 7-46　真草千字文　隋　智永

三，酒边四，映摹五，强借六，拙工印七，凡手题八，徇名遗实九，重画轻书十，改装因失旧观十一，耽异误诊赝品十二，习惯钻营之市侩十三，妄摘瑕病之恶宾十四。旧楬诸过云楼楣，今缀例末，为宇内同志箴。①

坊间传，顾文彬曾定下家规，过云楼的藏画可任人评阅，而家藏善本古籍不可轻易示人。所以顾家对善本古籍一直秘而不宣。直到傅增湘拜访过云楼后，顾家后代顾鹤逸才允许傅增湘至楼内观书，但规定不准抄录。无奈之下傅只得每天观书后，把书目默记于心，回家后赶紧记录，后写成了《顾鹤逸藏书目》，世人才开始了解了过云楼的藏书面目。

顾文彬家经过了几代人的传承，直至1951年，顾文彬的曾孙顾公雄在临终前，依照顾文彬的遗愿，将顾家的二百二十四件书画捐赠给国家。1959年，顾家又将书画一百六十九件再次捐献给政府。两次捐赠共计书画达三百九十三件，明刻善本和罕见稿本有十多部。

"江南收藏甲天下，过云楼收藏甲江南"，这是人们对顾文彬家藏书画、古董和古籍图书的盛誉。如今，这座位于苏州干将西路二号的过云楼，也称怡园的地方，已成为后人瞻仰顾文彬及顾家的圣地，从中感受到一位文人收藏家的高尚情怀和无私奉献。

二十、孙毓汶

孙毓汶，生于清道光十四年（1834），卒于光绪二十五年（1899）。字莱山、来杉，号迟盦。晚年自称迟翁、老迟。山东济宁人。尚书孙瑞珍之子。进士，授编修，历任詹士、内阁学士、工部左侍郎、总理各国事务衙门大臣，擢刑部尚书，旋调兵部，赠太子少保。擅诗文，工书法，好收藏。

孙毓汶出身官宦世家。其祖父孙玉庭，官至体仁阁大学士，曾任湘广总督、两江总督。其父孙瑞珍，官至户部尚书，曾任工部尚书、礼部尚书，并任翰林院掌院学士、上书房总师傅。孙毓汶不但身任要职，甲午战争期间，孙毓汶与李鸿章力言战不可恃，并言"战"字不宜再提。《马关条约》签订后，遭到全国百姓的强烈反对。光绪二十一年（1895），孙毓汶称疾乞休，卒后谥文恪。在晚清政坛孙氏是一

---

① 顾文彬、孔广陶：《过云楼书画记·岳雪楼书画录》，上海古籍出版社，2011年版，第7页。

位举足轻重的人物，并深得西太后的信任，与李莲英等结党，又与李鸿章相结纳，权倾朝野。孙毓汶的政治主张和政治生涯早已载入历史史册，而对于他的书画收藏却鲜为人知。历史上也少有关于他书画收藏的记载。

孙毓汶的书画收藏为人所知，是缘于他后代的一次壮举。

1982年12月26日，北京师范学院物理系主任孙念台教授及其弟孙念增、妹孙念坤三人，将孙毓汶收藏的一百五十八件书画作品捐赠给中国国家博物馆，其中不少为精品之作，尤以"四王"为多，从而揭开了孙毓汶书画收藏的秘密。这次捐赠活动虽不能全面反映出孙毓汶书画收藏的全貌，但从中可见孙毓汶书画收藏的一些痕迹。

从这批捐赠作品分析，孙毓汶收藏的作品，时间最早的应为元代吴镇的《秋山古寺图》，另有明代董其昌的《天竺溪流诗画》、文徵明的《真赏斋图》、陆师道画文徵明书的《赤壁图卷》、项圣谟的《古林散牧图》、邢侗的《十景图册》、萧云从的《山水册》、钱杜的《山水》、顾见龙的《品茶图》等，清代的有石涛的《山水图》、王翚的《仿古册》《山水册》《山水图册》《可竹居图卷》、王原祁的《仿大痴山水图》《山水图》《夏山图》、查士标的《山水八屏》、董邦达的《烟峰飞瀑图》、高简的《慧香夜话图卷》等。这些作品中，有的虽是仿品，但大都为真迹无疑。另还藏有马远《溪山无尽图卷》等。

孙毓汶在繁忙而纷杂的公务中，能伺机收藏书画作品，对他本人来说绝非偶然。尤其是对他所藏作品进行整理保管，以及对题笺、题跋，包括钤印进行分析，他对书画收藏也是下过一番功夫的。从中也可看出，他的书画收藏数量和规模，应该远不止这些。

孙毓汶的藏品中有一件姚应龙的《四时佳兴图册》，共有六帧。从孙氏的题跋"壬申（1872）四月，迟翁鉴藏"可见，此件是在同治十一年（1872）购得，从孙毓汶藏品的题跋中分析，这算是他收得最早的一件作品。后在甲午（1894）正月廿八日，他又加以重装，并题记："此册余壬申（1872）病中以贱直得之。画中上款称松翁前辈，老夫子者，初不论谁何惟画者姚应龙，迄未查得根脚。而此六帧，笔墨秀整，可喜重加装池。"从这段题跋分析，孙毓汶购买此件姚应龙作品，纯属偶然：一是他此时正在养病中；二是以较便宜的价格购得；三是他不知姚应龙是谁。其实，姚应龙，字雨亭，为天津画家。不过，在过了二年后，待他重装时，虽未查得姚为何人，但认为此件作品"笔墨秀整"，可见，他此时的收藏已达到了一定的数量，也从不懂到了专业的地步。

此后的第二年，即癸酉，同治十二年（1873），他购进了王原祁的《仿大痴山水图》。乙酉（1885），他又购入了顾见龙的《品茶图》。后在壬辰（1892），他的好友李山农在为他医治足疾时，赠送他一件恽南田的《山水图册》，共十开，令他兴趣大增，为此他题跋曰："此册则开发神智之助，更胜藤杖扶也。"从此，他的书画收藏便步入了正轨。

从癸巳（1893）至丁酉（1897），在不到四年的时间，孙毓汶连续购进了查士标的《山水八屏》、王原祁的《山水图》《夏山图》、钱壮的《山水》、王翚的《仿古图册》《山水册》《可竹居图卷》，以及文徵明的《真赏斋图》、项圣谟的《古林散步图》、邵弥的《十景图册》等。而值此光绪十九年（1893）十二月，孙毓汶转任兵部尚书。光绪二十年（1894），中日甲午战争爆发，孙时任军机大臣，主张"力言战不可恃"。后甲午战败，中日签订《马关条约》，割地赔款，遭到全国百姓的强烈反对。五月，孙毓汶病倒，甲戌（1754）六月，孙被免职，以此结束了他的官宦生涯。不过，这几年虽是孙毓汶政治生涯最动荡的年月，但却是他收藏书画最多的时候，这也许正是他感受和体会书画藏品是"开发神智之助，更胜藤杖扶也"的缘故。

孙毓汶除了喜爱将书画藏品重新进行装裱并配画套之外，尤喜题签题跋。他所藏的作品中，几乎每一件作品都留下了他的题签和题跋。除以上介绍的几件藏品之外，如王原祁的《山水图》，套签："麓台仿子久山水，周文勤公旧藏，幼芝赠。"题签："麓台仿大痴赠紫翁山水立轴。癸巳六月周幼芝赠。"又如陆师道画、文徵明书的《赤壁图卷》，套签题签："衡山墨妙卷，陆五湖写图，王山人书后赋，梁学士跋尾，呈风堂旧藏，光绪癸巳归于迟庵。"这些题跋不但清楚明了，且为后人留下了可资鉴别的旁证。随着他对书画收藏兴趣的不断增强，运用鉴别术语也越趋规范。这些从他的不少题跋中均可看出。如称麓台、顾见龙、仇十洲、南田、查梅壑、子久、大痴、钱叔美、耕烟山人、衡山、项易庵、董文恪、大涤子、高詹游等，这些如不深究画史画论，一般人是断不能说出这么多画家称谓的。另外，在品鉴每件书画作品时，他也会称：淡墨、设色、着色山水、精品、精品上上、神品、神品上上、无上妙品等，足见其运用鉴藏专业术语之妥。

钤盖收藏印记也是孙毓汶喜好书画藏品的一种表现。他的收藏用印也不少，约七十方。常用的有迟盦、迟盦审定、迟盦鉴藏、孙毓汶印、毓汶私印、汶、毓、汶、莱山毓汶、老迟、迟翁、迟盦老人、臣孙毓汶敬藏、莱山审定真迹、孙莱山收藏书

图 7-47　珍禽图（三十二开选四）　清　蒋廷锡

画印记、迟盦藏真、归于迟盦等，另从御赐岳峙渊渟书屋鉴藏真迹、御赐经德秉哲、御赐岳峙渊渟、殊赐曾为大司马等印分析，他的不少藏品应来自宫中或为西太后赏赐所得。

从这些印章中还可分辨出孙毓汶晚年不但喜欢收藏，而且几达痴迷程度，如"晚知书画真有益"（白文随形印）、"老迟卧游"（白文印）、"痴者斯游最"（白文印）等。

并且，他在晚年还自己习练书画，这从"迟庵学书画史兰根小印"也可见之。

从中可见，书画鉴藏对一位文人官僚来说，无疑是精神和思想情操的另一个可寄托的世界，孙毓汶便是最好的一个例证。

不过，孙毓汶的书画鉴赏眼光与其他专事书画收藏的专家相比，自然要逊色些。这些，从他收藏的藏品题签中也不难看出，如对吴镇的《秋山古寺图》（仿品），他题签：梅道人《秋山古寺》真迹，神品上上，并钤印"归于迟盦，如此至宝存岂多"。又对王原祁《仿大痴著色山水图》（仿品），他题签："王麓台仿大痴着色山水，神品上上。"

在中国历代的官僚群体中，类似孙毓汶这样的官宦收藏家应不在少数，只是史载史料实在太少，孙毓汶应是其中的代表之一。

但不管如何，在晚清官僚中，孙毓汶是一位值得重视和研究的书画收藏家。从他的不少收藏印及他在藏品上的钤印分析，孙毓汶不但精于收藏，而且他的书画收藏已达到了一定的规模，否则他绝不可能会专门请人镌刻这么多的藏印。

二十一、陆心源

陆心源，生于清道光十四年（1834），卒于光绪二十年（1894）。归安（今浙江湖州）人。字刚父、刚甫，号存斋，晚号潜园老人，室名守先阁、仪顾堂、潜园、皕宋楼、千甓亭、穰梨馆等，专以蓄藏图书和书画。历任福建监运使、岭南东道兵备使，分巡广东高廉道，后乞养罢官归乡。工诗善书，精鉴赏书画，尤嗜藏书，为清末四大藏书家之一。著有《金石学初录》《三续疑年录》《元祐党人传》《吴兴金石记》《千甓亭古砖录》《千甓古砖图录》《皕宋楼藏书志》《群书校补》《仪顾堂题跋》《仪顾堂集》《宋史翼》《集韵校误》《穰梨馆过眼录》等，合署为《潜园总集》。

陆心源早年师从万青藜、吴式芳、张锡庚，读书过目不忘，精于郑（玄）、许（慎）之学。中举之后，随总兵刘长佑镇压太平军，官至福建盐运使时，多次剿平土匪。后因盐务损耗罪名被参奏，终被削去官职。辞官后，他在归安城东莲花庄旁筑建一潜园，潜心著书立学，蓄藏图书和书画。

陆心源除喜收藏古书画之外，古铜器、古砖等也是他的收藏之物，他还常与晚清著名的收藏家和文人学士潘祖荫、吴大澂、盛昱、俞樾、杨岘、吴云、沈秉成等交往甚密，互相品鉴，书信往来，交换出让所藏藏品。

陆心源的书画藏品，大多购买自书画商处，也有与其他藏家交换的，不少则是从别的藏家手中购买。其中不少系项元汴、梁清标、王鸿绪、金黼廷、高士奇、马日璐、朱卧庵、张延济等人的旧物。他收藏的书画中，以明代之前的作品为多，又以明代的忠臣和清初的高人奇士作品居多，成为他书画收藏的一大特点。

陆心源收藏书画，从不把藏品作为自家"秘藏"而秘不示人，而是作为天下公器，并予印刷出版，供人参研。他除了著有《穰梨馆过眼录》和《穰梨馆过眼续录》之外，还将文天祥、颜真卿、赵孟頫等名家法书请人镌刻，成七十六石法帖，结集出版成《穰梨馆历代名人法书》八卷，供人欣赏参阅。

陆心源的书画收藏，集中反映在其所著的《穰梨馆过眼录》。是书成于光绪十八年（1892），全书以时代先后为序，记述详尽，考订翔实，共四十卷，书前有作者自序。此书称"过眼"实为谦词，所录大多为陆氏自藏，少数为他人所庋。收录书画四百八十多种，以时代先后为序。全书始自梁、唐，晚止清初，按时代排序。书中详细描述每件书画的纸绢、尺寸、印记、图记和款识、题跋，但无评语。所收作品绝大部分为真迹绝品。

另有《穰梨馆过眼续录》，共十六卷，补入唐代至清中期书画作品二百余件，其考订旧藉颇有心得。

是录载计画家三百余人，作品六百八十多件。尤以清四王、吴恽，以及明季遗民之作为多。体例类同高士奇的《江村销夏录》。其中较有名的有南北朝梁武帝的《异趣帖卷》、唐阎立本的《北齐校书图卷》、吴道子的《设色天王图》、怀素的《论书帖卷》、边鸾的《杏花鹦鹉图》、郑思肖的《唐明皇避暑图轴》，以有宋高宗的《书女诫马远补图卷》、马远的《雪夜归棹图》、刘松年的《水亭消暑图》、马麟的《春郊游骑图》、米芾的《苕溪诗册》、米友仁的《楚江风雨图》、赵孟頫的《洛神赋图卷》《秋郊饮马图》等，还有明代沈周、祝枝山、唐寅、文徵明、仇英、董其昌、陈继儒、李流芳、丁云鹏、卞文瑜、蓝瑛、项圣谟等人的书画作品，又有清代石涛、八大、龚贤、陈洪绶、傅山、四王等。如此看来，在晚清的书画收藏界中，似无人与之相比。在他的藏品中，有不少是湖州另一藏家章紫伯转让给他的。在陆心源的

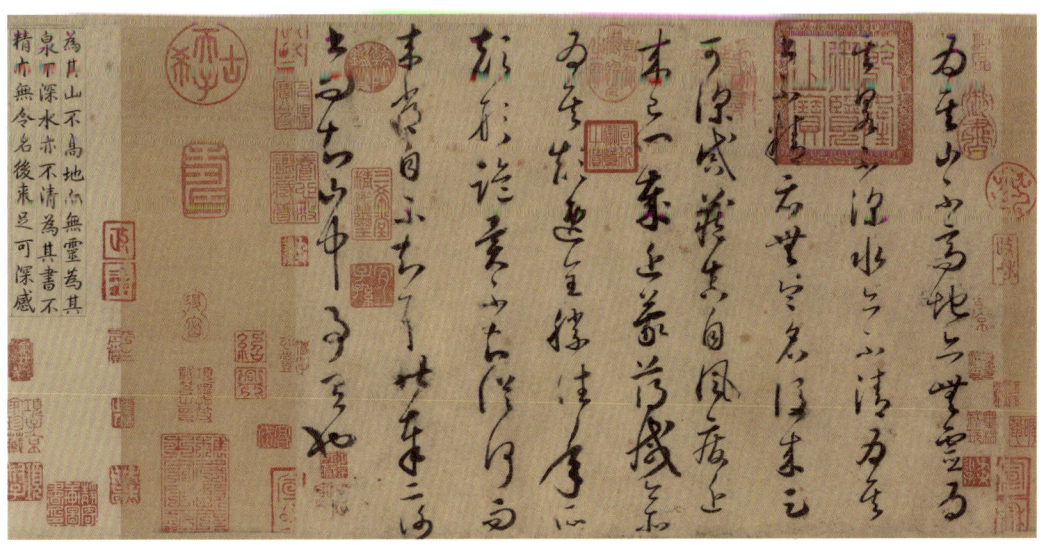

图7-48　论书帖　唐　怀素

图 7-49　秋郊饮马图　元　赵孟頫

《穰梨馆过眼录》中,钤有章紫伯收藏印的书画作品几十件,且都以明清手卷居多,其中有董其昌的《行书李隐君行状手卷》、李日华的《竹懒三绝》手卷、石涛的《奇峰怪石图卷》等。

其实,陆心源的藏书远超其书画收藏。他在家宅内筑皕宋楼、十万卷楼、宋先阁三处,藏书十五万多卷,同治年间掇拾遗文成《唐文拾遗》七十二卷、《唐文佳拾》十六卷。常与同乡学士姚宗堪、施补华、俞劲叔、王竹侣、凌霞等人研习学问,有"苕上七才子"之美称。另有《皕宋楼藏书志》《十万卷楼丛书》问世。

陆心源精于金石之学,研究颇深,著述等身。光绪十二年(1886),著有《金石补录》,另辑有《皕宋楼藏印》《千甓古砖图释》等。光绪十九年(1893),光绪帝曾褒奖其"著作甚多,学问甚好"。

陆家从陆心源祖父陆镛始,就喜藏书,至陆心源已是三代藏书,以收藏宋版书著称,号称藏有三百部宋版书,"皕宋楼"的称谓即源于此。皕宋楼,时与聊城杨以增的"海源阁"、常熟瞿镛的"铁琴铜剑楼"、杭州丁丙的"八千卷楼"并称,被誉为"清末四大藏书楼"。

据统计,皕宋楼藏书有:宋版书一百二十四部,二千七百七十九册;元版本一百一十六部,二千零七十册;金版书一部,十册,均是极为珍贵的海内孤本。其中北宋仁宗时刻印本《太平御览》,被誉为我国刻本之祖。惜陆心源去世后,其家族败落,大公子陆树藩做生意亏了本,所有藏书被日本静嘉堂文库以高价购去,现存日本。

据统计,陆心源的藏书,在1882年《皕宋楼藏书志》撰成时已达十五万卷。

1907年，其子陆树藩将家藏书籍出售时，其实数为四千部二十万卷四万四千多册。据统计，藏书共达五千部，近六万册，二十五万卷左右。另据日本静嘉堂文库统计：北宋版本七部八十册，南宋刊本一百一十四部，二千六百一十一册，元刊本一百零九部，一千九百九十九册。另有不少不可计数的明刊本等。这些均为海内极为珍贵的孤本，实无法以金钱计数。可惜大部已流落海外。

陆心源的书画藏品，在他身后为四个儿子所分。后也陆续出售，散落民间。

清代的书画收藏家，无论是人数之众，还是藏品之多，抑或是书画著录之丰，都远超于任何一个朝代。其中著名的收藏家，除上述论及的之外，尚有王永宁、冯铨、查士标、笪重光、顾复、季振宜、索额图、高岱、耿嘉祚、王掞、成德、缪曰藻、允祥、允礼、马曰璐、张若霭、永瑆、李宗瀚、潘正炜、王养度、翁同龢、潘延龄、裴景福等。他们收藏的书画作品，多为举世罕见之佳作，时代之远、品级之高、品相之好也远非一般藏家所能。然综合分析，清代的收藏家，尤其是自乾隆朝之后，大多藏品一般，顶级的法书名迹更为少见，故虽然藏家数量庞大，但已远不及明代以及乾隆朝之前。

第四节　公私著录专著不断呈现

一、《佩文斋书画谱》

《佩文斋书画谱》系我国第一部集中国书画之大成的大型工具书，为自有书画谱以来最完备之作，也是有关书画著录的大型参考书，全书共一百卷。

是书奉康熙之命，于康熙四十四年（1705），由礼部侍郎孙岳颁、兵部左侍郎宋骏业、侍读学士王原祁、兵科给事中吴暻、大学士王铨等编纂，于康熙四十七年（1708）历时三年而成。是书取名"佩文斋"，缘因康熙（字玄烨）书斋名"佩文"而定。全书一百卷，凡经史子集、稗官野乘、山经地志、释典道藏等无不搜采，计分书断、画断、书史、画史等，皆各自成编，并分门列目。凡所征引，皆列出处，便于稽考，实为历代书画谱集大成之著。

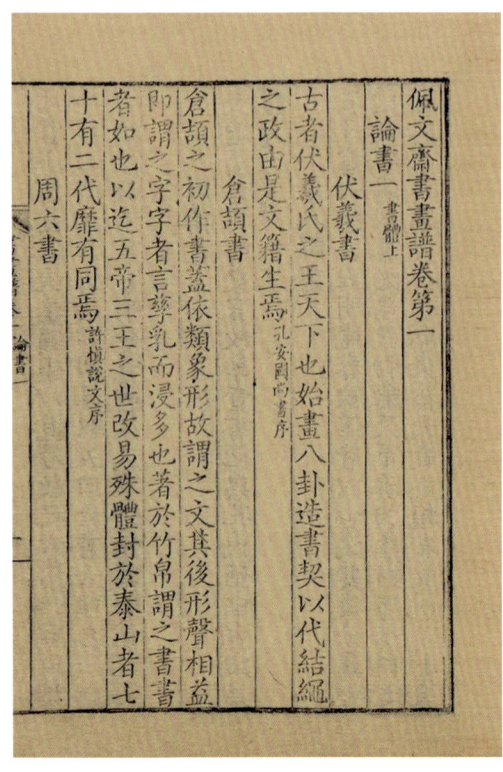

图 7-50 《佩文斋书画谱》 清

全书分类精准，惟对古画古籍未专门列目著述，故其说明编撰、存佚情况真伪并收，未加辨识。是书论书计十卷，书体、书法各两卷，书学、书品各三卷，历代帝王书二卷，书家传三十三卷，历代无名氏书六卷，御制书画跋、历代帝王书跋各一卷，历代名人书跋十一卷，书辩证两卷，历代鉴藏书类四卷。

是书系从一千八百四十四种有关典籍中择撷精华而成。每条目下各注出处，一字一句必有所征，且前后条款无重复，亦无抵牾。全书裒合众说，各列姓名，融贯辑裁，如出一手。全书体例完备，引典详赅，例典精准，分类合理。所收资料之丰富，集典之完备，考证之翔实，实为自有书画谱以来最为完备之巨作，足资后世书画研究者不可多得亦不可缺之重要参考书籍。这诚如书首"御制佩文斋书画谱序"曰："朕万几燕闲，披览典册，间临书画名迹，每观前代纪录书画，诸书种类错互，漫无统纪，遂即佩文斋所有者编茸之。使各以类相从，为一百卷。凡书画之源流，古今工于此者之姓氏，以至闻人之题跋，历代之鉴藏，悉备考而慎其择，亦可谓详且尽矣。"① 其中内府首刻本书前有康熙四十四年（1705）二月御制序，其后为凡例和总目。正文前，列有所纂辑之书籍的目录和书画谱总目，全书六十四册计八函，并开列康熙四十四年（1705）和康熙四十六年（1707）奉旨纂辑之官员及职名。

是书中，除大量有关书画的书目、画目、书史、画史、书跋、画跋等有关书画方面的论述之外，自第九十一卷起至第一百卷止，内容全系书画鉴藏方面的著录论著，但凡有关书画鉴定与收藏的著录书，自此以臻全矣。

是书有康熙四十七年（1708）内府刻本、静永堂刊本、《四库全书》本、摘藻

---

① 王原祁：《佩文斋书画谱》第一册，文物出版社，2013年版，第1页。

堂《四库全书荟要》本、光绪五年上海同文书局石印本、近代中国书店影印本等。

另有《书画考略》，杨宝镛编，共四卷，是书皆取材于《佩文斋书画谱》。卷一为《历代无名氏书画跋》《名人书跋》《历代帝王书画辨》；卷二为《书辩证》《阁帖考》《历代书画轶事》；卷三为《历代名人画跋》《画辩证》《历代画史轶事》《历代鉴藏印记》；卷四为《论书》《论画》。此书可与《佩文斋书画谱》参阅互鉴。

是书今存传抄稿本。

二、《秘殿珠林》《石渠宝笈》

《秘殿珠林》和《石渠宝笈》是清代乾隆、嘉庆年间，由皇家敕令熟谙书画的诸大臣编纂而成的两部大型书画著录文献巨著。最初仅为《秘殿珠林》和《石渠宝笈》两部著作，以后又增补了《秘殿珠林续编》和《石渠宝笈三编》。

《秘殿珠林》是一部专记清内府庋藏的有关宗教题材的书画著录专著，而《石渠宝笈》则是一部专录清内府庋藏的除宗教之外的其他题材的书画著录专著，全书编纂时间前后长达七十四年之久，堪称中国古代书画收藏史上的奇观。

《秘殿珠林》系乾隆八年（1743）十二月十六日，由刑部尚书张照、东阁大学士梁诗正、刑部侍郎励宗万、礼部尚书张若霭等一批深谙书画之道的大臣奉敕编纂。是书成书于乾隆九年（1744）五月。全书共二十四卷，专载乾隆内府所藏属归释道两家的书画、石刻、木刻和织绣等宝物。

《秘殿珠林》系依照皇帝命令按名贮藏之处编次。每次分释、道两类，每类又按书画的册、卷、轴及名人、无名氏的次序排列。诸书画以时代为序，册页居前，卷轴居后，其所收皆经编纂人甄别而分等级分别著录。凡系真迹而笔墨为佳者列为上等；若是虽系真迹而神韵稍逊，笔墨颇佳而未能确辨真赝者，列为次等。凡列入上等者，纸绢、尺寸、跋语及收藏印记悉全录之；列入次等者，仅录款识及题跋者姓名。各类书画分别以册、卷、轴排序，名人则

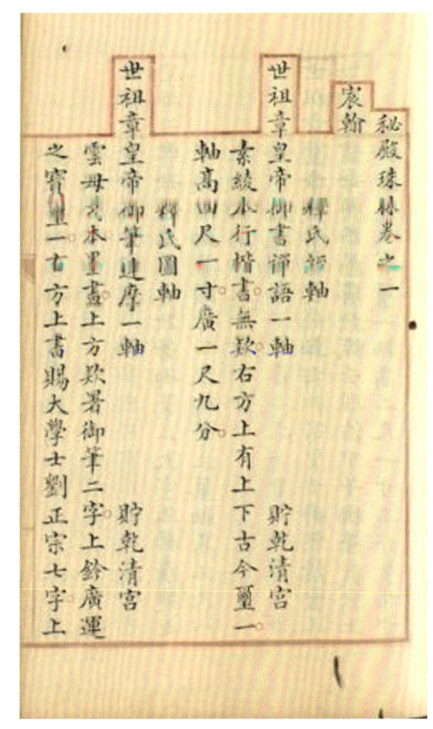

图7-51 《秘殿珠林》 清

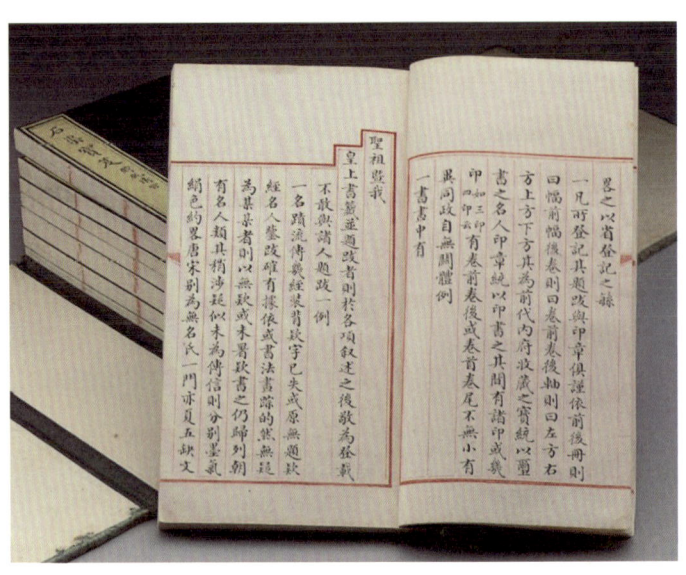

图7-52 《石渠宝笈》 清

按朝代编列字号,每人分编一字,内有一人兼数种者即用此字依数顺编,无名氏书画亦按以上方式编次。所定等第,所编字号,皆以双行小字注于书画名下。全书著述详尽,体例殊异,编纂严密。是书的初编成书为以后的续编、三编的编纂奠定了基础。

是书有清乾隆内府抄本、《四库全书》本、八千卷楼抄本、有正书局石印本、台北"故宫博物院"合编本、《四库艺术丛书》本等。

《石渠宝笈》共分三编。初编系乾隆九年(1744)二月初十,由乾隆敕令刑部尚书张照、东阁大学士梁诗正、刑部侍郎励宗万、礼部尚书张若霭、刑部尚书庄有恭、户部尚书裘曰修、陈邦彦、观保、董邦达等人编纂。全书共四十四卷,成书于乾隆十年(1745)。是书是继《秘殿珠林》之后,清内府著录所藏历代书画作品较为完整而齐全的著录专著。

《石渠宝笈》体例大致与《秘殿珠林》相同。书画仍分为上等、次等,著录的书画仍按册、卷、轴,以及尺寸、款识、印记、题跋及跋尾排序。另增加圣祖、高宗书签及题跋者,并列于各项叙述之后,另行顶格记载,不与诸人题跋并次。分贮于乾清宫、养心殿、重华宫和御书房等处的书画,全部用鉴藏玺印加以区别,有"石渠宝笈""乾隆御览之宝"二玺。册、卷、轴皆为上等者,再钤以"乾隆鉴赏""三希堂精鉴宝""宜子孙"三玺。此亦钤有共五玺为上等之精品佳作,其中多数经乾隆亲自品评甲乙。然所有纂辑之书画不以朝代先后或册、卷、轴编次,而依其所贮之场所按次编纂。全书记录详尽,收录丰富,实为皇家内府价值较高的书画著录巨帙。但该书分类与《秘殿珠林》相比更为复杂,故不易查阅检索。

是编有乾隆内府抄本、《四库全书》本、涵芬楼石印本、台北"故宫博物院"合编本、上海古籍出版社影印本等。

《秘殿珠林续编》，也称《秘殿珠林·石渠宝笈续编》，全书四十册。由兵部尚书王杰任主修，分纂者有董诰、金士松、沈初、彭元瑞、王保、瑚图礼、吴省兰、阮元、那彦成等人。编纂是书缘于初编时经四十多年后，内府所庋藏的释、道所绘之画，以及书画涉及仙佛者日益增多，故分贮各处的书画作品不知增添凡几，故遵乾隆谕命续编。是书辑纂始于乾隆五十六年（1791）正月，成于乾隆五十八年（1793）长至日。所录全系初编未录及臣工新献之作品。体例大致沿袭初编，然不同之处，藏品不再分上下两等。举凡绢纸、尺寸、款识、印记，以及诸藏家之题咏、跋尾与宫中所钤之玺印，仍一一胪载。

是编较之初编，每件作品均详加记载，眉目更为清晰，文字段落不连缀，书前列有总目，便于查检翻阅。

是编有乾隆内府抄本、清内府抄本、上海书店翻印台北"故宫博物院"合编本等。

《石渠宝笈续编》是继《石渠宝笈》编后，凡遇帝后大庆，朝廷盛典，及臣工所献之书画不知凡几，为资宝藏，以免舛伪有失，故敕王杰、董诰、金士松、沈初、彭元瑞、阮元等编纂，历四十余年之久。是书自乾隆五十六年（1791）正月始辑，至乾隆五十八年（1793）长至日成书。体例仍按初编列次，以各贮存处所分辑。此编与初编之不同处，已不分上下等次，其余皆照初编排列。然叙述书画处分段论述，并标界朱栏，以清眉目。且在书首，列有总目，较之初编更为清晰可查。

是书有清乾隆内府抄本、清内府抄本、上海涵芬楼影印本、上海书店翻印台北"故宫博物院"合编本等。

《石渠宝笈三编》，也称《石渠宝笈·秘殿珠林三编》。是嘉庆二十年（1815），由英和、黄钺、姚文田、吴其彦、张鳞、顾皋、朱方增、吴信中、龙汝言、沈维鐈、胡敬等大臣敕编。共分二十七函一百零八册，收录书画作品两千余件。体例依照续编。藏品皆不分上下等次，辑录仍依初编，按贮所编次。分书册、画册、书画合册；书卷、画卷、书画全卷；书轴、画轴、书画合轴共计九类编次，以及画学画论等，但书前已设总目，另于每卷前设分目，改变了前编难于查阅的不足。

是书有嘉庆内府抄本、上海书店翻印台北"故宫博物院"合编本等。

《秘殿珠林》和《石渠宝笈》，以及后来的《秘殿珠林·石渠宝笈续编》和《秘殿珠林·石渠宝笈三编》，先后收录了清内府几乎全部的书画作品。清代自康熙至乾隆年间，散佚民间及官宦家中的书画珍品几乎全部搜罗进宫。该书的编纂虽为皇帝赏玩取阅方便之用，然却为后世保存了极为丰富而翔实的珍贵资料，这对研究画史书史、考证法书名画的流传及鉴定产生了重要的价值，为研究中国书画收藏史、书画发展史产生了不可低估的历史价值和重要意义。

在奉敕编撰《石渠宝笈》的同时，另有《石渠随笔》问世。

是编为编者阮元在奉敕续编《石渠宝笈》时随笔记录之作，故名《石渠随笔》，且系书画兼编成卷，约成书于乾隆辛亥（1791）。是编以评论考证为主，并以抄录纸绢、尺寸、印章、款识及题跋为旨。全书八卷，卷一前十篇为书画总册，不分时代，余则以时代为序编列，时间上始于晋，下止于清，并按时代分卷，后附有《论钤宝》和《论纸笺》两篇。有些内容为《续编》所无，值得重视。是书考据精当，鉴赏严谨，品评恰当，体例完备。实系为读阅《石渠宝笈》之附读，可参照互鉴。

是书有《文选楼丛书》本、阮氏珠湖草堂刊本、《粤雅堂丛书》本、谭氏区斋影印原本等。

另有胡敬撰写的《西清札记》。此记是在嘉庆二十年乙亥（1815），胡敬奉敕分纂《石渠宝笈三编》，鉴别懋勤殿书画时，效仿阮元《石渠随笔》依其记录而作。胡敬依据其所查阅之书画，每日记一二种，记载皆为精品，均为严加斟酌者，且于每一书画作品，均记其纸绢、款题，间加按语，考订严谨。

《西清札记》与阮元《石渠随笔》相互参阅，对进一步了解《石渠宝笈》具有一定的参考价值。

是书有崇雅堂刊本、上海有正书局排印本、来薰阁刊本等。

梁诗正等奉命敕编的另有一部《御刻三希堂石渠宝笈法帖释文》。是书系乾隆先以内府法帖真迹，命梁诗正等详慎属定，编为《石渠宝笈》一书，后复命梁诗正等择其优者，重加编次，勾摹上石，即为《三希堂法帖》。凡三十二册，共十六卷。上始魏晋，下止元明。正行草书，宸翰题跋，皆摹刻于后。后赡臣乃录释文，编为是帙，可参照阅审。

综上所述，《秘殿珠林》和《石渠宝笈》是皇家内府书画著录之巨制，它与宋内府编纂的《宣和书谱》和《宣和画谱》相比，虽然都为两朝内府书画著录之集大成者，然相比较，清内府编纂的《秘殿珠林》和《石渠宝笈》包括《秘殿珠林续编》《石渠宝笈三编》，无论是体例、排编、篇幅还是规模、数量等，和《宣和书谱》《宣和画谱》相比，都要高出一筹。但必须指出的是，《秘殿珠林》和《石渠宝笈》所录的法书名画，并非全是真迹，伪作也多有录入。这一方面是由于乾隆皇权一言九鼎所致，另一方面是由当时所处的客观条件所限。然不管如何，是书所录的书画作品全系清宫内府所藏，即使其中所录之赝品，也不会晚于乾隆朝和嘉庆朝。

但不管如何，《秘殿珠林》，尤其是《石渠宝笈》实系清宫内府书画收藏之精华，收录了中国上始魏晋、下止清代两千余年书画名家最为优秀的法书名画，有一万两千余种，是中华民族珍贵的文化遗产，更是珍贵的书画艺术集大成者。也为后世研究、鉴别、品赏书画作品留下了不可多得的可供承继的珍贵史料，实功不可没。

三、孙承泽和《庚子销夏记》

孙承泽，生于明万历二十一年（1593），卒于清康熙十五年（1676）。字耳北，号北海、退谷。山东益都（今山东青州）人，世隶顺天府上林苑（今北京大兴）。累官吏部右侍郎。工书法、精鉴赏，家藏书画、书籍、碑帖甚丰。著有《思陵勤政记》《尚书集解》《庚子销夏记》《研山斋集》等，为清一代书画收藏大家。

《庚子销夏记》系孙承泽辞官退居后所撰，成书于顺治十七年（1660），共八卷。因成书时正逢夏季，顺治十七年系庚子年，故以"庚子销夏"为书名。

是书乃系其评骘家藏晋唐以来名人书画及古碑刻而著。所记书画大多为其自藏，参以所见者录之。卷一至卷三，皆录自藏书画真迹，始起晋而止于明；卷四至卷七，录辑皆为自藏古碑拓本。以上七卷，皆以时代先后为排序。每种先标其名，次各为叙述始末、纸绢、尺寸、印章之类等录之，颇具参考价值。卷八为寓目记，所录皆为他人所藏，而为作者所见，多为书画，附有评述或评骘。每种多叙始末，参证异同，其鉴藏之精审，当不让前人。而于题跋则选精者偶录之，其中考证议论也甚为精到。故《四库全书总目提要》赞曰："然其鉴裁精审，叙次雅洁，犹有米芾、黄长睿之遗风，视董逌之文笔晦涩者，实为胜之。"

是书原本有承泽小序，刊本前有卢文弨序文，后有鲍廷博跋语。

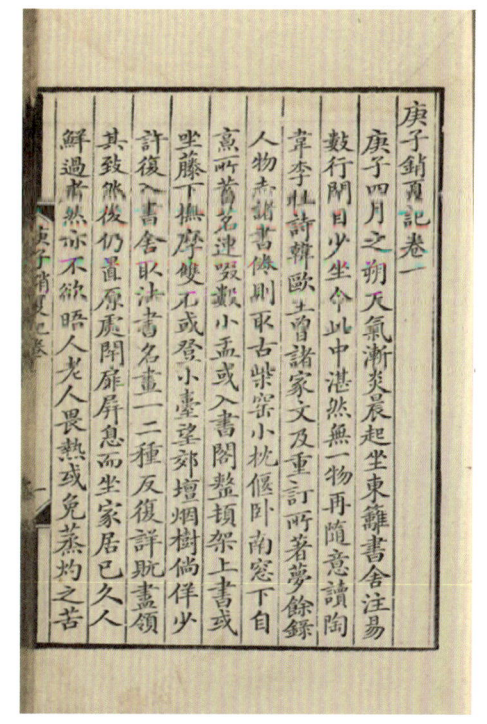

图7-53 《庚子销夏记》 清 孙承泽

是书有余集秋宝手写精刊本、清宁堂抄本、《四库全书》本、《学古斋金石丛书》本、《风雨楼丛书》本、有正书局石印本、《中国书画全书》本等。

孙承泽在撰《庚子销夏记》前，已有《闲者轩帖考》一卷问世，成书于顺治四年（1647）。是书所记自《稧帖》至《停云阁帖》，凡三十八种。计有《稧帖》《澄清堂帖》《淳化阁帖》《大观帖》《宝晋斋帖》《停云阁帖》等。每种先标其名，并各作评骘于其下，与《庚子销夏记》所载略有不同，品评亦有不同。全书记载翔实，品评各异，为辨别历代书帖留下了不可多得的珍贵资料。

是书有《知不足斋丛书》本、《风雨楼丛书》本、《古今文艺丛书》本、《丛书集成初编》本等。

对于孙承泽的《庚子销夏记》，后辈学者何焯进行批校、题跋，后魏稼孙将《庚子销夏记》中何焯之批校、题语，荟萃成编，题名为《庚子销夏记校文》，另有杨篴庵复辑魏稼孙校语为《校勘记》附于后，并补入翁方纲、魏稼孙二家跋，以及程文荣《南村帖考》、钱泳《履园丛话》二条，总辑成书。此书对研究考证金石书画具有一定的参考价值。

此校文考证完备，资料丰富，可资鉴别金石书画，尤其是对借校孙承泽所藏书画碑帖尤可资借。

是书有清抄本、邓氏风雨楼刊本、有正书局石印本、《中国书画全书》本等。

四、吴其贞和《书画记》

吴其贞，约生于明万历三十七年（1609），约卒于清康熙十七年（1678）。徽州（今安徽黄山）人。字公一，号寄谷，室名梅景书屋。收藏颇丰，善于经营。嗜好书画，精通鉴赏，与收藏家交往过密。著有《书画记》。

《书画记》全书共六卷，系作者对所藏所见书画墨迹品评之作，按其所阅各家收藏为序而加以记录，并对书画作品的行款位置、尺幅大小、卷轴长短，以及印记、纸绢、装裱等详加记述，偶尔也抄录题跋年款，并且标明何时何地见于某家。

全书不以书画分类各为卷，亦不以作者时代各为卷，或以装潢分类为卷，而是以所见所得书画作品之先后为次，系随手札记。其撰录之书画，除记作者姓名、作品名称外，首叙纸绢气色，次述笔墨与画境，再记以款识、印章，以及购于某人某年月。而于前人题跋，皆录其摘要，偶录全文，而无考证之语。全书书画多为元之前显赫之名迹，并以两宋书画居多。所载书画真迹，始自明崇祯八年（1635），止于清康熙十六年（1677），历时四十年之久。其中对书画真伪的评定较为准确客观。

是书虽为一古董商所作之书，然内容丰富，记叙翔实，尤对书画真伪的鉴别甚为精到，故不失为一部有价值的著录专著。这对研究元以前书画存世于明清之际的情况极具参考价值，另对研究借鉴明清古玩商人鉴定书画的方法也有重要的参照价值。

是书有《四库全书》本、鸣野山房抄本、上海人民美术出版社影印故宫藏抄本、《中国书画全书》本。

五、顾复和《平生壮观》

顾复，约生于明崇祯元年（1628），约卒于清康熙三十四年（1695）。字来候，号方泾上农。工书善画，精收藏，善鉴赏，家藏书画甚丰。著有《平生壮观》。

《平生壮观》实系作者积三十五年所见之书画作品编撰成书。全书共十卷，法书和名画各五卷。作品始自魏晋，止于明末。体例按时代编次，略记纸绢、尺寸、行款字数、布局位置、题跋人名及印章，并评述师承及艺术造诣，间注作品真伪。是书前有徐乾学于康熙三十一年（1692）序文，顾复自序，书尾有周季贶跋文。

全书体例按书画家时代编次，略记书体、画法，以及题跋之人名，偶记书画要旨，不录题跋原文。必须指出的是，其平生所见作品之真伪兼并收之，然于赝品仅言其伪，而不详述其故。全书著录简要，未录作品题跋原文，每一作者后略加评论，以辨别真伪。所录书画作品均不载藏者姓名，拟应是著者为保护藏家所致，然所载名迹均有其依据叫录。全书除李思训《明皇幸蜀图》有辨别论证外，其他则少于考证。书中自谓"胸中实无定见，断不强作自是"，可见其治学之谨慎。

是书有道光间蒋香生抄本、上海人民美术出版社影印本、《中国书画全书》本。

六、高士奇和《江村销夏录》《江村书画目》

高士奇，生于清顺治二年（1645），卒于康熙四十二年（1703）。字澹人，号瓶庐，别号江村等，室名清吟堂、简静斋、漱芳阁、岩耕草堂等。浙江余姚匡堰（今属慈溪）人，一说浙江平湖人，世居钱塘（今浙江杭州）。善诗文，工书画，精鉴赏，精考证。家藏书画名迹甚富。著有《江村草堂纪诗》《松亭行记》《书画总考》《江村销夏记》《江村书画目》《清吟堂集》等。为清代著名书画收藏家。

《江村销夏录》共三卷，是高士奇被康熙解职后，居家平湖，约在康熙二十九

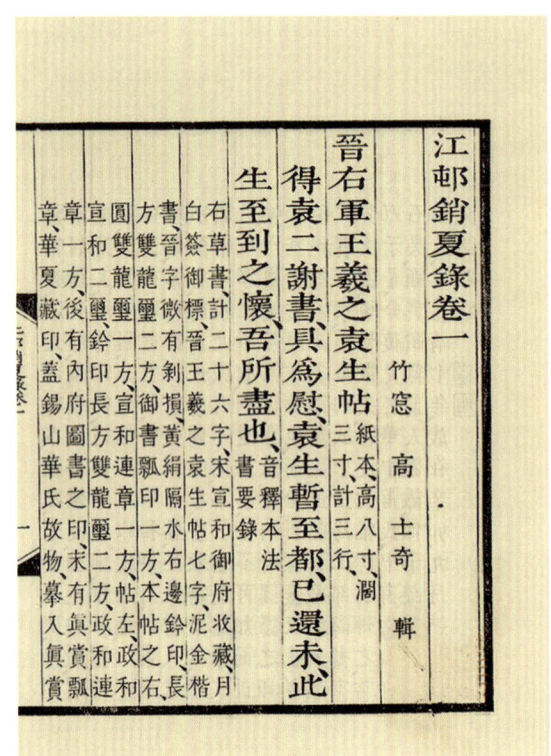

图 7-54 《江村销夏录》 清 高士奇

年（1690）至康熙三十二年（1693）间纂撰完成，历时三年。是书前有康熙癸酉（1693）六月高氏自序，因书成于六月，故以"销夏"定名，并自行刊刻。朱彝尊、宋荦为之作序。

是书所录为高氏所藏所见之法书名画。录入书画共计二百零九件，上始于晋王羲之，下止于明中期的吴门四家。所录作品，考证作品之源流，记录作品之册轴、内容、尺寸，以及后人的题跋、印章等，且涉及作品材质、装裱等诸多领域，间加评定之语，又以自撰题跋载入。

是书体例似参朱存理《铁网珊瑚》、张丑《清河书画舫》和吴其贞《书画记》三书，又更合理，录载也更详尽，并为其后的书画著录学习，甚至连《秘殿珠林》和《石渠宝笈》也多仿效之。至此，书画著录论著体例已渐趋成熟，形成了一套相对精密而又系统的著录体系，高士奇功不可没。然是书所载书画作品非全为真迹，考订亦间有疏舛，故其所录书画真伪问题一直为后世所非议。但不管如何，《江村销夏记》的问世，奠定了高氏在清代乃至中国书画收藏史上应有的地位。

是书有宝芸堂刊本、清朗润堂刊本、《四库全书》本、文瑞楼石印本、《风雨楼丛书》本、有正书局石印本、《四库艺术丛书》本、《中国书画全书》本等。

《江村书画目》为高士奇另一部书画著录专辑。是书仅一卷，说是著录书，实是高士奇自藏书画的底账，当时并未正式刊印。就体例而言，并无太大的新意，几与通常的公私开销账簿类似，较为简单。是书内分"进字壹号""进字贰号""送字号""无跋藏玩手卷""无跋收藏手卷""永存秘玩上上神品""自题上等手卷""自题中等手卷"和"自怡手卷"九类。董文敏书画一卷，则录于书后。是书共录载了五百一十八件书画作品。这份手绘《江村书画目》墨迹，所载书画都清晰地注上真伪及优劣的品鉴意见，所定之真伪，后来鉴定家以为此目基本没有一件失实。其眼光之锐、品鉴之精、水平之高，远非一般鉴藏者所能比肩。

不过，《江村书画目》的问世，却引来了后人对高士奇眼力、所录书画真伪以及进献康熙内府书画真赝的质疑。最先提出质疑的是罗振玉。因原稿本为罗振玉所藏，罗氏经考证后的结论为："然卷中有注文恪公跋者，则此卷殆书于文恪公后人，非出文恪公手也。……是此目虽为文属公后人传录，而确出手定。"也就是说，罗氏认定《江村书画目》系高士奇所撰。其实，此书是在1924年以东方学会的名义公开发表，距高的年代已整整过去了两个世纪。是书日后虽有吴谷人"谓出文恪手书"的跋文，然书目仅是誊写本，而非高的亲手笔迹，故仍不能确定此书目为高氏所撰。

也有人认为，书目是高氏在进献康熙内府家藏部分书画作品之后，著录《江村销夏记》后自藏书画目录的底本，也系向康熙进献贡品的"底账"，以为高氏进献书画大部分为伪作，从而欺骗康熙而留的底本。

其实，从高氏进献康熙内府的家藏书画作品分析，对比《江村书画目》和《江村销夏记》所录作品，后人不难看出：一是《江村书画目》因系誊印本，故不一定是高士奇亲自所作；二是将高士奇进献康熙的书画作品，加以《江村书画目》和《江村销夏记》两相对比，高氏进献的书画作品中自有赝品夹杂其中，但进献的大部分作品应是真迹；三是依照康熙帝和高士奇两人之间的特殊君臣关系，高士奇不太可能冒犯皇上，蓄意进献伪作。但不管如何，根据时任户部尚书、著名收藏家宋荦的"明代鉴赏谁第一？棠村（梁清标）已殁推江村（高士奇）"之评语，足见高士奇鉴赏眼光之高。高士奇实为清初重要的书画收藏家，尤其是《江村销夏记》的问世，更是奠定了他在中国书画收藏史上的地位和影响。

是书有《四库全书》本、有正书局石印本、《风雨楼丛书》本、《中国书画全书》本。

七、吴昇和《大观录》

吴昇，生于明崇祯十二年（1639），卒于清康熙五十二年（1713）。字子敏，吴县（今江苏苏州）人。自幼雅好古物，尤精于鉴赏书画，是位古玩商人，鉴别书画时推海内第一。著有《大观录》。

是书成于康熙五十一年（1712），共二十卷。书画分类著述，前十卷为书法，后十卷为绘画，按时代先后编次。体例大致参以《江村销夏录》。前九卷著录法书，自魏晋起至明代止，第十卷为元明诗翰姓氏，后十卷著录名画，自东晋起至明代止。每件作品详记质地、尺寸。法书记其行数、字数；名画则记其内容、款识，且尽录后人题跋，然于印章则不尽载入。

是书先后有王揆序、宋荦序和翁方纲序。排印后又有独山草堂楚生跋，武进李祖年校并识。

是书所录之作品，选辑严谨，把关严格，所载作品大多为举世名作，所叙品鉴颇见精博。惜所录藏品未注明藏家，考证也欠精到。这正如翁方纲序中所言："如《兰亭》跋尾之分合，安岐（《墨缘汇观》）尚能言之，而此未深究也。"然不管如何，《大观录》的问世，不但体现了吴昇作为一名画商鉴别的高超水平，而且为后世对所录法书名画的鉴别真伪带来了重要的参考价值。

是书有清抄本、怡寄轩抄本、《中国书画全书》本。

八、卞永誉和《式古堂书画汇考》

卞永誉，生于清顺治二年（1645），卒于康熙五十一年（1712）。字令之，号仙客。祖籍山东黄县（今山东龙口），世居盖平（今辽宁盖州）。累官福建巡抚、刑部左侍郎。博学好古，家富收藏，著有《式古堂书画汇考》等。

《式古堂书画汇考》成于康熙二十一年（1682）。全书分为书考和画考两编，各三十卷。式古堂为卞永誉鉴藏书画之斋，故以此名。书前有宋荦、钱曾两人作序，壬戌（康熙二十一年）时自序。是书系作者辑录前人著录之书，合己家藏书画之作及目见耳闻之作品集汇成编。

全书所录书画上溯魏晋，下止元明，一改前人书画著录体例，或仅记书画目录，或随笔札记，或仅录题跋，或侧重考订辨伪，或囿于某一代内府所藏，或一人一时所藏所见者，而是汲取书画著录诸体之长，书考前录诸家书评、书旨；画考前录诸家画论。至于鉴藏一类，家藏书画名目，几皆备载。全书分门别类，先纲后目，先总后分，先本文而后题跋，先本卷而后征引他书。

全书搜罗宏博，体例新颖，辨其源流，鉴其真伪。有《书评》《书旨》《论画》，系采撷前人之说，条理清晰，纲举目张，考辨得当。至于前人或同代人之书画著录类优者，如张丑的《清河书画舫》、赵琦美的《铁网珊瑚》、郁逢庆的《书画题跋汇》、汪珂玉的《珊瑚网》和高士奇的《江村销夏记》等，全然在目，可谓是一部集汇鉴定之能事的书画著录类集著，更为清代不可多得的书画鉴定论著中的鸿篇巨制。

然此书体例虽属创新，尚不够严谨，如目见、的闻、辑录三者，未记见于何家所藏，录于何著所载，闻于何人所言，而造成难以核考的窘地，有欠证信。这也如《四库全书总目提要》所曰："目见的闻不分，所载原文详略不当、未能尽皆辨析真伪，家藏书画有不详记及漏登者，有误地名为人别号，及错记字号者。"然不管如何，如此巨篇宏制之大作，难免有疏漏舛误之处。展读此书，无论是体例、编次、幅度和篇幅实已大大超越了同类型的书画著录论著。

是书有康熙间卞氏自刊仿刻本、八千楼抄本、《四库全书》本、民国十年鉴古书社康熙本、上海古籍出版社《四库艺术丛刊》本、《中国书画全书》本等。

卞永誉除了著有《式古堂书画汇考》外，还撰有《式古堂朱墨书画纪》。

是书始编于康熙三十年（1691），成书于康熙三十五年（1696），历时五年有余。全书共八十卷，其中书纪五十八卷，画纪二十二卷，系评价历代书家、画家之专者。书中凡历代帝王名讳用红色记之，年号则用蓝色，其余皆为黑色，故以"朱墨"名之。

是书著录其迹者一千一百余人，取题跋者三千余人，采他书所载能书画者三千七百余人。凡书中所藏之书画家，每人均独立成篇，对能书又善画者，只列于书记。对每位书画家的年代、经历、职官、谥号等均予记叙。由于是书所载人数繁多，记叙甚详，所载事实又过多繁琐，不免过于沉冗纷杂。然由于作者鉴赏水平甚高，评述载记较丰，对考证鉴别书画实大有益处。

是书有康熙三十五年刻本。

九、安岐和《墨缘汇观》

安岐，生于清康熙二十二年（1683），卒年不详。字仪周，号麓村、松泉老人。原为朝鲜族，后入旗籍，天津人。家资世富，为盐商巨业。自幼读书，喜爱法书名画。博雅好古，收藏甲于海内。

《墨缘汇观》成书于乾隆八年（1743），系安岐六十一岁时所著。是书实为其平生所藏的全部书画，以及部分过目书画精品的著述专著。全书正编四卷，分法书二卷，名画二卷，法书、名画各有续录，前有端方作叙及作者自序。

正编名画二卷。上卷著录始自晋顾恺之《女史箴图》、隋展子虔《游春图》、唐李思训三人。五代为陆滉等四人，北宋为李成、范宽等十人，以及南宋、金代、元代直至明代等共三十七人，皆为精妙之名迹。下卷著载画册，如《唐宋元宝绘册》《宋元明画大观册》《唐五代两宋集册》等，多为著录剧迹。以上二卷，记载作品内容、纸绢、题跋、印章颇多，且颇多考订，间有论及画家笔墨或画法之特点，以鉴别真伪。

法书上卷首载钟繇《荐季直表》、陆机《平复帖》、索靖《出师颂》，次右军五帖、大令二帖，唐人法书如虞、欧、颜、柳各有数通，北宋人书凡百数十通。下卷南宋人书六十余通，元人赵孟頫一家收十七种，其余各家收四十余通，明人书则审择严谨，收录至董其昌止，凡四十余通。末附墨拓十种，皆为极精之品。

全书搜罗广博，鉴别精当。是书正编著录体例得其大要，叙述精简，鉴别精湛，续编稍逊，然也颇具参考价值。是书所录名迹多有传世，足资参证。有纠正孙氏《庚子销夏记》某些不足。实为清一代书画鉴定之经典巨著。

是书中，安氏虽也有些许认假为真的误误，然并不失其慧眼独具的地位及影响。是书著录的许多作品多有传世，这对研究对照传世作品具有极高的价值。安氏独有的鉴别方法和独特的辨别能力，对学习书画鉴定者而言已成必读之教材，影响深广。

是书有清抄本、粤雅堂丛书本、有正书局排印本、广雅书局石印本、《丛书集成初编》本、《中国书画全书》本等。

近人姚大荣撰有《墨缘汇观撰人考》一卷。姚大荣为清末学者，授刑部主事，迁员外郎，累官刑部主事。工诗文，精于书画、碑版、金石之考证，精收藏。著有《宝镶书画志略》《惜味道斋集》等。

《墨缘汇观撰人考》是因《墨缘汇观》原著仅署"松泉老人撰"，而未载其姓名、里籍，故后人于其生平事迹有揣测怀疑之说。据此，是书撰文考定《墨缘

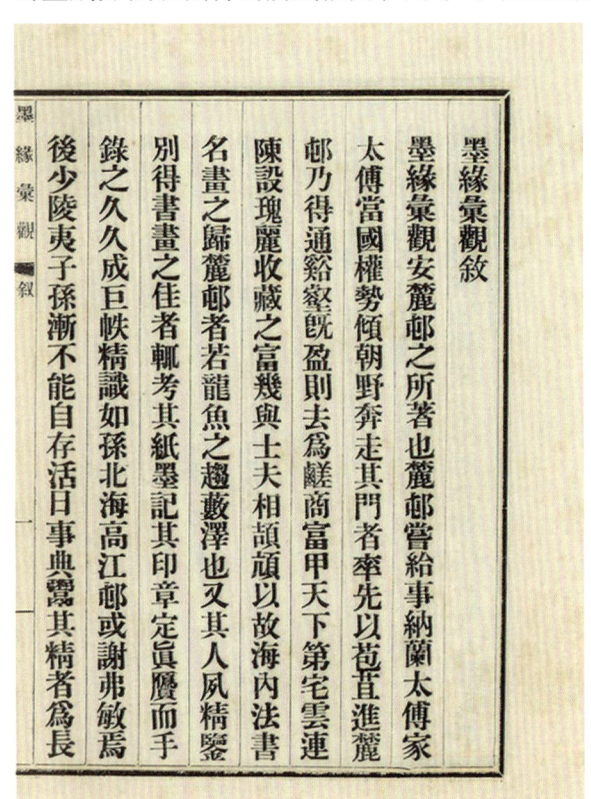

图7-55　《墨缘汇观》　清　安岐

《汇观》之作者确系安岐。并叙其字号、里籍、室名及学问、收藏等事迹，且广征博引，论据确凿，诚为可信。

是书有民国八年（1919）排印本。

十、张大镛和《自怡悦斋书画录》

张大镛，生于清乾隆三十五年（1770），卒于道光十八年（1838）。字声之，号鹿樵，家筑有自怡悦斋、退食庐、寿炅书屋。昭文（今江苏常熟）人。累官山西河东道。精诗善文，工书擅画，喜欣赏，嗜鉴藏。著有《退食庐随笔》《河东从政录》《寿泉书屋文钞》《师善录》《吾西斋诗集》《鹿樵自叙年谱稿》等。

《自怡悦斋书画录》载其自家所藏之书画，以其书房自怡悦斋而取名。是书著录自元以来之书画，约至清道光止，其中又以清代为重，对同时代人也予收录。是书以装裱形式而分编，前二十六卷分为立轴、挂幅、手卷、册页和扇面五类，其中末尾附录四卷皆为手卷，为同代人之作，体例大致仿《江村销夏录》。

书前有作者自序，约成书于道光十二年（1832）。是书编排、分类、录藏，虽有不合理处，其书画真伪也待考证，然是书所录书画，对其鉴别真伪具有较大的参考价值，对所载同代人之作，亦有一定的借鉴作用。

是书有道光壬辰原刊本。

十一、姚际恒和《好古堂家藏书画记》

姚际恒，生于清顺治四年（1647），约卒于康熙五十三年（1714）。字立方，号首源，斋名好古堂，钱塘（今浙江杭州）人。好书画，精鉴赏，家藏书画古籍、碑帖、古物甚富。著有《九经通论》《庸言录》《古今伪书考》等。

《好古堂家藏书画记》亦名《好古堂书画记》，共二卷，另有《好古堂续收书画奇物记》一卷，三卷合叙。是书皆载录自家所藏书画名迹，取室名好古堂为名。

是书所载绘画多于书法，首载碑帖十余种，续记题为"续收书画奇物记"，则载砚台及绘画，皆据实释叙，并加以鉴赏品评。是书前为二卷，后有续记一卷，前又分上下两卷，上卷首载碑帖二十二种，次为法书墨迹，再为名画，所记自唐时起，而止于明代。下卷首记画，有明代文徵明及唐、宋、元、明名人书画册页等，附记有砚、石、琴、纸、墨等杂物，续记为丁亥（1707）秋之后续收之书画和奇物。所记分类不明，亦不全以作者时代为次，显然较为杂乱。说是家藏书画，然夹杂他物较多。记叙间杂品评，或述其笔墨之变化。

是书前有作者自序。所记二卷撰于康熙三十八年（1699），续记一卷撰于康熙四十六年（1707）之后。然纵览全书，是书考证精当，评述得当，颇资鉴别品评之参考。

是书有《读画斋丛书》本、《丛书集成初编》本、《美术丛书》本。

十二、陆时化和《吴越所见书画录》

陆时化，生于清康熙五十三年（1714），卒于乾隆四十四年（1779）。字润之，号听松，又号听松老人。江苏太仓人。谢绝仕途，居家著书。家聚书万卷，尤嗜法书名画，亦富收藏，购藏极富，鉴别精审。著有《赏鉴杂说》《书画作伪日奇论》《书画说铃》《吴越所见书画录》。

是书成于乾隆四十一年（1776），共六卷。陆时化撰此书时，乃系陆氏中年游历吴越诸多胜迹，凡遇前人法书名画，随记随述，积年累月，遂成是录。故陆氏所录书画作品得之于吴越之地，故以"吴越所见书画录"名之。

是书大致仿高士奇《江村销夏录》体例稍加变化而成。全书录自藏自见之书画，每卷必分时代，所录笺素、尺寸、印记等，以及其他名家所作跋语，视其为正文，并以大字标录。前五卷所录书画，编次依唐、宋、元、明各代作品而著，而以明代为多。第六卷所录为国朝诸大家，如四王、吴、恽六大家。凡所载之书画皆加注释，若所载不同者，亦加注释。于记叙中间加议论及考证，足见陆氏鉴赏精审之工。

《吴越所见书画录》以当时名人之迹著录为多，另有吴门、华亭二派书画。所载作品六百二十余件，并于所载书画之尺寸后立一小传，是书正文前有《书画说》二十九则，皆为作者搜罗、观赏、鉴别作品之心得。编前有作者自序，书画说铃小引，冯佛所作序言，王宬所题赠言，以及凡例和目录，编后附有《书画作伪日奇》一篇。

是书有陆氏怀烟阁精刊本、《风雨楼丛书》本、《中国书画全书》本。

陆时化另有《书画说铃》一书问世。是书共二十九篇，一卷。专论鉴赏书画，以及收藏装裱等诸事，类似札记类的书画著录书。其书虽曰"说铃"，然实为自谦所记"不合大雅"之意。全书随记所见书画，内容长短不一，对每一作品的用笔、临摹、题跋、印石，以及善本、伪本等，皆有所议。可与《吴越所见书画录》对照参阅。

是书有《榆园丛刻》本、《风雨楼丛书》本、《丛书集成初编》本等。

陆时化除了著有《吴越所见书画录》《书画说铃》之外，另有《书画作伪日奇论》和《赏鉴杂说》问世。

《书画作伪日奇论》系陆氏为补其《书画说铃》中所述作伪伎俩之未尽之言，列述书画作伪之技法及鉴别之例。予书画辨伪颇具借鉴作用。

是书有乾隆年间镇江陆氏刊本。

《赏鉴杂说》为近代学者管庭芬所辑。所辑内容为陆氏的《书画说铃》和《书画作伪日奇论》，文字与刊本稍有不同而已。

是书有《花近楼丛书》本。

十三、谢堃和《所见书画录》

谢堃，生于清乾隆四十九年（1784），卒于道光二十四年（1844）。甘泉（今江苏扬州）人，寓居山东曲阜。官曲阜屯田郎。工诗词，善书画，擅书画鉴赏，家藏颇丰。著有《所见书画录》《金玉琐碎》《雨窗随笔》《春草堂集》《春草堂诗话》《春草堂词录》《十二金钱》等。

《所见书画录》又名《书画所见录》，叙录其家藏书画，共三卷。是书所录书画来源有三：一是其祖所遗；二是其妻携藏宋元人墨迹；三是曲阜孔伯澥储公及孔府先世所藏书画。是编按古碑、古帖、法书、墨迹加以分述。前三则记叙所见汉晋唐画；次载画家为记，或一人列一条，或二人及多人列一条，述其画目事迹，始自唐时吴道子，止于清代，凡二百二十人。大致按时代先后编次，其中颇多详记时间地点，这对考证书画存世年代、补画史之不足大有帮助。书前有作者自序，成书于道光十八年（1836）至道光二十年（1840）间。

近人学者余绍宋在《书画书录题解》中对此书颇有批评，认为该书所记凌杂无次，所列朝代不分先后，所列画家不能深考等不足，以为此书迂谬之见颇多，实为狭隘，难以为据。然是书采录甚丰，况其所录之名迹今有传世者，犹可资参考，故仍不失为一部可供参考批评的专著。

是书有《春草堂丛书》本、春草堂三种本、扫叶山房丛钞本、上海扫叶山房刊本、《美术丛书》本。

十四、沈树镛和《书画心赏目录》

沈树镛，生于清道光十二年（1832），卒于同治十二年（1873）。川沙（今属上海市浦东新区）人。字均初、韵初，号郑斋。斋名养花馆、宝董堂、灵寿华绾。任国史馆、方略馆校理、内阁中书。工书画，擅鉴赏，收藏颇富。著有《书画心赏目录》《郑斋金石题跋》《养花馆书画目》《汉石经室金石跋尾》等。

《书画心赏目录》仅一卷，辑录书画名品凡三十一种。其中书法作品十二种，绘画作品十八种，书画合卷一种，均据自家所藏载录。所记不以作者时代为序，而随时所记。凡书画名品之下首注笺本情况，另用简短文字注明品评、真伪、来源、品第、款识、题跋和考证之内容。其中品评仅著神品、逸品两种。是编成于其任内阁中书之时。

是书有《画苑秘笈初编》本、《中国书画全书》本。

沈树镛于书画鉴赏论著另有《养花馆书画目》，一卷。

是编所录书画仅二十余种，不以作者时代为次，乃随见随得而记之。所载画家多为史载名家，诸书画仅记绢本、纸本，略有注语，或记藏家等。是书与《书画心赏目录》互为姐妹篇，从中可见作者鉴赏之水平，亦可资后人鉴别此类名作之参考。

是书有《画苑秘笈初编》本。

十五、陆心源和《穰梨馆过眼录》

陆心源，生于道光十四年（1834），卒于光绪二十年（1894）。归安（今浙江湖州）人。字刚文、刚甫，号存斋，晚号潜园老人、再己翁，斋名守先阁、仪顾堂、潜园、皕宋楼、穰梨馆、千甓亭。咸丰举人，累官福建盐运使、岭南东道兵备使等。工书善文，精鉴赏，收集版本古籍尤多。著有《金石学初录》《三续疑年录》《吴兴金石记》《群书校补》《仪顾堂题跋》《潜园总集》等。

《穰梨馆过眼目》所录以陆氏家藏居多，兼收友朋所藏。全书录书画名迹达四百八十二种，其中书作一百零八种。全书四十卷。卷一收梁一种、唐八种；卷二至卷五为宋三十二种；卷六至卷十一为元五十种；卷十二至卷三十六为明三百四十八种；卷三十七至卷四十为清乾隆以前四十三种；续录收集书画自唐至清二百零七种，其中书作凡四十三种。全书仿《江村销夏录》《吴越所见书画录》体例。全书以时代先后为序，先录原文，次录题跋，仅录与近代有异者，次注印迹、纸绢、尺寸等，书前有作者自序。

是书有光绪十七年吴兴陆氏刊本、《潜园总集》本。

《仪顾堂题跋》系陆心源所撰另一部著录专著，共十六卷。书名因仪顾堂陆心源斋名而取。是书为陆心源过世后，由其子陆纯伯等根据心源生前家藏四部典籍所作之题跋集荟而成。是书以群书题跋为主，以校勘为旨，间有法书名画跋，其中以法书题跋居多，名画题跋较少。然所跋多为书画著录书中记有谬误者而加以考订。如对《式古堂书画汇考》《吴越所见书画录》等书中的题跋都提出了陆氏自己的看法。是书不但对前人题跋之谬说进行纠错，而且对一味相信书画著录论著的偏信提出质疑，故对书画真伪的辨别颇具较高的参考价值。

是书有吴兴陆氏刊本、《潜园总集》本。

十六、吴荣光和《辛丑销夏记》

吴荣光，生于清乾隆三十八年（1773），卒于道光二十三年（1843）。原名燎光，字伯荣，晚年号石云山人。南海佛山镇（今广东佛山）人。历仕翰林院编修、江南道监察御史，刑部员外郎。工诗文，擅书画，精鉴赏，嗜金石，酷藏书。著有《石云山人文集》《绿伽楠馆诗稿》《历代名人年谱》《辛丑销夏记》《金石款识类》《筠清馆金石录》等。

《辛丑销夏记》成书于道光二十一年（1841），共五卷，按时代编次而成，体例仿高士奇《江村销夏录》，又名《帖镜书画录》。

全书卷一首著三种为旧拓《兰亭》，之后俱为书画，另有唐迹四种、五代迹三种、宋迹十四种；卷二有宋迹二十四种、金代一种；卷三、卷四皆为元迹，共五十八种；卷五为明迹，共四十四种。凡一百六十一种皆为作者目见所录。始自旧拓《兰亭序》，迄于明末。前有叶德辉序言及作者自拟之凡例。

是书与高氏《江村销夏录》相比，选择精细，考证确切，偶记题咏，亦非泛论。有的还数次补证，不断追记，连作品绢素之长短广狭也详加确记，从中足见吴氏鉴赏之严密，用心之良苦，以致《书画书录解题》赞其"仿自江村而精审过之"。

是书有南海吴氏刊本、叶氏重刊本、《郋园先生全书》本、《中国书画全书》本。

十七、顾文彬和《过云楼书画记》

顾文彬，生于清嘉庆十六年（1811），卒于光绪十五年（1889）。元和（今江苏

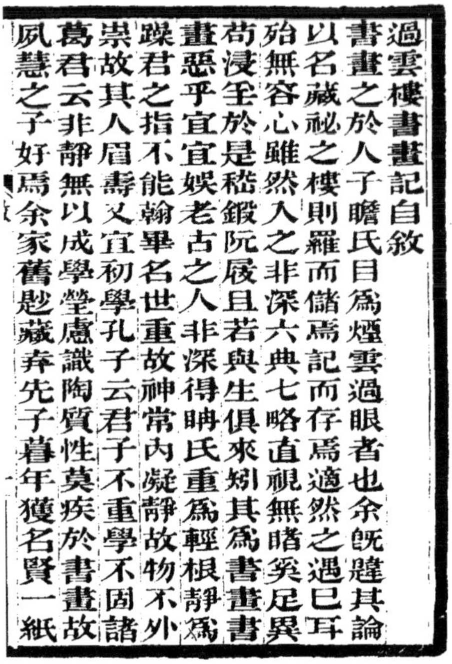
過雲樓書畫記自敘
書畫之於人子瞻氏目爲煙雲過眼者也余既韙其論
以名藏秘之樓則羅而儲焉記而存焉適然之遇巳耳
殆無容心雖然人之非深六典七略直視無睹奚足異
苟浸淫於是嵇鍛阮屐且若與生俱來矧其爲書畫書
畫惡乎宜宜娛老古之人非深得聃氏重爲輕根靜爲
躁君之指不能翰墨名世重故神常內凝靜故物不外
祟故其人眉壽又宜初學孔子云君子不重學不固諸
葛君云非靜無以成學瑩慮識陶質性莫疾於書畫故
夙慧之子好焉余家舊尠藏弆先子暮年獲名賢一紙

图 7-56　《过云楼书画记》　清　顾文彬

苏州）人，字蔚如，号子山、紫珊，晚号艮盦、艮庵、过云楼主。累官浙江宁绍台道。工词善书，尤善小楷。家藏书画碑帖、明人书札甚丰。著有《眉渌楼词》等。

《过云楼书画记》为顾氏家藏所录书画名迹，因文彬书斋为过云楼，故以“过云楼书画记”名之，前有光绪壬午（1882）自序。

是书体例拟仿高士奇《江村销夏录》，书画分编，多按作者年代为次。共十卷，计书四卷，录至明末；画六卷，收止清六大家；书画合璧者，则列入画类。此书收录作品严谨，甄别精当，然单条、扇面等作品皆不录入，又法书不录题识，后人题跋亦多删减。主要录其自题，然他书不见著录或他书有异文者则全然录之，题跋亦仅录与本幅有关系者。恰若作者自云：“余终嫌其骨董家数，且赏鉴之道不尽在兹，何必合上下千百年作集古印格哉。敬告当世论雅道而斤斤于斯，其为正眼法藏也几希。”凡所考辨，具甚精鉴，对后人鉴别书画真赝具有极为重要的参考价值。

是书有顾氏刊本。

另有《过云楼续书画记》，为顾文彬之孙顾麟士撰。顾麟士，生于清同治四年（1865），卒于民国十九年（1930）。元和（今江苏苏州）人。字鹤逸、谔一，号西津、晋叔、西津散人。工书善画，亦擅诗。为文彬之孙。家藏书画古籍之富甲于吴门。幼承家学，不负祖训，为著名山水画家、书画鉴藏家。

是书为顾麟士继其祖文彬《过云楼书画记》续编而成。其中书类二卷，画类四卷，体例仍仿前记。书中所列书画，皆为过云楼所藏之精品，诸多后世莫及，如王羲之、智永、吴道子、范仲淹、苏东坡、米芾、朱熹等举世名家皆有所存。系作者承继其祖三世之收藏又多增益，因之撰成此书。所录书画作品大多为明清绘画名迹，百余卷。可照《过云楼书画记》参阅。是书末尾云：“愚家祖孙父子秉性好古，断简残片中往往遇精妙之品，必抉而出之以为快。其不精者，虽真不取。”可见其祖孙三世鉴别之心力。

是书有顾氏家版木刻本。

十八、李佐贤和《书画鉴影》

李佐贤，生于清嘉庆十二年（1807），卒于光绪二年（1876）。利津（今山东东营）人。字仲敏、贻隽，号竹朋，斋名石泉书屋。累官编修、汀州知府。好书画金石，喜收藏，家藏丰富，工诗文。著有《古泉汇》《武定诗钞》《吾庐笔谈》等。

《书画鉴影》所录名迹，起自东晋，止于清乾隆，并按卷、册、轴三类分列名迹，凡屏幅、横帖则附于轴。分类以时代先后排序。卷类，从晋代起录一百二十四件；册类，以唐代起录七十四条；轴类，从后梁起录二百六十件。三类所收均至清乾隆朝止。所录各名迹中，对题跋过繁或时代近者，间有删减，并时附其自作题跋。书中所录法书均为自藏及所见者。谓取历年所得及当前所富日见，体例仿《江村销夏录》之例而稍有变通，随见随阅，积久成帙。前有作者自序。是书对研究古代书画，尤其是对那些难以见到原件或影印件的，有一定的参考价值。

是书有《石泉书屋全集》本、李氏自刊本、《江氏聚珍版丛书初集》本等。

李佐贤除撰有《书画鉴影》之外，另撰有《石泉书屋类稿》，共八卷。以论述金石、书画和古泉为多。其中卷六至卷七为书画题跋。跋语多为自藏及所见书画。跋文简洁而精微，真赝论述精当。《类稿》后附《尺牍》二卷，多为与挚友讨研金石、书画、古泉之事。是书可与《书画鉴影》参照阅比，足见李氏较高的鉴赏水平。

是书有《石泉书屋全集》本。

十九、孔广陶和《岳雪楼书画录》

孔广陶，生于清道光十二年（1832），卒于光绪二十年（1894）。字鸿昌，号少唐，别号少唐居士，南海佛山镇（今广东佛山）人。纳赀授刑部郎中。工诗文，精校雠，善鉴赏。收藏古籍、书画、碑帖甚丰。著有《岳雪楼书画录》《三十三万卷书堂书画目》《北堂书抄》等。

孔广陶先世经营盐业而致富，富庶的经济收入为孔家的收藏打下了基础。父孔继勋，任翰林院庶吉士，授编修，精鉴赏，收藏书画甚丰。一次，继勋因踏雪攀登南岳，遂将庋藏书画图籍之处命名为岳雪楼。至孔广陶时，在原岳雪楼藏书的基础上大幅增多，号称"三十三万卷书楼"。所藏图籍，皆为精品，时与任崇曜之"粤雅堂"、潘仕成之"海山仙馆"、康有为之"万木草堂",誉称"广东四大藏书楼"。

除藏书外,孔广陶还善刻书。他延聘了曾任学海堂学长、广雅书局的林国赓代为编校,所刻图籍除《岳雪楼鉴真法帖》《复古香斋五种》等之外,还有《北堂书钞》。《北堂书钞》为虞世南在隋任秘书郎时所编之类书,其计一百六十卷,为传世不朽之版本。孔氏刻此籍,集孙星衍、王引之、钱既勤、严可均、王石华诸名家校勘,并由周星诒所藏原本影录而成,堪称版本中的极品。

光绪三十四年(1908)后,清廷改制盐业法,易商办为官办,孔家由此中落,藏书渐次散出,有不少精品被罗振玉贩至日本,有些被广东按察使蒋式芬、提学使沈曾桐、按察使王秉恩等搜罗获采,还有的被各地书贾购去。直至1912年,剩余的精品悉归康有为,成万木草堂藏书。

《岳雪楼书画录》载录书画名迹甚丰。上始唐贞观年间,下止晚明。收录法书名画一百三十八种。其中法书名迹有:唐贞观人书《藏经墨迹册》《唐五代宋元明六法大成册》、北宋苏轼《陶靖节归园田居诗卷》、南宋岳飞《尺牍卷》《宋元翰墨册》,以及元赵孟𫖯、鲜于枢、俞紫芝书,明文徵明、祝允明、王雅宜、许灵长、董其昌等数十家。名画佳作更多,有唐吴道子《送子天王图卷》,五代张戬《人马图》、贯休《罗汉像图》《降龙罗汉像图》、黄荃《蜀江秋静图卷》,北宋王诜《万壑秋云图卷》、李成《江山密雪图》、董源《茅屋清夏图》、巨然《晚岫寒林图》、李公麟《老子授经图》《松竹梨梅合卷》、范宽《寒江钓雪图》、苏轼《墨竹图》、赵令穰《水村芦雁图》《水村烟树图》、翟院深《夏山图》、燕文贵《仿王摩诘江干雪霁图卷》等,另有南宋米友仁、马远、苏汉臣、陈居中、贾师古等,元代赵孟𫖯、倪瓒、黄公望、王蒙、曹知白、方方壶、柯九思、赵仲穆、高克恭、王绂、钱舜举、杜琼等,明戴进、沈周、文徵明、唐寅、仇英、董其昌、陈洪绶、陈道复等。可谓佳作迭出,名迹荟萃。

是书前有陈其锟、黎兆棠序。依据高士奇《江村销夏录》体例而成编。是书可

图 7-57 送子天王图 唐 吴道子(传)

贵之处，诸多名迹除详细记其绢纸、尺寸、款识、印章、题咏或题跋，间有评语诗文，尤其有孔广陶本人的跋语。此类跋语，简洁明快，切中要领，为阅者进一步了解作品的庋藏情况带来了极大的益处。

是书虽署孔广陶撰，然卷首又题孔广镛阅，不知何故。孔广镛，广陶之兄。道光时举人，工诗善文，工书，尤善鉴古帖。据此，是书拟为两兄弟合编而成。

是书有三万卷堂精刊本。

二十、杜瑞联和《古芬阁书画记》

杜瑞联，约生于清嘉庆二十二年（1817），约卒于光绪十年（1884）。山西太谷人，字鹤田，斋名古芬阁。官至贵州巡抚。性好风雅，嗜喜书画收藏。

《古芬阁书画记》共十八卷，载杜氏家藏书画，记其纸绢、尺幅、款识、观款、前人题跋、印章，以及杜氏自家题跋，末有论赞等。卷一至卷八为书法，卷九至卷十八为绘画。按时代先后编次。体例大致仿《吴氏法书赞》。

是书载录甚为奇观，以书为例，所录自汉至唐显赫名迹不计其数，皆为宋代以来诸家未载记者。以画为例，首载五代之曹弗兴，次为荀勖、顾恺之、史道硕、陆探微、张僧繇、展子虔等名家之佳迹。至于五代及宋元以来大凡史载诸大家靡不具备。其载录之多，收藏之丰，富可敌国。然稍作审谛，破绽百出，伪作迭现。如庾亮、索靖、王廙、羲之等观款，王廙祖孙父子竟钤有印章等。至于书中杜氏之文，多见于杨恩寿《眼福编》中。时杨氏在杜瑞联府中为幕僚，疑此书出于杨恩寿之手，故杜氏实不谙书画鉴赏及真伪。

是书与明张泰阶之《宝绘录》相埒，实为中国书画收藏史上两部以著录为名，窃取名利而颇具荒诞欺世之作，传留后世以为笑柄，是以为鉴。

是书有太谷杜氏自刊本。

清代的书画著录，数量繁多，品类众广，优劣不一。然就数量来看已大大超过

了前代。除上述撰述介绍的几部重要的著录专著之外，尚有毛大伦的《增广图绘宝鉴》、谭贞默的《近代名家实录》、周亮工的《读画录》《书影择录》、朱之赤的《朱卧庵藏书画目》、马思赞的《道古楼历代书画录》、佚名的《遂初堂收藏书画目录》、姚际恒的《好古堂书画记》、查慎行的《初白庵藏珍记》、陆撰的《书画涉记》、厉鹗的《南宋院画录》、汪由敦的《汪氏书画记》、刘坚的《删订销夏录》、沈铨的《六琴十砚斋读画记》、金瑗的《十百斋书画录》、丁传的《八闽书画记》、胡尔荣的《破铁网》、陆烜的《宝迹录》、毕沅的《河间书画录》、毕泷的《广堪斋藏画》、吴骞的《清秘录》、李调元的《诸家藏画薄》、蒋元龙的《西斋过眼录》、潘应椿的《法墨珍图记》、潘奕隽的《潘氏三松堂书画记》、关槐的《内廷书画录》、法式善的《书画录》、赵绍祖的《古墨斋书画记》、孙星衍的《平津馆鉴藏书画记》、黄锡蕃的《闽中书画记》、沈彩的《春雨楼书画记》、潘世璜的《须静斋云烟过眼录》，谢希曾的《契兰堂所见书画录》、洪颐煊的《倦舫书画金石目录》、胡敬的《国朝院画录》、陶樑的《红豆树馆书画记》、齐彦槐的《双溪草堂书画录》、叶梦龙的《风满楼书画录》、李宗昉的《闻妙香室书画目》、沈复粲的《鸣野山房书画记》、于祉的《揽古轩书画录》、曾协钧的《壬戌销夏记·附卧雪斋书画存目》、潘正炜的《听帆楼书画记》、钱泰吉的《嘉兴钱氏所藏书画录》、胡积堂的《笔啸轩书画录》、李恩庆的《爱君庐书画记》、吴云的《二百兰亭斋鉴藏书画录》、蒋光煦的《别下斋书画录》、史梦兰的《家藏书画记》、方濬颐的《梦园书画录》、汪鋆《扬州画苑录》、杨岘的《迟鸿轩所见书画录》、陈骧德的《吉云居书画录》、许增的《娱园藏画记》、金凤清的《澹复虚斋画缘录》、陈长吉的《逸庐鉴藏书画录》、葛金烺的《爱日吟庐书画录》和李玉棻的《欧钵罗室书画过目考》等。这类书画著录专著，有些是录撰史载之书画，有些是录辑他人之书画藏品，然更多撰述的是作者自藏之书画。

第五节　款识、印记和装裱

清代书画的款识、印记和装裱与前代相比，无论是形式、数量，还是作用、价值，都发生了较大的变化。这些作为书画鉴定的辅助依据，既是书画创作的有机组成部分，也是书画收藏必须重视的课题。现论述如下。

一、款识

由于文人士夫画家的兴起，书画款识发展演变到了元代，已不局限于落款，诗词文赋也成了题跋的内容，出现了诗、文、画（书）三者结合的现象，并逐渐形成风气。而明代书画款识的形式大致与元代相同。

到了清代，画幅上的题跋大大增多，并且题跋已移至画幅中的上边空白，不再书于画幅后面。清康熙之后，但凡有些文化的书画家，画幅上几乎没有不题跋的。跋文的字数和内容也变得更多更长，甚至还出现了抄录前人的旧句诗文填补空白的情况。这种风气几乎延续到清末民初。

就题跋的形式看，已有不少画者将字号写在姓名上头的，如"南频沈铨""新罗华嵒"。更有的只写一个字的，也有两个字名字，仅题别号，例如朱耷，中年落款为出家时的僧名"传綮"，稍晚些书"驴屋驴"等别号，到且六十岁后落"八大山人"为多。有些还题"八大山人甲子阳日画"，字号连同年号一起并题。

上款中称"仁兄大人雅嘱""仁兄大人雅正"这类款识的，大约从道光年间开始。也有的将字号、籍贯和姓名并题的，例如清四王中的王翚常落"海誉王翚""虞山王翚""乌目山中人王翚"等款。又如王武常落"吴趋王武""雪颠老人武"等，将斋名写进落款中，这在清代之前是绝无可能的。

标题和签题在清代之前，大都不具书者姓名，大约清中期后才逐渐有了具款。标题有多种形式，部位也有所不同。

总之，清代的书画款识，尤其是清中晚期，内容较为繁多，形式较为多样。相比而言，宫廷画家，尤其是"清四王"这类所谓的正宗画家题款、落款较为正规，字迹较为清晰，行距较为工整。而像扬州画派一类的画家，题款的形式显得较为凌乱，行文也较为繁杂，这与个人修养和文化内涵密切相关，在此无须赘述。

二、印记

清代的印章和前代大致相同，一般有两类：一是书画家本人的印章；另一是收藏印记。

明代以来，随着篆刻艺术的发展，改变了以往仅用铜、牙、玉等坚硬的材质，大量使用浙江的青田、福建的寿山等石材治印。尤其是到了清代乾隆年间，出现了以丁敬为首的"浙派"和以邓石如为代表的"皖派",可谓流派纷呈,名家辈出,篆刻艺术得到了长足的发展。印材、印艺更为讲究,水印已然绝迹,多为油印。印泥大都以大红为主,兼有深红或略带紫色、黄色。故而所钤印记显得印纹清晰,油光锃亮,朱色醒目。另外,书画家所用印章普遍增多,少则几十方,多则上百方。不少书画家也加入了篆刻的行列。如此,闲章大量增多,所钤印记,除了书画本人的姓名章、斋名章之外,还有字号章。到了清中晚期,印章的形状也呈多种样式,钤印的部位已不太讲究,并有引首章和压角章之分。

随着民间收藏风气的兴盛,收藏印普遍增多。除了一些书画家之外,收藏家的用印更为繁复。不但材质精良,内容丰富,而且钤盖的部位也十分讲究。一般钤在书画左右下角空白处,以不破坏画面为主。

清代的收藏家与明代相比,所用藏印更为讲究。譬如梁清标、孙承泽、曹溶、宋荦、高士奇、安岐等几位重要的收藏家,都有自己专用的收藏印。此类印记中,有的是直接用姓名的,有的是用斋名字号的,更有的是专为收藏特制的藏印。

作为大藏家的梁清标,所用的收藏印较之其他藏家来说要多一些。有以姓名章作藏印的,如"清标"(朱文方印)、"梁清标印"(白文方印);也有用斋名或字号的,如"堂村"(朱文方印)、"蕉林"(朱文扁方印)、"秋碧"(朱文葫芦形)、"苍岩"(朱文方印);还有是专为收藏特制的,如"堂林审定"(白文方印)、"蕉林秘玩"(朱文方印)、"河北梁清标鉴定印"(朱文方印)等。

孙承泽藏印不多,既有直接用姓名的,也有用字号的,还有用斋名的,更有的是为收藏而特制的收藏印,如"长宜子孙"(白文方印)、"北海孙氏珍藏书画印"(朱文方印)等。

曹溶的藏印更为简单,一般有用姓名的,或姓或名。为收藏而特制的收藏印不多,如"曹溶鉴定书画印"(朱文方印)。

宋荦的收藏印,专为收藏特制的较多,既有用名字作为藏印的,"宋荦审定"(朱文长方印);也有用斋名作为藏印的,"漫堂珍藏"(白文长方印);更有以籍贯和姓名特制的藏印,如"商丘宋氏收藏图画"(朱文长方印)、"商丘宋荦审定真迹"(朱文长方印)等。

高士奇的私人藏印较之其他藏家明显要多得多。他一般以姓名,或姓或名,直接钤在书画藏品上,如"高士奇"(朱文方印)、"高士奇印"(白文方印)、"士"(朱文方印)、"奇"(朱文方印);也有用斋名的,如"竹窗"(朱文长方印)、"北野"

图 7-58　竹溪图　清　诸昇　　　　图 7-59　赏梅图　清　黄慎

（朱文长方印）、"漱芳阁"（白文长方印）等；更有专为收藏而特制的，如"江邨秘藏"（朱文方印）、"高氏清吟堂鉴藏书画"（朱文方印）、"高氏江邨草堂珍藏书画之印"（白文长方印）等。

安岐专治的收藏印有："翰墨林鉴定章"（朱文长方印）、"朝鲜安岐珍藏"（朱文方印）、"安氏仪周书画之章"（白文长方印）、"安仪周家珍藏"（朱文方印）、"朝鲜安麓邨珍藏书画印"（朱文长方印）等。这些藏印，有些显示的是其藏画的斋名，有的显示了其字画本身的价值，就连他是朝鲜人的身份在藏印中也显露无遗，从中不难看出安岐予书画收藏之一番苦心和心血。

说到清代的印记，不得不提及乾隆。先不说他那杂乱无章、喧宾夺主的题跋。现单说他的印记。

宫廷内府所用之印，一般称为"御玺"，既为"御"字，按理说是一件十分严肃的事。可是由于乾隆本人好大喜功，专横跋扈，一言九鼎，又以鉴赏家自许，致使那些经他敕命已择优录集的《秘殿珠林》《石渠宝笈》《石渠宝笈·秘殿珠林》三部著录中的不少名作佳迹，有些早已被《宣和画谱》《宣和书谱》等著录专著载记过的，却都被他加钤了不少不必要的印记。

乾隆所用的藏印因受宋徽宗及七玺的影响，将已入集《石渠宝笈》和《秘殿珠林》正编的书画，用一定的格式钤印。一般是在书画本幅右上钤"三希堂精鉴印"（朱文长方印）、"宜子孙"（白文方印）；中上钤"乾隆御览之宝"（朱文椭圆印）；左上钤"乾隆鉴赏"（白文圆印）、"石渠宝笈"（朱文长方印）或"秘殿珠林"（白文方印），这些号称"五玺"。另在入选重编的珍迹精品上再加钤"秘殿新编"（朱文圆印）、"珠林重定"（白文方印），有时也会钤"石渠定鉴"（朱文圆印）、"定笈重编"（白文方印），故有称"七玺""八玺"之说。这些用印倒还算工整，有一定的规律。除上之外，乾隆还根据书画所藏之地，分别加钤"乾清宫鉴藏宝"（朱文长方印）、"养心殿鉴宝"（朱文长方印）、"宁寿宫续入石渠宝笈"（朱文方印）、"御

图 7-60 人骑图 元 赵孟頫

书房鉴藏宝"（朱文椭圆印）、"乐寿堂鉴藏宝"（朱文长方印）、"学诗堂"（朱文方印）等，这些就显得杂乱而多余。

最为可怕的是，乾隆在具体钤印时，有时会突破常规，增减无度，甚至随心所欲，变化颇多。每一画中有时会一印多用，还会无端地增添许多印记，如"古希天子"（朱文方印）、"乾隆宸翰"（朱文方印）、"鉴古"（朱文椭圆印），还有"乾"（朱文圆印）、"隆"（朱文方印）、"宝禅堂"（朱文长方印）、"唯精唯一"（朱文方印）等，另外还有"八微耄念之宝"（朱文方印）、"五福五代堂宝"（朱文方印）、"五福五代堂古稀天子宝"（朱文方印）等，以显其皇上的无限威权。

尤为恶劣的是那方"乾隆御览之宝"（朱文方印）玺印。这一方方正正的粗宽边的朱文大印，每每会出现在本不该出现的地方：正上方。最具代表的便是倪瓒的《容膝斋图》。这方印被钤在了画幅的正中上方，大有泰山压顶之感，观后令人透不过气来。还有"太上皇帝之宝"（朱文方印）、"春耦斋"（朱文方印）、"乾隆清宫宝"（朱文方印）等印，这些印记，不但大大地破坏了画面的整体美感，而且让观者情不自禁地产生窒息厌恶之感。其他如夏圭的《溪山清远图》、李成的《茂林远岫图》、米友仁的《潇湘图》、梁师闵的《芦汀密雪图》等长卷，黄居寀的《山鹧棘雀图》、巨然的《层岩丛树图》等古轴都被莫名其妙地钤上了这类大印。崔白的《寒雀图卷》，画面的空白处几乎钤满了乾隆大小不同的印记，着实令人生厌。

到了嘉庆和宣统两位皇帝，两位虽较少在画幅上题记，然乱钤印玺的情况承袭了乾隆。他俩也制作了不少的玺印，并喜将自己的印章紧挨着乾隆的边上，画面出现了或两方大印或多方大印紧排在一起的现象，大大破坏了画面的整体美感。

三、装裱

清代的书画装裱总的来看，仍旧沿袭了前代的装裱形式而稍加变化。

立轴的装裱大多仿"宣和裱"，另有"两色裱"和"三色裱"，甚至增加了以单色绢或整绫挖空式的装裱形式。一般来说，"两色裱"的惊燕颜色圈档相同，"三色裱"的惊燕与副隔水相同。副隔水及边圈大都用浅色绫及绢。包首已改变了前代用绵的做法而使用丝绢，颜色以浅色调为主。而大幅的立轴又多加宽边，以显其画幅的大气。轴头的材质更为讲究，除了有用红木、紫檀、黄杨之外，另有牙轴、牛角轴，甚至还有专门烧制的瓷轴。此外还盛行用绫装裱粉笺对联，用彩锦装裱"寿屏"或"喜轴"。

手卷的装裱形式大致沿袭仿宣和装形式。清早中期，手卷绢转边较宽，尾纸较短，卷型较细。至清晚期，手卷转边则变得较窄，尾纸加长，卷形变得较宽。手卷包首一般用锦，无头，隔水则用绫。

册页的装裱分为经折装、蝴蝶装和推篷装三式。经折装较前代无甚大的变化。蝴蝶装则出现了绫、绢五镶式，即用五条绢（绫）条贴在画芯四周，上下左右各一条，中间一条。推篷装和蝴蝶装一般以挖镶式为主，既有单页也有整册的。面板的材质多以楠木板、纸合板和红木板为主。

清代宫廷的装裱较之民间更为讲究，尤其是乾隆朝。立轴的天头绫多为淡青色，副隔水以牙色绫较为常见。而接近画心的部分又多以米色的绫或绢，一般还配有两条绶带。图案多为飞鹤，花纹清晰且丝织密度较紧。立轴天杆也是定制的。绦子用黄色丝编织，扎带用黄色的板绫，轴头用红木、紫檀定制，以显皇家气派。

清代书画藏家中，装裱最讲究的要数梁清标。梁氏专门聘请一位装裱高手张黄美，为其藏品分类装裱。赵松雪写生《水草鸳鸯图》纸画一小幅，据吴其贞在其《书画记·卷五》中载："此图观于扬州张黄美裱室。黄美善于裱褙，幼为通判王公装潢书画，目力日隆。近日，游艺都门得遇大司农梁公见爱，便为佳士。时戊申季冬六日。"[①]

从中可知，张黄美原来是替王延宾购买书画的。梁清标于戊申（1668）在北京遇到了张黄美，特聘张氏为其专职裱画。

梁氏装裱的书画，立轴多用碧色鹤斜纹，十分讲究，书画用绫多为碧色云鹤斜纹绫，圈用米黄色细密绢，有些用副隔水，有些不用。包首一般多用淡黄色绢，轴头用红木或紫檀特制，用料十分讲究。手卷的装裱也十分讲究，一般仿宣和装式。

隔水和天头都用云鹤斜纹绫，精选精良的旧锦做包首，又用白玉做轴心和别子，甚是讲究。但凡经过梁清标重新装裱的书画，梁氏一般都有自己亲笔题笺。

---

① 卢辅圣：《中国书画全书》第八册，上海书画出版社，1994年版，第103页。

第六节　书画市场和书画作伪

清代的书画市场和书画作伪较之前代有了较大的发展。不但市场繁华，赝品泛滥，而且作伪手段多样，还出现了地区性特点。书画作伪往往与书画市场交织在一起，市场越发达，作伪越猖狂；作伪越猖狂，市场就越发展。尤其是参与人数和赝品数量几乎达到历史的高峰。这一方面是封建专制体制使然；另一方面也是人性的所致。自然这也和经济的发展紧密相关。

一、书画市场

清代的书画市场呈现出区域性的不同特点，既有以北京为中心的市场，又有以扬州为中心的市场，还有以上海、广州等地为中心的市场，并呈现出各自不同的特点。

北京地区的书画市场

北京地区书画市场的发展与皇家重视书画的程度密切相关。明末清初，北京的书画市场并不发达。到了康熙、雍正和乾隆三位帝王时，由于他们深受中国传统文化的影响，本人又较喜欢中国书法和绘画，故而大肆搜刮购藏书画名迹进宫。"上有所好，下必甚焉"，于是官僚阶层、文人士夫，包括民间古玩商人纷纷仿效，书画市场的发展和交易也就逐步兴旺了起来。

清代建国之后，自顺治帝始，曾任用了一批学养精深、精于书画鉴赏的文人士夫为其效力，其中最具代表性的便是被称作"贰臣"的孙承泽、曹溶和梁清标等人。他们不但帮助内廷推荐购藏书画作品，自己也积极从事书画鉴藏活动。

孙承泽的书画藏品，少量得之于内府，大量来之于书画市场或民间藏家。孙氏曾在《庚子销夏记》卷一"荆浩山水"一条中说："甲申（1644）之变，名画满市。"① 他在《砚山斋珍赏历代名贤图绘集览》小引中说："甲申（1644）后，铜驼既在荆棘，玉碗亦出人间。二三同好，日收败楮断墨，以寄牢骚。予有墨缘居，在室之东，或有自携所藏，间相过从，千秋名迹，幸多寓吾同焉，追忆记之。"甲申年，也即1644年，正是明清两朝更换之际，明代内府大量书画散出民间，这便为孙承泽购藏书画创造了机会。同时也证明，清初书画市场已趋日盛。况且，书画商人

---

① 卢辅圣：《中国书画全书》第七册，上海书画出版社，1994年版，第765页。

也慕名常持珍品售予孙氏。如苏子瞻名迹《苦雨诗》，即"贾人仍持来售，亦奇缘也"①。

作为"贰臣"的另一官僚藏家曹溶，长期在北京供职，借此与京城收藏圈诸多藏家建立了良好关系。他不但与大藏家孙承泽交往密切，而且常常出没市肆。

梁清标，作为清代大藏家的代表，也有"贰臣"之称。梁氏与孙承泽、曹溶等多有交往且关系密切。他们同在北京任职，然因由明臣而入清为仕，免不了为其他同僚所轻蔑。于是书画收藏便成了他们精神寄托的又一家园，借此排遣心中的郁闷。梁清标除了自己购藏书画名迹外，还专门聘请了书画商人张则之为其收购书画作品，另又雇用了一裱画师张黄美，利用裱画之机为其购藏书画。

清初北京书画古董最大的集散地在正阳门外的大栅栏。大栅栏是北京著名的商业区，这里金碧辉煌，画楼林立。康熙年间，东华门、灯市口一带常举行的灯市，逐步移至正阳门外西南隅的一厂甸，即琉璃厂，这里更是"图书充栋，宝玩填街"。雍正年间，琉璃厂举办的庙会，已有不少销售字画、书籍、玉石、珠宝等的街市、摊贩，形成了以书画古玩交易为主的市场。到了乾隆年间，琉璃厂更是店铺云立，百华毕集，尤其是每逢春节至十五，更是热闹非凡。琉璃厂成为专门销售图籍、书画、珠宝、古董，以及文房四宝的文化街市。而处于北京内城的隆福寺和护国寺两座寺庙，以及后来的东四和西单，也已成为书画古玩的集散地。

乾隆朝时，大臣们编纂《四库全书》，编撰者就常到琉璃厂阅读查找书籍，多地书贾也纷纷在这里设摊出售大量藏书，故而琉璃厂除了书籍，书画、古玩也随之兴旺发达起来。孙承泽在琉璃厂边就有一处住房，这里便成了他购置书画，以及与友朋交流品画的最佳场所。高士奇也常去琉璃厂观赏购买书画古玩，这点在他的《江村销夏录》中都有记载。为此他还曾作诗一首以赞：

> 开元东塔迹已毁，山居图识宣和字。
> 今藏御府人难窥，我居京师颇留意。
> 日寻断帧收残碑，琉璃厂西得兹卷。
> 败箧零乱萦蛛丝，长江峻岭互合沓。②

---

① 卢辅圣：《中国书画全书》第七册，上海书画出版社，1994年版，第755页。
② 卢辅圣：《中国书画全书》第七册，上海书画出版社，1994年版，第1025页。

事物的发展往往是多方面的。清代初期至清中期，尤其是到了乾隆朝时，整个社会的书画名品珍迹，绝大部分都已被归入了清内府，故而相比之下，书画市场则显得较为平常。而到了道光帝时，由于国力日渐衰弱，清内府的书画古物大量流出，遂使北京的书画市场再次兴旺。当时北京的琉璃厂，包括隆福寺、护国寺，以及阜城门内、东华门内等都成了书画古玩交易的热闹市肆。尤其是琉璃厂，门店林立，图书充栋，书画满市，宝玩填街，蜚声海内。到了同治、光绪年间，书画等艺术品交易门类更为丰富，各地的古玩器物不断流入京口各大市肆，全国各地的书画商、古董商纷纷往来纵返，琉璃厂几乎成了北京乃至全国的书画古玩交易中心。

扬州地区的书画市场

扬州地处京杭大运河、长江交汇之地，水陆穿行，交通发达，加上当时全国的盐业机构两淮盐运史、两淮盐运御史的衙门也设在扬州，扬州得交通之便，成为全国规模最大的盐业运输集散地和交易中心。经济的发展势必带动市场的繁荣，借此扬州发展成为全国的经济商贸中心城市，这里市场繁华，商铺林立，交易兴旺，吸引了全国各地，尤其是徽州，以及陕西、山西等地的商贾纷纷涌入扬州。徽商素有收藏古玩字画的传统，加上陕晋两地的商人们的附庸风雅，在盐商们的带动下，扬州对书画古玩的需求大幅增加，吸引了大批画家寓居扬州卖画为生，从而形成了以"扬州八怪"为首的书画群体。当时的扬州书画家有一百五十余人，这类画家，多半文化修养不高，但极善包装吹捧自己，从而又带动了这个市场。加上乾嘉时期，传承有序的书画名作佳迹几乎大半皆已归入内府，民间藏品已不多见，购买当代的书画作品尤其是"扬州八怪"的作品渐成风气，市场的需求和画家的运作更是促进了书画市场的繁荣发展，从而形成了扬州特有的地区特色。

书画润格的出现虽在此前有之，如明朝遗老载易，为筹款葬友，曾"榜于门，书一幅受银一钱，人乐购之"。然公开张布润格则源自扬州八怪。以扬州八怪为首的扬州地区的画家群体多半是官场失势、穷困潦倒、以画为生的职业画家。在绘画中讨生活是他们生存的目的。为自己创作的书画作品制定润格也在情理之中。

乾隆二十四年（1759）的一天，"八怪"之一的郑板桥在扬州西方寺前立了一块碑，上面公布了自己字画的收费标准：

大幅六两，中幅四两，小幅二两。书条、对联一两，扇子、斗方五钱。凡送礼物、食物，总不如白银为妙。公之所送，未必弟之所好也。送现银则心中喜乐，书

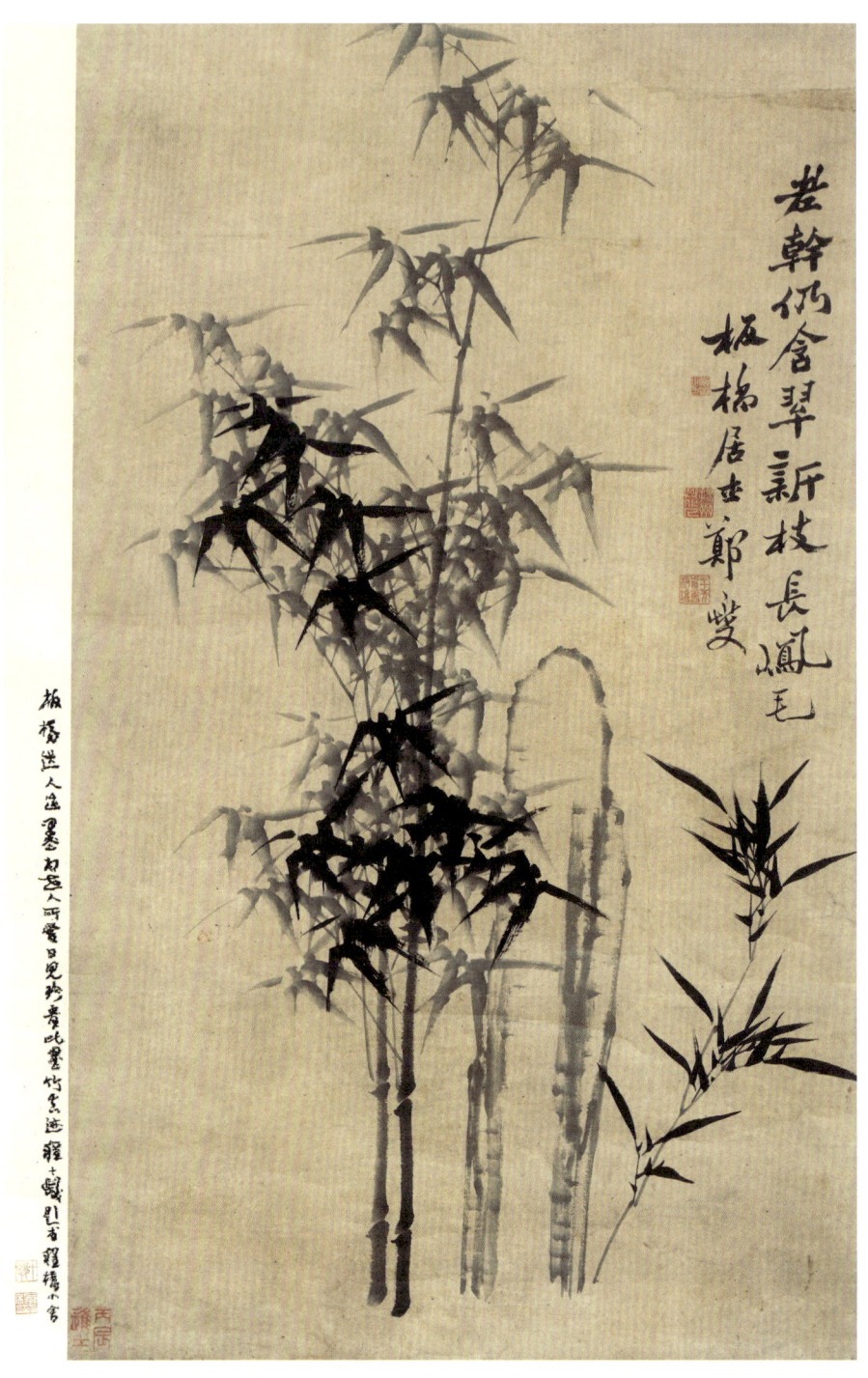

图 7-61 竹石图 清 郑板桥

画皆佳。……画竹多于买竹钱，纸高六尺价三千。任渠话旧论交接，只当秋风过耳边。

乾隆己卯，拙公和尚属书谢客。板桥郑燮书。[1]

郑板桥的这一润格一公布，尽管引起了多种不同的争议，然书画界步其后尘者甚众，从而进一步带动了扬州地区书画市场的兴旺发达。

"八怪"中的李鱓、罗聘、高凤翰润笔的价格更高，当时扬州"索画者必曰复堂（李鱓）"。罗聘曾为重宁寺画了一幅壁画，获数百金多。求高凤翰画者更多，对此，郑板桥记载道："王苕林润、金寿门农、李复堂鱓、黄松石树谷、后名山、郑板桥燮、高西唐翔、高凤翰西园，皆以笔租墨税，岁获千金，少亦数百，以此知吾扬之重士也。"[2]

杭籍画家金农，为了卖画求生计，常往返于杭州和扬州之间。华新罗为卖画以谋衣食，多次客居扬州。

扬州的书画市场，书画家们不但订例润格，而且交易方式更为多样。既有将书画寄到书画店铺、笺扇店等挂牌公开出售，也有特邀书画家至店铺直接作画出售，更有店商邀请名家驻店，专为其题写匾联或店名等。

蓝云阁为当时扬州书画店铺中的代表。它以专营笔墨纸砚和书画古玩而闻名。店里不但张挂出售书画作品，而且还接受书画购

图7-62 人物赏石 清 高凤翰

---

[1] 郑板桥：《郑板桥集》，上海古籍出版社，1979年版，第184页。
[2] 郑板桥：《郑板桥集》，上海古籍出版社，1979年版，第140页。

藏者的订单，并帮助书画家制定润格，兼及裱画业务等，蓝云阁实已成为当时扬州地区书画家和收藏家之间的桥梁。

书画经纪人在当时的扬州也十分普遍，他们承接订单，与书画家商订润格，转交作品或代收润金，为书画家进入市场铺平了道路。当时有一位叫张四教的中介人，常游走于画家和藏家之间。华嵒与之交往密切，还多次书信往来，恳切之心令人扼腕："弟晚年作此巨幅，运腕甚是艰苦。至于润笔，绝不教较论。望于令友处转致增惠一二，则老人叩良友之爱多矣。"从中可见华嵒年迈不能常往扬州，委托张氏为其接受订单、商定润格、代收润笔费等，可见扬州市场对书画家的重要性。

购买书画的除盐商和官吏之外，还有普通的市民阶层。盐商们除了满足自己雅兴和爱好之外，更多的是为了增值、保值，以致倒卖书画获取利润。盐商们为了获取更多更好的书画作品，他们会经常举办雅集和酒会，有不少还当场作画销售。

当时有叫马曰琯和马曰璐的兄弟，他们一边经营盐业，一边与文人、书画家、官吏交往甚密。祖上历代喜爱收藏，建有藏书楼十间，藏书达十万卷之多，其中"小玲珑山馆"成为当时扬州文化活动的重要场所。兄弟俩与金农、郑板桥等书画家交好，常邀请他们到馆研讨书画艺术，让书画家们临摹家藏法书名画。兄弟俩不但购藏字画，还经常资助书画家们。

除了盐商之外，当时的官吏也纷纷争相效仿，尤其是在"清乾隆中叶，士大夫竞尚声气。考据辞章而外，则金石碑版、法书名画，争以财力相罗致"，就连他们的门生也"搜奇采异，以冀一日之意识"。相比之下，普通的市民阶层购买书画，更多的则是附庸风雅，装点门面，以家庭装饰为主要目的而已。

上海地区的书画市场

上海是继扬州之后迅速崛起的又一个重要的书画艺术品市场。上海自道光二十三年（1843）开埠之后，交通方便，经济发展，人口增多，特殊的商贸环境和优越的地理位置，成为全国的经济商业重镇。随着经济商贸的发展，书画古玩市场势必也会随之兴旺发达起来。这正如张鸣珂在《寒松阁说艺琐录》中载："自海禁一开，贸易之盛，无过于上海一隅。而以砚田为生者，亦皆于于而来，侨居卖画。"同治至光绪年间，赴上海的画家已六百余人。

这类画家群中，大多来自上海周边的江苏和浙江，并逐渐形成了以"海派"为首的书画家群体。其中"书家如吴鞠潭、汤埙伯，画家如张子祥、胡公寿、任伯年、杨伯润、朱梦庐诸君，润笔皆有仿帖。以视雍、乾时之津门、袁浦、建业、维扬，局面呈微有不同，风气所趋，莫能相挽，要不失风雅本色也"。如此看来，此时上海的书画市场已迅速发展，书画家们也已仿效扬州本地的做法，自订润格，公开售画。

上海书画市场最为集中之地是在老城厢一带。而"福州路西头三山会馆墙上，每到夜间，常有喜书画者挂满了堂幅对轴，有书有画，其中以笺扇庄为最"。这里所提及的笺扇庄其实就是书画店或画廊。笺扇庄既销售各种书画作品，同时销售苏杭礼扇、诗笺信纸、文房四宝，兼及书画装裱。同时也扮演着中介经纪人的角色，是书画家和买画者之间的桥梁。尤其是外地来上海的书画家，往往借助笺扇庄为其打开上海的书画市场，以此卖画谋生。有些笺扇庄借助商业运作的模式，不但直接雇佣画家绘制多种书画作品悬张出售，制定润格，而且还为画家提供食宿，寻找买主，进行推广。

嘉兴籍的画家蒲华，乍到上海，就借宿于戏鸿堂的笺扇庄。从山阴（今杭州萧山）赶往上海的任伯年，由胡公寿介绍给当时颇有名声的一古香室的笺扇庄讨生计。据葛元煦在其《沪游杂志》记载，至宣统元

图 7-63　五瑞图　清　任伯年

年（1909），上海的笺扇庄已达一百零九家。除上述提及的古香室、戏鸿堂之外，尚有锦润堂、大吉楼、九华堂、朵云轩、怡香堂、文华堂等。这些笺扇庄着实为上海书画艺术品市场的发展做出了一定的贡献。

上海书画市场的繁荣发展，吸引了不少书画家，就连李瑞清、马友如、赵之谦、吴昌硕等不少知名的书画家，也因迫于生活压力，纷纷赴上海以卖画鬻字作为谋生的重要手段。

值得一提的是，随着书画市场的不断发展，上海出现了一种以书画家、收藏家和赞助人之间互相合作的行业社团，时称"书画会"。他们定期举办书画艺术活动，宣传推广书画家的艺术成就，收藏家甄别选择艺术家，从中收藏自己喜爱的艺术珍品。盛宣怀在宣统二年（1910）创办的海上题襟馆金石书画会，是当时最大的书画家社团之一。

二、书画作伪

清代的书画作伪，较之前代更为疯狂无度。不但作伪花样繁多，参与人数众多，而且呈现出区域性造假作伪的特点。

整个清代，作伪地区更为广泛，除了苏州地区依旧沿袭"苏州片"（苏州造）式的造假之外，先后又出现了开封地区的"河南造"，扬州地区的"扬州造"，湖南地区的"长沙造"，广东地区的"广东造"和北京地区的"后门造"，以及还有"绍兴片"和"宁波片"等，且各自呈现出其不同的特点。

"苏州造"到了清代，已不局限于单个、局部或部门的造假，更是发展成流水线式的造假作坊，若仿山水，即让某些人单画树木，某些人仅绘山水，再让某人单作点景人物，如此更为省力而逼真。

"河南造"是指河南开封地区有一批人专门伪造唐、宋、元时期名家书画，故也称"开封货"。像颜真卿、苏轼、黄庭坚、米芾、赵构、赵孟頫、鲜于枢等均在被造伪之列。除此之外，还凭空伪造历史上一些不以书法名世的名臣武将之作，如岳飞、文天祥、包拯、朱熹等人的作品。其特点以手卷为多，或用河南特产的棉纸、蜡光纸造假。

"湖南造"是在康熙至道光年间，在湖南长沙地区出现的一批伪造书画。名头多见于明末清初的节烈名人，少量的是著名的书画家。作假多用低劣的纸、绫、绢。

"广东造"是指清末期间，广东有一批专门作假画的古董商所作的伪品，其主要特点为多以重彩人物为主，多半伪造宋以前画史上的大名家，如吴道子、张萱、周昉等，也兼仿造山水，以石涛为多，材料多为绢本，色彩、画面较为灰暗，显其古气。

"后门造"是指清末在北京地安门一带出现的一批专作"臣字款"的伪品。清代宫廷画家或大臣常在自己创作的作品后面署"臣某某恭绘""臣某某敬书"等字样，世人称这些作品为"臣字款"。伪造的这类作品，有的还附有伪造乾隆及各大臣的题跋或仿清宫多种收藏印等，装裱多仿清宫形式，材料多用锦缎，外观显得富丽堂皇，钤印位置也不合常规。

"扬州造"出现在康熙及乾隆年间，当时由于书画市场十分发达，江苏扬州地区有人专门以仿石涛及"扬州八怪"的假画，史称"扬州刀"。这类假画，字的撇和捺类似皮匠刀的形式，又称这类伪作为"皮匠刀"。"扬州片"何以专造"扬州八怪"的作品，这与"扬州八怪"中的画家们相关。"八怪"中的不少画家率性放达，加上画风奔放，字体异样，为了卖画方便快捷，所作

图7-64 高士读书图 明 陈洪绶

书画笔墨粗糙，创作草率，有些将原工笔画法改作小写意甚至大写意，这便成为"扬州造"作伪的首选对象。"扬州造"的假画数量繁多，形制又以立轴为主，且又用高丽纸和罗纹纸染旧作假，更多的是为满足普通市民装饰厅堂的需要，其中又以

图 7-65 人物 明 陈洪绶（伪作）

郑燮、黄慎、高凤翰和金农等人为多。

另外，清中期在浙江绍兴、宁波地区又出现了以仿造本地区名家为主的赝作。作伪者往往采用宁绍地区所产的粗绢染成旧褐色作假，又以仿陈洪绶的人物、徐渭的花卉，甚至浙派的戴进、武林画派的蓝瑛等。史称"绍兴片"或"宁波片"。

整个清代其实已经出现了全国性的造假风潮，从中足显制度的腐败、法制的缺失、人性的弱点所造成的不可弥补的恶果。

清代除了区域性作伪之外，作伪的方式也多种多样。

作伪者常常采用明代沿袭下来的作伪方式，如采用改款、添款、减款、拆配、割裂等多种手段。一般来说，将无款画改成有款画，小名头改成大名家，时代晚的改成时代早的，以此获得更多更大的利益。

书画作伪有完全作伪和部分作伪之别。完全作伪中又以"仿"作居多。从整个清代来看，绘画仿作的多为清初六家、石涛、郑燮、金农、高其佩、蒋廷锡等；书法作伪的多为傅山、王铎、刘墉、王文治、何绍基等。这类书画家都有大量的伪作传世。例如，郑燮的作伪者为谭子猷，王翚的作伪者为王荦，恽南田的作伪者为范廷镇。甚至连有些著名画家自己也仿某些名家作品，如清四王中的王翚，早年曾仿黄公望、王蒙、倪瓒等元四家的作品以获利。

作为书画另一形式的代笔，在清代也登上了历史的顶峰，不少知名的书画家都有其特定的代笔人。"清四王"王时敏、王鉴、王翚和王原祁，宫廷知名画家蒋廷锡、董邦达、钱维城等人都有专门的代笔者。

作为"清四王"之首的王时敏其子王撰、学生杨晋都为其代过笔。王翚的"代笔"更为奇葩。由于王翚临摹功夫十分了得，且功夫浑厚，他在未成名前就临仿过不少名家作品以充原作。加上那个时代不少人以为"曩代真迹，今不能致之，得窥石谷摹本，可无生晚之感"，致使王翚春风得意，临仿不止。就黄公望的《富春山居图》，他就先后为唐宇昭、笪重光、王时敏、王鸿绪等人临仿过，这些人都当"真迹"珍赏。以至于他的恩师王时敏在晚年曾写信予王翚："求华原（范宽）、欧波（赵孟頫）、一峰（黄公望）、梅道人（王蒙）各一帧，以为矜式并贻子孙。"这类"以为矜式并贻子孙"的书画，若一直流传至今，有几人能分辨得出真赝是非？又如宫廷大画家蒋廷锡的代笔问题，历来为鉴定收藏家所重视。秦祖永以为："大多艳丽工致者，多系门徒代作。"冯金伯则辨认："流传世间者真迹绝少，马扶羲父子代作者即可乱真也。"张庚认为："有设色极工者，皆其客潘林代作也。"[1]

扬州画派中，金农的代笔者多为其弟子项均，那些梅花、竹石、葡萄，以及没骨花卉等多出于他之手。另为金农代笔最多的要数他晚年的得意门生罗聘。人物、佛像、山水、花卉，但凡艺术水平较高的金农作品都为罗聘所作。李复堂的弟子赵海、陈馥伪造他的花鸟，焦春伪造罗聘的人物，虞步青伪造石涛的粗笔山水等。

吴修在其《青霞馆论画绝句》中曾记载了乾隆年间一张姓裱工利用古画作伪的情况：

高房山《春云晓霭图》立轴，《销夏录》所载。乾隆间苏州工月轩以四百金得于平湖高氏。有裱工张姓者，以白金五两买侧理纸半张，裁而为二，以十金嘱陈子屏临成二幅，又以十金嘱郑雪桥摹其款印，用清水浸透，实贴于漆几上，俟其干，再浸，再贴，日二三十次，凡三月而止。复以白芨煎水蒙于画上，滋其光润，墨痕已入肌里。先装一幅，用原画绫边上有"烟客江村"图记，复取"江村"题签嵌于内。毕涧飞适卧病不出房，一见叹赏，以八百金购之。及病起谛视，虽知之已无及矣。又装第二幅，携至江西，陈中丞以五百金购之。今其真本仍在吴门，乃无过而问之者。

清代除了书画作伪之外，古拓刻帖作伪也十分猖獗。刻帖本是为了传播历代优

---

[1] 卢辅圣：《中国书画全书》第十册，上海书画出版社，1996年版，第442页。

图 7-66　春云晓霭图　元　高克恭

秀的名迹法书艺术，使之成为临习研学的范本，不想竟为作伪谋利者利用。明代伪造刻帖者不多，不想到了清代伪造刻帖渐成风气。

当时刻帖技术已经非常成熟，作伪者往往取明传最佳本重刻之，而稍更其波画，再用极薄旧纸蝉翼拓之，外装以法锦，钤仿著名收藏家印，例如选纸、书风、捶拓、印章、装裱等，但凡刻帖之复多工序，每一环节都十分考究，让藏家几不能辨。

清代学者钱永在《履园丛话·丛话九》中，不但将刻帖作伪描绘得非常详细，而且也充分展现出清代伪造刻帖的真实面貌：

吴中既有伪书画，又造伪法帖，谓之充头货。旧有《含翠亭》伪帖，以宣城梅鼎祚《真娘墓诗》为米南宫诗，后有"元丰壬辰米芾书"字样。考元丰纪元始戊午，终乙丑，而无壬辰，其为伪迹可知矣。更有奇者，买得翻板《绛帖》一部，将每卷头尾两帖重刻年月，以新纸潜匿拓之，亦作宋刻，凡五部，一曰《绛帖》，即原刻也；二曰《星凤楼帖》；三曰《戏鱼堂帖》；四曰《鼎帖》；五曰《潭帖》。各省碑客头者纷纷，其价甚贱，不过每部千文而已，遂取旧锦装池，外加檀匣，取收藏家图章，如项墨林、高江村之类印于帖上，以为真宋（拓）。而官场豪富之家不知真伪，竟以厚价购之，其价不一，有数十金者，有百余金者，有至三五百金者，总视装潢之华美，以分帖之高下，其实皆伪本也。

嘉庆初年，有旌德姚东樵者，目不识丁，而开清华斋法帖店，辄摘取旧碑帖，假作元、明人题跋，半石半木，汇集而成，其名曰《因宜堂法帖》八卷、《唐宋八大家帖》八卷、《晚香堂》十卷、《白云居米帖》十卷，皆伪造年月姓名，拆来拆去，充旧法帖，遍行海内，且有行日本者，尤可嗤鄙。

清代的书画收藏，从皇家看，由清初的兴起，到清中期的兴盛，又从兴盛转为清晚期的衰败；而从民间看，由清初的渐盛，到清中期的衰败，最后又从衰败转为清晚期的兴盛。而晚清的书画艺术市场，表面看似兴旺发达，繁花似锦，然整个书画市场造假猖獗，赝品泛滥，尤其是参与人数和赝品数量以及区域之广几达历史的最高峰，这便从另一个层面反映出整个清代的历史发展轨迹，从而印证了朝代的更替是基于经济基础的史实。

纵观整个中国书画发展的历史，实是千余年来封建帝制历朝历代的政治、经济、文化发展的一个缩影。

附录

故宫博物院重要书画藏品一览表

绘画编		
朝代	作者	名称
东晋	顾恺之（传）	列女图卷
东晋	顾恺之（传）	洛神赋图卷
隋	展子虔	游春图卷
唐	阎立本	步辇图卷
唐	卢楞伽（传）	六尊者像图册
唐	韩滉	五牛图卷
唐	陆曜	六逸图卷
五代	黄筌	写生珍禽图卷
五代	周文矩	文苑图卷（宋摹）
五代	周文矩	重屏会棋图卷
五代	董源	潇湘图卷
五代	卫贤	高士图卷
五代	阮郜	阆苑女仙图卷
北宋	张先	十咏图卷
北宋	燕肃	春山图卷
北宋	赵昌（传）	写生蛱蝶图卷
北宋	王居正	传纺车图卷
北宋	崔白	寒雀图卷
北宋	郭熙	窠石平远轴
北宋	王诜	渔村小雪图卷
北宋	祁序	江山放牧图卷
北宋	李公麟	临韦偃牧放图卷
北宋	李公麟（传）	维摩演教图卷
北宋	李公麟	西岳降灵图卷
北宋	赵士雷	湘乡小景图卷（残补）
北宋	梁师闵	芦汀密雪图卷
北宋	张择端	清明上河图卷

朝代	作者	名称
北宋	赵佶	芙蓉锦鸡图轴
北宋	赵佶	听琴图轴
北宋	王希孟	千里江山图卷
北宋	刘履中	田畯醉归图卷
南宋	李唐	采薇图卷
南宋	李唐	长夏江寺图卷
南宋	米友仁	潇湘奇观图卷
南宋	米友仁	云山墨戏图卷
南宋	扬无咎	四梅图卷
南宋	扬无咎	雪梅图卷
南宋	李迪	枫鹰雉鸡图轴
南宋	李迪	猎犬图页
南宋	马和之（传）	唐风图册
南宋	马和之	小雅鹿鸣之什图卷
南宋	赵芾	江山万里图卷
南宋	赵伯驹	江山秋色图卷
南宋	赵伯骕	万松金阙图卷
南宋	陈清波	瑶台步月图页
南宋	陈清波	湖山春晓图页
南宋	毛益（传）	牧牛图卷
南宋	林椿	果熟来禽图页
南宋	林椿	葡萄草虫图页
南宋	法常	水墨写生图卷
南宋	刘松年	四景山水图卷
南宋	李嵩	货郎图卷
南宋	李嵩	骷髅幻戏图页
南宋	张茂	鸳鸯图页
南宋	马远	梅石溪凫图页
南宋	马远	踏歌图轴
南宋	夏圭	雪堂客话图页
南宋	夏圭	梧竹溪堂图页
南宋	梁楷	秋柳双鸦图页
南宋	梁楷	疏柳寒鸦图页

朝代	作者	名称
南宋	陈居中	四羊图页
南宋	马麟	橘绿图图页
南宋	马麟	层叠冰绡图轴
南宋	朱绍宗	菊丛飞蝶图页
南宋	李东	雪江卖鱼图页
南宋	陈容	墨龙图卷
南宋	赵孟坚	墨兰图卷
南宋	何筌	草堂客话图页
金	赵霖	昭陵六骏图卷
金	张珪	神龟图卷
金	杨世昌	崆峒问道图卷
元	钱选	山居图卷
元	钱选	八花图卷
元	李衎	墨竹新篁图轴
元	李衎	双钩竹图轴
元	高克恭	墨竹坡石图轴
元	高克恭	春云晓霭图轴
元	颜辉	李仙像轴
元	赵孟頫	人骑图卷
元	赵孟頫	秋郊饮马图卷
元	管道升	墨竹图卷（赵氏一门三竹图卷之二）
元	赵雍	竹枝图卷（赵氏一门三竹图卷之三）
元	任仁发	出圉图卷
元	任仁发	二马图卷
元	黄公望	天池石壁图轴
元	黄公望	九峰学霁图轴
元	徐贲	快雪时晴图卷（快雪时晴书画合璧卷之二）
元	商琦	春山图卷
元	曹知白	雪山图轴
元	曹知白	寒林图页
元	陆行直	碧梧苍石图轴
元	吴镇	渔父图轴
元	吴镇	芦花寒雁图轴

朝代	作者	名称
元	盛懋	秋江待渡图轴
元	盛懋	秋溪放艇图页
元	王振鹏	伯牙鼓琴图卷
元	李士行	山水图轴
元	赵雍	挟弹游骑图轴
元	赵雍	松溪钓艇图卷
元	柯九思	清閟阁墨竹图轴
元	王渊	花竹锦鸡图轴
元	王渊	桃竹锦鸡图轴
元	周德润	秀野轩图卷
元	王冕	墨梅图卷
元	王冕	松溪放艇图卷（元五家合绘卷之三）
元	王迪简	水仙图卷
元	王绎、倪瓒	杨竹西小像卷
元	周朗	杜秋图卷
元	马琬	雪岗渡关图轴
元	顾安	幽篁秀石图轴
元	顾安	新篁图轴
元	倪瓒	林亭远岫图轴
元	倪瓒	秋亭嘉树图轴
元	王蒙	夏日山居图轴
元	王蒙	葛稚川移居图轴
元	方从义	溪桥幽兴图轴
元	方从义	武夷放棹图轴
元	夏永	岳阳楼图页
元	雪界翁、张师夔	鹰桧图轴
元	张逊	勾勒竹石图卷
元	张观	疏林茅屋图卷（元五家合绘卷之四）
元	赵衷	隔岸望山图卷（元人集绘卷之四）
元	吴瓘	古木竹石图卷（元人集绘卷之六）
元	姚廷美	雪江渔艇图卷
元	朱玉	龙宫水府图页

朝代	作者	名称
明	王履	华山图册
明	王绂	隐居图轴
明	王绂	乔柯竹石图轴
明	边景昭	竹鹤图轴
明	朱瞻基	莲浦松荫图卷
明	朱瞻基	武侯高卧图卷
明	商喜	朱瞻基行乐图轴
明	商喜	关羽擒将图轴
明	李在	阔渚遥峰图轴
明	陈宗渊	洪崖山房图卷
明	戴进	关山行旅图轴
明	戴进	三顾茅庐图轴
明	叶澄	山水人物图卷
明	夏㫤	半窗春雨图卷
明	夏㫤	淇水清风图卷
明	杜琼	梦萱堂图卷
明	杜琼	友松图卷
明	倪端	聘庞图轴
明	陈录	墨梅玉兔争清轴
明	张复阳	山水图轴
明	刘珏	书画合璧卷
明	刘珏	夏云欲雨图轴
明	孙隆	雪禽梅竹图轴
明	孙隆	芙蓉鹅图轴
明	王谦	墨梅图轴
明	金湜	双钩竹图轴
明	朱见深	一团和气图轴
明	林良	芦雁图轴
明	林良	孔雀图轴
明	吕纪	竹石花鸟图轴
明	吕纪	残荷鹰鹭图轴
明	吕文英、吕纪	竹园寿集图卷

朝代	作者	名称
明	姚绶	枯木竹石图卷
明	姚绶	秋江渔影图轴
明	沈周	古木寒泉图轴
明	沈周	吴中山水图册页
明	刘俊	雪夜访普图轴
明	钟礼	雪景山水图轴
明	史忠	山水图轴
明	郭诩	寿星图轴
明	郭诩	琵琶行人物图轴
明	周臣	雪村访友图轴
明	周臣	春山游骑图轴
明	吴伟	渔乐图轴
明	吴伟	长江万里图卷
明	蒋嵩	渔舟读书轴
明	蒋嵩	归思图轴
明	朱端	竹石轴
明	朱端	弘农渡虎图轴
明	陶成	蟾宫玉兔轴
明	杜堇	画邵雍像轴
明	杜堇	白描九歌图卷
明	张路	吹箫女仙轴
明	张路	山雨欲来图轴
明	陈沂	雪中丘壑图并诗卷
明	唐寅	关山行旅轴
明	唐寅	孟蜀宫伎图轴
明	张灵	秋林高士图轴
明	张灵	渔乐图轴
明	陈淳	书画合卷
明	陈淳	岳阳楼图卷
明	谢时臣	岳阳楼图轴
明	谢时臣	谪仙玩月图轴
明	沈仕	花石图扇页

朝代	作者	名称
明	沈仕	栀子图扇页
明	王谔	踏雪寻梅图轴
明	王谔	江阁远眺图轴
明	陆治	花卉图册
明	陆治	山枫秋镜图轴
明	王问	归隐宝界山图轴
明	王问	山水图轴
明	岳岱	溪山萧寺图卷
明	岳岱	山水图轴
明	文彭	墨兰图轴
明	朱佐	花鸟六段图卷
明	郑文林	八仙图轴
明	郑文林	观瀑图轴
明	鲁治	蔬果图卷
明	鲁治	花卉图卷
明	吕棠	鸳鸯图轴
明	吕棠	翔鹤图扇页
明	史文	松荫抚琴图轴
明	史文	松下老人图轴
明	玉冈	三仙图轴
明	王榖祥	花卉图册
明	王榖祥	松石兰芝图轴
明	陈栝	梨花白燕图卷
明	陈栝	竹石图轴
明	陈询	山水图卷
明	周天球	丛兰竹石图卷
明	陆师道	五湖溪山图轴
明	徐岱	山水图册装轴
明	周翰	南屏烟雨图卷
明	叔伊	兰石图轴
明	徐渭	墨花图九段卷
明	徐渭	四时花卉图卷

朝代	作者	名称
明	黄昌言	雪夜暮归图卷
明	侯懋功	溪山深秀图卷
明	侯懋功	邛崃图卷
明	项元汴	柏子图轴
明	项元汴	云山放光图轴
明	宋旭	湖山春晓图卷
明	宋旭	匡庐瀑布图轴
明	蒋乾	雪江归棹图卷
明	蒋乾	赤壁冬游图卷
明	王翘	鱼藻图卷
明	王翘	花卉草虫图卷
明	殳君素	梅花图卷
明	殳君素	枯木竹石图页（明诸家山水图册之一）
明	雷鲤	山水图卷
明	雷鲤	山水图扇页
明	罗文瑞	苏李泣别图卷
明	罗文瑞	摹赵孟頫画五贤像图卷
明	顾大典	秋江帆影图轴
明	孙枝	五湖钓叟图卷
明	孙枝	秋林藜杖图轴
明	邵龙	吴近溪号图卷
明	邵龙	山水图扇页
清	冷枚	梧桐双兔图轴
清	冷枚	避暑山庄图轴
清	王时敏	画杜甫诗意册
清	王时敏	仙山楼阁轴
清	艾启蒙	胜吉骢轴
清	艾启蒙	宝吉骝轴
清	郎世宁	午瑞图轴
清	郎世宁	乾隆朝服像轴
清	华嵒	秋树斗禽轴
清	查士标	空山结屋图轴

朝代	作者	名称
清	查士标	西溪草堂图卷
清	王翚	青山白云扇面
清	王翚	溪山雪意图卷
清	金延标	仕女簪花图轴
清	王鉴	梦境图轴
清	王原祁	仿古山水册
清	王原祁	西湖图卷
清	王铎	花卉卷
清	金农	山水人物册
清	金农	梅花扇
清	汪士慎	梅花兰石图轴
清	龚贤	山水册
清	罗聘	人物山水册
清	程正揆	山水图轴
清	任熊	花卉屏
清	任熊	梅花仕女图扇
清	王致诚	十骏马图册
清	爱新觉罗·弘历	仿沈周月兔轴
清	李方膺	游鱼图轴
清	华嵒	八百退岭图轴
清	华嵒	天山积雪图轴
清	杨晋	田家午图扇
清	吴焯	老子骑牛图
清	恽寿平	高岩溅瀑图轴
清	恽寿平	花卉山水册
清	石涛	山水人物图卷
清	石涛	山水图册
清	丁观鹏	九歌图卷
清	朱耷	花卉卷
清	郑燮	梅竹轴
清	姚文瀚	四序图卷
清	傅山	江深草阁图

朝代	作者	名称
清	焦秉贞	画历朝贤后故事册
清	徐扬	京师生春诗意图轴
清	徐扬	乾隆南巡图卷
清	沈铨	松鹤图轴
清	蒋廷锡	蒋廷锡花卉册
清	高其佩	墨龙图轴
清	吴熙载	凌霄轴
清	髡残	云洞流泉图轴
清	髡残	雨洗山根图轴
清	吴观岱	玉堂仙品纨扇页
清	陈枚	山水楼阁图册
清	钱维城	山水小册
清	赵澄	仿古山水册
清	贺清泰	贲鹿图轴
清	袁耀	蓬莱仙境图轴
清	任颐	岁朝图轴
清	任颐	雪中送炭图轴
清	虚谷	观潮图轴
清	虚谷	瓶菊图轴
清	赵之谦	牡丹图轴
清	赵之谦	花卉册——菊花海棠页
清	吴昌硕	花卉蔬果卷
清	吴昌硕	紫藤图轴

书法编

朝代	作者	名称
西晋	陆机	章草平复帖卷
东晋	王珣	行书伯远帖卷
隋	佚名	章草出师颂卷
唐	冯承素	行书摹兰亭序帖卷
唐	杜牧	行书张好好诗卷
唐	吴彩鸾	楷书刊谬补缺切韵卷
唐	无款	楷书临黄庭经卷

朝代	作者	名称
唐	无款	行书乾符甲午黄巢起义记册页
唐	国诠	楷书善见律卷
唐	无款	草书妙法莲华经玄赞卷
五代	杨凝式	行草神仙起居法卷
五代	杨凝式	草书夏热帖卷
宋	李建中	行书同年帖册页
宋	李建中	行书贵宅帖册页
宋	林逋	行书自书诗卷
宋	范仲淹	楷书道服赞卷
宋	范仲淹	行楷二札卷
宋	文彦博	行草三札卷
宋	欧阳修	行书灼艾帖卷
宋	蔡襄	行书自书诗卷
宋	蔡襄	自书诗札册页
宋	刘敞	楷书秋水篇卷
宋	傅尧俞	行楷蒸燠帖
宋	吕大防	行楷示问帖册页
宋	蒋之奇	行书北客帖册页
宋	苏轼	行书治平帖卷
宋	苏轼	行书春中帖册页
宋	王诜	行草自书诗卷
宋	李之仪	行书汴堤帖册页
宋	陈泊	行书自书诗残卷
宋	王岩叟	楷书大人上问帖册页
宋	黄庭坚	草书诸上座帖卷
宋	黄庭坚	行书惟清道人帖册页
宋	米芾	小楷向太后挽词册页
宋	米芾	行书拜中岳命诗帖卷
宋	薛绍彭	草书大年帖册页
宋	苏迈	行书跋郑天觉画册页
宋	王升	行书首夏帖册页
宋	米友仁	行书动止持福帖册页

朝代	作者	名称
宋	郑望之	行书婺源帖（向过帖）册页
宋	赵佶	法书六种卷
宋	赵佶	楷书闰中秋月诗帖册页
宋	赵佶	楷书夏日诗帖册页
宋	朱胜非	行楷杜门帖册页
宋	刘岑	行草门下帖册页
宋	韩世忠	行楷高义帖册页
宋	张浚	行书彬父帖册页
宋	张浚	行书谈笑措置帖册页
宋	赵子崧	行书子济帖册页
宋	吴说	行书门内星聚帖册页
宋	陆游	行书自书诗卷
宋	陆游	行书侯文帖册页
宋	范成大	行书中流一壶帖册页
宋	朱熹	行书城南唱和诗卷
宋	朱熹	行书上时宰二札卷
宋	张孝祥	行书临存帖（应辰提干帖）册页
宋	张栻	行书游从帖（炎陵帖）册页
宋	吕祖谦	行书慰唁帖（文潜帖）册页
宋	楼玥	行书题徐铉篆书帖卷
宋	吴琚	行草寿父帖册页
宋	吴琚	行书诗帖卷
宋	无款	行楷詹仪之故父封赠诰命
宋	无款	行书淳熙十六年敕书卷
宋	无款	行书绍兴十三年敕书卷
宋	赵眘	行楷赐詹骙诗拓并跋卷
宋	辛弃疾	行楷去国帖册页
宋	袁燮	行书詹仰帖册页
宋	姜夔	楷书跋保姆帖卷
宋	乔行简	行书闰馀帖册页
宋	魏了翁	草书提刑提举帖册页
宋	刘汉弼	行书曾巩谥议稿卷

朝代	作者	名称
宋	岳珂	楷书郡符帖册页
宋	张即之	楷书佛遗教经卷
宋	张即之	楷书金刚经册页
宋	陈容	行草自书诗卷
宋	葛长庚	草书足轩铭卷
宋	赵孟坚	行草自书诗卷
宋	吴浚	行书自书诗并联句诗卷
宋	文天祥	行书上宏斋帖卷
元	方回	行书得教帖册页
元	戴表元	行书动静帖册页
元	仇远等	行楷书赠莫维贤诗文卷
元	鲜于枢	行书杜甫行次昭陵诗卷
元	鲜于枢	楷书老子道德经卷
元	白珽	行书陈君诗帖册页
元	刘赓、袁桷等	行书跋燕文贵溪风图残卷
元	赵孟頫	楷书妙法莲华经册（卷一）
元	赵孟頫	楷书妙法莲华经册（卷二）
元	惠月	楷书华严经册
明	胡翰	行书秋热帖册页
明	杜彦良	草书到京帖册页
明	宋克	章草书急就章卷
明	宋广	草书风入松诗轴
明	朱元璋	行书大军帖页
明	姚广孝	行书云海帖册页
明	徐贲	楷书题濯清轩诗页
明	高启	楷书题仕女图诗页
明	叶见泰	行书和西麓诗一首页
明	沈度等十一家	行书诗札卷
明	沈粲	草书千字文卷
明	沈藻	楷书黄州竹楼记轴
明	朱枫	行书赠赵大尹诗轴
明	胡俨	行书题洪崖山水册页

朝代	作者	名称
明	王璲	行书手毕帖并诗册页
明	王绂	小楷重过庆寿寺等诗帖页
明	杨士奇等十八家	行楷书西城宴集诗轴
明	陈烨等十四家	行书诗翰卷
明	刘三吾	楷书诗册
明	张绅等五家	行书诗帖卷
明	邹缉等七家	行楷书华亭沈氏先德记卷
明	胡滢	行书送周孟敬还江阴序册页
明	谢晋	楷书宿治平寺诗页
明	林佑	楷书脊令颂题跋页
明	解缙	行草七言唐诗诗轴
明	胡广	楷书题明太祖祭韩公茂文册页
明	王偶	行书元夕帖册页
明	杨荣	楷书题明太祖祭韩公茂文册页
明	曾棨	行书赠王孟安词册页
明	魏骥	楷书诲益帖册页
明	朱高炽	行书诰命二段卷之一
明	朱高炽	行书诰命二段卷之二
明	薛瑄	楷书送周孟敬归江阴序册页
明	柯暹	草书评书帖册
明	杜琼	楷书荣登帖册页
明	于谦	行书题图赞页
明	朱瞻基	行书新春诗等诗翰卷
明	史鉴	楷书五言诗页
明	张渊	行书七律诗页
明	李应祯	行书五言诗页
明	李系	楷书五律诗页
明	陈颀	楷书五律诗页
明	倪峻	行书深翠轩记卷
明	陈芹	行书诗册
明	周鼎、陈宽	行书诗扇面
明	陈琪	楷书诗帖册页

朝代	作者	名称
明	张复昜	楷书去秋帖册页
明	徐有贞	行书别后帖
明	须珏	行书论画帖册页
明	王竑	行书教言帖册页
明	夏时正	行书存记帖册页
明	王佐	草书诗句轴
明	叶盛	行书诗轴
明	姚绶	楷书张雨诗文册
明	张弼	行草诗卷
明	秦铉	行书七律十首卷
明	王英	楷书五律诗帖册页
明	沈杰伯	草书凯歌明帖册
明	沈周、文徵明	行书看花吟落花诗卷
明	陈献章	行书自书诗卷
明	张鼎	行书诗扇面
明	吴宽等七家	诸体书逸晚亭诗卷
明	谢铎等七家	行楷书诗翰卷
明	张泰	行书五律诗轴
明	张瀚	行书诗扇面
明	钱博	楷书滕王阁序轴
明	孔彦缙	行书别久帖册页
明	萧克恭	行书诗卷
明	卢经	行草诗扇面
明	陆钺	行书焚香联句卷
明	李东阳、萧显	行书诗合卷
明	金琮	行书诗卷
明	王鏊	行书洞庭两山赋卷
明	张骏	行书遗子毕姻礼书卷
明	杨鼐	行楷书东溪书舍记序诗文卷
明	杨一清	行书诗卷
明	高本宗等十八家	行楷书孤凰辞卷
明	马愈等十八家	行楷书瑞莲图咏卷

朝代	作者	名称
明	朱祚	楷书南云寿诗帖页
明	廖庄	行书执事帖册页
明	赵宽	行书诗卷
明	杨廷和	行书喜雨联句卷
明	邵宝	行书东庄杂咏诗卷
明	祝允明	行书七律寿诗卷
明	祝允明	诸体书诗文卷
明	钱福	行书七绝扇面
明	周伦	行书苦媳妇贤舅姑诗卷
明	张璧	行草诗卷
明	李旻等九家	行楷书诗卷
明	孟懋成	行书滕王阁序册
明	邵珪	行书诗册
明	乔宇	行书诗卷
明	姜立纲	楷书东铭册
明	翟俊等三十二家	行楷书题刻慈卷
明	湛若水	行书论书卷
明	陈沂	行书诗卷
明	文徵明	行书西苑诗卷
明	文徵明	行书寿张梅雪诗轴
明	唐寅	行书自书词曲卷
明	王守仁	行书铜陵观铁船歌卷
明	李梦阳	行书诗卷
明	黄衮	草书七古卷
明	周用	行书七律轴
明	边贡	行书自书诗册
明	顾璘	行书草堂新成杂兴诗卷
明	朱应登	行草宜禄堂夜集联句卷
明	陆深	行书诗卷
明	吕柟等三家	行书秋江送别诗并序卷
明	严嵩	行书自书诗卷
明	夏言	行书晚节亭词卷

朝代	作者	名称
明	何景明	行书乙亥元日等诗册
明	陈淳	行书陶诗卷
明	孙承恩	楷书七律扇面
明	张寰	行书自书诗卷
明	王一鹏	行书七绝诗轴
明	宋以方	楷书杂诗册
明	沈钟、俞振才	行书黄鹤楼唱和诗卷
明	费宏等	楷书琴鹤遗音诗合卷
明	廖辅	草书千字文卷
明	周同人等十三家	行楷书浦贤妇传卷
明	孔镛	行书青目帖册页
明	沈仕	草书七律诗扇面
明	蔡羽等八家	行书题锦溪诗文卷
明	王宠	草书李白诗卷
明	丰坊	草书自书诗卷
明	陆治	行书听琵琶歌诗扇面
明	王问	行书示惠山寺僧五律诗卷
明	文彭	草书滕王阁序卷
明	马一龙	草书七律扇面
明	文嘉	行书七绝三首轴
明	王榖祥	行书自书诗卷
明	何迁	行书讲学杂识
明	袁袠	行书中秋对月诗扇面
明	曹谷、林壁	行草诗卷
明	罗洪先	行书夜坐诗十首卷
明	彭年	行书诗翰册
明	虚台	楷书五言戒儿诗扇面
明	沈恩旭	楷书送朱应登归维扬序卷
明	智舷	草书题达观阁五律轴
明	卢襄等五家	行楷书忍斋诗卷
明	顾可文等十家	行楷书题刘珏春江图诗卷
明	吴德源等二十七家	行书题玩芳亭卷

朝代	作者	名称
明	唐顺之	行书七泽叙卷
明	莫如忠	草书自书诗卷
明	陈鎏	行书七律轴
明	钱榖	行书仿米芾诗轴
明	黄姬水	行书杂诗卷
明	袁昆	行草诗卷
明	愈允文	行草书词歌卷
明	周天球	行书前后赤壁赋卷
明	蔡汝楠	行草自书诗卷
明	徐中行	行草旧作诗卷
明	陆师道	行书七律扇面
明	徐渭	行书梅花赋卷
明	文元发	行楷书诗扇面
明	方元焕	草书千字文册
明	王大为	行草诗轴
明	田汝耒	行书诗卷
明	朱日藩	行书七律二首卷
明	吴三畏	草书赠行诗扇面
明	周复俊等七家	行草书诗合卷
明	岳岱	行书小阳山记并诗卷
明	皇甫涍等四家	行书联璧诗卷
明	孙育	楷书上杨文襄公诗卷
明	徐霖	篆书千字文卷
明	袁福徵	行书诗扇面
明	袁聚	行草诗扇面
明	马汝溪	行书诗册
明	许初	草书唐诗卷
明	黄鹤翔	行书喜雨亭记卷
明	范钦	草书自书诗卷
明	王应时	楷书七绝十首页
明	王应钟	楷书诗页
明	王宜	楷书诗页

朝代	作者	名称
明	王履旋	行书七律页
明	叶继美	行书诗页
明	宋曰仁	行书七绝五首页
明	张邦彦	行书七律页
明	陈应春	行书七律页
明	陈叙	行书五言诗页
明	陈柯	草书七律页
明	周钦	行书七律页
明	周鲲	行书七律页
明	林垠	行草书五言诗页
明	林烃章	行书五言诗页
明	林懋和	行书七绝六首页
明	郑大同	楷书七言诗页
明	郑玥	楷书录文页
明	郑玥	楷书七律六首页
明	柯维骐	楷书五言诗页
明	洪世文	行书七律页
明	胡文举	行书七律页
明	黄宗器	楷书五言诗页
明	彭瑾	行书七律页
明	谢棠亨	隶书七律页
明	薛明益	行书陋室铭轴
明	顾问	行书采莲诗卷
明	袁尊尼	草书七律扇面
明	吴国伦	行书题沈道初存石斋诗卷
明	范大彻	行书自书诗卷
明	汪道昆等九家	行书送璋上还鹫峰序并诗卷
明	项元汴	行书怀素自序释文卷
明	王世贞	行书短歌自嘲卷
明	沈一贯	草书王维诗扇面
明	詹景凤	行书王建官词诗等册
明	王锡爵	行书劝世俚曲卷

朝代	作者	名称
明	王穉登	行书寿诗卷
明	申时行	草书冠芳亭看牡丹诗轴
明	朱载封	行书诗页
明	朱载玺	行书诗页
明	王世懋	行书崔子玉座右铭轴
明	许世奇	行书五律诗页
明	严星	草书七绝诗页
明	宋应昌	楷书山阴耿侯德政序页
明	张鸣鹗	行书五律诗页
明	张振先	行书七律诗页
明	张教	行书七律诗页
明	李时英	行书七绝诗页
明	杨廷槐	行书七律诗页
明	杨廷筠	行书七律诗页
明	沈淮	行书七律诗页
明	沈㮄	行楷书五言诗页
明	沈演	草书七律诗页
明	陈玉庭	行楷书五律诗页
明	陈禹谟	草书五律诗页
明	陈与郊	行书七绝诗页
明	孟养志	行书五言诗页
明	林梓	草书五律诗页
明	金阶	楷书七律诗页
明	金学曾	行楷书五律诗页
明	俞思冲	行楷书七律诗页
明	姚文蔚	行楷书述田家乐诗页
明	宣上德	楷书颂华翁耿老师德政后跋页
明	洪有元	行楷书七律诗页
明	胡应麟	草书五律诗页
明	贺灿然	草书七律诗页
明	钟化民	行书七律诗页
明	郭子直	行书五律诗页

朝代	作者	名称
明	钱养廉	行书五律诗页
明	顾充	行书七绝诗页
明	高濂	隶书七律诗页
明	虞九章	行书六言诗页
明	虞淳熙	草书七律诗页
明	于士泰	行楷书七律诗页
明	冯梦桢	行书七律诗页
明	莫是龙	行书长桥等诗卷
明	祝世禄	草书五言联
明	朱翊钊	草书赠王介石诗轴
明	焦竑	行书赠吴念虚诗轴
明	屠隆	草书赠俸长孺先生出诗轴
明	陆应阳	行书鄱阳湖晚泊等诗卷
明	张凤翼	草书赠黄国医诗轴
明	赵南星	草书自书诗卷
明	邢侗	草书晚晴赋册
明	邢侗	草书临王献之帖轴
明	邢慈静	草书临王羲之帖轴
明	朱鹭	行书七言诗扇面
明	李化龙	草书塞下曲四首扇面
明	黄琮	行书黄福教仪并楷家题跋卷
明	董其昌	草书临王献之九帖卷
明	董其昌	楷书翰林院箴轴
明	温体仁	行书平翁七十初度序卷
明	范允临	行书陈眉公诗二首轴
明	陈继儒	行书众响斋记卷
明	黄汝亨	行楷书玄津法师生塔铭卷
明	叶向高	草书登摄山诗轴
明	赵宧光	篆书联句轴
明	董嗣成	楷书寄怀二首扇面
明	高攀龙	楷书村居四时诗扇面
明	陈祼等三家	行书诗扇面

朝代	作者	名称
明	王衡	行书虎丘诸山叙卷
明	顾起元	行书诗轴
明	娄坚	行草书自书诗卷
明	杜大中等四家	行草书诗卷
明	汤焕	行楷书诗册
明	葛一龙	草书诗二段卷
明	魏之璜	行楷书临圣教序卷
明	米万钟	行草书题画诗轴
明	袁中道	行书诗扇面
明	张民表	行书诗卷
明	张瑞图	草书五游篇等诗卷
明	杨琏等五家	行书翰札卷
明	于若瀛	行草书四时回文首卷
明	文翔凤	草书节录黄庭经、楷书石鼓文合卷
明	王肯堂	草书临十七帖册
明	王联捷	楷书、行书自书诗卷
明	王逢元、顾璘、黄姬水三家	行书、草书、楷书诗合卷
明	王醇等十六家	行书、楷书睡鹦鹉诗卷
明	包容	行楷书咏物诗十九首卷
明	朱之蕃	行书茶寮诗轴
明	朱正己	草书千字文卷
明	朱翊镰	草书十七帖卷
明	朱敬鑑	行书出师表卷
明	朱继祚	行书七律轴
明	何应瑞	行书唐斐度
明	杜大绶	楷书蜀道难扇面
明	沈圣岐	行书五律轴
明	沈鼎新	楷书芝兰赋扇面
明	来复	行书自作诗卷
明	居节	行书七律轴
明	侯恪	行书五律诗扇面
明	德沣、俞琬纶	楷书、行书诗扇面

朝代	作者	名称
明	皇甫钦	行书游仙诗轴
明	范之默	行书秋兴八首卷
明	茅培	草书七律扇面
明	唐文献	行书诗扇面
明	夏时行	草书诗轴
明	徐渤等闽贤六家	行草书诗翰卷
明	袁枢	行书临米芾诗帖扇面
明	张以诚	行书五律扇面
明	强存仁	行书诗扇面
明	曹履吉	草书五律轴
明	许光祚	楷书千字文卷
明	陈元素	行书诗句轴
明	陈泰来	行草书李白大鹏遇希有鸟赋卷
明	陈绍英	行书七律扇面
明	陆士仁	四体千字文卷
明	乔一琦	行草书杂诗册
明	项元淇	行书诗扇面
明	冯玄鉴	行书七律卷
明	黄衍相	行草书五律诗轴
明	黄辉	行书栈阁杂诗卷
明	温如玉	隶书陆云谷风四言诗轴
明	邹之麟	行书七律轴
明	邹迪光	行书七律扇面
明	臧懋循	草书诗扇面
明	赵师尹	隶书七律扇面
明	德清	行书六咏诗卷
明	范凤仁	草书谢庄月赋卷
明	蒋明凤	草书续书谱卷
明	谢肇淛	行书夏日郡斋杂兴诗卷
明	韩道亨	真草书草诀白韵诗歌
明	严调御	楷书唐诗扇面
明	丁云鹏	行书诗扇面

朝代	作者	名称
明	何采	行书赠思龄诗页
明	俞铎	行书录延寿第一绅言页
明	赵世显	行书诗页
明	程芳朝	行书诗页
明	董文骥	行书成汤解网赞页
明	澹谷	行书归去来辞页
明	孙国光	行书青林高会图歌轴
明	吴文华	行草诗卷
明	马绍芳	行草书七言寿诗页
明	王祚远	行书五律寿诗页
明	史永安	行书七律寿诗页
明	申廷撰	草书七律寿诗页
明	李国楷	行书七言寿诗页
明	周希令	草书五言寿诗页
明	孟绍虞	行书五言寿诗页
明	赵秉忠	草书诗扇面
明	归昌世	楷书秋怀诗扇面
明	文从简	楷书醉翁亭记扇面
明	文震孟	行书诗卷
明	曹雪佺	草书咏荔枝灯诗轴
明	钟惺	草书王维五绝轴
明	李流芳	楷书黄庭坚与徐甥师川书卷
明	眭明永	草书诗卷
明	范凤翼	草书水阁诗轴
明	韩逢禧	楷书黄庭内景经卷
明	冯铨	行书临兰亭卷
明	黄文焕	草书七律扇面
明	文柟	楷书唐律四首扇面
明	方拱乾	行书诗卷
明	陈子壮	行书自笑五律扇面
明	黄景昉	草书裦荣寿序卷
明	郑敷教	行书七绝三首诗页

朝代	作者	名称
明	余绍祉	草书自书诗卷
明	黎元宽	草书七绝诗轴
明	方大猷	行书崇川喜雨诗轴
明	徐汧	行书苏台明月诗扇面
明	项圣谟	行楷天寒有鹤守梅花诗十二首扇面
明	杨文聪	草书七律诗扇面
明	王猷定	楷书七律五首扇面
明	李沛等	行楷杂书卷
明	陈洪绶	行书自寿诗卷
明	蒋棻	行书七律诗扇面
明	薛寀	行书怀古五古诗扇面
明	壬节	草书七绝诗轴
明	赵士春	草书七律诗面
明	顾梦游	行书七律二首扇面
明	卢象升	行书王恭题画诗轴
明	薛所蕴	行书春日漫兴诗轴
明	史可法	行书手札卷
明	朱由检	行书松风水月卷
明	冒襄	行书祝寿诗轴
明	黄周星	行书七绝二首诗扇面
明	毛合建	行书卫生歌轴
明	李待问	行书唐李商隐诗轴
明	蔡玉卿	楷书孝经卷
明	顾大申	行书七律扇面
明	仇时古	行书游五松山诗扇面
明	朱延禧	行书五言诗轴
明	何吾驺	行草诗册
明	周琬	草书千字文卷
明	祁豸佳	行书赤骠马歌等卷
明	邵弥	草书拂水山庄诗轴
明	姜逢元	行书山居五律诗轴
明	柯夏卿	草书五绝诗轴

朝代	作者	名称
明	马是龙	楷书嘉莲诗页
明	刘大临	行书咏并头莲诗页
明	刘汉	行书赋得嘉莲诗页
明	刘振	行书咏朗照堂嘉莲袚生诗并序页
明	朱万年	楷书嘉莲诗页
明	何亮功	行书七律二首诗页
明	李翀	行书嘉莲诗页
明	陆诗凯	行书白莲诗页
明	金渐皋	楷书合欢莲诗页
明	胡麟图	楷书嘉瑞诗并小引页
明	凌录	行书并蒂莲花诗页
明	顾国琬	行书咏嘉莲一首页
明	顾懋甲	隶书嘉莲诗页
明	徐日曦	楷书临黄庭坚梨花诗轴
明	张孝思	行草临淳化帖册
明	张若麟	草书临王羲之逸民帖轴草书七绝轴
明	陈烈	草书七绝轴
明	陈懿典	楷书放鹤洲记轴
明	陆万里	行书唐诗扇面
明	卢履谦	行书李白诗轴
明	陆广明	楷书荷静纳凉诗扇面
明	鹿化麟	行书七律扇面
明	黄景时	行书苏轼诗扇面
明	上官应瑞	行书琅琊篇轴
明	顾愿	行书诗册
清	王铎	行草书自书诗卷
清	王铎	草书录语轴
清	陈邦彦	行书七绝诗轴
清	傅山	草书五古轴
清	傅山	草书孟浩然诗卷
清	周亮工	行书七律诗轴
清	法若真	草书草堂诗轴

朝代	作者	名称
清	龚贤	行草书七律诗轴
清	王夫之	楷书双鹤瑞舞赋卷
清	宋曹	草书临王献之帖轴
清	郑簠	隶书七言诗轴
清	笪重光	行草书五律诗轴
清	沈荃	行书浪淘沙词轴
清	朱耷	行书算州山人诗轴
清	姜宸英	行书勉斋说轴
清	朱彝尊	隶书临曹全碑卷
清	汪士铉	行书东坡评语轴
清	石涛	隶书七言诗轴
清	陈奕禧	行书七绝诗轴
清	爱新觉罗·玄烨	行书柳条边望月诗轴
清	万经	隶书七绝诗轴
清	何焯	楷书七言古诗轴
清	胤禛	行草书夏日泛舟诗轴
清	金农	漆书相鹤经轴
清	金农	漆书陶秀实清异录轴
清	汪由敦	行书苏轼春帖子词轴
清	郑燮	隶书论书轴
清	郑燮	行书七律诗轴
清	刘墉	小楷书七言诗册
清	梁同书	楷书汪安人传册
清	王文治	行书五言诗轴
清	翁方纲	楷书心经册
清	董诰	楷书沈奎烟雨楼赋轴
清	邓石如	篆书文轴
清	邓石如	楷书沧海日长联
清	程荃	篆书六条屏
清	洪亮吉	篆书碧琅玕馆横额
清	洪亮吉	行书七绝诗轴
清	铁保	行书录语轴

朝代	作者	名称
清	伊秉绶	隶书五字横幅
清	张问陶	行书七律诗轴
清	阮元	行书清浪滩诗轴
清	张廷济	隶书贤臣颂轴
清	陈鸿寿	隶书四言联
清	林则徐	行书文轴
清	吴熙载	篆书临完白山人书轴
清	何绍基	隶书鲁峻碑卷
清	何绍基	楷书完白山人墓志册
清	莫友芝	隶书荀子语屏
清	莫友芝	篆书十言联
清	杨沂孙	篆书四条屏
清	杨岘	隶书七言联
清	俞樾	四体书六条屏
清	赵之谦	篆书急就章轴
清	赵之谦	楷书五言联
清	翁同龢	行书轴
清	吴大澂	篆书五言诗轴
清	杨守敬	行书孟浩然诗轴
清	吴昌硕	行书五言诗轴
清	吴昌硕	篆书临石鼓文轴
清	沈曾植	行书四言诗轴
清	康有为	行书七言诗轴
清	李瑞清	楷书临郑羲碑轴
清	李瑞清	楷书鹤铭四条屏

台北"故宫博物院"重要书画藏品一览表

绘画编		
朝代	作者	名称
六朝梁	张僧繇	雪山红树图
隋	董展	三顾草庐轴
唐	阎立本	竹林五军图轴
唐	尉迟	乙僧护国天王像轴
唐	李思训	江帆楼阁轴
唐	李昭道	湖亭游骑轴
唐	李昭道	春山行旅图轴
唐	吴道子	大帐度仙界佛像轴
唐	韩幹	猎马轴
唐	韩幹	洗马图
唐	周昉	演乐图轴
唐	周昉	麻姑仙坛记图轴
唐	戴嵩	画牛轴
唐	边鸾	花鸟轴
唐	范琼	大悲观音像轴
唐	无款	大禹治水图轴
唐	无款	雪景轴
唐	无款	明皇幸蜀图
唐	无款	春郊游骑图轴
唐	无款	文会图轴
唐	无款	宫乐图轴
五代梁	赵嵒	八达春游轴
五代梁	荆浩	匡庐图轴
五代梁	荆浩	渔乐图轴
五代梁	关仝	山溪待渡图轴
五代梁	关仝	关山行旅轴
五代南唐	徐熙	玉堂富贵图轴
五代南唐	徐熙	蓉雀轴

朝代	作者	名称
五代南唐	周文矩	仕女图轴
五代南唐	周文矩	荷亭弈钓仕女图轴
五代南唐	王齐翰	采芝仙轴
五代南唐	李坡	风竹轴
五代南唐	董源	洞天山堂轴
五代南唐	董源	龙宿郊民图轴
五代南唐	巨然	秋山问道图轴
五代南唐	巨然	溪山林树图轴
五代南唐	赵幹	烟霭秋涉轴
五代南唐	赵幹	烟霭秋涉图轴
五代前蜀	贯休	罗汉轴
五代后蜀	滕昌祐	牡丹轴
五代后蜀	黄筌	长春竹雀轴
五代后蜀	黄筌	竹梅寒雀图轴
五代后蜀	丘文播	文会图轴
五代后周	郭忠恕	雪霁江行图轴
五代后周	郭忠恕	金门应诏轴
五代	无款	雪渔图轴
五代	无款	浣月图轴
五代	无款	秋林群鹿轴
五代	无款	丹枫呦鹿图
五代	无款	伏虎罗汉轴
宋	李成	寒林图
宋	李成	秋山萧寺图轴
宋	范宽	雪山萧寺轴
宋	范宽	溪山行旅图轴
宋	黄居寀	山鹧棘雀图轴
宋	黄居寀	芦雁轴
宋	祁序	长堤归牧轴
宋	燕文贵	溪山楼观轴
宋	燕文贵	寒浦鱼会轴
宋	许道宁	关山密雪图轴

朝代	作者	名称
宋	许道宁	雪溪渔父轴
宋	赵宗汉	燕山叙别轴
宋	高文进	宝相观音轴
宋	赵昌	岁朝图轴
宋	赵昌	四喜图轴
宋	易元吉	三元得路图轴
宋	燕肃	寒岩积雪轴
宋	刘永年	商岩熙乐图
宋	郭熙	早春图轴
宋	郭熙	关山春雪图
宋	崔白	双喜图轴
宋	崔白	枇杷孔雀轴
宋	勾龙爽	山水轴
宋	董祥	岁朝图轴
宋	文同	墨竹轴
宋	李公麟	溪桥散步轴
宋	李公麟	十八罗汉轴
宋	米芾	春山瑞松轴
宋	米芾	云山轴
宋	米友仁	溪山烟雨轴
宋	赵佶	文会图轴
宋	赵佶	红蓼白鹅图轴
宋	王诜	鹰轴
宋	蔡肇	仁寿图轴
宋	晁补之	老子骑牛图轴
宋	赵令穰	七松图轴
宋	赵令穰	水村图轴
宋	郭思铁	羊图轴
宋	蔡京	环翠图轴
宋	张择端	春山图轴
宋	赵伯驹	春山图轴
宋	赵伯驹	汉宫春晓图轴

朝代	作者	名称
宋	扬无咎	蝴蝶花轴
宋	扬无咎	独坐弹琴轴
宋	马和之	柳溪春舫图轴
宋	马和之	荷亭纳爽轴
宋	李唐	万壑松风图轴
宋	李唐	秋江待渡图轴
宋	萧照	山腰楼观轴
辽	萧瀜	花鸟轴
金	李遹	罗汉图轴
宋	李迪	风雨归牧图轴
宋	李迪	花鸟轴
宋	李安忠	雪岸寒鸦轴
宋	苏汉臣	秋庭戏婴图轴
宋	苏汉臣	货郎图轴
宋	苏焯	端阳戏婴图轴
宋	贾师古	大士像轴
宋	江参	摹范宽庐山图轴
宋	阎次平	四乐图轴
宋	林椿	十全报喜轴
宋	林椿	花鸟轴
宋	张训礼	围炉博古图轴
宋	刘松年	唐五学士图轴
宋	刘松年	撵茶图轴
宋	李嵩	听阮图轴
宋	李嵩	罗汉轴
宋	马远	仙侣观瀑轴
宋	马远	举杯玩月轴
宋	马麟	溪山行旅图轴
宋	马麟	静听松风图轴
宋	夏珪	西湖柳艇图轴
宋	夏珪	山居留客图轴
宋	陈居中	画王建宫词图轴

朝代	作者	名称
宋	陈居中	文姬归汉图轴
宋	梁楷	东篱高士图轴
宋	梁楷	观瀑图轴
宋	陈容	画霖雨图轴
宋	陈容	神龙沛雨图轴
宋	鲁宗	贵春韶鸣喜轴
宋	何青	年画麻姑仙像轴
宋	袭开	天香书屋轴
宋	赵大亨	蓬莱仙会图轴
宋	李德柔	竹林谈道图轴
宋	钱选	三阳开泰轴
宋	钱选	卢仝烹茶图轴
宋	李相	东篱秋色图轴
元	李衎	双松图轴
元	李衎	四季平安图轴
元	高克恭	春云晓霭轴
元	高克恭	云横秀岭图轴
元	刘贯道	元世祖出猎图轴
元	刘贯道	罗汉轴
元	赵孟頫	达摩像轴
元	赵孟頫	牧马图轴
元	赵孟頫	竹石轴
元	管道昇	画茄轴
元	黄公望	天池石壁轴
元	黄公望	溪亭秋色轴
元	萨都剌	画梅雀轴
元	萨都剌	严陵钓台图轴
元	曹知白	双松图轴
元	曹知白	疏林亭子轴
元	张雨	仿郑虔林亭秋爽图轴
元	陈琳	寒林钟馗轴
元	陈琳	溪凫图轴

朝代	作者	名称
元	商琦	杏雨浴禽轴
元	商琦	嵩阳访真图轴
元	胡庭晖	蓬莱仙会图轴
元	李容瑾	汉苑图轴
元	任仁发	横琴高士图轴
元	吴镇	双松图轴
元	吴镇	洞庭渔隐轴
元	王冕	南枝春早
元	赵雍	采菱图
元	赵雍	骏马图
元	赵麟	相马图
元	朱德润	林下鸣琴轴
元	顾安	平安磐石轴
元	顾安	竹石轴
元	唐棣	霜浦归渔图轴
元	王渊	鹰逐画眉轴
元	王渊	三白图轴
元	颜辉	画猿轴
元	颜辉	月下补经图轴
元	倪瓒	江亭山色图轴
元	倪瓒	容膝斋图轴
元	王蒙	具区林屋轴
元	王蒙	秋山草堂图轴
元	宇文公	谅山水画轴
元	柯九思	鸡亭山色图轴
元	柯九思	晚香高节轴
元	柯九思	画竹轴
元	盛懋	袁安卧雪图轴
元	盛懋	秋林萧散轴
元	陆广	仙山楼观轴
元	陆广	五瑞图轴
元	张渥	瑶池仙庆轴

朝代	作者	名称
元	赵希远	林峦福地轴
元	陈立善	墨梅轴
元	马琬	松壑观泉轴
元	马琬	乔岫幽居轴
元	陈仲仁	百祥图轴
元	朱叔重	秋山叠翠轴
元	朱叔重	春塘柳色轴
元	吴延晖	龙舟夺标轴
明	陈汝言	荆溪图轴
明	朱佩	童贞像轴
明	王绂	山亭文会图轴
明	王绂	草堂烟树图轴
明	夏昶	竹林大士轴
明	夏昶	半窗晴翠图轴
明	边文进	三友百禽图轴
明	边文进	岁朝图轴
明	陆复	梅花轴
明	吕端浚	画竹轴
明	戴进	春游晚归轴
明	戴进	长松五鹿轴
明	周文靖	雪夜访戴轴
明	马轼	春坞村居图轴
明	杜琼	南湖草堂图轴
明	朱瞻基	花下狸奴图轴
明	朱瞻基	戏猿图轴
明	商喜	四仙拱寿图轴
明	姚绶	寒林鸲鹆轴
明	沈周	庐山高轴
明	沈周	芝兰玉树轴
明	陈宪章	万玉图轴
明	陈宪章	梅花轴
明	陶成	菊花双兔图轴

朝代	作者	名称
明	杜堇	玩古图轴
明	周臣	松泉诗思图轴
明	周臣	山亭纳凉图轴
明	吴伟	北海真人像轴
明	吴伟	寒山积雪轴
明	邵宝	梅花山茶轴
明	林良	秋鹰轴
明	唐寅	山路松声轴
明	唐寅	花溪渔隐图轴
明	文徵明	雨馀春树轴
明	文徵明	兰亭修禊轴
明	吕纪	杏花孔雀轴
明	吕纪	秋鹭芙蓉图轴
明	张路	老子骑牛轴
明	王谔	溪桥访友轴
明	王谔	瑞雪凝冬轴
明	陈淳	设色花卉轴
明	仇英	仙山楼阁图轴
明	仇英	春游晚归图轴
明	谢时臣	林峦秋霁图轴
明	谢时臣	山阴归棹图轴
明	陆治	雪窗见易图轴
明	陆治	仙山玉洞图轴
明	王问	山水轴
明	王问	拾得像轴
明	朱端	寻梅图轴
明	文嘉	瀛洲仙侣轴
明	文伯仁	溪山秋霁轴
明	文伯仁	圆峤书屋图轴
明	钱谷	南城看雪轴
明	钱谷	午日钟馗轴
明	居节	江南春轴

朝代	作者	名称
明	孙枝	玉洞桃花轴
明	孙枝	杜甫诗意轴
明	陆师道	携卷对山图轴
明	陆师道	临文徵明吉祥庵图轴
明	徐渭	榴宝轴
明	徐渭	花竹轴
明	项元汴	仿苏轼寿星竹轴
明	宋旭	皆大欢喜图轴
明	孙克弘	朱竹轴
明	孙克弘	太平春色轴
明	周之冕	葡萄松鼠轴
明	董其昌	奇峰白云图轴
明	董其昌	霜林秋思轴
明	李麟	十八应真像轴
明	尤求	书阁早梅轴
明	顾正谊	溪山秋爽轴
明	吴彬	罗汉轴
明	吴彬	观音大士轴
明	丁云鹏	仙山楼阁轴
明	丁云鹏	扫象图轴
明	张宏	甘露晴雪轴
明	张宏	楼霄山图轴
明	张宏	布袋罗汉轴
明	李士达	坐听松风图轴
明	李士达	关山风雨图轴
明	莫是龙	东冈草堂图轴
明	李绍箕	谷山访隐图轴
明	项德新	秋江云树图轴
明	项圣谟	山水小景轴
明	项圣谟	三祝图轴
明	陈洪绶	仙人献寿图轴
明	陈洪绶	梅花山鸟轴

朝代	作者	名称
明	宋懋	晋山水轴
明	钱贡	太平春色轴
明	关思	秋林听泉轴
明	关思	放鹤图轴
明	赵左	秋山红树图轴
明	王维烈	双喜图
明	刘原起	灵严积雪图轴
明	刘原起	雪景轴
明	顾懿德	春绮图轴
明	唐志尹	平安戬谷图
明	郑重	一指华严图轴
明	刘度	画春山台榭轴
明	蓝瑛	溪山雪霁轴
明	蓝瑛	溪阁清言轴
明	崔子忠	扫象图轴
明	崔子忠	苏轼留带图轴
明	赵洵	画山水轴
明	程仲坚	西园雅集图轴
明	朱先	草虫轴
清	顾瑛	芙蓉双鸳图轴
清	爱新觉罗·福临	钟馗轴
清	王时翼	岳阳大观轴
清	王时敏	仿大痴浮岚烟嶂图轴
清	王时敏	松严静乐图轴
清	赫奕	秋山凝翠轴
清	赫奕	山中读书图轴
清	王鉴	秋山图轴
清	王鉴	仿黄公望烟浮远岫图轴
清	王武	雪蕉图轴
清	王武	天竺水仙轴
清	王翚	夏日山居图轴
清	王翚	一梧轩图轴

朝代	作者	名称
清	恽寿平	五清图轴
清	恽寿平	竹石枯槎图轴
清	王云	山水轴
清	颜云臣	雪景轴
清	马负图	画虎轴
清	吴历	梅花山馆轴
清	吴历	九芝图轴
清	诸升	雪景竹石真迹轴
清	爱新觉罗·福全	夏山图轴
清	允禧	山静日长图轴
清	王原祁	秋山晴霁图轴
清	王原祁	烟浮远岫图轴
清	黄鼎	溪桥林影图轴
清	黄鼎	秋日山居轴
清	高其佩	庐山瀑布图轴
清	高其佩	山水轴
清	周璕	画马轴
清	黄应谌	祛倦鬼文山水轴
清	蒋廷锡	岁朝图轴
清	蒋廷锡	四瑞庆登图轴
清	弘旿	万壑松声轴
清	弘旿	千林瑞雪轴
清	萧晨	丰年瑞雪轴
清	王敬铭	山水轴
清	徐璨	瓶莲大士轴
清	周禧	石榴轴
清	陈书	岁朝吉祥如意轴
清	孙祜	秋山楼阁轴
清	励宗万	雪景人物即事御题轴
清	黄本复	双松四喜图轴
清	邹一桂	盎春生意轴
清	邹一桂	杏花清高宗御题轴

朝代	作者	名称
清	张鹏翀	翠巘高秋图轴
清	张鹏翀	西山秋眺轴
清	蒋溥	秋山行旅轴
清	董邦达	御制夜雪诗意图轴
清	董邦达	山水高宗御题轴
清	沈宗敬	千岩环秀山阴丘壑图轴
清	沈宗敬	万松春霭图轴
清	吴垠	无量寿佛轴
清	钱维城	庐山高轴
清	钱维城	寒林欲雪轴
清	张若澄	葛洪山图轴
清	钱载	蟠桃苓芝轴
清	钱载	墨梅御题轴
清	永珵	山水轴
清	董诰	山水轴
清	董诰	瑶岑鹤寿轴
清	汪承霈	岁寒三益图轴
清	刘九德	狻猊轴
清	关槐	洞天仙聚轴
清	锡林	雪景人物高宗御题轴
清	唐岱	归隐图轴
清	周鲲	林钟盛夏轴
清	王炳	天平山景轴
清	王炳	澄波月泛轴
清	沈源	新月诗意轴
清	沈源	黄钟畅月轴
清	张宗苍	佃渔乐事轴
清	张宗苍	寒山晚钟轴
清	余省	绘姑洗昌辰轴
清	余省	绘无射戒寒轴
清	丁观鹏	文殊像轴
清	丁观鹏	雪景人物事迹高宗御题轴

朝代	作者	名称
清	冷枚	春夜宴桃李园图轴
清	冷枚	赏月图轴
清	金延标	寒山拾得轴
清	金延标	仙山楼阁轴
清	王幼学	瑞树图轴
清	傅雯	秋日山居轴
清	徐扬	梨花白燕高宗御题轴
清	徐扬	绘鹅子图御题轴
清	姚文瀚	卖浆图轴
清	姚文瀚	达摩像轴
清	袁瑛	溪山放棹（江寺寻幽）轴
清	吴桂	雪景人物事迹御题轴
清	张延彦	登瀛洲图轴
清	张延彦	中秋佳庆图轴
清	沈颢	悬崖垂瀑轴
清	陈舒	新年大吉轴
清	郎世宁	聚瑞图轴
清	郎世宁	十骏图奔霄骢轴
清	艾启蒙	白鹰轴
清	艾启蒙	双猿轴
清	谢遂	人物轴
清	杨大章	秋渚眠禽轴
清	严宏滋	采芝仙图轴
清	贾全	咏梅图轴
清	方琮	山水御题轴
清	方琮	竹窗晴雪高宗御题轴
清	吴璋	百事如意轴
清	沈铨	桂花轴
清	世鉴	夏山欲雨图轴
清	沈世杰	画兰轴
清	彦麟	画秋景轴
清	许良标	芭蕉美人图轴

朝代	作者	名称
清	徐来琛	松阴听瀑轴
清	曹树德	幽壑寒松（雪景山水）轴

书法编

朝代	作者	名称
唐	佚名	平安何如奉橘三帖
唐	佚名	远宦帖
唐	佚名	快雪时晴帖
唐	孙过庭	书谱
唐	李隆基	鹡鸰帖
唐	颜真卿	祭侄文稿
唐	佚名	朱巨川告身
唐	怀素	自叙帖
宋	林逋	札帖
宋	蔡襄	尺牍
宋	苏轼	黄州寒食诗帖
宋	苏轼	渡海帖
宋	佚名	眉山苏氏三世遗翰
宋	佚名	苏氏一门法书
宋	黄庭坚	松风阁诗帖
宋	黄庭坚	寒山子庞居士诗
宋	米芾	蜀素帖
宋	米芾	宋四家法书
宋	薛绍彭	杂书
宋	佚名	定武兰亭真本
宋	佚名	宋代墨宝
宋	赵佶	诗帖
宋	宋高宗	赐岳飞手敕
宋	朱熹	易系辞
宋	吴琚	七言绝句
元	赵孟頫	闲居赋
元	赵孟頫	赤壁二赋
元	鲜于枢	透光古镜歌

朝代	作者	名称
元	张雨	七言律诗
元	佚名	元人杂书
明	沈周	化须疏
明	祝允明	杂书诗帖
明	祝允明	七言律诗
明	文徵明	醉翁亭记
明	文徵明	七言律诗
明	王宠	自书五忆歌
明	董其昌	周子通书
清	爱新觉罗·玄烨	御笔书万世师表

世界各大博物馆藏重要书画藏品一览表

美国大都会博物馆		
朝代	作者	名称
唐	韩幹	照夜白图
五代	董源	溪岸图轴
五代南唐（宋摹本）	周文炬	琉璃堂人物图卷
五代（南宋摹本）	周文炬	宫中图卷
北宋	李成（传）	寒林骑驴图轴
北宋	屈鼎（传）	夏山图卷
北宋	赵佶	竹禽图卷
南宋	马远	高士观瀑图
南宋	马远	幽风图卷
元	钱选	王羲之观鹅图卷
元	钱选	归去来辞图卷
元	钱选	梨花图卷
元	赵孟頫	双松平远图卷
元	罗稚川	寒林群鸦图轴
元	倪瓒	虞山林壑图轴
元	方从义	东晋风流图卷
明	赵原	晴川送客图轴
明	戴进	雪归图轴
明	唐寅	嫦娥执桂图轴
明	董其昌	夏木晴峦图轴
明	陈洪绶	烹茶图
明	陈洪绶	山水人物图轴
清	石谿	山林暮秋图轴
清	石涛	罗汉图卷
清	徐扬	乾隆南巡盛典图卷
美国弗利尔美术馆		
朝代	作者	名称
唐（元/明摹本）	阎立本（传）	锁谏图

朝代	作者	名称
唐（宋摹本）	周昉（传）	内人双陆图
五代（宋摹本）	周文矩	后主观棋图卷
北宋	李公麟（传）	群仙高会图卷
北宋	郭熙（传）	溪山秋霁图卷
北宋	李公麟（传）	陶渊明归隐图卷
元	钱选	杨贵妃上马图卷
元	钱选	来禽栀子图卷
元	赵孟頫	二羊图卷
元	吴镇	渔父图卷
元	王蒙	惠麓小隐图卷
明	沈周	江村渔乐图卷
明	文徵明	赤壁胜游图卷
明	唐寅	南游图卷
明	周臣	草堂梦仙图卷
明	徐渭	花卉图·牡丹
清	石涛	桃源图卷

美国波士顿美术馆

朝代	作者	名称
北齐	杨子华创稿，唐阎立本再稿	北齐校书图卷
唐（宋摹本）	阎立本（传）	历代帝王图
唐（宋摹本）	张萱	捣练图
北宋	范宽（传）	雪山楼阁图轴
北宋	乔仲常	湖庄清夏图卷
北宋	赵佶	五色鹦鹉图卷
南宋	马远	柳岸远山图
南宋	杨世贤	前赤壁赋图卷
南宋	夏圭	风雨山水图
南宋	马麟	骑鹿妃嫔游湖图轴
南宋	陈容	九龙图
元	吴镇	风竹图轴
明	吴伟	高士图轴
明	沈周	十四夜月图卷

朝代	作者	名称
明	文徵明	积雨连村图轴
明	张宏	句曲松风图轴
明	沈周	平远山水图轴

美国克利夫兰美术馆

朝代	作者	名称
五代至宋初	巨然	溪山兰若图轴
南宋	李嵩	货郎图
南宋	李迪	宿禽急湍图
南宋	马远	松溪观鹿图
南宋	米友仁	云山图卷
元	赵孟頫	江村渔乐图
元	罗稚川	溪桥策杖图
元	倪瓒	筠石乔柯图轴
明	戴进	箕山高隐图轴
明	林良	孔雀图
明	董其昌	江山秋霁图卷
明	吴彬	迎春图卷

美国纳尔逊·艾京斯美术馆

朝代	作者	名称
唐	陈闳（传）	八公图
唐（宋摹本）	周昉（传）	调琴啜茗图
五代	荆浩（传）	雪景行旅图轴
北宋	李成（传）	晴峦萧寺图轴
北宋	许道宁	秋江渔艇图卷
北宋	乔仲常	赤壁图卷
南宋	李嵩	赤壁图
南宋	马远	西园雅集图
南宋	夏圭	山水十二景卷
明	王绂	竹石图卷
明	朱瞻基	一笑图轴
明	沈周	山水图

朝代	作者	名称
明	文徵明	风雨孤舟图
明	仇英	浔阳送别图卷
明	周臣	北溪图卷
清	朱耷	叭叭鸟图轴
清	石涛	苦瓜妙谛·雪景山水图

美国普林斯顿大学美术馆

朝代	作者	名称
北宋	李公年	山水图轴
元	赵孟頫	谢幼舆丘壑图卷
元	倪瓒	岸南双树图轴
明	周文靖	捕鱼图轴
明	王谔	雪山行旅图轴
明	蓝瑛	一江秋水图轴
清	弘仁	山水图之一
清	弘仁	山水图之二
清	弘仁	山水图之三
清	弘仁	山水图之四
清	王鉴	山水图
清	恽寿平	莲花图

美国普林斯顿大学美术馆／美国大都会博物馆

朝代	作者	名称
北宋	李公麟	孝经图卷

美国印第安纳波利斯艺术博物馆

朝代	作者	名称
元	李衎	枯木竹石图轴
明	吴伟	琵琶美人图轴

美国芝加哥美术馆

朝代	作者	名称
清	虚谷	秋菊八哥图轴

美国沙可乐博物馆		
朝代	作者	名称
明	盛茂烨	潇湘八景图·烟寺晚钟

美国圣路易斯美术馆		
朝代	作者	名称
北宋	刘寀	落花游鱼图卷
清	焦秉贞	孔子圣迹图

美国西雅图美术馆		
朝代	作者	名称
北宋	郭忠恕（传）	临王维辋川图卷

美国辛辛那提美术馆		
朝代	作者	名称
元	钱选	桃鸠图轴

美国旧金山亚洲美术馆		
朝代	作者	名称
清	华岩	溪山楼观图

美国密执安大学美术馆		
朝代	作者	名称
明	吴伟	行旅图轴
明	沈周	松下芙蓉图卷
清	任颐	牧读图轴

美国加州大学美术馆		
朝代	作者	名称
明	戴进	夏木垂阴图轴
明	陈洪绶	授徒图轴

美国牛津大学阿什莫林博物馆		
朝代	作者	名称
清	吴榖祥	溪山积雪图轴

美国耶鲁大学美术馆		
朝代	作者	名称
五代	黄筌（传）	柳塘聚禽图
明	王世昌	高士春山图卷
清	金农	盛梅图轴

美国火奴鲁鲁艺术学院		
朝代	作者	名称
明	陈洪绶	陶渊明故事图卷

美国斯坦福大学美术馆		
朝代	作者	名称
清	郎世宁	羊城夜市图轴

日本东京国立博物馆		
朝代	作者	名称
五代至宋	石恪（传）	二祖调心图
南宋	梁楷	出山释迦图轴
南宋	梁楷	六祖截竹图轴
南宋	梁楷	雪景山水图轴
南宋	李迪	白芙蓉图
南宋	李迪	红芙蓉图
南宋	马远	寒江独钓图
明	王绂	秋林隐居图轴
明	吕纪	四季花鸟图
明	王谔	携琴访友图轴
明	沈周	采菱图轴
明	文伯仁	四万山水图轴
清	王翚	江山纵览图卷
清	恽寿平	榴实图
清	李鱓	五松图轴
清	罗聘	瀛洲亭图卷

日本大阪市立美术馆		
朝代	作者	名称
唐	王维（传）	伏生授经图
北宋	李成、王晓	读碑窠石图轴
北宋	郭忠恕（传）	明皇避暑宫图轴
北宋	燕文贵	江山楼观图卷
北宋	胡舜臣	送郝玄明使秦图卷
南宋	米友仁	远岫晴云图轴
元	李衎	竹石图轴
元	柯九思	寒江独钓图
元	柯九思	横竿晴翠图轴
元	倪瓒	疏林图轴
明	王绂	为密斋写山水图卷
明	戴进	松岩萧寺图轴
明	沈周	菊花文禽图轴
明	文徵明	兰竹图卷
明	陈道复	前赤壁图卷
明	董其昌	盘谷序书画合璧卷
清	查士标	秋景山水图轴
清	朱耷	彩笔山水图轴
清	恽寿平	花卉图
清	金延标	春元瑞兆图轴
清	华嵒	秋声赋意图轴
清	高凤翰	雪意图
清	汪士慎	墨梅图

日本京都国立博物馆		
朝代	作者	名称
南宋	马远	唐风图卷
清	孙亿	三顾一遇图轴

日本泉屋博古馆		
朝代	作者	名称
明	陆师道	斋居坐雨图

朝代	作者	名称
清	石豀	报恩寺图轴
清	朱耷	安晚帖
清	朱耷	书画合璧图卷
清	石涛	黄山八胜图
清	吴历	秋景山水图卷
清	高凤翰	晴霞净艳图轴
清	赵之谦	花卉图
清	王震	松鹤延年图

日本根津美术馆

朝代	作者	名称
南宋	马麟	夕阳秋色图轴
明	吕文英	货郎图·秋景
明	吕文英	货郎图·冬景

日本出光美术馆

朝代	作者	名称
明	王谔	雪岭风高图轴

日本香雪美术馆

朝代	作者	名称
南宋	梁楷	布袋图轴

日本东京艺术大学资料馆

朝代	作者	名称
明	吕文英	货郎图·春景
明	吕文英	货郎图·夏景

日本黑川古文化研究所

朝代	作者	名称
五代	董源	寒林重汀图轴

日本澄怀堂文库

朝代	作者	名称
北宋	李成（传）	乔松平远图轴

日本宫内厅		
朝代	作者	名称
晚唐至五代	贯休（传）	十六罗汉图
日本大和文华馆		
朝代	作者	名称
南宋	李迪	雪中归牧图
明	仇英	四季仕女图卷
日本静嘉堂文库		
朝代	作者	名称
明	谢时臣	四杰四景图
明	蓝瑛	秋景山水图轴
明	李士达	秋景山水图轴
日本崇福寺		
朝代	作者	名称
明	吴彬	涅槃图轴
日本东福寺		
朝代	作者	名称
北宋	李公麟（传）	维摩天女像
日本教王护国寺		
朝代	作者	名称
唐	李真	真言七祖·不空像
日本圣福寺		
朝代	作者	名称
唐（元摹本）	王维	辋川图
日本高桐院		
朝代	作者	名称
南宋	李唐	山水图轴

日本藤井有邻馆		
朝代	作者	名称
北宋	许道宁（传）	秋山萧寺图卷

日本知恩院		
朝代	作者	名称
明	仇英	金谷园图轴
明	仇英	桃李园图轴

日本桥本末吉		
朝代	作者	名称
明	蓝瑛	山水图轴
明	文徵明	秋光声籁图轴
明	李士达	文姬归汉图
明	项元汴	竹石图
清	龚贤	千山夕照图轴
清	恽寿平	菊花图
清	蒋廷锡	藤花山雀图轴
清	袁江	溪山行旅图轴
清	高其佩	杏林春暖图轴
清	边寿民	芦雁图轴
清	黄慎	风雨归舟图轴
清	方济	富士真景图
清	袁瑛	山水图卷
清	周笠	皆大欢喜图轴
清	吴熙载	蝉过别枝图轴
清	任薰	水莲金玉图
清	吴昌硕	藤花图轴
清	吴昌硕	乾坤清气图轴
清	吴昌硕	黄山古松图轴
清	张鸣珂	西溪泛舟图轴
清	徐祥	风雨归人图轴

日本原田尾山		
朝代	作者	名称
北宋	赵佶	鹦鸽图轴

日本斋藤悦		
朝代	作者	名称
五代至宋初	巨然	山居图轴

英国大英博物馆		
朝代	作者	名称
东晋（唐摹本）	顾恺之	女史箴图
南宋	马和之	陈风图
元	谢楚芳	乾坤生意图
明	吴伟	酒醉图卷
明	唐寅	西山草堂

德国柏林东亚美术馆		
朝代	作者	名称
明	戴进	灵谷春云卷
明	戴进	携琴访友图卷

瑞典斯德哥尔摩东方博物馆		
朝代	作者	名称
元	倪瓒	江岸枯树图轴

溥仪偷盗出宫重要书画作品一览表

绘画编		
朝代	作者	名称
东晋	顾恺之	洛神图
东晋	顾恺之	洛神赋图
东晋	顾恺之	列女仁智图
隋	展子虔	游春图
唐	阎立德	职贡图
唐	阎立德	步辇图
唐	阎立本	孝经图（褚遂良书经文）
唐	尉迟乙僧	华盖天王像
唐	李思训	海天落照图
唐	周昉	调婴图
唐	周昉	调琴啜茗图
唐	周昉	仕女图
唐	周昉	宫人调鹦鹉图
唐	韩幹	神骏图
唐	韩滉	七才子图
唐	孙位	高逸图
五代	王瓌	番马图
五代	王瓌	卓歇图
五代	卫贤	高仕图
五代	黄荃	写生珍禽图
五代	董源	潇湘图
五代	董源	夏景山口待渡图
五代	董源	溪山风雨图
五代	阮郜	阆苑女仙图
北宋	李成	茂林远岫图
北宋	郭熙	山水图
北宋	燕肃	春山图
北宋	燕文贵	溪风图

朝代	作者	名称
北宋	祁序	江山放牧图
北宋	李公麟	西园雅集图
北宋	李公麟	摹韦偃牧放图
北宋	李公麟	五马图
北宋	王诜	渔村小雪图
北宋	王诜	叠翠争流图
北宋	王诜	烟江叠嶂图
北宋	王诜	九成宫图轴
北宋	乔仲常	后赤壁赋图
北宋	梁师闵	芦汀密雪图
北宋	赵佶	金英秋禽图
北宋	赵佶	雪江归棹图
北宋	赵佶	柳鸦芦雁图
北宋	赵佶	瑞鹤图
北宋	赵士雷	湘乡小景图
北宋	张择端	清明上河图
北宋	王希孟	千里江山图
南宋	米友仁	云山烟霭图
南宋	江参	林峦积翠图
南宋	扬无咎	雪梅图
南宋	马和之	唐风图
南宋	马和之	闵予小子之什
南宋	马和之	小雅·鹿鸣之什
南宋	马和之	赤壁图
南宋	李唐	晋文公复国图
南宋	李唐	长夏江寺图
南宋	赵伯驹	江山秋色图
南宋	马远	水图
南宋	马远	四皓图
南宋	马麟	荷香消夏图
南宋	李嵩	钱塘观潮图
南宋	李嵩	西湖图

朝代	作者	名称
南宋	李嵩	货郎图
南宋	赵葵	江山万里图
南宋	赵葵	杜甫诗意图
南宋	朱玉	灯戏图
南宋	何浩	万壑秋涛图
南宋	郑思肖	兰花图
南宋	程棨	耕织图
南宋	程棨	蚕织图
金	王庭筠	幽竹枯槎图
金	张珪	神龟图
金	赵霖	唐太宗六马图（昭陵六骏）
元	钱选	观鹅图
元	钱选	秋江待渡图
元	钱选	杨妃上马图
元	钱选	花鸟图
元	赵孟頫	水村图
元	赵孟頫	摹卢楞伽罗汉像
元	赵孟頫	浴马图
元	赵孟頫	秋郊饮马图
元	赵孟頫	饮马图
元	高克恭	秋山暮霭图
元	李衎	四清图（上半段）
元	李衎	四清图（下半段）
元	何澄	书张仲寿书（归去来辞）
元	任仁发	出圉图
元	任仁发	二马图
元	任仁发	三骏图
元	任仁发	张果老见明皇图
元	黄公望	溪山雨意图
元	朱德润	秀野轩图
元	吴镇	渔父图
元	周朗	杜秋像

朝代	作者	名称
元	王振鹏	伯牙鼓琴图
元	商琦	春山图
元	李升	山水图
元	倪骧	茗雪溪山图
元	顾安	风雨竹图
元	张渥	临李公麟九歌图
元	王蒙	听松图
元	王蒙	太白山图
元	倪瓒	诗画合璧
明	王绂	湖山书屋图
明	王绂	画观音书金刚经
明	王绂	北京八景图
明	王绂	万竹秋深图
明	夏昶	湘江过雨图
明	夏昶	竹泉春雨图
明	朱瞻基	武侯高卧图
明	朱瞻基	万年松图
明	沈周	千人石夜游图
明	沈周	画松井自书诗
明	沈周	林壑幽深图
明	沈周	写生（花卉）图
明	沈周	西山秋色图
明	姚绶	梅花图
明	姚绶	杂书图
明	金润	溪山真赏图
明	戴进	达摩至慧能六代祖师像图
明	周臣	锦溪图
明	周臣	春泉小隐图
明	唐寅	垂虹别意图
明	唐寅	临李公麟饮中八仙图
明	唐寅、文徵明	书画合璧
明	唐寅	桐山图

朝代	作者	名称
明	唐寅	事茗图
明	唐寅	春风酒盏图卷
明	唐寅	毅庵图
明	文徵明	三友图
明	文徵明	林榭煎茶图
明	文徵明	东林避暑图
明	文徵明	人日诗书
明	文徵明	存菊图
明	文徵明	浒溪草堂图
明	文徵明	真赏斋图
明	文徵明	兰亭画祝允明书序
明	文徵明	竹石双清图
明	谢时臣	仿卢鸿草堂图
明	吴伟	仿李公麟洗马图
明	陈淳	源东图并书岳阳楼记
明	陈淳	洛阳春色图
明	陆治	五湖图
明	文嘉	仿米苕溪春色图
明	仇英	张择端清明上河图
明	仇英	赤壁图
明	王穀祥	写生花卉图
明	周天球	丛兰竹石图
明	孙枝	五湖钓叟图
明	周之冕	花卉图
明	陈栝	写生游戏图
明	钱贡	城南雅逸图
明	张宏	画蜀道难图韩道亨书
明	杨铉	摹董源待渡图
明	黄希宪	江村图
明	吴彬	十六应真图
明	吴彬	山阴道上图
明	丁云鹏	画五像观音于若瀛书楞严经

朝代	作者	名称
明	孙克弘	写生花卉图
明	董其昌	画书锦堂图并书记
明	董其昌	岩居图
明	董其昌	江山秋霁图
明	董其昌	书画合璧
明	宋旭	五岳图
明	赵左	仿黄公望富春大岭图
明	程嘉燧	达摩苇渡图
明	邵弥	赤壁图
明	项圣谟	天寒有鹤守梅花图
明	蓝瑛	山水图
明	萧云从	秋山行旅图
明	萧云从	山水图
明	邹典	金陵胜景图
明	文俶	戏蝶图
明	崔绣天	罗汉像
明	马湘兰	画兰
清	陈舒	山厨旨蓄图
清	王翚	仿王绂山水
清	王翚	唐人诗意图
清	王翚	观梅图
清	王原祁	富春山图
清	王原祁	秋山书屋图
清	王原祁	层峦茂树图
清	王原祁	仿吴镇溪山无尽图轴
清	王原祁	西岭春晴图
清	王原祁	西湖十景图
清	王原祁	秋山不老图
清	王原祁	西湖草堂图
清	恽寿平	载鹤图
清	高简	探梅图
清	黄鼎	烟江叠嶂图

朝代	作者	名称
清	李世倬	嵩祝图
清	释上睿	桐阴书屋图
清	宋骏业	南巡图
清	唐岱	秋山不老图
清	许玫	江南春图
清	虞沅	九秋图
清	赫奕	宿雨寒烟图
清	允禧	山水
清	爱新觉罗·弘历	洒粉雪景山水
清	董邦达	兴安大岭图
清	董邦达	仿王蒙松壑仙庐图
清	董邦达	溪山深静图
清	董邦达	秋江万里图
清	董邦达	画弘历蜀道难诗意图
清	董邦达	庐山图
清	蒋廷锡	塞外花卉图
清	蒋廷锡	荷花图
清	钱维城	泉林八景图
清	钱维城	台山瑞景图
清	弘仁	知人乐寿图
清	弘仁	降魔图
清	王炳	江山胜览图
清	程梁	饮中八仙图
清	张若霭	五君子图
清	李鱓	四季花卉
清	陈书	四子讲德论图
清	董诰	仿古四时山水花卉图
清	张宗苍	云栖山寺图
清	丁观鹏	九歌图
清	徐扬	盛世滋生图
清	余省	花卉草虫图
清	谢遂	仿明人清明上河图

朝代	作者	名称
清	方琮	溪桥深翠图
清	永瑆	云岚晴翠图
书法编		
朝代	作者	名称
东晋	王羲之	破羌帖
东晋	王羲之	曹娥碑
东晋	王羲之	鹅群草书帖
东晋	王羲之	寒切帖
东晋	王献之	保母帖
唐	虞世南	积时帖
唐	欧阳询	梦奠帖
唐	欧阳询	行书千字文
唐	褚遂良	倪宽赞
唐	孙过庭	景福殿赋
唐	李隆基	毛应佺知恤诏
唐	张旭	古诗四帖
唐	林藻	深慰帖
唐	释怀素	论书帖
唐	杜牧	张好好诗
唐	吴彩鸾	书唐韵
五代	徐铉	古篆千文
五代	杨凝式	韭花帖
五代	杨凝式	夏热帖
北宋	赵光义	赐蔡行敕
北宋	王著	千文
北宋	林逋	自书诗帖（苏轼题诗）
北宋	范仲淹	二札
北宋	范仲淹	道服赞
北宋	欧阳修	自书诗文稿
北宋	司马光	资治通鉴稿
北宋	蔡襄	自书茶录
北宋	苏轼	桤木诗帖

朝代	作者	名称
北宋	苏轼	洞庭春色·中山松醪二赋
北宋	黄庭坚	李白忆旧游诗
北宋	黄庭坚	摹怀素书
北宋	黄庭坚	廉颇蔺相如传
北宋	米芾	吴江舟中诗
北宋	米芾	自书秋叶诗
北宋	米芾	自书苕溪诗
北宋	米芾	自书拜中岳命诗
北宋	米芾	尺牍（三帖）
北宋	米芾	自书易义
北宋	赵佶	草书千字文
北宋	赵佶	千字文（瘦金书）
南宋	赵构	洛神赋
南宋	赵构	汉高祖求贤诏
南宋	陆游	自书诗帖
南宋	陆游	诗翰卷
南宋	朱熹	自书城南二十咏诗
南宋	张即之	自书报本庵记
南宋	张即之	书唐诗
南宋	张即之	度人经
南宋	赵孟坚	自书梅竹三诗
南宋	文天祥	谢昌元座右辞
南宋	文天祥	自书木鸡集序
元	赵孟頫	归去来辞
元	赵孟頫	常清静经
元	赵孟頫	烟江叠嶂诗
元	赵孟頫	千字文（行书）
元	赵孟頫	洛神赋
元	赵孟頫	杂书四帖
元	赵孟頫	心经
元	赵孟頫	万寿曲
元	赵孟頫	秋声赋

朝代	作者	名称
元	赵孟頫	三札
元	赵孟頫	杂书
元	赵孟頫	尺牍合璧
元	赵孟頫	虞龢论书表
元	赵孟頫	一门合札
元	赵孟頫	赵氏尺牍三帖
元	赵孟頫	高上大洞玉经
元	赵孟頫	勉学赋
元	鲜于枢	王安石杂诗
元	鲜于枢	书杜诗
元	鲜于枢	御史箴
元	仇远	自书诗
元	揭傒斯	自书诗草
元	虞集	书虞允文诛蚊赋
元	欧阳玄	春晖堂记
元	俞和	临乐毅论
元	杨维桢等	梦梅花诗
元	杨维桢	书张栻城南诗
元	张雨	自书诗
元	邓文原	临急就篇
元	柯九思	上京宫词
元	陆居仁	苕之水诗
元	陆居仁、杨维桢	书法合卷
元	释大佑	书慧顺行宝册
明	杨基	郑元祐撰陶煜形状
明	张羽	自书怀友诗
明	宋克	急就章
明	沈粲	千字文（草书）
明	沈度、沈粲	各体书
明	沈度	楷隶书四箴
明	解缙	自书诗
明	李东阳	自书春园杂诗

朝代	作者	名称
明	李东阳	个体书
明	吴宽	园中草木诗
明	吴宽	苏轼雪诗
明	祝允明	小楷东坡记游
明	祝允明	自书诗
明	文徵明	书醉翁亭记
明	文徵明	早朝诗
明	文徵明	自书诗帖
明	杨一清	自书诗
明	王守仁	自书龙江留别诗
明	王守仁	自书诗
明	徐渭	千字文
明	陆深	自书白雁诗
明	文彭	临怀素自叙
明	王宠	出师表
明	王宠	临唐人书
明	王宠	自书包山诗
明	莫如忠	自书诗帖
明	莫是龙	杂书
明	董其昌	濬路马湖记
明	董其昌	临褚遂良枯树赋
明	董其昌	自书封敕稿本
明	董其昌	临王帖三种
明	董其昌	功臣传赞
明	董其昌	燕然山铭
明	董其昌	五言古诗
明	董其昌	东方朔答客难
明	董其昌	云笈
明	董其昌	杂书
明	董其昌	秋声赋
明	董其昌	临颜真卿争座位帖
明	董其昌	临大照禅师塔铭

朝代	作者	名称
明	董其昌	书十六尊者赞
明	董其昌	题五夷山图
清	朱彝尊	隶书断句
清	沈荃	书唐人绝句
清	沈荃	书汉韶
清	沈荃	临米芾天马赋
清	沈荃	千文
清	刘统勋	书苏轼四绝诗
清	张照	杂书
清	张照	临宋四家书
清	董诰	春帖子
清	董邦达	隶书御制麈角解说
清	汪由敦	书舒元兴牡丹赋
清	钱陈群	泮水早春诗
清	沈初	书弘历大禹治水图题语

图版索引

图1-1　步辇图　唐　阎立本　　　　　　　　　　　　　002
图1-2　韩熙载夜宴图　五代　顾闳中　　　　　　　　　004
图1-3　山鹧棘雀图　宋　黄居寀　　　　　　　　　　　006
图1-4　官窑六方贯耳瓶　宋　　　　　　　　　　　　　007
图1-5　玉雕观世音菩萨像　明　　　　　　　　　　　　008
图1-6　二仙图　明　吴伟　　　　　　　　　　　　　　009
图1-7　游春图　隋　展子虔　　　　　　　　　　　　　016
图1-8　平复帖　西晋　陆机　　　　　　　　　　　　　019
图2-1　人物御龙图　人物龙凤图　战国　　　　　　　　022
图2-2　职贡图　南朝　萧绎（传）　　　　　　　　　　026
图2-3　快雪时晴帖　东晋　王羲之　　　　　　　　　　028
图2-4　《华阳陶隐居集》　南朝　陶弘景　　　　　　　029
图2-5　《论书表》　南朝　虞龢　　　　　　　　　　　031
图2-6　《古画品录》　南朝　谢赫　　　　　　　　　　035
图3-1　兰亭序　东晋　王羲之　　　　　　　　　　　　044
图3-2　江帆楼阁图　唐　李思训（传）　　　　　　　　046
图3-3　送梨帖　东晋　王献之　　　　　　　　　　　　047
图3-4　唐玄宗"开元"小印（鹡鸰颂　唐　李隆基）　　050
图3-5　"建业文房之印"（大字阴符经　唐　褚遂良）　051
图3-6　《贞观公私画史》　唐　裴孝源　　　　　　　　058
图3-7　《历代名画记》　唐　张彦远　　　　　　　　　060
图3-8　"弘文之印"（女史箴图　晋　顾恺之）　　　　063

图4-1　圉人呈马图　唐　韩幹　　　　　　　　　　　　074

图4-2　"宣和""宣龢"印章（远宦帖　东晋　王羲之）　078

图4-3　明皇幸蜀图　唐　李昭道　　　　　　　　　　　081

图4-4　辋川图（明拓本）　唐　王维　　　　　　　　　084

图4-5　黄州寒食帖　北宋　苏轼　　　　　　　　　　　089

图4-6　渔村小雪图　北宋　王诜　　　　　　　　　　　094

图4-7　中秋帖　东晋　王献之　　　　　　　　　　　　098

图4-8　孔子庙堂碑　唐　虞世南　　　　　　　　　　　100

图4-9　白描水仙图卷　南宋　赵孟坚　　　　　　　　　104

图4-10　上阳台帖（局部）　唐　李白　　　　　　　　 106

图4-11　《宣和书谱》　北宋　　　　　　　　　　　　　107

图4-12　《宣和画谱》　北宋　　　　　　　　　　　　　107

图4-13　《图画见闻志》　北宋　郭若虚　　　　　　　　109

图4-14　《书史》　北宋　米芾　　　　　　　　　　　　111

图4-15　《画史》　北宋　米芾　　　　　　　　　　　　112

图4-16　牧马图　唐　韩幹　　　　　　　　　　　　　　115

图4-17　《云烟过眼录》　北宋　周密　　　　　　　　　117

图4-18　夜照白图　唐　韩幹　　　　　　　　　　　　　127

图4-19　自叙帖　唐　怀素　　　　　　　　　　　　　　128

图5-1　书谱　唐　孙过庭　　　　　　　　　　　　　　136

图5-2　夏景山口待渡图　五代　董源　　　　　　　　　140

图5-3　萧翼赚兰亭图　五代　巨然　　　　　　　　　　143

图5-4　仲尼梦奠帖　唐　欧阳询　　　　　　　　　　　144

图5-5　保母帖（拓本）　东晋　王献之　　　　　　　　146

图5-6　鹊华秋色图　元　赵孟頫　　　　　　　　　　　147

图5-7　溪岸图　五代　董源　　　　　　　　　　　　　148

图5-8　万壑松风图　五代　巨然　　　　　　　　　　　149

图5-9　五牛图　唐　韩滉　　　　　　　　　　　　　　150

图5-10　幽竹枯槎图　金代　王庭筠　　　　　　　　　 151

图5-11　夏热帖　五代　杨凝式　　　　　　　　　　　 153

图5-12	高士图　五代　卫贤	154
图5-13	松风阁诗卷　北宋　黄庭坚	155
图5-14	蛱蝶图卷　北宋　赵昌	156
图5-15	芙蓉锦鸡图　北宋　赵佶	159
图5-16	清明上河图　北宋　张择端	160
图5-17	二马图　元　任仁发	164
图5-18	容膝斋图　元　倪瓒	166
图5-19	潇湘图卷（局部）　五代　董源	169
图5-20	茂林远岫图　北宋　李成	170
图5-21	出师颂　西晋　索靖（传）	170
图5-22	《画鉴》　元　汤垕	174
图5-23	赠张大同卷　北宋　黄庭坚	177
图5-24	历代帝王图　唐　阎立本	178
图6-1	龙池竞渡图（局部）　元　王振鹏	185
图6-2	鹿鸣之什图　南宋　马和之	186
图6-3	鹡鸰颂　唐　李隆基	188
图6-4	庐山高图　明　沈周	190
图6-5	名贤雅集图　明　沈周	190
图6-6	秾芳诗帖（局部）　北宋　赵佶	192
图6-7	踏歌图　南宋　马远	193
图6-8	仿黄公望富春山居图　明　沈周	196
图6-9	归去来辞　元　赵孟頫	200
图6-10	东庄图册（局部）　明　沈周	201
图6-11	勘书图　五代　王齐翰	202
图6-12	真草千字文　隋　智永	204
图6-13	惠山茶会图　明　文徵明	208
图6-14	停云馆帖　明　文徵明	210
图6-15	草堂十志　明　文徵明	212
图6-16	真赏斋图（局部）　明　文徵明	213
图6-17	晴峦萧寺图　北宋　李成	216

图6-18	祭侄文稿　唐　颜真卿	220
图6-19	青卞隐居图　元　王蒙	221
图6-20	草书古诗四帖　唐　张旭	222
图6-21	韭花帖　五代　杨凝式	225
图6-22	溪桥访友图　明　戴进	229
图6-23	摹王羲之兰亭序　唐　褚遂良	233
图6-24	葛稚川移居图　元　王蒙	235
图6-25	浮玉山居图　元　钱选	238
图6-26	大热帖（拓片）　东晋　王羲之	242
图6-27	蹴鞠图　元　钱选	242
图6-28	雪江归棹图　北宋　赵佶	244
图6-29	灵飞经　唐　钟绍京	248
图6-30	茅屋疏林图　明　董其昌	254
图6-31	杜甫谒玄元皇帝庙诗　明　董其昌	256
图6-32	龙宿郊民图　五代　董源	261
图6-33	富春大岭图　元　黄公望	262
图6-34	梅花扇片　明　陈继儒	264
图6-35	骷髅幻戏图　南宋　李嵩	266
图6-36	行书致许应培　明　李日华	268
图6-37	六君子图　元　倪瓒	272
图6-38	孔子庙堂碑（局部）　唐　虞世南	273
图6-39	雁塔圣教序（局部）　唐　褚遂良	281
图6-40	鸭头丸帖　晋　王献之	284
图6-41	夏山图　五代　董源	288
图6-42	《铁网珊瑚》　明　都穆	291
图6-43	《味水轩日记》　明　李日华	296
图6-44	《东图玄览编》　明　詹景凤	297
图6-45	《清河书画舫》　明　张丑	301
图6-46	钟馗元夜出游图　元　龚开	302
图6-47	月夜松鹰图　明　汪肇	307

图6-48	雪景山水　明　蓝瑛	309
图6-49	太白山图卷　明　王蒙	312
图6-50	青绿山水　宋　佚名（苏州片）	317
图6-51	倚松阁图　明　董其昌（沈士充代笔）	322
图6-52	平安何如奉橘三帖　东晋　王羲之	329
图7-1	快雪时晴帖　东晋　王羲之	335
图7-2	柳鸦芦雁图　北宋　赵佶	336
图7-3	富春山居图（子明卷）	340
图7-4	富春山居图（无用师卷）　元　黄公望	342
图7-5	廉颇蔺相如列传草书卷　北宋　黄庭坚	345
图7-6	溪山行旅图　北宋　范宽	346
图7-7	平复帖　西晋　陆机	348
图7-8	百骏图　清　郎世宁	350
图7-9	寒林图　北宋　李成（传）	353
图7-10	西湖图　南宋　李嵩	354
图7-11	伯牙鼓琴图　元　王振鹏	356
图7-12	夏木垂阴图　明　董其昌	363
图7-13	松风阁诗卷　北宋　黄庭坚	364
图7-14	匡庐图　五代　荆浩	366
图7-15	仙山楼阁图　清　王时敏	368
图7-16	湖庄清夏图　北宋　赵令穰	370
图7-17	秋山红树图　清　王鉴	373
图7-18	仙山楼观图　清　王翚	376
图7-19	神完气足图　清　王原祁	378
图7-20	闰中秋月帖　北宋　赵佶	382
图7-21	红衣罗汉图　元　赵孟頫	383
图7-22	剩山图　元　黄公望	389
图7-23	墨兰图　元　郑思肖（传）	392
图7-24	松林亭子图　元　倪瓒	393
图7-25	张好好诗　唐　杜牧	396

图7-26	簪花仕女图 唐 周昉	396
图7-27	诸上座草书卷 北宋 黄庭坚	402
图7-28	烟江叠嶂图 北宋 王诜	404
图7-29	文赋 唐 陆柬之	406
图7-30	货郎图 南宋 李嵩	408
图7-31	自书告身帖（局部） 唐 颜真卿	410
图7-32	洛神赋图（宋摹本） 东晋 顾恺之	410
图7-33	七言律诗（局部） 明 文徵明	416
图7-34	麓村高逸图 清 王翚	425
图7-35	读碑窠石图 北宋 李成	427
图7-36	江行初雪图 五代 赵幹	430
图7-37	幽谷图 北宋 郭熙	432
图7-38	松荫观瀑图 明 蓝瑛	434
图7-39	野航图轴 清 石涛	436
图7-40	草书千字文残卷 唐 高闲（传）	440
图7-41	题画诗 清 王文治	442
图7-42	雪山红树图 六朝 张僧繇（传）	443
图7-43	白居易琵琶行册 明 董其昌	444
图7-44	采薇图 南宋 李唐	448
图7-45	祥龙石图 北宋 赵佶	451
图7-46	真草千字文 隋 智永	461
图7-47	珍禽图（三十二开选四） 清 蒋廷锡	465
图7-48	论书帖 唐 怀素	467
图7-49	秋郊饮马图 元 赵孟頫	468
图7-50	《佩文斋书画谱》 清	470
图7-51	《秘殿珠林》 清	471
图7-52	《石渠宝笈》 清	472
图7-53	《庚子销夏记》 清 孙承泽	475
图7-54	《江村销夏录》 清 高士奇	478
图7-55	《墨缘汇观》 清 安岐	482

图7-56	《过云楼书画记》　清　顾文彬	488
图7-57	送子天王图　唐　吴道子（传）	490
图7-58	竹溪图　清　诸昇	495
图7-59	赏梅图　清　黄慎	495
图7-60	人骑图　元　赵孟頫	496
图7-61	竹石图　清　郑板桥	502
图7-62	人物赏石　清　高凤翰	503
图7-63	五瑞图　清　任伯年	505
图7-64	高士读书图　明　陈洪绶	507
图7-65	人物　明　陈洪绶（伪作）	508
图7-66	春云晓霭图　元　高克恭	510

主要参考文献

1. 俞剑华著《中国绘画史》，上海：上海书店出版社，1992年。
2. 陈辅国主编《诸家中国美术史著选汇》，长春：吉林美术出版社，1992年。
3. 郑午昌编著《中国画学全史》，上海：上海书画出版社，1985年。
4. 中国美术全集编辑委员会编《中国美术全集》，北京：人民美术出版社等，1998年。
5. 中国古代书画鉴定组编《中国绘画全集》，北京：文物出版社、杭州：浙江人民美术出版社，2001年。
6. 卢辅圣主编《中国书画全书》，上海：上海书画出版社，1993年。
7. 黄宾虹、邓实编《美术丛书》，南京：江苏古籍出版社，1986年。
8. 吕思勉著《中国通史》，长春：吉林出版集团，2015年。
9. 易风编《中国历史年代简表》，北京：文物出版社，1994年。
10. 傅剑华编《中国美术家人名辞典》，上海：上海人民美术出版社，1981年。
11. 臧励和等编《中国人名大辞典》，上海：上海书店出版社，1980年。
12. 臧励和等编《中国古今地名大辞典》，香港：商务印书馆香港分馆，1982年。
13. 孙公著《中国画家大辞典》，北京：中国书店出版社，1982年。
14. 梁披云主编《中国书法大辞典》，香港：香港书谱出版社、广州：广东人民出版社，1987年。
15. 沈柔坚主编《中国美术大辞典》，上海：上海辞书出版社，1987年。

16. 上海博物馆编《中国书画家印鉴款识》，北京：文物出版社，1987年。

17. 张潜超主编《中国书法论著辞典》，上海：上海书画出版社，1990年。

18. 杨仁恺主编《中国书画》，上海：上海古籍出版社，1990年。

19. 谢巍著《中国画学著作考录》，上海：上海书画出版社，1998年。

20. （美）福开林编《历代著录书目》，北京：人民美术出版社，1983年。

21. 阮荣春著《明清中国画大师研究丛书》，长春：吉林美术出版社，1996年。

22. 潘茂著《中国画派研究丛书》，长春：吉林美术出版社，2002年。

23. 余绍宋著《书画书录解题》，北京：北京图书馆出版社，2003年。

24. 王原祁等纂辑《佩文斋书画谱》，北京：文物出版社，2013年。

25. 张照著《秘殿珠林》，北京：中国书店出版社，2018年。

26. 陈传席编《六朝画家史料》，北京：文物出版社，1990年。

27. 陈高华编《隋唐画家史料》，北京：文物出版社，1987年。

28. 陈高华编《宋辽金画家史料》，北京：文物出版社，1984年。

29. 陈高华编著《元代画家史料汇编》，杭州：杭州出版社，2004年。

30. 张彦远著《历代名画记》，郑州：中州古籍出版社，2016年。

31. 吴处厚撰《青箱杂记》，北京：中华书局，1997年。

32. 程俱撰《麟台故事校正》，北京：中华书局，2004年。

33. 蔡絛撰《铁围山丛谈》，西安：三秦出版社，2005年。

34. 陶宗仪撰《南村辍耕录》，沈阳：辽宁教育出版社，1998年。

35. 杨春俏译《东京梦华录》，北京：中华书局，2021年。

36. 吴自牧著《梦粱录》，杭州：浙江人民出版社，1980年。

37. 沈德符撰《万历野获编》，上海：上海古籍出版社，2012年。

38. 董其昌著《画禅室随笔》，杭州：浙江人民美术出版社，2016年。

39. 董其昌著《画旨》，杭州：西泠印社出版社，2008年。

40. 董其昌著，邵海清点校《中国历代书画家诗文集丛书·容台集》，杭州：西泠印社出版社，2012年。

41. 李福顺编著《苏轼论书画史料》，上海：上海人民美术出版社，1988年。

42. 张丑撰《清河书画舫》，上海：上海古籍出版社，1991年。

43. 安岐撰《墨缘汇观》，南京：江苏美术出版社，1992年。

44. 顾文彬、孔广陶撰《过云楼书画记·岳雪楼书画录》，上海：上海古籍出版社，2011年。

45. 倪瓒著《清閟阁集》，杭州：西泠印社出版社，2016年。

46. 周道振、张月尊纂《文徵明年谱》，上海：百家出版社，1998年。

47. 朵云编辑部编《清初四王画派研究》，上海：上海书画出版社，1993年。

48. 吴聿明编著《四王画论》，杭州：浙江人民美术出版社，1994年。

49. 王鉴著《王鉴画论译注》，北京：荣宝斋出版社，2012年。

50. 王增山编著《李佐贤生平著述考》，济南：齐鲁书社，2014年。

51. 林舒等选编《名家谈鉴定》，北京：紫禁城出版社，1995年。

52. 杨仁恺编《国宝沉浮录》，上海：上海人民美术出版社，1991年。

53. 杨仁恺著《中国书画鉴定学稿》，沈阳：辽海出版社，2000年。

54. 叶子编著《中国书画鉴藏通论》，北京：人民美术出版社，2005年。

55. 叶子著《中国历代收藏家图表》，上海：中西书局，2013年。

56. 杨军著《北宋时期书画鉴藏与流通研究》，合肥：安徽美术出版社，2015年。

57. 刘金库著《南画北渡：清代书画鉴藏中心研究》，石家庄：河北教育出版社，2008年。

58. 黄朋著《吴门具眼：明代苏州书画鉴藏》，上海：上海书画出版社，2015年。

59. 封治国著《与古同游：项元汴书画鉴藏研究》，杭州：中国美术学院出版社，2013年。

60. 林舒等选编《名家谈鉴定》，北京：紫禁城出版社，1995年。

后 记

撰述这部拙稿既是我从事书画鉴定收藏研究的一个夙愿，也是我读书生涯的最后愿望之一，然要实现这一愿望并非易事。

自 2001 年始，我受聘为中国美术学院鉴赏专业的本科生和研究生讲授有关中国书画鉴赏收藏专业课时，就有老师和同学提出，要求讲授一些有关中国书画收藏历史方面的知识。当时由于本人在书画收藏史方面没有作过深入的研究，故实勉为其难，随着研究的深入，欲撰写一部有关"中国书画收藏史"方面的学术专著的愿望，一直深埋心中。

五年前，我在编撰完成了《中国历代篆刻家图表》一书的初稿后，便着手撰写这部书稿，以了却二十年前的这一心愿。然在具体的编纂过程中，单不说相关资料的缺乏，图籍的稀少，仅就体例的编排，罗列一个完美的提纲就花了整整三月之久。更想不到的是，当书稿写了一半之时，竟不幸患上重症，在经治疗之后，又遇上了"新冠"病毒，致使虚弱的身心增添了无尽的忧苦。但凭借着毅力，我埋首耕耘，五易其稿，终于今年四月完成了这部书稿，总算了却了这一心愿，也应是填补了中国书画鉴定与收藏这一领域的又一空白。

值得欣慰的是，值此书稿提交西泠印社出版社时，即得到了时任社长江吟先生的首肯，他以为这是一部学术价值极高的专著。尤其要感谢来晓平总经理和朱晓莉副总编辑对此书的关心与帮助。责编刘玉立更为这一书稿的顺利出版付出了辛勤的劳作。同时也感谢李昆、羊爱华、刘智豪诸弟子为此书打印整理而付出的辛苦，借此书出版之际，一并致谢。本书疏漏舛误之处肯定不少，尚祈同仁不吝海涵指正，以期在适当之时增补郢正。

叶子
壬寅年十月十六日于杭州宝斋